NomosPraxis

Prof. Dr. Dieter Schulze zur Wiesche,
Rechtsanwalt und Steuerberater
Prof. Dr. Jörg H. Ottersbach, Steuerberater

GmbH & Co. KG

3. Auflage

unter Mitarbeit von
Rechtsanwalt Joachim Breithaupt,
Osborne Clarke, Köln

Die Deutsche Bibliothek – CIP-Einheitsaufnahme

Die Deutsche Bibliothek verzeichnet diese Publikation in
der Deutschen Nationalbibliografie; detaillierte bibliografische
Daten sind im Internet über http://dnb.ddb.de abrufbar.

ISBN 3-8329-1094-8

Die 1. und 2. Auflage sind im
Forkel-Verlag in Wiesbaden erschienen.

3. Auflage 2005
© Nomos Verlagsgesellschaft, Baden-Baden 2005. Printed in Germany. Alle Rechte, auch die des Nachdrucks von Auszügen, der fotomechanischen Wiedergabe und der Übersetzung, vorbehalten.

Vorwort zur 3. Auflage

Die Gesellschaftsform der GmbH & Co KG erfreut sich sowohl aufgrund ihrer gesellschaftsrechtlichen Konstruktion, als auch wegen der ihr eigenen steuerlichen Vorteile ungebrochen großer Beliebtheit. In der anwaltlichen Beratungspraxis, d.h. insbesondere im Gesellschaftsrecht, aber auch in der durch Rechtsanwälte zulässigen Steuerberatung hat sie deshalb eine große Bedeutung.

Das vorliegende Buch zur GmbH & Co. KG ist in zwei Auflagen, zuletzt 1991 im Forkel Verlag, erschienen. Es liegt nun in dritter, vollständig überarbeiteter und erheblich erweiterter Auflage vor. Rechtsstand ist der 1.1.2005. Das Buch ist in einen gesellschaftsrechtlichen und steuerrechtlichen Teil gegliedert. In seinem gesellschaftsrechtlichen Teil werden alle für die Praxis wichtigen rechtlichen Aspekte von der Gründung der GmbH & Co KG bis zu ihrer Liquidation beleuchtet. Sowohl der Komplementär- oder Kommanditistenwechsel, als auch der rechtliche Rahmen von Umwandlung oder Insolvenz werden ebenso ausführlich dargestellt, wie registerrechtliche Aspekte. Musterverträge im Anhang erleichtern die Umsetzung der Erläuterungen in der anwaltlichen Beratungspraxis.

Der steuerrechtliche Teil stellt ausführlich alle wichtigen Besonderheiten der GmbH & Co. KG dar. Hierbei wird die steuerliche Behandlung der GmbH & Co. KG von der Gründung über die laufende Besteuerung bis hin zur Beendigung aufgezeigt. Wo erforderlich, wird auch die handels- und steuerbilanzielle Behandlung erläutert. Es wurde Wert darauf gelegt, durch viele Beispiele das Verständnis der oft gegenüber dem Gesellschaftsrecht ganz eigenständigen steuerrechtlichen Sichtweise zu erleichtern. Dies betrifft sowohl Gewinnermittlung, als auch die Belastung mit Ertrag- und Verkehrssteuern, so dass die Gewerbesteuer, Umsatzsteuer, Grunderwerbsteuer und die Erbschaft- und Schenkungsteuer, insoweit spezifische Regelungen zur GmbH & Co. KG bestehen, behandelt werden. Steuerliche Sonderfragen wie die verdeckte Gewinnausschüttung bei der GmbH & Co. KG, Umwandlungssteuerrecht, Betriebsaufspaltung, Publikums-KG, Familiengesellschaft, Organschaft sowie doppelstöckige Personengesellschaften werden ebenso dargestellt, wie die Vertretung der GmbH & Co. KG vor dem Finanzamt und den Finanzgerichten.

In einem gesonderten Teil werden zudem die gesellschafts- und steuerrechtlichen Vor- und Nachteile der GmbH & Co. KG gegenüber der GmbH durch einen umfassenden Rechtsformvergleich dargestellt.

Vorwort

Das vorliegende Buch richtet sich insbesondere an die rechts- und steuerberatenden Berufe, ist aber in erster Linie auf die Bedürfnisse und Vorkenntnisse von Juristen zugeschnitten. Es soll als praktischer Leitfaden und zur Vertiefung spezieller Fragestellungen dienen. Daher haben wir uns bei den Fußnoten auf die wichtigsten Gerichtsentscheidungen und auf wesentliche Literaturhinweise beschränkt. Trotz dieser Fokussierung auf den juristisch vorgebildeten Leser, haben wir beide Teile, den gesellschaftsrechtlichen und den steuerlichen, so gestaltet, dass der Leser der jeweils anderen Fakultät den ihm möglicherweise fremden Teil gut nachvollziehen kann.

Die Verfasser danken Herrn Frank Michel vom Nomos Verlag für die freundliche Unterstützung. Sollte der geneigte Leser Fehler feststellen, die wir bei größter Sorgfalt übersehen haben und sei es nur ein fehlendes Komma, wären wir Ihnen mit Blick auf eine Folgeauflage um einen Hinweis dankbar unter: steuerberater@ottersbach.org.

Nordkirchen/Köln, im Mai 2005   Die Verfasser

Inhaltsverzeichnis

Abkürzungsverzeichnis	25
§ 1 GmbH & Co. KG nach Handels- und Gesellschaftsrecht	**29**
A. Begriff und Organisationsform der GmbH & Co. KG	29
I. GmbH & Co. KG als Doppelgesellschaft	29
II. Grundsatz der Vertragsfreiheit	29
III. Die Kaufmannseigenschaft der GmbH & Co. KG	30
IV. Einfluss des Gesellschaftszweckes der Komplementär-GmbH auf die Organisation der GmbH & Co. KG	31
1. Geschäftsführung der GmbH & Co. als Gesellschaftszweck der GmbH	31
2. GmbH als Geschäftsführer verschiedener GmbH & Co. KGs	31
3. Eigene gewerbliche Betätigung der GmbH	31
V. Die einzelnen Organisationsformen der GmbH & Co. KG	31
1. Die kapitalistische GmbH & Co. KG	31
2. Die Management-GmbH	32
3. Die Publikums-GmbH & Co. KG	33
4. GmbH & Co. KG als Mittel der Haftungsbeschränkung	33
5. GmbH & Co. KG bei Identität der Gesellschafter	34
6. GmbH & Co. KG als Form der Betriebsaufspaltung	34
7. GmbH & Co. KG als Einheitsgesellschaft	34
B. Gründungsformen der GmbH & Co. KG	36
I. Allgemeines	36
II. Neugründung einer GmbH § Co. KG	37
1. Errichtung der Gesellschaft	37
a) Zeitpunkt des Entstehens	38
b) GmbH & Co. KG kraft Handelsgewerbe	38
c) GmbH & Co. KG kraft Eintragung	38
d) Die Vor-GmbH & Co. KG	38
2. Gesellschaftsvertrag	39
a) Mindestinhalt des Gesellschaftsvertrages	40
b) Form des Gesellschaftsvertrages	40
3. Anmeldung zum Handelsregister	41
III. Einbringung eines bisherigen Einzelunternehmens in eine GmbH & Co. KG	41
1. Einzelrechtsnachfolge	41
2. Einbringung eines Betriebes, Teilbetriebes als Ausgliederung i. S. der § 123 Abs. 3, 152 ff. UmwG	43
IV. Eintritt einer Komplementär-GmbH in eine bereits bestehende Personengesellschaft	44
V. Umwandlung einer GmbH in eine GmbH & Co. KG	44

VI. Die Gründung einer GmbH & Co. KG aufgrund von Verschmelzungs- und Spaltungsvorgängen	45
C. Firma der GmbH & Co. KG	46
I. Die Firma bei Neugründung	46
II. Abgeleitete Firma	47
III. Firma der GmbH	48
IV. Unterscheidbarkeit beider Gesellschaften	48
V. Firma bei Gesellschafterwechsel	48
VI. Zeichnung der Vertretungsberechtigten	49
VII. Angaben auf den Geschäftsbriefen	49
D. Stellung der GmbH als Komplementärin und ihre gesetzlichen Voraussetzungen	50
I. Stellung der Komplementär-GmbH innerhalb der GmbH & Co. KG	50
1. Die GmbH als persönlich Haftender	50
2. Führung der laufenden Geschäfte	51
a) Führung der Geschäfte durch die GmbH	51
b) Beschränkung der Geschäftsführung im Innenverhältnis	51
c) Ausschluss der GmbH von der Geschäftsführung	52
3. Vertretung der GmbH & Co. KG durch die GmbH	52
4. Beteiligung am Vermögen	53
a) Beteiligung der GmbH mit einer Einlage als Gesamthänder	53
b) Befreiung der GmbH von der Leistung einer Einlage	53
5. Vergütung der GmbH	54
a) Gewinnbeteiligung	54
b) Risikobeteiligung	54
c) Geschäftsführervergütung	54
d) Auslagenersatz	54
II. Gesetzliche Voraussetzungen für die Komplementär-GmbH	54
1. Gründungsvorschriften	54
a) Abschluss eines Gesellschaftsvertrages	55
b) Notarielle Form	55
c) Anmeldung zur Eintragung zum Handelsregister	56
2. Mindestkapital und Mindesteinzahlung	56
3. Besonderheiten bei Sachgründungen	58
a) Begriff der Sachgründung	58
b) Erfordernisse an den Gesellschaftsvertrag	58
c) Gründungsbericht und sonstige Erklärungen	58
d) Unterlagen bei Anmeldung	59
4. Die Einmann-GmbH	59
a) Gründung	59
b) Besonderheiten bei nicht voll eingezahltem Stammkapital	59
c) Das Selbstkontrahierungsverbot	60
d) Gesellschafterbeschlüsse	61
e) Haftung	61

5. Gesellschafterdarlehen	61
6. Geschäftsführung	62
a) Grundsätze	62
b) Geschäftsführer als gesetzliche Vertreter	63
c) Umfang der Geschäftsführung	63
d) Pflichten der Geschäftsführer	63
e) Haftung bei Pflichtverletzung	64
f) Abberufung und Bestellung von Geschäftsführern	64
7. Übertragung von GmbH-Anteilen	65
8. Liquidation der GmbH	66
E. Rechte und Pflichten der Kommanditisten	66
I. Einlageverpflichtung und Beiträge	66
1. Kommanditeinlage	67
2. Pflichteinlage	67
3. Sonstige Beiträge	67
a) Nutzungsüberlassungen	67
b) Patentüberlassungen	68
c) Sonstige Tätigkeiten	68
II. Form der Einlage	68
1. Bareinlage	69
2. Sacheinlage	69
3. Anteil an der Komplementär-GmbH als Einlage	70
III. Kapitalersetzende Darlehen	70
IV. Mitwirkungsrechte der Kommanditisten	71
1. Gesellschaftsvertrag als Grundlage	72
2. Maßnahmen, die der Zustimmung der Gesellschafter (Kommanditisten) bedürfen	72
a) Zustimmungsbedürftige Maßnahmen	72
b) Berufung und Abberufung vom Geschäftsführer	73
c) Zustimmung der Kommanditisten zur Feststellung der Bilanz und des Gewinnes und dessen Verwendung	73
aa) Aufstellung des Jahresabschlusses als Maßnahme der Geschäftsführung	73
bb) Feststellung des Jahresabschlusses als Kerngeschäft	74
cc) Ergebnisverwendung	75
3. Kontrollrechte	76
4. Zustimmungs- und Widerspruchsrechte zu Maßnahmen der Geschäftsführung einer GmbH & Co. KG	77
5. Gesellschafterstellung bei gleichzeitiger Beteiligung an der GmbH	78
6. Auskunfts- und Einsichtsrecht eines Kommanditisten	80
7. Informationsrechte des ausgeschiedenen Kommanditisten	82
8. Die Einmann-GmbH & Co. KG	83
9. Wettbewerbsverbote	83
V. Besonderheiten bei Treuhandverhältnissen	83

F. Geschäftsführung und Vertretung ... 84
   I. Regelung der Geschäftsführung – Vertretung nach dem HGB ... 84
   II. Ausschluss der Vertretung der GmbH ... 85
      1. Ausschluss durch Gesellschaftsvertrag ... 85
      2. Ausschluss durch Entziehung der Geschäftsführungsbefugnis ... 85
   III. Vertretung durch Kommanditisten ... 86
   IV. Geschäftsführer der GmbH als Gesellschafter der KG ... 86
   V. Umfang der Geschäftsführung ... 88
   VI. Haftung der Geschäftsführer ... 90
   VII. Geschäftsführung bei der Einmann-GmbH & Co. KG ... 91
G. Gesellschafterbeschlüsse ... 91
   I. Gesellschafterversammlung der GmbH ... 91
   II. Gesellschafterbeschlüsse der KG ... 92
H. Die Rechtsstellung eines Beirates ... 93
   I. Allgemeines ... 93
   II. Die Ausgestaltung des Beirates innerhalb der GmbH & Co. KG ... 93
   III. Aufgaben des Beirates ... 94
   IV. Rechtsstellung des Beirates ... 96
   V. Haftung von Beiratsmitgliedern ... 96
I. Bilanzierung und Gewinnermittlung/Jahresabschluss ... 97
   I. Jahresabschluss der GmbH ... 97
   II. Jahresabschluss der KG ... 97
      1. Anwendung der Rechnungslegungsvorschriften über Kapitalgesellschaften ... 97
      2. Befreiung von den für Kapitalgesellschaften geltenden Rechnungslegungsvorschriften ... 98
      3. Pflicht zur Aufstellung und Aufstellungsfristen ... 99
      4. Fristen zur Bilanzaufstellung ... 99
      5. Verletzung der Pflicht zur Bilanzaufstellung ... 10
      6. Grundsätze für die Aufstellung des Jahresabschlusses der GmbH & Co. KG ... 100
         a) Bestandteile des Jahresabschlusses ... 100
         b) Größenabhängige Erleichterungen ... 101
   III. Geschäftsführergehälter ... 101
   IV. Leistungen zwischen beiden Gesellschaften ... 102
   V. Sondervergütungen für Nutzungsüberlassungen ... 102
   VI. Auslagenersatz der Komplementär-GmbH für Geschäftsführung als Betriebsausgaben ... 102
J. Verteilung von Gewinnen und Verlusten auf die Gesellschafter ... 103
   I. Gewinnbeteiligung der GmbH ... 103
   II. Gewinnbeteiligung der Kommanditisten ... 103
   III. Behandlung der Verluste ... 104
      1. Verluste bei der GmbH ... 104
      2. Verluste bei den Kommanditisten ... 104

K. Haftung der Gesellschafter und Geschäftsführer 105
    I. Haftungsverhältnisse im Gründungsstadium 105
   II. Haftungsverhältnisse bei der GmbH & Co. KG kraft Handelsgewerbe 105
  III. Die Haftung der Gründungsgesellschafter einer GmbH 105
  IV. Handelnden-Haftung (§ 11 Abs. 2 GmbHG) 108
   V. Anmelderhaftung (§ 9 a GmbHG) 108
  VI. Haftung des nicht eingetragenen Kommanditisten einer GmbH & Co. KG 109
 VII. Die Nachhaftung eines ausgeschiedenen persönlich haftenden Gesellschafters 110
VIII. Die Haftung des Gesellschafter-Geschäftsführers den Gesellschaftsgläubigern gegenüber 112
  IX. Haftung des Kommanditisten 115
     1. Haftung bei voll eingezahltem Kapital 115
     2. Haftung bei nicht voll eingezahltem Kapital 116
     3. Haftung bei unzulässigen Entnahmen 116
     4. Rückerstattung von Einlagen 116
     5. Rückzahlung von Darlehen 117
     6. Haftung bei Einlage der GmbH-Anteile 118
   X. Die Haftung nach § 30 GmbHG 118

§ 2 Handels- und gesellschaftsrechtliche Sonderfragen 121

A. GmbH & Co. KG in der Insolvenz 121
    I. Grundsätze 121
   II. Zahlungsunfähigkeit und Überschuldung als Insolvenzgrund für die GmbH 121
     1. Zahlungsunfähigkeit 121
     2. Überschuldung der GmbH als Insolvenzgrund 122
  III. Zahlungsunfähigkeit und Überschuldung als Insolvenzgrund für die GmbH & Co. KG 122
  IV. Insolvenzantrag 123
   V. Durchführung des Insolvenzverfahrens bei der Komplementär-GmbH und der GmbH & Co. KG 124
     1. Allgemeines 124
     2. Einsetzen des Insolvenzverwalters (§ 56 InsO) 124
     3. Der GmbH-Geschäftsführer im Insolvenzverfahren 124
       a) Stellung der bisherigen Geschäftsführer im Insolvenzverfahren 124
       b) Rechte und Pflichten in der Insolvenz 125
     4. Behandlung der Einlagen der Gesellschafter 125
     5. Haftung der Gesellschafter 126
     6. Kapitalersetzende Darlehen 126
     7. Durchsetzung von Haftungsansprüchen 127
     8. Geschäftsführerverträge und Geschäftsführergehälter im Falle der Insolvenz 127

a) Einfluss der Insolvenz auf die Rechtsstellung der Geschäftsführer	127
b) Behandlung der Geschäftsführervergütung	128
VI. Das Insolvenzplanverfahren	128
1. Sinn und Zweck des Insolvenzplanes	128
2. Vorlage des Insolvenzplanes	128
3. Der Insolvenzplan	129
a) Inhalt des Insolvenzplanes	129
b) Der darstellende Teil des Insolvenzplanes	130
c) Der gestaltende Teil des Insolvenzplanes	130
VII. Das Rechtsinstitut der Eigenverwaltung	131
B. Gesellschafterwechsel, Ausscheiden eines Gesellschafters, Vererblichkeit von Anteilen	131
I. Ausscheiden eines Gesellschafters	131
1. Ausscheiden aufgrund ordentlicher Kündigung	131
2. Kündigung aus wichtigem Grunde	132
3. Korrespondierende Regelungen bei der GmbH	132
4. Abfindung der ausgeschiedenen Gesellschafter	134
a) Abfindung bei vollem Wertausgleich	134
b) Abfindung bei Buchwertklausel	135
c) Abfindung bei Pauschalabfindung der stillen Reserven	135
II. Erbfolgeregelung	135
1. Die Rechtsnachfolge im GmbH-Anteil	136
a) Die Vererblichkeit von Geschäftsanteilen	136
b) Tod eines Gesellschafters bei mehreren Erben	136
c) Erbauseinandersetzung eines GmbH-Anteils	137
d) Nachfolgeklausel im GmbH-Vertrag	138
2. Die Nachfolge im Kommanditanteil	138
a) Fortsetzungsklausel	138
b) Nachfolgeklausel	139
aa) einfache Nachfolgeklausel	139
bb) Qualifizierte Nachfolgeklausel	139
cc) Verhältnis der Gesellschaftsanteile zum übrigen Nachlass	140
c) Abfindung weichender Erben	141
3. Gemeinsame Bestimmungen	141
a) gemeinsame Nachfolgeregelungen	141
b) Testamentsvollstreckung	142
III. Gesellschafterwechsel	143
1. Veräußerung von Anteilen durch Übertragung	143
2. Eintritt weiterer Gesellschafter	144
3. Korrespondierende Regelung bei der GmbH	144
C. Auflösung der GmbH & Co. KG	145
I. Liquidation der GmbH	145
II. Auflösung der KG	145

III. Verteilung des Liquidationserlöses	146
IV. Auflösung der GmbH & Co. KG durch Erwerb aller Anteile seitens der GmbH	146
V. Die Formwechselnde Umwandlung einer GmbH & Co. KG in eine GmbH	147
1. Grundsätze	147
2. Die Behandlung der Komplementär-GmbH	147
a) Bei Vermögensbeteiligung an der KG	147
3. Das Verfahren des Formwechsels in eine GmbH	148
a) Umwandlungsbericht	148
b) Beschluss der Gesellschafterversammlung	148
c) Inhalt des Umwandlungsbeschlusses	149
d) Anmeldung des Formwechsels zum Handelsregister	149
VI. Verschmelzung einer GmbH & Co. KG auf eine andere GmbH & Co. KG oder Kapitalgesellschaft	150
D. Die Publikums-GmbH & Co. KG	151
I. Begriff	151
1. Grundsätze	151
2. Organisation der Publikums-GmbH & Co. KG	151
3. Problemstellung	152
II. Der Gesellschaftsvertrag (Satzung)	153
1. Formularvertrag als Grundlage	153
2. Inhaltskontrolle	153
3. Inhalt des Gesellschaftsvertrages	153
4. Sondervorteile für Gründer	154
5. Sicherung von Sperrminoritäten für die Gründungsgesellschafter	154
III. Rechte und Pflichten der Kommanditisten	155
1. Stimmrecht	155
2. Kontrollrechte	156
3. Einlageverpflichtung	156
4. Verpflichtungen zu Nebenleistungen	156
5. Behandlung von Gesellschafterdarlehen	156
6. Das Treuegebot	158
IV. Eintritt und Austritt von Gesellschaftern	159
1. Grundsätze	159
2. Beitritt eines Gesellschafters	159
3. Arglistige Täuschung bei Eintritt	159
a) Anfechtung	160
b) Außerordentliche Kündigung	160
c) Das Schicksal der Einlage	160
4. Ausscheiden und Austritt von Gesellschaftern	161
a) Ausscheiden durch ordentliche Kündigung des Kommanditisten	161
b) Außerordentliche Kündigung durch den Kommanditisten	161
c) Kündigung durch den Komplementär oder die übrigen Gesellschafter	162

V. Geschäftsführung	162
VI. Aufsichtsrat und Beirat	163
VII. Gesellschafterversammlung	163
VIII. Prospekthaftung	165
1. Begriff der Prospekthaftung	165
2. Anspruchsverpflichteter	165
3. Pflichtverletzung	166
4. Inhalt des Anspruchs	166
5. Verjährung	166
6. Strafrechtliche Haftung	167
E. Die GmbH & Co. KG und Mitbestimmung	167
I. Arbeitsdirektor	168
II. Mitbestimmender Aufsichtsrat	168
F. Schiedsklauseln in Gesellschaftsverträgen der GmbH & Co. KG	169
G. Die doppelstöckige GmbH & Co. KG	170
H. Publizität	170

§ 3 GmbH & Co. KG im Steuerrecht — 173

A. Die GmbH & Co. KG als Steuersubjekt	173
I. Die GmbH & Co. KG als Personengesellschaft	173
1. Grundsätze	173
II. Die Gesellschafter als Einkunftsbezieher	173
1. Grundsätze	173
2. Die gewerbliche Tätigkeit der GmbH & Co. KG	173
3. Die Beteiligung an einer GmbH & Co. KG als Liebhaberei	178
a) Gewinnerzielungsabsicht als Gesellschaftszweck	178
b) Gewinnerzielungsabsicht beim Gesellschafter	179
B. GmbH & Co. KG als Mitunternehmerschaft	180
I. Arten der GmbH & Co. KG	180
1. Typische GmbH & Co. KG	180
2. Atypische GmbH & Co. KG	180
II. Mitunternehmerschaft der GmbH und der Kommanditisten	180
1. Mitunternehmerschaft als Grundlage für die steuerliche Gewinnermittlung	180
2. Anerkennung der Verträge mit Minderjährigen	181
a) Anerkennung des Gesellschaftsverhältnisses überhaupt	181
b) Anerkennung der Mitunternehmerschaft	186
c) Steuerliche Folgen bei Nichtanerkennung des Gesellschaftsverhältnisses	190
3. Mitunternehmerschaft der GmbH	192
a) Beteiligung der GmbH am Vermögen und Gewinn	193
b) Ausschluss der GmbH von der Geschäftsführung	193
4. Mitunternehmerschaft der Kommanditisten	193
a) Das Mitunternehmerrisiko	193

aa) Beteiligung am Gewinn	194
bb) Beteiligung am Verlust	194
cc) Beteiligung am Vermögen	194
dd) Beteiligung am Geschäftswert	195
b) Mitunternehmerinitiative	195
b) Konsequenzen aus der Nichtanerkennung der Mitunternehmerschaft	197
5. Erweiterung des Kreises der Mitunternehmer	198
a) Die verdeckte Mitunternehmerschaft	198
aa) Begriff	198
bb) Abgrenzung zur faktischen Beherrschung	199
cc) Der Gesellschafter-Geschäftsführer der Komplementär-GmbH als verdeckter Mitunternehmer der GmbH & Co. KG	200
dd) Mitunternehmerschaft bei Rechtsbeziehungen nur zur GmbH	201
ee) Der Geschäftsführer einer GmbH als Mitunternehmer der GmbH & Co. KG	202
b) Anstellungsvertrag des GmbH-Geschäftsführers als Grundlage	203
aa) Stellung des Geschäftsführers bei Ausschluss der GmbH von Geschäftsführung und Vertretung	203
bb) Darlehensüberlassungen	204
cc) Nutzungsüberlassung	205
c) Mitunternehmerschaft zu Personen, die nicht gleichzeitig Geschäftsführer der GmbH sind	205
d) Zusammenfassung	206
e) Atypisch stille Beteiligung an der GmbH & Co. KG	207
f) Mitunternehmerschaft durch Teilhabe an den stillen Reserven des Vermögens der KG	208
g) Unterbeteiligung an einzelnen Kommanditanteilen	208
h) Treuhandverhältnisse und Mitunternehmerschaft	209
C. Die Gründung einer GmbH & Co. KG	210
I. Grundsätze	210
II. Bargründung	211
III. Sacheinlage aus dem Privatvermögen	212
IV. Sacheinlagen (Einzelwirtschaftsgüter) aus einem anderen Betriebsvermögen	213
V. Einbringung eines Betriebes, Teilbetriebes oder Mitunternehmeranteils in eine GmbH & Co. KG	216
1. Allgemeine Voraussetzungen	216
2. Einbringung eines Einzelunternehmens in eine GmbH & Co. KG	216
3. Einbringung eines Mitunternehmeranteils	218
VI. Eintritt einer GmbH als Komplementär einer KG bzw. bisherigen OHG	218
1. Beteiligung der Komplementär-GmbH am Vermögen der KG	218
2. Komplementär ohne Beteiligung am Vermögen	218

VII. Eintritt eines neuen Kommanditisten als neuer Gesellschafter 219
    1. Gegen Bareinlage 219
        a) Behandlung der Altgesellschafter 219
        b) Behandlung des Neueintretenden 219
    2. Eintritt der neuen Kommanditisten gegen Sacheinlage 219
        a) Einlage aus dem Privatvermögen 219
        b) Einlage aus einem anderen Betriebsvermögen 219
VIII. Umwandlung einer GmbH in eine GmbH & Co. KG 222
    1. Grundsätze 222
    2. Übernahme durch die GmbH & Co. KG 222
        a) AfA und AfA-Bemessungsgrundlage 222
        b) Behandlung des Übernahmegewinns beim Gesellschafter 223
        c) Ermittlung des Übernahmegewinns als Unterschiedsbetrag 224
        d) Entstehungszeitpunkt 224
        e) Berechnung und Festsetzung des Übergangsgewinnes 224
        f) Individuelle Ermittlung für jeden Gesellschafter 225
        g) Sperrbetrag i. S. d. § 50c Abs. 4 EStG 225
        h) Körperschaftsteuerguthaben und unbelastete Teilbeträge 225
        i) Übernahmeverlust 225
IX. Gründungskosten einer GmbH & Co. KG 226
X. Rücklagenbildung nach § 7g EStG im Zusammenhang
    mit einer Gründung 226
    1. Ansparrücklagen 226
    2. Sonderabschreibungen nach § 7g EStG 227
    3. Existenzgründer 227
D. Der Gewinn der Personengesellschaft 228
    I. Gewinnermittlung der Personengesellschaft 228
        1. § 15 Abs. 1 Nr. 2 EStG als Grundlage für die Gewinnermittlung 228
        2. Bilanz der Personengesellschaft als Grundlage für die
        Gewinnermittlung 229
        3. Sondervergütungen für Tätigkeiten im Dienste der Gesellschaft 230
        4. Gewinnausschüttungen einer Komplementär-GmbH
        als Sonderbetriebseinnahmen der Gesellschafter 232
        5. Sonstige Sonderbetriebseinnahmen 232
        6. Sonderbetriebsausgaben 233
        7. Sonderbilanzen bei Sondervergütungen und
        Sonderbetriebsvermögen 233
    II. Betriebsvermögen der GmbH & Co. KG 234
        1. Gesamthandsvermögen der Personengesellschaft 235
            a) Das Betriebsvermögen 235
            b) Privatvermögen der Personengesellschaft 235
        2. Sonderbetriebsvermögen 236
            a) Begriff 236
            b) Betriebsvermögen der GmbH als Sonderbetriebsvermögen 237

c) Sonderbetriebsvermögen der Kommanditisten	239
aa) Grundsätze	239
bb) GmbH-Anteil als Sonderbetriebsvermögen	240
cc) Sonstiges Sonderbetriebsvermögen	241
III. Einzelfragen der Gewinnermittlung	244
1. Bewertung des Betriebsvermögens	244
a) Grundsätze	244
b) Anschaffungskosten	244
aa) Anschaffungskosten beim Erwerb vom Gesellschafter	244
bb) Anschaffungskosten bei Beteiligungswert	245
c) Gegenstand der Einlage	245
aa) Einlage von Nutzungen	245
bb) Aufwendungen des Gesellschafters im Zusammenhang mit der Nutzungsüberlassung	245
cc) Nutzungsüberlassungen auf Grund einer gesicherten Rechtsposition	246
dd) Einlage von Nutzungsrechten mit Verrechnung auf die Pflichteinlage	247
c) Bewertung von Einlagen	248
aa) Gesellschaftereinlage in eine GmbH & Co. KG	248
bb) Einlage in das Sonderbetriebsvermögen	249
cc) Einlage des GmbH-Anteils in das Sonderbetriebsvermögen	250
d) Bildung von Rücklagen nach § 6 b EStG	250
aa) Gesetzliche Grundlagen	250
bb) Die Übertragung von Gewinnen aus Veräußerungen von Wirtschaftsgütern auf andere Wirtschaftsgüter bei einer Personengesellschaft	251
cc) Übertragungsmöglichkeit innerhalb einer Personengesellschaft	252
dd) Übertragungen aus einem anderen Betriebsvermögen	252
ee) Übertragung des nach § 6b EStG begünstigten Gewinns aus einem Sonderbetriebsvermögen	252
ff) Übertragung des steuerbegünstigten Gewinns aus Veräußerung von Wirtschaftsgütern des Gesamthandsvermögens	252
gg) Rücklage nach § 6b EStG bei Eintritt eines Gesellschafters	253
hh) § 6b EStG und Übertragungen innerhalb der Gesellschaft	253
(1) Ein Gesellschafter erwirbt ein Grundstück aus dem Gesamthandsvermögen unter Bedingungen wie zwischen Fremden.	253
(2) Ein Gesellschafter überträgt bisheriges Sonderbetriebsvermögen auf die Gesellschaft.	254
ii) Spätere Auflösung der Rücklage als Sonderbetriebseinnahme	254
2. AfA-Fragen	255
a) Höhere Anschaffungskosten der Beteiligung und AfA	255

3. Behandlung der Geschäftsführergehälter bei der GmbH & Co. KG 255
   a) Vergütung der Komplementär-GmbH für die Geschäftsführung
      und persönliche Haftung 256
   b) Vergütung der Geschäftsführer 257
      aa) Behandlung bei gesellschaftsfremden Geschäftsführern 258
      bb) Geschäftsführer ist lediglich Gesellschafter der GmbH 258
      cc) Kommanditist als Geschäftsführer der GmbH 260
      dd) Gehaltsvereinbarungen mit der KG 261
   c) Pensionszusagen 261
      aa) Grundsätze 261
      bb) Pensionszusagen an Gesellschaftsfremde und solche
          Personen, die nur Gesellschafter der GmbH sind 263
      cc) Pensionszusagen an Gesellschaftergeschäftsführer 264
      dd) Voraussetzung für die steuerliche Anerkennung 265
   d) Behandlung von Sozialversicherungsbeiträgen 268
4. Behandlung von Patentüberlassungen 268
IV. Rechtsgeschäfte mit Gesellschaftern oder mit Angehörigen eines
    Gesellschafters 269
   1. Grundsätze 269
   2. Teilentgeltliche Rechtsgeschäfte als verdeckte Entnahme 270
   3. Rechtsgeschäfte mit Angehörigen eines Gesellschafters 270
      a) Teilentgeltliche Rechtsgeschäfte mit Angehörigen eines
         Gesellschafters 271
      b) Arbeitsverträge zwischen einer Personengesellschaft
         und dem Ehegatten eines Gesellschafters 272
      c) Pensionszusagen und Direktversicherungen zugunsten
         des Arbeitnehmerehegatten eines Gesellschafters 273
      d) Darlehensgewährungen an die Gesellschaft 275
V. Die steuerliche Behandlung der Gewinnverteilung 276
   1. Grundsätze der Gewinnverteilung 276
   2. Vorabgewinn 277
   3. Verteilung des Restgewinns 277
   4. Gewinnbeteiligung der GmbH 278
      a) Beteiligung der GmbH am Gewinn 278
      b) Vergütung bei nicht vermögensmäßiger Beteiligung 279
      c) Gewinnverteilung an die Kommanditisten 279
VI. Nicht ausgeglichene Leistungsbeziehungen als verdeckte
    Gewinnausschüttungen der Komplementär-GmbH 280
   1. Allgemeines 280
   2. Bei beherrschenden Gesellschaftern betriebliche Veranlassung
      nur bei klarer und von vornherein abgeschlossener Vereinbarung 283
      a) Beherrschender Gesellschafter der GmbH 283
      b) Beherrschender Gesellschafter einer GmbH & Co. KG 284
      c) Vereinbarungen mit Angehörigen eines beherrschenden
         Gesellschafters 285

	3. Unangemessene Leistungen als verdeckte Gewinnausschüttung	286
	4. Feststellung der verdeckten Gewinnausschüttung in der einheitlichen und gesonderten Gewinnfeststellung	287
	5. Einzelfälle der verdeckten Gewinnausschüttung	288
	a) Unangemessene Gewinnbeteiligung	288
	b) Unangemessene Vergütung für die Geschäftsführung	288
	c) Vergütung der GmbH an ihre Geschäftsführer für die Geschäftsführung der GmbH & Co. KG	290
	aa) Beherrschender Gesellschaftergeschäftsführer	290
	bb) Geschäftsführer der GmbH	290
	cc) bei gleichzeitiger Beteiligung als Kommanditist	291
	dd) Verdeckte Gewinnausschüttung bei einer Einheits-GmbH & Co. KG im Zusammenhang einer Anteilsveräußerung	291
	d) Unangemessene Vergütung für Nutzungsüberlassung an die KG	293
	e) Verzicht auf Teilnahme an einer Kapitalerhöhung	293
	f) Änderung der Gewinnverteilung zuungunsten der GmbH	294
	g) Verdeckte Gewinnausschüttung durch Errichtung eines Gebäudes auf Gesellschaftergrundstück	294
	h) Wettbewerbsverbot	295
VII.	Die nicht angemessene Gewinnbeteiligung von Familienangehörigen als Gesellschafter der KG	296
	1. Grundsätze bei geschenkten Beteiligungen	296
	2. Steuerliche Konsequenzen einer nicht angemessenen Gewinnbeteiligung	297
VIII.	Gewinnverteilung als formelles Verfahren	298
E.	Ertragsteuerliche Behandlung der GmbH & Co. KG	300
	I. Die GmbH & Co. KG als Steuersubjekt	300
	II. Gewerbesteuer	301
	1. Ermittlung des Gewerbeertrags	301
	2. Gewinnsituation	302
	3. Verlustsituation	305
	III. Einlagen	308
	1. Einlage aus dem Privatvermögen	309
	2. Einlage aus dem Betriebsvermögen	309
	3. Erhöhung des Kapitalkontos bei mittelbarer verdeckter Einlage	310
	IV. Gesellschafterfremdfinanzierung (§ 8a KStG)	311
F.	Ertragsteuerliche Behandlung der Gesellschafter (Gesellschafterebene)	315
	I. Behandlung der Komplementäre	315
	II. Behandlung der Kommanditisten einer GmbH & Co. KG	316
	1. Gewinnsituation	316
	2. Verlustsituation	316
	a) Sofort ausgleichsfähige oder nur verrechenbare Verluste	316
	b) Wirkung von Einlagen	321
	c) Wirkung von Entnahmen	322

III. Gewerbesteueranrechnung des § 35 EStG ... 324
  1. Grundlage ... 324
  2. Sachlicher und zeitlicher Anwendungsbereich ... 325
  3. Wirkung der Gewerbesteueranrechnung ... 325
    a) Steuerermäßigung ... 325
    b) Höchstbetragsberechnung ... 326
    c) Ermittlung der zu berücksichtigenden gewerblichen Einkünfte ... 326
  4. Anrechnungsüberhänge ... 327
  5. Personengesellschaften ... 328
  6. Organschaft ... 328
  7. Zusammenfassung § 35 EStG ... 329
  8. Folgen für die Gesellschaftsverträge von Personengesellschaften ... 329
G Behandlung des Gesellschafterwechsels bei einer GmbH & Co. KG ... 334
  I. Ausscheiden eines Gesellschafters ... 334
    1. Abfindung über Buchwert ... 336
    2. Abfindung zum Buchwert ... 339
    3. Abfindung unter dem Buchwert ... 339
  II. Ausscheiden bei negativem Kapitalkonto ... 341
  III. Ausscheiden eines Gesellschafters ohne Abfindung ... 342
  IV. Veräußerung eines Kommanditanteils ... 343
  V. Behandlung des Neueintritts von Gesellschaftern ... 344
  VI. Steuerliche Behandlung des Erbfalls ... 346
H. Beendigung der GmbH & Co. KG ... 347
  I. Veräußerung der Personengesellschaft ... 347
  II. Aufgabe der Personengesellschaft ... 349
  III. Forderungen bei Veräußerung oder Aufgabe der Personengesellschaft ... 353
    1. Forderung aus der Betriebsveräußerung ... 353
    2. Forderung des Sonderbetriebsvermögens ... 353
  IV. Schulden und Zinsen bei Veräußerung oder Aufgabe der Personengesellschaft ... 354
    1. Schulden bei Betriebsaufgabe bzw. Betriebsveräußerung ... 354
    2. Schulden im Sonderbetriebsvermögen ... 355
  V. Liquidation der Personengesellschaft ... 357
  VI. Gesellschafterforderungen bei Insolvenz oder Liquidation ... 360
  VII. Realteilung ... 361
  VIII. Umwandlung durch Anwachsung ... 362
  IX. Umwandlung einer GmbH & Co. KG in eine GmbH ... 363

§ 4 Steuerliche Sonderfragen ... 365

A. Die steuerliche Behandlung von GmbH & Co. KG, deren Gesellschafter nicht als Mitunternehmer anzusehen sind ... 365
  I. Grundsätze ... 365
  II. Gewinnermittlung bei der Personengesellschaft ... 365
  III. Betriebsvermögen ... 366

IV. Behandlung der Gewinnbeteiligung als Betriebsausgabe	368
V. Behandlung der Gewinnbeteiligung beim Anteilseigner als Kapitaleinkünfte	368
B. Die vermögensverwaltende GmbH & Co. KG (Private Equity)	368
I. Voraussetzung einer vermögensverwaltenden GmbH & Co. KG	368
II. Steuerliche Behandlung der vermögensverwaltenden Personengesellschaft	369
C. Die ertragsteuerliche Behandlung von Publikums-GmbH & Co. KG's	370
I. Die Publikums-GmbH & Co. KG als Personengesellschaft	370
II. Die gewerbliche Tätigkeit	370
III. Mitunternehmerschaft	370
IV. Beschränkung des Verlustabzugs	372
D. Die GmbH & Co. KG als Obergesellschaft	372
I. Allgemeines	372
II. Die Beteiligung an Kapitalgesellschaften	373
III. Die Beteiligung an anderen Personengesellschaften	374
IV. Die GmbH & Co. KG als Organträger (Organschaft)	374
1. Voraussetzungen	374
2. Ertragsteuerliche Rechtsfolgen für die GmbH & Co. KG als Organträger	377
3. Vor- und Nachteile der ertragsteuerlichen Organschaft	378
4. Umsatzsteuerliche Rechtsfolgen für die GmbH & Co. KG als Organträger	379
E. Die doppelstöckige Personengesellschaft	379
I. Grundlagen	379
II. Gewinnermittlung	380
III. Verlustrechnung des § 15a EStG bei doppelstöckigen Personengesellschaften	381
F. GmbH & Co. KG und Betriebsaufspaltung	382
I. Einführung	382
II. Sachliche Verflechtung	384
1. Wesentliche Betriebsgrundlage	384
a) Überlassung von Grundstücken und Gebäuden	384
b) Bewegliche Anlagegüter	386
c) Immaterielle Wirtschaftsgüter	386
d) Kein Eigentum an der wesentlichen Betriebsgrundlage erforderlich	387
2. Nutzungsüberlassung durch Besitzunternehmen	387
III. Personelle Verflechtung	387
1. Personengruppentheorie	387
2. Mittelbare Beherrschung	388
3. Faktische Beherrschung	389
4. Ehegatten	390
5. Abkömmlinge	391

IV. Beginn der Betriebsaufspaltung	392
1. Zeitpunkt der Begründung der Betriebsaufspaltung	392
2. Ertragsteuerliche Folgen der Begründung der Betriebsaufspaltung	392
V. Beendigung der Betriebsaufspaltung – Vermeidung der Gewinnrealisation	393
1. Sachliche Entflechtung	393
2. Personelle Entflechtung	393
3. Folgen der Beendigung der Betriebsaufspaltung	394
VI. Besitzunternehmen in Rechtsform der GmbH & Co. KG	395
VII. Betriebsgesellschaft in Rechtsform der GmbH & Co. KG	397
VIII. Sonderformen der Betriebsaufspaltung	398
1. Umgekehrte Betriebsaufspaltung	398
2. Mitunternehmerische Betriebsaufspaltung	399
3. Mitunternehmerische Einheitsbetriebsaufspaltung	399
IX. Unterschiede zwischen Sonderbetriebsvermögen und Betriebsaufspaltung	400
G. Umsatzsteuer	400
I. Unternehmereinheit bei der GmbH & Co. KG	400
II. Umsatzsteuer bei Neugesellschaftern	401
1. Umsatzsteuer bei Gründung einer GmbH & Co. KG	401
2. Umsatzsteuer bei Eingehen einer stillen Gesellschaft	401
III. Leistungen zwischen Gesellschafter und PersG	401
1. Rechnungslegung	401
2. Vorsteuerabzug beim Gesellschafter	401
3. Umsatzsteuer bei unentgeltlichen Lieferungen und Leistungen	402
4. Umsatzsteuerliche Behandlung von verbilligten Lieferungen und Leistungen	403
5. Leistungen der Gesellschafter an eine GmbH & Co. KG	403
a) Allgemeines	403
b) Geschäftsführung	404
c) Andere Dienstleistungen	409
d) Nutzungsüberlassung	409
6. Sonstige umsatzsteuerliche Vorgänge	409
a) Eintritt eines Gesellschafters	409
b) Ausscheiden eines Gesellschafters aus einer mehrgliedrigen GmbH & Co. KG gegen Barabfindung	410
c) Ausscheiden des vorletzten Gesellschafters aus einer zweigliedrigen Personengesellschaft	411
d) Ausscheiden eines Gesellschafters mit Sachwertabfindungen	411
e) Veräußerung eines Anteils	411
f) Betriebsveräußerung	411
g) Umsatzsteuerliche Behandlung der Betriebsaufgabe	412
H. Grunderwerbsteuer	412
I. Grundsätze	412

II. Grunderwerbsteuerbefreiungen		413
III. Erwerb eines Grundstücks durch eine Personengesellschaft		413
1. Grundsätze		413
2. Übertragung auf eine Personengesellschaft, an der der Einbringende beteiligt ist		413
3. Einbringung von Grundstücken durch mehrere Gesellschafter		415
4. Änderung im Anschluss an eine (partielle) Befreiung nach § 5 GrEStG		415
IV. Erwerb eines Grundstücks von einer Personengesellschaft durch den Gesellschafter		416
V. Grunderwerbsteuerliche Behandlung des Gesellschafterwechsels		416
VI. Ausscheiden eines Gesellschafters aus einer Personengesellschaft		417
VII. Mittelbarer Übergang der Anteile (§ 1 Abs. 2a und Abs. 3 GrEStG)		418
VIII. Übersicht über die Grunderwerbsteuerbefreiungen bei Personengesellschaften		419
IX. Bemessungsgrundlage		419
I. Übertragung der Personengesellschaft durch Erbschaft oder Schenkung		420
I. Erbschaft- und Schenkungsteuer		420
1. Vorweggenommene Erbfolge		422
2. Erbfall und Erbauseinandersetzung		423
3. Überhöhte Gewinnbeteiligung		425
4. Buchwertklausel		425
5. Buchwertklausel für Ausscheidende aus einer Gesellschaft		425
II. Einkommensteuer		425
1. Vorweggenommene Erbfolge		425
a) Unentgeltliche Übertragung		425
b) Teilentgeltliche Übertragung		426
2. Erbfall und Erbauseinandersetzung		427
J. Verwandte Unternehmensformen		429
I. Die GbR mit beschränkter Haftung		429
II. GmbH & Co. KG a.A		430
III. GmbH & Still – GmbH & Co. KG		430
IV. Die Stiftung & Co. KG		431
1. Begriff		431
2. Die Stiftung & Co. KG als Steuersubjekt		432
a) Gewinnermittlung		432
b) Körperschaftsteuer der Stiftung		432
c) Umwandlung		432
d) Erbschaftsteuer		433
V. Das Treuhandmodell		433
1. Grundsätze		433
2. Zivilrecht		433
3. Mitunternehmerschaft		433
4. Gewerbesteuer		435

K. Die Vertretung der GmbH & Co. KG vor dem Finanzamt und den
    Finanzgerichten   436
    I. Geschäftsführer als Empfangsbevollmächtigte   436
    II. Geschäftsführer als Einspruchsberechtigte   436
    III. Gesellschafter als Einspruchs- und Klageberechtigte   436
    IV. Beiladung der Betroffenen   436

§ 5 Vor- und Nachteile der GmbH & Co. KG gegenüber der GmbH   437

A. Bürgerliches Recht   437
    I. GmbH & Co. KG als Doppelgesellschaft   437
    II. Zwei Firmen   437
    III. Zwei Bilanzen   437
    IV. Unterschiedliche Ausgestaltung der Gesellschaftsverhältnisse   437
    V. Haftungsbegrenzung   438
    VI. Gesellschafterwechsel   438
    VII. Publizität   439
    VIII. Sachgründung   439
B. Steuerrecht   439
    I. Ertragsteuerliche Auswirkungen (ohne GewSt)   439
        1. Besteuerung   439
        2. Sondervergütungen an Gesellschafter   439
        3. Aufgabe und Veräußerungsgewinne   440
        4. Verlustverrechnung   440
    II. Gewerbesteuerliche Auswirkungen   440
    III. Unterschiede in der Anteilsbewertung und Bewertung des
         Betriebsvermögens   441
    IV. Steuerlicher Belastungsvergleich   441
C. Vorteile des Ausschlusses einer Vermögens- und Gewinnbeteiligung
   der Komplementär-GmbH   443
    I. Keine Verlustbeteiligung   443
    II. Minimierung verdeckter Gewinnausschüttung   443
    III. Keine Gewinnaufdeckung bei Sacheinbringung   444
    IV. Keine Gewinnrealisierung bei Realteilung   444
    V. Kein Beteiligungserwerb der Komplementar-GmbH im Zeitpunkt
       der Umwandlung   444
    VI. Kein Anteilserwerb der Komplementar-GmbH im Falle
        des Ausscheidens eines Gesellschafters   444

§ 6 Vertragsmuster   445

Stichwortverzeichnis   471

Abkürzungsverzeichnis

a.A.	anderer Auffassung
a.a.O.	am angegebenen Ort
AfA	Absetzung für Abnutzung
AG	Aktiengesellschaft
AktG	Aktiengesetz
Anm.	Anmerkung
AO	Abgabenordnung
AStG	Außensteuergesetz
BB	Der Betriebs-Berater
BewG	Bewertungsgesetz
BFH	Bundesfinanzhof
BFH/NV	Sammlung amtlich nicht veröffentlichter Entscheidungen des Bundesfinanzhofes
BFHE	Entscheidungssammlung des Bundesfinanzhofes
BGB	Bürgerliches Gesetzbuch
BGH	Bundesgerichtshof
BMF	Bundesministerium der Finanzen
BStBl.	Bundessteuerblatt, zit. nach Jahrgang und Seite
BT-Drs.	Bundestags-Drucksache
BV	Betriebsvermögen
d.h.	das heißt
DB	Der Betrieb
DBA	Doppelbesteuerungsabkommen
ders.	Derselbe
DStR	Deutsches Steuerrecht
DStZ	Deutsche Steuerzeitung
EFG	Entscheidungssammlung der Finanzgerichte
ErbStG	Erbschaft- und Schenkungsteuergesetz
ESt	Einkommensteuer
EStG	Einkommensteuergesetz
EStH	Amtliches Einkommensteuer-Handbuch
EStR	Einkommensteuer-Richtlinien
F.	Fach
f., ff.	folgende, fortfolgende
FG	Finanzgericht
FinMin	Finanzministerium
FR	Finanz-Rundschau

GbR	Gesellschaft bürgerlichen Rechts
GbRmbH	Gesellschaft bürgerlichen Rechts mit beschränkter Haftung
gem.	gemäß
GESt	Grunderwerbsteuer
GEStG	Grunderwerbsteuergesetz
GewStÄG 2003	Gesetz zur Änderung des Gewerbesteuergesetzes und anderer Gesetze
GewStG	Gewerbesteuergesetz
GewStR	Gewerbesteuer-Richtlinien
ggf.	gegebenenfalls
GmbH	Gesellschaft mit beschränkter Haftung
GmbHG	Gesetz betreffend die Gesellschaften mit beschränkter Haftung (GmbH-Gesetz)
GmbHR	GmbH-Rundschau, zit. nach Jahrgang und Seite
grds.	grundsätzlich
GS	Großer Senat
H	Hinweise
HB	Handbuch
HGB	Handelsgesetzbuch
Hlbs.	Halbsatz
i.S.d.	im Sinne der (des)
i.V.m.	in Verbindung mit
INF	Die Information über Steuer und Wirtschaft
InsO	Insolvenzordnung
KapESt	Kapitalertragsteuer
KapG	Kapitalgesellschaft
KG	Kommanditgesellschaft
KGaA	Kommanditgesellschaft auf Aktien
Komm.	Kommentar
KorbIIGes	Gesetz zur Umsetzung der Protokollerklärung der Bundesregierung zur Vermittlungsempfehlung zum Steuervergünstigungsabbaugesetz
KÖSDI	Kölner Steuer-Dialog, zit. nach Jahrgang und Seite
KSt	Körperschaftsteuer
KStG	Körperschaftsteuergesetz
m.w.N.	mit weiteren Nachweisen
NJW	Neue Juristische Wochenschrift, zit. nach Jahrgang und Seite
NWB	Neue Wirtschaftsbriefe
NZG	Neue Zeitschrift für Gesellschaftsrecht

o.a.	oben angeführt
OHG	Offene Handelsgesellschaft
OLG	Oberlandesgericht
PersG	Personengesellschaft
PV	Privatvermögen
Rz.	Randziffer
S.	Seite
s.	siehe
s.u.	siehe unten
sog.	sogenannte(r, s)
StbJB	Steuerberater-Jahrbuch
StBp	Die steuerliche Betriebsprüfung
StSenkG	Steuersenkungsgesetz 2003
StVergAbG	Steuervergünstigungsabbaugesetz
Tz.	Textziffer
u.a.	unter anderem
u.E.	unseres Erachtens
u.U.	unter Umständen
UmwG	Umwandlungsgesetz
UmwStG	Umwandlungssteuergesetz
UntStFG	Unternehmenssteuerformentwicklungsgesetz
UstG	Umsatzsteuergesetz
usw.	und so weiter
v.	vom
v.H.	vom Hundert
vGA	verdeckte Gewinnausschüttung
vgl.	vergleiche
WG	Wirtschaftsgüter
WPg	Die Wirtschaftsprüfung
z.B.	zum Beispiel
ZGR	Zeitschrift für Unternehmens- und Gesellschaftsrecht

§ 1 GmbH & Co. KG nach Handels- und Gesellschaftsrecht

A. Begriff und Organisationsform der GmbH & Co. KG

I. GmbH & Co. KG als Doppelgesellschaft

Unter einer GmbH & Co. KG versteht man eine Kommanditgesellschaft, deren persönlich haftender Gesellschafter eine Kapitalgesellschaft, hier GmbH, ist. Im Gegensatz zu den anderen Gesellschafts- und Vertragsformen (GmbH & Still und Betriebsaufspaltung) treten hier nach außen hin zwei juristisch selbständige Gesellschaften in Erscheinung, nämlich die Kommanditgesellschaft und eine GmbH. Die Verbindung untereinander wird dadurch geschaffen, dass sich die GmbH als persönlich haftender Gesellschafter an der Kommanditgesellschaft beteiligt, wobei die GmbH erst die besondere Organisationsform ermöglicht. Da es sich um zwei völlig getrennte Gesellschaften handelt, bedarf es des Abschlusses zweier Gesellschaftsverträge. Beide Gesellschaften haben grundsätzlich ihre eigenen Organe, wobei die Geschäftsführer der Komplementär-GmbH in der Regel mittelbar auch die Geschäftsführer der Personengesellschaft sein werden. Grundsätzlich haben beide Gesellschaften auch ihre eigenen Gesellschaftsvermögen, die sie in getrennten Bilanzen auszuweisen haben. Ebenfalls ist der Gewinn getrennt zu ermitteln.

Beide Gesellschaften sind getrennt im Handelsregister einzutragen. Jede der beiden Gesellschaften hat auch ihre eigene Firma. Nicht erforderlich ist es, dass die Gesellschaften ihren Sitz am gleichen Ort haben. Es ist sogar rechtlich zulässig, dass die Komplementär-GmbH eine Gesellschaft mit Sitz im Ausland ist (z.B. Ltd. & Co.KG, vgl. zu den Unterschieden GmbH & Co. KG und Ltd. & Co.KG Werner, GmbH & 2005, S. 288 ff.).

Die Gesellschaftsform wird nur dadurch ermöglicht, dass die Komplementärin eine juristische Person, die KG ein nicht rechtsfähiger Zusammenschluss von natürlichen und juristischen Personen ist. Neben der Komplementär-GmbH als persönlich haftende Gesellschafterin können neben oder anstelle von natürlichen Personen auch weitere juristische Personen oder auch Handelsgesellschaften in Form einer OHG oder KG Gesellschafter sein.

Während eine Personengesellschaft mindestens zwei Gesellschafter voraussetzt, kann eine GmbH & Co. KG tatsächlich von einer Person betrieben werden, indem diese Person einziger Kommanditist und Alleingesellschafter der Komplementär-GmbH ist.

Beispiel: Meier ist mit einer Kommanditeinlage von 250.000 € Kommanditist der Meier Maschinenbau GmbH & Co. KG. Persönlich haftende Gesellschafterin ist die Meier Maschinenbau GmbH mit einem Kapital von 50 000 €, deren alleiniger Gesellschafter Meier ist.

Jedoch wird ein Alleingesellschafter rechtlich nicht als ein Einzelkaufmann behandelt. Eine Durchgriffshaftung wird rechtlich nicht anerkannt. Dennoch stellt das GmbHG besondere Anforderungen an die Einmann-GmbH.

II. Grundsatz der Vertragsfreiheit

§§ 161 ff. HGB enthält, was das Innenverhältnis zwischen den Gesellschaften anbetrifft, nur Normen, die dispositiver Natur sind. Es obliegt daher grundsätzlich den

7 Parteien, das Gesellschaftsverhältnis frei auszugestalten. So können im Gesellschaftsvertrag der KG die Rechte des Kommanditisten erheblich eingeschränkt werden. So kann z. B. vereinbart werden, dass dem Kommanditisten das Widerspruchsrecht des Kommanditisten hinsichtlich der Geschäfte, die über den üblichen Rahmen der laufenden Geschäfte hinausgehen, erheblich eingeschränkt wird. Auch die Kontrollrechte des § 116 HGB können noch weiter eingeschränkt werden, z. B. in der Weise, dass der Gesellschafter lediglich ein Recht auf die Mitteilung der jährlichen Bilanz hat. Auch das Einsichtsrecht kann erheblich eingeschränkt werden.

Auf der anderen Seite können die Rechte der Kommanditisten erheblich ausgedehnt werden, in der Weise, dass bestimmte Geschäfte, die über den üblichen Rahmen hinausgehen oder im Gesellschaftsvertrag genau beschrieben werden, der Zustimmung der Gesellschafter bedürfen. Auch kann im Gesellschaftsvertrag die Beteiligung der Komplementär-GmbH am Gesamthandsvermögen ausgeschlossen werden. Es ist sogar zulässig, die Komplementär-GmbH von der Vertretung und Geschäftsführung der Gesellschaft auszuschließen. In diesem Falle stellt sie nur ihr Haftungsrisiko und ihren Firmennamen zur Verfügung.

III. Die Kaufmannseigenschaft der GmbH & Co. KG

8 Die GmbH & Co. KG als Personenhandelsgesellschaft ist nicht kraft Rechtsform wie die Kapitalgesellschaft GmbH, AG, KGaA, Kaufmann. Voraussetzung ist, dass sie einen Gewerbebetrieb führt. Es reicht nicht aus, dass die GmbH als Komplementärin kraft Rechtsform Kaufmann ist (Bayer. OblG v. 13. 11. 1984 BB 1985, 78), vielmehr muss der Gesellschaftszweck auf das Betreiben eines Gewerbes ausgerichtet sein. Eine Kommanditgesellschaft setzt grundsätzlich einen in kaufmännischer Weise eingerichteten Geschäftsbetrieb nach § 1 HGB voraus (§§ 161 Abs. 2, 105 Abs. 2 HGB). Hat das Unternehmen nicht die Kaufmannseigenschaft nach § 1 HGB, liegen also die Voraussetzungen des § 1 HGB nicht vor, ist eine KG dennoch Kaufmann, wenn sie im Handelsregister eingetragen ist (§ 2 HGB). So wird die KG nach außen hin erst mit der Eintragung wirksam, weil ihr Gewerbe erst dadurch zum Handelsgewerbe wird (BGH v. 13. 7. 1972, BGHZ 59, 179/181). Bei Beginn muss jedoch noch kein vollkaufmännischer Geschäftsbetrieb gegeben sein, er muss jedoch beabsichtigt sein, wofür zuverlässige Anhaltspunkte bei der Eintragung vorliegen müssen (BGHZ 10, 91,96, 32/307, 311, HGB GroßKomm. 3. Aufl. § l Anm. 14 KG OLG E 43, 203).

9 Ein kaufmännischer Geschäftsbetrieb im Sinne des § 1 HGB erfordert Einrichtungen, die notwendig sind, um einen Betrieb übersichtlich und zuverlässig abwickeln zu können (Baumbach/Hopt, HGB, 31. Aufl., § 1 Anm. 23). Das Erfordernis eines in kaufmännischer Weise eingerichteten Geschäftsbetriebes wird durch folgende Merkmale bestimmt:

10 Vielfalt erbrachter Leistungen, Umsatzvolumen, Gewerbeertrag, Anlage- und Betriebskapital, Anzahl Beschäftigter, Geschäftslokal, Geschäftsbeziehungen, Kassenführung, kaufmännische Buchführung, regelmäßige Inventurerstellung und Aufstellung von Bilanzen, Teilnahme am Kreditverkehr (OLG Frankfurt BB 1983, 355, Baumbach/Hopt/ 31. Aufl., § 1 Anm. 23ff.). Hierbei ist das Gesamtbild entscheidend.

A. Begriff und Organisationsform der GmbH & Co. KG § 1

IV. Einfluss des Gesellschaftszweckes der Komplementär-GmbH auf die Organisation der GmbH & Co. KG

1. Geschäftsführung der GmbH & Co. als Gesellschaftszweck der GmbH

Vielfach ist es der alleinige Zweck einer GmbH, Geschäftsführerin der GmbH & Co. KG zu sein. Ihre alleinige Aufgabe liegt in diesem Falle darin, dass sie die Geschäfte der GmbH & Co. KG führt. Sie bedarf daher in der Regel keiner eigenen Organisation. Ihre Organe (Geschäftsführer) sind gleichzeitig auch die mittelbaren Organe der Kommanditgesellschaft.

11

2. GmbH als Geschäftsführer verschiedener GmbH & Co. KGs

Ist die GmbH Komplementärin und Geschäftsführerin mehrerer Kommanditgesellschaften, wird sie in der Regel den Rahmen, lediglich als Geschäftsführer tätig zu sein, überschreiten. Hinter der Geschäftsführertätigkeit wird sich in der Regel eine eigene gewerbliche Betätigung verbergen. Die für die Unternehmen wichtigen Entscheidungen werden hier im Zweifel bei der Komplementär-GmbH und nicht bei den einzelnen Kommanditgesellschaften fallen.

12

Beispiel: Gegenstand einer GmbH ist es, eine Hotelkette zu errichten. Zur Finanzierung der einzelnen Hotelbauten gründet sie Kommanditgesellschaften, deren Komplementärin und Geschäftsführerin sie ist. Der Gesellschaftszweck ist in diesem Falle nicht auf die Geschäftsführung dieser von ihr gegründeten Gesellschaften beschränkt, er erstreckt sich hier auf die Gründung neuer Gesellschaften und die Erschließung immer neuer Finanzquellen. Die Gründung neuer Gesellschaften erfolgt dann, wenn die GmbH neue Finanzierungsquellen für ihre Aktivitäten benötigt. Dies gilt insbesondere dann, wenn es sich bei den Kommanditgesellschaften um geschlossene Fonds handelt.

13

3. Eigene gewerbliche Betätigung der GmbH

Der Gesellschaftszweck braucht nicht auf die Geschäftsführung anderer Gesellschaften beschränkt zu sein. Die GmbH kann daneben auch eine eigene gewerbliche Betätigung ausüben.

14

Beispiel: Die GmbH betreibt ein Warenhaus. Zur Finanzierung eines neuen Warenhauses gründet sie eine Kommanditgesellschaft, deren Gesellschaftszweck der Bau eines neuen Warenhauses und dessen Verpachtung an die GmbH ist und deren Komplementärin und Geschäftsführerin sie ist.

V. Die einzelnen Organisationsformen der GmbH & Co. KG

1. Die kapitalistische GmbH & Co. KG

Von einer kapitalistischen Kommanditgesellschaft spricht man, wenn der Komplementär, in der Regel eine natürliche Person, zu einem Angestellten degradiert worden ist und die Kommanditisten das Sagen haben. Das gilt insbesondere dann, wenn den Kommanditisten Generalvollmacht oder Prokura erteilt worden ist. Eine ähnliche Situation ergibt sich bei der GmbH & Co. KG, wenn die GmbH als solche von der Ge-

15

schäftsführung ausgeschlossen worden ist und diese einzelnen Kommanditisten obliegt. Hier dient die Organisationsform allein dem Zweck der Haftungsbeschränkung. Bei der so genannten Familien-GmbH & Co. KG, an der überwiegend miteinander verwandte Personen beteiligt sind und die aus einem bisherigen Einzelunternehmen oder OHG, KG hervorgegangen ist, wird vielfach die Struktur der kapitalistischen GmbH & Co. KG gewählt, wenn der Geschäftsführer ein familienfremder Nichtgesellschafter ist.

2. Die Management-GmbH

16 Vielfach ist die Kapitalbasis einer GmbH, die ein Handelsgewerbe betreibt, sehr schwach. Eine Erhöhung des Stammkapitals bei der GmbH würde dazu führen, dass die neuen Gesellschafter auch Einfluss auf die Geschäftsführung der GmbH erlangen und letzten Endes bestimmen, wer Geschäftsführer wird. Da das deutsche GmbH- oder Aktienrecht unterschiedliche Gesellschaftsrechte wie Managementaktien nicht kennt ist es zweckmäßig, Kapital und Unternehmensleitung auf zwei Unternehmen zu verteilen. Hier bietet sich die GmbH & Co. KG an. Das Management, also diejenigen, die das Sagen haben, ist in der GmbH, die die Geschäfte der GmbH & Co. KG führt, vertreten. Die Kapitalgeber sind Kommanditisten der GmbH & Co. KG. Hierdurch wird erreicht, dass die Kommanditisten, also Kapitalgeber, keinen Einfluss darauf haben, wer Geschäftsführer wird. Darüber hinaus gibt auch noch der Gesellschaftsvertrag der KG die Möglichkeit, die Rechte der Kommanditisten zu begrenzen, so dass die Unternehmerinitiative allein bei der GmbH liegt. Die Unternehmensleitung liegt in diesem Falle bei den Gesellschaftern der GmbH und nicht bei denen der Kommanditgesellschaft. Steuerlich wird im Zweifel in einem solchen Falle lediglich die GmbH als Gewerbetreibender angesehen, wenn die Rechte der Kommanditisten zu sehr eingegrenzt sind, so dass ihnen keine Unternehmerinitiative zukommt.

Beispiel: Die X-GmbH weist ein Stammkapital von 500.000 € aus. Der Kapitalbedarf beträgt insgesamt 2.000.000 €. Bei einer Erhöhung des GmbH-Kapitals um 2.000.000 € auf 2.500.000 € würden die bisherigen Gesellschafter in eine Minderheit geraten, wenn Fremde das Kapital voll übernehmen würden. Wird gleichzeitig eine KG gegründet, bei der die GmbH die Stellung eines Komplementärs einnimmt, die neuen Kapitalgeber Kommanditanteile übernehmen, bestimmen die Gesellschafter der GmbH weiter die Person des Geschäftsführers und können weiterhin die laufende Geschäftspolitik ohne Mitsprache der Kommanditisten bestimmen. Darüber hinaus haben die Gesellschafter der GmbH ein nicht einschränkbares Informationsrecht, das auch gerichtlich durchsetzbar ist (§§ 51 a, 51 b GmbHG).

17 Handelt es sich um eine sog. Management-GmbH, bei der die Rechtsform der GmbH & Co. KG lediglich der Kapitalbeschaffung dient, werden die Rechte der Kommanditisten, die im Zweifel nicht gleichzeitig Gesellschafter der GmbH sind, erheblich eingeschränkt sein. Das Sagen haben die Gesellschafter der GmbH. Gleiches gilt für die sog. Abschreibungs-GmbH & Co. KG (Publikums-GmbH & Co. KG). Hier haben die Kommanditisten keinen Einfluss auf die Geschäftsführung, weder auf die Bestellung der Geschäftsführer der GmbH noch auf die laufenden Geschäfte. Ist das Wider-

spruchsrecht des § 164 HGB den Kommanditisten verblieben, können sie Maßnahmen, die über die laufenden Geschäfte hinausgehen, widersprechen. Hierzu gehören Maßnahmen zur Betriebserweiterung, Betriebsstillegungen, Grundstücksgeschäfte, Aufnahme von Krediten.

Handelt es sich jedoch um eine Familien-GmbH & Co. KG, die aus einem Einzelunternehmen oder einer Personengesellschaft und einer natürlichen Person als Komplementär hervorgegangen ist, werden die Kommanditisten im Zweifel auch Gesellschafter der GmbH sein, was ihren Einfluss erheblich vergrößert, weil sie den Geschäftsführern gegenüber ein Weisungsrecht haben. Dem Geschäftsführer der Komplementär-GmbH kommt daher nicht annähernd die Stellung zu, die eine natürliche Person als Komplementär in der Regel hat. Es sei denn, er ist alleiniger Gesellschafter der GmbH oder zumindest deren Mehrheitsgesellschafter. 18

3. Die Publikums-GmbH & Co. KG

Eine Publikums-GmbH & Co. KG ist dann gegeben, wenn sich zur Durchführung und Finanzierung eines Projektes ein großer Personenkreis als Kommanditist beteiligt und die gesamte Organisation nicht mehr der einer Personengesellschaft gleicht. Hier tritt die GmbH als Verwalterin eines großen Sondervermögens, nämlich das der Kommanditisten, in Erscheinung. Der Gesellschaftsvertrag hat in diesem Falle den Charakter einer Satzung einer Aktiengesellschaft. Für die Zeichnung von Kommanditanteilen wird in Prospekten öffentlich geworben. Die Rechte der Kommanditisten werden von einem Aufsichtsrat, Verwaltungsrat und Beirat wahrgenommen. 19

Vielfach wird mit dem Erwerb der Kommanditbeteiligung ein so genannter Treuhandvertrag abgeschlossen, aufgrund dessen Stimmrecht und Wahrnehmung der Gesellschafterinteressen auf eine Treuhandgesellschaft übertragen werden. Die Kommanditgesellschaft eignet sich daher ganz besonders für Investment- und Finanzierungsgesellschaften. Im Gegensatz zur GmbH & Still eignet sie sich jedoch nur für die oben genannten geschlossenen Fonds. Allerdings kann auch der Gesellschaftsvertrag die Neuaufnahme von Gesellschaftern vorsehen. Es ist jedoch zu beachten, dass die Gesellschafter im Gesellschaftsvertrag genannt sein müssen und jede Aufnahme neuer Gesellschafter eine Änderung des Gesellschaftsvertrages voraussetzt. Dem kann jedoch dadurch begegnet werden, dass die Anteile von Treuhändern übernommen werden, die nach außen hin als Gesellschafter in Erscheinung treten. 20

4. GmbH & Co. KG als Mittel der Haftungsbeschränkung

Die Gesellschaftsform der Kommanditgesellschaft steht und fällt mit der Person des persönlich haftenden Gesellschafters. Scheidet der alleinige persönlich haftende Gesellschafter aus der Kommanditgesellschaft aus, lebt die persönliche Haftung der Kommanditisten wieder auf, wenn kein neuer persönlich haftender Gesellschafter an die Stelle des ausgeschiedenen tritt. Die Person des persönlich haftenden Gesellschafters kann jedoch dadurch institutionalisiert werden, dass eine juristische Person (GmbH, Aktiengesellschaft, Stiftung) als persönlich haftender Gesellschafter eintritt. Unberührt von der persönlichen Haftung bleibt allerdings die Geschäftsführung. Ohne besondere Vereinbarung ist der Geschäftsführer der GmbH, weil zu den Aufgaben der GmbH auch die Geschäftsführung der KG gehört (§ 161 Abs. 2 i.V.m. § 114 Abs. 1 HGB), 21 mittelbar auch Geschäftsführer der KG. Der Gesellschaftsvertrag kann hier auch andere Lösungen vorsehen. Der Gesellschaftsvertrag kann etwa bestimmen, dass die Geschäftsführer der KG von der Gesellschafterversammlung der KG zu bestellen sind. Es kann hierbei einzelnen Kommanditisten die Befugnis zur Geschäftsführung erteilt werden. Sie können neben die geschäftsführende GmbH treten oder aber an deren Stelle. Unabhängig von der Frage der Geschäftsführung können auch die zustimmungsbedürftigen Geschäfte im Gesellschaftsvertrag festgelegt werden oder das Widerspruchsrecht des § 164 HGB bestätigt oder auch ausgedehnt werden, so dass die GmbH & Co. KG als Kommanditgesellschaft ihren Charakter als Personengesellschaft, trotz Eintritt einer GmbH als persönlich haftende Gesellschafterin, behält.

5. GmbH & Co. KG bei Identität der Gesellschafter

22 Der Charakter der GmbH als familien- und personenbezogene Gesellschaft wird noch bestärkt, wenn die Kommanditisten gleichzeitig Gesellschafter der GmbH sind, so dass der Gesellschafterkreis bei beiden Gesellschaften gleich ist.
In einem solchen Falle liegt eine typische GmbH & Co. KG vor. Bei unterschiedlichem Gesellschafterkreis ist eine atypische GmbH & Co. KG gegeben. Der Begriff typische und atypische GmbH & Co. KG hat insbesondere für das Steuerrecht Bedeutung, weil bei der typischen GmbH & Co. KG wegen der Gesellschafteridentität ein Interessenkonflikt weitgehend ausgeschlossen ist.

23 Vielfach werden Kommanditisten Geschäftsführer der GmbH sein. Um die gleichen Beteiligungsverhältnisse auch künftig zu sichern, ist es zweckmäßig, beide Gesellschaftsverträge inhaltlich aufeinander abzustimmen, insbesondere, was die Veräußerung und Vererbung von Anteilen angeht.

6. GmbH & Co. KG als Form der Betriebsaufspaltung

24 Unter einer Betriebsaufspaltung versteht man die Aufteilung eines wirtschaftlich einheitlichen Unternehmens in zwei oder mehrere juristisch selbständige Gesellschaften. Sie ist zum Beispiel gegeben, wenn ein Unternehmen in eine Betriebs-GmbH und ein Besitzunternehmen aufgespalten wird. In diesem Falle betreibt die Betriebs-GmbH als Handelsgewerbetreibender das Unternehmen, während die andere Gesellschaft Eigentümer des der GmbH überlassenen Betriebsvermögens ist. Eine Betriebsaufspaltung ist auch in der Weise möglich, dass die GmbH Eigentümerin der Wirtschaftsgüter ist und die Kommanditgesellschaft das Unternehmen betreibt. Gegenstand des Unternehmens der GmbH ist in diesem Falle nicht nur die Übernahme der persönlichen Haftung der KG und deren Geschäftsführung, sondern auch die Überlassung von Wirtschaftsgütern an die Kommanditgesellschaft zur Nutzung. Eine Betriebsaufspaltung in dieser Form kommt vielfach dann in Betracht, wenn die GmbH & Co. KG aus einer GmbH hervorgegangen ist und darauf verzichtet worden ist, das Gesellschaftsvermögen mit Ausnahme des Umlaufvermögens der GmbH auf die Kommanditgesellschaft zu übertragen.

7. GmbH & Co. KG als Einheitsgesellschaft

25 In der Regel ist davon auszugehen, dass es sich bei der GmbH und der Kommanditgesellschaft um zwei rechtlich verschiedene Gesellschaften handelt, die ihre eigenen

Organe haben. Um die gleiche Willensbildung bei beiden Gesellschaften zu garantieren, besteht die Möglichkeit, dass die Kommanditgesellschaft alle Anteile der GmbH erwirbt. Das geschieht in der Weise, dass die oder der Gesellschafter der GmbH ihre Anteile an der GmbH auf die Kommanditgesellschaft übertragen.

Befinden sich die Anteile der GmbH im Gesamthandsvermögen der Kommanditgesellschaft, liegt eine sog. Einheitsgesellschaft vor. Die Einheitsgesellschaft, die rechtlich zulässig ist, birgt jedoch die Gefahr, dass Kommanditeinlagen (Haftkapital) der Gesellschaft durch den Erwerb der GmbH-Anteile wieder entzogen werden. Das gilt insbesondere dann, wenn die Anteile wegen der stillen Reserven von der KG zu einem höheren Wert als dem Nominalwert der Anteile erworben werden.

Beispiel: An der Müller Maschinenbau GmbH & Co. KG sind die
Müller Maschinenbau GmbH 50.000 €
Josef Schulze als Kommanditist zu 100.000 €
Franz Müller als Kommanditist zu 100.000 €
beteiligt.

Bilanz

Aktiva	250.000 €	Komplementär-GmbH	50.000 €
		Kommanditist Müller	100.000 €
		Kommanditist Schulze	100.000 €
Bilanzsumme	250.000 €	Bilanzsumme	250.000 €

Nunmehr erwirbt die Kommanditgesellschaft die Anteile an der GmbH von den beiden Gesellschaftern Müller und Schulze für 100.000 €.

Es ergibt sich folgende Bilanz:

GmbH-Anteile	100.000 €	Komplementär-GmbH	50.000 €
Sonst. Verm.	150.000 €	Kommanditist Müller	100.000 €
		Kommanditist Schulze	100.000 €
Summe	250.000 €	Summe	250.000 €

Das Betriebsvermögen hat sich durch den Erwerb der Anteile praktisch um 100.000 €, also um die Anschaffungskosten der Beteiligung gemindert. Indirekt bedeutet der Erwerb der Anteile an der Komplementär-GmbH durch die Kommanditgesellschaft von ihren Gesellschaftern eine mittelbare Rückerstattung ihrer geleisteten Kommanditeinlage.

Dem hat auch der Gesetzgeber durch die handelsrechtliche Vorschrift des § 172 Abs. 6 HGB Rechnung getragen. Demnach gilt gegenüber den Gläubigern einer Gesellschaft, bei der kein persönlich haftender Gesellschafter eine natürliche Person ist, die Einlage eines Kommanditisten als nicht geleistet, soweit sie in Anteilen an dem persönlich haftenden Gesellschafter bewirkt ist.

29 In dem oben genannten Beispiel gelten die Einlagen nur in folgender Höhe als geleistet:

Kommanditeinlagen	200.000 €
./. Erwerb GmbH-Anteil	./. 100.000 €
geleistete Einlagen	100.000 €

B. Gründungsformen der GmbH & Co. KG

I. Allgemeines

30 Ein Unternehmen kann von vornherein in der Form einer GmbH & Co. KG errichtet werden. Es wird in diesem Falle der Geschäftsbetrieb sofort in der Form der GmbH & Co. KG aufgenommen. In der Regel wird jedoch der GmbH & Co. KG entweder ein Einzelunternehmen oder eine bereits vorhandene Handelsgesellschaft in der Form der OHG oder KG vorausgehen. Die GmbH & Co. KG kann auch durch Umwandlung einer GmbH nach dem Umwandlungsgesetz hervorgehen (Formwechselnde Umwandlung).

Beispiel 1: Albert Graf ist Inhaber des gleichnamigen Einzelhandelsunternehmens. Er will seine Kinder am Unternehmen beteiligen. Dies erfolgt in der Weise, dass er eine Kommanditgesellschaft gründet und in diese neue Gesellschaft sein bisheriges Einzelunternehmen als Sacheinlage einbringt. Um die Unternehmensnachfolge zu sichern, wird er die Form der GmbH & Co. KG wählen, indem die GmbH entweder als alleinige Komplementärin eintritt oder neben ihm als persönlich haftender Gesellschafter. In beiden Fällen ist der Bestand der Gesellschaftsform gesichert, wenn der ursprüngliche Alleininhaber einmal sterben sollte. Möglich ist aber auch, den Übergang auf eine GmbH & Co. KG stufenweise zu vollziehen, indem zwar gleichzeitig mit der Gründung der KG eine GmbH errichtet wird, diese jedoch noch nicht sofort als Komplementärin eintritt, sondern erst für den Fall, dass sich eine natürliche Person nicht finden sollte, die als Komplementär eintritt (Vorrats-GmbH). Es besteht hier die Möglichkeit, dass die GmbH zunächst einmal als Kommanditist in die Gesellschaft eintritt oder noch nicht Gesellschafter wird.

Beispiel 2: Eine Familien-KG besteht aus den Komplementären Franz Meier und Hans Meier und weiteren Familienangehörigen als Kommanditisten. Beide Komplementäre sind schon älter; ein Nachfolger aus den Familienangehörigen ist nicht in Sicht. Die Gesellschafter beabsichtigen daher, den Bestand der Kommanditgesellschaft dadurch zu sichern, dass persönlich haftender Gesellschafter eine GmbH wird. Das geschieht vielfach in der Weise, dass die beiden Komplementäre Gesellschafter der GmbH werden und gleichzeitig hinsichtlich ihres Anteils an der Personengesellschaft die Stellung eines Kommanditisten beantragen.

Beispiel 3: Die Müller Maschinenbau GmbH ist in finanzielle Schwierigkeiten geraten. Einige Großgläubiger sind bereit, ihre Forderungen in eine Beteiligung umzuwandeln, um das Unternehmen auf diese Weise zu sanieren. Die Mehrheitsverhältnisse innerhalb der GmbH sollen nicht verändert werden. Die Bewertung der Anteile bereitet Schwierigkeiten. In diesem Fall bietet sich die Gesellschaftsform der GmbH & Co. KG an. Die GmbH bleibt in ihrer bisherigen Zusammensetzung erhalten, die bisherigen Großgläubiger treten dem Unternehmen als Kommanditisten bei. Das Unternehmen selbst wird jetzt von einer GmbH & Co. KG geführt.

II. Neugründung einer GmbH & Co. KG

1. Errichtung der Gesellschaft

Die Neugründung einer GmbH liegt dann vor, wenn weder ein Gesellschaftsverhältnis gegeben ist noch eine gewerbliche Betätigung vorliegt, die von der neu zu gründenden GmbH & Co. KG übernommen werden soll. 31

Entsprechend darf zu Beginn weder eine GmbH noch eine Kommanditgesellschaft vorhanden sein. Ist von Anfang an geplant, dass eine GmbH Komplementärin einer KG werden soll, müsste die GmbH spätestens zum Zeitpunkt des Abschlusses des KG-Vertrages vorhanden sein. Es ist nicht zu beanstanden, wenn die Gründung der GmbH und die Errichtung der KG gleichzeitig erfolgen. Keine rechtlichen Probleme tauchen auf, wenn mit der Aufnahme des Geschäftsbetriebes gewartet wird, bis beide Gesellschaften in das Handelsregister eingetragen sind. Zumindest müssen beide Gesellschaften gleichzeitig errichtet werden. 32

Bei der Gründung der GmbH ist für den Abschluss des Gesellschaftsvertrages notarielle Form erforderlich. Für den Abschluss des KG-Vertrages bedarf es keiner besonderen Form. Hier wird in der Regel Schriftform ausreichen. Bei der Anmeldung der KG zum Handelsregister muss jedoch die GmbH in ihrer Organisationsform schon bestehen. Es müssen die Geschäftsführer bestellt sein, die für die GmbH als Komplementärin handeln. 33

Beim KG-Vertragsabschluss greift § 181 BGB ein, wenn der GmbH-Geschäftsführer selbst Kommanditist ist (Baumbach/Hopt HGB Anh. § 177 a RdNr. 12). Bei Gründung der Komplementär-GmbH sollte daher der Gesellschaftsvertrag der GmbH eine Befreiung vom Verbot des Selbstkontrahierens vorsehen. Die Befreiung vom Verbot des Selbstkontrahierens muss im Handelsregister der KG eingetragen werden. (Bay ObL Beschl. V. 07.04.2000, GmbHR 2000, 731) In der Regel kann die Anmeldung der KG (§§ 106, 162 HGB) erst nach Eintragung der GmbH, die vorher nicht besteht (§ 11 Abs. 1 GmbHG), erfolgen. Wenn jedoch eine Vor-GmbH besteht, die bereits persönlich haftender Gesellschafter der KG sein kann, ist auch ein früherer Zeitpunkt möglich (hierzu Baumbach/Hopt a.a.O. Anh. § 177a, RdNr. 13, Ulmer ZGR 81, 617, a.A. OLG Hamm, BB 76, 1094, hierzu BFH NJW 85, 736). Die Vor-GmbH ist als solche z. B. mit dem Zusatz i. G. (in Gründung) kenntlich zu machen. Der Zusatz wird nach Eintragung der GmbH gelöscht. 34

Zur Beschleunigung des Gründungsprozesses kann von den Gesellschaftern auch eine sog. Vorratsgesellschaft erworben werden, die nicht nur als GmbH, sondern auch als GmbH & Co. KG angeboten wird. 35

a) Zeitpunkt des Entstehens

36 Der Entstehungszeitpunkt für eine GmbH & Co. KG ist unterschiedlich zu beurteilen, je nachdem ob die GmbH & Co. KG ein Gewerbe i. S. des § 1 Abs. 2 HGB betreibt (sog. GmbH & Co. KG kraft Handelsgewerbe) oder erst durch Eintragung in das Handelsregister Kaufmann i. S. des § 2 HGB wird (sog. GmbH & Co. KG kraft Eintragung). Er hängt auch davon ab, ob die Komplementär-GmbH bereits entstanden ist oder ob deren Eintragung ins Handelsregister ebenfalls noch aussteht. Im zweiten Falle, wenn weder die Kommanditgesellschaft noch die Komplementär-GmbH eingetragen sind, spricht man von einer Vor-GmbH & Co. KG (vgl. Binz/Sorg, Die GmbH & Co. KG, 9.Aufl., § 3 Rn. 38).

b) GmbH & Co. KG kraft Handelsgewerbe

37 Ist Gegenstand der GmbH & Co. KG ein in kaufmännischer Weise eingerichteter Geschäftsbetrieb (§ 1 Abs. 2 HGB), entsteht die Gesellschaft im Außenverhältnis nicht erst mit der Eintragung im Handelsregister, sondern bereits mit der Aufnahme des Geschäftsbetriebes. Nach der h. M. beginnt die Aufnahme der Geschäftstätigkeit bereits mit den Vorbereitungsgeschäften wie der Anmietung von Geschäftsräumen, Bestellung der Maschinen, Geschäftseinrichtung, Waren und Materialeinkauf, Einstellung von Personal, Eröffnung des Bankkontos (s. o. Fischer in GroßKomm. HGB § 123 Anm. 12, Binz/Sorg, Die GmbH & Co. KG, § 3 Rn. 43ff.). Im Innenverhältnis jedoch beginnt die GmbH & Co. KG bereits mit Abschluss des (formfreien) Gesellschaftsvertrages.

c) GmbH & Co. KG kraft Eintragung

38 Betreibt die GmbH & Co. KG kein Gewerbe i. S. des § 1 Abs. 2 HGB, entsteht sie als KG erst mit der Eintragung in das Handelsregister, §§ 161 Abs. 2, 105 Abs. 2 HGB. Vorher verbirgt sich hinter ihrer Firma eine BGB-Gesellschaft, die die künftigen Kommanditisten mit der GmbH bilden (BGHZ 61, 61). Nach welchen Regeln im Innenverhältnis die Vorgesellschaft zu behandeln ist, also nach den Regeln der BGB-Gesellschaft oder nach denen der OHG bzw. KG, ist umstritten (vgl. hierzu Ulmer in GroßKomm. HGB § 105 Anm. 49 mit weiteren Nachweisen). Das Gesellschaftsverhältnis dürfte sich im Innenverhältnis auch schon vor der Eintragung im wesentlichen nach dem bereits abgeschlossenen Gesellschaftsvertrag richten. Dabei wird es meist dem Willen der Gesellschafter entsprechen, dass vor und nach Eintragung der Gesellschaft im Handelsregister dieselben Grundsätze für Stimmrechte sowie Gewinn- und Verlustbeteiligung und im Hinblick auf Geschäftsführung und Vertretung gelten sollen. Neben den gesellschaftsvertraglichen Bestimmungen ist daher KG-Recht anzuwenden.

d) Die Vor-GmbH & Co. KG

39 Hat eine GmbH & Co. KG im Gründungsstadium den Geschäftsbetrieb aufgenommen, ohne dass die Komplementär-GmbH oder die KG (GmbH & Co. KG) im Handelsregister eingetragen sind, fragt sich, ob diese bereits mit Aufnahme des Geschäftsbetriebes nach außen hin existent ist. Es war lange Zeit herrschende Rechtsansicht, dass eine GmbH, solange sie nicht im Handelsregister eingetragen ist, als juristische Person noch nicht existent ist und daher bis zu diesem Zeitpunkt die Stellung eines

Komplementärs noch nicht übernehmen könne (so BGHZ 63, RdNr. 173 ff.). Eine GmbH wird vom notariellen Abschluss des Gesellschaftsvertrages bis zur Eintragung in das Handelsregister (also eine GmbH im Gründungsstadium) als eine sog. Vorgesellschaft behandelt. Eine Vorgesellschaft nimmt bereits am Rechtsleben teil. Die Tätigkeit der Vorgesellschaft ist nicht auf die reinen Gründungsgeschäfte wie Anmeldung zum Handelsregister, Abgabe der eidesstattlichen Versicherung etc. begrenzt. Es wird auch überwiegend anerkannt, dass die Vor-GmbH auch solche Rechtsgeschäfte abschließen kann, die die Vorbereitung der Aufnahme des Geschäftsbetriebes zum Gegenstand haben können. Die bestellten Vertreter werden in der Regel ermächtigt sein, die GmbH bereits im Vorstadium zu vertreten, insbesondere dann, wenn die Geschäftsführer der künftigen GmbH von den Gründern besonders hierzu ermächtigt sind (vgl. BGHZ 80, 12.9 [141], vgl. auch Scholz/Winter GmbHG, § 11 RdNr. 7, Binz, Haftungsverhältnisse S 134 ff.). Nach herrschender Ansicht bedarf es hierzu nicht einer satzungsmäßigen Bestimmung. Wird die Geschäftsführung der Geschäftsführer der Vor-GmbH in dem Sinne erweitert, dass diese auch die Geschäfte einer GmbH & Co. KG im Gründungsstadium führen, bestehen u. E. keine Bedenken, dass diese GmbH im Gründungsstadium bereits die Stellung eines Komplementärs einer in Gründung befindlichen Kommanditgesellschaft einnehmen kann. Auch der BGH (9. 3. 1981 BGHZ 80, 129 ff.) hat die Komplementärfähigkeit einer Vor-GmbH anerkannt (Literatur: Ulmer in Hachenburg, GmbHG § 11 RdNr. 102, Scholz-Winter GmbH § 11 RdNr. 5, Flume, die Personengesellschaft S. 337, Haber, Festschrift für Hefermehl 1976 § 127 1/48, Uhlenbrock, GmbH & Co. KG, S. 210, Binz, GmbHRdsch. 1976, 30 f.; a. A. Kuhn Festschrift für Hefermehl 1976, S. 159, K. Schmidt, NJW 1975, 665 ff.). Aus der Komplementärfähigkeit der Vor-GmbH folgt, dass auch ihre Eintragung als persönlich haftende Gesellschafterin im Handelsregister zulässig sein muss (§§ 106 Abs. 2 Nr. 1, 162 Abs. 1 HGB).

Hat die GmbH & Co. KG keinen in kaufmännischer Weise eingerichteten Geschäftsbetrieb, entsteht die GmbH & Co. KG erst mit der Eintragung ins Handelsregister. Bis zu diesem Zeitpunkt liegt eine Gesellschaft bürgerlichen Rechts (GbR) vor, die von den zukünftigen Kommanditisten und der Vorgesellschaft gebildet wird (Ulmer in ZGR 1981, 593 [616]. Binz Haftungsverhältnisse S. 257, Huber a. a. O. S. 158). Es ist anerkannt, dass ein nichtrechtsfähiger Verein und auch eine BGB-Gesellschaft Gesellschafter einer anderen BGB-Gesellschaft sein kann (RGZ 136, 240, 142, 21 A. Hueck, OHG S. 23). 40

Nach dem Urteil des BGH v. 24. 9. 1985 GmbHR 1983, 114 kann auch eine GmbH in Gründung – ein Zusammenschluss von Personen vor Errichtung eines notariellen GmbH-Vertrags (sog. Vorgründungsgesellschaft) – Partner eines schuldrechtlichen Vertrages sein. 41

2. Gesellschaftsvertrag

Grundlage für das Gesellschaftsverhältnis ist der Gesellschaftsvertrag. Grundsätzlich ist von der Vertragsfreiheit auszugehen. Das HGB stellt für den Inhalt des Gesellschaftsvertrages keine zwingenden Normen auf. Die Bestimmungen dürfen jedoch nicht gegen gesetzliche oder behördliche Verbote und gegen die guten Sitten verstoßen. 42

a) Mindestinhalt des Gesellschaftsvertrages

43 In einem Gesellschaftsvertrag müssen folgende Punkte zumindest geregelt sein:
- Es muss eine gegenseitige Verpflichtung der Gesellschafter zur Förderung eines gemeinsamen Zweckes bestehen.
- Gegenstand des Vertragsverhältnisses muss grds. der Betrieb eines gemeinsamen Handelsgewerbes sein. Sofern kein gemeinsames Handelsgewerbe, sondern etwa eine rein vermögensverwaltende Tätigkeit ausgeübt werden soll, entsteht die GmbH & Co. KG erst mit Eintragung in das Handelsregister (§ 161 Abs. 2 i.V.m. § 105 Abs. 2 HGB).
- Die Gesellschaft muss eine gemeinsame Firma haben.
- Es muss mindestens ein Gesellschafter vorhanden sein, der den Gläubigern mit seinem Vermögen unbeschränkt haftet.
- Es muss mindestens ein Gesellschafter vorhanden sein, dessen Haftung den Gesellschaftsgläubigern gegenüber auf den Betrag einer bestimmten Vermögenseinlage beschränkt ist.
- Die Hafteinlage des Kommanditisten muss betragsmäßig festgelegt und im Handelsregister eingetragen sein. Diese Hafteinlage braucht jedoch nicht mit der Pflichteinlage identisch zu sein.

44 Darüber hinaus sollten alle Beitragspflichten im Gesellschaftsvertrag geregelt sein. Eine Gewinnbeteiligung braucht nicht vertraglich festgelegt zu sein, in diesem Falle gelten §§ 168, 169 HGB. Ist eine Dauer des Gesellschaftsverhältnisses nicht festgelegt, gilt es auf unbestimmte Dauer als abgeschlossen.

b) Form des Gesellschaftsvertrages

45 Im Gegensatz zum Gesellschaftsvertrag der GmbH ist für den Abschluss des Gesellschaftsvertrages der Kommanditgesellschaft keine bestimmte Form vorgesehen. Wegen der Klarheit sollte er jedoch immer schriftlich abgefasst sein. Handelt es sich bei den Gesellschaftern im wesentlichen um Familienangehörige, wird der Vertrag im Zweifel steuerlich nur anerkannt werden, wenn der Vertrag schriftlich niedergelegt ist.
Die notarielle Form ist erforderlich, wenn es sich hierbei um geschenkte Beteiligungen handelt. Die mangelnde Form kann jedoch durch dinglichen Vollzug geheilt werden, § 518 Abs. 2 BGB. Der dingliche Vollzug ist gegeben, wenn die Umbuchung der Kapitalanteile des Beschenkten vom Kapitalkonto des Schenkers erfolgt ist. Der Abschluss des Gesellschaftsvertrages reicht jedoch allein nicht aus, um eine Bindung der Beteiligten herbeizuführen. Notarielle Form ist ebenfalls erforderlich, wenn Gegenstand der Einlage ein Grundstück ist (§ 313 BGB). Das wäre der Fall, wenn ein Gesellschafter verpflichtet wird, ein Grundstück in das Gesellschaftsvermögen zu überführen, aber auch dann, wenn Gegenstand der Einlage ein Einzelunternehmen ist und sich in dem Betriebsvermögen ein Grundstück befindet.

46 Besondere Formvorschriften sind zu beachten, wenn Minderjährige in die Gesellschaft aufgenommen werden. Es bedarf hier der Bestellung eines Ergänzungspflegers, wenn der Schenker des Anteils ein Elternteil ist (§ 1909 BGB). Darüber hinaus bedarf der Vertrag in jedem Falle der vormundschaftlichen Genehmigung (§ 1822 Nr. 3 BGB). Es ist für jedes minderjährige Kind ein Ergänzungspfleger zu bestellen. Es handelt sich hier nur um eine Abschlusspflegschaft, nicht um eine Dauerergänzungspflegschaft. Al-

lerdings ist bei der Änderung des Gesellschaftsvertrages erneut ein Ergänzungspfleger zu bestellen.

Sind die Geschäftsführer der Komplementär-GmbH gleichzeitig Kommanditisten, muss der GmbH-Vertrag eine Befreiung von dem Verbot des Selbstkontrahierens vorsehen (BayObL v. 07.04.2000, GmbHR 2000, 731).

3. Anmeldung zum Handelsregister

Die Anmeldung der Gesellschaft ist gem. §§ 162, 161 Abs. 2, 108 Abs. 1 HGB zur Eintragung in das Handelsregister von sämtlichen Gesellschaftern, einschließlich der Kommanditisten (Baumbach/Hopt, HGB, 13. Aufl., § 162 Rn. 1 ff., Grünewald in Münchener Komm. z. HGB § 162, Rn. 1) beim Amtsgericht vorzunehmen, in dessen Bezirk die Kommanditgesellschaft ihren Sitz hat. Hierbei wird die GmbH von ihren Geschäftsführern vertreten. Die Unterschriften der Gesellschafter bedürfen der Beglaubigung.

Ist ein Geschäftsführer der GmbH gleichzeitig Kommanditist, wird er sowohl im Namen der GmbH als auch im eigenen Namen zeichnen müssen (vgl. Hesselmann a. a. O. Tz. 231 ff., a. A. Schilling in Hachenburg Anm. 7 zu § 13).

Bezüglich der Komplementär-GmbH ist noch zu beachten, dass ein Handelsregisterauszug hinsichtlich der Eintragung der GmbH der Anmeldung der GmbH & Co. KG beigefügt werden muss. Darüber hinaus sind nach § 106 Abs. 2 HGB neben Namen, Vornamen, Stand und Wohnort jedes Gesellschafters die Firma der GmbH & Co. KG und der Ort, wo die Gesellschaft ihren Sitz hat und der Zeitpunkt, mit welchem die Gesellschaft begonnen hat, anzugeben. Ferner haben nach § 162 HGB die Angaben die Bezeichnung der Kommanditisten und den Betrag der Hafteinlage eines jeden von ihnen zu enthalten.

Bei der Bekanntmachung der Eintragung ist nur die Zahl der Kommanditisten anzugeben. Der Name der Kommanditisten, der Stand und Wohnort sowie der Betrag ihrer Einlage werden nicht bekannt gegeben. Person und Haftsumme der Kommanditisten sind aber aus dem Handelsregister selbst ersichtlich.

III. Einbringung eines bisherigen Einzelunternehmens in eine GmbH & Co. KG

1. Einzelrechtsnachfolge

Ein Einzelunternehmen kann in der Weise in eine GmbH & Co. KG eingebracht werden, dass der bisherige Einzelunternehmer mit weiteren Kommanditisten und einer GmbH einen Gesellschaftsvertrag abschließt und sein Unternehmen als Einlage im Wege der Einzelrechtsnachfolge in das Unternehmen einbringt. Wie bereits ausgeführt, ist es auch möglich, dass der Einbringende Alleingesellschafter der GmbH ist, d.h. dieser neben der GmbH als Komplementär als einziger Kommanditist beteiligt ist. Ist der Einbringende gleichzeitig der einzige Geschäftsführer, ist § 181 BGB, Verbot des Selbstkontrahierens, zu beachten. Der KG-Vertrag wäre nur wirksam, wenn die GmbH-Satzung ihn von diesem Verbot befreit. Im übrigen müssen die unter 2.2 genannten Voraussetzungen gegeben sein.

53 Die Geschäftsführer haben bei der Anmeldung zwei Versicherungen abzugeben,
1. dass in ihrer Person keine Umstände vorliegen, die ihre Bestellung unwirksam machen (§ 8 Abs. 3, § 6 Abs. 2 Satz 2 und 3 GmbHG),
2. dass die in § 7 Abs. 2 und 3 GmbHG bezeichneten Leistungen auf die Stammeinlage bewirkt sind und der Gegenstand der Leistung endgültig zu ihrer freien Verfügung steht.

54 Bei der Einmann-GmbH bezieht sich die Versicherung auf die Bestellung der erforderlichen Sicherung.

Bei der Einbringung eines Einzelunternehmens handelt sich hier um eine Sachgründung. Die Sacheinlage muss Gegenstand des Gesellschaftsvertrages sein. Der Gesellschaftsvertrag muss auch den Wert enthalten, mit dem Sacheinlagen auf bedungene Einlagen angerechnet werden sollen. Das HGB enthält keine besonderen Vorschriften, wie die Sacheinlage zu bewerten ist. Aus dem nach dem HGB gebotenen Vorsichtsprinzip ergibt sich jedoch, dass die Einlage nicht überbewertet werden darf. Die Gegenstände des Einzelbetriebs gehen grundsätzlich durch Einzelübertragung auf die GmbH & Co. KG über, aus bisherigem Alleineigentum wird Gesamthandseigentum. Das gilt auch dann, wenn der bisherige Einzelunternehmer alleiniger Kommanditist ist und die Komplementär-GmbH nach dem Gesellschaftsvertrag keine Einlage zu leisten hat.

Bei der Einbringung eines bisherigen Einzelunternehmens sind folgende Fälle zu unterscheiden:
1. Der bisherige Einzelunternehmer bringt sein Unternehmen in eine mit Dritten gebildete GmbH & Co. KG ein, die ihrerseits eine Einlage (Bar- oder Sacheinlage) erbringen.
2. Der bisherige Einzelunternehmer bringt sein Unternehmen in eine mit Dritten gebildete GmbH & Co. KG ein. Diese haben jedoch dem bisherigen Einzelunternehmer einen Kaufpreis gezahlt, den dieser privat vereinnahmt hat. Der bisherige Einzelunternehmer erfüllt mit der Einbringung des Betriebes auch die Einlageverpflichtung der übrigen Gesellschafter.
3. Der bisherige Einzelunternehmer bringt seinen Betrieb in eine mit seinen Familienangehörigen gebildete GmbH & Co. KG ein, wobei die Familienangehörigen keine eigene Einlage erbringen, sondern ihre Beteiligung geschenkt erhalten. Der Einbringende erfüllt die Einlage Verpflichtung dadurch, dass er seinen Betrieb einbringt und ihm die Einlagen der Familienangehörigen von seinem Kapitalkonto abgebucht werden.
4. Der Betrieb wird in eine nur vom Einbringenden als einzigem Kommanditisten und als alleinigem Gesellschafter der Komplementär-GmbH beherrschte GmbH & Co. KG eingebracht.

55 Daneben können sich auch Mischformen ergeben. Dies gilt insbesondere dann, wenn das Betriebsvermögen des Einbringenden erhebliche stille Reserven enthält. Hier wird vielfach vereinbart, dass die neuen Gesellschafter eine dem Nominalwert entsprechende Bareinlage in das Betriebsvermögen erbringen und daneben noch einen Ausgleich für die übergehenden anteiligen stillen Reserven zahlen. Wird die Einlage trotz erheblicher stiller Reserven nach dem Nominalwert des eingebrachten Betriebsvermögens bemessen, liegt im Zweifel eine gemischte Schenkung vor (was schenkungssteuerlich und ertragsteuerlich von Bedeutung ist).

Beispiel: A bringt seinen Betrieb in eine GmbH & Co. KG ein, deren Komplementär die X-Verwaltungs-GmbH ist und deren Kommanditisten neben A noch B und C (Söhne des A) sind. Die X-GmbH ist am Vermögen nicht beteiligt. An der neuen Gesellschaft sollen A mit 50 v. H, B und C mit jeweils 25 v. H. beteiligt sein. Es ist vereinbart, dass A seinen Betrieb einbringt (Buchkapital 200.000 €, Verkehrswert 400.000 €) und B und C jeweils 100.000 € in bar.

Aufgrund des Wertes der Beteiligungen von B und C in Höhe von jeweils 150.000 € liegt eine gemischte Schenkung vor. Da die Einräumung der Beteiligung in einen unentgeltlichen und einen entgeltlichen Teil aufzuteilen ist, bedarf es grundsätzlich der notariellen Form (§ 518 BGB).

Im übrigen gelten die gleichen Grundsätze wie zu 2.1. Sollen Minderjährige Gesellschafter der GmbH & Co. KG werden, müssen, wenn der Einbringende der Schenker ist, Ergänzungspfleger bestellt werden und bedarf es der vormundschaftlichen Genehmigung.

2. Einbringung eines Betriebes, Teilbetriebes als Ausgliederung i. S. der § 123 Abs. 3, 152 ff. UmwG

Ein übertragender Rechtsträger kann aus seinem Vermögen einen Teil oder mehrere Teile ausgliedern.

- zur Aufnahme durch Übertragung dieses Teils oder dieser Teile jeweils als Gesamtheit auf einen bestehenden oder mehrere bestehende Rechtsträger oder
- zur Neugründung durch Übertragung dieses Teils, oder dieser Teile jeweils als Gesamtheit auf einen oder mehrere von ihm dadurch gegründeten neuen oder gegründeten Rechtsträger gegen Gewährung von Anteilen oder Mitgliedschaften dieses Rechtsträgers oder dieser Rechtsträger an den übertragenden Rechtsträger. Im Gegensatz zur Spaltung werden nicht die Gesellschafter des übertragenden Rechtsträgers Gesellschafter des übernehmenden Rechtsträgers, sondern der übertragende Rechtsträger selbst.

Die spaltungsfähigen Rechtsträger ergeben sich aus §§ 124 i. V. m. 3 Abs. 1 UmwG. Hierzu zählen nicht nur Kapitalgesellschaften und Personenhandelsgesellschaften, sondern auch als übertragende Rechtsträger Einzelkaufleute (§ 152 UmwG), jedoch mit folgenden Einschränkungen. Die Firma des Unternehmers muss im Handelsregister eingetragen sein und die Ausgliederung kann zur Aufnahme erfolgen, wenn das Unternehmen oder Teile des Unternehmens auf eine Personengesellschaft übertragen werden soll. Das bedeutet, dass die Ausgliederung nur auf eine bereits bestehende GmbH & Co. KG erfolgen kann, nicht auf eine neu zu gründende Personengesellschaft.

Die Ausgliederung des Einzelunternehmers auf eine GmbH & Co. KG kann sich daher nur in zwei Schritten vollziehen, falls der Ausgliedernde nicht bereits an einer Personengesellschaft beteiligt ist. Der 1. Schritt wäre eine Bargründung einer Einmann GmbH & Co. KG, d. h. die Gründung einer Komplementär-GmbH mit einem Mindestkapital von 25 000 €. Der 2. Schritt wäre die Gründung einer Kommanditgesellschaft, wobei bei der KG zunächst eine Kleinstbeteiligung ausreicht. Mit der vollzogenen GmbH & Co. KG kann der bisherige Einzelhandelskaufmann einen Ausgliederungsvertrag schließen, mit dem Inhalt, dass er sein bisheriges Einzelunternehmen aus seinem Vermögen ausgliedert und dieses auf die übernehmende GmbH & Co. KG gegen Erhöhung seiner Einlage überträgt.

61 Erfasst die Ausgliederung das gesamte Unternehmen des Einzelkaufmanns, so bewirkt die Eintragung der Ausgliederung nach § 131 UmwG das Erlöschen der von dem Einzelkaufmann geführten Firma. Das Unternehmen ist im Wege der Gesamtrechtsnachfolge auf die GmbH & Co. KG übergegangen. Ein Ausgliederungsbericht ist für den Einzelkaufmann nicht erforderlich. Der Übernahme muss die Gesellschafterversammlung der übernehmenden GmbH & Co. KG zustimmen. Der Inhalt des Ausgliederungs- und Übernahmevertrages ergibt sich aus § 126 UmwG.

Das Registergericht hat die Eintragung der Ausgliederung zu verweigern, wenn eine Überschuldung des auszugliedernden Unternehmens offensichtlich ist. Der Übergang der Verbindlichkeiten auf die übernehmende GmbH & Co. KG befreit den bisherigen Einzelkaufmann nicht von der Haftung (§ 156 UmwG). Er haftet für die im Ausgliederungs- und Übernahmevertrag aufgeführten Verbindlichkeiten, wenn sie vor Ablauf von fünf Jahren nach der Ausgliederung fällig sind und daraus Ansprüche gegen ihn gerichtlich geltend gemacht sind. Bei Verbindlichkeiten (insbesondere Steuerschulden), genügt zur Geltendmachung ein öffentlicher Verwaltungsakt.

IV. Eintritt einer Komplementär-GmbH in eine bereits bestehende Personengesellschaft

62 Entsteht eine GmbH & Co. KG dadurch, dass die Komplementär-GmbH in eine bereits bestehende Personengesellschaft eintritt, bleibt die Identität der Gesellschaft grundsätzlich erhalten. Besonderheiten ergeben sich nur hinsichtlich der Gesellschafter. Befindet sich im Gesellschaftsvermögen Grundbesitz, ergeben sich auch hinsichtlich der grundbuchlichen Eintragung keine Änderungen. Gegenüber langjährigen Geschäftspartnern kann der Hinweis auf eine Haftungsbeschränkung missbräuchlich sein, wenn sie vorher den Geschäftspartnern nicht angezeigt worden ist (OLG Köln v. 25. 10. 1978 GmbHRdsch. 1979 S. 254).

63 Der Eintritt der GmbH als persönlich haftender Gesellschafter vollzieht sich nach den Regeln über den Gesellschafterwechsel. Der Neueintritt der GmbH in die Kommanditgesellschaft bedeutet eine Änderung des Gesellschaftsvertrages. Grundsätzlich haben alle Gesellschafter dem Neueintritt zuzustimmen. Dem kann jedoch schon insofern vorgebeugt werden, als im Gesellschaftsvertrag vereinbart ist, dass im Falle des Todes des persönlich haftenden Gesellschafters eine bereits bestehende GmbH nun als Gesellschafter eintritt und die Stellung des Komplementärs übernimmt. Der Eintritt des neuen Komplementärs wird nach außen hin erst durch die Eintragung in das Handelsregister wirksam.

V. Umwandlung einer GmbH in eine GmbH & Co. KG

64 Die Umwandlung einer GmbH in eine GmbH & Co. KG ist durch Rechtsformwechsel im Wege der Gesamtrechtsnachfolge möglich (§ 190 ff. UmwG). Personenhandelsgesellschaften und Kapitalgesellschaften gehören zu den formwechselnden Rechtsträgern. Da die GmbH & Co. KG eine Personengesellschaft ist, kann grundsätzlich eine GmbH in eine GmbH & Co. KG umgewandelt werden und umgekehrt eine GmbH & Co. KG in eine GmbH. Seit dem Umwandlungsgesetz v. 28.10.1994 (BGBL I 3210)

gilt die Einschränkung für Personengesellschaften bei Haftungsbeschränkungen durch Kapitalgesellschaften nicht mehr.

Die Umwandlung einer GmbH in eine GmbH & Co. KG ist rechtlich unproblematisch, soweit zu dem Gesellschafterkreis eine Kapitalgesellschaft (GmbH) gehört, die die persönliche Haftung als Komplementär übernehmen kann.

Im Regelfall gehört jedoch im Zeitpunkt des Umwandlungsbeschlusses eine Kapitalgesellschaft nicht zum Gesellschafterkreis.

Da die Altgesellschafter mit dem Formwechsel Gesellschafter der umgewandelten Gesellschaft sind, muss die künftige Komplementär-GmbH bereits Gesellschafter des formwechselnden Rechtsträgers sein oder sie tritt erst nach Umwandlung ein. Das bedeutet jedoch, dass die Altgesellschafter für die im Zeitpunkt der Umwandlung begründeten Verbindlichkeiten persönlich haften.

Soll eine GmbH, die später die Komplementärfunktion übernehmen soll, bereits vor der Umwandlung Gesellschafter werden, bedeutet dies, dass die bisherigen Gesellschafter einen Teil ihrer Beteiligung abtreten (Veräußerung). Da die Gesellschafter in der Regel mindestens mit 1 v. H. beteiligt sein werden, würde bei diesen eine Veräußerung nach § 17 Abs. 1 EStG gegeben sein. Soll jedoch die Komplementär-GmbH lediglich Geschäftsführer und Vollhafter ohne Vermögensbeteiligung sein, bleiben die bisherigen Beteiligungen auch nach dem Rechtsformwechsel unverändert, so dass dem Gesellschaftereintritt einer Komplementär-GmbH ohne Vermögensbeteiligung im Zeitpunkt des Rechtsformwandels einen Rechtsformwechsel nicht im Wege stehen würde.

VI. Die Gründung einer GmbH & Co. KG aufgrund von Verschmelzungs- und Spaltungsvorgängen

Die GmbH & Co. KG als Personenhandelsgesellschaft ist auch Rechtsträger im Sinne einer Verschmelzung (§ 3 UmwG) oder Spaltung (§ 124 UmwG).

Eine bereits bestehende GmbH & Co. KG kann übernehmende Rechtsträgerin im Falle einer Verschmelzung mit einer oder mehreren Kapitalgesellschaften sein. Sie kann ebenfalls aufnehmende Rechtsträgerin bei der Verschmelzung von Personengesellschaften sein. Soweit eine Personengesellschaft, zu denen auch die GmbH & Co. KG zählt, an einer Verschmelzung beteiligt ist, richtet sich das Verfahren nach §§ 39 bis 45 UmwG.

Eine GmbH & Co. KG kann jedoch auch im Rahmen einer Verschmelzung neu entstehen, wenn sich die Verschmelzung durch Neugründung des übernehmenden Rechtsträgers vollzieht (§ 73 ff. UmwG).

Beispiel 1: 2 GmbHs sollen durch Neugründung einer GmbH & Co. KG miteinander verschmolzen werden, indem beide übertragende GmbHs ihr jeweils gesamtes Vermögen auf den neuen Rechtsträger übertragen. Mit der Eintragung in das Handelsregister sind die beiden übertragenden Rechtsträger voll beendet und die neu errichtete GmbH & Co. KG ist Gesamtrechtsnachfolger. Die Gesellschafter der übertragenden Gesellschaften sind im Verhältnis ihrer ursprünglichen Beteiligung und im Verhältnis der jeweils übertragenen Vermögen Gesellschafter der neu gegründeten GmbH & Co. KG geworden. Übertragende Rechtsträger können auch jeweils Personenhandelsgesellschaften (OHG, KG) oder sowohl Kapitalgesellschaften als auch Personenhandelsgesellschaften sein. Eine GmbH & Co. KG kann auch aus einer Spaltung hervorgehen, indem der übertragende Rechtsträger auf verschiedene übernehmende Rechtsträger aufgespalten wird, wobei der übernehmende Rechtsträger eine GmbH & Co. KG sein kann.

Beispiel 2: Die X-GmbH, die in drei Teilbetriebe gegliedert ist, soll in 3 selbständige Gesellschaften aufgeteilt werden, indem jede der übernehmenden Gesellschaften einen Teilbetrieb übernimmt. Die aufnehmenden Gesellschaften können die Rechtsform einer GmbH & Co. KG haben.

Beispiel 3: Die X-GmbH, die in zwei Teilbetriebe gegliedert ist, soll in der Weise aufgespalten werden, dass ein Teilbetrieb auf einen anderen Rechtsträger, der auch die Rechtsform einer GmbH & Co. KG haben kann, übertragen wird (Aufspaltung). Die Spaltung kann dazu verwendet werden, Gesellschafterstämme zu trennen.

C. Firma der GmbH & Co. KG

I. Die Firma bei Neugründung

70　Die Firma einer Kommanditgesellschaft hatte bis 1998 den Namen wenigstens eines persönlich haftenden Gesellschafters mit einem das Vorhandensein einer Gesellschaft andeutenden Zusatz zu enthalten.

71　Seit dem 01.01.1999 (HRefG BGBL I 1998, S. 1474) kann die Firma eines Kaufmannes frei gewählt werden. Dies gilt für Einzelhandelskaufleute, Personengesellschaften und Kapitalgesellschaften. Die Firma muss geeignet sein, dass Unternehmen zu kennzeichnen und Unterscheidungskraft besitzen. Es gilt der Grundsatz der Firmenwahrheit und damit das Irreführungsverbot. Dieses Verbot erfasst den Firmenkern, die Firmenzusätze und die Firma in ihrer Gesamtheit. Die GmbH & Co. KG kann eine Namenfirma, eine Sachfirma, eine gemischte Firma oder eine Phantasiefirma wählen. Zusätzlich ist bei der GmbH & Co. KG eine Kennzeichnung der Haftungsbeschränkung erforderlich. Wenn bei einer KG keine natürliche Person persönlich haftet, muss die Firma eine Bezeichnung enthalten, welche die Haftungsbeschränkung kennzeichnet. Wählt die GmbH & Co. KG eine Sachfirma oder Phantasiefirma, muss der Firma der Zusatz GmbH & Co. KG hinzugefügt werden. Die Firma der KG muss, wenn sie eine Personenfirma wählt, die Firma der GmbH als den Namen ihres persönlich haftenden Gesellschafters enthalten. Grundsätzlich ist die Firma der Handelsgesellschaft als persönlich haftende Gesellschafterin unverändert zu übernehmen (Baumbach/Hopt, HGB, 31. Aufl., § 19 RdNr. 33). Das gilt auch für ihren Rechtsformzusatz. Der Rechtsformzusatz „GmbH" des persönlich haftenden Gesellschafters darf also in der Firma der GmbH & Co. KG nicht fehlen (BGHZ 62, 226; 65, 105; 71, 354). In einer KG darf der GmbH-Zusatz der in der Firma allein genannten Komplementärgesellschaft grundsätzlich auch dann nicht weggelassen werden, wenn neben dieser weitere Komplementäre vorhanden sind, die natürliche Personen sind (OLG Hamm v. 02.12.1993, BB 1994, 670).

72　Nach dem Beschluss des BGH vom 28. 5. 1979 (GmbHRdsch. 1980, S. 223) kann die Firma einer handelsrechtlichen Personengesellschaft, in der nur eine GmbH persönlich haftet, nicht dadurch gebildet werden, dass dem Zusatz „KG" lediglich durch einen Gedankenstrich getrennt der Zusatz „GmbH & Co." nachgestellt wird. Um zulässig zu sein, muss die Firma einer Kommanditgesellschaft, deren einzige persönlich haftende Gesellschafterin eine GmbH ist, diese Besonderheit erkennen lassen. Dazu bedarf es der Aufnahme eines klarstellenden Zusatzes, wie etwa GmbH & Co. (vgl. BFH vom 18. 9. 1975 BGHZ 65, 103, 106). Dem Gebot der Firmenklarheit genügt ein solcher Zusatz nur, wenn er wirklich auf eine Kommanditgesellschaft mit einer GmbH als einziger Komplementärin hinweist. Wird der Zusatz, wie hier beabsichtigt, der Abkürzung „KG" nachgestellt und lediglich durch einen Gedankenstrich von ihr getrennt, so ist das nicht der Fall. Der Rechtsverkehr hat sich weitgehend an den Zusatz GmbH & Co. KG gewöhnt (siehe auch Meulenbergh GmbHRdsch. 1980, S. 244, Bockelmann GmbHR 1980, S. 265).

Beispiel: Die Komplementär-GmbH führt den Namen Lüner Maschinenfabrik GmbH. So muss dieser Name auch in der Firma der GmbH & Co. KG enthalten sein, z. B. Lüner Maschinenfabrik GmbH & Co. KG.

II. Abgeleitete Firma

Tritt eine GmbH als persönlich haftende Gesellschafterin in eine bereits bestehende KG ein, so kann nach § 24 HGB die alte Firma mit oder ohne Nachfolgezusatz grundsätzlich unverändert fortgeführt werden. Der BGH (a. a. O.) geht jedoch davon aus, dass auch bei einer abgeleiteten Firma die Haftungsbeschränkung aus dem Firmennamen erkennbar sein muss. Die Firma braucht in diesem Falle zwar nicht den Namen der persönlich haftenden Gesellschafterin zu enthalten. Der Zusatz GmbH & Co. KG ist jedoch erforderlich, damit die Firma die besondere Haftungsbeschränkung durch eine Kapitalgesellschaft als Komplementär erkennen lässt. Nach § 19 Abs. 2 HGB muss die Firma, wenn kein persönlich haftender Gesellschafter eine natürliche Person ist, auch bei Fortführung eine Bezeichnung enthalten, welche die Haftungsbeschränkung kennzeichnet.

73

Beispiel 1: Bringt der Kfm. Alfons Müller sein bisher unter dieser Firma geführtes Einzelhandelsgeschäft in eine GmbH & Co. KG ein, darf diese die bisherige Firma nicht weiterführen, sondern muss den Zusatz GmbH & Co. KG hinzufügen.

Beispiel 2: Bringt ein Einzelunternehmer sein Unternehmen mit der Firma H. M. & Sohn in eine GmbH & Co. KG ein, so darf diese Firma durch Aufnahme eines Nachfolgers fortgeführt werden. Auch die Führung der Firma H. M. & Sohn mit dem Zusatz GmbH & Co. ist nach § 19 Abs. 2 HGB unzulässig. Der Bestandteil „& Sohn" der ursprünglichen Firma weist auf das Vorhandensein einer handelsrechtlichen Personengesellschaft mit natürlichen Personen als Gesellschafter hin. Durch die Firmierung H. M. & Sohn mit dem Zusatz GmbH & Co. kann daher der Eindruck entstehen, dass persönlich haftender Gesellschafter nicht oder jedenfalls nicht allein eine GmbH ist, sondern (auch) eine handelsrechtliche Personengesellschaft, in der natürliche Personen mit ihrem Privatvermögen haften (vgl. BGH v. 12. 11. 1984 DB 1985, 481).

74

III. Firma der GmbH

75 Nach § 4 GmbHG kann die Firma der GmbH eine Sachfirma und daher vom Gegenstand des Unternehmens entlehnt sein, sie kann aber auch eine Personenfirma sein. Phantasiebezeichnungen sind gestattet. Da sich die Firma von anderen Firmen unterscheiden muss, wird in der Regel eine reine Sachfirma nicht ausreichen. Soweit die Firma eine Personenfirma darstellt, muss sie entweder die Namen aller Gesellschafter (der Gründer) oder den Namen eines Gründers mit einem auf das Gesellschaftsverhältnis hinweisenden Zusatz tragen. Nicht beigefügt werden muss der Vorname eines Gesellschafters. Auch eine gemischte Firma, die Sachfirma und Personenfirma ist, ist nach herrschender Ansicht zulässig.

Wird durch Satzungsänderung die bisherige Firma geändert, so muss die neue Firma den Grundsätzen des § 4 GmbHG ebenso wie bei der erstmaligen Bildung einer Firma entsprechen. Wird eine gemischte Firma in der Weise geändert, dass die Sachfirmenbestandteile in Fortfall kommen und nur noch die Personenfirma fortgeführt wird, so muss der Namengebende im Zeitpunkt der Eintragung der Satzungsänderung Gesellschafter sein. Ist der namengebende Gesellschafter bereits ausgeschieden, so ist die Fortführung allein der bisherigen Personenfirma unzulässig (Bay. OLG v. 1.6. 1984 GmbHR 1985, 116).

76 Enthält die Firma einer von zwei Personen neugegründeten GmbH nur den Namen eines der Gründungsgesellschafter, so liegt darin keine Täuschung des Verkehrs über die Zahl der Gesellschafter (Bay. ObLG v. 29. 6. 1984 GmbHR 1985, 117).

IV. Unterscheidbarkeit beider Gesellschaften

77 Sollten beide Firmen an demselben Ort ihren Sitz haben, so bleibt wegen § 30 Abs. 1 HGB nur die Möglichkeit, der Firma der GmbH & Co. KG einen weiteren individualisierenden Zusatz gem. § 18 Abs. 2 HGB beizufügen (vgl. auch OLG Frankfurt, Beschl. vom 16. 7. 1980 GmbHRdsch. 1980 S. 206; hierzu weiter KG NJW 1965 S. 254, Janssen NJW 1966, 1815, Sudhoff, Aktuelle Probleme der GmbH & Co. KG, 57 f., Wessel BB 1966, 1329).

78 Um den Erfordernissen des § 30 HGB zu genügen, verwendet man in der Praxis für die Firma einer GmbH, die zu dem Zweck gegründet wurde, Komplementärin einer KG zu sein, häufig die Zusätze wie „Verwaltungs-", „Geschäftsführungs-", „Beteiligungs-" oder „Besitz-"Gesellschaft. Streng genommen müssten diese Bezeichnungen als Bestandteil der Firma der Komplementär-GmbH auch im Firmennamen der GmbH & Co. KG enthalten sein, die Rechtsprechung hat sich jedoch hierüber hinweggesetzt (vgl. BGHZ 46, 7; OLG Celle BB 1976 sowie BGH v. 16. 3. 1981 BGHZ 80, 353).

V. Firma bei Gesellschafterwechsel

79 Scheidet aus einer GmbH & Co. KG die Komplementär-GmbH aus und übernimmt deren Gesellschafterstellung eine natürliche Person, so darf die Anmeldung des Gesellschafterwechsels nicht mit der Begründung zurückgewiesen werden, die Weiterführung des Firmenbestandteiles „GmbH" sei zur Täuschung geeignet (Beschl. v. 3. 3. 1988, GmbHR 1988, 306).

80 Überwiegend wird die Meinung vertreten, dass die Weiterführung des Firmenbestandteils GmbH unzulässig ist. Scheidet ein persönlich haftender Gesellschafter aus einer

KG aus, dann dürfen die verbleibenden Gesellschafter die alte Firma unverändert und ohne Zusatz fortführen, wenn der ausscheidende Gesellschafter ihnen dies gestattet hat (OLG Köln Beschl. v. 16. 11. 1987 GmbHR 1988, 69).

VI. Zeichnung der Vertretungsberechtigten

Gem. §§ 161 Abs. 2, 108 Abs. 2 HGB haben die Gesellschafter, die die Gesellschaft vertreten sollen, die Firma nebst ihren Namensunterschriften zur Aufbewahrung beim Registergericht zu zeichnen. Sie soll der Prüfung der Echtheit im Rechtsverkehr dienen. Für die GmbH als persönlich haftendem Gesellschafter der GmbH & Co. KG haben alle Geschäftsführer als gesetzliche Vertreter die Zeichnung derart vorzunehmen, dass sie unter die Firma der GmbH & Co. KG zunächst die Firma der GmbH setzen. Bei der GmbH & Co. KG sind von den Geschäftsführern der Komplementär-GmbH handschriftlich die Firma der GmbH & Co. KG, darunter die Firma der Komplementär-GmbH und schließlich die eigenen Unterschriften zu zeichnen (Bay. OblG Beschl. v. 12. 11. 1987, GmbHR 1988, 189).   81

Beispiel:
Müller Maschinenbau GmbH & Co. KG
Müller Maschinenbau GmbH
Müller

Bei der Zeichnung der Namensunterschrift für die Anmeldung einer GmbH & Co. KG zur Eintragung in das Handelsregister ist nicht erforderlich, dass die Angabe der Firma unmittelbar bei der Unterschrift erfolgt, es genügt eine sich aus der Anmeldung ergebende eindeutige Zuordnung der Namensunterschrift zu der Firma, für die der Unterzeichner vertretungsberechtigt sein soll (OLG Köln, Beschl. v. 07.04.2000, GmbHR 2000, 824). Bei der Zeichnung der Firma der GmbH & Co. KG im Anmeldeverfahren zum Handelsregister muss nach Ansicht des OLG Celle (Beschl. v. 01.07.1994 GmbHR 1994, 554) nicht auch die Firma der Komplementär-GmbH gezeichnet werden.   82

VII. Angaben auf den Geschäftsbriefen

Bei einer Gesellschaft, bei der kein Gesellschafter eine natürliche Person ist, müssen auf allen Geschäftsbriefen, die an einen bestimmten Empfänger gerichtet werden, die Rechtsform und der Sitz der Gesellschaft, das Registergericht des Sitzes der Gesellschaft und der Name, unter dem die Gesellschaft in das Handelsregister eingetragen ist, sowie die Firmen der Gesellschafter angegeben werden. Ferner sind auf den Geschäftsbriefen für die Gesellschafter die nach § 35 a GmbHG, § 80 AktG für Geschäftsbriefe vorgeschriebenen Angaben zu machen. Hat die Gesellschaft einen Aufsichtsrat oder Beirat und dieser einen Vorsitzenden, so ist dieser mit dem Familiennamen und einem ausgeschriebenen Vornamen anzugeben. Werden Angaben über das Kapital gemacht, ist § 35 a GmbHG zu beachten.   83
Im einzelnen ist anzugeben:
a) die Rechtsform der GmbH & Co. KG
b) der Sitz der GmbH & Co. KG
c) das für die GmbH & Co. KG zuständige Registergericht

d) die Nummer, unter der die GmbH & Co. KG eingetragen ist
e) die Firmen aller persönlich haftenden Gesellschafter sowie deren
aa) Rechtsform
bb) Sitz
cc) zuständiges Handelsregister
dd) Handelsregisternummer
ee) Geschäftsführer
ff) Vorsitzender des Aufsichtsrates, soweit vorhanden.

Beispiel: Alfons Müller GmbH & Co. KG
Rechtsform Kommanditgesellschaft; Sitz Dortmund, Registergericht Dortmund, HRA 3121; persönlich haftende Gesellschafterin: Alfons Müller Beteiligungsgesellschaft mbH; Sitz Dortmund, Registergericht Dortmund, HRB 3781, Geschäftsführer Alfons Müller, Aufsichtsratsvorsitzender Peter Schulze.
Ein Wechsel in der Geschäftsführung der Komplementär-GmbH macht eine Änderung auf dem Geschäftsbrief erforderlich.

D. Stellung der GmbH als Komplementärin und ihre gesetzlichen Voraussetzungen

I. Stellung der Komplementär-GmbH innerhalb der GmbH & Co. KG

84 Grundsätzlich sind die Vorschriften über die KG, soweit es das Innenverhältnis betrifft, dispositiv. Die Vertragsparteien sind daher in der Ausgestaltung des Rechtsverhältnisses untereinander und hinsichtlich der Gestaltung der Stellung des persönlich haftenden Gesellschafters frei. Der Gesellschaftsvertrag kann die Stellung des Komplementärs stark ausbauen, er kann sie aber auch sehr stark einschränken. Möglich ist der völlige Ausschluss von der Geschäftsführung, möglich auch die uneingeschränkte Geschäftsführung, die die übrigen Gesellschafter lediglich auf die Kontrollrechte beschränkt. Auch eine Vermögensbeteiligung der GmbH ist nicht erforderlich. So kann die Geschäftsführung auf eine weitere GmbH übertragen werden, um ertragsteuerlich eine gewerbliche Prägung der GmbH & Co. KG zu vermeiden.

85 In der Regel ist der Komplementär einer KG nicht Weisungsgebundener. Die Kommanditisten haben keinen Einfluss auf die laufenden Geschäfte. Sie können nur Handlungen, die über die laufenden Geschäfte hinausgehen, widersprechen. Der Gesellschaftsvertrag kann auch hier abweichende Regelungen treffen. Eine allzu starke Einschränkung des Komplementärs ist jedoch nicht mit der Übernahme der persönlichen Haftung vereinbar. Im Gegensatz hierzu ist der Geschäftsführer einer GmbH stark weisungsgebunden. Sind die Kommanditisten gleichzeitig Gesellschafter der GmbH, können sie als solche erheblichen Einfluss auf die Geschäftsführung durch Weisungen ausüben.

1. Die GmbH als persönlich Haftender

86 Die GmbH als persönlich haftender Gesellschafter ist eine der notwendigen Voraussetzungen für die Gesellschaftsform der GmbH & Co. KG.

D. Stellung der GmbH als Komplementärin § 1

Als Komplementärin übernimmt die GmbH die persönliche Haftung für alle Gesellschaftsschulden mit ihrem eigenen Gesellschaftsvermögen. Das hierdurch begründete wirtschaftliche Risiko ist nicht sehr groß, da die GmbH in der Regel nur mit einem sehr geringen eigenen Vermögen ausgestattet ist. Sofern das eigene Vermögen lediglich in der Einlage in die Kommanditgesellschaft besteht, wird die Kreditgrundlage der KG durch die persönlich haftende Gesellschafterin nicht erweitert.

Diese persönliche unbeschränkte Haftung für die Schulden der KG kann durch Gesellschaftsvertrag nicht ausgeschlossen werden. Die Kommanditisten können lediglich intern die GmbH von der persönlichen Haftung freistellen, was jedoch nicht der Sinn und Zweck der Haftungsbeschränkung durch die GmbH als Komplementärin sein wird. Um eine Überschuldung der GmbH zu verhindern, wird jedoch vielfach vereinbart, dass die Kommanditisten insoweit die Verluste der GmbH übernehmen. 87

2. Führung der laufenden Geschäfte

a) Führung der Geschäfte durch die GmbH

Grundsätzlich sind die Komplementäre zur Geschäftsführung berechtigt und verpflichtet (§§ 114 HGB, 164 HGB). Ist im Gesellschaftsvertrag keine besondere Vereinbarung getroffen worden, führt die GmbH als Komplementärin die Geschäfte der GmbH & Co. KG. Somit sind die Geschäftsführer der GmbH, die die Geschäfte der GmbH wahrnehmen, gleichzeitig auch mittelbare Geschäftsführer der GmbH & Co. KG. Sofern der Gesellschaftszweck der GmbH lediglich darin besteht, Komplementärin und Geschäftsführer einer Personengesellschaft zu sein, wird sich die Tätigkeit der Geschäftsführer der GmbH nur auf die Geschäftsführung der GmbH & Co. KG erstrecken. 88

b) Beschränkung der Geschäftsführung im Innenverhältnis

Nach § 116 HGB erstreckt sich die Befugnis zur Geschäftsführung auf alle Handlungen, die der gewöhnliche Betrieb des Handelsgewerbes der Gesellschaft mit sich bringt. Zur Vornahme von Handlungen, die darüber hinausgehen, ist ein Beschluss sämtlicher Gesellschafter erforderlich. Daher haben grundsätzlich alle Gesellschafter den Geschäften, die über den gewöhnlichen Geschäftsbetrieb hinausgehen, die Zustimmung zu erteilen. Bei einer Kommanditgesellschaft sind grundsätzlich alle Gesellschafter, die nicht Komplementäre sind, von der Geschäftsführung ausgeschlossen. Sie haben lediglich hinsichtlich der Geschäfte, die über den gewöhnlichen Rahmen hinausgehen, ein Widerspruchsrecht. Sofern im Gesellschaftsvertrag keine Regelung hierüber getroffen ist, gilt die Regelung des § 164 HGB; unberührt hiervon bleibt jedoch das Verhältnis GmbH-Geschäftsführer zu GmbH-Gesellschafter. 89

Damit ein Gesellschafter ein Geschäft, das über den Rahmen der laufenden Geschäftsführung hinausgeht, nicht blockieren kann, ist es zweckmäßig zu vereinbaren, dass im Falle des Widerspruchs dieses Gesellschafters die Gesellschafterversammlung mit einfacher Mehrheit oder einer qualifizierten Mehrheit zu entscheiden hat, ob die Maßnahme unterbleiben muss. 90

Der Begriff gewöhnlicher Geschäftsbetrieb ist ein unbestimmter Rechtsbegriff, der der Auslegung bedarf. Er umfasst alle Rechtshandlungen, die üblicherweise anfallen. Die 91

Durchführung größerer Investitionen zur Betriebserweiterung dürfte z. B. über den üblichen Rahmen hinausgehen. Den üblichen Rahmen dürften auch Grundstückserwerbe und die Gestellung hypothekarischer Sicherheiten für Kredite überschreiten. Es wird aber in der Regel zweckmäßig sein, den Kreis der üblichen Geschäfte im Gesellschaftsvertrag festzulegen. Das gilt insbesondere dann, wenn der Kreis der Gesellschafter in beiden Gesellschaften nicht identisch ist und die Kommanditisten nicht gleichzeitig Geschäftsführer der GmbH sind. Darüber hinaus kann der Kreis der Geschäfte, die als über den üblichen Rahmen hinausgehend angesehen werden, noch erweitert werden. Der Gesellschaftsvertrag kann anstelle des Widerspruchsrechtes auch eine positive Zustimmung der Gesellschafter für diese Rechtsgeschäfte und Rechtshandlungen vorsehen. Dies wird vielfach der Fall sein, wenn es sich um eine stark personenbezogene GmbH & Co. KG handeln sollte.

92 Alternativ kann die Geschäftsführung durch Gesellschaftsvertrag auch über den üblichen Geschäftsbetrieb hinaus ausgedehnt werden, mit der Folge, dass den Gesellschaftern nur noch die Zustimmung zu Änderungen des Gesellschaftsvertrages und eventuell noch die Feststellung des Gewinnes übrig bleibt. Den Kommanditisten verbleiben in diesem Falle nur noch die Kontrollrechte des § 166 HGB. Wird jedoch den Kommanditisten generell das Widerspruchsrecht genommen, haben die Kommanditisten nur die Funktion von Kapitalgebern. Die GmbH ist in ihrer Gestaltung der Geschäftspolitik unbeschränkt. Bei einer Gesellschaft mit vielen Kommanditisten kann das Widerspruchsrecht auch auf einen von den Kommanditisten zu bestellenden Beirat oder Aufsichtsrat übertragen werden, das gleiche gilt für die Kontrollrechte. Die Geschäftsführung kann soweit auch durch einen Gesellschafterausschuss in allen wichtigen Entscheidungen, die über die laufende Geschäftsführung hinausgehen, eingeschränkt werden.

c) Ausschluss der GmbH von der Geschäftsführung

93 Die Geschäftsführung durch den persönlich haftenden Gesellschafter ist nicht zwingend. So kann im Gesellschaftsvertrag einem oder mehreren Gesellschaftern die Geschäftsführung übertragen werden. In diesem Falle sind die übrigen Gesellschafter von der Geschäftsführung ausgeschlossen (§ 114 Abs. 2 HGB). Das gilt grundsätzlich auch für die Kommanditgesellschaft. Da die Geschäftsführung allein das Innenverhältnis betrifft, kann auch der einzige Komplementär von der Geschäftsführung ausgeschlossen werden. So kann der Gesellschaftsvertrag die Geschäftsführung auf Kommanditisten oder sogar auf Nichtgesellschafter übertragen. Der GmbH, die als persönlich haftender Gesellschafter von der Geschäftsführung ausgeschlossen ist, stehen ohne besondere Vereinbarung die Rechte des § 116 HGB zu. Es bedürfen daher alle Geschäfte, die den üblichen Rahmen übersteigen, deren Zustimmung. Ein Ausschluss von der Geschäftsführung ist bei einer mitbestimmenden GmbH nicht zulässig.

3. Vertretung der GmbH & Co. KG durch die GmbH

94 Die GmbH ist als Komplementärin Vertreterin der GmbH & Co. KG. Da die GmbH als juristische Person nicht selbst zur Vertretung fähig ist, wird die GmbH & Co. KG durch die gesetzlichen Vertreter der GmbH, also durch deren Geschäftsführer, vertreten. Der persönlich haftende Gesellschafter kann jedoch von der gesetzlichen Vertre-

tung ausgeschlossen werden (§ 125 Abs. 4 HGB). Anstatt dessen kann die Vertretung auch auf einen Kommanditisten übertragen werden, dieser hat dann die Stellung eines Prokuristen.

Neben den Geschäftsführern der GmbH können weitere Gesellschafter zu Prokuristen bestellt werden. In diesem Falle kann bestimmt werden, dass der Geschäftsführer der GmbH nur in Gemeinschaft mit einem Prokuristen zur Vertretung berechtigt sein soll.

4. Beteiligung am Vermögen

Die Gesellschafter einer OHG und KG sind grundsätzlich als Gesamthänder am Vermögen beteiligt. Ihre Beteiligung am Gesamthandsvermögen richtet sich in der Regel nach der Höhe der Einlage.

a) Beteiligung der GmbH mit einer Einlage als Gesamthänder

Gesellschafter, die eine Einlage in das Gesellschaftsvermögen leisten, sind grundsätzlich als Gesamthänder am Gesellschaftsvermögen beteiligt. Das gilt auch für die Leistungen der GmbH als persönlich haftende Gesellschafterin in das Gesellschaftsvermögen.

Die Vermögensbeteiligung wird in der Regel ihren äußeren Niederschlag in einem Kapitalkonto haben. Da die GmbH ihr Haftungsrisiko und die Geschäftsführung zur Verfügung stellt, wird ihre kapitalmäßige Beteiligung vielfach sehr gering sein. Sie wird meist ihrem eingezahlten Stammkapital entsprechen.

Nach dem HGB haben die Komplementäre gleich den persönlich haftenden Gesellschaftern einer OHG im Gegensatz zu den Kommanditisten wegen deren Haftungsbegrenzung kein festes Kapitalkonto. Es ist aber zweckmäßig, auch für den Komplementär ein festes Kapitalkonto zu führen.

b) Befreiung der GmbH von der Leistung einer Einlage

Der Beitrag eines Gesellschafters braucht nicht in einer Kapital- oder Vermögenseinlage zu bestehen. Beiträge können auch in anderer Weise erbracht werden. Sie können in Form der Übernahme von Tätigkeiten und Nutzungsüberlassungen erfolgen. Es kann daher auch vereinbart werden, dass ein Gesellschafter, der eben eine andere als eine Vermögenseinlage erbringt, nicht am Vermögen beteiligt sein soll, und zwar in der Weise, dass er im Falle der Auflösung der Gesellschaft nicht am Vermögen der Gesellschaft, insbesondere an den stillen Reserven und am Firmenwert teilhaben soll.

Die GmbH erbringt ihre Leistung dadurch, dass sie als einzige Komplementärin die persönliche Haftung übernimmt und die Geschäfte führt. Sie braucht daher nicht am Vermögen beteiligt zu sein, wenn sie für diese Tätigkeiten eine angemessene Vergütung erhält. Sie kann ihr eigenes Stammkapital in der Weise anlegen, dass sie dieses der Kommanditgesellschaft in der Form eines Darlehens gegen Verzinsung überlässt. Die GmbH wird in diesem Falle nicht am Auseinandersetzungsguthaben bei einer Liquidation der Gesellschaft beteiligt.

5. Vergütung der GmbH

a) Gewinnbeteiligung

102 Die GmbH ist als Gesellschafterin grundsätzlich am Gewinn der Gesellschaft beteiligt. Sofern eine Regelung nicht getroffen ist, bestimmen sich nach § 168 Abs. 1 HGB die Anteile der Gesellschafter am Gewinn. Soweit der Gewinn den Betrag von 4 v. H. des Kapitalanteils übersteigt, greifen die Vorschriften der Gewinnverteilung bei der OHG (§ 121 Abs. 1 und 2 HGB).

103 Hinsichtlich der Verteilung des Gewinnes, welcher diesen Betrag übersteigt, sowie der Anrechnung des Verlustes, soweit nichts anderes vereinbart ist, gilt ein den Umständen nach angemessenes Verhältnis der Anteile als bedungen.

104 Bei der Komplementär-GmbH wird man bei der Gewinnverteilung die Übernahme der Geschäftsführung und die Übernahme der persönlichen Haftung besonders vergüten müssen. Das kann in der Weise geschehen, dass man diese besonderen Beiträge der GmbH bei dem Gewinnverteilungsschlüssel besonders berücksichtigt oder aber in der Weise, dass man diese Leistungen gesondert vergütet (Vorabgewinn). Letzteres wird die Regel sein. In diesem Falle würde die GmbH neben der Gewinnbeteiligung, die ihrem Anteil am Gesellschaftskapital entsprechen dürfte, eine Sondervergütung für die Geschäftsführung und eventuell für die Haftungsübernahme erhalten.

b) Risikobeteiligung

105 Ist die GmbH mangels Vermögensbeteiligung nicht am Gewinn beteiligt, hat sie nur für die Übernahme der persönlichen Haftung eine gesonderte Risikovergütung zu erhalten. Nach der Rechtsprechung des BFH hat diese Vergütung einer Provision für einen Bürgschafts- oder Avalkredit zu entsprechen (BFH v. 3. 2. 1977 BStBl. 1977 II S. 346).

c) Geschäftsführervergütung

106 Kommt die Vergütung für die Geschäftsführung nicht in einer Gewinnbeteiligung zum Ausdruck, wird man der GmbH eine gesonderte Vergütung für die Geschäftsführung zahlen müssen. Das kann in der Weise geschehen, dass die GmbH & Co. KG die Geschäftsführervergütung an die GmbH zahlt oder diese den Geschäftsführern der GmbH zahlt.

d) Auslagenersatz

107 Möglich ist, neben oder anstelle einer Gewinnbeteiligung und neben der Risikovergütung den Auslagenersatz zu vereinbaren, wonach die GmbH & Co. KG alle Auslagen der GmbH für ihre Geschäftsführertätigkeit übernimmt.

II. Gesetzliche Voraussetzungen für die Komplementär-GmbH

1. Gründungsvorschriften

108 Nach § 1 GmbHG können Gesellschaften mit beschränkter Haftung durch eine oder mehrere Personen errichtet werden. Das Mindeststammkapital beträgt € 25.000,- und die Mindesteinzahlung grundsätzlich 50 %. Die Voraussetzungen für Sachgründungen sind zwischenzeitlich erheblich verschärft worden.

a) Abschluss eines Gesellschaftsvertrages

Grundlage des Gesellschaftsverhältnisses ist der Gesellschaftsvertrag. Dieser muss enthalten die Firma und den Sitz der Gesellschaft, den Gegenstand des Unternehmens, den Betrag des Stammkapitals sowie den Betrag der von jedem Gesellschafter auf das Stammkapital zu leistenden Einlage. Soll das Unternehmen auf eine gewisse Zeit beschränkt sein oder sollen den Gesellschaftern außer den Leistungen von Kapitaleinlagen noch andere Verpflichtungen gegenüber der Gesellschaft auferlegt werden, bedürfen auch diese Bestimmungen der Aufnahme in den Gesellschaftsvertrag. Ist Gegenstand des Unternehmens die Beteiligung an einer Kommanditgesellschaft als persönlich haftender Gesellschafter und die Übernahme von deren Geschäftsführung, ist dieses im Gesellschaftsvertrag festzuhalten. Hat die Gesellschaft bereits bestanden und wird der Unternehmenszweck in dieser Hinsicht geändert, so bedarf es der Änderung des Gesellschaftsvertrags. Die Gesellschaft kann neben der Beteiligung an einer KG und der Übernahme von deren Geschäftsführung noch andere Zwecke zum Gegenstand haben. Ist die Beteiligung als Komplementär-GmbH Gegenstand des Gesellschaftszweckes der GmbH, wird im Zweifel auch darauf zu achten sein, dass der Gesellschaftsvertrag der KG und der der GmbH aufeinander abgestimmt sind. Das gilt insbesondere im Hinblick auf das bei den einzelnen Gesellschafterversammlungen ausgeübte Stimmrecht und hinsichtlich der Befugnisse der einzelnen Gesellschafter gegenüber den Geschäftsführern, hinsichtlich der Übertragbarkeit der Anteile und des Ausschlusses eines Gesellschafters aus wichtigem Grund. Enthält der Gesellschaftsvertrag der Kommanditgesellschaft eine Regelung hinsichtlich der Ausschließung eines Gesellschafters aus einem wichtigen Grund, ist es zweckmäßig und auch ratsam, eine entsprechende Regelung auch im Gesellschaftsvertrag der GmbH zu vereinbaren, damit nicht die Situation eintritt, dass ein Gesellschafter bei der Kommanditgesellschaft aus wichtigem Grunde ausgeschlossen wird, jedoch Gesellschafter der Komplementär-GmbH mangels einer entsprechenden Regelung bleibt. Eine entsprechende parallel laufende Regelung sollte für jedes Ausscheiden aus der Kommanditgesellschaft auch für die GmbH vereinbart werden, wenn die Gesellschafteridentität zu den wesentlichen Merkmalen beider Gesellschaften gehört. Zu den Gründungsvoraussetzungen gehört es auch, dass die Gesellschaft einen oder mehrere Geschäftsführer hat. Die Geschäftsführung braucht zwar nicht im Gesellschaftsvertrag geregelt zu werden, so dass die Gesellschafter unabhängig vom Gesellschaftsvertrag einen Geschäftsführer bestellen können. Es ist jedoch möglich, auch einen Geschäftsführer, insbesondere den ersten, im Gesellschaftsvertrag zu bestellen. Sind mehrere zu Geschäftsführern bestellt, ist es zweckmäßig, auch den Umfang der Geschäftsführung und Vertretung im Gesellschaftsvertrag zu regeln.

b) Notarielle Form

Der Gesellschaftsvertrag bedarf zu seiner Gültigkeit der notariellen Form. Der Gesellschaftsvertrag ist von allen Gesellschaftern zu unterzeichnen. Gesellschafter in diesem Sinne sind alle diejenigen, die Anteile aus der Gründung übernommen und sich zur Leistung der Einlage verpflichtet haben.

c) Anmeldung zur Eintragung zum Handelsregister

111 Die Geschäftsführer der GmbH haben die Gesellschaft zur Eintragung in das Handelsregister anzumelden. Diese Aufgabe obliegt allein den Geschäftsführern. Eine Mitwirkung der Gesellschafter ist weder erforderlich noch zulässig. Aus der Anmeldung kann sich jedoch auch eine Haftung für die Gesellschafter ergeben, wenn falsche Angaben zum Zweck der Errichtung der GmbH gemacht werden. Der Anmeldung zur Eintragung in das Handelsregister müssen insbesondere beigefügt werden:

1. Der Gesellschaftsvertrag, wenn Bevollmächtigte beim Abschluss des Gesellschaftsvertrages mitgewirkt haben, auch die Vollmachten der Vertreter, welche den Gesellschaftsvertrag oder eine beglaubigte Abschrift dieser Urkunden unterzeichnet haben. Ferner muss die Legitimation der Geschäftsführer, sofern dieselben nicht im Gesellschaftsvertrag bestellt sind, vorgelegt werden. Das gilt insbesondere hinsichtlich der Bestellungsurkunde. Eine Vorlage des Anstellungsvertrages ist nicht erforderlich.
2. Darüber hinaus muss eine vom Anmeldenden unterschriebene Liste der Gesellschafter beigefügt werden, aus welcher Name, Vorname, Stand und Wohnort der letzteren sowie der Betrag der von einem jeden derselben übernommenen Stammeinlage ersichtlich ist. Im Falle einer Sachgründung ist der Sachgründungsbericht über die Angemessenheit der Leistungen für Sacheinlagen und Unterlagen darüber, dass der Wert der Sacheinlagen den Betrag der dafür übernommenen Stammeinlage erreicht, beizufügen. Die Geschäftsführer haben bei der Anmeldung die Versicherung abzugeben, dass auf jede Stammeinlage, soweit nicht Sacheinlagen vereinbart sind, mindestens die Hälfte bzw. die gesetzliche Mindesteinlage eingezahlt worden ist. Sie müssen weiter versichern, dass sich der Gegenstand der Leistungen endgültig in der freien Verfügung der Geschäftsführer befindet. Wird die Gesellschaft nur durch eine Person errichtet und die Geldeinlage nicht voll eingezahlt, so ist auch zu versichern, dass der Gesellschafter die erforderliche Sicherung bestellt hat.

112 In der Anmeldung haben die Geschäftsführer zu versichern, dass keine Umstände vorliegen, die ihrer Bestellung als Geschäftsführer entgegenstehen und dass sie über ihre unbeschränkte Auskunftspflicht gegenüber dem Gericht belehrt worden sind. Ist die Gesellschaft nicht ordnungsgemäß errichtet und angemeldet, hat das Gericht die Eintragung abzulehnen. Das gilt insbesondere auch bei der Überbewertung von Sacheinlagen. Mit der Eintragung in das Handelsregister ist die Gesellschaft entstanden.

2. Mindestkapital und Mindesteinzahlung

113 Das Mindeststammkapital beträgt 25.000 €. Die Stammeinlage eines jeden Gesellschafters muss mindestens 100 € betragen. Bei der Gründung kann jeder Gesellschafter nur einen Anteil übernehmen. Das Stammkapital muss mindestens zu einem Viertel eingezahlt sein, § 7 Abs. 2 GmbHG. Insgesamt jedoch muss auf das Stammkapital mindestens soviel eingezahlt sein, dass der Gesamtbetrag der eingezahlten Geldeinlagen zuzüglich des Gesamtbetrags der Stammeinlagen, für die Sacheinlagen zu leisten sind, 12 500 € erreicht. U. U. kann die Einlage in der Weise erbracht werden, dass der GmbH-Gesellschafter die Einlage unmittelbar auf das Konto der KG einzahlt und damit die Einlageverpflichtung der Komplementär-GmbH gegenüber der KG erfüllt (OLG Stuttgart v. 12. 6. 1986 GmbHR 1986, 349; BGH v. 25. 11. 1985 GmbHR

1986, 115). Die als Bareinlage zu erbringende Stammeinlage kann auch dadurch erbracht werden, dass eine KG aus dem Guthaben der Gesellschafter die entsprechenden Beträge an die GmbH überweist.

Der Gesellschafter einer Komplementär-GmbH, der seine zu erbringende Einlage auf ein Konto der KG einzahlt, wird nur dann von seiner Einlageschuld frei, wenn die KG eine vollwertige, fällige und liquide Einlageforderung gegen die GmbH hat (OLG Stuttgart U v. 12. 6. 1986, GmbHR 1986, 349). Von Literatur und Rechtsprechung ist anerkannt, dass der Gesellschafter von seiner Einlageschuld befreit wird, wenn er auf Veranlassung der Gesellschaft einen Gesellschaftsgläubiger befriedigt, dessen Forderung vollwertig, fällig und zahlbar ist (BGH v. 25. 11. 1985, GmbHR 1980, 15 m. w. N.). Entsprechendes müsse auch gelten, wenn die GmbH mit den Mitteln der ausstehenden Gesellschaftereinlage ihrerseits einen Anspruch der KG auf eine Einlage erfüllen will und ihre Gesellschafter zu diesem Zwecke mit ihrem Einverständnis den geschuldeten Einlagebetrag unmittelbar an die KG leisten (BGH v. 25. 11. 1985 a.a.O.).

114

Es liegt aber keine Erfüllung der Stammeinlageverpflichtung vor, wenn die KG die Überweisung unter der Voraussetzung tätigt, dass die Beträge vereinbarungsgemäß am gleichen Tag und in voller Höhe an die KG zum Zwecke der Darlehensgewährung zurücküberwiesen werden und die Rücküberweisung tatsächlich erfolgt. Der Gesellschafter kann sich nicht darauf berufen, er habe von der vereinbarten Rücküberweisung nicht gewusst, wenn er sich zur Erfüllung seiner Einlageverpflichtung eines Dritten bedient (OLG Koblenz, U. v. 9. 2. 1989, DB 1989, S. 18). Keine Zahlung der Stammeinlage ist erfolgt, wenn der Gesellschafter einem Mitarbeiter der GmbH Schecks übergibt, die dieser über sein Privatkonto einlöst und den Betrag für Lohnforderungen gegen die illiquide GmbH verwendet (OLG Düsseldorf v. 3. 8. 1988 BB 1988, 2126).

115

Sieht der Gesellschaftsvertrag eine Bareinlage vor, kann diese nicht durch Erfüllungssurrogate und in anderer Weise geleistet werden, als sie im Gesellschaftsvertrag übernommen ist (OLG Köln GmbHR 1985, 57; BGHZ 15, 52, 60; BGH WM 1956, 1029, Möhring, Festschrift für Reimer/Schmidt 197 b, 85, 99; Fischer, Anm. zu LM § 19 GmbHG Nr. 1; Langenfeld, GmbHR 1981, 55; Hachenburg/ Ulmer GmbH 7. Aufl. § 19 RdNr. 58; Roth/Altmeppen, 4. Aufl., § 19 Rn. 4ff.; Scholz/Winter § 19 GmbHG Anm. 18, 20). Die Einlage einer Forderung stellt stets eine Sacheinlage dar, gleichgültig, ob sie aus der Überlassung von Vermögensgegenständen oder aus einem Darlehen stammt (BGHZ 15, 52, 60, BGHZ 28, 77; Hanseatisches OLG, GmbHR 1982, 152, Scholz/Winter § 19 GmbHG, Anm. 18, 20).

116

Auch die Einbringung einer Darlehensforderung befreit den Gesellschafter nur von seiner Einlageverpflichtung, wenn die Voraussetzungen einer Sachgründung erfüllt sind. Wird eine GmbH neu gegründet, um in eine bereits bestehende KG oder OHG als persönlich haftende Gesellschafterin einzutreten, erbringen die Gesellschafter vielfach ihre Einlage in der Weise, dass sie eine Forderung gegenüber der KG einbringen. In diesem Falle liegt eine Sachgründung vor.

117

Bei Bargründung ist stets Geldeinzahlung auf das Konto der GmbH erforderlich. Die Bareinlage kann nicht durch Verrechnung mit einer Forderung gegen die Gesellschaft erfüllt werden (OLG Frankfurt, Beschl. v. 17. 2. 1983 GmbHR 1983, 272). Auch nach BGH v. 20. 9. 1982 ist eine Verrechnung eines Darlehens mit der Einlageschuld bei Bareinlageverpflichtung nicht möglich (GmbHR 1983, 195).

118

3. Besonderheiten bei Sachgründungen

a) Begriff der Sachgründung

119 Unter einer Sachgründung versteht man eine Gründung, bei der die Einlagen der Gesellschafter auf die Stammeinlage nicht in Bargeld bestehen, sondern in Sachwerten. Insbesondere fallen hierunter die Einbringung von Maschinen und Grundvermögen, Patenten, Konzessionen, Warenzeichen usw. Unter die Sachgründungsvorschriften fallen auch die Sachübernahmen gegen Verrechnung mit Einlageforderungen. Andere Sachübernahmen, z. B. der Verkauf der Maschinen an die GmbH im Gründungsstadium und die Umwandlung der Kaufpreisforderung eines Gesellschafters in eine Darlehensforderung oder aber die Bezahlung des Kaufpreises aus der vorher eingezahlten Stammeinlage fallen nicht unter die Sachgründungsvorschriften.

Die Einbringung von Forderungen als Einlage stellt eine Sacheinlage dar. Sacheinlagen sind grundsätzlich voll zu erbringen. Ist lediglich eine Sacheinlage vorgesehen, muss diese voll erbracht werden. In diesem Falle muss der Wert der Sacheinlage dem Stammkapital bzw. der übernommenen Stammeinlage entsprechen. Forderungen sind mit dem gemeinen Wert zu bewerten.

120 Eine Erfüllung der Einlageverpflichtung des Gesellschafters der Komplementär-GmbH findet bei dessen Zahlung an eine Gläubigerbank der KG nicht statt, wenn das Vermögen der GmbH nicht zur vollen Befriedigung ihrer Eigengläubiger und der Gläubiger der KG, soweit deren Ansprüche das Vermögen dieser Gesellschaft übersteigen, ausreicht (OLG Hamm v. 26.10.1999 GmbHR 2000, 386, vgl. auch BGH v. 25.11.1985 NJW 1986, 989). Leitet hingegen die Komplemetär-GmbH einer KG Stammeinlagenzahlungen eines Gesellschafters als Kredit an die KG weiter, handelt es sich nicht um eine verbotene Rückzahlung von Stammkapital, auch wenn der Gesellschafter zugleich Kommanditist der KG ist (OLG Köln v. 05.02.2002, GmbHR, 2002, 986).

b) Erfordernisse an den Gesellschaftsvertrag

121 Haben sich Gesellschafter verpflichtet, Sacheinlagen zu leisten, so müssen der Gegenstand der Sacheinlage und der Betrag der Stammeinlage, auf die sich die Sacheinlage bezieht, im Gesellschaftsvertrag festgesetzt werden. Will ein Gesellschafter als Sacheinlage z. B. ein Grundstück einbringen, so muss der Gesellschaftsvertrag den Wert des Grundstücks festsetzen und den Betrag der Stammeinlage, den der Gesellschafter für die Einbringung des Grundstücks erhalten soll.

c) Gründungsbericht und sonstige Erklärungen

122 Ist Gegenstand der Einlage eine Sacheinlage, haben die Gesellschafter in einem Sachgründungsbericht die für die Angemessenheit der Leistung für Sacheinlagen wesentlichen Umstände darzulegen. Das Gesetz regelt nicht, wer den Sachgründungsbericht zu erstellen hat. Im Zweifel wird es Angelegenheit von Angehörigen der steuerberatenden Berufe und von Wirtschaftsprüfern sein, einen solchen Bericht zu erstellen. Der Sachgründungsbericht hat die Sacheinlagen zu bewerten und darzulegen, dass der Wert dieser Einlagen auch dem Wert der übernommenen Stammeinlage betragsmäßig entspricht. Der gemeine Wert dieser Einlagen hat betragsmäßig mit der übernommenen Stammeinlage übereinzustimmen. Insbesondere darf sie die Stammeinlage wertmäßig nicht unterschreiten. Geht die GmbH aus einer Umwandlung hervor, sind auch die Jahresergebnisse der letzten beiden Geschäftsjahre anzugeben. Es soll durch diese Vorschrift verhindert werden, dass Sacheinlagen überbewertet werden und nicht dem Wert des hingegebenen Anteils entsprechen.

d) Unterlagen bei Anmeldung

Ist Gegenstand der Einlage eine Sacheinlage, sind alle Verträge und die Festsetzungen im Zusammenhang mit der Übernahme der Sacheinlage der Anmeldung beizufügen, ebenso der Sachgründungsbericht. Darüber hinaus sind auch Unterlagen darüber beizufügen, dass der Wert der Sacheinlagen den Betrag der dafür übernommenen Stammeinlagen erreicht. Die Richtigkeit dieser Angaben ist von den Geschäftsführern zu versichern. Ergibt sich aus den beigefügten Unterlagen, dass die Sacheinlagen den Wert der Stammeinlage nicht erreichen, darf der Registerrichter die Errichtung der GmbH nicht eintragen. Er hat in diesem Falle die Eintragung abzulehnen. Das gilt insbesondere dann, wenn er erkennt, dass Sacheinlagen überbewertet worden sind. Werden dem Registergericht gegenüber falsche Angaben gemacht, kann sich aus § 9 a GmbHG sowohl für den Geschäftsführer als auch für die Gesellschafter eine Haftung ergeben. 123

4. Die Einmann-GmbH

a) Gründung

Die Gründung einer GmbH und die Übernahme der Geschäftsanteile durch einen Gesellschafter ist seit 1981 zulässig. Auch hier bedarf es des Abschlusses eines Gesellschaftsvertrags, der vom Alleingesellschafter zu unterzeichnen ist und außerdem der notariellen Beurkundung bedarf. Der Einmann-Gesellschafter darf sich grundsätzlich auch zum Geschäftsführer der GmbH bestellen. Als Geschäftsführer hat er die Anmeldung zur Eintragung in das Handelsregister zu betreiben. 124

b) Besonderheiten bei nicht voll eingezahltem Stammkapital

Für die Einmann-Gesellschaft ergeben sich insoweit verschärfte Bestimmungen, als der Einmann-Gesellschafter seine Einlage, sofern es sich um eine Bareinlage handelt, bei Gründung voll zu leisten hat. Soweit die Bareinzahlung nicht erfolgt, hat er hinsichtlich der Resteinlage eine Sicherheit zu leisten (§ 7 Abs. 2 GmbHG). Gleiches gilt, wenn sich innerhalb von drei Jahren nach der Eintragung der Gesellschaft in das Handelsregister alle Geschäftsanteile in der Hand eines Gesellschafters oder in der Hand der Gesellschaft vereinigen. In diesem Falle hat der Gesellschafter innerhalb von 3 Monaten seit der Vereinigung der Geschäftsanteile alle Geldeinlagen voll einzuzahlen oder der Gesellschaft für die Zahlung der noch ausstehenden Beträge eine Sicherung zu bestellen oder einen Teil der Geschäftsanteile an einen Dritten zu übertragen. Die Geschäftsführer haben die Vereinigung der Geschäftsanteile unverzüglich dem Handelsregister anzuzeigen (§ 19 Abs. 4 GmbHG). Leistet der Gesellschafter auf die Stammeinlage andere Vermögensrechte und Nutzungsrechte als Geld, wirkt die Leistung nur dann befreiend, wenn diese im Gesellschaftsvertrag festgelegt worden und in einem Nachgründungsbericht die Angemessenheit dieser Leistungen dargelegt worden ist. Bei der Anmeldung der Einmann-GmbH hat der Geschäftsführer dem Registergericht ge- 125 genüber zu versichern, dass die erforderliche Sicherung bestellt ist (§ 8 Abs. 2 GmbHG). Die Geschäftsführer und Gesellschafter sind verantwortlich für die Richtigkeit der Versicherung und haften der Gesellschaft gegenüber als Gesamtschuldner, falls die Versicherung nicht zutreffend ist. Ebenfalls ist zu beachten, dass falsche Angaben gegenüber dem Registergericht zum Zweck der Eintragung der GmbH strafbar sind (§ 82 Abs. 1 Nr. 1 GmbHG). Die verschärften Vorschriften hinsichtlich der Anteilsvereinigung gelten nur dann, wenn die Anteilsvereinigung innerhalb von drei Jahren nach der Errichtung der GmbH erfolgt ist. Hat der Einmann-Gesellschafter bei Vereinigung aller Anteile innerhalb von 3 Monaten der Gesellschaft eine entsprechende Sicherheit nicht gewährt, die noch ausstehenden Einlagen nicht voll eingezahlt oder einen Teil der Geschäftsanteile nicht einem Dritten übertragen, hat ihm das Registergericht zunächst nach Fristablauf eine Nachfrist zu setzen (§ 144 b FGG). Entscheidet sich der Gesellschafter auch bis zum Ablauf der Nachfrist nicht, stellt das Gericht die Nichteinhaltung der genannten Verpflichtungen fest, was die Auflösung der GmbH bewirkt (§ 60 Abs. 1 Nr. 6 GmbHG). Die vorgenannten Vorschriften gelten auch für den Fall einer Kapitalerhöhung. Auch in diesem Falle hat der Einmann-Gesellschafter die Einlagenverpflichtung aus der Kapitalerhöhung voll oder in Höhe der noch ausstehenden Einlagen als Sicherheiten zu leisten. Entsteht die Einmann-GmbH dadurch, dass der Einmann-Gesellschafter sein bisheriges Einzelunternehmen als Sacheinlage in die GmbH einbringt, kann dies im Wege der Einzelrechtsnachfolge erfolgen, oder aber im Wege der Ausgliederung § 152 ff. UmwG. Hinsichtlich der Durchführung der Ausgliederung siehe 2.3.2. Hierzu ist eine Übersicht über die Vermögensgegenstände und Verbindlichkeiten beizufügen. Darüber hinaus müssen die Vorschriften über eine Sachgründung beachtet werden. Hier gilt insbesondere der Sachgründungsbericht (§ 5 Abs. 4 Satz 2 GmbHG).

c) Das Selbstkontrahierungsverbot

126 Nach § 35 Abs. 4 GmbHG ist für Rechtsgeschäfte zwischen der GmbH und ihrem alleinigen Gesellschafter-Geschäftsführer § 181 BGB anwendbar. Hiernach ist es dem Geschäftsführer nicht gestattet, Rechtsgeschäfte zwischen sich und der GmbH zu tätigen, es sei denn, dass ihn die Satzung vom Selbstkontrahierungsverbot befreit. Das gilt auch dann, wenn sich ein Geschäftsanteil in der Hand eines Gesellschafters befindet und die Restanteile sich in der Hand der Gesellschaft befinden. Es ist daher zweckmäßig, im Gesellschaftsvertrag der GmbH von vornherein eine Befreiung vom Selbstkontrahierungsverbot auszusprechen, auch wenn eine Einmann-GmbH zur Zeit noch nicht bestehen sollte. Die Befreiung des Alleingesellschafter-Geschäftsführers von dem Verbot, Geschäfte der GmbH mit sich selbst abzuschließen, ist im Handelsregister einzutragen. Nicht wirksam beschlossen und eingetragen werden kann, dass der Geschäftsführer befreit werden soll, wenn er alleiniger Gesellschafter ist (BGH v. 28. 2. 1983, GmbHR 1983, 269).

127 Ist es dem Geschäftsführer der Komplementär-GmbH einer GmbH & Co. KG gestattet, Rechtsgeschäfte mit sich im eigenen Namen und der KG vorzunehmen, kann diese Befreiung von dem Verbot des Selbstkontrahierens im Handelsregister der KG eingetragen werden (Bay ObLG Beschl. v. 23.02.2000 GmbHR 2000, 385).

d) Gesellschafterbeschlüsse

§ 48 Abs. 3 GmbHG sieht vor, dass über die Beschlussfassung unverzüglich eine Niederschrift anzufertigen ist. Somit ist der Gesellschafterbeschluss eines Einmann-Gesellschafters schriftlich zu protokollieren, es sei denn, dass der Beschluss sogar der notariellen Form bedarf wie bei Satzungsänderungen, Kapitalerhöhungen und Herabsetzungen. Fehlt die in § 48 Abs. 3 GmbHG vorgeschriebene Form, ist der Beschluss nicht nichtig, sondern allenfalls nach den allgemeinen Regeln über die Mängel von Gesellschafterbeschlüssen anfechtbar. Ein nicht protokollierter Beschluss einer Einmann-GmbH dürfte daher in der Regel wirksam sein. Wegen der strengen steuerlichen Vorschriften hinsichtlich der Eindeutigkeit der Verträge dürfte es jedoch in den meisten Fällen dringend geboten sein, auf die Protokollierung des Beschlusses nicht zu verzichten, weil nicht protokollierte Beschlüsse im Zweifel steuerlich nicht anerkannt werden.

128

e) Haftung

Auch die Einmann-GmbH führt grundsätzlich nicht zu einer Durchgriffshaftung, mit der Folge, dass der Gesellschafter für die Schulden der GmbH grds. nicht haftet. Eine unmittelbare Haftung des Einmann-Gesellschafters für Verbindlichkeiten der GmbH kann es grundsätzlich nur vom Gesichtspunkt der sittenwidrigen Schädigung aus (§ 826 BGB) geben. Besondere Haftung kann sich jedoch nach § 9 a GmbHG auch für den Gesellschafter im Zusammenhang mit der Errichtung der Gesellschaft ergeben. Werden nämlich zum Zweck der Errichtung der Gesellschaft falsche Angaben gemacht, so haben die Gesellschafter und Geschäftsführer der Gesellschaft als Gesamtschuldner fehlende Einzahlungen nach zu leisten; eine Vergütung, die nicht unter den Gründungsaufwand aufgenommen ist, ist zu ersetzen und für den sonst entstehenden Schaden Ersatz zu leisten.

129

Ebenfalls werden die Gesellschafter als Gesamtschuldner zum Schadensersatz verpflichtet, wenn die Gesellschaft von den Gesellschaftern durch Einlagen oder durch Gründungsaufwand vorsätzlich oder aus grober Fahrlässigkeit geschädigt wird. Darüber hinaus kann der Einmann-Gesellschafter als Geschäftsführer nach § 43 GmbHG der Gesellschaft gegenüber schadensersatzpflichtig werden, wenn er die dort genannten Pflichten verletzt hat. Unter Umständen können Gesellschaftsgläubiger diese Ansprüche pfänden lassen und sie über diesen Weg unmittelbar gegen den Einmann-Gesellschafter geltend machen.

130

5. Gesellschafterdarlehen

Gewähren die Gesellschafter der GmbH neben ihrer Einlageverpflichtung Darlehen, so werden diese Darlehen grundsätzlich als Fremdverbindlichkeiten der GmbH behandelt. Eine Sonderregelung gilt jedoch dann, wenn diese Darlehen kapitalersetzenden Charakter haben. So dürfen Gesellschafterdarlehen mit kapitalersetzendem Charakter im Falle der Krise der Gesellschaft an die Gesellschafter nicht zurückgezahlt werden (§ 32 a GmbHG).

131

Unter die so genannten kapitalersetzenden Darlehen fallen drei Grundtatbestände:
1. Die Hingabe eines Gesellschafterdarlehens zu einem Zeitpunkt, zu dem die Gesellschafter als ordentliche Kaufleute der GmbH statt des Darlehens Eigenkapital in Form der Erhöhung des Stammkapitals hätten zuführen müssen.

132

2. Die Hingabe eines Darlehens durch Dritte zu einem Zeitpunkt, zu dem die Gesellschafter als ordentliche Kaufleute statt der Darlehensgewährung durch das Kreditinstitut oder einen anderen der GmbH hätten Eigenkapital zuführen müssen und die Gesellschafter dem Dritten für die Rückgewähr des Darlehens eine Sicherung bestellt oder sich dafür verbürgt haben.
3. Die Geldhingabe durch Gesellschafter oder Dritte, die wirtschaftlich gesehen den vorgenannten Darlehensgewährungen entsprechen.

133 Wann im einzelnen ein Darlehen kapitalersetzenden Charakter hat, ist im Einzelfall schwierig zu ermitteln. Die Hingabe eines Darlehens, um die Insolvenz abzuwenden, hat in jedem Fall kapitalersetzenden Charakter. Ein kapitalersetzendes Darlehen dürfte auch dann vorliegen, wenn die Gesellschaft von dritter Seite her wegen mangelnder Kapitalausstattung zu marktüblichen Bedingungen kein Darlehen mehr erhalten würde. Im Falle einer GmbH & Co. KG dürfte die Eigenkapitalausstattung der GmbH als Komplementär-GmbH, deren alleinige Aufgabe es ist, die Geschäftsführung zu übernehmen, keine Bedeutung haben. Vielmehr kommt es hier auf die Kapitalausstattung der Kommanditgesellschaft an. Wirtschaftlich gesehen kann auch die Darlehensgewährung durch Dritte kapitalersetzenden Charakter haben, wenn der Dritte durch den Gesellschafter aus dessen Privatvermögen voll abgesichert wird, etwa durch Bürgschaften oder Hypotheken auf dem privaten Grundbesitz. Diese Gesellschafterdarlehen werden im Falle der Insolvenz wie Eigenkapital angesehen. Die Gesellschafter gelten nicht als Gläubiger der Gesellschaft (§ 32 a GmbHG). Hat die Gesellschaft kapitalersetzende Darlehen im letzten Jahr vor der Insolvenzeröffnung zurückgezahlt, so hat der Gesellschafter, der die Sicherung bestellt hatte oder als Bürge haftete, der Gesellschaft den zurückgezahlten Betrag zu erstatten, der dem Wert der von ihm bestellten Sicherungen im Zeitpunkt der Rückzahlung des Darlehens entspricht. Die Verpflichtung besteht jedoch nur bis zur Höhe des Betrages, mit dem der Gesellschafter als Bürge haftete.

6. Geschäftsführung

a) Grundsätze

134 Die Geschäftsführer stellen das vertretungsberechtigte Organ der GmbH dar. Die GmbH muss mindestens einen Geschäftsführer haben. Der Geschäftsführer ist mit der Gründung der Gesellschaft zu bestellen.

135 Er kann bereits durch die Gründungsgesellschafter der GmbH vor Eintragung in das HR bestellt werden. Kommanditisten, die nicht gleichzeitig Gesellschafter der GmbH sind, haben auf die Bestellung eines GmbH-Geschäftsführers keinen Einfluss.
Er hat die Anmeldung der Gesellschaft zum Handelsregister vorzunehmen und die Versicherung nach § 8 Abs. 3 GmbHG abzugeben.

136 Zu Geschäftsführern der GmbH können Gesellschafter der GmbH, Kommanditisten und solche, die gleichzeitig Kommanditisten und Gesellschafter der GmbH sind, sowie fremde Dritte bestellt werden. Es steht dem deshalb nicht entgegen, dass ein Einmann-Gesellschafter, der gleichzeitig einziger Kommanditist ist, sich ebenfalls zum Geschäftsführer bestellt. Allerdings muss er im Gesellschaftsvertrag vom Verbot des § 181 BGB ausdrücklich befreit worden sein.

Entscheidungen über Bestellung und Abberufung sowie Anstellung und Kündigung eines Geschäftsführers einer GmbH trifft die Gesellschafterversammlung.

b) Geschäftsführer als gesetzliche Vertreter

Der Geschäftsführer ist der gesetzliche Vertreter der GmbH. Neben ihm können noch gewillkürte Vertreter bestimmt werden. Diese haben dann die Stellung eines Prokuristen. Eine GmbH kann auch mehrere Geschäftsführer haben. Ist nichts Besonderes vereinbart, besteht Gesamtvertretung, daher können die Geschäftsführer die Gesellschaft nur gemeinschaftlich vertreten. Der Gesellschaftsvertrag kann jedoch auch Einzelvertretung vorsehen. Die Geschäftsführer haben die laufenden Angelegenheiten der Gesellschaft zu erledigen (§ 45 GmbHG). Der Umfang bestimmt sich, soweit dem nicht gesetzliche Vorschriften entgegenstehen, nach dem Gesellschaftsvertrag. 137

c) Umfang der Geschäftsführung

Die Geschäftsführer haben die laufenden Angelegenheiten der Gesellschaft zu erledigen (§ 45 GmbHG). Geschäftsführung im weitesten Sinne ist die Festlegung der Grundsätze der Unternehmenspolitik, die Leitung des Unternehmens der Gesellschaft, unabhängig davon, ob es sich um Maßnahmen der laufenden Geschäftsführung oder um ungewöhnliche Maßnahmen handelt und die allgemeine Verwaltung der Gesellschaft. Im Verhältnis Gesellschafter und Geschäftsführer besteht weitgehend Gestaltungsfreiheit. Im Unterschied zur Aktiengesellschaft leitet der Geschäftsführer die Gesellschaft nicht in eigener Verantwortung, sondern es besteht eine Weisungsbefugnis der Gesellschafter gegenüber den Geschäftsführern (Grundsatz der Weisungsabhängigkeit) und die Pflicht der Geschäftsführer, die Weisungen auszuführen (Folgepflicht, BGHZ 31, 271). Diese Weisungen können genereller Art sein, indem eine Geschäftsverteilung zwischen den Geschäftsführern vorgesehen und in der einzelne Maßnahmen an die Zustimmung der Gesellschafter gebunden werden. Das Weisungsrecht steht hier den Gesellschaftern in deren Gesamtheit zu, nicht dem einzelnen Gesellschafter (Scholz/ K. Schmidt, GmbHG, § 45 Anm. 6). Der Gesellschaftsvertrag kann im einzelnen festlegen, welche Rechtsgeschäfte der Zustimmung der Gesellschafterversammlung bedürfen. Der Gesellschafter der GmbH hat gegenüber den Geschäftsführern der GmbH eine erheblich stärkere Position als der Kommanditist gegenüber dem persönlich haftenden Gesellschafter. 138

Werden den Geschäftsführern im Gesellschaftsvertrag Beschränkungen auferlegt, so gelten diese Beschränkungen grundsätzlich nur im Innenverhältnis, also gegenüber den Gesellschaftern. Gegen dritte Personen hat eine Beschränkung der Befugnis der Geschäftsführer, die Gesellschaft zu vertreten, jedoch keine rechtliche Wirkung. Hat ein Geschäftsführer seine Kompetenz überschritten, so ist das Rechtsgeschäft grundsätzlich für die Gesellschaft bindend. Die Geschäftsführer machen sich lediglich schadensersatzpflichtig. 139

d) Pflichten der Geschäftsführer

Zu den besonderen Pflichten der Geschäftsführer gehört es, für die ordnungsmäßige Buchführung der Gesellschaft zu sorgen. Sie müssen in den ersten drei Monaten des Geschäftsjahres die Bilanz für das verflossene Geschäftsjahr neben einer Gewinn- und Verlustrechnung aufstellen. Jedoch kann durch Gesellschaftsvertrag die Frist von 3 Monaten bis auf 6 Monate verlängert werden. 140

141 Nach § 42 a Abs. 1 GmbHG hat die Feststellung spätestens innerhalb der ersten 8 Monate des Geschäftsjahres zu erfolgen. Kleine GmbHs haben die Jahresabschlüsse ohne GuV, aber mit verkürztem Anhang, die Verwendung des Ergebnisses und den Lagebericht bis spätestens 11 Monate nach Bilanzstichtag einzureichen und die Einreichung unter Angabe des Ortes und der Nummer der Eintragung im Bundesanzeiger bekannt zu machen.

e) Haftung bei Pflichtverletzung

142 Die Geschäftsführer haben in den Angelegenheiten der Gesellschaft die Sorgfalt eines ordentlichen Geschäftsmannes anzuwenden (§ 43 GmbHG). Für die Verletzung ihrer Pflichten haften sie der Gesellschaft gegenüber solidarisch für den entstandenen Schaden. Das gilt insbesondere dann, wenn sie den Bestimmungen des § 30 GmbHG (Unantastbarkeit des zur Erhaltung des Stammkapitals notwendigen Vermögens) zuwider Zahlungen an die Gesellschafter oder Dritte leisten. Die Geschäftsführung erstreckt sich grundsätzlich auf alle Angelegenheiten der GmbH. Ist Gesellschaftszweck einer GmbH die Geschäftsführung einer Personengesellschaft, so erstreckt sich die Geschäftsführung im Zweifel auch auf die Geschäftsführung der Personengesellschaft, da sich die GmbH zur Erfüllung der Geschäftsführung lediglich ihrer eigenen Organe bedienen kann.

f) Abberufung und Bestellung von Geschäftsführern

143 Die Geschäftsführer werden grundsätzlich von den Gesellschaftern der GmbH bestellt. Diese Aufgabe kann u. U. auch einem Aufsichtsrat oder Beirat übertragen werden. Die Bestellung kann bereits im Gesellschaftsvertrag erfolgen. In der Regel liegt der Bestellung ein Anstellungsvertrag zugrunde. Es kann dem auch ein Auftrag oder eine Geschäftsbesorgung zugrunde liegen.
Die Bestellung zum Geschäftsführer ist zeitlich unbegrenzt. Sie ist nicht wie im Aktienrecht auf 5 Jahre begrenzt.

144 Die Bestellung zum Geschäftsführer ist jederzeit widerrufbar, unbeschadet der Entschädigungsansprüche aus bestehenden Verträgen. U. u. ist jedoch die Zustimmung des betroffenen Geschäftsführers erforderlich (BGH v. 27. 10. 1986, GmbHR 1987, 94). Die Abberufung als Geschäftsführer hat auf den zugrunde liegenden Anstellungsvertrag nicht notwendigerweise Einfluss. Insbesondere, wenn der Anstellungsvertrag schon vor der Bestellung zum Geschäftsführer bestand, aber die Bestellung zum Geschäftsführer nicht die Grundlage für den Anstellungsvertrag war, ist der Anstellungsvertrag durch den Widerruf nicht automatisch beendet. Umgekehrt hat die Kündigung des Anstellungsvertrages im Zweifel Auswirkungen auf die Geschäftsführerbestellung.

145 Der Ausschluss des allgemeinen Kündigungsschutzes im Sinne des § 14 Abs. 1 Nr. 1 und 2 KSchG gilt nur für Kündigungen von juristischen Personen (wie hier GmbH) oder Personengesamtheiten gegenüber ihren unmittelbaren Organvertretern. Das wäre also der Fall, wenn die GmbH ihren Geschäftsführer unmittelbar kündigen würde. In diesem Falle könnte sich der Geschäftsführer auf den allgemeinen Kündigungsschutz nicht berufen. Erfolgt jedoch die Kündigung durch die GmbH & Co. KG aufgrund eines zwischen ihr und dem Geschäftsführer ihrer Komplementär-GmbH bestehenden Anstellungsvertrages, ist § 14 Abs. 1 Nr. 2 KSchG nicht anzuwenden. Nach dieser Be-

stimmung gilt der allgemeine Kündigungsschutz nicht in Betrieben einer juristischen Person für Mitglieder des Organs, das zur gesetzlichen Vertretung der juristischen Person berufen ist (Nr. 1), sowie in Betrieben einer Personengesamtheit für die durch Gesetz, Satzung oder Gesellschaftsvertrag zur Vertretung der Personengesamtheit berufenen Personen (Nr. 2). Diese Bestimmung gilt jedoch nur im unmittelbaren Verhältnis der juristischen Person bzw. Personengesamtheit zu ihrem Organvertreter, daher also für Kündigungen, die die juristische Person oder Personengesamtheit ihrem unmittelbaren Organvertreter ausspricht. Sie ist jedoch dann nicht anwendbar, wenn der Geschäftsführer der Komplementär-GmbH lediglich Organvertreter der GmbH und nicht unmittelbarer Organvertreter der GmbH & Co. KG ist. Die Anwendung des allgemeinen Kündigungsschutzes hängt in diesem Falle davon ab, ob der Geschäftsführer unabhängiger Dienstnehmer oder Arbeitnehmer der GmbH & Co. KG ist.

Die Kündigungsfrist des Gesellschafter-Geschäftsführers einer GmbH & Co. KG richtet sich nach § 622 Abs. 1 Satz 1 BGB (BGH v. 9. 3. 1987, BB 1987, 848). Ein wichtiger Grund für die Abberufung eines Geschäftsführers liegt nach OLG Hamm v. 7. 5. 1984 GmbHR 1985 S. 119 etwa vor, wenn ein Gesellschafter-Geschäftsführer im Rahmen seiner Tätigkeit Abrechnungsbelege fälscht, selbst dann, wenn ein konkreter Vermögensschaden der GmbH nicht nachzuweisen ist. Nach OLG Karlsruhe ist eine fristlose Kündigung des Geschäftsführers bei fehlender Zustimmung der GmbH zu persönlichen Geschäften möglich (BGH v. 8. 7. 1988, GmbHR 1988, 485). Der Verstoß einer Dienstpflicht gegen ein Wettbewerbsverbot kann Schadensersatzanspruch auslösen, berechtigt den Dienstherrn aber grundsätzlich nicht, die Vergütung der Dienste zu verweigern (BGH v. 19. 10. 1987 GmbHR 1988, 100).

7. Übertragung von GmbH-Anteilen

Grundsätzlich sind Geschäftsanteile veräußerlich und auch vererblich. Die Abtretung von Geschäftsanteilen durch einen Gesellschafter bedarf jedoch eines in notarieller Form geschlossenen Vertrages. Die mangelnde Form macht die Übertragung unwirksam. Der notariellen Form bedarf auch eine Vereinbarung, durch welche die Verpflichtung eines Gesellschafters zur Abtretung eines Geschäftsanteils begründet wird. Eine ohne diese Form getroffene Vereinbarung wird jedoch durch die notarielle Beurkundung der Abtretung selbst gültig. Der Gesellschaftsvertrag kann jedoch die Abtretung von Anteilen einschränken und an besondere Voraussetzungen knüpfen. Insbesondere kann die Abtretung von Anteilen von der Genehmigung der Gesellschaft abhängig gemacht werden (§ 15 Abs. 5 GmbHG).

Eine Einschränkung der Übertragbarkeit wird dann zweckmäßig sein, wenn sich die GmbH-Anteile in der Hand der Kommanditisten befinden. Hier wird man im Gesellschaftsvertrag die Vereinbarung treffen müssen, dass die Zustimmung der Gesellschaft zur Anteilsübertragung nur erteilt werden darf, wenn gleichzeitig auch der Kommanditanteil mitveräußert wird. Eine entsprechende Regelung wird man im Gesellschaftsvertrag der Kommanditgesellschaft ebenfalls vereinbaren müssen, damit Gesellschaftereinheit zwischen GmbH und Kommanditgesellschaft gewahrt bleibt. Um diese Einheit zu erhalten, wird man auch die freie Vererblichkeit des GmbH-Anteils einschränken müssen, derart, dass der GmbH-Anteil nur mit dem Kommanditanteil zusammen vererbt werden darf und dass bei Teilung der Anteile der GmbH-Anteil entsprechend der Aufteilung der Kommanditanteile aufzuteilen ist. Soweit es sich um eine personenbezogene Kommanditgesellschaft handelt, wird man unabhängig davon, ob man die Einheit der Anteile erhalten will, nur Gesellschafter aufnehmen wollen, die der Gesellschaft genehm sind. So kann im Gesellschaftsvertrag bestimmt werden, dass die Zustimmung zu Anteilsübertragungen der Gesellschafterversammlung obliegt. Für den Beschluss kann eine qualifizierte Mehrheit vorgesehen werden. Darüber hinaus kann auch im Gesellschaftsvertrag ein Vorkaufsrecht der übrigen Gesellschafter vereinbart werden. Auf diese Weise ist sichergestellt, dass der Charakter einer GmbH & Co. KG als personenbezogene Familiengesellschaft gewahrt bleibt.

8. Liquidation der GmbH

149 Nach § 60 GmbHG wird die Gesellschaft mit beschränkter Haftung aufgelöst durch den Ablauf der im Gesellschaftsvertrag bestimmten Zeit, durch Beschluss der Gesellschafter mit einer Dreiviertelmehrheit der abgegebenen Stimmen, durch gerichtliches Urteil, durch Eröffnung des Insolvenzverfahrens, bei Ablehnung der Eröffnung des Insolvenzverfahrens mangels Masse, durch Entscheidung des Registergerichts oder bei Löschung der Gesellschaft wegen Vermögenslosigkeit.

150 Im Gesellschaftsvertrag können auch weitere Auflösungsgründe festgelegt werden. Ist der Gesellschaftszweck der GmbH lediglich die Geschäftsführung einer Personengesellschaft, so kann im Gesellschaftsvertrag bestimmt werden, dass die Gesellschaft auch aufgelöst wird, wenn auch die Kommanditgesellschaft ihre Tätigkeit beendet. Ist ein Auflösungsgrund hiernach gegeben, ist die Gesellschaft hiermit noch nicht beendet, sondern tritt erst in das Liquidationsstadium ein. Das gilt auch dann, wenn ein fester Zeitpunkt für die Beendigung der Gesellschaft bestimmt ist. Gleiches trifft zu, wenn die Auflösung auf einem Gesellschafterbeschluss beruht. Der Auflösungsbeschluss durch die Gesellschafter ist zwingendes Recht. Ohne diesen Gesellschafterbeschluss ist die Liquidation unwirksam. Mit dem Liquidationsbeschluss durch die Gesellschafterversammlung wird erst die Beendigung der GmbH eingeleitet. Während der Liquidation bleibt die GmbH als juristische Person bestehen. Die GmbH i. L. übt auch weiterhin noch ein Handelsgewerbe aus. Die Geschäftsführung der in Liquidation befindlichen GmbH wird von Liquidatoren wahrgenommen (§ 71 GmbHG). Diese haben sofort bei Beginn der Liquidation und in jedem Folgejahr eine Bilanz aufzustellen. Die Verteilung des Gesellschaftsvermögens darf nicht vor Tilgung oder Sicherstellung der Schulden der Gesellschaft und nicht vor Ablauf eines Jahres seit dem Tag vorgenommen werden, an welchem die Aufforderung an die Gläubiger (§ 65 Abs. 2 GmbHG) in den öffentlichen Blättern zum dritten Male erfolgt ist. Die Beendigung der Gesellschaft ist von den Liquidatoren zum Handelsregister anzumelden und daraufhin die Löschung vorzunehmen.

E. Rechte und Pflichten der Kommanditisten

I. Einlageverpflichtung und Beiträge

151 Die wichtigsten Verpflichtungen der Gesellschafter einer Personengesellschaft sind, Beiträge zur Erreichung des gemeinsamen Zweckes in das Gesellschaftsvermögen zu leisten. Beim Kommanditisten, dem nicht tätigen Teilhaber, wird die Einlage naturge-

mäß im wesentlichen in der Einbringung von Vermögenswerten bestehen. Es braucht sich hierbei nicht notwendigerweise um eine Geldeinlage zu handeln.

1. Kommanditeinlage

Die Kommanditeinlage ist die Einlage, die der Gesellschafter auch den Gesellschaftsgläubigern gegenüber in das Gesellschaftsvermögen zu leisten hat. Der Kommanditist haftet grundsätzlich auf diese Einlage unbeschränkt. Die Höhe seiner Kommanditeinlage wird im Handelsregister eingetragen. Grundsätzlich haftet der Kommanditist mit dieser Einlage den Gläubigern gegenüber unmittelbar, die Haftung erlischt, soweit die Einlage geleistet ist. Die Kommanditeinlage stellt somit die Verpflichtung nach außen hin dar. Der Kommanditist kann sich durch die Leistung dieser Einlage in das Gesellschaftsvermögen von seiner persönlichen Haftung befreien. Die Einlagen der Kommanditisten stellen gewissermaßen das Garantiekapital dar. Dieses darf nicht durch unzulässige Entnahmen gemindert werden, und die Gewinne müssen insoweit zur Einlagenauffüllung verwendet werden, als das Kommanditkapital durch Verluste gemindert worden ist (§§ 171, 172 HGB).

152

2. Pflichteinlage

Die Pflichteinlage ist der Betrag, den der eintretende Gesellschafter intern zu leisten verpflichtet ist. Die Pflichteinlage wird vielfach mit der Kommanditeinlage übereinstimmen, notwendig ist dies jedoch nicht. So kann im Gesellschaftsvertrag bestimmt werden, dass der Kommanditist lediglich 25 v. H. seiner Kommanditeinlage einzuzahlen habe. Dann ist er der Gesellschaft gegenüber verpflichtet, nur diese Einlage zu erbringen. Hinsichtlich des übersteigenden Betrages hat der Gesellschafter die persönliche Haftung zu übernehmen. Darüber hinaus kann der Gesellschafter verpflichtet werden, bestimmte Gewinnanteile im Gesellschaftsvermögen zu belassen, ohne dass diese stehengelassenen Gewinne den Charakter von Darlehen erhalten. Diese Leistungen stellen Pflichteinlagen dar, unabhängig davon, ob auch gleichzeitig mit der Aufstockung der Einlage das Kommanditkapital erhöht wird. Vermögensrechte des Gesellschafters werden sich im Zweifel nicht nach der Kommanditeinlage, sondern nach der Pflichteinlage bestimmen. Hiernach wird sich die Gewinnbeteiligung und die Beteiligung am Liquidationserlös richten.

153

Ist im Gesellschaftsvertrag der KG ein Zeitpunkt, zudem die Kommanditeinlagen geleistet werden sollen, nicht genannt, sind diese im Zweifel gem. § 271 Abs. 1 BGB sofort fällig. (Kammergericht Berlin, U. v. 04.05.1992, GmbHR 1993, 818).

154

3. Sonstige Beiträge

Neben den Pflichtbeiträgen und den Leistungen zur Kommanditeinlage kann ein Gesellschafter auch zu anderen Beiträgen durch Gesellschaftsvertrag verpflichtet werden. Das gilt für Komplementäre und Kommanditisten in gleicher Weise.

155

a) Nutzungsüberlassungen

Auch ein Kommanditist kann neben seiner Kommanditeinlage verpflichtet werden, Wirtschaftsgüter der GmbH & Co. KG zur Nutzung zu überlassen. Diese Verpflichtung kann im Gesellschaftsvertrag selbst begründet werden. In diesem Falle stellt die

156

Nutzungsüberlassung eine gesellschaftliche Leistung dar. Daneben kann auch eine Nutzungsüberlassung bürgerlich-rechtlich als ein so genanntes Drittverhältnis ausgestaltet werden, indem neben dem Gesellschaftsvertrag hinsichtlich der Nutzungsüberlassung ein gesonderter Miet- und Pachtvertrag abgeschlossen wird. Ist die Nutzungsüberlassung im Gesellschaftsverhältnis geregelt, so stellt diese eine gesellschaftliche Leistung dar. Das gilt insbesondere für die Überlassung von Grundstücken und Maschinen.

Auch Nutzungsrechte können Gegenstand einer Einlage sein. Voraussetzung ist jedoch, dass der Einbringende eine gesicherte Rechtsposition hat und diese auf die GmbH & Co. KG überträgt. Das Nutzungsrecht kann grundsätzlich auch vom Gesellschafter an Wirtschaftsgütern, die in seinem Eigentum stehen, bestellt werden. Jedoch wird Voraussetzung sein müssen, dass die Nutzungsüberlassung für einen gewissen Zeitraum bestellt ist und nicht an die Gesellschafterstellung gebunden ist, d. h. die Nutzungsüberlassung darf nicht automatisch mit der Beendigung des Gesellschaftsverhältnisses erlöschen.

b) Patentüberlassungen

157 Die Beitragspflicht kann auch in der Überlassung eines Patentes bestehen. Ein Patent kann in der Weise der Gesellschaft überlassen werden, dass der Gesellschafter Eigentümer des Patentes bleibt, dieser jedoch verpflichtet ist, es der Gesellschaft gegen Gewinnbeteiligung oder eine Sondervergütung zu überlassen. Rechtsinhaber bleibt in diesem Falle der Überlassende.

c) Sonstige Tätigkeiten

158 Auch ein Kommanditist kann sich gegenüber der Gesellschaft zu persönlichen Tätigkeiten verpflichten. Es bedarf hier nicht notwendigerweise der Eingehung eines Arbeitsverhältnisses. Der Beitrag kann auch in anderer Weise erbracht werden. So kann z. B. ein Rechtsanwalt verpflichtet werden, die Rechtsberatung des Unternehmens zu übernehmen, ein Steuerberater, das Unternehmen in allen Steuerangelegenheiten zu beraten und die Bilanzen zu erstellen. Insbesondere bei Bauträgergesellschaften kann ein Kommanditist, der Architekt ist, zur Planerstellung und zur Bauaufsicht verpflichtet werden. Diese Verpflichtungen können sich unmittelbar aus dem Gesellschaftsverhältnis ergeben. Sie können u. U. sogar das Motiv für den Beteiligungserwerb sein. In der Regel handelt es sich hier um Beiträge im weiteren Sinne. Die Verpflichtung zu persönlichen Diensten, also zukünftigen Leistungen, kann jedoch nicht Gegenstand einer Kommanditeinlage mit haftungsbefreiender Wirkung sein. Gegenstand der Kommanditeinlage können nur bewirkte Leistungen sein.

Beispiel: A verpflichtet sich im Gesellschaftsvertrag zur Geschäftsführung. Er erhält hierfür einen Gewinnvoraus von 60.000 €. Dieser Vergütungsanspruch zum Schluss des Geschäftsjahres kann mit der Pflichteinlage verrechnet werden.

II. Form der Einlage

159 Die Art der Einlage ist vom Gesetzgeber nicht vorgeschrieben. Aus der Natur der Sache ergibt sich, dass es sich hierbei um eine Vermögenseinlage handeln muss. Es muss sich also um eine Einlage von Vermögenswerten handeln, und zwar von solchen, die

im Rechtsverkehr als Vermögensgegenstände gehandelt werden. Sie müssen als Wirtschaftsgut im Rechtsverkehr bewertbar sein. Einlage kann daher nicht die Person des Gesellschafters selbst sein, z. B. seine Tüchtigkeit, seine persönlichen Erfahrungen, auch nicht seine Arbeitskraft. Bewertbar sind hingegen persönliche Beziehungen, die Überlassung eines Kundenstamms. Neben Patenten können es auch Know-how, gewerbliche Erfahrungen und Nutzungsrechte sein. Voraussetzung ist jedoch, dass all diese Vermögenswerte bewertbar sind, also der Markt bereit ist, hierfür einen Wert festzusetzen und zu bezahlen.

1. Bareinlage

Die Vereinbarung einer Bareinlage wird die Regel sein. Sie ist die unkomplizierteste, weil es hier keiner besonderen Bewertung bedarf. Sie ist ohne besondere Vereinbarung sofort und in voller Höhe zu leisten. Der Gesellschaftsvertrag kann hier auch eine andere Regelung vorsehen. So kann vereinbart werden, dass ein bestimmter Teilbetrag in bar zu leisten ist, der Rest jedoch mit künftigen Gewinnen verrechnet werden soll. Es fehlt an einem Beitrag, wenn der Kommanditist keine Einlage leistet für seine Gewinnbeteiligung, die Beteiligung allerdings mit der Auflage versehen wird, die Gewinne für die Auffüllung seiner Einlage zu verwenden. Hier liegt in Wirklichkeit eine Schenkung der übrigen Gesellschafter vor. 160

Eine Bareinlageverpflichtung kann nicht durch Umbuchung oder Aufrechnung erfüllt werden. Mit einer Formulierung „Bareinzahlung auf das Konto der Gesellschaft" ist allein die Zuführung von Bargeld gemeint (aA. OLG Hamm U. v. 07.10.1992, GmbHR 1993, 817, für den Fall, dass die Gegenforderung vollwertig ist). Ist die noch ausstehende Einlageforderung wirksam gepfändet und zur Einziehung einem Gläubiger überwiesen worden, kann die Gesellschaft nicht mehr darüber verfügen (§§ 829, 835 ZPO), insbesondere keine Inhaltsänderung mehr in der Weise vornehmen, dass sie eine Umbuchung vom Darlehenskonto oder eine Aufrechnung mit einer Forderung als Erfüllung der Einlageschuld ansieht (OLG Hamm GmbHR 1985, 61). 161

2. Sacheinlage

Die Einlage kann auch in einer Sacheinlage bestehen, dergestalt, dass der Gesellschafter einen Gegenstand in das Gesellschaftsvermögen überträgt. Es handelt sich hier im wesentlichen um Wirtschaftsgüter des beweglichen und des unbeweglichen Anlagevermögens. Insbesondere Grundstücke (bebaute und unbebaute) und Maschinen können Gegenstand einer Sacheinlage sein. Vielfach ist auch Gegenstand einer Sacheinlage die Einbringung eines ganzen Betriebes. Das wäre der Fall, wenn ein bisheriger Einzelunternehmer seinen Betrieb in eine Kommanditgesellschaft, hier GmbH & Co. KG, einbringt. Sacheinlagen im weiteren Sinne sind auch Rechtseinlagen. Hierzu gehört insbesondere die Einlage in der Weise, dass die Gesellschaft nicht Eigentümer des Gegenstandes wird, ihr aber das Nutzungsrecht übertragen wird. Auch die bewirkte Dienstleistung kann Gegenstand der Pflichteinlage (Kommanditeinalge) sein. Problematisch bei derartigen Sacheinlagen ist die Bewertung. Das Handelsrecht sieht keine besonderen Bewertungsregeln hierfür vor. Aus dem handelsrechtlichen Vorsichtsprinzip ergibt sich, dass die Sacheinlagen nicht überbewertet werden dürfen. Der Wert, zu dem diese Wirtschaftsgüter zu bilanzieren sind, darf den Markt- und Börsenpreis 162 dieser Wirtschaftsgüter nicht übersteigen. Eine Überbewertung wird im Zweifel dann nicht gegeben sein, wenn die Bedingungen im echten Interessenkonflikt wie unter dritten Beteiligten ausgehandelt worden sind. Nur in Höhe des Verkehrswertes gilt die Einlage den Gesellschaftsgläubigern gegenüber als geleistet.

163 Ist eine Einlage überbewertet worden, so gilt die Einlage im Hinblick auf diese Wertdifferenz nicht als geleistet, so dass der Kommanditist, soweit eine Überbewertung erfolgt ist, den Gesellschaftsgläubigern weiterhin persönlich haftet. Nutzungseinlagen sind grundsätzlich mit dem Kapitalwert des Nutzungsrechtes einzulegen.

3. Anteil an der Komplementär-GmbH als Einlage

164 Grundsätzlich ist auch die Einlage von GmbH-Anteilen, Wertpapieren usw. als Sacheinlage zulässig. Soweit jedoch die Einlage darin besteht, dass der Anteil an der Komplementär-GmbH in das Gesellschaftsvermögen eingelegt wird, gilt die Einlage gegenüber den Gesellschaftsgläubigern als nicht geleistet (§ 172 Abs. 6 HGB). Grund für diese Bestimmung ist, dass der GmbH & Co. KG letztlich durch die Einlage der Komplementär-GmbH keine weitere Haftungssubstanz zugeführt wird. Die Einlagen der Anteile an der Komplementär-GmbH führen nicht zu einer Verbreiterung des Betriebsvermögens und damit der Haftungssubstanz. Somit ist die Gründung einer so genannten Einheitsgesellschaft, bei der die Anteile der Komplementär-GmbH zum Gesamthandsvermögen der Kommanditgesellschaft gehören, wegen des erhöhten Haftungsrisikos der Kommanditisten nicht ratsam.

III. Kapitalersetzende Darlehen

165 Grundsätzlich kann ein Gesellschafter neben seiner Kommanditeinlage der Gesellschaft auch ein Darlehen gewähren, gleichgültig, ob er Kommanditist oder Komplementär ist. Diese Darlehen werden bürgerlich-rechtlich grundsätzlich nicht wie Eigenkapital behandelt. Sie sind zu verzinsen, auch wenn die Zinsen bei der Gesellschaft zu einem Verlust führen oder einen bereits vorhandenen Verlust vergrößern. Hat ein Kommanditist der Gesellschaft ein Darlehen gewährt, so ist der Kommanditist hinsichtlich dieses Darlehens Insolvenzgläubiger. Voraussetzung jedoch ist, dass es sich um ein echtes Darlehen handelt, das bürgerlich-rechtlich alle Voraussetzungen für ein Darlehen erfüllt. Hierzu gehören insbesondere die Rückzahlungsverpflichtung, die Vereinbarung einer Laufzeit bzw. Kündigung und die Verzinsung. Eine andere Behandlung erfahren jedoch diese Darlehen, wenn sie fehlendes Eigenkapital ersetzen sollen. Das wäre der Fall, wenn ordentliche Kaufleute der GmbH & Co. KG statt eines Darlehens Eigenkapital in Form der Erhöhung der Kommanditeinlagen zugeführt hätten. Auch Kredite Dritter, insbesondere von Kreditinstituten, können unter den Begriff des Gesellschafterdarlehens fallen, wenn ein Gesellschafter hierfür aus seinem Privatvermögen durch eine Hypothek oder eine Bürgschaft Sicherheit gewährt hat und diese Darlehen eine an sich notwendige Kapitalzuführung ersetzen sollen. Das gleiche gilt für alle Kreditgewährungen, die den Charakter von Gesellschafterdarlehen haben (§ 172 a HGB i. V. m. §§ 32 a, 32 b GmbH). Darlehen dieser Art können im Falle eines Insolvenzverfahrens zur Abwendung der Insolvenz nicht geltend gemacht werden. Hat ein Dritter das Darlehen gewährt, kann dieser die Rückzahlung des Darlehens nur insoweit geltend machen, als er von dem Siche-

rungsgeber keine Befriedigung erlangt hat. Hat die GmbH & Co. KG an den Kommanditisten das Darlehen im letzten Jahr vor der Insolvenzeröffnung zurückgezahlt, so hat der Gesellschafter, der die Sicherung bestellt hatte oder als Bürge haftete, der Gesellschaft den zurückgezahlten Betrag zu erstatten. Die Haftung der Gesellschafterdarlehen bezieht sich nur auf den Fall der Krise. Die Rückzahlung dieser Darlehen begründet nicht generell eine unbeschränkte persönliche Haftung des Gesellschafters. Ist ein Gesellschafter aus der Kommanditgesellschaft ausgeschieden und hat er neben seiner Kommanditeinlage auch Darlehen mit kapitalersetzendem Charakter zurückerhalten, so kann er von den Gläubigern der Gesellschaft nur für die zurückerhaltene Kommanditeinlage belangt werden, nicht jedoch hinsichtlich der zurückgezahlten Darlehen. Die Einbeziehung der Darlehen in die Haftung bezieht sich nur auf den Fall der Krise der Gesellschaft.

Ein Darlehen ist u. E. auch dann zu verneinen, wenn dieses mit der Gründung der KG bzw. bei Eintritt als Gesellschafter mit der Einlage gezahlt wird und das Darlehen für die gesamte Zeit der Mitgliedschaft bestehen bleiben soll. Bedingen sich Darlehen und Einlage gegenseitig, wird man auch das Gesellschafterdarlehen wie eine Einlage behandeln müssen. 166

Die §§ 30, 31 GmbHG gelten auch dann unmittelbar, wenn der Gesellschafter zwar nicht unmittelbar Kommanditist der KG, jedoch einerseits Gesellschafter einer GmbH, die ihrerseits Kommanditistin der KG ist, andererseits aber auch Gesellschafter der Komplementär-GmbH ist (OLG Köln, U. v. 19.04.1991, GmbHR 1992, 182). Unter den Begriff der kapitalersetzenden Darlehen fallen auch solche Darlehen, die von einem mittelbaren Gesellschafter an die Kapitalgesellschaft gewährt worden sind (OLG München v. 27.05.1992, GmbHR 1992, 663). 167

Macht ein Gesellschafter, der für die Gesellschaft eine selbstschuldnerische Bürgschaft übernommen hat, in der Krise der Gesellschaft nicht von seinem Recht nach § 775 Abs. 1 Ziffer 1 BGB gebrauch, bei wesentlicher Verschlechterung der Vermögensverhältnisse der Hauptschuldnerin die Befreiung von der Bürgschaft zu verlangen, so wandelt sich diese in Eigenkapital um (OLG Hamm v. 03.07.1991 GmbHR 1992, 181). Für die Annahme einer kapitalersetzenden Bürgschaft des Gesellschafters genügt die fehlende Kreditwürdigkeit. Eine Überschuldung der Gesellschaft muss daneben nicht festgestellt werden (OLG München v. 24.01.2000, GmbHR 2000, 732). Einer Zuführung von Fremdmitteln, z. B. durch die Gewährung einer Bürgschaft kommt jedenfalls dann eigenkapitalersetzender Charakter zu, wenn sie für die Verwirklichung der von der Gesellschaft verfolgten Ziele unentbehrlich ist und von vornherein ein längerfristiges Belassen dieser Fremdmittel i. S. einer systematischen Außenfinanzierung der Gesellschaft geplant ist (OLG Schleswig-Holstein v. 31.01.2002, GmbHR 2002, 969; vgl. auch BGH v. 21.03.1988, BGHZ 104, 33 (41)). Eine eigenkaptialersetzende Leistung kann auch eine Gebrauchsüberlassung sein (OLG Düsseldorf v. 26.06.2003 GmbHR 2003). Erfolgte Mietzahlungen wären im Insolvenzfalle zurückzuerstatten. 168

IV. Mitwirkungsrechte der Kommanditisten

Die Kommanditisten sind bei der GmbH & Co. KG grundsätzlich als nicht tätige Teilhaber anzusehen. Das gilt auch dann, wenn sie gleichzeitig Gesellschafter der GmbH sind. Kommanditisten sind grundsätzlich von der Geschäftsführung und von der 169

Vertretung ausgeschlossen (§ 164 S. 1 HGB). Sie können auch Maßnahmen der Geschäftsführung nicht widersprechen. Lediglich bei Geschäften, die über den gewöhnlichen Betrieb des Handelsgewerbes der Gesellschaft hinausgehen, haben sie ein Widerspruchsrecht (§ 164 HGB).

170 Den Kommanditisten steht jedoch zu allen wichtigen Entscheidungen, die die Gesellschaft oder das Gesellschaftsverhältnis betreffen, ein Stimmrecht zu. Ist keine Regelung im Gesellschaftsvertrag über Abstimmungsmehrheiten getroffen, so ist grundsätzlich von Einstimmigkeit auszugehen. Das gilt insbesondere für die Aufnahme neuer Gesellschafter, Übertragung von Anteilen und Änderung des Gesellschaftsvertrages. Zu den Kerngeschäften, die der Zustimmung der Gesellschafter bedürfen, zählen auch die Gewinnfeststellung und die Gewinnverwendung.

1. Gesellschaftsvertrag als Grundlage

171 Die Vorschrift des § 164 HGB ist dispositiver Natur. Der Gesellschaftsvertrag kann daher eine von der gesetzlichen Regelung des § 164 abweichende Bestimmung treffen. Der Gesellschaftsvertrag kann einzelnen Kommanditisten die Geschäftsführung der Gesellschaft einräumen, er kann den Katalog der Widerspruchsrechte ausdehnen, er kann das Widerspruchsrecht zu einem Zustimmungsrecht umwandeln, er kann aber auch die Gesellschafter von der Mitwirkung völlig ausschließen und die Kommanditisten lediglich auf die Kontrollrechte beschränken. Inwieweit die Rechte der Kommanditisten ausgestaltet oder eingeschränkt werden, hängt im wesentlichen von der Struktur der GmbH & Co. KG ab. Hat die GmbH & Co. KG im wesentlichen ihre Struktur als Personen- und Familiengesellschaft erhalten, kommt der Stellung der Kommanditisten ein erheblich größeres Gewicht zu. Das gilt insbesondere dann, wenn die Gesellschaftsform lediglich dazu dient, die Geschäftsführung der Personengesellschaft zu sichern. Dient die Gesellschaftsform dazu, einer kleinen kapitalmäßig unbedeutenden Unternehmergruppe Kapital in Form von Kommanditbeteiligungen zuzuführen, wie es insbesondere bei Anlagegesellschaften der Fall ist, werden die Kommanditisten im Zweifel auf ihre Kontrollrechte beschränkt bleiben. Sie werden u. U. wirtschaftlich gesehen sogar zu Darlehensgebern degradiert, was steuerliche Folgen haben könnte. Als Gesellschaftsrechte verbleiben dem Gesellschafter in diesem Falle lediglich das Zustimmungsrecht zur Änderung des Gesellschaftsvertrages, zur Aufnahme von neuen Gesellschaftern, zum Gesellschafterwechsel und das eigene Kündigungsrecht.

2. Maßnahmen, die der Zustimmung der Gesellschafter (Kommanditisten) bedürfen

a) Zustimmungsbedürftige Maßnahmen

172 Maßnahmen, die die Gesellschaft und das Gesellschaftsverhältnis betreffen, bedürfen grundsätzlich der Zustimmung der Gesellschafter. Hierzu gehören insbesondere die Einstellung des Geschäftsbetriebes, Betriebs- und Teilbetriebsveräußerungen, Erweiterung des Gesellschaftszweckes, Erhöhung der Gesellschaftereinlagen, Anteilsveräußerungen, Aufnahme neuer Gesellschafter. Der Gesellschaftsvertrag kann jedoch eine freie Veräußerlichkeit von Anteilen vorsehen oder eine freie Übertragung innerhalb bestimmter Personenkreise (innerhalb der Gesellschafter oder innerhalb einer Familie) zulassen.

b) Berufung und Abberufung vom Geschäftsführer

Die Berufung und Abberufung von Geschäftsführern ist grundsätzlich Angelegenheit der Gesellschafter. Die Besonderheit der GmbH & Co. KG besteht jedoch darin, dass in der Regel der Geschäftsführer der Komplementär-GmbH gleichzeitig Geschäftsführer der GmbH & Co. KG ist. Verträge über den Abschluss oder die Aufhebung von Geschäftsführerverträgen können i. d. R. nicht von Mitgeschäftsführern abgeschlossen werden, vielmehr ist hierfür, sofern der Gesellschaftsvertrag im Einzelfall nichts anderes vorsieht, ein Vertrag mit den Gesellschaftern erforderlich. Allerdings kann die Berufung auf das Fehlen eines entsprechenden Gesellschafterbeschlusses gegen Treu und Glauben verstoßen. (OLG Hamm, U. v. 18.06.1990, GmbHR 1991, 466). Die Komplementär-GmbH ist nicht befugt, ihren Geschäftsführer, der gleichzeitig Geschäftsführer der GmbH & Co. KG ist, ohne Zustimmung der Kommanditisten abzuberufen (OLG München, U. v. 19.11.2003, GmbHR 2004, 866). Ist eine Familien-KG nach Gesellschaftsvertrag und gelebter gesellschaftsrechtlicher Praxis so ausgestaltet, dass alle wesentlichen Entscheidungen den Kommanditisten vorbehalten sind, während die – weder mit einer Kapitalbeteiligung noch mit Stimmrecht – ausgestattete Komplementär-GmbH auf die Führung der laufenden Geschäfte beschränkt ist, so ist es dem Gesellschafter der Komplementär-GmbH verwehrt, unter Berufung auf die Organisationshoheit der GmbH deren Geschäftsführer, der das Vertrauen der Kommanditisten genießt, ohne zustimmenden Beschluss der Gesellschafter der KG abzuberufen und zu ersetzen. Weigert sich der Gesellschafter der Geschäftsführungs-GmbH, die gleichwohl vollzogene Auswechslung des Geschäftsführers gem. einem daraufhin gefassten Gesellschafterbeschluss der KG wieder rückgängig zu machen, so kann die Ausschließung der Komplementär-GmbH gerechtfertigt sein (im Anschluss an RGZ 163 S. 35 (38); OLG München v. 19.11.2003, GmbHR 2000, 866)

c) Zustimmung der Kommanditisten zur Feststellung der Bilanz und des Gewinnes und dessen Verwendung

aa) Aufstellung des Jahresabschlusses als Maßnahme der Geschäftsführung

Die Aufstellung des Jahresabschlusses fällt in den alleinigen Zuständigkeitsbereich der geschäftsführenden Gesellschafter. Die Kommanditisten und auch ein Beirat sind nicht berechtigt, Ansatz- und Bewertungsrechte selbst auszuüben und die dem Komplementär vorgelegte Bilanz ohne dessen Mitwirkung abzuändern. Allerdings kann der Gesellschaftsvertrag eine andere Regelung treffen und somit die Rechte der Kommanditisten (BGH v. 29.03.1996, GmbHR 1996, 456) erweitern oder schmälern.
Soweit der Jahresabschluss der Darstellung (Ermittlung) der Lage des Vermögens des Unternehmens i. S. d. § 238 Abs. 1 S. 2 HGB dient, sind die erforderlichen Entscheidungen durch den geschäftsführenden Gesellschafter zu treffen. Er hat im Rahmen der Grundsätze ordnungsmäßiger Buchführung entsprechend den bilanzrechtlichen Bestimmungen des Handelsgesetzbuches den ihm gewährten Beurteilungsrahmen auszuschöpfen und die zur Verfügung stehenden Ansatz- und Bewertungswahlrechte sachgemäß auszuüben (vgl. Ulmer, FS Hefermehl, a.a.O., S. 219; Priester, FS Quack, a.a.O., S. 382). Bilanzierungsmaßnahmen, die der Darstellung der Lage des Vermögens des Unternehmens i. S. d. § 238 Abs. 1 S. 2 HGB dienen, können von den geschäftsführen-

den Gesellschaftern durchgeführt werden. Sie haben dabei die Grenzen, die sich aus den gesetzlichen Regeln einschließlich der Grundsätze ordnungsgemäßer Buchführung ergeben, zu beachten. Den übrigen Gesellschaftern steht das Recht auf Prüfung zu, ob diese Grenzen eingehalten worden sind. (BGH a.a.O.)

176 Die Feststellung des Jahresabschlusses und des Bilanzgewinnes ist jedoch ein Grundlagengeschäft, das vorbehaltlich einer anderweitigen Regelung im Gesellschaftsvertrag des Einverständnisses aller Gesellschafter – bei der KG auch der Kommanditisten – bedarf. Ist dieses Recht der Kommanditisten nach dem Gesellschaftsvertrag einem aus ihnen gebildeten Beirat übertragen, bedarf die Bilanzfeststellung der Zustimmung der geschäftsführenden Gesellschafter und des Beirats, der seinen Willen mangels abweichender gesellschaftsvertraglicher Regelung nach dem Mehrheitsprinzip bildet (BGH a.a.O.).

bb) Feststellung des Jahresabschlusses als Kerngeschäft

177 Im Gegensatz zur Aufstellung, d. h. Vorbereitung bis zur Beschlussreife des Jahresabschlusses, die in die alleinige Kompetenz der geschäftsführenden Gesellschafter fällt (vgl. BGH v. 27.09.1979 – BB 1980, 121 (122); Baumbach/Hopt, HGB, 31. Aufl., § 164 Rn. 3), ist die Feststellung, d. h. die Verbindlicherklärung des Jahresabschlusses im Verhältnis der Gesellschafter untereinander und im Verhältnis der Gesellschaft zu Dritten keine Geschäftsführungshandlung (zur Wahl des Abschlussprüfers nach § 6 Abs. 3 PublG vgl. BGHZ 76, 338 (342)), sondern ein Grundlagengeschäft, das vorbehaltlich einer anderweitigen Regelung im Geschäftsvertrag nur dann wirksam zustande kommt, wenn alle Gesellschafter ihr Einverständnis dazu erklären (BGHZ 76, 338 (343). Das gilt auch für die Kommanditisten (Staub/Hüffer, HGB, 4. Aufl. § 242 Rn. 49; Karsten Schmidt, Gesellschaftsrecht, 2. Aufl. § 53 III 2c (S. 1278) m.w.N. in Fn. 17; Ulmer, FS Hefermehl, 1976, S. 207 (216); Schulze Osterloh, BB 1980, 1402 (1404); Priester, FS Quack, 1991, S. 373 (381)). Denn auch bei der Feststellung der Bilanz einer KG geht es darum, die Grundlage für die Berechnung der Gewinnansprüche sämtlicher Gesellschafter festzulegen. Der Gewinnanspruch der Kommanditisten richtet sich ebenso wie derjenige der Komplementäre gegen die Gesamthand. Die Konkretisierung des dem Grunde nach bereits im Gesellschaftsvertrag begründeten Gewinnanspruchs bedarf daher der „Anerkennung" durch sämtliche Gesellschafter einschließlich der Kommanditisten (so zutreffend bereits Ulmer a.a.O., S. 215). Erforderlich ist demnach grundsätzlich ein nach §§ 161 Abs. 2, 119 Abs. 1 HGB einstimmig zu treffender Beschluss der persönlich haftenden Gesellschafter und der Kommanditisten.

178 Bei der Feststellung des Jahresabschlusses durch die Gesellschafter oder die für sie handelnden Gesellschaftsorgane (im vorliegenden Fall: der Beirat für die Kommanditisten) ist zu prüfen, ob diese Grenzen eingehalten worden sind. Eine Änderung von Ansatzmethoden ist bei der Bilanzierung allerdings nicht ausgeschlossen, da es keinen Grundsatz der Ansatzstetigkeit gibt (Baumbach/Hueck/Schulze-Osterloh, GmbHG, 17. Aufl., § 42 Rn. 258; BeckBilKomm./Budde/Geißler, § 252 HGB Rn. 57). Es muss aber gewährleistet sein, dass die Bewertungsregeln von Jahr zu Jahr unverändert, also „stetig" sind. Der Grundsatz der Bewertungsstetigkeit ist gesetzlich in der Sollvorschrift des § 252 Abs. 1 Nr. 6 HGB verankert. Nach § 252 Abs. 2 HGB darf davon nur in begrün-

deten Ausnahmefällen abgewichen werden (zu den Ausnahmefällen im einzelen Adler/Düring/Schmaltz, § 252 HGB Rn 113; Baumbach/Hueck/Schulze-Osterloh, a.a.O., § 42 Rn. 259; Selchert, in: Küting/Weber, Handbuch der Rechnungslegung, a.a.O., § 252 HGB Rn. 55, 59 ff.; Baumbach/Hopt, a.a.O., § 252 Rn. 19; Kupsch, DB 1987, 1157 (1160); Pfleger, DB 1986, 1133).

cc) Ergebnisverwendung

Auch die Entscheidung über die Ergebnisverwendung steht nicht im Belieben eines jeden Gesellschafters. Vielmehr sind die Ausschüttungsinteressen der einzelnen Gesellschafter gegenüber den Bedürfnissen der Selbstfinanzierung und Zukunftssicherung der Gesellschaft abzuwägen (Großfeld, WPg. 1987, 698 (707); BeckBil-Komm./Ellrott/Schramm/Bail, a.a.O., § 253 HGB Rn. 654). Ein allgemeiner Vorrang der Thesaurierungsinteressen der Gesellschaft besteht nicht (vgl. für die Bildung stiller Reserven Baumbach/Hopt, a.a.O., § 253 Rn. 32, 34: Großfeld, NJW 1985, 25 (258); abweichend Priester, a.a.O., S. 391: § 253 Abs. 4 HGB könne die gesetzgeberische Wertung entnommen werden, dass den Thesaurierungsinteressen der Gesellschaft der Vorrang vor den Ausschüttungs- und Entnahmeinteressen der Gesellschafter zukomme). Das Gesetz geht vielmehr generell von einem Vollausschüttungsanspruch des Gesellschafters aus. Eine Pflicht der Gesellschafter, stille Reserven zuzustimmen, besteht grundsätzlich nicht (Priester, a.a.O., S. 395 f.). 179

Eine Grenze für die Ablehnung einer Thesaurierung besteht dort, wo sich die Bildung von Rücklagen als erforderlich erweist, um das Unternehmen für die Zukunft lebens- und widerstandsfähig zu erhalten (vgl. RGZ 116, 119 (133); BGH v. 10.05.1976, BB 1976, 948 (949) = GmbHR 1976, 158; v. 14.05.1973, WM 1973, 844 (846)). 180

Zu der Ergebnisverwendung sind die nach dem Gesellschaftsvertrag oder einem entsprechenden Gesellschafterbeschluss vorgesehenen offenen Rücklagen zu rechnen. Für ihre Einstellung in die Bilanz sind grundsätzlich sämtliche Gesellschafter zuständig (Priester, a.a.O., S. 386; Beck-BilKomm./Budde/Raff, § 268 HGB Rn. 2). Für die Bildung notwendiger offener Rücklagen reicht jedoch ein Gesellschafterbeschluss mit vertragsändernder Mehrheit aus. (BGH v. 10.05.1976, BB 1976, 948 (949) = GmbHR 1976, 158). Des weiteren gehören zur Ergebnisverwendung die zusätzlichen Abschreibungen nach § 253 Abs. 4 HGB – sog. stille Reserven – (vgl. Priester, FS Quack, a.a.O., S. 386; wohl auch Baumbach/Hopt, a.a.O., § 164 Rn. 3; vgl. auch Schulze-Osterloh, ZHR 150 (1986), 403 (417) m. w. N.). Auch die Bildung stiller Reserven setzt als bilanzrechtliches Grundlagengeschäft mangels abweichender Regelung im Gesellschaftsvertrag die Zustimmung aller Gesellschafter voraus (Heymann/Emmerich, a.a.O., § 120 Rn. 18; Priester, FS Quack, a.a.O., S. 385 f.; wohl auch Woltmann, WPg, 1985, 275 (276); offengelassen in BGH vom 10.05.1976 – II ZR 180/74, BB 1976, 948 (949) = GmbHR 1976, 158). Die Bildung von Aufwandsrückstellungen nach § 249 Abs. 1 S. 3, Abs. 2 HGB ist der Ergebnisverwendung ebenfalls zuzurechnen. Diese der Vorsorge für künftige Aufwendungen (vgl. Baumbach/Hueck/Schulze-Osterloh, a.a.O., § 42 Rn. 196; Mayer-Wegelin, in: Küting/Weber, a.a.O., § 249 HGB Rn. 70; Lutter/Hommelhoff, GmbHG, 16. Aufl. § 29 Rn. 13 f.; Scholz/Crezelius, GmbHG, 9. Aufl. Anh. § 42 a Rn. 204) dienenden Rückstellungen haben die Funktion offener Rücklagen. Steuerliche Abschreibungen, die als Sonderabschreibungen oder als 181 erhöhte Abschreibungen über die handelsrechtlich zulässigen hinausgehen, sind ebenfalls als Ergebnisverwendungen anzusehen. Sowohl wegen der Steuerfolgen für die einzelnen Gesellschafter, als auch wegen des Haftungsrisikos muss es der Gesamtheit der Gesellschafter vorbehalten bleiben, über die Ausübung steuerlicher Wahlrechte mit Wirkung für die Handelsbilanz zu entscheiden.

182 Auf der anderen Seite wird den Gesellschaftern insoweit ein beachtliches Interesse an der Gewinnausschüttung zugebilligt, als sie einbehaltene Gewinne zu versteuern haben. Demgemäß wird den Kommanditisten das Recht eingeräumt, Ausschüttungsansprüche zumindest i. H. der von ihnen zu zahlenden Ertragsteuern geltend zu machen (OLG München, DB 1994, 1465 (1466); Ganßmüller, Das Steuerentnahmerecht der Gesellschafter der OHG und KG, S. 38 ff.; Göllert, NJW 1986, 955 (958); Baumbach/Hopt a.a.O., § 120 Rn. 17; Priester, FS Quack, a.a.O., S. 394; Buck, DB 1995, 35). Ein solches Recht wird zum Teil aus der gesellschaftsrechtlichen Treuepflicht hergeleitet (Großfeld, NJW 1986, 955 (958); ders. WPg. 1987, 698 (707)). Dem ist entgegenzuhalten, dass das Gesetz kein Steuerentnahmerecht neben dem Anspruch aus § 122 HGB kennt (vgl. Baumbach/Hopt, a.a.O., § 122 Rn. 17). Nach zutreffender Ansicht bedarf die Zubilligung eines solchen Anspruchs grundsätzlich einer besonderen Regelung im Gesellschaftsvertrag (Goerdeler, FS Werner, 1984, S. 153 (162) Fn. 29; H. P. Westermann, a.a.O. Rn. I7901; vgl. auch BGH v. 26.03.1990, ZIP 1990, 1327 (1328): Im Gesellschaftsvertrag müsse Vorsorge dafür getroffen werden, dass die Gesellschafter ihren Steuerpflichten nachkommen könnten). Ob den Gesellschaftern auch ohne eine entsprechende Regelung im Gesellschaftsvertrag ein Anspruch i. H. der aus thesaurierten Gewinnen anfallenden Steuern zuerkannt werden kann, muss somit der Entscheidung des Einzelfalles durch den Tatrichter vorbehalten bleiben.

3. Kontrollrechte

183 Nach § 166 HGB ist der Kommanditist berechtigt, die abschriftliche Mitteilung des jährlichen Jahresabschlusses zu verlangen und seine Richtigkeit unter Einsicht der Bücher und Papiere zu prüfen. Allerdings stehen ihm die den von der Geschäftsführung ausgeschlossenen Gesellschaftern eingeräumten weiteren Rechte nicht zu. Im Falle wichtiger Gründe kann auf Antrag eines Kommanditisten das Gericht die Mitteilung einer Bilanz oder sonstige Aufklärungen sowie die Vorlegung der Bücher und Papiere jederzeit anordnen. Auch diese Vorschrift ist dispositiver Natur (§ 163 HGB). Die §§ 164 bis 169 HGB haben lediglich subsidiäre Bedeutung. Sie finden nur dann Anwendung, soweit im Gesellschaftsvertrag nichts geregelt worden ist. Im Gegensatz zum von der Geschäftsführung ausgeschlossenen persönlich haftenden Gesellschafter kann sich der Kommanditist nicht ohne besondere Vereinbarung von den Angelegenheiten der Gesellschaft persönlich unterrichten, die Handelsbücher und die Papiere der Gesellschaft jederzeit einsehen und sich aus ihnen selbständig eine Bilanz anfertigen. Die Bestimmungen des § 166 Abs. 3 HGB werden insbesondere dann zum Zuge kommen, wenn der Verdacht einer unredlichen Geschäftsführung gegeben sein sollte.

184 Der Gesellschaftsvertrag kann die Kontrollrechte erweitern, er kann sie aber auch einengen. So kann u. U. der Gesellschaftsvertrag vorsehen, dass der Kommanditist alle Unterlagen erhält, die die Gesellschaft irgendwelchen Gläubigern, z. B. Großbanken, auszuhändigen hat, wie beispielsweise die Anfertigung eines monatlichen Status, An-

fertigung von Zwischenbilanzen und so weiter. Insbesondere kann auch den Kommanditisten das Recht eingeräumt werden, persönlich Nachschau zu halten, Bücher einzusehen, auch während des laufenden Geschäftsjahres. Die Kontrollrechte können aber auch insoweit eingeschränkt werden, als dem Gesellschafter die Bilanzen nicht persönlich ausgehändigt werden sollen, sondern einem von ihm zu bestimmenden Wirtschaftsprüfer oder Steuerberater. Insbesondere kann bestimmt werden, dass die Büchereinsicht nur von einem Buchprüfer erfolgen darf. U. U. ist es sogar zweckmäßig bei der GmbH & Co. KG die Kommanditisten den Gesellschaftern der GmbH insoweit gleichzustellen, als ihnen das Auskunfts- und Einsichtsrecht des § 51 a GmbHG eingeräumt wird. Hiernach haben die Geschäftsführer jedem Gesellschafter auf Verlangen unverzüglich Auskunft über die Angelegenheiten der Gesellschaft zu geben und die Einsicht der Bücher und Schriften zu gestatten. Die Geschäftsführer dürfen hiernach die Auskunft und Einsicht nur verweigern, wenn zu besorgen ist, dass der Gesellschafter sie zu gesellschaftsfremden Zwecken verwenden und dadurch der Gesellschaft oder einem verbundenen Unternehmen einen nicht unerheblichen Nachteil zuführen wird. Die Verweigerung bedarf hier eines Beschlusses der Gesellschafter.

Die Stellung eines GmbH-Gesellschafters ist eine erheblich stärkere als die eines Kommanditisten. Je nach der Struktur der GmbH & Co. KG wird es zweckmäßig sein, die Rechte der GmbH-Gesellschafter und der Kommanditisten aufeinander abzustimmen. Es ist hierbei zu berücksichtigen, dass § 51 a GmbHG zwingendes unabänderbares Recht ist. Vielfach wird es sogar ein Grund für die Wahl der GmbH & Co. KG sein, um durch diese Gesellschaftsform die zwingenden Gesellschafterrechte des GmbH-Gesetzes zu unterlaufen (vgl. auch BFH v. 11. 7. 1988, BB 1988, 1927)

185

4. Zustimmungs- und Widerspruchsrechte zu Maßnahmen der Geschäftsführung einer GmbH & Co. KG

Nach § 164 HGB hat der Kommanditist einer GmbH & Co. KG grundsätzlich auf die laufenden Geschäfte keinen Einfluss (OLG Celle, Beschl. v. 01.12.1999, GmbHR 2000, 388). Diese Bestimmung wird vielfach eine Änderung erfahren müssen durch den Gesellschaftsvertrag, wenn die Geschäfte der GmbH & Co. KG durch einen angestellten Geschäftsführer der GmbH, der nicht Gesellschafter der KG ist, geführt werden. Hier werden sich im Zweifel die Kommanditisten oder einige Kommanditisten den Einfluss auf die Geschäftsführung sichern wollen. Vielfach wird in diesem Falle der Einfluss der Kommanditisten auch dadurch sichergestellt, dass zur Überwachung der Geschäftsführung ein Beirat bestellt wird, dem die Zustimmung zu verschiedenen Geschäften vorbehalten bleibt. Unzweckmäßig erscheint es jedoch, dass alle Geschäfte des Geschäftsführers der Zustimmung der Kommanditisten bedürfen. Damit würde die tatsächliche Geschäftsführung den Kommanditisten obliegen und nicht dem Geschäftsführer der GmbH. Der Gesellschaftsvertrag kann jedoch bestimmen, dass anstelle des Geschäftsführers der GmbH oder neben dem Geschäftsführer der GmbH alle oder einzelne Kommanditisten gleichzeitig Geschäftsführer der Gesellschaft sind. In einem solchen Falle beschränkt sich die Geschäftsführung des Geschäftsführers der GmbH lediglich auf die Geschäftsführung der GmbH und nicht auf die der GmbH & Co. KG. Werden jedoch Kommanditisten neben dem Geschäftsführer der GmbH zu Geschäftsführern bestellt, so muss der Gesellschaftsvertrag eine Bestimmung darüber

186

enthalten, ob Einzelgeschäftsführung oder Gesamtgeschäftsführung oder eine gemischte Geschäftsführung vorliegen soll. Sind Kommanditisten gleichzeitig zu Geschäftsführern bestellt, so haben sie, was die Vertretung der Gesellschaft angeht, die Stellung eines Prokuristen.

187 Anstelle der Betrauung einzelner Kommanditisten mit der Geschäftsführung können auch die Zustimmungs- und Widerspruchsrechte zu Maßnahmen der Geschäftsführung erweitert werden. So kann der Gesellschaftsvertrag einen Katalog von Geschäften vorsehen, die der Zustimmung der Gesellschafter bedürfen. Der Gesellschaftsvertrag kann aber auch die Begriffe „laufende Geschäftsführung und Handlungen, die über den gewöhnlichen Betrieb des Handelsgewerbes der Gesellschaft hinausgehen" näher definieren. Letzteres ist sogar in jedem Falle ratsam, um Streitigkeiten aus dem Wege zu gehen. Es ist daher zweckmäßig, den Katalog der Rechtsgeschäfte, die über den üblichen Rahmen hinausgehen, im Gesellschaftsvertrag einzeln festzulegen. Der Gesellschaftsvertrag kann es bei einem Widerspruchsrecht belassen, er kann aber auch vorsehen, dass bestimmte Geschäfte der Zustimmung der Gesellschafter bedürfen. Der Zustimmungskatalog darf jedoch nicht so groß sein, dass hierdurch praktisch jede Unternehmerinitiative erstickt wird. Insbesondere sollte aber in all diesen Fällen eine einfache Stimmenmehrheit vorgesehen werden. Wird zu einer Maßnahme die Zustimmung verweigert oder hat ein Gesellschafter einen Widerspruch eingelegt, so hat grundsätzlich, wenn der Gesellschaftsvertrag nichts anderes vorsieht, die Maßnahme zu unterbleiben. Wird die Maßnahme dennoch durchgeführt, so bleibt sie nach außen hin wirksam, jedoch sind die Gesellschafter, die gegen die vertraglichen Bestimmungen verstoßen haben, den Übrigen bzw. der Gesellschaft gegenüber zum Schadensersatz verpflichtet. In besonders schweren Fällen wird sich u. U. eine Kündigung des Geschäftsführervertrags aus wichtigem Grunde, ein Widerruf der Geschäftsführung eines Kommanditisten, eventuell sogar die Ausschließung eines Gesellschafters ergeben. Zustimmungs- und Widerspruchsrechte werden insbesondere dann verhältnismäßig stark ausgeprägt sein, wenn die GmbH & Co. KG aus einer OHG oder KG mit einer natürlichen Person als Komplementär hervorgegangen ist und der ursprüngliche Charakter der personenbezogenen Gesellschaft erhalten bleiben soll.

5. Gesellschafterstellung bei gleichzeitiger Beteiligung an der GmbH

188 Ist ein Gesellschafter sowohl an der Kommanditgesellschaft als auch an der Komplementär-GmbH beteiligt, so hat er sowohl in der Gesellschafterversammlung der GmbH als auch in der getrennten Gesellschafterversammlung der GmbH & Co. KG ein Stimmrecht. Es ist hierbei zu beachten, dass die Stellung des GmbH-Gesellschafters durch § 51 a GmbHG, nämlich durch das jederzeitige Auskunfts- und Einsichtsrecht sehr stark ist, während bei der GmbH & Co. KG eine Mitwirkung völlig ausgeschlossen und auch die Kontrollmöglichkeit des § 166 HGB auf ein Minimum beschränkt werden kann. Das hat zur Folge, dass der GmbH-Gesellschafter jede Auskunft über die GmbH und damit mittelbar über die GmbH & Co. KG verlangen kann, gleiches jedoch nicht in seiner Eigenschaft als Kommanditist. Die Gesellschafter haben ein umfassendes Informationsrecht auf Auskunft und Einsicht in die Geschäftspapiere (OLG Stuttgart, GmbHR 1983, 242). Beide Rechte sind gleichrangig (KG v. 23. 12. 1987

GmbHR 1988, 222). Das Recht ist kein Minderheitsrecht, sondern ein Individualrecht, es steht jedem einzelnen Gesellschafter zu. Es ist kein Organrecht, sondern ein eigennütziges Mitgliedschaftsrecht, das dem Gesellschafter in seinem Interesse gewährt wird und seinem eigenen Informationsbedürfnis dient.

Das Informationsrecht umfasst das Recht auf Auskunft über Angelegenheiten der Gesellschaft und das Recht auf Einsicht in die Bücher und Schriften der Gesellschaft. Unter die „Angelegenheit der Gesellschaft" fallen alle Tatsachen, die für den Gesellschafter in seiner Eigenschaft als Gesellschafter von Interesse sind. Zu den Angelegenheiten der Gesellschaft i. S. des § 51 a GmbHG gehören bei einer GmbH, die Gesellschafter einer GmbH & Co. KG ist, stets auch diejenigen der KG. Ist der Antragsteller sowohl Kommanditist als auch Gesellschafter der Komplementär-GmbH, stehen ihm die Informationsrechte des § 51 a GmbHG und § 166 HGB nebeneinander zu, soweit es sich um die Angelegenheiten der KG handelt (OLG Hamm Beschl. v. 6. 2. 1986 GmbHR 1986, 380). Das Informationsrecht kann innerhalb oder außerhalb der Gesellschafterversammlung geltend gemacht werden. Auskunft und Einsicht sind auf Verlangen zu gewähren. Die Geschäftsführer können unter den Voraussetzungen des § 51 a Abs. 2 GmbHG Auskunft und Einsicht verweigern. Die Verweigerung bedarf jedoch eines Beschlusses der Gesellschafter. Die Auskunft ist unverzüglich zu erteilen, d. h. nicht sofort, sondern innerhalb angemessener Frist. Es handelt sich hier um zwingendes Recht. Es bedarf nicht des Nachweises eines Informationsbedürfnisses des Gesellschafters als Voraussetzung des Auskunfts- und Einsichtsrechtes (KG v. 23. 12. 1987 GmbHR 1988, 222 m. w. N.). Der Gesellschafter kann grundsätzlich auch global verlangen, Einsicht in die Bücher und Schriften der Gesellschaft zu nehmen. Er muss nicht sein Verlangen auf eine Angelegenheit oder mehrere Angelegenheiten der Gesellschaft konkretisieren. Es kann sich hierbei auch um Vorgänge handeln, die schon längere Zeit zurückliegen. Mit der Zustimmung zu der Feststellung der Jahresbilanz und der Verteilung des sich daraus ergebenden Reingewinns sowie Entlastung der Geschäftsführung verzichtet der Gesellschafter nicht generell auf sein Informationsrecht für den zurückliegenden Zeitraum (BGH v. 11. 7. 1988, BB 1988, 1927).

Im Verweigerungsfalle kann der Gesellschafter eine gerichtliche Entscheidung beantragen (§ 51 b GmbHG). Im Verfahren über die freiwillige Gerichtsbarkeit entscheidet das Gericht (Landgericht, Kammer für Handelssachen) darüber, ob der Geschäftsführer die Auskunft zu geben oder die Einsicht zu gewähren hat. Insoweit finden die verfahrensrechtlichen Vorschriften des aktienrechtlichen Auskunftsrechts entsprechende Anwendung.

Nach § 51 a GmbHG erstreckt sich das Einsichtsrecht auf die Bücher und Schriften in allen Angelegenheiten der Gesellschaft. Innerhalb der GmbH & Co. KG sind die Angelegenheiten der KG auch solche der Komplementär-GmbH, da diese wegen ihrer unbeschränkten Haftung unmittelbar in allen Angelegenheiten der KG maßgeblich berührt wird (Scholz/K. Schmidt, GmbHG § 51 a RdNr. 17). Als geschäftsführende Komplementärin kann die GmbH jederzeit über die von Gesellschaftern verlangten Unterlagen verfügen und diesen zur Einsichtnahme vorlegen, ohne dass dafür die eigentumsrechtlichen Rechtsbeziehungen entscheidend sind. Voraussetzung ist lediglich ein generelles Informationsinteresse des Gesellschafters (Hanseatisches OLG v. 6. 7. 1984, GmbHR 1985, 120).

192 Seiner Stellung als GmbH-Gesellschafter kommt insbesondere große Bedeutung zu, als er als Gesellschafter der GmbH die Person des Geschäftsführers der GmbH und damit auch des mittelbaren Geschäftsführers der GmbH & Co. KG mitbestimmt. Der Gesellschafter der Kommanditgesellschaft erhält insofern in seiner Eigenschaft als GmbH-Gesellschafter eine wesentliche Ergänzung, die seine Stellung insgesamt in der GmbH & Co. KG stärkt. Sie kann sich daher erheblich von der eines lediglichen Kapitalgebers unterscheiden. Der Gesellschaftsvertrag der KG kann jedoch vorsehen, dass die GmbH-Geschäftsführer als solche von den Gesellschaftern der Kommanditgesellschaft bestellt werden. Besondere gesellschaftsrechtliche Komplikationen treten dann auf, wenn die GmbH-Anteile an der Komplementär-GmbH sich im Gesamthandsvermögen der Kommanditgesellschaft befinden (sog. Einheitsgesellschaft). In diesem Falle werden die Gesellschaftsrechte von dem gesetzlichen Vertreter der GmbH & Co. KG wahrgenommen, d. h. der Geschäftsführer der GmbH & Co. KG, der gleichzeitig Geschäftsführer der GmbH ist, nimmt die Stimmrechte in der Gesellschaftsversammlung der Komplementär-GmbH wahr, d. h. er erteilt sich selbst die Zustimmung zu wichtigen Geschäften der GmbH als gesetzlicher Vertreter des Anteilseigners und erteilt sich selbst die Entlastung. In einem solchen Fall besteht die Gefahr, dass das Stimmverbot nach § 47 Abs. 4 GmbHG eingreift. Dies vor allem dann, wenn es um die Abberufung oder Neubestellung von Geschäftsführern der Komplementär-GmbH geht. Bei der Einheitsgesellschaft müssen daher die entsprechenden Geschäftsführungs- und Vertretungsbefugnisse des GmbH-Geschäftsführers eingeschränkt und auf die Gesellschafterversammlung der KG übertragen werden (MünchHdb. KG/Gummert § 51 Rdnr.8).

193 Wie bereits ausgeführt, sollten im Falle der Gesellschafteridentität der Gesellschaftsvertrag der GmbH und der der GmbH & Co. KG als Vertrag einer Personengesellschaft, soweit es rechtlich möglich ist, aufeinander abgestimmt sein. Es ist jedoch hierbei zu beachten, dass es sich trotz Gesellschafteridentität um zwei völlig getrennte Gesellschaften handelt. Es muss sich auch aus den Sitzungsprotokollen ergeben, dass es sich in dem einen Falle um die Gesellschafterversammlung der GmbH und in anderen Fällen um die der GmbH & Co. KG (Personengesellschaft) handelt. Insbesondere ist darauf zu achten, dass einige Beschlüsse der GmbH, insbesondere, wenn es sich um die Erhöhung des Stammkapitals, eine Änderung des Gesellschaftsvertrages usw. handelt, der notariellen Beurkundung des Beschlusses zu deren Wirksamkeit bedarf. Bei der GmbH & Co. KG als Personengesellschaft ist eine solche notarielle Beurkundung eines Beschlusses in der Regel nicht notwendig.

6. Auskunfts- und Einsichtsrecht eines Kommanditisten

194 Wie bereits ausgeführt, gewährt § 51 a GmbHG dem Gesellschafter einer GmbH ein weitgehendes, nicht entziehbares Auskunfts- und Einsichtsrecht, was dem Gesellschafter der Komplementär-GmbH auch Auskunfts- und Einsichtsrechte in Angelegenheiten der GmbH & Co. KG gewährt. Dies gilt insbesondere dann, wenn die Komplementär-GmbH keinen eigenen Geschäftsbetrieb hat und nur der Geschäftsführung und Verwaltung der KG dient (OLG Düsseldorf v. 02.03.1990, GmbHR 1991, 18; OLG Karlsruhe v. 08.05.1998, GmbHR 1998, 691). Es handelt sich um ein persönliches Recht des Gesellschafters und nicht um ein Recht der Gesellschafterversammlung und ist unabhängig von der Höhe der Beteiligung.

Die Rechte des Kommanditisten (Widerspruchsrecht, § 164 HGB und Kontrollrechte, § 166 HGB) enthalten ein so weit gehendes Aufsichtsrecht nicht. Weitgehende Auskunfts- und Einsichtsrechte können jedoch den einzelnen Kommanditisten oder einem Beirat im Gesellschaftsvertrag eingeräumt werden. Es fragt sich, ob aufgrund einer gesellschaftlichen Treuepflicht die Komplementär-GmbH bzw. deren Geschäftsführer ein solches Auskunfts- oder Einsichtsverlangen eines Kommanditisten verweigern kann. Ein Verweigerungsrecht der KG kann bei erlaubter Konkurrenzfähigkeit gegeben sein, allerdings ist ein völliger Entzug des Informationsrechtes nicht zulässig. (BGH v. 10.10.1994, GmbHR 1995, S. 55). Nach Karsten Schmidt (GmbHR 1984, 282) sind die Kontrollrechte eines Kommanditisten unzureichend. Sie entsprechen nicht seinem Schutzbedürfnis. U. E. besteht kein Rechtsgrund, den Kommanditisten in dieser Hinsicht anders zu behandeln als den Gesellschafter einer GmbH, zumal der Kommanditist u. U. den Gesellschaftsgläubigern gegenüber persönlich haften kann, z. B. bei verspäteter Eintragung der Haftungsbeschränkung und nicht Volleinzahlung der Einlage. Ein Kommanditist wird das Widerspruchsrecht gegen Handlungen der Geschäftsführer, die den Rahmen der laufenden Geschäftsführung übersteigen, nur sachgerecht ausüben können, wenn der Gesellschafter die notwendigen Hintergrundinformationen erhält. Der Geschäftsführer der GmbH & Co. KG verhält sich m. E. daher treuwidrig, wenn er einem Gesellschafter Auskünfte und die Einsichtnahme von Unterlagen im Hinblick auf eine Maßnahme, die die laufende Geschäftsführung übersteigt, verweigert.

§ 166 HGB räumt dem Gesellschafter das Recht ein, die Richtigkeit des Jahresabschlusses unter Einsicht der Bücher und Papiere zu prüfen. Dieses Recht steht einem Unterbeteiligten an einem KG-Anteil nicht zu (BGH v. 10.10.1994, GmbHR 1995, 57). Die Kontrollrechte gemäß § 166 HGB stehen auch nicht dem ausgeschiedenen Kommanditisten zu. Der ausgeschiedene Kommanditist kann aber gemäß § 810 BGB Einsicht in die Bücher und Papiere der KG verlangen, soweit er daran ein schutzwürdiges rechtliches Interesse hat; ein darüber hinausgehender Anspruch auf Auskunft besteht erst dann, wenn die erforderlichen Informationen durch bloße Einsicht in die Unterlagen aus diesen nicht zu ersehen sind (OLG Hamm, U. v. 18.01.1993, GmbHR 1994, 127). Allerdings kann dieses Recht nach herrschender Meinung eingeschränkt werden, insbesondere auf einen Beirat übertragen werden. U. E. kann der Gesellschafter im Zusammenhang mit der Überprüfung des Jahresabschlusses auch Auskünfte und Erläuterungen verlangen und ist nicht nur auf die Einsichtnahme in die Unterlagen beschränkt. Das Einsichtsrecht beinhaltet auch eine Einsichtnahme in Vorgänge, die z. B. zu einem Forderungsausfall geführt haben und auch in der Bilanz ihren Niederschlag gefunden haben oder hätten finden müssen sowie Kalkulationsunterlagen von Geschäften, die zu einem Verlust geführt haben. Insbesondere, wenn ein begründeter Verdacht besteht, dass sich ein Geschäftsführer gegenüber der Gesellschaft regresspflichtig gemacht hat, besteht weitgehende Aufklärungspflicht.

Die Rechtsform einer GmbH & Co. KG, die aufgrund ihrer Organisation fremde Geschäftsführer hat, die nicht den Gesellschaftern verpflichtet sind, verlangt eine weitgehende Informationsverpflichtung an die Gesellschafter. Die Gesellschafter der GmbH & Co. KG, die, soweit sie nicht Gesellschafter der Komplementär-GmbH sind, keinen Einfluss auf die Geschäftsführung haben, haben daher ein starkes Interesse an Informationen. U. E. gebietet es die Treuepflicht gegenüber diesen, ihrem Informationsbedürfnis weitgehend entgegenzukommen. Die Gesellschaft verhält sich treuwidrig, wenn einem berechtigten Informationsverlangen nicht entsprochen wird.

198 Anders ist jedoch die Rechtslage, wenn der Kommanditist weitgehend auf die Rechte, die das HGB einem Kommanditisten gewährt, verzichtet hat, insbesondere hinsichtlich des Widerspruchsrechtes. Wer in eine Gesellschaft eintritt, in der die Kommanditistenstellung stets eingeschränkt ist, bedarf keines besonderen Schutzes, weil er die erhaltene Information als Gesellschafter nicht umsetzen kann. Insbesondere kann ihm keine Einsichtnahme gewährt werden, wenn er hierauf ausdrücklich verzichtet hat.

Die gesellschaftliche Treuepflicht gebietet es ferner, dem Gesellschafter durch Auskünfte und Einsichtnahme die Information zu geben, die er für die Ausübung seiner Gesellschaftsrechte benötigt.

Beispiel 1: Eine Gesellschaft ist auf unbestimmte Zeit geschlossen worden. Gesellschafter A erwägt, durch Kündigung aus der Gesellschaft auszuscheiden. Die Treuepflicht gebietet es, dass die Gesellschaft die für seine Entscheidung notwendigen Informationen gibt; sie können nur dann verweigert werden, wenn sie dem Interesse der Gesellschaft entgegenstehen.

Beispiel 2: Die X-GmbH & Co. KG beabsichtigt, das Kapital zu erhöhen. Gesellschafter A möchte sich informieren, ob die beabsichtigte Kapitalerhöhung notwendig ist und er dieser zustimmen kann. Die Gesellschaft ist verpflichtet, ihm die notwendigen Informationen zu verschaffen.

199 Ist das Widerspruchsrecht des § 164 HGB und das Kontrollrecht des § 166 HGB eingeschränkt oder weitgehend aufgehoben, so ist eine solche vertragliche Einschränkung wirksam, abgesehen von einigen Sonderfällen, in denen der Verdacht einer nicht rechtmäßigen Geschäftsführung besteht. Die gesellschaftliche Treuepflicht gebietet es jedoch, unter sinngemäßer Anwendung der Vorschrift des § 51 a GmbHG einem Gesellschafter, dessen Stellung dem Regelstatus des HGB über die KG entspricht, die Information zu verschaffen, die er für die sachgerechte Ausübung seiner Rechte benötigt.

7. Informationsrechte des ausgeschiedenen Kommanditisten

200 Nach der Rechtsprechung des BGH (WM 1963, 989) können Kontrollrechte des ausgeschiedenen Kommanditisten nicht mehr auf § 166 HGB, sondern nur auf § 810 BGB gestützt werden (vgl. auch BayObLG v. 20. 11. 1986 GmbHR 1987, 228, OLG Hamm, U. v. 18.01.1993, GmbHR 1994, 127). Überwiegend wird angenommen, dass nach dem Ausscheiden des Kommanditisten das Verfahren nach § 166 Abs. 3 HGB, § 145 FGG nicht mehr zulässig ist, sondern dass der Anspruch nur noch im Prozesswege verfolgt werden kann. Nach dem Urteil des BGH v. 11. 7. 1988 (GmbHR 1988, 434) steht dem ausgeschiedenen Gesellschafter der GmbH nach § 810 BGB ein Einsichtsrecht in die Geschäftsunterlagen der Gesellschaft zu, soweit sie für die Prüfung der Frage von Bedeutung wird, ob ihm Forderungen gegen die Gesellschaft aus der Zeit vor seinem Ausscheiden zustehen.

8. Die Einmann-GmbH & Co. KG

Wie bereits ausgeführt, ist auch die Einmann-GmbH & Co. KG, bei der eine Person gleichzeitig der einzige Gesellschafter der GmbH und der einzige Kommanditist ist, rechtlich zulässig. Bei der Komplementär-GmbH ist zu beachten, dass hinsichtlich der Beschlüsse eine Niederschrift anzufertigen ist, wonach der Gesellschafter-Geschäftsführer durch den Gesellschaftsvertrag von dem Verbot des § 181 BGB befreit ist und dass er grundsätzlich das Stammkapital voll einzuzahlen hat. Soweit letzteres nicht gegeben ist, hat er eine entsprechende Sicherheit zu leisten. Bei den Beschlüssen der GmbH & Co. KG nimmt der Einmann-Gesellschafter sowohl die Rechte der GmbH als deren Geschäftsführer als auch seine Rechte als Kommanditist wahr. Es ist daher zweckmäßig, auch im Gesellschaftsvertrag der Kommanditgesellschaft eine Befreiung vom Verbot des Selbstkontrahierens vorzusehen. Die Beschlüsse der GmbH und die Beschlüsse der GmbH & Co. KG sind sorgfältig voneinander zu trennen und entsprechend kenntlich zu machen.

9. Wettbewerbsverbote

Einem Wettbewerbsverbot kann auch der unterliegen, der an einer Kommanditgesellschaft mit hoher Mehrheit sowohl am Kommanditkapital als auch am Kapital der Komplementär-GmbH beteiligt ist und aufgrund dieser mehrheitlichen Beteiligung die Gesellschaft beherrscht. Das Wettbewerbsverbot des § 112 HGB, das dem Wortlaut nach nur den persönlich haftenden Gesellschafter einer Kommanditgesellschaft trifft (§§ 161, 165, 112 HGB), diesen aber auch dann berührt, wenn er von der Geschäftsführung ausgeschlossen ist, hat seine Grundlage in der Treuepflicht des Gesellschafters, die das von gegenseitigem Vertrauen getragene Gesellschaftsverhältnis einer handelsrechtlichen Personengesellschaft in besonderem Maße beherrscht. Bei bestimmten Fallgestaltungen, insbesondere dann, wenn ein maßgeblicher Einfluss auf die Geschäftsführung besteht, kann es deshalb auch auf den Kommanditisten, den atypischen stillen Gesellschafter und den Gesellschafter einer GmbH zu beziehen sein (vgl. Fischer LM GWB § 1 Nr. 6; ders. in GroßKomm. HGB 3. Aufl. § 112 Anm. 2; Benthin ZHR 142 1978, 259, 288; BGH v. 12. 12. 1983 GmbHR 1984, 203). Da sich das Wettbewerbsverbot auf das Innenverhältnis der Gesellschafter bezieht, kann es hierbei nicht entscheidend darauf ankommen, welche Stellung der verpflichtete Gesellschafter nach außen einnimmt. Maßgeblich ist seine innere Stellung. Bestimmt er im Innenverhältnis ausschlaggebend die Geschicke der Gesellschaft, so trifft ihn auch eine erhöhte Treuepflicht und demgemäß ein Wettbewerbsverbot. Es gilt insbesondere auch für den die Gesellschaft beherrschenden Mehrheitsgesellschafter oder eine die Gesellschaft beherrschende Gruppe (so BGH GmbHR 1984, 203).

Wettbewerbsklauseln zwischen der Komplementär-GmbH und ihrem Geschäftsführer, die diesen für die Zeit nach Beendigung des Anstellungsverhältnisses in der beruflichen Tätigkeit beschränken, unterliegen nicht den für Handelsgesellschaften geltenden Beschränkungen des § 74 Abs. 2 HGB (BGH v. 26. 3. 1984 GmbHR 1984, 234).

V. Besonderheiten bei Treuhandverhältnissen

Sind die Anteile an einer GmbH & Co. KG treuhänderisch von einer dritten Person zugunsten mehrerer gegenüber der Gesellschaft unbekannter Kommanditisten erworben worden, nimmt der Treuhänder grundsätzlich die Gesellschaftsrechte aus diesen Anteilen wahr. Der Gesellschaft gegenüber gilt nur dieser als Gesellschafter, auch wenn der Gesellschaft das Vorhandensein eines Treuhandverhältnisses bekannt ist. Der Treuhänder nimmt die Stimmrechte in der Gesellschafterversammlung wahr. Das gleiche gilt für die Mitwirkungs- und Kontrollrechte. Die mittelbare Beteiligung über einen Treuhandkommanditisten begründet grundsätzlich keine Rechtsbeziehungen des Treugebers zur Kommanditgesellschaft, zu ihren Gesellschaftern oder zu den Gesellschaftsgläubigern. Bei Anlagegesellschaften könnte etwas anderes bestimmt werden. So kann im Gesellschaftsvertrag vereinbart werden, dass dem Treugeber, wenn auf dessen Rechnung der Treuhänder einen Gesellschaftsgläubiger befriedigt, ohne weiteres die Ersatzansprüche gegen die Kommanditgesellschaft zustehen.

205 Treuhandverhältnisse sind grundsätzlich zulässig. Bei der sog. Publikums-Gesellschaft wird vielfach bei Eintreten in das Gesellschaftsverhältnis ein Treuhandverhältnis vereinbart. In diesem Falle gilt gegenüber der Gesellschaft der Treuhänder von Beginn an als Gesellschafter. Zwischen Treuhänder und Treugeber liegt ein Auftragsverhältnis vor. Grundsätzlich hat der Treugeber einen Anspruch, dass ihm der Treuhänder herausgibt, was er an Vermögensvorteilen bei der Ausführung des Treuhandvertrages erworben hat (§ 667 BGB; vgl. auch BGH v. 14. 1. 1985 DB 1985, 966). Die Begründung eines Treuhandverhältnisses eines Kommanditisten wird als Anteilsveräußerung angesehen, die grundsätzlich der Zustimmung aller Gesellschafter bedarf. Die Abtretung an Treuhänder ist bei Publikums-Gesellschaften vielfach vertraglich geregelt.

Von einer Vereinbarungstreuhand spricht man dann, wenn ein Gesellschafter im Innenverhältnis die Anteile auf einen Dritten überträgt, mit der Maßgabe, dass der bisherige Kommanditist weiterhin als Treuhänder die Gesellschaftsrechte wahrnimmt und der Gesellschaft gegenüber weiterhin als Gesellschafter anzusehen ist. Die Gewinnbeteiligung und die Vermögensrechte stehen in diesem Falle dem Treugeber zu, dem die Einkünfte steuerlich zuzurechnen sind, wenn er als Mitunternehmer anzusehen ist. Da die Vereinbarungstreuhand materiell zu einer Übertragung des Gesellschaftsanteils führt, ist u. E. die Zustimmung aller Gesellschafter erforderlich, die nicht dadurch umgangen werden darf, dass der Anteilsveräußerer formalrechtlich Gesellschafter bleibt, dieser aber im Innenverhältnis an die Weisungen des Treugebers gebunden ist.

F. Geschäftsführung und Vertretung

I. Regelung der Geschäftsführung – Vertretung nach dem HGB

206 Die Geschäftsführung der Kommanditgesellschaft wird grundsätzlich von den Komplementären, also den persönlich haftenden Gesellschaftern wahrgenommen (§§ 163, 164 HGB). Nach §§ 161, 125 HGB ist der Komplementär gesetzlicher Vertreter der Kommanditgesellschaft. Die Geschäftsführung richtet sich nach § 114 ff. HGB. Hiernach sind die persönlich haftenden Gesellschafter grundsätzlich zur Führung der Geschäfte berechtigt und auch verpflichtet. Soweit der Komplementär eine juristische Person ist, wird die Geschäftsführung und Vertretung von den gesetzlichen Vertretern der Komplementär-GmbH wahrgenommen. Somit ist der Geschäftsführer der Komplementär-GmbH ohne besondere Vereinbarung automatisch gleichzeitig Geschäftsführer der GmbH & Co. KG. Die Geschäftsführung erstreckt sich grundsätzlich auf

die laufenden Geschäfte. Der Katalog der laufenden Geschäfte kann ausdrücklich festgelegt werden. Die im Anstellungsvertrag mit der GmbH ausbedungenen Einschränkungen der Geschäftsführung gelten auch für die Geschäftsführung der GmbH & Co. KG. Der Gesellschaftsvertrag kann vorsehen, dass neben der GmbH als Komplementärin weitere Geschäftsführer bestellt werden. Es kann sich hier um Kommanditisten handeln, aber auch um Nichtgesellschafter. Sie sind im Innenverhältnis gleichberechtigte Partner der GmbH. Sie haben nach außen entweder die Stellung eines Prokuristen oder haben eine Generalvollmacht nach bürgerlichem Recht.

Schwierigkeiten tauchen dann auf, wenn bei der Komplementär-GmbH Gesamtvertretung besteht, bei der KG jedoch Einzelvertretung. In diesem Fall können mehrere GmbH-Geschäftsführer nur gemeinsam vertreten, die Geschäftsführer der KG jedoch einzeln. U. U. ist es zweckmäßig, bei mehreren GmbH-Geschäftsführern diese noch einmal gesondert zu KG-Geschäftsführern zu bestellen. Nach § 115 HGB besteht bei mehreren Geschäftsführern grundsätzlich Alleingeschäftsführung. Widerspricht jedoch ein anderer geschäftsführender Gesellschafter, so muss diese Handlung unterbleiben. Bei Gesamtgeschäftsführung ist die Zustimmung aller Geschäftsführer notwendig. Die Geschäftsführung kann auch durch eine Geschäftsordnung geregelt werden, wonach die Geschäftsführer bestimmte Ressorts und die laufenden Geschäfte in ihrem Ressort selbständig führen, so dass nur Geschäfte von einer gewissen Bedeutung von allen Geschäftsführern oder von der Mehrheit der Geschäftsführer getragen werden müssen.

II. Ausschluss der Vertretung der GmbH

1. Ausschluss durch Gesellschaftsvertrag

Die Komplementär-GmbH kann durch Gesellschaftsvertrag grundsätzlich von der Geschäftsführung der GmbH & Co. KG, gleichzeitig aber auch von der Vertretung ausgeschlossen werden. Die Geschäftsführung der Geschäftsführer der GmbH erstreckt sich in diesem Falle lediglich auf die eigenen Geschäfte der GmbH, die Wahrnehmung der Gesellschaftsrechte in der Gesellschafterversammlung und auf die Zustimmungs-, Mitwirkungs- und Kontrollrechte bei der KG. Der Ausschluss der GmbH von der Geschäftsführung und auch von der gesetzlichen Vertretung ist rechtlich zulässig. Diese ist jedoch nur wirksam, wenn gleichzeitig andere Personen zu Geschäftsführern und Vertretern bestellt worden sind. Diese Vertreter haben als gewillkürte Vertreter nach dem Handelsrecht lediglich die Stellung eines Prokuristen. Anstelle der handelsrechtlichen Prokura kann auch einigen Gesellschaftern eine Vollmacht nach § 166 ff. BGB übertragen werden. Hier wird vielfach die Bezeichnung Generalbevollmächtigter verwendet. Zu beachten ist, dass die Rechtsprechung eine vollständige Entziehung der Geschäftsführungs- und Vertretungsbefugnisse eines Komplementärs nur dann zulässt, wenn wenigstens noch ein weiterer Komplementär mit entsprechenden Rechten ausgestattet ist (BGH, DB 2002, 678).

2. Ausschluss durch Entziehung der Geschäftsführungsbefugnis

Der Komplementär-GmbH kann auf Antrag von allen übrigen Gesellschaftern auch die Geschäftsführungsbefugnis durch gerichtlichen Beschluss entzogen werden. (§§ 117, 161 Abs. 2 HGB). Der Antrag ist grundsätzlich von allen übrigen Gesellschaftern zu stellen. Ein Gesellschafter, der zur Erhebung der Entziehungsklage nicht bereit ist, kann unter dem Gesichtspunkt der gesellschaftlichen Treuepflicht bei Vorliegen eines Entziehungsgrundes – auch bei Fehlen einer gesellschaftsvertraglichen Regelung – verurteilt werden, seine Zustimmung zur Entziehung der Geschäftsführungsbefugnis zu erteilen (BGH v. 25. 4. 1983 GmbHR 1983, 301). Das Zustimmungsurteil ersetzt dann die Mitwirkung an der Klage (BGH v. 28. 4. 1975, BGHZ 64, 257 ff.). Die Zustimmungsklage kann mit der Entziehungsklage verbunden werden, und es kann gleichzeitig darüber entschieden werden (BGH v. 18. 10. 1976, BGHZ 68, 81, 84 ff.).

210 Die Geschäftsführungsbefugnis kann auch dem einzigen persönlich haftenden Gesellschafter einer KG entzogen werden (BGHZ 51, 198). Soweit die persönlich haftende Gesellschafterin eine GmbH ist, muss sich diese das Tun und Unterlassen ihrer Geschäftsführer zurechnen (BGH v. 18. 10. 1976 GmbHR 1977, 197). Ein Antrag auf Entziehung der Geschäftsführung kann damit begründet werden, dass die Geschäftsführer die Rechte der Kommanditisten auf Mitwirkung missachtet haben, insbesondere, dass diese wiederholt außergewöhnliche Geschäfte ohne erforderliche Zustimmung der Kommanditisten geschlossen haben (Anstellung von Geschäftsführern, bei Investitionen und langfristig gesicherten Krediten). Ein Ausschluss ist dann gegeben, wenn die Geschäftsführer grob fahrlässig Gesellschaftsrechte verletzt haben. Die Klage zur Entziehung der Geschäftsführung der Komplementär-GmbH ist auch dann zulässig, wenn die Gesellschafter die Möglichkeit hatten, als Gesellschafter der GmbH die Geschäftsführer der GmbH abzuberufen, mit der Folge, dass die Voraussetzungen für die Entziehung der Geschäftsführungsbefugnis bei der Komplementär-GmbH entfallen würden (BGH v. 25. 4. 1983 GmbHR 1983, 301).

III. Vertretung durch Kommanditisten

211 Nach § 170 HGB ist der Kommanditist zur Vertretung der Gesellschaft nicht ermächtigt. Der Gesellschaftsvertrag kann jedoch hier eine abweichende Regelung vorsehen. Kommanditisten kann eine Prokura im Sinne der §§ 48 ff. HGB erteilt werden. Auch kann ihnen die erweiterte Prokura i. S. des § 49 Abs. 2 HGB erteilt werden. Intern kann daneben der Kommanditist zum Geschäftsführer bestellt werden. Aufgrund des Geschäftsführervertrages ist er verpflichtet, allein oder mit anderen die laufenden Geschäfte, die zum üblichen Geschäftsbetrieb gehören, zu führen.

IV. Geschäftsführer der GmbH als Gesellschafter der KG

212 Geschäftsführer der GmbH können fremde Dritte, also Nichtgesellschafter sein, es kann sich hierbei auch um Gesellschafter der GmbH handeln, aber auch um Kommanditisten der GmbH & Co. KG. Bei der typischen GmbH & Co. KG werden die Geschäftsführer gleichzeitig Gesellschafter der GmbH und auch Kommanditisten der GmbH & Co. KG sein. Zur Bestellung als Geschäftsführer der GmbH bedarf es jedoch einer besonderen Bestellung durch die Organe der GmbH. Das sind im Zweifel die Gesellschafter der GmbH, die den Geschäftsführer der GmbH, der vielfach auch Geschäftsführer der GmbH & Co. KG ist, bestellen. Allerdings überschreiten die Geschäftsführer der Komplementär-GmbH ihre Geschäftsführungs- und Vertretungsbefugnis, wenn sie ohne Mitwirkung der übrigen KG-Gesellschafter Geschäftsführungsverträge zwischen sich selbst und der KG abschließen (KG Berlin v. 04.05.1992,

GmbHR 1993, 818). Daher kommt diesem Gesellschaftergremium besondere Bedeutung zu. Wer Gesellschafter der GmbH ist, bestimmt im wesentlichen auch die Geschicke der GmbH & Co. KG, weil er auf die Wahl der Person des Geschäftsführers erheblichen Einfluss hat. Grundlage für die Geschäftsführung kann ein Auftrag sein im Sinne des § 675 BGB, in der Regel wird aber ein Anstellungsverhältnis begründet. Zur Geschäftsführung der GmbH bedarf es daher notwendigerweise des Abschlusses eines Geschäftsführervertrages mit der GmbH. Der Abschluss des Geschäftsführervertrages bzw. Anstellungsvertrages unterliegt im Gegensatz zum Aktiengesetz keiner zeitlichen Begrenzung. Er kann auf unbestimmte Zeit geschlossen werden, er kann für einen gewissen längeren Zeitraum abgeschlossen werden, er kann aber auch für die Lebenszeit des Geschäftsführers eingegangen werden. Unabhängig vom Anstellungsverhältnis kann die Bestellung des Geschäftsführers zu jeder Zeit widerrufen werden, unbeschadet irgendwelcher Entschädigungsansprüche aus bestehenden Verträgen. Eine Begründung des Widerrufs braucht in der Regel nicht gegeben zu werden. Der Gesellschaftsvertrag kann jedoch die Zulässigkeit des Widerrufs auf den Fall des Vorliegens wichtiger Gründe beschränken. Das gilt insbesondere für grobe Pflichtverletzungen oder Unfähigkeit zur ordnungsmäßigen Geschäftsführung (§ 38 GmbHG). Sofern die GmbH als Komplementär zur gesetzlichen Vertretung und Geschäftsführung der GmbH & Co. KG berechtigt und verpflichtet ist, ist der Geschäftsführer der GmbH als gesetzlicher Vertreter der GmbH zur Geschäftsführung und Vertretung der GmbH & Co. KG berechtigt und auch verpflichtet. Die Geschäftsführung der GmbH & Co. KG gehört in diesem Falle zu seinem besonderen Pflichtenkreis als Geschäftsführer der GmbH.

Wie bereits ausgeführt, ist grundsätzlich die GmbH bzw. deren Organe berechtigt, den Geschäftsführer zu bestellen. Das ist in der Regel die Gesellschafterversammlung der GmbH. Die Satzung der GmbH kann die Geschäftsführerbestellung auch einem anderen Organ, z. B. einem Beirat oder Verwaltungsrat, übertragen. Wie bereits ausgeführt, kann der GmbH & Co. KG-Vertrag für die Kommanditgesellschaft die Geschäftsführung auch anders regeln. So kann die Komplementär-GmbH von der Geschäftsführung und u.U. sogar von der Vertretung der Gesellschaft ausgeschlossen werden. Der Gesellschaftsvertrag der GmbH & Co. KG muss dann andere Regelungen vorsehen. So kann der Gesellschaftsvertrag der KG vorsehen, dass die Geschäftsführer von der Gesellschafterversammlung der Kommanditgesellschaft zu bestellen sind und die GmbH von der Geschäftsführung ausgeschlossen ist. Behält sich der Gesellschaftsvertrag der GmbH & Co. KG die Bestellung der Geschäftsführer selbständig vor, so werden die Geschäftsführer der GmbH & Co. KG von der Gesellschafterversammlung der Kommanditgesellschaft bestellt. Der Anstellungsvertrag wird in diesem Falle mit der GmbH & Co. KG als Kommanditgesellschaft geschlossen. Sieht der Gesellschaftsvertrag der GmbH & Co. KG eine solche Regelung vor, so kann auch der Geschäftsführer der GmbH unmittelbar von der GmbH & Co. KG als Geschäftsführer bestellt werden. Der Geschäftsführer der GmbH, der aufgrund eines gesonderten Anstellungsvertrages mit der GmbH & Co. KG gleichzeitig deren Geschäftsführer ist, ist insoweit dieser unmittelbar verantwortlich. Eine solche Regelung hat jedoch den Nachteil, dass eine Beendigung der Geschäftsführung der GmbH & Co. KG nicht gleichzeitig die Geschäftsführung der GmbH beendet. Umgekehrt bedeutet die Beendigung als Geschäftsführer der GmbH nicht gleichzeitig die Beendigung der Geschäftsführung der GmbH & Co. KG. Hier müsste in den jeweiligen Geschäftsführerverträgen vereinbart werden, dass die Beendigung der Geschäftsführung der einen Gesellschaft gleichzeitig auch die Geschäftsführung in der anderen Gesellschaft beendet bzw. dass die Beendigung der Geschäftsführung in der einen Gesellschaft einen Kündigungsgrund für die Geschäftsführung der anderen Gesellschaft darstellt.

214 Für Streitigkeiten zwischen einer GmbH & Co. KG und einem ihrer organschaftlichen Vertreter aus dem Anstellungsverhältnis ist der Rechtsweg zu den ordentlichen Gerichten und nicht zu den Gerichten für Arbeitssachen eröffnet (OLG München v. 10.04.2003 (nrk) GmbHR 2003, 776).

215 Wie bereits ausgeführt, sind Kommanditisten kraft Gesetzes zur Geschäftsführung und zur Vertretung nicht berechtigt. Der Gesellschaftsvertrag kann hier jedoch etwas anderes vorsehen. So kann der Gesellschaftsvertrag der GmbH & Co. KG vorsehen, dass bestimmte namentlich genannte Kommanditisten zur Geschäftsführung berechtigt und verpflichtet sind. Wird einem Kommanditisten die Geschäftsführungsbefugnis erteilt, so kann diese grundsätzlich nur durch gerichtliche Entscheidung nach § 117 HGB entzogen werden, wenn der Gesellschaftsvertrag keine andere Regelung enthält. Zweckmäßigerweise wird daher eine entsprechende Regelung über den Widerruf der Geschäftsführung eines Kommanditisten im Gesellschaftsvertrag vereinbart. Der geschäftsführungsberechtigte Kommanditist hat das Widerspruchsrecht nach § 115 HGB. Zur Geschäftsführung bestellte Gesellschafter können hiernach grundsätzlich jeder allein handeln. Widerspricht jedoch ein anderer Gesellschafter der Vornahme einer Handlung, so muss diese unterbleiben. Der Gesellschaftsvertrag kann jedoch auch eine Gesamtgeschäftsführung vorsehen in der Weise, dass alle, die zur Geschäftsführung bestellt sind, nur zusammen handeln können. In diesem Falle bedarf jedes durch einen Geschäftsführer abgeschlossene Geschäft der Zustimmung aller geschäftsführenden Gesellschafter. Es ist jedoch zu beachten, dass der Kommanditist, der zum Geschäftsführer bestellt worden ist, nicht automatisch die Vertretungsmacht nach § 170 HGB erhält. Er erlangt die Vertretungsmacht, indem er zum Geschäftsführer der Komplementär-GmbH bestellt wird. In diesem Falle ist er der gesetzliche Vertreter der GmbH. Alternativ kann ihm auch gewillkürte Vertretungsmacht durch Erteilung der Prokura nach § 54 ff. HGB erteilt werden.

V. Umfang der Geschäftsführung

216 Ist der Geschäftsführer der GmbH gleichzeitig auch Geschäftsführer der GmbH & Co. KG, weil der Gesellschaftsvertrag der GmbH & Co. KG keine andere Regelung vorsieht und somit die Komplementär-GmbH durch ihren gesetzlichen Vertreter zur Geschäftsführung der GmbH & Co. KG berechtigt und verpflichtet ist, hat der Geschäftsführer der GmbH gleichzeitig die Geschäfte der GmbH & Co. KG zu führen. Als Geschäftsführer der GmbH steht ihm in der Gesellschafterversammlung der GmbH & Co. KG für die GmbH als Komplementärin dieser Gesellschaft das Stimmrecht zu, was zur Folge hat, dass der Geschäftsführer der GmbH zwei Stimmrechte hat, wenn er gleichzeitig Kommanditist der GmbH & Co. KG ist. Es kann u. U. zu Schwierigkeiten führen, wenn die Beteiligungsverhältnisse bei beiden Gesellschaften sonst gleich sind. In diesem Falle hat der Gesellschafter, der gleichzeitig Geschäftsführer der

GmbH ist, die Stimmenmehrheit und kann die anderen Gesellschafter überstimmen. Um diesen Schwierigkeiten auszuweichen, kann im Gesellschaftsvertrag der GmbH & Co. KG vereinbart werden, dass die Komplementär-GmbH selbst kein Stimmrecht in der Gesellschafterversammlung der GmbH & Co. KG besitzt. Andernfalls könnte der Geschäftsführer der GmbH, der gleichzeitig Kommanditist ist, die Gesellschaft majorisieren. Die Geschäftsführung des Geschäftsführers der GmbH umfasst daher grundsätzlich
1. die Geschäftsführung der GmbH,
2. die Geschäftsführung der GmbH & Co. KG.

Der Gesellschaftsvertrag kann Gesamtgeschäftsführung und Gesamtvertretung bei mehreren Geschäftsführern vorsehen. Er kann aber auch eine Einzelgeschäftsführung und Einzelvertretung vorsehen. Damit keine Komplikationen auftreten, ist es zweckmäßig, dass im Gesellschaftsvertrag der GmbH und in dem der GmbH & Co. KG der Umfang der Geschäftsführung in gleicher Weise geregelt wird. Ist im Gesellschaftsvertrag der Komplementär-GmbH Gesamtgeschäftsführung vorgesehen, sieht aber der Gesellschaftsvertrag der GmbH & Co. KG Einzelgeschäftsführung vor, sind die Geschäftsführer der GmbH dennoch zum gemeinschaftlichen Handeln gezwungen, wenn sie die Geschäftsführung der GmbH & Co. KG als Organ der Komplementär-GmbH wahrnehmen. Anders ist jedoch die Rechtslage, wenn die Geschäftsführer der GmbH gleichzeitig von der GmbH & Co. KG aufgrund eines besonderen Rechtsverhältnisses zu Geschäftsführern bestellt worden sind. In diesem Falle ist für die Handlungen, die lediglich die GmbH betreffen, Gesamtgeschäftsführung und Gesamtvertretung erforderlich, für die Vertretung der GmbH & Co. KG lediglich die Einzelgeschäftsführung und Einzelvertretung. Unstimmigkeiten können auch dann auftreten, wenn neben der Komplementär-GmbH noch weitere Kommanditisten zu Geschäftsführern bestellt worden sind. Sieht die GmbH nur Gesamtgeschäftsführung vor, ist aber für die Geschäftsführung durch die Kommanditisten im Vertrag mit der GmbH & Co. KG Einzelgeschäftsführung vorgesehen, so können die Geschäftsführer der GmbH für die GmbH & Co. KG nur gemeinschaftlich handeln, während die Kommanditisten, die gleichzeitig Geschäftsführer der GmbH & Co. KG sind, einzeln handeln können. Es ist daher zweckmäßig, die Geschäftsführungsbefugnis beider Gesellschaften aufeinander abzustimmen. Gleiches sollte auch gelten für den Umfang der Geschäftsführung, die im Innenverhältnis eingeschränkt werden kann. Wie bereits ausgeführt, kann der Begriff „laufende Geschäfte" bzw. „üblicher Rahmen" durch einen Katalog von Maßnahmen eingeengt werden. Die Geschäftsführung kann auch dadurch beschränkt werden, dass der Geschäftsführung ein Beirat oder ein fakultativer Aufsichtsrat oder ein Verwaltungsrat zur Seite gestellt wird, der bestimmten Geschäften zuzustimmen hat und auch die Geschäftsführung überwacht. Auch hier sollten beide Gesellschaftsverträge, sowohl der der GmbH als auch der der GmbH & Co. KG, aufeinander abgestimmt werden, damit der Umfang der Geschäftsführung bei beiden Gesellschaften gleich ist. Die Vertretungsbefugnis des Prokuristen einer GmbH & Co. KG kann nicht von der Mitwirkung des Geschäftsführers der Komplementar-GmbH abhängig gemacht werden (OLG Frankfurt v. 16.11.2000, GmbHR 2001, 346).

VI. Haftung der Geschäftsführer

218 Das HGB sieht für Geschäftsführer einer OHG oder Kommanditgesellschaft keine besondere Haftung vor. Das HGB geht grundsätzlich davon aus, dass die Geschäftsführer dieser Gesellschaften gleichzeitig Gesellschafter sind, in der Regel sogar solche, die unbeschränkt den Gläubigern gegenüber haften. Einer besonderen Haftungsbestimmung gegenüber den Gesellschaftsgläubigern bedarf es also in diesem Falle nicht. Eine Schadensverpflichtung kann sich jedoch gegenüber den übrigen Gesellschaftern ergeben, wenn die zur Geschäftsführung berechtigten Gesellschafter ihre Kompetenzen überschritten haben und aus diesem Grunde den übrigen Gesellschaftern einen Schaden zugefügt haben. Wer als Geschäftsführer für eine GmbH & Co. KG in Gründung ein Geschäft abgeschlossen hat, bevor die GmbH und die Kommanditgesellschaft eingetragen worden waren, haftet jedenfalls dann nicht nach § 11 Abs. 2 GmbHG, wenn das Geschäft gegenüber der Kommanditgesellschaft wirksam geworden ist und deshalb auch die eingetragene Komplementär-GmbH nach § 128 HGB haftet. Die Haftung aus § 11 Abs. 2 GmbHG greift zugunsten eines Gründungsgesellschafters auch dann nicht ein, wenn er vor der Eintragung der GmbH als Drittgläubiger eine Forderung gegen die Gesellschaft erworben hat. Dasselbe gilt für den Treugeber eines Gründers, der diesen nach innen vertreten und von allen Verbindlichkeiten freihalten soll (BGH vom 17. 3. 1980, GmbHR 1980, 202). Zu den Kontrollpflichten des Geschäftsführers einer GmbH gehört auch die Überwachung des Zahlungsverkehrs (OLG München v. 24.01.2000, GmbHR 2000, 732).

219 § 43 GmbHG begründet die Haftung als Geschäftsführer der GmbH. Hiernach haben die Geschäftsführer der GmbH in Angelegenheiten der Gesellschaft die Sorgfalt eines ordentlichen Geschäftsmannes anzuwenden. Verletzen die Geschäftsführer ihre Obliegenheiten, haften sie der Gesellschaft gegenüber solidarisch für den entstandenen Schaden. Diese Bestimmung gilt grundsätzlich für die unmittelbare Geschäftsführung der GmbH, nicht jedoch für die mittelbare der GmbH & Co. KG. Nach dem Urteil des BGH vom 12. 11. 1979 (GmbHR 1980, 127) werden bei einer GmbH & Co. KG neben einem Dienstverhältnis zwischen der Komplementär-GmbH und deren Geschäftsführern Vertragsbeziehungen zwischen der Kommanditgesellschaft und dem Geschäftsführer nicht schon deswegen begründet, weil er als Organ der GmbH deren Geschäftsführungs- und Vertretungsbefugnis in der Kommanditgesellschaft ausübt. Anders jedoch ist die Rechtslage, wenn ein besonderer Vertrag mit der Kommanditgesellschaft besteht. Hieraus hat die Rechtsprechung bisher gefolgert, dass die Kommanditgesellschaft den Geschäftsführer, außer im Falle einer unerlaubten Handlung, nicht unmittelbar auf Schadensersatz in Anspruch nehmen könne, wenn er seine Pflichten gegenüber der GmbH, die Angelegenheiten der Gesellschaft mit der Sorgfalt eines ordentlichen Geschäftsmannes wahrzunehmen, schuldhaft verletzt hat (BGH vom 28. 9. 1953, WM 1956, 61). Dies schließt jedoch nicht aus, dass bei besonderer Fallgestaltung die Kommanditgesellschaft in den vertraglichen Schutzbereich des zwischen der GmbH und ihrem Geschäftsführer bestehenden Schuldverhältnisses einbezogen werden kann. Auch ohne die Voraussetzung des § 328 BGB kann nämlich ein am Vertrag nicht beteiligter, aber von dessen Risiken mitbetroffener Dritter berechtigt sein, gegen eine Vertragspartei Schadensersatzansprüche wegen Verletzung einer Schutzpflicht geltend zu machen. Nach Ansicht des BGH liegt eine besondere Fallgestaltung im obigen

Sinne bei einer Publikums-GmbH & Co. KG vor, bei der die wesentliche Aufgabe der Komplementär-GmbH und damit auch ihres Geschäftsführers darin besteht, die Geschäfte der Kommanditgesellschaft mit der Sorgfalt eines ordentlichen Kaufmanns zu führen. Diese Aufgabe bestimme nach Ansicht des BGH zugleich auch den Inhalt des zwischen der GmbH und dem Geschäftsführer abgeschlossenen Dienstvertrags. Fehlleistungen der Geschäftsführung wirken sich bei einer solchen Gestaltung zwangsläufig in erster Linie zum Nachteil der Kommanditgesellschaft aus. In diesem Falle sei die Vorschrift des § 43 Abs. 2 GmbHG hinsichtlich der Geschäftsführerhaftung auch für die Kommanditgesellschaft anzuwenden. § 708 BGB begrenzt in einer Publikums-Kommanditgesellschaft insoweit nicht die Haftung der Komplementär-GmbH und ihres Geschäftsführers (BGH vom 12. 11. 1979, GmbHR 1980, 127).

VII. Geschäftsführung bei der Einmann-GmbH & Co. KG

Grundsätzlich kann der alleinige Gesellschafter einer GmbH, der gleichzeitig der einzige Kommanditist ist, sich zum Gesellschafter-Geschäftsführer bestellen. Es ist jedoch hier zu beachten, dass für Rechtsgeschäfte zwischen der GmbH und ihrem alleinigen Gesellschafter-Geschäftsführer § 181 BGB anwendbar ist (§ 35 Abs. 4 GmbHG). Hiernach ist es dem Geschäftsführer nicht gestattet, Rechtsgeschäfte zwischen sich und der GmbH zu tätigen, es sei denn, dass ihn die Satzung vom Selbstkontrahierungsverbot befreit. Es ist demnach darauf zu achten, dass die GmbH-Satzung eine Befreiung vom Selbstkontrahierungsverbot enthält. Ist im Gesellschaftsvertrag einer Einmann-GmbH die Gesellschafterversammlung ermächtigt, den Alleingesellschafter als Geschäftsführer von den Beschränkungen des § 181 BGB zu befreien, so kann dieser selbst einen dahin gehenden Beschluss fassen. Über diesen Beschluss ist eine unterschriebene Niederschrift zu fertigen. Das Stimmverbot nach § 47 Abs. 4 S. 2 GmbHG gilt für derartige Beschlüsse nicht (BayObLG v. 7. 5. 1984, GmbHR 1985, 116).

G. Gesellschafterbeschlüsse

I. Gesellschafterversammlung der GmbH

Die Komplementär-GmbH als selbständige juristische Person hat ihre eigenen gesetzlich vorgeschriebenen Organe. Willensbildendes Organ bei der GmbH ist die Gesellschafterversammlung. Die Gesellschafterversammlung muss mindestens einmal im Jahr zur Gewinnfeststellung einberufen werden. Alle wesentlichen Beschlüsse der GmbH werden in der Gesellschafterversammlung gefasst. In besonderen Eilfällen kann auch die Zustimmung der Gesellschafter einzeln eingeholt werden – allerdings in Schriftform. Die Gesellschafterversammlung ist zuständig für die Feststellung des Jahresabschlusses und die Verteilung des sich hieraus ergebenden Reingewinns, für die Einforderung von Einzahlungen auf die Stammeinlagen und die übrigen in § 46 GmbHG genannten Aufgaben und Maßregeln. Darüber hinaus kann der Aufgabenkatalog der Gesellschafter auch noch erweitert werden. Die Beschlussfassung erfolgt grundsätzlich nach der Mehrheit der abgegebenen Stimmen (§ 47 GmbHG). Für bestimmte Maßnahmen wie Satzungsänderung, Kapitalerhöhung und Kapitalherabsetzung ist nach dem Gesetz eine qualifizierte Mehrheit von ¾ der abgegebenen Stimmen erforderlich (vgl. § 53 Abs. 2 GmbHG). Die Satzung kann hier auch andere Mehrheiten vorsehen.

Einer besonderen Gesellschafterversammlung der GmbH bedarf es auch dann, wenn die Gesellschafter der GmbH & Co. KG und der GmbH identisch sind, soweit es die Kommanditeinlagen betrifft. Nicht rechtlich zulässig ist die Abhaltung einer einheitlichen Gesellschafterversammlung für die GmbH und die GmbH & Co. KG. Es ist aber nicht zu beanstanden, beide Gesellschafterversammlungen zum gleichen Tage und zum gleichen Tagungsort einzuladen. Es muss sich jedoch aus den Niederschriften der Gesellschafterversammlung ergeben, um welche Gesellschafterversammlung es sich im einzelnen handelt. Beide Gesellschafterversammlungen müssen unabhängig voneinander zeitlich getrennt durchgeführt werden. Das gilt auch dann, wenn sich die GmbH-Anteile voll in der Hand der GmbH & Co. KG befinden.

II. Gesellschafterbeschlüsse der KG

222   Die Form, in welcher Gesellschafterbeschlüsse bei einer Personengesellschaft in Form der OHG oder KG gefasst werden, ist im Gesetz nicht geregelt. In der Regel werden die Beschlüsse einer Kommanditgesellschaft in einer Gesellschafterversammlung gefasst. Sofern nichts anderes vereinbart ist, kann die Zustimmung zu zustimmungsbedürftigen Geschäften von jedem Gesellschafter einzeln eingeholt werden. Gesellschafterbeschlüsse bedarf es insbesondere zur Feststellung und Verwendung des Gewinns (BGH v. 29.03.1996, GmbHR 1996, 456), zur Änderung des Gesellschaftsvertrages, zur Aufnahme von neuen Gesellschaftern, beim Gesellschafterwechsel und insbesondere bei der Änderung der Gewinn- und Verlustbeteiligung. Darüber hinaus gehört zur Beschlussfassung alles, was der Gesellschaftsvertrag den Gesellschaftern zugewiesen hat. Das gilt insbesondere dann, wenn die Geschäftsführung durch einen Katalog von zustimmungsbedürftigen Geschäften beschränkt worden ist. Sofern nichts anderes vereinbart ist, werden Beschlüsse bei der KG nach Köpfen gefasst. Möglich ist aber auch eine unterschiedliche Verteilung der Stimmrechte entsprechend dem Verhältnis der Kapitalanteile der einzelnen Gesellschafter. Grundsätzlich hat auch die GmbH als Komplementärin ein Stimmrecht in der Gesellschafterversammlung der Kommanditgesellschaft. Das Stimmrecht wird vom Geschäftsführer der GmbH als gesetzlichem Vertreter der GmbH wahrgenommen. Ist der Geschäftsführer der GmbH gleichzeitig Kommanditist der Kommanditgesellschaft, übt dieser zwei Stimmrechte aus, sein eigenes als Kommanditist und das der GmbH in seiner Eigenschaft als gesetzlicher Vertreter dieser Gesellschaft. Besteht eine GmbH & Co. KG neben der Komplementär-GmbH nur aus zwei Kommanditisten, kann dies dazu führen, dass der Kommanditist, der gleichzeitig Geschäftsführer der GmbH ist, die GmbH & Co. KG majorisiert. Majorisierung der GmbH & Co. KG durch einen Gesellschafter mittels des Stimmrechts der Komplementär-GmbH kann dadurch behoben werden, dass im Gesellschaftsvertrag vereinbart wird, dass der GmbH in der Gesellschafterversammlung kein Stimmrecht zusteht. Das Stimmrecht der GmbH in der Gesellschafterversammlung der GmbH & Co. KG kann nur einheitlich ausgeübt werden. Das gilt insbesondere dann, wenn mehrere Geschäftsführer vorhanden sind, und wenn beide Kommanditisten der GmbH & Co. KG gleichzeitig auch die Geschäftsführer der GmbH sind. In der Gesellschafterversammlung der GmbH können die Gesellschafter-Geschäftsführer für die GmbH nicht unterschiedlich abstimmen. Es muss also vorher eine Einigung herbeigeführt werden. Die Gesellschafterversammlung ist berechtigt, einen Teil ihrer Kompe-

tenzen auf einen Beirat zu übertragen, der die Rechte der Gesellschafter zwischen den einzelnen Gesellschafterversammlungen wahrnimmt. Um die einheitliche Ausübung des Stimmrechts in beiden Gesellschaften zu gewährleisten, ist es zweckmäßig, weil bei der GmbH das Stimmrecht ohnehin entsprechend den Kapitalanteilen ausgeübt wird, eine entsprechende Ausübung des Stimmrechts auch vertragsmäßig im Gesellschaftsvertrag der KG zu verankern.

H. Die Rechtsstellung eines Beirates

I. Allgemeines

Bei der GmbH & Co. KG ist grundsätzlich ein Aufsichtsrat, Verwaltungsrat oder Beirat gesetzlich nicht vorgeschrieben. Anderes gilt nur dann, wenn die GmbH & Co. KG unter das Mitbestimmungsgesetz fällt mit der Folge, dass bei der GmbH ein Aufsichtsrat gebildet werden muss. Der Gesellschaftsvertrag kann jedoch vorsehen, dass auch in anderen Fällen, in denen ein Aufsichtsrat gesetzlich nicht vorgeschrieben ist, bei der Gesellschaft ein Aufsichtsrat, Verwaltungsrat oder Beirat gebildet werden soll. In der Regel wird das fakultative Kontrollorgan den Namen Beirat führen. Die Aufgaben eines Beirates sind im Gesellschaftsvertrag festzulegen. Der Beirat kann reine Kontrollfunktion haben wie ein Aufsichtsrat bei einer Aktiengesellschaft, er kann aber auch zur Unterstützung der Geschäftsführung gebildet werden. In diesem Falle stellt der Beirat praktisch eine erweiterte Geschäftsführung dar. Er wird an den unternehmerischen Entscheidungen des Unternehmens beteiligt. Notwendig wird ein Beirat bei den großen Publikums-GmbH & Co. KG's mit vielen Kommanditisten, weil in einer solchen Gesellschaft die Kommanditisten nicht in der Lage sind, ihre Gesellschaftsrechte selbst wahrzunehmen. Der Gesellschaftsvertrag kann daher gewisse Entscheidungen, die normalerweise den Gesellschaftern obliegen, auf einen Beirat übertragen. Ein Beirat kann auch eine Koordinationsfunktion haben, falls die Entscheidungsfähigkeit der Gesellschafterversammlung infrage gestellt ist, weil die Gesellschafter untereinander zerstritten sind. Auch wenn in einem Unternehmen mehrere Gesellschafterstämme vorhanden sind, empfiehlt es sich, einen Beirat zu bilden, in dem alle Stämme vertreten sind. Der Beirat kann je nach Interessenlage eine erweiterte Geschäftsführung darstellen, er kann sich aber auch lediglich auf Kontrollfunktionen beschränken, die von den einzelnen Gesellschaftern wegen der großen Zahl der Gesellschafter nicht mehr ausgeübt werden können. Er kann aber auch die Funktion eines Gesellschafterausschusses haben, in dem alle Fragen, die die Gesellschafterversammlung als Vollversammlung betreffen, erst einmal vorgeklärt werden. Bei den großen Publikums-Gesellschaften hat der Beirat auch vielfach die Funktion eines Gesellschafterausschusses, dem Befugnisse der Gesellschafterversammlung übertragen worden sind.

II. Die Ausgestaltung des Beirates innerhalb der GmbH & Co. KG

Da es sich bei der GmbH & Co. KG um zwei Gesellschaften handelt, kann der Beirat entweder bei der GmbH oder bei der Kommanditgesellschaft oder auch bei beiden Gesellschaften angesiedelt werden. Ist die Komplementär-GmbH aufgrund ihrer Rechtsform verpflichtet, einen Aufsichtsrat zu bilden, wird man zweckmäßigerweise auch den Beirat bei der GmbH ansiedeln. Große praktische Bedeutung hat es jedoch nicht, bei welcher Gesellschaft man den Beirat ansiedelt. Es ist nicht notwendig, dass man einen Beirat bei beiden Gesellschaften ansiedelt. Von der gewünschten Wirkung her reicht es aus, dass der Beirat entweder bei der GmbH oder bei der Kommanditgesellschaft angesiedelt wird. Ist die Komplementär-GmbH zugleich persönlich haftende Gesellschafterin bei mehreren Kommanditgesellschaften oder hat sie konzernabhängige Töchter, spricht vieles dafür, den Beirat bei der GmbH zu bilden. In der Regel wird man jedoch den Beirat bei der KG ansiedeln. Es kommt auch im wesentlichen darauf an, welche Funktion der Beirat im Gesamtunternehmen erfüllen soll. Handelt es sich um eine Interessenvertretung der Kommanditisten, insbesondere um einen Gesellschafterausschuss, wird man den Beirat im Zweifel bei der GmbH & Co. KG ansiedeln. Ist es die Aufgabe des Beirates, die Geschäftsführung der Komplementär-GmbH wirksam zu überwachen, kann dieses Ziel rechtskonstruktiv sowohl durch einen Beirat bei der Komplementär-GmbH als auch durch einen Beirat bei der GmbH & Co. KG verwirklicht werden. Ist der Beirat bei der GmbH bestellt, sind die GmbH-Geschäftsführer als solche der Kontrolle des Beirates unterworfen. Auch bei einem Beirat, der bei einer GmbH & Co. KG bestellt ist, wird die Geschäftsführung der Komplementär-GmbH selbst und damit mittelbar natürlich auch die Tätigkeit ihrer Geschäftsführer kontrolliert. Ertragsteuerliche Vorteile ergeben sich dann, wenn der Beirat bei der Kommanditgesellschaft angesiedelt wird, weil Vergütungen an den Beirat bei einer Körperschaft nur zur Hälfte das körperschaftsteuerliche Einkommen der GmbH mindern dürfen (§ 10 Nr. 4 KStG). Bei einer Kommanditgesellschaft als Personengesellschaft werden Beiratsvergütungen in voller Höhe als Betriebsausgaben angesetzt. Soweit es sich bei den Beiratsmitgliedern um Kommanditisten handelt, ist jedoch die Beiratsvergütung als Sonderbetriebseinnahme i. S. des § 15 Abs. 1 Nr. 2 EStG zu behandeln. Wer in den Beirat berufen werden kann und wer den Beirat bestellt, regelt der Gesellschaftsvertrag. So kann im Gesellschaftsvertrag vorgesehen werden, dass die Hälfte der Beiratsmitglieder unabhängige Fachleute sein sollen, die nicht Gesellschafter sind. So kann z. B. dem jeweiligen Filialleiter der Hausbank ein Sitz im Beirat eingeräumt werden. Der Wahlmodus für die Mitglieder des Beirates ist ebenfalls im Gesellschaftsvertrag festzulegen. So kann der Gesellschaftsvertrag bestimmen, dass die Mitglieder des Beirates von der Gesellschafterversammlung mit bestimmten Mehrheiten zu wählen sind. Vielfach wird jedoch bestimmten Familienstämmen und Gesellschaftergruppen ein Benennungsrecht für jeweils ein Beiratsmitglied eingeräumt. Oft sichern sich in Publikums-Gesellschaften die Gründungsmitglieder ihren künftigen Einfluss dadurch, dass ihnen der Gesellschaftsvertrag einräumt, unabhängig von der Höhe der Beteiligung, eine bestimmte Anzahl von Beiratsmitgliedern zu benennen. Es wird sich häufig als zweckmäßig erweisen, über die Bildung eines Beirates weiteren Sachverstand zugunsten des Unternehmens zu binden, indem man Bankfachleute, Rechtsanwälte, Steuerberater und andere Unternehmer zu Beiratsmitgliedern benennt.

III. Aufgaben des Beirates

225 Die Aufgaben des Beirates der Kommanditgesellschaft können zunächst Beratung sowie Kontrolle und Überwachung der geschäftsführenden Komplementär-GmbH sein. Eine Beratungspflicht wird in jedem Fall vorhanden sein, unabhängig vom Zuständigkeitskatalog. Nach Ansicht des BGH (vom 22. 10. 1979, DB 1980, 71) hat ein Beirat,

dem nach dem Gesellschaftsvertrag lediglich Beratungsaufgaben zugedacht sind, stets die Pflicht, die Geschäftsführung zu kontrollieren. Ein Beiratsmitglied soll sich, wenn die Geschäftsführung eklatant ihre Pflichten verletzt hat und er dies bemerken konnte und musste, nicht darauf zurückziehen können, dass ihm nach dem Gesellschaftsvertrag lediglich Beratungsaufgaben zufielen. Dem bei der Kommanditgesellschaft angesiedelten Beirat können auch Geschäftsführungsaufgaben zustehen. In diesem Falle hat die Kontrollfunktion des Beirates zurückzustehen, denn der Beirat kann sich nicht selbst überwachen (Schmidt in GroßKomm. GmbHG, § 46 Anm. 2; Scholz/Karsten Schmidt § 46 Anm. 3). Nach der herrschenden Meinung kann bei der GmbH die Geschäftsführung auch anderen Personen als dem Organgeschäftsführer, also der Gesellschafterversammlung selbst oder einem Beirat übertragen werden (Scholz/ Karsten Schmidt, § 46 Anm. 3). Die Vertretungsbefugnis ist jedoch nicht auf fremde Personen übertragbar (Westermann, Handbuch der Personengesellschaften Anm. 879). Bei der GmbH & Co. KG muss die GmbH als einzige persönlich haftende Gesellschafterin also stets vertretungsbefugt sein. Die Geschäftsführungsmacht kann jedoch auf Kommanditisten übertragen werden (BGHZ 45, 204). Die Geschäftsführungsmacht insgesamt kann jedoch nicht auf einen Beirat bei der Kommanditgesellschaft übertragen werden, insbesondere dann, wenn er nicht ausschließlich mit Kommanditisten besetzt ist (BGHZ 36, 292; Baumbach/Hopt, HGB, 31. Aufl., Rn. 6). U. E. ist es nicht zulässig, dass die Geschäftsführungsbefugnis ausschließlich von einem Beirat wahrgenommen wird, jedoch können durch den Gesellschaftsvertrag bestimmte Aufgaben, die zur Geschäftsführung gehören, einem Beirat übertragen werden. So kann der Gesellschaftsvertrag vorsehen, dass bestimmte aufgelistete Zuständigkeitsbereiche in die Kompetenz des Beirates gehören. Ebenfalls können Zustimmungsvorbehalte zugunsten des Beirates im Gesellschaftsvertrag vorgesehen werden (Hölters BB 1978, S. 640, 642 ff.). Ist der Beirat bei der GmbH angesiedelt, wird man die Geschäftsführer einer weitgehenden Weisungsbefugnis des Beirates unterwerfen können. Das ist jedoch nicht der Fall, wenn der Beirat bei der GmbH & Co. KG angesiedelt ist, weil wegen der unbeschränkten persönlichen Haftung des Komplementärs einer Weisungsbefugnis gegenüber diesem erhebliche Grenzen gesetzt sind.

Inwieweit dem Beirat als freiwilligem Gesellschaftsorgan Aufgaben der Gesellschafterversammlung übertragen werden können, ist umstritten. Jedenfalls kann der Gesellschafter durch einen Beirat nicht gänzlich entmachtet werden. Bestimmte Rechte, die zum Wesen seiner Gesellschafterstellung gehören, können nicht seiner Disposition entzogen und damit nicht auf ein anderes Gremium übertragen werden. So muss dem Gesellschafter das Stimmrecht für Änderungen des Gesellschaftsvertrages, die seine Beteiligung beenden, sein Kapital oder seinen Gewinnanteil verkürzen, seine Haftsumme erhöhen oder für sonstige wesentliche Eingriffe in seine Rechtsstellung erhalten bleiben (Schilling in GroßKomm. zum HGB § 161 Anm. 29). Insoweit bleibt auch das Recht zur Teilnahme an der Gesellschafterversammlung bestehen. Wohl hingegen kann z. B. einem Beirat das Recht übertragen werden, neue Kommanditisten aufzunehmen. So kann z. B. dem Beirat das Recht des § 164 HGB, Maßnahmen der Geschäftsführung, die die laufende Geschäftsführung übersteigen, zu widersprechen, übertragen werden. Auch weitgehende Kontrollrechte i. S. des § 166 HGB können dem Beirat als Gesellschafterausschuss übertragen werden (hierzu Hölters DB 1980, 2225).

IV. Rechtsstellung des Beirates

227 Der Beirat steht grundsätzlich in einem unmittelbaren Rechtsverhältnis zur Gesellschaft, nicht zu den Kommanditisten die ihn bestellt oder benannt haben. Der Beirat hat die ihm übertragenen Aufgaben aufgrund eines Dienstvertrages mit der Gesellschaft wahrzunehmen, der eine Geschäftsbesorgung zum Gegenstand hat (§ 675 BGB; BGH vom 14. 4. 1975 WM 1975, 767, 768).

V. Haftung von Beiratsmitgliedern

228 Die Mitglieder des Beirates sind der Gesellschaft aus dem Gesichtspunkt der positiven Forderungsverletzung des Dienstvertrages schadensersatzpflichtig (§ 280 BGB), wenn sie bei ihrer Tätigkeit ihre Sorgfaltspflicht verletzen. Inwieweit Sorgfaltspflichten verletzt werden, hängt von dem Umfang der ihnen übertragenen Rechte und Pflichten ab. Fraglich ist jedoch, ob die Satzung auch den Haftungsumfang, die Verjährung sowie den erforderlichen Verschuldensgrad abweichend von der gesetzlichen Regelung bestimmen kann. Vielfach wird die Haftung von Beiratsmitgliedern vom Vorliegen grober Fahrlässigkeit oder Vorsatz abhängig gemacht. Die Festlegung des Haftungsumfanges im Gesellschaftsvertrag wird grundsätzlich zulässig sein, weil Anspruchsberechtigter aus der Verletzung der Sorgfaltspflichten die Gesellschaft ist. Die Rechtsprechung des BGH (WM 1977, 1221 ff., 1225) knüpft hinsichtlich der Sorgfaltspflichten eines Beirates an die aktienrechtlichen Vorschriften (§§ 116, 93 AktG) an. Ansprüche gegen Mitglieder eines Beirates können grundsätzlich nur von der Gesellschaft geltend gemacht werden. Nach der Ansicht des BGH (vom 22. 10. 1984 DB 1985, 165) steht der Beirat grundsätzlich in einem unmittelbaren Rechtsverhältnis zur Gesellschaft, nicht zu den Kommanditisten. Es sei zwar nicht ausgeschlossen, dass eine Publikumsgesellschaft den Beirat als ein Kontrollorgan der Kommanditistengesamtheit organisiert (BGH vom 21. 2. 1983, WM 1983, 555–557). Dies müsste aber im Gesellschaftsvertrag deutlich zum Ausdruck kommen; es genüge nicht, dass dem Beirat im Rahmen des rechtlich Zulässigen die Kontrollrechte der Kommanditisten zustehen, wenn es im übrigen heißt, dass die Gesellschaft „einen Beirat habe und die Gesellschafterversammlung seine Zusammensetzung bestimmen könne" (BGH vom 14. 4. 1975, WM 1975, 767, 768). Schadensersatzansprüche können daher grundsätzlich auch nur durch die Gesellschaft selbst, etwa durch deren Liquidator – geltend gemacht werden. U. U. kann ein Schadenersatzanspruch auch von Kommanditisten geltend gemacht werden, was aber nur dann in Betracht kommt, wenn der Beirat aus Nichtgesellschaftern besteht und wenn der Gesellschafts- und der Geschäftsbesorgungsvertrag dahin auszulegen sind, dass das Rechtsverhältnis der Gesellschaft zum Beirat insoweit zugleich eine Schutzwirkung zugunsten der Kommanditisten entfalten soll (Hüffer ZGR 1980, 320). Aber auch in diesem Falle kann eine Schadensersatzleistung nur ins Gesellschaftsvermögen verlangt werden, denn der Schaden ist primär bei der Kommanditgesellschaft entstanden und daher auch aus Gründen der Gleichbehandlung aller Kommanditisten dort wiedergutzumachen (BGH vom 22. 10. 1984 DB 1985, 165).

I. Bilanzierung und Gewinnermittlung/Jahresabschluss

Da es sich hier um zwei selbständige Gesellschaften handelt, hat jede der beiden Gesellschaften grundsätzlich selbständig ihren Gewinn zu ermitteln.

I. Jahresabschluss der GmbH

Die GmbH hat entsprechend den Vorschriften des HGB (§ 242 ff. HGB) zum Schluss ihres Geschäftsjahres eine Bilanz zu erstellen. Das gilt auch dann, wenn die GmbH als Komplementär-GmbH keinen eigenen Geschäftsbetrieb hat und ihre Einnahme lediglich im Gewinnanteil an der GmbH & Co. KG und einigen Sondervergütungen hieraus besteht. Als selbständige juristische Person hat sie eine eigene Bilanz aufzustellen. Nach § 264 HGB sind bei der Aufstellung des Inventars und der Bilanz sämtliche Vermögensgegenstände und Schulden nach dem Wert anzusetzen, der ihnen in dem Zeitpunkt beizulegen ist, für welchen die Aufstellung stattfindet. Ist die GmbH lediglich auf die Geschäftsführung begrenzt, wird ihr Aktivvermögen nur in dem Anteil an der GmbH & Co. KG, unwesentlichem Barvermögen und Ansprüchen auf Vergütungen gegenüber der GmbH & Co. KG bestehen. Sofern das Stammkapital nicht voll eingezahlt ist, sind auch die ausstehenden Einlagen als Forderungen zu behandeln. Auf der rechten Seite der Bilanz steht das Stammkapital, Verbindlichkeiten, sofern die GmbH solche aufgenommen hat, insbesondere die Körperschaftsteuerrückstellungen, Gewerbesteuerrückstellungen und sonstige Verbindlichkeiten.

Die Geschäftsführer sind verpflichtet, für die ordnungsmäßige Buchführung der Gesellschaft zu sorgen (§ 41 GmbHG). Die Bilanz ist grundsätzlich innerhalb der ersten drei Monate des Geschäftsjahres der GmbH für das verflossene Geschäftsjahr nebst einer Gewinn- und Verlustrechnung aufzustellen (§ 264 Abs. 1 Satz 2 HGB). Der Gesellschaftsvertrag kann jedoch die Frist auf 6 Monate verlängern. Das Geschäftsjahr der GmbH braucht nicht notwendigerweise mit dem der GmbH & Co. KG übereinzustimmen. Es ist jedoch zu beachten, dass die GmbH ihre endgültige Bilanz wegen der Körperschaftsteuerschulden erst dann aufstellen kann, wenn die Gewinnausschüttungen beschlossen worden sind.

II. Jahresabschluss der KG

1. Anwendung der Rechnungslegungsvorschriften über Kapitalgesellschaften

Seit dem Inkrafttreten des Kapitalgesellschaften und Co.-Richtliniengesetzes (KapCo RiLi) am 09.03.2000 (BGB l. I 2000, 154; Das Gesetz stellt die Umsetzung der GmbH & Co.-Richtlinie der EU vom 08.11.1990, 90/605/EWG, ABl. EG L317/90, 60 ff. in deutsches Recht dar; s. hierzu auch Binz/Sorg, 9. Aufl., § 15 Rdnr. 13 ff.) bestimmt § 264 a Abs. 1 HGB die Anwendung der besonderen Vorschriften über den Jahresabschluss und den Lagebericht von Kapitalgesellschaften (§§ 264 ff.) sowie der §§ 264 b und 264 c HGB auf dort näher definierte Personenhandelsgesellschaften. Es handelt sich hierbei um offene Handelsgesellschaften (OHG) und Kommanditgesellschaften (KG) nach §§ 105 ff., 161 ff. HGB, bei denen „nicht wenigstens ein persönlich haftender Gesellschafter eine natürliche Person oder eine offene Handelsgesellschaft, Kommanditgesellschaft oder andere Personengesellschaft mit einer natürlichen Person als persönlich haftenden Gesellschafter ist oder sich die Verbindung von Gesellschaften in dieser Art fortsetzt". Typischerweise ist dies die zusammengesetzte Rechtsform der GmbH & Co. KG, bei der ausschließlich die Komplementär-GmbH persönlich haftender Gesellschafter der Kommanditgesellschaft ist. Handelt es sich bei dem Unternehmen um eine solche „reine" GmbH & Co. KG, sind für die Erstellung des Jahresabschlusses ergänzend zu den Vorschriften für alle Kaufleute nach § 264 a HGB die Vorschriften des zweiten Abschnitts des HGB (§§ 264 bis 335 b HGB) zu beachten. Der Abschnitt enthält neben den Vorschriften zum Jahresabschluss und Lagebericht (§§ 264 bis 289 HGB) auch Vorschriften zur Rechnungslegung von Konzernen (§§ 290 bis 315 HGB) zur Prüfung (§§ 316 bis 324 HGB) und zur Offenlegung (§§ 325 bis 329 HGB) von Jahresabschluss und Lagebericht sowie die Sanktionsvorschriften der §§ 331 bis 335 b HGB.

233 Handelt es sich um eine atypische GmbH & Co. KG, bei der neben einer oder mehrerer Komplementär-GmbHs eine natürliche Person unmittelbar oder mittelbar die Komplementär-Stellung innehat, greift § 264 a Abs. 1 HGB nicht ein, mit der Folge, daß der Jahresabschluss eines solchen Unternehmens ausschließlich nach den oben geschilderten allgemeinen Grundsätzen für alle Kaufleute zu erstellen ist. Sollen die strengeren Vorschriften für die Aufstellung, Prüfung und Veröffentlichung des Jahresabschlusses für Kapitalgesellschaften vermieden werden, kann dies somit durch Aufnahme einer natürlichen Person als Komplementär in die GmbH & Co. KG geschehen. Diese natürliche Person kann von der Geschäftsführung und Vertretung der Kommanditgesellschaft ausgeschlossen werden und braucht nicht über ein Mindestvermögen zu verfügen (hierzu Hermann, WPg 2001 271 ff.).

2. Befreiung von den für Kapitalgesellschaften geltenden Rechnungslegungsvorschriften

234 Die Vorschriften der §§ 264 ff. HGB sind von einer Personengesellschaft im Sinne des § 264 a HGB nicht zu beachten, wenn ein befreiender Konzernabschluß nach § 264 b HGB erstellt wird. Voraussetzung hierfür ist, daß die GmbH & Co. KG entweder
- in den Konzernabschluß eines Mutterunternehmens mit Sitz in einem Mitgliedsstaat der EU oder in einem anderen Vertragsstaat des Abkommens über den europäischen Wirtschaftsraum einbezogen ist oder
- in den Konzernabschluß der Komplementär-GmbH einbezogen ist.

235 Inhaltlich muß der befreiende Konzernabschluß und Konzernlagebericht nach den Vorschriften der Rechtsordnung aufgestellt werden, der das aufstellende Unternehmen unterliegt und darüber hinaus mit der 7. EG-Richtlinie (Richtlinie 83/349/EWG) im Einklang stehen. Diese Voraussetzungen sind stets dann erfüllt, wenn das den Abschluß erstellende Unternehmen deutschem Recht unterliegt und die Vorschriften der §§ 290 ff. HGB eingehalten wurden (vgl. im einzelnen Förschle/Deubert in Beck-BilKomm, § 264 b Rdnr. 42 f.). § 264 b HGB verlangt ferner, dass die durch das den Konzernabschluß aufstellende Unternehmen offen zu legenden Unterlagen in deutscher Sprache auch zum Handelsregister des Sitzes der GmbH & Co. KG eingereicht werden und die Befreiung der Personenhandelsgesellschaft von der Pflicht zur Aufstellung eines Jahresabschlusses nach den für Kapitalgesellschaften geltenden Vorschriften im Anhang des Konzernabschlusses angegeben ist.

Auch bei der Erstellung eines Konzernabschlusses nach § 264 b HGB verbleibt die Verpflichtung der GmbH & Co. KG, einen Jahresabschluss nach den für alle Kaufleute geltenden Vorschriften der §§ 238 bis 263 HGB aufzustellen. Insoweit kann auf die Ausführungen in § 21 verwiesen werden.

3. Pflicht zur Aufstellung und Aufstellungsfristen

Nach § 264 Abs. 1 Satz 1 HGB ist der Jahresabschluss der GmbH & Co. KG durch ihren gesetzlichen Vertreter zu erstellen. Zur Vertretung der GmbH & Co. KG ist nach § 170 HGB ausschließlich die Komplementär-GmbH befugt, so daß es ihr, vertreten durch ihren Geschäftsführer nach § 41 Abs. 1 GmbHG obliegt, den Jahresabschluss für die GmbH & Co. KG zu erstellen. Der Geschäftsführer der Komplementär-GmbH ist darüber hinaus verpflichtet, auch den Jahresabschluss für die GmbH selber zu erstellen.

Die Eröffnungsbilanz ist erstmals aufzustellen, wenn die GmbH & Co. KG die Kaufmannseigenschaft erlangt. Dies wird typischerweise der Tag des ersten Geschäftsvorfalls sein, wenn die GmbH & Co. KG von Beginn an auf den Betrieb eines vollkaufmännischen Handelsgewerbes ausgerichtet ist (Ellerich in Küting/Weber Band I. a, 4. Auflage, § 242 HGB, Rdnr. 7). Ansonsten ist auf den Zeitpunkt der freiwilligen Eintragung in das Handelsregister nach § 105 Abs. 2 Satz 1 HGB abzustellen (Baetge/Matena in Baetge/Kirsch/Thiele, Bilanzrecht, § 242 HGB Rdnr. 34). Dies gilt im besonderen, wenn die GmbH & Co. KG ausschließlich vermögensverwaltend tätig ist.

Für die Erstellung der Eröffnungsbilanz durch die Komplementär-GmbH ist ebenfalls grundsätzlich auf den Zeitpunkt der Eintragung in das Handelsregister abzustellen. Nimmt die Komplementär-GmbH jedoch bereits vor ihrer Eintragung in das Handelsregister ihre Geschäftsführungs- und Vertretungsbefugnis innerhalb der GmbH & Co. KG wahr, ist auf den Beginn dieser geschäftlichen Tätigkeit abzustellen, sofern der notarielle Gesellschaftsvertrag der Komplementär-GmbH bereits abgeschlossen war. Die GmbH wird in diesem Fall als sog. Vorgesellschaft tätig (hierzu Hueck/Fastrich in Baumbach/Hueck, 17. Aufl., § 11 Rdnr. 6 ff.). Sofern ein Tätigkeitsbeginn der späteren Komplementär-GmbH bereits vor Abschluß des Gesellschaftsvertrages erfolgte, mithin durch eine sog. Vorgründungsgesellschaft (Hueck/Fastrich in Baumbach/Hueck, 17. Aufl., § 11 Rdnr. 32 ff.), ist diese Tätigkeit nicht der später eingetragenen GmbH zuzurechnen. In diesem Fall ist von einem eigenständigen Unternehmen auszugehen, das mit Aufnahme der Geschäftstätigkeit eine Eröffnungsbilanz zu erstellen hat, sofern es sich um eine vollkaufmännische Tätigkeit handelt.

4. Fristen zur Bilanzaufstellung

Der Jahresabschluss sowohl der GmbH & Co. KG im Sinne des § 264 a HGB wie auch der Komplementär-GmbH ist grundsätzlich innerhalb der ersten drei Monate des folgenden Geschäftsjahres nach § 264 Abs. 1 Satz 2 HGB aufzustellen. Gelten die GmbH & Co. KG und die Komplementär-GmbH als kleine Gesellschaften im Sinne des § 267 Abs. 1 HGB, dürfen sie den Jahresabschluss innerhalb von 6 Monaten aufstellen, wenn dies einem ordnungsgemäßen Geschäftsgang entspricht. Ist ein Konzernabschluß zu erstellen, ist die in § 290 Abs. 1 HGB normierte 5-monatige Aufstellungsfrist zu beachten.

5. Verletzung der Pflicht zur Bilanzaufstellung

240 Die nicht fristgerechte Erstellung des Jahresabschlusses gilt als Verstoß gegen die Grundsätze ordnungsgemäßer Buchführung und stellt damit eine Ordnungswidrigkeit nach § 334 Abs. 1 Nr. 1 a HGB dar, die mit einem Bußgeld in Höhe von bis zu EUR 25.000 gem. § 334 Abs. 3 HGB geahndet werden kann (hierzu Baetge/Fey/Fey in Küting/Weber, Band I. a, 4. Auflage, § 243 HGB Rdnr. 100). Gerät die GmbH & Co. KG in eine Krise ist darüber hinaus die Strafvorschrift des § 283 StGB zu beachten. Danach kann wegen Bankrott belangt werden, wer es entgegen den handelsrechtlichen Vorschriften unterläßt, die Bilanz innerhalb der vorgeschriebenen Zeit aufzustellen (§ 283 Abs. 1 Nr. 7 b StGB). Dies gilt unabhängig davon, ob die Unterlassung vorsätzlich oder fahrlässig erfolgt.

241 Steuerrechtlich führt die nicht fristgerechte Aufstellung des Jahresabschlusses dazu, daß die Finanzbehörde eine Schätzung nach § 162 Abs. 2 Satz 2 AO vornehmen darf. Dies wird jedoch erst zulässig sein, wenn eine erhebliche Fristüberschreitung vorliegt (Tipke/Kruse, § 162 AO Rdnr. 5; ADS, 6. Auflage, § 243 HGB Rdnr. 46). Darüber hinaus können Zwangsmittel nach § 328 AO eingesetzt werden, um die Einreichung einer Steuerbilanz zu erzwingen (Tipke/Kruse, § 328 AO Rdnr. 14). Die nicht oder nicht fristgerechte Abgabe der Bilanz berechtigt jedoch nicht zur Festsetzung eines Verspätungszuschlages, da die Steuerbilanz keine Steuererklärung im Sinne des § 152 AO darstellt (Tipke/Kruse, § 152 AO Rdnr. 9; ADS, 6. Auflage, § 243 HGB Rdnr. 46).

6. Grundsätze für die Aufstellung des Jahresabschlusses der GmbH & Co. KG

a) Bestandteile des Jahresabschlusses

242 Der Jahresabschluss der GmbH & Co. KG, die typischerweise als Personenhandelsgesellschaft im Sinne des § 264 a HGB ausgestaltet ist, muß nach § 264 Abs. 1 HGB neben der Bilanz und der Gewinn- und Verlustrechnung zusätzlich einen Anhang enthalten, in dem die Posten der Bilanz und der Gewinn- und Verlustrechnung weiter untergliedert und die Bilanzierungs- und Bewertungsmethoden erläutert werden. Darüber hinaus ist grundsätzlich ein Lagebericht aufzustellen, der neben dem Jahresabschluss als eigenständige Informationsquelle dient.

243 Generalnorm für die Erstellung des Jahresabschlusses der GmbH & Co. KG ist § 264 Abs. 2 Satz 1 HGB. Danach muß der Jahresabschluss unter Beachtung der Grundsätze ordnungsgemäßer Buchführung ein den tatsächlichen Verhältnissen entsprechendes Bild der Vermögens-, Finanz- und Ertragslage der GmbH & Co. KG vermitteln. Der damit durch die vierte EG-Richtlinie umgesetzte Ansatz des „true and fair view" wird damit im wesentlichen durch die Grundsätze ordnungsgemäßer Buchführung konkretisiert (hierzu Hense/Schellhorn in BeckBilKomm, 5. Auflage, § 264 Rdnr. 24 ff.; Baumbach/Hopt, 30. Auflage, § 264 Rdnr. 9). Der Grundsatz des „true and fair view" gilt insoweit nur subsidiär und ist vor allem dann heranzuziehen, wenn Einzelnormen im Hinblick auf Wahlrechte und Ermessensausübungen ausgelegt werden müssen (Lutter, DB 1979, 1285 ff.; Hense/Schellhorn in BeckBilKomm, 5. Auflage, § 264 Rdnr. 29). Kann im Einzelfall ein den tatsächlichen Verhältnissen entsprechendes Bild der wirtschaftlichen Lage der GmbH & Co. KG im Jahresabschluss nicht vermittelt werden, sind nach § 264 Abs. 2 Satz 2 HGB zusätzliche Angaben im Anhang vorzunehmen.

b) Größenabhängige Erleichterungen

Der Gesetzgeber hat in § 267 HGB drei Größenklassen für Kapitalgesellschaften und die GmbH & Co. KG im Sinne des § 264 a HGB definiert. Danach ist zu unterscheiden zwischen kleinen, mittelgroßen und großen Kapitalgesellschaften bzw. GmbH & Co. KGs im Sinne des § 264 a HGB. Unterscheidungskriterien sind die Bilanzsumme, Umsatzerlöse und die Zahl der Arbeitnehmer. Die Zuordnung zu einer Größenklasse richtet sich danach, ob die Gesellschaft an zwei aufeinanderfolgenden Stichtagen mindestens zwei der drei in der folgenden Übersicht genannten Größenklassen erfüllt.

244

Größe der GmbH & Co. KG ab 2004	Bilanzsumme in Millionen Euro	Umsatzerlöse in Millionen Euro	Zahl der Arbeitnehmer
klein	$\leq 4{,}015$	$\leq 8{,}03$	≤ 50
mittelgroß	$> 4{,}015$ und $\leq 16{,}06$	$> 8{,}03$ und $\leq 32{,}12$	> 50 und ≤ 250
groß	$> 16{,}06$	$> 32{,}12$	> 250

Die Einteilung einer GmbH & Co. KG in eine kleine, mittelgroße oder große Gesellschaft hat Auswirkungen auf den Umfang der von ihr vorzunehmenden Berichterstattung durch Erstellung der Bilanz, der Gewinn- und Verlustrechnung, des Anhangs sowie des Lageberichts und schließlich der Prüfungs- und Offenlegung des Jahresabschlusses. Die jeweiligen Erleichterungen für kleine und mittelgroße Gesellschaften sind in den einzelnen materiellen Vorschriften zur Rechnungslegung enthalten (Eine Übersicht über Erleichterungen, die kleine und mittelgroße GmbH & Co. KGs in Anspruch nehmen können findet sich bei Thiele/Stellbrink/Ziesemer in Baetge/Kirsch/Thiele, Bilanzrecht, Einführung Rdnr. 100).

245

III. Geschäftsführergehälter

Sofern der Geschäftsführer der GmbH, der gleichzeitig mittelbarer Geschäftsführer der GmbH & Co. KG ist, sein Geschäftsführergehalt von der GmbH erhält, stellt dieses Geschäftsführergehalt bei der GmbH eine Betriebsausgabe dar, die den Gewinn der GmbH mindert. Beim Geschäftsführer handelt es sich um Arbeitslohn, wenn die Geschäftsführung auf einem Anstellungsvertrag beruht. Der Geschäftsführer, der aufgrund eines Anstellungsvertrages bestellt ist, unterliegt grundsätzlich auch der Sozialversicherungspflicht. Eine Ausnahme von der Sozialversicherungspflicht besteht allerdings bei einem geschäftsführenden Gesellschafter, der mit mehr als 25 % an der GmbH beteiligt ist. Das gilt insbesondere für die Angestellten- und die Arbeitslosenversicherung. Ist mit der GmbH & Co. KG vereinbart worden, dass nicht die GmbH, sondern die GmbH & Co. KG das Gehalt für die Geschäftsführung auszahlt, so stellt diese Gehaltszahlung bei der GmbH & Co. KG grundsätzlich eine Betriebsausgabe dar. Das gilt auch dann, wenn die Anstellungsverträge mit der GmbH & Co. KG abgeschlossen worden sind und nicht mit der GmbH, aber auch dann, wenn die Geschäftsführer gleichzeitig Kommanditisten sind und somit an dem Gewinn der GmbH & Co. KG beteiligt sind. Auch die dem geschäftsführenden Kommanditisten gewährten Vergütungen, unabhängig davon, ob sie auch gleichzeitig Geschäftsführer der GmbH sind, sind Betriebsausgaben der GmbH & Co. KG, die ihren handelsrechtlichen Gewinn mindern. Zahlt die GmbH & Co. KG die Geschäftsführergehälter gewisserma-

246

ßen als Erfüllungsgehilfe der GmbH, so sind diese Zahlungen grundsätzlich zunächst einmal mit Vergütungsansprüchen der GmbH gegenüber der GmbH & Co. KG zu verrechnen. Die GmbH hat Einnahmen, die aber in gleicher Höhe wieder Betriebsausgaben darstellen.

IV. Leistungen zwischen beiden Gesellschaften

247 Die Rechtsbeziehungen zwischen den Gesellschaftern einer Personengesellschaft brauchen nicht immer gesellschaftsrechtlicher Natur zu sein. Neben dem Gesellschaftsverhältnis können auch noch Verträge abgeschlossen werden, wie sie mit jedem Nichtgesellschafter auch geschlossen werden. Das gilt auch im Verhältnis Komplementär-GmbH und GmbH & Co. KG. Alle Verträge, die nicht auf dem Gesellschaftsverhältnis beruhen, sind daher als Drittbeziehungen zu würdigen. Hat die Komplementär-GmbH der GmbH & Co. KG ein Darlehen gewährt, ist dieser Betrag in der Bilanz der GmbH & Co. KG als Darlehensverbindlichkeit gegenüber der Komplementär-GmbH auszuweisen. Die Komplementär-GmbH hat diesen Betrag als Darlehensforderung zu buchen. Die für dieses Darlehen gewährten Zinsen stellen Betriebsausgaben der GmbH & Co. KG dar. Gleiches gilt, wenn die Komplementär-GmbH einen eigenen Geschäftsbetrieb unterhält und im Rahmen dieses Geschäftsbetriebes auch ein Leistungsaustausch mit der GmbH & Co. KG stattfindet. Soweit das Leistungsverhältnis zwischen beiden Gesellschaften nicht ausgeglichen ist, ist dieses auch in der Bilanz entsprechend zu behandeln. Gleiches gilt, wenn die GmbH eigenes Betriebsvermögen besitzt, aber keinen eigenen Geschäftsbetrieb unterhält, dieses Betriebsvermögen aber der GmbH & Co. KG gegen Entgelt zur Nutzung überlassen hat. Die GmbH hat dieses Betriebsvermögen als ihr eigenes zu bilanzieren, die GmbH & Co. KG darf dieses in ihrer Bilanz nicht als solches ausweisen. Pachtzahlungen der GmbH & Co. KG stellen bei dieser Betriebsausgaben dar, bei der GmbH Betriebseinnahmen.

V. Sondervergütungen für Nutzungsüberlassungen

248 Gleiches gilt, wenn Kommanditisten der Gesellschaft Wirtschaftsgüter, die in ihrem Alleineigentum stehen, der GmbH & Co. KG zur Nutzung überlassen haben. Wie bereits ausgeführt, dürfen diese Vermögensgegenstände in der Bilanz der GmbH & Co. KG nicht bilanziert werden. Die Pachtzahlungen stellen bei der GmbH & Co. KG Betriebsausgaben dar, die ihren Handelsbilanzgewinn mindern.

VI. Auslagenersatz der Komplementär-GmbH für Geschäftsführung als Betriebsausgaben

249 Ist im Gesellschaftsvertrag vereinbart worden, dass die GmbH als Komplementärin für ihre Geschäftsführung neben der Gewinnbeteiligung Auslagenersatz für die Geschäftsführung usw. erhält, so sind diese Zahlungen an die GmbH oder für die GmbH bei der GmbH & Co. KG als Betriebsausgaben zu behandeln. Gleiches gilt, wenn die GmbH & Co. KG sich gegenüber der GmbH verpflichtet hat, einen Schuldsaldo zu übernehmen, um eine Überschuldung der GmbH zu verhindern.

J. Verteilung von Gewinnen und Verlusten auf die Gesellschafter

I. Gewinnbeteiligung der GmbH

Ist im Gesellschaftsvertrag keine Vereinbarung über die Gewinnbeteiligung getroffen worden, gilt für den Komplementär grundsätzlich § 121 HGB. Hiernach gebührt vom Jahresgewinn jedem Gesellschafter zunächst ein Anteil in Höhe von 4 v. H. seines Kapitalanteils. Reicht der Jahresgewinn hierzu nicht aus, so bestimmen sich die Anteile nach einem entsprechend niedrigeren Satz. Der Restgewinn wird auf die Gesellschafter nach Köpfen verteilt. Das würde bedeuten, dass die Komplementär-GmbH ihre Einlage zunächst einmal mit 4 v. H. verzinst erhält und der Rest auf die Gesellschafter nach Köpfen zu verteilen ist. Letzteres ist jedoch für die Kommanditgesellschaft und daher auch für die GmbH & Co. KG nicht ohne weiteres zu übernehmen. Da die Vorschrift über die Gewinnverteilung zur Disposition der Vertragschließenden steht, wird hier im Zweifel immer eine besondere Vereinbarung getroffen werden. Hiernach wird die GmbH entsprechend ihrer Kapitalbeteiligung am Handelsbilanzgewinn beteiligt werden. Vorab wird sie in der Regel eine Vergütung für die Geschäftsführung und u. U. auch für das eingegangene Haftungsrisiko erhalten. Das Haftungsrisiko ist allerdings wegen der geringen Eigenkapitalausstattung der GmbH nicht sehr groß. Es wird allerdings häufig um die noch ausstehende Einlage erweitert. Vielfach wird auch im Gesellschaftsvertrag vereinbart, dass die Komplementär-GmbH für ihre Geschäftsführung eine Gewinnbeteiligung entsprechend ihrer Kapitalbeteiligung, darüber hinaus lediglich Auslagenersatz erhält. Ist die GmbH jedoch nicht am Vermögen der Kapitalgesellschaft beteiligt, sondern stellt sie lediglich die Geschäftsführung, persönliche Haftung und Firma zur Verfügung, erhält sie vielfach anstelle einer Gewinnbeteiligung eine Vergütung für das Haftungsrisiko und für ihre Geschäftsführung. Häufig wird auch neben der Vergütung für das Haftungsrisiko lediglich ein Auslagenersatz als ausreichend angesehen.

250

II. Gewinnbeteiligung der Kommanditisten

Nach § 168 HGB erhalten auch die Kommanditisten in Höhe ihres Kapitalkontos zunächst einmal 4 v. H., soweit der Gewinn dieses zulässt. In Ansehung des Gewinns, welcher diesen Betrag übersteigt, sowie in Ansehung des Verlustes gilt, soweit nicht ein anderes vereinbart ist, ein den Umständen nach angemessenes Verhältnis der Anteile als bedungen. Das führt in den meisten Fällen dazu, dass nach Berücksichtigung einer Verzinsung des Kapitals von dem Restbetrag der Gesellschafter-Geschäftsführer eine Vorabvergütung erhält, der Rest im Verhältnis der Kapitalanteile auf die einzelnen Gesellschafter aufgeteilt wird. Vielfach wird in den Gesellschaftsverträgen auf eine Vorwegverzinsung des Kapitals verzichtet. Das gilt auch für die GmbH & Co. KG, bei der persönlich haftender Gesellschafter eine GmbH ist. Hier erhält die GmbH vielfach vorab einen Auslagenersatz, der Restgewinn wird entsprechend dem Verhältnis der Kapitalanteile zueinander aufgeteilt. Im Zweifel wird man hier immer von der bedungenen Einlage, also von der vertragsmäßigen ausgehen, nicht von dem tatsächlichen Kontostand. Der Unterschiedsbetrag zwischen der tatsächlichen Einlage und der bedungenen Einlage wird vielfach durch einen vertraglich festgesetzten Soll- und Habenzinssatz ausgeglichen.

251

III. Behandlung der Verluste

1. Verluste bei der GmbH

252 Die GmbH nimmt in der Regel ebenso wie die Kommanditisten am Verlust der Gesellschaft teil. Die GmbH haftet ohnehin für die Verbindlichkeiten der Gesellschaft unbegrenzt. Die Verlustbeteiligung wird in der Regel der Gewinnbeteiligung entsprechen. Jedoch muss bei der GmbH dafür Sorge getragen werden, dass ihr ohnehin geringes Stammkapital nicht durch Verluste aufgezehrt wird. Deswegen ist es zweckmäßig, mit den Kommanditisten zu vereinbaren, dass die Kommanditisten die Verluste der GmbH übernehmen, soweit die Verlustzuweisung zu einer Überschuldung der GmbH führt. Es kann aber auch im Gesellschaftsvertrag von vornherein vorgesehen werden, dass auch der GmbH die Verluste nur insoweit zugerechnet werden, als sie nicht zu einem negativen Kapitalkonto bei der GmbH & Co. KG führen. Die GmbH ist berechtigt, künftige Gewinne zu entnehmen und nicht zur Tilgung der früheren Verluste zu verwenden.

2. Verluste bei den Kommanditisten

253 Die Kommanditisten nehmen auch am Verlust der Gesellschaft teil. Die Verlustbeteiligung kann nicht ausgeschlossen werden. Das gilt insbesondere dann, wenn der persönlich haftende Gesellschafter eine GmbH ist. Die Verluste werden grundsätzlich vom Kapitalkonto abgebucht. Der Kommanditist ist nicht verpflichtet, seine Einlage wieder aufzufüllen. Er ist jedoch verpflichtet, ein durch Verluste gemindertes Kapitalkonto bis zur Höhe der Einlage durch künftige Gewinne wieder aufzufüllen. Gewinne werden insoweit seinem Kapitalkonto gutgeschrieben, bis für dieses wieder die ursprünglich bedungene Einlage erreicht ist. Vielfach werden Verluste bei einer Kommanditgesellschaft als Forderungen gegen Gesellschafter ausgewiesen, auch soweit sie das Kapitalkonto übersteigen. Der Kommanditist darf Gewinne grundsätzlich erst dann wieder entnehmen, wenn das Kapitalkonto den bedungenen Stand erreicht hat (§ 169 Abs. 1 HGB). Entnimmt er dennoch, gilt die Einlage in das Gesellschaftsvermögen insoweit als nicht geleistet (§ 176 Abs. 4 HGB). Von der Verpflichtung zur Wiederauffüllung der Einlage wird er erst mit seinem Ausscheiden befreit. Ist ein Kapitalkonto infolge früherer Verluste erheblich gemindert, mit der Folge, dass für eine unabsehbare Zeit sich für ihn keine Entnahmemöglichkeit mehr ergibt, so kann er nur durch Herabsetzung seines Haftkapitals, die auch im Handelsregister eingetragen werden muss, eine Entnahmeberechtigung erreichen. Es fragt sich, ob dieses auch gegenüber den Verbindlichkeiten gilt, die bereits im Zeitpunkt der Kapitalherabsetzung bestanden haben. U. E. bleibt er diesen gegenüber 5 Jahre weiter verpflichtet. Allerdings wird der Gesellschafter in diesem Falle eine Minderung seiner Gewinnberechtigung in Kauf nehmen müssen. Jedoch ist im Falle der Herabsetzung des Haftkapitals auch die Kreditwürdigkeit des Unternehmens gemindert.

K. Haftung der Gesellschafter und Geschäftsführer

Die GmbH & Co. KG ist grundsätzlich darauf angelegt, dass nur eine beschränkte Haftung gegeben ist. Dennoch können die Geschäftsführer und GmbH-Gesellschafter insbesondere im Zusammenhang mit der Gründung sowie die Kommanditisten, die ihre Einlage nicht voll geleistet haben bzw. denen die Einlage zurückgewährt worden ist, persönlich haften.

I. Haftungsverhältnisse im Gründungsstadium

Vielfach hat die Personengesellschaft schon die gewerbliche Tätigkeit aufgenommen, bevor sie im Handelsregister eingetragen ist bzw. bei der GmbH & Co. KG beide Gesellschaften eingetragen sind. Hier sind folgende Fälle zu unterscheiden:
1. die Gesellschaft betreibt ein Handelsgewerbe i. S. des § 1 Abs. 2 HGB
2. die Gesellschaft hat keinen nach Art oder Umfang in kaufmännischer Weise eingerichteten Geschäftsbetrieb

Ist die GmbH bereits im Handelsregister eingetragen, jedoch noch nicht die Kommanditgesellschaft, ist zu unterscheiden, ob ein Handelsgewerbe betrieben wird (sog. GmbH & Co. KG kraft Handelsgewerbe). Ist dies nicht der Fall, besteht lediglich eine GbR, die sich aus den zukünftigen Kommanditisten und der GmbH zusammensetzt (Binz/Sorg, GmbH & Co. KG, 9. Aufl., § 3 Rn. 39 f.). Ist jedoch die GmbH bereits gegründet, aber noch nicht im Handelsregister eingetragen, spricht man von einer Vor-GmbH & Co. KG.

II. Haftungsverhältnisse bei der GmbH & Co. KG kraft Handelsgewerbe

Betreibt die Personengesellschaft ein Handelsgewerbe, entsteht sie nicht erst mit Eintragung in das Handelsregister, sondern nach außen hin bereits mit der Aufnahme des Geschäftsbetriebes (§§ 161 Abs. 2, 123 Abs. 2 HGB). Im Innenverhältnis beginnt die GmbH & Co. KG bereits mit Abschluss des Gesellschaftsvertrages. Nach § 124 HGB kann die Gesellschaft bereits unter ihrer Firma Verbindlichkeiten eingehen, für die der persönlich haftende Gesellschafter, hier die GmbH, nach § 128 HGB unbeschränkt haftet. Die Haftungsbeschränkung für Kommanditisten tritt grundsätzlich erst mit der Eintragung der Gesellschaft als Kommanditgesellschaft ins Handelsregister ein (§ 176 Abs. 1 HGB). Hat die Gesellschaft ihre Geschäfte begonnen, bevor sie in das Handelsregister des Gerichts, in dessen Bezirk sie ihren Sitz hat, eingetragen ist, so haftet jeder Kommanditist, der dem Geschäftsbeginn zugestimmt hat, für die bis zur Eintragung begründeten Verbindlichkeiten der Gesellschaft gleich einem persönlich haftenden Gesellschafter, es sei denn, dass seine Beteiligung als Kommanditist dem Gläubiger bekannt war. Die Haftungsbeschränkung eines Kommanditisten ist nicht allein dadurch schon bekannt, dass die Gesellschaft nach außen hin in der Rechtsform einer GmbH & Co. KG auftritt, weil eine GmbH & Co. KG neben der GmbH auch natürliche Personen als persönlich haftende Gesellschafter haben kann.

III. Die Haftung der Gründungsgesellschafter einer GmbH

Hinsichtlich der Haftung der Mitglieder einer Vor-GmbH ist zu unterscheiden, ob bereits eine Vorgesellschaft vorliegt oder ob es sich noch um die Vorgründungsgesellschaft handelt. Ist die Gesellschaft bereits durch notariellen Vertrag errichtet worden, so liegt eine Vorgesellschaft vor, die im Rechtsleben wie die GmbH selbst behandelt wird, wenn es später zur Eintragung der GmbH in das Handelsregister kommt. Die Mitglieder der Vorgesellschaft haften nach § 11 Abs. 2 GmbHG. Die Haftung erlischt jedoch, wenn es zur Eintragung kommt.

259 Die Vorgründungsgesellschaft jedoch bildet, je nachdem, ob sie bereits in diesem Stadium ein Handelsgewerbe unter gemeinsamer Firma betreibt oder nicht, entweder eine offene Handelsgesellschaft oder eine Gesellschaft bürgerlichen Rechts (Barth, GmbH-Recht, 5. Aufl., § 11 Rn. 5). Aus den für sie abgeschlossenen Geschäften haften die Gesellschafter persönlich, und zwar unbeschränkt, soweit sich aus den Umständen nichts anderes ergibt. Eine Haftung entfällt nur dann, wenn die Vorgründungsgesellschafter durch den Vertrag ausschließlich die künftige GmbH und nicht auch schon die Vorgründungsgesellschaft und darüber hinaus bis zu deren Entstehung Mitglieder einer Vorgründungsgesellschaft verpflichten wollten. Eine rechtsgeschäftliche persönliche Haftung der GmbH-Gesellschafter für Verbindlichkeiten, die diese vorweg für die erst noch zu gründende Gesellschaft eingegangen sind, endet daher mit der Gründung oder Eintragung der GmbH in das Handelsregister nur, wenn das mit dem Gläubiger so vereinbart worden ist. Eine derartige Vereinbarung muss der Haftungsschuldner beweisen (BGH vom 20. 6. 1983, GmbH-R 1984, 41). Das gilt insbesondere auch für Geschäftsführer. Wer in seiner Eigenschaft als Geschäftsführer einer noch zu gründenden GmbH Bestellungen vornimmt oder durch einen Bevollmächtigten vornehmen lässt, haftet aus diesen Bestellungen persönlich. Die Haftung erlischt nicht, wenn die GmbH gegründet und eingetragen ist (LG Münster vom 7. 9. 1982, GmbHR 1983, 73).

260 Bei der Vor-GmbH & Co. KG haftet derjenige, der vor Eintragung der GmbH die Geschäfte der KG über die Vertretung der Komplementär-Vor-GmbH führt, nach der Gläubigerschutzvorschrift des § 11 Abs. 2 GmbHG ebenfalls nicht im Innenverhältnis, sondern nur aus Verträgen mit außenstehenden Dritten. Als Gründungsgesellschafter und damit nicht als Dritter ist dabei auch derjenige anzusehen, der zwar nicht an der Gründung der GmbH, aber an der Gründung der KG beteiligt war (KG Berlin U. v. 13.07.1995, GmbHR 1996, 56). Die Gesellschafter einer GmbH in Gründung haften gegenüber einem Gläubiger auch dann, wenn eine vertragliche Verpflichtung hier nicht begründet worden ist, sie die zur Rückzahlung verpflichtende Leistung aber gemeinschaftlich entgegengenommen haben (BGH v. 12. 11. 1984, GmbHR 1985, 115).
Ist das Stammkapital der GmbH schon vor der Eintragung der GmbH ganz oder teilweise verbraucht, so haben die Gesellschafter anteilig für die Differenz zwischen dem Stammkapital und dem Wert des Gesellschaftsvermögens im Zeitpunkt der Eintragung aufzukommen. Übersteigen die Verluste das Stammkapital, geht die Haftung auf vollen Verlustausgleich (BGH vom 23. 11. 1981, GmbHR 1982, 235). Mit der Eintragung der GmbH gehen auf diese nicht nur die Aktiva der VorGmbH, sondern auch deren mit Ermächtigung aller Gesellschafter begründeten Passiva über (BGH vom 9. 3. 1981, BGHZ 80, 129). Haben die Vorgesellschafter das Stammkapital schon vor der Eintragung ganz oder teilweise verbraucht und ist die GmbH trotzdem eingetragen worden, so haben die Gesellschafter anteilig für die Differenz zwischen dem Stammkapital und dem Wert des Gesellschaftsvermögens im Zeitpunkt der Eintragung aufzukommen. Diese Haftung ist, falls die Verluste das Stammkapital übersteigen, nicht auf dessen Höhe und die der einzelnen Stammeinlagen beschränkt, sondern geht wie

bei der verbotenen Einlagenrückgewähr (BGHZ 60, 324, 331 f.) und dem Ausgleich bei Sacheinlagen (§ 9 GmbHG) auf vollen Verlustausgleich. Denn nur durch eine in diesem Sinne unbeschränkte Haftung ist gewährleistet, dass der Gesellschaft im Zeitpunkt ihrer Entstehung das Stammkapital unversehrt zur Verfügung steht. Den Ausgleich der Differenz schulden die Gesellschafter nicht als Gesamtschuldner, sondern wie bei der ggf. zusätzlich eingreifenden Ausfallhaftung gem. § 24 GmbHG im Verhältnis ihrer Geschäftsanteile. Diese Differenz- und Ausfallhaftung und damit die Gewährleistung eines für den Zeitpunkt der Entstehung der GmbH intakten Stammkapitals wird allen Beteiligten gerecht.

Wird eine Vor-GmbH aufgelöst, ohne dass es zur Eintragung kommt, kann es zwischen den Gesellschaftern untereinander zu Ausgleichsverpflichtungen kommen. Eine allgemeine Nachschuss- und Verlustausgleichspflicht der Gesellschafter einer Gründungs-GmbH in dem Sinne, wie das für die Gesellschaft bürgerlichen Rechts geregelt ist (§ 735 BGB), gibt es für die Vor-GmbH nicht. Die Gesellschafter, die eine Gesellschaft mit beschränkter Haftung gründen, wollen grundsätzlich kein größeres Risiko als das des möglichen Verlustes der übernommenen Einlage eingehen. Das kommt im Rechtsverkehr nach außen dadurch zum Ausdruck, dass der Geschäftsführer im Gründungsstadium keine Vertretungsmacht besitzt, die Gesellschafter über die versprochene Einlage hinaus zu verpflichten (BGHZ 72, 45, 50). Regelmäßig kann sich daher auch der nach § 11 Abs. 2 GmbHG den Gesellschaftsgläubigern unbeschränkt haftende Geschäftsführer nur in diesem Sinne bei den Gründergesellschaftern schadlos halten. Das ist auch keine unbillige Härte, denn der Geschäftsführer handelt im Regelfall nur dann im Rahmen einer ordnungsmäßigen Geschäftsführung, wenn er Verbindlichkeiten begründet, für die das Gesellschaftsvermögen aufkommen kann (BGH v. 13. 12. 1982, GmbHR 1983, 46). Auch für diese Entscheidung ist das, was im Außenverhältnis der Gesellschaft zu Dritten gilt, im allgemeinen auch im Innenverhältnis der Gesellschafter untereinander als gewollt anzusehen: ähnlich wie bei der Kommanditgesellschaft, in der, wenn nichts anderes vereinbart ist, die Kommanditisten nach Auflösung der Gesellschaft nichts nachzuschießen haben, etwaige Verluste vielmehr bei dem persönlich haftenden Gesellschafter hängen bleiben (§ 167 Abs. 3 HGB). Im Einzelfall kann sich jedoch eine andere Beurteilung ergeben. U. U. nämlich gehen die Gesellschafter bereits in diesem Stadium weitergehende Risiken ein und weisen insbesondere den Geschäftsführer an, mit den für die GmbH vorgesehenen Geschäften, etwa durch Fortführung eines eingebrachten oder Einrichtung eines neuen Handelsgeschäfts zu beginnen. In Fällen dieser Art führt eine interessengerechte Auslegung des Dienstvertrages des Geschäftsführers dazu, dass in seinem Rechtsverhältnis zu den Gesellschaftern nicht nur die allgemeinen Regeln der Vorgesellschaft gelten, sondern die Gesellschafter ihm gegenüber nach den Regeln des Auftragsrechts gem. §§ 675, 670, 421 BGB unbeschränkt haften, wenn und soweit die Einlagen trotz pflichtgemäßer Geschäftsführung die entstandenen Verluste nicht tragen und der Geschäftsführer deshalb für seine (aus handelnden Haftungen oder anderen Rechtsgründen herrührenden) Aufwendungen für die Gesellschaft keinen Ersatz erhalten würde. Für Forderungen gegen eine GmbH & Co. KG in Gründung haftet im Außenverhältnis im übrigen allein die KG in Gründung, nicht aber die Kommanditisten oder die Gesellschafter der Komplementärgesellschaft (BGH v. 27.01.1997, BGHZ 134, 333, OLG Koblenz v. 27.06.2001, GmbHR 2002, 69).

IV. Handelnden-Haftung (§ 11 Abs. 2 GmbHG)

262 Für Rechtshandlungen im Namen der Gesellschaft haften vor Eintragung die Handelnden persönlich und solidarisch. Diese Bestimmung hat Schutzfunktion. Dem Geschäftspartner soll für den Fall der Nichtentstehung der Gesellschaft in der Person des Handelnden ein Schuldner gegeben werden (BGHZ 47, 25, 29 ff., 53, 210; 214; 65, 378, 380 f.; Scholz/Winter § 11 GmbHG Anm. 93). Keine Handelndenhaftung besteht, wenn der Geschäftsführer ausdrücklich erklärt, dass das Geschäft erst für die künftige GmbH wirksam werden soll. Zum Personenkreis, der für die Haftung in Frage kommt, gehören nur die Geschäftsführer, nicht aber die Gründungsgesellschafter und die Mitglieder einer Vorgründungsgesellschaft. Handeln bedeutet nicht persönliches Tätigwerden, es kann auch durch einen Dritten (Boten, Bevollmächtigten) erfolgen (h. A., s. Scholz/K. Schmidt, § 11 Rn. 102). Daher besteht keine Haftung des Gründungsgesellschafters, der nicht Geschäftsführer ist und der sich lediglich mit der Aufnahme des Geschäfts einverstanden erklärt hat. Es muß im Namen der Gesellschaft gehandelt worden sein. Nach der Rechtsprechung (BGHZ 51, 30, 65; BGH GmbHR 1974, 153) ist hiermit nicht die Vorgesellschaft, sondern die zukünftige GmbH gemeint.

263 Die in § 11 Abs. 2 GmbHG bestimmte Haftung dessen, der für eine noch nicht im Handelsregister eingetragene GmbH handelt, greift nicht ein, solange nicht der Gesellschaftsvertrag oder die Errichtungserklärung des einzigen Gesellschafters notariell beurkundet worden ist (BGH GmbHR 84, 316).

V. Anmelderhaftung (§ 9 a GmbHG)

264 Bei der Anmeldung der GmbH zum örtlichen Handelsregister haften die Gesellschafter und Geschäftsführer für die Richtigkeit ihrer Angaben. Die Anmeldenden haften der Gesellschaft gegenüber, nicht gegenüber den Gesellschaftern oder dritten Personen. Die Haftung aus § 9 a GmbHG ist die Folge der Verpflichtung zur Abgabe der Erklärung aus § 8 Abs. 2 GmbHG. Grund der Haftung aus § 9 a Abs. 1 GmbHG ist die Verletzung der Pflicht zur Abgabe einer wahrheitsgemäßen Versicherung über die in §§ 7 Abs. 2, 8 Abs. 2 GmbHG bezeichneten Leistungen auf die Stammeinlage der Gesellschafter, zu denen auch die Sacheinlagen gehören (Leistung der Stammeinlage, Bewertung der bezeichneten Leistungen auf Stammeinlage) und dass diese Leistungen und Sachleistungen zur freien Verfügung der Geschäftsführer stehen. Sonstige Angaben in der Anmeldung aus der Versicherung lösen dagegen nicht die Haftung aus § 9 a GmbHG aus, und zwar selbst dann nicht, wenn sie sich auf die Einlage beziehen, z. B. auf den Wert der Sacheinlage oder auf höhere als die gesetzlich geforderten Leistungen. Die Verletzungen fallen jedoch unter die allgemeinen Strafbestimmungen des § 82 Abs. 1 Nr. 1 GmbHG. Die Haftung des § 9 GmbHG regelt nur einen Schadensersatzanspruch der Gesellschaft. Die Unvollständigkeit der Versicherung aus § 8 Abs. 2 GmbHG steht der Unrichtigkeit grundsätzlich nicht gleich.

265 Die Haftung beginnt mit der Eintragung der GmbH in das Handelsregister. Die o. g. Personen haften der Gesellschaft solidarisch als Gesamtschuldner nach §§ 421 bis 426 BGB, also jeder mit der vollen Haftsumme. Haftung geht auf vollen Schadensersatz einschließlich eines entgangenen Gewinns (Baumbach/Hueck, GmbHG, 17. Aufl., § 9a Anm. 1).

VI. Haftung des nicht eingetragenen Kommanditisten einer GmbH & Co. KG

Tritt ein Kommanditist in eine bestehende GmbH & Co. KG ein, so haftet er grundsätzlich für die in der Zeit zwischen seinem Eintritt und dessen Eintragung in das Handelsregister begründeten Verbindlichkeiten der Gesellschaft wie ein persönlich haftender Gesellschafter (§ 176 Abs. 2 HGB). Solange die Haftungsbeschränkung nicht eingetragen ist, haftet er den Gläubigern, die die Haftungsbeschränkung nicht kennen, unmittelbar persönlich für die Verbindlichkeiten der Gesellschaft. Eine Ausnahme gilt nur dann, wenn die Gläubiger die nur kommanditistische Beteiligung des Gesellschafters gekannt haben. Die Haftung aus § 176 Abs. 2 HGB setzt den Abschluss eines Vertrages mit allen Gesellschaftern, durch den jemand der Gesellschaft unter Begründung eines neuen Kommanditanteils beitritt, voraus (BGH v. 21. 3. 1983, GmbHR 1983, 238; a. A. Karsten Schmidt, ZHR 144, 1980 192, 200 unter V; ders., GmbH-Rdsch. 1971, 253, 258 und NJW 1982, 486; Crezelius, BB 1983, 5, 12). Als das Gesetz erlassen wurde, war die Übertragbarkeit eines Gesellschaftsanteils im Wege der Einzelrechtsnachfolge rechtlich noch nicht anerkannt. Es herrschte die Ansicht vor, ein Gesellschafterwechsel könne sich nur durch den isolierten Austritt des alten Gesellschafters und durch den gleichzeitigen, aber rechtlich nicht damit zusammenhängenden Eintritt eines neuen Gesellschafters – beides durch Vertrag mit sämtlichen übrigen Gesellschaftern – vollziehen (Donner, DNotZ 1943, 288). Hieraus könne aber nach Ansicht des BGH nicht hergeleitet werden, dass § 176 Abs. 2 HGB nur für diesen Fall gelte, nicht dagegen, wenn die Mitgliedschaft in der handelsrechtlichen Personengesellschaft, wie heute allgemein als rechtlich möglich anerkannt ist, durch einfaches Verfügungsgeschäft von einem Gesellschafter auf den neuen übertragen wird. Sinn und Zweck der Vorschrift ist es, die beschränkte Haftung generell von einer entsprechenden Eintragung im Handelsregister abhängig zu machen, damit den Rechtsverkehr vor nicht öffentlich bekannt gemachten Haftungsbeschränkungen zu schützen und Klarheit über die Höhe der einzelnen Beteiligungen und des gesamten Kommanditkapitals einer Gesellschaft herbeizuführen (BGH vom 18. 6. 1979, GmbHR 1979, 223). Dieser Gesetzeszweck werde nach Ansicht des BGH nur erreicht, wenn die unbeschränkte Haftung zu Lasten nicht eingetragener Gesellschafter an die bloße Tatsache ihrer Zugehörigkeit zu der Handelsgesellschaft anknüpft, ohne zu unterscheiden, auf welche Weise diese Mitgliedschaft – durch Mitgründung der Gesellschaft, späteren gesellschaftlichen Beitritt, Verfügungsgeschäft oder Erbfolge – zustande gekommen ist (BGH vom 4. 3. 1976, BGHZ 66, 98, 101). Bei der rechtsgeschäftlichen Verfügung über den Anteil haben es die Kommanditisten in der Hand, diese Haftung auszuschließen, denn sie können die Wirksamkeit ihres Beitritts zur Gesellschaft von der aufschiebenden Bedingung abhängig machen, dass ihre Eintragung in das Handelsregister vollzogen ist (BGHZ 82, 209, 212).

Die Haftung des nicht eingetragenen Kommanditisten greift nicht ein, wenn die Haftungsbeschränkung dem Gläubiger der Gesellschaft bekannt war. Nach der ständigen Rechtsprechung des BGH (vgl. hierzu vom 18. 6. 1979, LM HGB § 176, Nr. 7; v. 24. 3. 1980, WM 1980, 623; vom 13. 10. 1980, WM 1980, 1382) kann das Bekanntsein der Kommanditistenstellung nicht allein daraus hergeleitet werden, dass die Gesellschaft die Firma einer GmbH & Co. KG geführt hat, denn auch in einer solchen Gesellschaft haftet der nicht im Handelsregister eingetragene Kommanditist grundsätzlich unbeschränkt. Der Anspruch gegen den nicht eingetragenen Kommanditisten verjährt erst in 5 Jahren nach seinem Ausscheiden. Diese Frist beginnt aber nach § 159 Abs. 2 HGB erst zu laufen, wenn das Ausscheiden des Gesellschafters im Handelsregister eingetragen worden ist. Auf die 5-jährige Verjährungsfrist des § 159 HGB kann sich ein Gesellschafter jedoch auch berufen, wenn 5 Jahre seit der Eintragung der Auflösung der Gesellschaft oder, was dem gleichsteht, der Eintragung des Insolvenzvermerks im Handelsregister verstrichen sind, ohne dass er selbst in Anspruch genommen worden ist (vgl. BFH vom 8. 2. 1982, WM 1982, 509).

268 Tritt die Gesellschaft bereits im Rechtsverkehr als GmbH & Co. KG auf, bedarf es keines besonderen Gläubigerschutzes. Es soll nicht über die Hintertür des § 176 HGB ein Kommanditist für die Rechtsgeschäfte der Gesellschaft haften, bevor seine Haftung eingetragen ist. § 176 HGB schränkt diese unbeschränkte Haftung des Kommanditisten ein, wenn dem Vertragspartner die beabsichtigte Kommanditistenstellung bekannt war. Es entspricht dem Sinn und Zweck der Vorschrift, die Haftung grundsätzlich beenden zu lassen, wenn es zur Eintragung der GmbH & Co. KG kommt und damit zur Eintragung des Kommanditisten. Dies gilt insbesondere bei der GmbH & Co. KG, weil bei dieser Gesellschaftsform der Geschäftspartner davon ausgehen kann, dass alle Gesellschafter beschränkt haften (vgl. auch Karsten Schmidt GmbHR 1984 S. 283).

VII. Die Nachhaftung eines ausgeschiedenen persönlich haftenden Gesellschafters

269 Scheidet im Zusammenhang mit dem Eintritt einer GmbH als Komplementär in eine KG der bisherige persönlich haftende Gesellschafter aus, indem er Kommanditist der Gesellschaft wird, so haftet er grundsätzlich noch für alle Verbindlichkeiten weiter, die bereits im Zeitpunkt seines Wechsels bestanden. Die Haftung erlischt grundsätzlich nach § 159 Abs. 2 HGB fünf Jahre nach dem Eintrag des Wechsels des Gesellschafters im Handelsregister. Es fragt sich jedoch, wie Dauerschuldverhältnisse zu behandeln sind, die bereits zu diesem Zeitpunkt bestanden haben. Nach dem Urteil des BGH (BGHZ 70, 132 ff.) ist die Haftung des ausgeschiedenen persönlich haftenden Gesellschafters auf den Zeitraum bis zum möglichen Kündigungstermin beschränkt. Nach dem BAG (21. 7. 1977 BAG, DB 1978, 303) lassen sich die Grundsätze auf Ansprüche aus Arbeitsverhältnissen, die schon vor dem Ausscheiden bestanden, nicht anwenden. Nach dem Urteil des BAG vom 3. 5. 1983 (GmbHR 1984, 38) lässt § 159 HGB immerhin erkennen, dass der Gesetzgeber ausscheidende Gesellschafter vor einer zeitlich unbegrenzten Nachhaftung schützen will. Allerdings berücksichtige diese Verjährungsvorschrift nicht die besonderen Haftungsprobleme bei Dauerschuldverhältnissen. Deshalb werde im Schrifttum mit beachtlichen Argumenten die Auffassung vertreten, dass das Gesellschaftsrecht insoweit lückenhaft geregelt sei und von der Rechtsprechung ergänzt werden müsse (Reinhard, Gesellschaftsrecht 1973, RZ 148; Heyn, NJW 1959, 923, 924; Ulmer/Wiesner ZHR 1980, 393, 399 ff.; Wexel, BB 1981, 1401, 1405 ff., a. A. Hüffer, BB 1978, 454, 456). Nach Ansicht des BAG a. a. O. kommt eine Haftungsbegrenzung jedenfalls nur dann in Betracht, wenn der ausscheidende Gesellschafter die Verbindung zu der Personengesellschaft und deren unternehmerischen Entscheidungen verloren hat. Nur dann kann es unzumutbar erscheinen, den ausgeschiedenen Gesellschafter zeitlich unbegrenzt das Unternehmerrisiko mittragen zu lassen, soweit es um die Haftung für bereits entstandene Ansprüche geht. Ist jedoch der bisherige

Komplementär Alleingesellschafter der Komplementär-GmbH und deren Geschäftsführer, bleibt der Einfluss auf die Geschicke des Unternehmens ungeschmälert. Bei einer solchen Fallgestaltung besteht nach Ansicht des BAG kein Anlass, im Wege der Rechtsfortbildung zeitliche Grenzen der Nachhaftung zu entwickeln. Von einem Ausscheiden könne in diesem Falle in Wahrheit nicht gesprochen werden. Auch der BGH bewegt sich im Urteil vom 19. 5. 1983 (GmbHR 1984, 17) auf der gleichen Ebene. Grundsätzlich ist hiernach der ausgeschiedene Gesellschafter von Ansprüchen aus Dauerschuldverhältnissen freigestellt, die später als 5 Jahre fällig werden, nachdem das Ausscheiden des Gesellschafters im Handelsregister eingetragen worden ist. Nach Ansicht des BGH ist der Gesellschafter jedoch nicht ausgeschieden, wenn er Kommanditist geworden ist und gleichzeitig die Geschäfte der Kommanditgesellschaft als Geschäftsführer der Komplementär-GmbH weiterführt. Diese Fälle hat bereits der BGH (vom 22.9.1980, BGHZ 78, 114, 118) entsprechend der Anwendung der Verjährungsvorschrift des § 159 HGB abgelehnt, weil ihr Schutzgedanke unter diesen Umständen nicht eingreife.

Hat jedoch der ausgeschiedene Gesellschafter alle gesellschaftsrechtlichen Einfluss- und Kontrollrechte verloren und kann er nicht einmal mehr übersehen, wie sich das Unternehmen nach seinem Ausscheiden entwickelt, kann er nicht unbegrenzt für Dauerverbindlichkeiten seiner früheren Gesellschaft haftbar gemacht werden (vgl. BGH vom 19. 12. 1977, BGHZ 70, 132, 136; vom 19. 5. 1983 GmbHR 1984 S. 12). Sollte er nach seinem Ausscheiden weiterhin unbegrenzt haften, wäre dem ausgeschiedenen Gesellschafter, wenn es bei der Anwendung des § 159 Abs. 3 HGB sein Bewenden hätte, ein nicht mehr überschaubares unzumutbares Risiko aufgebürdet, das er nicht übernehmen kann. Dieses wäre ein Hindernis für die Übernahme jedweder unbeschränkten persönlichen Haftung in den Handelsgesellschaften. § 159 Abs. 3 HGB hat seinen guten Sinn in den Fällen, in denen der Gläubiger bei den normalen Austauschgeschäften des täglichen Lebens vor dem Ausscheiden eines Gesellschafters einen Anspruch gegen die Gesellschaft erworben hat, die der Leistungspflicht der Gesellschaft aber aus Gründen des Einzelfalles gestundet oder sonst irgendwie hinausgeschoben worden ist. Im Schrifttum wird daher mit Recht die Auffassung vertreten, dass es zwar der Normzweck und die Funktion des § 159 HGB sei, den Gesellschafter vor einer dauernden Inanspruchnahme zu schützen, dass dem Gesetzgeber aber die Problematik der Dauerschuldverhältnisse offensichtlich nicht bewusst gewesen sei und die Vorschrift daher diese Fälle in Wahrheit gar nicht regele (Ulmer/Wiesner ZHR 1980, 393, 398 ff.). Bei bestimmten Rechtsverhältnissen, die in nicht zu langer Zeit gekündigt werden können und bei denen dem Gläubiger die Kündigung auch zugemutet werden kann, wenn er an der künftigen Zahlungsfähigkeit der um den ausgeschiedenen Gesellschafter geschmälerten Gesellschaft Zweifel hat, hat der BGH den ersten Kündigungszeitpunkt nach der Eintragung des Ausscheidens des Gesellschafters als möglichen Enthaftungszeitpunkt angesehen (BGHZ 70, 132, 136). Für Ansprüche, die auf Verträgen über einen länger währenden Leistungsaustausch im allgemeinen Wirtschaftsverkehr mit Kündigungsfristen unter 5 Jahren beruhen, wird das auch sonst gelten können. Dagegen ist dem Bundesarbeitsgericht ohne weiteres darin zu folgen, dass ein solcher Kündigungszeitpunkt nicht geeignet sei, die Haftung für Lohnansprüche von aktiven Arbeitnehmern kurzfristig zu beseitigen, weil der Arbeitsplatz für diese eine so große Bedeutung hat, dass sie nicht ernsthaft erwägen können, diesen allein wegen des Ausscheidens eines Gesellschafters aufzugeben. Für Ansprüche aus Dauerschuldverhältnissen, bei denen entweder eine baldige Kündigung aus tatsächlichen Gründen ausgeschlossen, nicht zumutbar oder, weil im Vertrage nicht vorgesehen, (aus wichtigem Grunde) rechtlich nicht möglich sei, bleibe daher nur übrig, an einen festen Zeitraum nach dem Ausscheiden des Gesellschafters anzuknüpfen, nach dessen Ablauf seine Haftung erlösche. Da dem § 159 HGB die gesetzliche Wertung zu entnehmen sei, dass der ausgeschiedene Gesellschafter von Ausnahmen abgesehen grundsätzlich nach 5 Jahren von dem Risiko einer fortbestehenden Haftung freigestellt werden solle, hält es der BGH (GmbHR 1984, S. 15) für gerechtfertigt, diese Frist in der Weise zu übernehmen, dass sie mit der Eintragung des Ausscheidens des Gesellschafters im Handelsregister zu laufen beginne und spätestens die nach ihrem Ablauf fällig werdenden Ansprüche der Haftung des Ausgeschiedenen nicht mehr unterliegen. Auch hat der BGH im Urteil vom 8. 10. 1984 (DB 1985, 80) die für den Gesellschaftsgläubiger bestehende Möglichkeit, ein Dauerschuldverhältnis vorzeitig aus wichtigem Grunde zu kündigen, als einen Grund für die Enthaftung des ausgeschiedenen Gesellschafters bei Leasing-Verträgen abgelehnt. Hiernach haftet der Ausgeschiedene mangels eines außerordentlichen Kündigungsrechtes der Leasinggeberin auch für diejenigen Leasingraten, die erst nach dem Ausscheiden aus der Gesellschaft fällig geworden sind. Zusammenfassend lässt sich sagen, dass eine Enthaftung des Ausgeschiedenen nach 5 Jahren seit dem Eintrag seines Ausscheidens im Handelsregister nur dann stattfindet, wenn der ausgeschiedene Gesellschafter als Kommanditist seine Einflussmöglichkeit verloren hat. Bestimmt jedoch der bisherige Komplementär als Gesellschafter-Geschäftsführer der Komplementär-GmbH weiterhin die Geschicke der GmbH & Co. KG, liegt wirtschaftlich gesehen kein Ausscheiden aus der Verantwortung vor, mit der Folge, dass er weiterhin unbegrenzt haftet für die Verbindlichkeiten, die im Zeitpunkt seines Ausscheidens bereits bestanden haben, soweit es sich hierbei um Dauerschuldverhältnisse handelt.

VIII. Die Haftung des Gesellschafter-Geschäftsführers den Gesellschaftsgläubigern gegenüber

271 Nach § 43 GmbHG haften Geschäftsführer bei Verletzung ihrer Obliegenheiten nur der Gesellschaft auf Ersatz, nicht aber den Gläubigern der Gesellschaft. Diesen haften sie unmittelbar nur, wenn sie persönlich eine unerlaubte Handlung begangen haben (OLG Köln v. 26.06.1992, GmbHR 1993, 857). Ansprüche aus einem Sozialplan beruhen nach Ansicht des BAG (U. v. 24.03.1992 GmbHR 1993 S. 42) unmittelbar auf der zwischen Betriebsrat und Arbeitgeber geschaffenen Rechtsnorm des Sozialplanes, auf den schuldrechtlichen Verpflichtungen der Arbeitsvertragsparteien. Somit stellen Ansprüche aus einem erst nach dem Ausscheiden eines Komplementärs bzw. nach zurückkehren in die Rolle eines Kommanditisten abgeschlossenen Sozialplanes keine sog. Altverbindlichkeiten i. S. d. § 159, Abs. 1 HGB dar. Die Nachhaftung des Komplementärs endet grundsätzlich nach Ablauf von 5 Jahren nach dem Ausscheiden des Komplementärs bzw. nach dem Wechsel in die Rolle des Kommanditisten. Er ist jedoch nicht von einer Nachhaftung befreit, wenn er weiterhin auf die KG über die GmbH einen beherrschenden Einfluss hat (BAG v. 28.11.1989, GmbHR 1991, 415). Der Geschäftsführer einer

Komplementär-GmbH haftet gem. § 177a, 130 Abs. 3 HGB dem Insolvenzverwalter gegenüber für alle nach Eintritt der Insolvenzreife vorgenommenen USt-Zahlungen an das Finanzamt (OLG Köln v. 09.08.1995, GmbHR 1995, 828).

Der Geschäftsführer einer GmbH & Co. KG haftet grundsätzlich nicht den Gesellschaftsgläubigern. Für das Verschulden des Geschäftsführers Dritten gegenüber haftet grundsätzlich nur die Gesellschaft (§ 30, 31 BGB). Die persönliche Haftung des Geschäftsführers ergibt sich aber dann einem Gesellschaftsgläubiger gegenüber, wenn es sich um eine besondere Vertrauenssituation handelt. So kann sich z. B. eine Haftung des Geschäftsführers einer GmbH ergeben, wenn dieser in einem mündlichen und später schriftlichen Geschäftsabschluss die beschränkte Haftung der Gesellschaft nicht offen legt. Das gilt insbesondere dann, wenn die Gesellschaft, in deren Namen der Geschäftsführer Geschäfte abschließt, den Zusatz GmbH nicht führt. Es ergibt sich nach § 35 Abs. 3 GmbHG eine Haftung durch den Handelnden, wenn dieser bei der Zeichnung eine Firma benutzt hat, der die zusätzliche Bezeichnung mit beschränkter Haftung fehlt (BGH vom 1. 6. 1981, GmbHR 1982, 154). Das gilt insbesondere dann, wenn die Gesellschaft eine Personenfirma führt. Wird die Bezeichnung GmbH bei einer Personenfirma nicht geführt, kann der Rechtsverkehr wegen Fehlens eines Rechtsformzusatzes darauf vertrauen, dass er es mit keiner Kapitalgesellschaft zu tun hat. Dass sich die wirklichen Verhältnisse aus dem Handelsregister ergeben, steht der Haftung nicht entgegen. Der Zweck des § 4 Abs. 2 GmbHG, die beschränkte Haftung einer Gesellschaft schon aus der Firma, also ohne Einsichtnahme des Handelsregisters erkennbar werden zu lassen, würde vereitelt, hätte § 4 GmbHG nicht gegenüber § 15 Abs. 2 HGB Vorrang.

272

In Rechtsprechung und Schrifttum ist anerkannt, dass auch ein Vertreter für ein Verschulden bei Vertragsverhandlungen jedenfalls dann haften kann, wenn er wirtschaftlich selbst stark an dem Vertragsabschluß interessiert ist und aus dem Geschäft eigenen Nutzen erstrebt oder in besonderem Maße persönliches Vertrauen in Anspruch genommen hat (BGH vom 19. 2. 1962, GmbHR 1963, 88; vom 5. 4. 1967, WM 1967 481, hierzu auch BGH vom 2. 3. 1988, GmbHR 1988, 257).

273

Haftung bei Eigeninteresse des Geschäftsführers
Alleine aus der Tatsache, dass der alleinige Kommanditist und alleinige Gesellschafter der Komplementär-GmbH sich für Kredite der KG verbürgt hat und weitere Kreditsicherheiten gewährt hat, kann auf die Verfolgung eigener wirtschaftlicher Interesse nicht geschlossen werden (BGH v. 07.11.1994, GmbHR 1995, 130 m. w. N.).

274

Haftung bei Inanspruchnahme besonderen Vertrauens
Neben der Verfolgung wirtschaftlicher Eigeninteressen kann der Vertreter für vorvertragliches Verschulden nach der Rechtsprechung des BGH dann haften, wenn er besonderes persönliches Vertrauen in Anspruch genommen und dadurch die Vertragsverhandlungen beeinflusst hat (v. 07.12.1992, LM Nr. 131 zu § 276 (Fa) BGB m. w. N.). Der Verhandelnde muss durch sein Verhalten Einfluss auf die Entscheidung des anderen Teils nehmen. Dazu genügt es nicht, dass der Vertragspartner dem handelnden Vertreter das normale Verhandlungsvertrauen entgegenbringt. Der Vertreter muss vielmehr darüber hinaus eine zusätzliche, von ihm persönlich ausgehende Gewähr für

275

die Seriosität und die Erfüllung des Geschäfts bieten (BGHZ 88, 67 (69); Brandes WM 1992, 20; BGH v. 07.11.1994, GmbHR 1995, 130).

Deliktshaftung

276 Eine Haftung des Geschäftsführers einer GmbH & Co. KG aus § 823 Abs. 2 BGB i. V. m. § 263 StGB und § 826 BGB kann sich ergeben, wenn der Geschäftsführer in Kenntnis der bestehenden Überschuldung der KG gehandelt hat und systematisch den von der KG in Anspruch genommene Geldkredit, für den der Geschäftsführer sich persönlich verbürgt hatte, gegen den von dem Lieferanten gewährtem Warenkredit ausgewechselt hat, indem er die mit Mitteln des Privatvermögens gesicherten Bankschulden durch die Erlöse aus dem Weiterverkauf der Waren zurückführte, den gegenüber Lieferanten fälligen Kaufpreis aber schuldig blieb (BGH v. 07.11.1994, GmbHR 1995, 130). Wegen Insolvenzverschleppung gegenüber Neugläubigern findet auch im Falle der GmbH & Co. KG der § 823 Abs. 2 BGB i. V. m. §§ 177a, 130a HGB Anwendung (BGH v. 07.11.1994, GmbHR 1995, 130). Nimmt eine GmbH & Co. KG Kredit und damit das Vertrauen des Vertragspartners in Anspruch, kann der Geschäftsführer im Einzelfall verpflichtet sein, den Vertragspartner über die maßgebenden Umstände des Kreditbedarfs aufzuklären (BGH vom 26. 11. 1957, WM 1958, 460; vom 5. 4. 1967, WM 1967, 482). Zwar sei ein Käufer i. d. R. nicht verpflichtet, dem Geschäftspartner seine Vermögenslage und Kreditwürdigkeit zu offenbaren. Der Schutzzweck des § 64 Abs. 1 GmbHG geht nicht dahin, die Gläubiger einer GmbH davor zu bewahren, mit einer überschuldeten GmbH noch in Geschäftsbeziehungen zu treten, sondern nur dahin, dass das zur Befriedigung der Gläubiger erforderliche Gesellschaftsvermögen nicht durch eine Verzögerung des Insolvenzantrages vermindert wird (OLG Hamm v. 08.12.1992, GmbHR 1993, 585). Anders liege es jedoch, wenn der Vertragspartner wie im Falle des Warenkredits vorleistet und der Vertreter der GmbH weiß oder wissen muss, dass die GmbH die begründeten Verbindlichkeiten nicht mehr erfüllen könne. Hier gebieten die schutzwürdigen Belange des Vertragsgegners im Falle einer langjährigen Geschäftsbeziehung eine Aufklärung über die wirtschaftliche Bedrängnis des Käufers, weil dieser Umstand den Vertragszweck zu vereiteln geeignet sei. Eine Aufklärungspflicht des Geschäftsführers der GmbH besteht jedenfalls dann, wenn für diesen erkennbar war, dass die GmbH in einem Ausmaß verschuldet ist, das dies zur Zahlungsunfähigkeit führt. Weitergehend müsse sogar eine Pflicht zur Offenbarung für den Geschäftsführer einer GmbH, die Kredit in Anspruch nimmt, immer dann bejaht werden, wenn die Gesellschaft – erkennbar – überschuldet oder zahlungsunfähig ist. U. U. ergibt sich hier auch eine Haftung eines für eine GmbH & Co. KG auftretenden Kommanditisten (BGH v. 23. 1. 1984, GmbHR 1985, 51). Denn über das Vermögen der GmbH findet das Insolvenzverfahren außer in dem Falle der Zahlungsunfähigkeit auch in dem der Überschuldung statt (§ 63 Abs. 1 GmbHG). Der Geschäftsführer ist dann unter den Voraussetzungen des § 64 Abs. 1 S. 1 GmbHG verpflichtet, die Eröffnung des Insolvenzverfahrens zu beantragen. Die Haftung des gesetzlichen Vertreters der GmbH wegen solch vorvertraglichen Verhaltens setzt lediglich Fahrlässigkeit voraus (§ 276 BGB). Bei der Beurteilung der im Verkehr erforderlichen Sorgfalt von einem auf die allgemeinen Verkehrsbedürfnisse ausgerichteten objektiven abstrakten Sorgfaltsmaßstab ist auszugehen (vgl. Palandt/Heinrichs BGB § 276 Anm. 4 b). Auch

der BGH (vom 23. 2. 1983, GmbHR 1983, 197) geht davon aus, dass der Käufer i. d. R. nicht verpflichtet ist, dem Geschäftspartner seine Vermögenslage und Kreditwürdigkeit zu offenbaren. Anders sei es jedoch dann, wenn der eine Vertragspartner vorleistet und der andere Vertragsteil weiß oder wissen muss, dass die begründeten Verbindlichkeiten nicht erfüllt werden können. In solchen Fällen geböten es die schutzwürdigen Belange des Vertragspartners, jedenfalls im Falle einer langjährigen Geschäftsbeziehung, bei ausdrücklicher Nachfrage eine Aufklärung über die wirtschaftliche Bedrängnis des Käufers, weil dieser Umstand geeignet ist, den Vertragszweck zu vereiteln (BGH vom 27. 10. 1982, WM 1982, 1322, 1323; vom 5. 4. 1967, WM 1967, 481, 482). Für Ersatzansprüche aus culpa in contrahendo gilt grundsätzlich eine 3-jährige Verjährungsfrist des § 195 BGB, die erst mit Kenntnis der Anspruchsvoraussetzungen beginnt (§ 199 BGB). Nach dem Urteil des OLG Stuttgart vom 24. 3. 1983, (GmbHR 1984, 182) können Ansprüche wegen Patentverletzung auch gegenüber dem Geschäftsführer einer GmbH & Co. KG geltend gemacht werden. Eine Haftung des Geschäftsführers kann sich auch aus der Vorgründungsgesellschaft ergeben, wenn es nicht zur Eintragung der Gesellschaft kommt (§ 11 Abs. 2 GmbHG; BGH vom 7. 5. 1984, GmbHR 1984, 316). Bei der Altlastenhaftung ist u. U. die arbeitsteilige Organisationsform zu beachten. Das gilt insbesondere in Bezug auf die Wissenszurechnung (BGH v. 02.02.1996, GmbHR 1996, 373). U. U. kann sich eine persönliche Haftung der Gesellschafter und insbesondere des Gesellschafter-Geschäftsführers ergeben bei einer Vermögensvermengung zwischen Gesellschaft und den Gesellschaftern. Von einer Vermögensvermengung zwischen Gesellschaft und Gesellschafter, die trotz gesellschaftsrechtlich einwandfrei begründeter Haftungsbeschränkung u. U. zu einer persönlichen Inanspruchnahme der Gesellschafter führen kann, lässt sich nur sprechen, wenn sich nicht ermitteln lässt, welcher Vermögensgegenstand zum Gesellschafts- und welcher zum Privatvermögen gehört (BGH vom 12. 11. 1984, DB 1985, 270). Das wird i. d. R. nur der Fall sein, wenn das Gesellschaftsvermögen in den Büchern der Gesellschaft unzureichend ausgewiesen, die Buchführung aus anderen Gründen undurchsichtig oder die Vermögensabgrenzung zwischen Gesellschaft und Gesellschaftern sonst verschleiert worden ist. Die deutliche, aus den Büchern belegte Trennung von Gesellschafts- und Gesellschaftervermögen gehört zu den unverzichtbaren Voraussetzungen für die beschränkte Haftung, die die Gesellschafter von Rechts wegen durch die Errichtung von Kapital- oder Kommanditgesellschaften mit jeweils eigenem Gesellschaftsvermögen herbeiführen können. Die zum Schutze der Gesellschaftsgläubiger erlassenen Kapitalerhaltungsvorschriften beruhen geradezu darauf, dass ein selbständiges Gesellschaftsvermögen gebildet und seinem Umfange nach vom Eigenvermögen der Gesellschafter abgegrenzt feststellbar bleibt.

IX. Haftung des Kommanditisten

1. Haftung bei voll eingezahltem Kapital

Hat der Kommanditist die bedungene Einlage voll geleistet, so erlischt auch seine unmittelbare Haftung für die Schulden der Gesellschaft. Es ist hierbei zu beachten, dass es für die Frage der unmittelbaren Haftung auf die eingezahlte Kommanditeinlage, nicht auf die interne Pflichteinlage ankommt. Allerdings ist der Gesellschafter der Gesellschaft gegenüber verpflichtet, die im Gesellschaftsvertrag bedungenen weiteren Beiträge zu erbringen. Hat der Gesellschafter diese Leistungen nicht erbracht, kann der Insolvenzverwalter sie in der Gesellschaftsinsolvenz einfordern. Leistet der Kommanditist zur Erfüllung seiner Einlageverpflichtung eine Sacheinlage, erlischt seine Haftung nur insoweit, als die Sacheinlage dem Wert der Kommanditeinlage entspricht. Ist die Einlage überbewertet, so haftet er insoweit, als der Wert der Sacheinlage der bedungenen Kommanditeinlage nicht entspricht. Wird die bedungene Einlage nur dadurch bilanzmäßig erreicht; dass unzulässige Aktivierungen vorgenommen wurden, sind die erfolgten Entnahmen als Kapitalrückzahlungen anzusehen, mit der Folge, dass der Kommanditist insoweit erneut unmittelbar haftet (BGH v. 06.11.1995, GmbHR 1996, 296).

2. Haftung bei nicht voll eingezahltem Kapital

278 Soweit der Kommanditist seine Hafteinlage noch nicht geleistet hat, haftet er den Gesellschaftsgläubigern für die Gesellschaftsschulden unmittelbar mit seinem Privatvermögen in Höhe der noch nicht eingezahlten, aber bedungenen Einlage.

3. Haftung bei unzulässigen Entnahmen

279 Mindert ein Kommanditist durch Entnahmen sein bedungenes Haftkapitalkonto, so gilt seine Einlage, soweit durch die Entnahme die eingetragene Kommanditeinlage gemindert worden ist, als nicht geleistet. Folglich wird insoweit wieder eine persönliche Haftung begründet, allerdings begrenzt auf den Wert der fehlenden Einlage. Das gilt jedoch nur für die im Handelsregister eingetragene Kommanditeinlage, nicht für die Rückerstattung von sonstigen im Gesellschaftsvertrag vereinbarten Pflichteinlagen. Allerdings können sich hier Rückerstattungsverpflichtungen gegenüber der Gesellschaft ergeben. Das gleiche gilt, soweit ein Kommanditist Gewinnanteile entnimmt, während sein Kapitalanteil durch Verlust unter den Betrag der geleisteten Einlage herabgemindert ist. Das Gewinnentnahmeverbot betrifft nicht nur das Kommandithaftkapital, sondern auch die Pflichteinlagen. Diese brauchen durch Gewinne bei vorausgegangenen Verlusten nicht wieder aufgefüllt zu werden. Der Gesellschaftsvertrag kann hier etwas anderes bestimmen. Jedoch wird hierdurch keine unmittelbare Haftung gegenüber den Gesellschaftsgläubigern begründet.

4. Rückerstattung von Einlagen

280 Wird einem Kommanditisten von der Gesellschaft die Einlage zurückerstattet, so wird insoweit seine persönliche Haftung, allerdings begrenzt auf die rückerstattete bzw. noch ausstehende Einlage, wieder begründet. Gleiches gilt hinsichtlich der Herabsetzung der Einlage. Die Herabsetzung der Einlage eines Kommanditisten ist, solange sie nicht in das Handelsregister des Gerichts, in dessen Bezirk die Gesellschaft ihren Sitz hat, eingetragen ist, den Gläubigern gegenüber grundsätzlich unwirksam. Aber auch nach der Eintragung der Kapitalherabsetzung brauchen die Gläubiger, deren Forderungen z. Zt. der Eintragung bereits begründet waren, die Herabsetzung nicht gegen sich gelten zu lassen. Hat also ein Kommanditist im Wege der Herabsetzung der Einlage einen Teil seiner bedungenen Einlage zurückerhalten, so haftet er in Höhe dieser zurückgezahlten Einlage für die zur Zeit der Kapitalherabsetzung bestehenden Gesellschaftsschulden insoweit unmittelbar. Gleiches gilt, wenn ein Gesellschafter unter

Rückzahlung seiner Einlage aus der Gesellschaft ausscheidet. Für die im Zeitpunkt seines Ausscheidens bestehenden Gesellschaftsschulden haftet der ausscheidende Gesellschafter in Höhe der Rückzahlung seiner Einlage den Gesellschaftsgläubigern unmittelbar. Allerdings nur für Schulden, die im Zeitpunkt seines Ausscheidens schon bestanden (§ 172 Abs. 4 HGB). Das Verbot der Rückerstattung gilt nur für die im Handelsregister eingetragene Hafteinlage, nicht jedoch für die interne Pflichteinlage.

Beispiel: A ist Gesellschafter der X-KG. Er scheidet zum 31. 12. 05 aus der KG aus. Seine Kapitalkonten betragen im Zeitpunkt seines Ausscheidens:

Kommanditkapital (eingetragen im HR)	500.000 €
Kapitalkonto II	300.000 €
Darlehen	200.000 €
Privatkonto	60.000 €
Gewinnanteil 05	140.000 €
Buchkapital insgesamt	1.200.000 €

Es ist vereinbart, dass er neben seinem Buchkapital seinen Anteil an den stillen Reserven und dem Geschäftswert erhält in Höhe von 300.000 €. Von der Abfindungssumme in Höhe von insgesamt 1.500.000 € gilt nur die Rückzahlung der Kommanditeinlage in Höhe von 500.000 € als Rückerstattung der Einlage i.S. § 176 Abs. 4 HGB.

5. Rückzahlung von Darlehen

Werden Gewinnanteile ausgezahlt und Darlehen den Gesellschaftern zurückerstattet, hat dies für die Haftung in der Regel keine Bedeutung. Besonderheiten ergeben sich jedoch bei so genannten „Eigenkapital ersetzenden Darlehen". Diese Darlehen haften jedoch den Gläubigern der Gesellschaft nicht schlechthin, sondern können nur im Falle der Insolvenz vom Insolvenzverwalter zurückverlangt werden. In einer GmbH & Co. KG unterliegen kapitalersetzende Gesellschafterleistungen dem Rückzahlungsverbot der §§ 30 ff. GmbHG, soweit die Rückgewähr zu Lasten des Stammkapitals der Komplementär-GmbH gehen oder deren Verschuldung erhöhen würde. Diese Auswirkung tritt insbesondere ein, wenn die KG überschuldet ist und die Komplementär-GmbH keine über ihr Stammkapital hinausgehenden Vermögenswerte besitzt (BGH v. 25. 11. 1985, GmbHR 1986, 227). Insbesondere können Bürgschaften von Kommanditisten den Charakter von kapitalersetzenden Leistungen bei der GmbH & Co. KG haben (vgl. auch BGH v. 28. 9. 1987, GmbHR 1988, 58). Wird dem Kommanditisten einer GmbH & Co. KG deren Vermögen in einem Umfange ausgezahlt, dass dadurch mittelbar das Vermögen der Komplementär-GmbH unter den Nennwert des Stammkapitals herabsinkt, so liegt darin auch dann ein Verstoß gegen § 30 GmbHG, wenn der Kommanditist nicht zugleich der GmbH angehört (BGH v. 19. 2. 1990, GmbHR 1990, 251).

6. Haftung bei Einlage der GmbH-Anteile

Eine Einlage gilt insoweit als nicht geleistet, als der Kommanditist seine Einlageverpflichtung durch Einlage seiner Anteile an der Komplementär-GmbH erfüllt. Bringt demnach ein Kommanditist als Kommanditeinlage die GmbH-Anteile an der Komplementär-GmbH ein, so gilt seine Einlage als nicht geleistet. Er haftet demnach allen Gesellschaftsgläubigern unmittelbar.

X. Die Haftung nach § 30 GmbHG

283 Die Haftung nach § 30 GmbHG kommt nicht nur für Kommanditisten in Betracht, die gleichzeitig GmbH-Gesellschafter sind. Wird dem Kommanditisten einer GmbH & Co. KG deren Vermögen in einem Umfange ausgezahlt, dass dadurch mittelbar das Vermögen der Komplementär-GmbH unter dem Nennwert des Stammkapitals herabsinkt, so liegt auch dann ein Verstoß gegen § 30 GmbHG vor, wenn der Kommanditist nicht zugleich der GmbH angehört (BGH v. 19.02.1990 GmbHR 1990 251 v. 27.03.1995, GmbHR 1995, 442). Wird in einer GmbH & Co. KG durch eine Leistung der KG an einen Kommanditisten, der zugleich Gesellschafter der Komplementär-GmbH ist, das Garantiekapital angegriffen, rechtfertigt die hiermit verbundene mittelbare Minderung des Gesellschaftsvermögens der Komplementär-GmbH die entsprechende Anwendung der §§ 30, 31 GmbHG (OLG Celle v. 03.06.1998, GmbHR 1998, 1131). Eine entsprechende Anwendung des Kapitalerhaltungsgebotes gem. § 30 Abs. 1 GmbHG bei einer GmbH & Co. KG kommt auch dann in Betracht, wenn der Kommanditist nicht Gesellschafter der Komplementär-GmbH ist, und damit keinen Einfluss auf die Geschäftsführung besitzt (OLG Celle, U. v. 18.06.2003 n. v. GmbHR 2003, 900). Die Treuepflicht des Gesellschafters einer GmbH & Co. KG kann selbst bei Bestimmung eines Mindestentnahmerechts in Höhe der auf einen Gewinn entfallenen Steuern und Abgaben im Gesellschaftsvertrag soweit gehen, dass er in einer Krisensituation auf die Geltendmachung dieses reduzierten Entnahmerechts verzichten muss (OLG Karlsruhe v. 28.02.2003, GmbHR 2003, 1359).

Die Grundsätze der erweiterten Haftung

284 Wegen Insolvenzverschleppung gegenüber Neugläubigern finden auch im Falle der GmbH & Co. KG § 823 Abs. 2 BGB i. V. m. §§ 177a, 130a HGB Anwendung (BGH v. 07.11.1994, GmbHR 1995, 130). Der Geschäftsführer einer Komplementär-GmbH haftet gem. § 177a, 130a Abs. 3 HGB dem Insolvenzverwalter gegenüber für alle nach Eintritt der Insolvenzreife vorgenommenen USt-Zahlungen an das Finanzamt (OLG Köln v. 09.08.1995, GmbHR 1995, 828). Eine Rückzahlung des Stammkapitals i. S. des § 30 GmbHG ist u. E. nicht gegeben, wenn eine nicht am Vermögen der GmbH & Co. KG beteiligte Komplementär-GmbH ihr Vermögen, das Grundlage des Stammkapitals ist, der GmbH & Co. KG als Darlehen gewährt. Eine Haftung des Kommanditisten und GmbH-Gesellschafters greift jedoch auch dann ein, wenn dieser etwas aus dem Vermögen der KG erhält, allerdings unter der Voraussetzung, dass diese Zahlungen das zur Deckung des Stammkapitals notwendige Vermögen der Komplementär-GmbH angreifen (BGHZ 60, 324, 328 ff.; Hunscha, GmbHR 1973, 257 ff.). Letzteres trifft zu, wenn die in der Bilanz aktivierte Beteiligung an der KG durch die Auszahlung an den Gesellschafter so viel an Wert verliert, dass durch die Abschreibung eine

K. Haftung der Gesellschafter und Geschäftsführer §1

Unterbilanz entsteht. Eine Unterkapitalisierung tritt in solchen Fällen insbesondere dann ein, wenn die GmbH eigenes Vermögen nur in untergeordnetem Maße besitzt. Führt die Auszahlung bei der KG an den Gesellschafter zu einer Überschuldung und hat die GmbH, die als Komplementärin für diese Fehlbeträge aufzukommen hat, zum Ausgleich der dadurch bei ihr entstehenden Passivposten keinen realisierbaren Freistellungsanspruch, haftet der GmbH-Gesellschafter nach § 30 GmbHG. Das Vermögen der GmbH sinkt auf diese Weise unter die Stammkapitalziffer herab. Die Rechtsfolgen der §§ 30, 31 GmbHG greifen auch dann ein, wenn die Komplementär-GmbH an der KG nicht kapitalmäßig beteiligt ist (BGHZ 69, 274). Die Folgen der §§ 30, 31 GmbHG sollen bei Zahlungen aus dem KG-Vermögen auch dann eingreifen, wenn der Zahlungsempfänger zwar Gesellschafter der GmbH, nicht jedoch gleichzeitig Kommanditist ist (so Hunscha, GmbHR 1973, 259, Winkler, NJW 1969, 1009, Scholz/Westermann § 30 GmbHG Anm. 33). Wenn aus dem Vermögen der KG gezahlt worden ist, greift auch § 172 Abs. 4 HGB ein, der zusammen mit §§ 30, 31 GmbHG angewandt wird, wenn die Zahlungen aus dem Vermögen der KG auch das Vermögen der GmbH antasten (so Scholz/ Westermann § 30 GmbHG, Anm. 34). Eine Finanzierungsleistung, die ein Gesellschafter der GmbH nach seinem Ausscheiden in einer finanziellen Krise erbringt, unterliegt dem Rückzahlungsverbot des § 30 GmbHG, wenn die Leistung schon vor dem Ausscheiden auf Krisenfinanzierung angelegt war. Von vornherein auf Krisenfinanzierung angelegt ist eine Kapitalleistung, wenn der Gesellschafter ausdrücklich oder durch schlüssiges Verhalten auf das Recht verzichtet, sie aus wichtigem Grunde zu kündigen, falls die Gesellschaft später kreditunwürdig wird und deshalb die Leistung unter das Rückforderungsverbot zu fallen droht (BGH v. 9. 10. 1986, GmbHR 1987, 55).

§ 2 Handels- und gesellschaftsrechtliche Sonderfragen

A. GmbH & Co. KG in der Insolvenz

I. Grundsätze

Bei der GmbH & Co. KG ist zu beachten, dass es sich um 2 Gesellschaften handelt. Liegen Insolvenzgründe für beide Gesellschaften vor, haben die Geschäftsführer der GmbH sowohl für die GmbH als auch für die KG Insolvenz anzumelden. Es handelt sich hier grundsätzlich um 2 getrennte Insolvenzverfahren (Karsten Schmidt, GmbHR 2002, S. 1209). Es sind für beide Gesellschaften Insolvenzverwalter zu bestellen. Die Insolvenz der Komplementär-GmbH zieht nicht automatisch die Insolvenz der GmbH & Co. KG nach sich, wohl hingegen i. d. R. die Insolvenz der GmbH & Co. KG die der GmbH, weil diese als persönlich haftender Gesellschafter für die Schulden der GmbH aufzukommen hat, die meist aus einem Stammkapital von 25.000 € nicht gedeckt werden können. Insolvenzgründe sind die Zahlungseinstellung und die Überschuldung. Wie bei der GmbH sind auch bei der GmbH & Co. KG Überschuldung, drohende Zahlungsunfähigkeit und Zahlungseinstellung Insolvenzgründe. Die Überschuldung ist allerdings nur dann Insolvenzgrund bei der GmbH & Co. KG, wenn keine natürliche Person persönlich haftender Gesellschafter ist.

285

Das Insolvenzverfahren führt in der Regel zur Auflösung der Gesellschaft und zur Verteilung des Vermögens auf die zu befriedigenden Gläubiger. Das bisherige Vergleichsverfahren ist durch das so genannte Planverfahren ersetzt worden. Das Insolvenzplanverfahren führt zur Restschuldbefreiung der Schuldner und vielfach auch zum Fortbestand des Unternehmens.

286

II. Zahlungsunfähigkeit und Überschuldung als Insolvenzgrund für die GmbH

1. Zahlungsunfähigkeit

Unter Zahlungsunfähigkeit ist das auf den Mangel an Zahlungsmitteln beruhende andauernde Unvermögen der GmbH & Co. KG, ihre sofort zu erfüllenden Geldschulden noch im wesentlichen zu berichtigen zu verstehen (Uhlenbrock, Die GmbH & Co. KG in Krise, Konkurs-Vergleich S. 51). Zahlungsunfähigkeit wird kraft Gesetzes angenommen, wenn die GmbH & Co. KG ihre Zahlungen eingestellt hat (§ 17 InsO). Zahlungseinstellung liegt vor, wenn die Gesellschaft nach außen erkennbar ihre fälligen Geldschulden nicht mehr erfüllen kann (Scheckproteste, Wechselproteste, Zwangsvollstreckungsmaßnahmen etc.). Die Komplementärin erhält Freistellung von den Gesellschaftsverbindlichkeiten nach § 110 HGB. Dieser Anspruch schafft zwar keine eigene Liquidität herbei. Solange die KG zahlungsfähig ist, wird es im Zweifel nicht zu einer Zahlungsfähigkeit der Komplementär-GmbH kommen. Die GmbH kann und darf sich im Rahmen des § 110 HGB des Vermögens der KG bedienen (Scholz, K. Schmidt GmbHG, 9. Aufl. 2002, vor § 64, Rn. 92, K. Schmidt GmbHR 2002, S. 1211). Wird über das Vermögen einer Komplementär-GmbH und das der KG das Insolvenzverfahren eröffnet, so ist die eidesstattliche Versicherung über das Vermögen der KG durch sämtliche Gesellschafter der KG als Liquidatoren abzugeben. An die Stelle des Gesellschafter-Geschäftsführers der im Insolvenz befindlichen Komplementär-GmbH tritt

287

der Insolvenzverwalter (OLG Frankfurt Beschl. v. 19. 10. 1987, GmbHR 1988, 60, § 97, 98 InsO).

Nach § 18 ist auch die drohende Zahlungsfähigkeit ein Eröffnungsgrund, antragsberechtigt ist der Schuldner.

2. Überschuldung der GmbH als Insolvenzgrund

288 Eine Überschuldung der GmbH liegt vor, wenn das freie Aktivvermögen nicht mehr die echten Verbindlichkeiten deckt (§ 19 InsO), wenn also die Passiva die Aktiva überwiegen. Die GmbH ist von dem Zeitpunkt an als Not leidend anzusehen, in dem Verluste oder sonstige Eigenkapitalminderungen größeren Umfangs das Eigenkapital schmälern und als besondere Posten (Korrekturposten) zum Kapital auf der Aktivseite der Bilanz ausgewiesen werden (Unterbilanz) oder wenn das Vermögen nicht mehr die Schulden deckt (Überschuldung).

289 Bei der Prüfung der Frage, ob eine Gesellschaft überschuldet ist, ist nicht von der Handelsbilanz, sondern von einer Vermögensbilanz auszugehen. Eine Überschuldung ist, trotz Überschuldung in der Handelsbilanz, dann nicht gegeben, wenn die im Gesellschaftsvermögen vorhandenen stillen Reserven einschließlich eines Firmenwertes mindestens die Differenz zum Kapitalfehlbedarf tragen. Kann die Gesellschaft entsprechende stille Reserven nachweisen, liegt eine Überschuldung trotz eines negativen Kapitals nicht vor. Da die geschäftsführende GmbH einer GmbH & Co. KG in der Regel mit dem Mindestkapital ausgestattet ist, das vielfach noch nicht einmal voll eingezahlt ist, ist es zweckmäßig, dass im Gesellschaftsvertrag vereinbart wird, dass die Kommanditisten zur Verhinderung einer Überschuldung einer GmbH insoweit den Anteil der GmbH am Verlust übernehmen.

290 Es fragt sich jedoch, wie die persönliche Haftung der GmbH für die Schulden der KG nach § 128 HGB zu bewerten ist. Es handelt sich hier um eine Verbindlichkeit, für die zunächst das Vermögen der GmbH & Co. KG heranzuziehen ist. Solange die KG ausreichend Vermögen hat, also nicht selbst überschuldet ist, braucht die persönliche Haftung für die Frage der Überschuldung nicht berücksichtigt zu werden. Im Überschuldungsstatus hat die Komplementär-GmbH in Höhe der möglichen Inanspruchnahme für die Schulden der KG eine Rückstellung zu bilden. Ist die KG nicht überschuldet oder nicht zahlungsfähig, ist im Zweifel auch keine Überschuldung der Komplementär-GmbH gegeben, weil der Freistellungsanspruch der Komplementär-GmbH aus § 110 HGB im Überschuldungsstatus zu aktivieren ist (Scholz/Karsten Schmidt, GmbHG 9. Aufl. 2002, vor § 64 Rn. 99, 102, Karsten Schmidt GmbHR 2002, S. 1209).

III. Zahlungsunfähigkeit und Überschuldung als Insolvenzgrund für die GmbH & Co. KG

291 Ebenso wie bei der Komplementär-GmbH sind Zahlungsunfähigkeit, drohende Zahlungsunfähigkeit und Überschuldung Insolvenzgründe für die GmbH & Co. KG (§ 19 Abs. 3 InsO). Für die Feststellung einer Überschuldung ist bei Personengesellschaften von den variablen Eigenkapitalkonten auszugehen. Eine Überschuldung ist gegeben, wenn das Eigenkapital auf der Passivseite der Bilanz durch Verluste vollständig aufgezehrt worden ist, d. h. die Schulden das vorhandene Aktivvermögen übersteigen. Das Eigenkapital ist nicht um die ausstehenden Einlagen zu kürzen. Auch in der Abwick-

lungsbilanz sind die ausstehenden Einlagen als Forderungen auszuweisen. Gleiches gilt für Regressansprüche der Gesellschaft gegen Gesellschafter (vgl. BGH v. 17. 12. 1984 WM 1985, 284; v. 10. 12. 1984 WM 1985, 258). Im Überschuldungsstatus der GmbH & Co. KG kann auch der Versilberungswert der GmbH als Aktivposten ausgewiesen werden, da in der Regel die Schulden der GmbH & Co. KG gleichzeitig Schulden der Komplementär-GmbH sind. Schadenersatzansprüche gegen Geschäftsführer wegen schlechter Geschäftsführung sind zu bilanzieren; sie gehören zur Insolvenzmasse. Ansprüche der Gesellschafter aus Drittverhältnissen (z. B. Vermietung und Verpachtung, Geschäftsführervergütungen, Rückzahlungen von Darlehen, soweit kein Eigenkapital oder soweit § 32 a und b GmbHG nicht eingreift) sind im Status als Verbindlichkeiten auszuweisen. Die Darlehen sind jedoch nicht als Verbindlichkeiten auszuweisen, soweit es sich hier um eine Einlageverpflichtung handelt. Das ist in der Regel der Fall, wenn Darlehen im Zusammenhang mit dem Erwerb der Beteiligung gewährt werden, die für die Dauer der Beteiligung unkündbar sind. Darlehen dieser Art sind für die Feststellung der Überschuldung nicht als Verbindlichkeiten auszuweisen (vgl. BGH v. 10. 12. 1984 WM 1985, 258). Gleiches gilt, wenn gleichzeitig von den Kommanditisten stille Beteiligungen übernommen worden sind. Ist der stille Gesellschafter am Verlust der Gesellschaft beteiligt, wird im Zweifel das Kapitalkonto durch Verluste im Zeitpunkt der Insolvenz aufgezehrt sein. Ein eventuell vorhandenes negatives Kapitalkonto des stillen Gesellschafters ist nicht zu berücksichtigen, da eine Erstattungspflicht hinsichtlich des negativen Saldos nicht besteht (vgl. Uhlenbrock a. a. O. S. 99).

IV. Insolvenzantrag

Den Insolvenzantrag haben die Geschäftsführer ohne schuldhaftes Verzögern, spätestens aber drei Wochen nach Eintritt der Zahlungsunfähigkeit zu beantragen (§ 64 Abs. 1 GmbHG). Gleiches gilt, wenn sich bei der Aufstellung der Jahresbilanz oder einer Zwischenbilanz ergibt, dass das Vermögen nicht mehr die Schulden deckt und damit Überschuldung vorliegt. Eine Insolvenz des persönlich haftenden Gesellschafters führt nicht notwendigerweise auch zur Insolvenz der Kommanditgesellschaft. Ist allerdings die Ursache für die Insolvenz des persönlich haftenden Gesellschafters im Handelsgewerbe der Kommanditgesellschaft zu suchen, wird sich im Zweifel eine Insolvenz der KG auch nicht umgehen lassen. Sind sowohl bei der GmbH als auch bei der KG die Voraussetzungen einer Insolvenz gegeben, sind grundsätzlich für jede Gesellschaft getrennt ein Insolvenzantrag zu stellen. Tritt die materielle Insolvenz zeitlich gleich bei beiden Gesellschaften ein, sind beide Insolvenzanträge zu koordinieren. Zuständig für den Eigenantrag sind die Geschäftsführer der GmbH (§ 15 InsO). Soweit die Überschuldung bei Zahlungsunfähigkeit gleichzeitig bei der KG und der Komplementär-GmbH eintritt, beginnt auch hinsichtlich beider die Insolvenzantragspflicht nach § 130a, 177a HGB bzw. 64 GmbHG gleichzeitig. Beide Anträge können miteinander verbunden werden. Da die Insolvenz der KG notwendigerweise auch die Insolvenz der Komplementär-GmbH nach sich zieht, wird es sich, auch wenn der Antrag auf § 18 InsO gestützt ist, in der Regel um verdeckte Überschuldungsfälle nach § 64 GmbHG handeln. Um eine Insolvenzverschleppung (§ 64 GmbHG, §§ 130a, 177a HGB) zu vermeiden, ist es zu empfehlen, den Insolvenzantrag für beide Gesellschaften gleichzeitig zu stellen. Hat ein Gläubiger den Insolvenzantrag gestellt und zwar nur hinsichtlich einer der beiden Gesellschaften, ist es dem Geschäftsführer der GmbH unbenommen, auch seinerseits einen Eigenantrag zu stellen und zwar bezogen auf beide Gesellschaften.

V. Durchführung des Insolvenzverfahrens bei der Komplementär-GmbH und der GmbH & Co. KG

1. Allgemeines

293 Wird über das Vermögen der Komplementär-GmbH isoliert das Insolvenzverfahren eröffnet, scheidet diese aus der KG aus, (§ 131 Abs. 3 Nr. 2 HGB). In die Insolvenzmasse würde nur der Abfindungsanspruch fallen. Wird sowohl über die Komplementär-GmbH, als auch die GmbH & Co. KG das Insolvenzverfahren eröffnet, gelten beide Gesellschaften als aufgelöst. Die Eröffnung des Insolvenzverfahrens über das Vermögen der Komplementär-GmbH und einer GmbH & Co. KG mit einem einzigen Kommanditisten führt zum Ausscheiden der Komplementär-GmbH aus der KG (§§ 161 Abs. 2, 131, Abs. 3 Nr. 2 HGB) und zur liquidationslosen Vollbeendigung der KG unter Gesamtrechtsnachfolge des Kommanditisten. Die verbleibenden Kommanditisten haften nach den vom BGH (v. 12.10.1990 BGHZ 113, 132 ff.) vorgezeichneten Grundsätzen für die Verbindlichkeiten der KG nur mit dem ihnen zugefallenen Gesellschaftsvermögen (BGH v. 10.12.1990, BGHZ 113, 132 (138)). Eine weitergehende Haftung gem. § 171 HGB oder aus § 25 HGB, wenn der Kommanditist das Handelsgeschäft der KG fortführt, bleibt hiervon ebenso unberührt wie die Nachhaftung der ausgeschiedenen Komplementär-GmbH (§ 128 HGB).

2. Einsetzen des Insolvenzverwalters (§ 56 InsO)

244 In der Regel wird im Falle der Insolvenz einer GmbH & Co. KG ein Insolvenzverwalter vom Gericht bestellt, wenn hinsichtlich der Komplementär-GmbH und der KG der Insolvenzantrag gestellt wird. Dies ist zweckmäßig, wenn es der einzige Zweck der Komplementär-GmbH war, die Geschäftsführung der KG zu übernehmen, weil es sich hier um ein wirtschaftliches Unternehmen handelt (siehe auch K. Schmidt, GmbHR 2002, 1209, (1214)).

3. Der GmbH-Geschäftsführer im Insolvenzverfahren

a) Stellung der bisherigen Geschäftsführer im Insolvenzverfahren

295 Mit der Eröffnung des Insolvenzverfahrens geht die Verwaltungs- und Verfügungsbefugnis über das Vermögen der Komplementär-GmbH und der KG auf den Insolvenzverwalter über. Durch die Eröffnung eines Insolvenzverfahrens wird die organschaftliche Stellung des Geschäftsführers einer GmbH bzw. GmbH & Co. KG nicht berührt (K. Schmidt, GmbHR 2002, 1209 (1214)). Die Geschäftsführer bleiben trotz Auflösung der Gesellschaft im Amt. Das gilt selbst dann, wenn der Insolvenzverwalter den Anstellungsvertrag kündigt. Die Befugnisse der Geschäftsführer sind jedoch auf diejenigen Maßnahmen beschränkt, die entweder den insolvenzfreien Bereich oder die verfahrensrechtlichen Maßnahmen betreffen (Uhlenbruck, GmbHR 1995, 195)

b) Rechte und Pflichten in der Insolvenz

Nach §§ 101 Abs. 1 S. 1, 97 Abs. 1 S. 1 InsO ist der Geschäftsführer einer GmbH bzw. Komplementär-GmbH verpflichtet, dem Insolvenzgericht, dem Insolvenzverwalter, dem Gläubigerausschuss und auf Anordnung des Gerichts der Gläubigerversammlung über alle das Verfahren betreffenden Verhältnisse Auskunft zu erteilen. Besteht eine mehrköpfige Geschäftsführung, trifft jeden Geschäftsführer die Auskunftspflicht. Der Geschäftsführer hat auch Tatsachen zu offenbaren, die geeignet sind, eine Verfolgung wegen einer Straftat oder einer Ordnungswidrigkeit herbeizuführen (§§ 101 Abs. 1 S. 1 97 Abs. 1 S. 2 InsO). Verletzt der Geschäftsführer oder Liquidator schuldhaft die Auskunfts- und Mitwirkungspflichten im Insolvenzverfahren, so kann das Gericht ihn zwangsweise vorführen und nach Anhörung in Haft nehmen lassen (§§ 101 Abs. 1 S. 1 98 Abs. 2 InsO). Gegen die Anordnung der Haft, die durch gerichtlichen Beschluss erfolgt, findet die sofortige Beschwerde statt (§ 98 Abs. 3 S. 2 InsO). Die Vorschrift des § 97 Abs. 2 InsO über die Auskunftspflicht gilt gem. § 101 Abs. 2 InsO entsprechend für Angestellte und frühere Angestellte der GmbH oder GmbH & Co. KG, sofern diese nicht länger als zwei Jahre vor dem Eröffnungsantrag ausgeschieden sind. Allerdings sind Angestellte und frühere Angestellte nicht verpflichtet, Straftaten oder Ordnungswidrigkeiten zu offenbaren. Auch können Zwangsmaßnahmen gegen sie nicht angeordnet werden. Geben Angestellte der GmbH oder GmbH & Co. KG nicht freiwillig Auskunft, so kann der Insolvenzverwalter sie vor den Zivilgerichten auf Auskunft verklagen. Werden sie vom Insolvenzgericht im Rahmen der Amtsermittlungen als Zeugen vernommen, so gelten die zivilprozessualen Vorschriften über den Zeugenbeweis einschließlich der Bestimmungen über Ordnungsmittel (§ 380 ZPO) und über Zeugnisverweigerungsrechte (§§ 383-385 ZPO). Zur Mitwirkung sind Angestellte und frühere Angestellte einer GmbH oder GmbH & Co. KG nicht verpflichtet. Sie brauchen also für die Gesellschaft nicht unentgeltlich tätig zu werden.

4. Behandlung der Einlagen der Gesellschafter

Die Gesellschafter sind mit ihren Einlagen keine Insolvenzgläubiger. Sie erhalten allenfalls nach Befriedigung der Insolvenzgläubiger und nach Befriedigung der Masseschulden das Restvermögen. Sofern die Gesellschafter ihre Einlagen noch nicht voll geleistet haben, haben sie die ausstehenden Einlagen in die Insolvenzmasse zu leisten; gleiches gilt, wenn sie unzulässige Entnahmen getätigt haben. Ein Kommanditist wird durch Verrechnung seiner Einlageschuld mit einer Forderung gegenüber der Kommanditgesellschaft, die im Hinblick auf die wirtschaftliche Lage der Gesellschaft nicht mehr vollwertig ist, nur in Höhe des objektiven Werts der Forderung von seiner Haftung gegenüber den Gesellschaftsgläubigern frei. Der Kommanditist einer GmbH & Co. KG kann seine Einlage nicht mit haftungsbefreiender Wirkung durch Verrechnung mit einem der Gesellschaft gewährten kapitalersetzenden Darlehen erbringen (BGH v. 8. 7. 1985, GmbHR 1986, 21). Ist ein Darlehen Teil einer gesellschaftsvertraglichen Beitragspflicht, kann es im Falle der Insolvenz nicht zurückverlangt werden (BGHZ 70, 61; v. 3. 7. 1978 WM 1978, 898; v. 10. 12. 1984 WM 1985, 258). Das gleiche gilt für eine stille Beteiligung (vgl. hierzu BGH v. 17. 12. 1984 WM 1985, 284). Hat der Kommanditist einer GmbH & Co. KG der Gesellschaft neben seiner Kommanditeinlage als Teil seiner gesellschaftsvertraglichen Einlagepflicht ein Darlehen zu gewähren, das nach der ihm zugedachten Funktion Eigenkapitalcharakter hat, so gehört das Darlehen zur Haftmasse der KG, die deren Gläubigern zur Verfügung stehen muss. Der Anspruch auf Rückgewähr des Darlehens kann deshalb im Insolvenzverfahren der Gesellschaft nicht geltend gemacht werden. Das gilt auch dann, wenn der Kommanditist den Rückgewähranspruch vor Insolvenzeröffnung einem Dritten abgetreten hat, der nicht Gesellschafter ist (BGH v. 21. 3. 1988 BB 1988, 1084).

5. Haftung der Gesellschafter

298 Grundsätzlich sind die Kommanditisten mit der Leistung ihrer Einlage von jeglicher Haftung befreit. Sie haften lediglich mittelbar mit ihrem Gesellschaftsvermögen. Auch soweit die Gesellschafter ihre Einlage nicht voll geleistet haben, haften diese bei Insolvenz den Gläubigern nicht unmittelbar, sondern haben ihre Resteinlage in das Gesellschaftsvermögen insoweit zu leisten.

299 Eine Haftung kann sich evtl. aus § 43 GmbHG ergeben, wenn die Geschäftsführer ihre Pflichten gegenüber der GmbH verletzt haben. In diesem Falle sind die GmbH-Geschäftsführer der GmbH gegenüber zum Schadenersatz verpflichtet. Diese Ansprüche können vom Insolvenzverwalter für die GmbH geltend gemacht werden. Jedoch reicht die Stellung eines Vertreters einer GmbH & Co. KG als Gesellschafter und Alleingeschäftsführer der Komplementär-GmbH und zugleich als Kommanditist der KG nicht allein aus, um seine Haftung wegen Verschuldens aus Vertragsverhandlungen wegen des unmittelbaren wirtschaftlichen Eigeninteresses zu begründen (BGH v. 5. 10. 1988 BB 1988, 2127).

300 Hat der Gesellschafter zwar seine Hafteinlage voll geleistet, jedoch nicht seine Pflichteinlage, so kann der Insolvenzverwalter die Pflichteinlage einziehen. Sind Darlehensgewährungen und die Vornahme von stillen Einlagen neben der Kommanditeinlage Teile der gesellschaftsvertraglichen Beitragspflicht (vgl. BGHZ 76, 61), handelt es sich ebenfalls um eine Pflichteinlage. Die aus Kommanditanteil und Darlehensbetrag zusammengesetzte Pflichteinlage hat in diesen Fällen insgesamt den Charakter von Eigenkapital der Gesellschaft und kann daher, auch soweit sie die Haftsumme übersteigt, vom Insolvenzverwalter jedenfalls insoweit eingefordert werden, als sie zur Befriedigung der Gläubiger erforderlich ist (BGH v. 5. 11. 1979 WM 1980, 332; v. 9. 2. 1981 WM 1981, 761).

6. Kapitalersetzende Darlehen

301 Grundsätzlich sind Gesellschafter, die der Gesellschaft ein Darlehen wie zwischen Dritten gewährt haben, mit dem Darlehensbetrag Insolvenzgläubiger. Handelt es sich jedoch um so genannte Eigenkapital ersetzende Gesellschaftsdarlehen, dies gilt sowohl für das an die GmbH als auch für das an die GmbH & Co. KG gewährte Darlehen (§ 32 a GmbHG, § 172 HGB), so werden diese Darlehen insoweit wie Eigenkapital behandelt. Sind diese so genannten Eigenkapital ersetzenden Darlehen im letzten Jahr vor der Insolvenzeröffnung an den Gesellschafter zurückgezahlt worden, so hat dieser das Darlehen wieder zurückzuzahlen. Das gleiche gilt, wenn der Gesellschafter eine Sicherheit bestellt hat oder als Bürge haftete bei Rückzahlung eines Kredits an das Kreditinstitut. Wird ein der GmbH gewährtes Gesellschafterdarlehen, das zunächst keinen eigenkapitalersetzenden Charakter gehabt hat, prolongiert, bevor es zur Rückzahlung

fällig geworden ist, so kommt es für die Beurteilung, ob das Darlehen durch die Prolongation nachträglich kapitalersetzend geworden ist, auf die Finanzsituation zur Zeit der Prolongationsabrede an. Die Verhältnisse in der Zeit der ursprünglichen Rückzahlungsfälligkeit sind hierfür nicht maßgebend (Hans. OLG v. 16. 5. 1986, GmbHR 1986, 233).

7. Durchsetzung von Haftungsansprüchen

Nach § 93 InsO kann die persönliche Haftung eines Gesellschafters für Verbindlichkeiten der Gesellschaft während der Dauer des Insolvenzverfahrens nur vom Insolvenzverwalter geltend gemacht werden. Nach dem Willen des Gesetzgebers liegt es im Interesse der gleichmäßigen Befriedigung der Gesellschaftsgläubiger, dass sich keiner dieser Gläubiger in der Insolvenz der Gesellschaft durch einen schnelleren Zugriff auf persönlich haftende Gesellschafter Sondervorteile verschafft. Zudem wird verhindert, dass eine Abweisung mangels Masse erfolgt, obgleich eine Komplementär-GmbH über ausreichendes Vermögen verfügt. Die Vorschrift des § 93 InsO entspricht der Regelung in § 92 InsO, wonach Ansprüche der Insolvenzgläubiger auf Ersatz eines Schadens, den diese Gläubiger gemeinschaftlich durch eine Verminderung des zur Insolvenzmasse gehörenden Vermögens vor oder nach der Eröffnung des Insolvenzverfahrens erlitten haben (Gesamtschaden), während des Insolvenzverfahrens nur vom Insolvenzverwalter geltend gemacht werden können (Uhlenbruck, GmbHR 1995, 206). Wird jedoch in einem massenlosen Gesellschaftsinsolvenzverfahren ein Vorschuss geleistet, der die Verfahrenseröffnung ermöglicht, kann der leistende Gläubiger die Erstattung des vorgeschossenen Betrages von jedem Geschäftsführer verlangen, der entgegen den Vorschriften des Gesellschaftsrechtes den Antrag auf Eröffnung des Insolvenzverfahrens pflichtwidrig und schuldhaft nicht gestellt hat (§ 26 Abs. 3 S. 1 InsO). Ist streitig, ob der Geschäftsführer pflichtwidrig und schuldhaft gehandelt hat, so trifft ihn die Beweislast. (§ 26 Abs. 3 Satz 2 InsO, Uhlenbruck, a.a.O. S. 207)

302

8. Geschäftsführerverträge und Geschäftsführergehälter im Falle der Insolvenz

a) Einfluss der Insolvenz auf die Rechtsstellung der Geschäftsführer

Im Insolvenzverfahren der GmbH & Co. KG haben die Geschäftsführer der GmbH alle Rechte und Pflichten des Schuldners (Uhlenbrock a. a. O. S. 302). Mit der Insolvenzeröffnung über das Vermögen verlieren sie die Befugnis, das zur Insolvenzmasse gehörige Gesellschaftsvermögen zu verwalten und über dasselbe zu verfügen. Ist nur über das Vermögen der KG Insolvenz eröffnet, wird ihre Rechtsstellung innerhalb der GmbH durch die Insolvenz der KG nicht berührt. Kündigt der Insolvenzverwalter im Falle der Insolvenz beider Gesellschaften den Geschäftsführervertrag, so berührt diese Kündigung die Organstellung als Geschäftsführer der GmbH nicht. Durch die nach § 113 InsO ausgesprochene Kündigung durch den Insolvenzverwalter werden lediglich die Beziehungen des gekündigten Organs zur Insolvenzmasse, nicht jedoch zur Gesellschaft gelöst (Menzel-Kühn § 22 KO Anm. 5). Trotz Kündigung seitens des Insolvenzverwalters bleibt eine Restverantwortlichkeit der Geschäftsführer bestehen, für die keine Gegenleistung erfolgt. Der Insolvenzverwalter kann jedoch das Dienstverhältnis mit dem Geschäftsführer während des Insolvenzverfahrens der Komplementär-

303

GmbH ganz oder nur zeitweise fortsetzen. Befindet sich nur die GmbH, nicht jedoch die GmbH & Co. KG in Insolvenz, so übt der Geschäftsführer der GmbH weiterhin alle Rechte und Pflichten im Rahmen der GmbH & Co. KG aus. Befinden sich beide Gesellschaften im Insolvenzverfahren, so teilen sich Insolvenzverwalter und Geschäftsführung der GmbH die Verwaltung des insolvenzfreien und des insolvenzbefangenen Vermögens.

b) Behandlung der Geschäftsführervergütung

304 Setzt der Insolvenzverwalter das Anstellungsverhältnis fort, sind die Vergütungsansprüche in der eröffneten Insolvenz der GmbH Masseschuldansprüche (§ 55 InsO). Befindet sich lediglich die KG in Insolvenz, so schuldet die GmbH die Bezüge. Auch die Vergütungsansprüche, die dem GmbH-Geschäftsführer der Komplementär-GmbH von der Insolvenzeröffnung an bis zum Wirksamwerden der Kündigung zustehen, sind nach § 55 InsO Masseansprüche (Mentzel/Kühn Vorbem. vor § 207 KO Anm. 25). Die Geltendmachung der Gehaltsansprüche ist jedoch eingeschränkt beim alleinigen Geschäftsführer einer Einmann-GmbH (Jaeger/Weber §§ 207/208 KO Anm. 32). Schadensersatzansprüche aus einer vorzeitigen Beendigung des Dienstverhältnisses sind einfache Insolvenzforderungen. (§ 113 InsO, Böhle/Stamschräder § 22 KO Anm. 8).

VI. Das Insolvenzplanverfahren

1. Sinn und Zweck des Insolvenzplanes

305 Das Insolvenzverfahren hat das Ziel, die Gläubiger eines Schuldners gemeinschaftlich zu befriedigen, indem das Vermögen des Schuldners verwertet und der Erlös verteilt, oder in einem Insolvenzplan eine abweichende Regelung zum Erhalt des Unternehmens getroffen wird. Der Insolvenzplan führt dazu, dass der Schuldner (hier die GmbH & Co. KG) von den restlichen Verbindlichkeiten befreit wird. § 1 InsO stellt die planmäßige Verwertung als selbständiges Instrument neben die Haftungsverwirklichung nach der Insolvenzordnung, die durch Verwertung des Schuldnervermögens und Erlösverteilung erfolgt. Der Insolvenzplan ist somit eine echte Alternative zur Vermögensverwertung und -verteilung nach dem Gesetz. Gegenstand des Insolvenzplans können sowohl die Liquidation, die übertragende Sanierung, als auch die Sanierung des Unternehmensträgers sein. Die Gläubiger können vereinbaren, dass die Forderungen entweder aus dem Verkaufserlös bei Liquidation bzw. bei übertragender Sanierung des Unternehmensträgers befriedigt werden. Bei der Liquidation nach der InsO besteht das Gebot der unverzüglichen Verwertung (§ 159 InsO). Die Fortführung des Unternehmens ist immer nur eine vorläufige (§ 157 S. 1 InsO). Bei der planmäßigen Haftungsverwirklichung entfällt die zeitliche Begrenzung der Unternehmensfortführung. Eingriffe in die Rechte der Beteiligten sind möglich (§ 217 InsO).

2. Vorlage des Insolvenzplanes

306 Zur Vorlage eines Insolvenzplanes nach § 218 Abs. 1 S. 1 InsO sind der Insolvenzverwalter und der bzw. die Geschäftsführer einer GmbH bzw. GmbH & Co. KG berechtigt. Die Vorlage hat an das Insolvenzgericht zu erfolgen. Bei der Aufstellung des Plans durch den Verwalter wirken der Gläubigerausschuss, der Betriebsrat, der Sprecheraus-

schuss der leitenden Angestellten und der Schuldner beratend mit (§ 218 Abs. 3 InsO). Auch die Gläubigerversammlung kann nach § 157 S. 2 InsO den Verwalter beauftragen, einen Insolvenzplan auszuarbeiten und ihm das Ziel des Plans vorgeben. Da der Berichtstermin aber gem. § 29 Abs. 1 Ziff. I InsO nicht über sechs Wochen vom Eröffnungszeitpunkt ab angesetzt werden soll und nicht über drei Monate hinaus angesetzt werden darf, ist es meist für die Ausarbeitung eines Insolvenzplans zu spät, vor allem, wenn dieser eine Unternehmenssanierung zum Gegenstand hat. Im Regelfall wird der Insolvenzverwalter schon mit der Prüfung der Sanierungsaussichten (§ 22 Abs. 1 Nr. 3 InsO) konkrete Vorstellungen entwickeln, wie eine Unternehmenssanierung durchgeführt werden kann. Der Insolvenzplan, zu dessen Vorlage gem. § 218 Abs. 1 InsO sowohl der Insolvenzverwalter als auch der oder die Geschäftsführer einer GmbH bzw. einer GmbH & Co. KG berechtigt sind, verschafft nicht nur den Gläubigern, sondern zugleich auch den Geschäftsführern die Möglichkeit, nach Abstimmung mit den Gesellschaftern erheblichen Einfluss auf die Art der Verfahrensabwicklung und damit auf die Art der Haftungsverwirklichung Einfluss zu nehmen. Die Vorlage des Insolvenzplanes kann bereits mit dem Antrag auf Eröffnung des Insolvenzverfahrens (Eigenantrag) verbunden werden. Durch das Planinitiativrecht hat die Gesellschaft bzw. haben die Geschäftsführer einen kaum zu unterschätzenden Einfluss auf die spätere Verfahrensabwicklung.

3. Der Insolvenzplan

a) Inhalt des Insolvenzplanes

Durch das Planinitiativrecht hat die Gesellschaft bzw. haben deren Geschäftsführer einen kaum zu unterschätzenden Einfluss auf die spätere Verfahrensabwicklung. Sein Zweck besteht darin, einen Rechtsrahmen für die einvernehmliche Bewältigung der Insolvenz im Wege von Verhandlungen und privatautonomen Austauschprozessen zu ermöglichen. Nach den Vorstellungen des Gesetzgebers soll es ein Höchstmaß an Flexibilität der Regelungen den Beteiligten gestatten, die für sie günstigste Art der Insolvenzabwicklung zu entdecken und durchzusetzen. Der Plan wird als universelles Instrument der Massenverwertung verstanden. Die Versilberung des Schuldnervermögens kann im Interesse der Sanierung des Schuldnerunternehmens unterbleiben. Forderungen können gestundet und ganz oder teilweise erlassen werden. Der Verwertungserlös darf anders verteilt werden als bei einer insolvenzmäßigen Gesamtvollstreckung. So können z. B. Gläubigergruppen für ihre Forderungen in Anteilsrechten des Schuldners oder an einer Auffanggesellschaft abgefunden werden, soweit das Gesellschaftsrecht solche Gestaltungen gestattet. Im Insolvenzplan kann u. a. geregelt werden:
a) die Befriedigung der absonderungsberechtigten Gläubiger und der Insolvenzgläubiger;
b) die Verwertung der Insolvenzmasse und ihre Verteilung an die Beteiligten;
c) die Haftung des Schuldners und seiner persönlich haftenden Gesellschafter nach Beendigung des Insolvenzverfahrens.

307

Anders als das alte Vergleichsrecht bezweckt der Insolvenzplan nicht etwa eine Rechtswohltat für das Schuldnerunternehmen. Gegen den Willen der Gesellschafter oder Geschäftsführer kann ein Plan nur bestätigt werden, wenn er den Wert der Vermögens-

308

rechte auch dieser Beteiligten achtet. Die Gesellschafter können gegen ihren Willen nicht gezwungen werden, einen Beitrag zur Sanierung z. B. im Wege der Kapitalerhöhung zu leisten. Sind aber im Einzelfall die Gesellschaftsanteile der GmbH oder GmbH & Co. KG wegen Überschuldung völlig entwertet, so kommt eine Abstimmung der Gesellschafter über einen Insolvenzplan, der die Fortführung der Gesellschaft oder des Unternehmens vorsieht, nicht in Betracht. Im übrigen erfordert der Insolvenzplan, der vom Insolvenzgericht zu prüfen und vom Verwalter zu erläutern ist, nach den zwingenden Vorschriften der §§ 229, 230 InsO die Vorlage von Planbilanzen, Plan-Gewinn- und Verlustrechnungen, Plan-Liquiditätsrechnungen sowie sämtlicher Erklärungen der Gesellschafter, die für die Rechtswirksamkeit des Plans notwendig sind.

b) Der darstellende Teil des Insolvenzplanes

309 Im darstellenden Teil des Insolvenzplans (§ 220 InsO) wird beschrieben, welche Maßnahmen nach der Eröffnung des Insolvenzverfahrens über das Vermögen der Gesellschaft getroffen worden sind oder noch getroffen werden sollen, um die Grundlage für die geplante Gestaltung der Rechte der Beteiligten zu schaffen. Im darstellenden Teil ist z. B. anzugeben, welche Maßnahmen organisatorischer und personeller Art innerhalb des Unternehmens getroffen werden sollen, um die Sanierung zu gewährleisten. Eingriffe in die Vermögens-, Finanz- und Ertragssituation sind darzulegen und die Auswirkungen dieser Eingriffe zu erläutern, um die Gläubiger in die Lage zu versetzen, nach eingehender Prüfung über die Annahme und Ablehnung des Plans zu entscheiden.

c) Der gestaltende Teil des Insolvenzplanes

310 Der gestaltende Teil des Insolvenzplans (§ 221 InsO) legt die Änderungen der Rechtsstellung der Beteiligten durch den Plan fest. Beteiligte sind sowohl die Insolvenzgläubiger, Absonderungsberechtigte, nachrangige Gläubiger als auch Gesellschafter. Wird im Insolvenzplan lediglich eine Kapitalerhöhung vorgesehen, so handelt es sich um einen bedingten Plan i. S. von § 249 InsO, der vom Gericht nur bestätigt werden darf, wenn die Kapitalerhöhung durchgeführt worden ist. Die Bestätigung des Insolvenzplans ist von Amts wegen zu versagen, wenn die Kapitalherabsetzung in Verbindung mit der Kapitalerhöhung in einer angemessenen, vom Insolvenzgericht gesetzten Frist, nicht durchgeführt ist (§ 249 S. 1 InsO).

311 Der Insolvenzplan kann sowohl Sanierungsplan als auch Liquidationsplan sein. Sieht er eine übertragende Sanierung vor, erfolgt diese auf der Grundlage eines Übertragungsplanes, der gleichzeitig Sanierungsplan ist. Über den Plan wird in einzelnen Gruppen nach Abhaltung eines Erörterungstermins (§ 235 InsO) abgestimmt (§ 243 InsO). Erforderlich sind sowohl Kopfmehrheit als auch Summenmehrheit (§ 244 Abs. 1 InsO). Wird der Plan von den Gläubigern angenommen (§§ 244 – 246 InsO) und stimmt der Geschäftsführer zu, so bedarf der Plan der Bestätigung durch das Insolvenzgericht (§ 248 InsO). § 251 InsO sieht einen Minderheitenschutz vor, wenn ein überstimmter Gläubiger durch den Plan schlechter gestellt wird, als er ohne den Plan stünde. Sobald die Bestätigung des Insolvenzplans rechtskräftig ist, beschließt das Insolvenzgericht die Aufhebung des Insolvenzverfahrens (§ 258 Abs. 1 InsO). Mit der Aufhebung erlöschen die Ämter der Insolvenzorgane und der Schuldner erhält das

Recht zurück, über die Insolvenzmasse frei zu verfügen (§ 259 Abs. I InsO). Allerdings kann eine Überwachung der Planerfüllung nach § 260 InsO vorgesehen werden, bei der die Ämter des Verwalters und der Mitglieder des Gläubigerausschusses sowie die Aufsicht des Insolvenzgerichts fortbestehen (§ 261 Abs. 1 InsO).

VII. Das Rechtsinstitut der Eigenverwaltung

§§ 270 ff. sehen die Möglichkeiten der Eigenverwaltung vor. Die durch das Insolvenzgericht nach § 270 Abs. 1 InsO angeordnete Eigenverwaltung, die vom Geschäftsführer beantragt werden muss oder der bei einem Gläubigerantrag der Antragstellung zustimmen muss, ist gem. § 272 Abs. 1 InsO auf Antrag der Gläubigerversammlung aufzuheben. Das Verfahren der Eigenverwaltung, das vor allem für kleinere Gesellschaften in Betracht kommen kann, hat einmal den Vorteil, dass der oder die Geschäftsführer weitgehend die Befugnisse eines Insolvenzverwalters wahrnehmen, zum anderen aber die Geschäftsführer in ihrer Position verbleiben, was wiederum zur rechtzeitigen Antragstellung Anreiz bieten soll. Zudem kann bei der Verwertung von Mobiliarsicherheiten die Eigenverwaltung für die Gläubiger billiger kommen (vgl. § 282 InsO).

312

B. Gesellschafterwechsel, Ausscheiden eines Gesellschafters, Vererblichkeit von Anteilen

I. Ausscheiden eines Gesellschafters

Nach § 132 HGB ist ein Gesellschafter berechtigt, wenn die Gesellschaft auf unbestimmte Zeit eingegangen ist, das Gesellschaftsverhältnis zu kündigen. Die Kündigung hat in diesem Falle für den Schluss eines Geschäftsjahres zu erfolgen. Sie muss mindestens 6 Monate vor diesem Zeitpunkt stattfinden. Ist im Gesellschaftsvertrag nichts anderes vereinbart worden, hat die Kündigung der Gesellschaft durch einen Gesellschafter, insbesondere, wenn sie auf unbestimmte Zeit abgeschlossen ist, die Auflösung der Gesellschaft nicht zur Folge (§ 131 Abs. 3 Nr. 3 HGB). In diesem Falle besteht die Gesellschaft bei Kündigung, Tod eines Gesellschafters, Insolvenz eines Gesellschafters mit den übrigen Gesellschaftern fort und scheidet dieser Gesellschafter mit dem Eintritt des ihn betreffenden Ereignisses aus, im Falle der Kündigung, aber nicht vor Ablauf der Kündigungsfrist (§ 131 Abs. 3 Satz 2 HGB). Der Gesellschaftsvertrag kann jedoch auch vorsehen, dass die Gesellschaft in diesem Falle aufgelöst wird.

313

1. Ausscheiden aufgrund ordentlicher Kündigung

Das Ausscheiden eines Gesellschafters aus einer Personengesellschaft kommt dann in Betracht, wenn das Gesellschaftsverhältnis auf unbestimmte Zeit abgeschlossen worden ist. Ist ein Gesellschaftsverhältnis für bestimmte Zeit eingegangen, so besteht während dieser Zeit für den einzelnen Gesellschafter grundsätzlich kein Kündigungsrecht. Der Gesellschaftsvertrag kann jedoch vorsehen, unter welchen Voraussetzungen ein Gesellschafter dennoch vorzeitig aus der Gesellschaft ausscheiden kann. Der Gesellschaftsvertrag kann grundsätzlich das Kündigungsrecht erschweren, indem bestimmt wird, dass das Gesellschaftsverhältnis für einen bestimmten Zeitraum unkündbar ist. Es kann aber nicht die Kündigung gänzlich ausschließen. Die Vereinbarung, dass ein

314

Gesellschaftsverhältnis von allen Seiten unkündbar ist, dürfte gegen die guten Sitten verstoßen. Das gilt insbesondere dann, wenn dieses Kündigungsrecht einseitig vereinbart worden ist, z. B. wenn der Vater seinen Kindern eine Beteiligung an seinem bisherigen Einzelunternehmen schenkt und vereinbart wird, dass der Vater jederzeit das Gesellschaftsverhältnis kündigen kann, die Kinder jedoch nicht. (Zur Abgrenzung zwischen einem grundsätzlich sittenwidrigen Ausschließungsrecht nach freiem Ermessen und einem wirksamen, an ein festes Tatbestandsmerkmal – den Tod eines Mitgesellschafters – anknüpfendes Kündigungsrecht vgl. BGH v. 19. 9. 1988, BB 1989, 102.)
Ist im Gesellschaftsvertrag nichts vereinbart worden, kann das Gesellschaftsverhältnis mit einer Frist von 6 Monaten zum Schluss des Kalenderjahres bzw. Geschäftsjahres gekündigt werden. Der Gesellschaftsvertrag kann hier jedoch eine kürzere, aber auch eine längere Frist vorsehen.

2. Kündigung aus wichtigem Grunde

315 Neben der ordentlichen Kündigung durch einen Gesellschafter ist auch der Ausschluss eines Gesellschafters aus wichtigem Grunde möglich (§ 140 HGB). Tritt in der Person eines Gesellschafters ein Umstand ein, der die übrigen Gesellschafter berechtigt, das Gesellschaftsverhältnis aufzulösen, kann vom Gericht anstatt der Auflösung die Ausschließung eines Gesellschafters aus der Gesellschaft ausgesprochen werden, sofern die übrigen Gesellschafter dies beantragen (§ 140 Abs. 1 HGB). Ein solcher Grund ist insbesondere dann gegeben, wenn ein anderer Gesellschafter eine ihm nach dem Gesellschaftsvertrag obliegende wesentliche Verpflichtung vorsätzlich oder aus grober Fahrlässigkeit verletzt oder wenn die Erfüllung einer solchen Verpflichtung unmöglich wird (§ 133 Abs. 2 HGB). Das Recht, die Auflösung der Gesellschaft aus wichtigem Grund zu verlangen, kann durch den Gesellschaftsvertrag nicht aufgehoben werden. Der Gesellschaftsvertrag kann hier näher festlegen, was insbesondere als ein wichtiger Grund für den Ausschluss eines Gesellschafters anzusehen ist. Als gewichtige Gründe können insbesondere angesehen werden, wenn ein Gesellschafter seiner Einlageverpflichtung nicht nachkommt oder er als Geschäftsführer laufend die Kompetenzen überschreitet.

3. Korrespondierende Regelungen bei der GmbH

316 Das GmbH-Recht kennt grundsätzlich das Ausscheiden eines Gesellschafters aus der GmbH nicht. Der GmbH-Gesellschaftsvertrag kann jedoch vorsehen, dass ein GmbH-Gesellschafter u. U. der Gesellschaft seinen Anteil zum Erwerb anbieten kann. Einer besonderen Regelung des Austritts eines Gesellschafters bedarf es jedoch nicht, weil die GmbH-Anteile im Gegensatz zum Anteil der Kommanditgesellschaft frei veräußerlich sind. Grundsätzlich ist jedoch der Austritt eines Gesellschafters (freiwilliges Ausscheiden aufgrund eigenen Wunsches des Gesellschafters), auch wenn der Gesellschaftsvertrag hierüber keine Bestimmungen enthält möglich. Im allgemeinen ist davon auszugehen, dass ein außerordentliches Kündigungsrecht seitens eines Gesellschafters bei Dauerbindungen möglich sein muss, insbesondere dann, wenn sich die Bindung für den einen oder anderen Vertragsteil aus wichtigem Grunde als unzumutbar erweist. Für den Austritt eines Gesellschafters bedarf es immer eines wichtigen Grundes. Selbst wenn dieser vorliegt, ist der Gesellschafter aber nicht zum Austritt berechtigt, wenn

er seinen Geschäftsanteil nach dem Gesellschaftsvertrag frei veräußern kann. Scheitert die Möglichkeit der Veräußerung daran, dass er keinen Käufer findet, begründet dieser Umstand allein kein Austrittsrecht. Ein Austrittsrecht dürfte aus wichtigem Grunde jedoch dem Gesellschafter zustehen, wenn nach dem Gesellschaftsvertrag die Veräußerung eines Anteils an die Zustimmung der Gesellschafter gebunden ist und diese Zustimmung versagt wird oder wenn die Veräußerung gar völlig ausgeschlossen worden ist. Der Gesellschaftsvertrag der GmbH kann auch hier ein ordentliches Kündigungsrecht vorsehen. Die Vereinbarung eines ordentlichen Kündigungsrechts auch bei der GmbH ist dann zweckmäßig, wenn der Gesellschafter der GmbH gleichzeitig Kommanditist der GmbH & Co. KG ist. Scheidet der Kommanditist aufgrund ordentlicher Kündigung aus der Kommanditgesellschaft, also der GmbH & Co. KG, aus, so muss er auch die Möglichkeit haben, das Gesellschaftsverhältnis der GmbH zu kündigen. Es wird sich oft auch als zweckmäßig erweisen, dass die Wirksamkeit der Kündigung sowohl bei der GmbH als auch bei der GmbH & Co. KG an die Bedingung geknüpft wird, dass gleichzeitig auch das andere Gesellschaftsverhältnis gekündigt wird. Kündigungsfristen und Form der Kündigung sind zweckmäßigerweise in beiden Gesellschaftsverträgen aufeinander abzustimmen. Die Kündigung des Anteils bei der Kommanditgesellschaft hat zur Folge, dass der Anteil des Ausgeschiedenen den übrigen Gesellschaftern anwächst. Bei der GmbH wird man es so ausgestalten müssen, dass im Falle der Kündigung durch einen Gesellschafter entweder die GmbH den Anteil des Ausgeschiedenen erwirbt oder der Anteil quotal auf die verbleibenden Gesellschafter übergeht.

Das GmbH-Gesetz kennt den Ausschluss eines Gesellschafters aus wichtigem Grunde nicht. Die Rechtsprechung des BGH (BGHZ 9, 168 ff.) bejaht jedoch den Ausschluss eines Gesellschafters aus wichtigem Grunde, wenn ein Gesellschaftsverhältnis den übrigen Gesellschaftern, nicht mehr zumutbar ist. Hiernach liegen Gründe für eine zwangsweise Ausschließung eines Gesellschafters dann vor, wenn 317

1. andere gangbare Wege zur Beseitigung der Schwierigkeiten nicht vorhanden sind,
2. der wichtige Grund in der Person des Auszuschließenden vorliegt,
3. der Ausschluss durch eine Ausschlussklage, die von der GmbH zu erheben ist, erfolgt,
4. die Gesellschafterversammlung über die Ausschlussklage mit der für den Auflösungsbeschluss notwendigen Mehrheit beschlossen hat, wobei der Auszuschließende kein Stimmrecht hat.

Das Urteil auf Ausschluss hat rechtsgestaltende Wirkung. Der Ausschluss tritt erst mit dem im Urteil festgesetzten Zeitpunkt ein. Im Urteil ist der Gegenwert unter Berücksichtigung der Vermögenslage der Gesellschaft im Zeitpunkt der Klageerhebung für den Geschäftsanteil festzusetzen und die rechtsgestaltende Wirkung an die Bedingung zu knüpfen, dass die GmbH den Gegenwert in einer angemessenen, festzusetzenden Frist an den auszuschließenden Gesellschafter zahlt. Häufiges Mittel, einen Gesellschafter aufgrund der Satzung auszuschließen, ist die Einziehung des Anteils nach § 34 GmbHG. Möglich ist auch die Kaduzierung des Anteils (Scholz/Winter GmbHG § 21 Anm. 4) mit der Folge, dass die Gesellschaft den kaduzierten Anteil an Mitgesellschafter oder Dritte abtreten kann, wenn diese zustimmen. Die Satzung kann die Gesellschafter aber auch, ohne dass der Anteil zuvor kaduziert werden muss, gleich zu 318 dessen Abtretung ermächtigen (BGH v. 20. 6. 1983 GmbHR 1984, 75). Diese Abtretung wirkt nicht zurück. Wenn diese nach der Satzung ab dem Tage wirken soll, an dem das den Ausschluss rechtfertigende Ereignis eingetreten ist, so kann damit nur eine schuldrechtliche Rückbeziehung gemeint sein (so BGH a. a. O.). Der Zeitpunkt der Ausschließung braucht nicht von der Abfindungszahlung abhängig zu werden. In einer auf Mitarbeit aller Gesellschafter angelegten GmbH kann die Satzung bestimmen, dass die Beendigung der Mitarbeit Ausschließungsgrund ist. Bei einer Freiberufler GmbH & Co. KG oder Dienstleistungs-GmbH & Co. KG, wo es auf die persönliche Mitarbeit der Gesellschafter ankommt, kann der Gesellschaftsvertrag vorsehen, dass der Gesellschafter mit Beendigung der persönlichen Mitarbeit aus der Gesellschaft sowohl als Kommanditist als auch als GmbH-Gesellschafter ausscheidet.

319 Zur Ermittlung des Wertes des Geschäftsanteils hat der auszuschließende Gesellschafter nach Kräften mitzuwirken. Unterlässt er dies, braucht der Wert nicht festgesetzt und der Ausschluss nicht von der Zahlung abhängig gemacht zu werden. Der Weg, wie der Ausschluss durchgeführt wird, steht der GmbH frei. Hier bietet sich an: der Kauf des Anteils durch die GmbH, u. U. auch die Einziehung oder Kapitalherabsetzung. Der Gesellschaftsvertrag der GmbH kann auch hier den Ausschluss eines Gesellschafters aus wichtigem Grunde vorsehen, die Gründe für den Ausschluss aus wichtigem Grunde festlegen und auch das Verfahren des Ausschlusses hinsichtlich des Anteilserwerbes und der Höhe der Abfindung festlegen. Das gilt insbesondere dann, wenn der Gesellschaftsvertrag der KG dieses im einzelnen vorsieht.

4. Abfindung der ausgeschiedenen Gesellschafter

a) Abfindung bei vollem Wertausgleich

320 Ist im Gesellschaftsvertrag keine Regelung über die Abfindung vereinbart, ist zur Bestimmung des gemeinen Wertes seines Anteils eine fiktive Vermögensauseinandersetzung der Gesellschaft durchzuführen, wonach dem ausscheidenden Gesellschafter zunächst einmal sein Buchkapital, also das Kapitalkonto und die Privatkonten, zuzurechnen ist und das vorhandene Mehrvermögen ihm darüber hinaus entsprechend seinem Gewinnverteilungsschlüssel zugewiesen wird. Somit wären im Falle des Ausscheidens die auf den Anteil entfallenden anteiligen stillen Reserven zu ermitteln. Dies gilt grundsätzlich auch für einen evtl. vorhandenen anteiligen Firmenwert. Vielfach ist im Gesellschaftsvertrag vereinbart, dass ein evtl. vorhandener Firmenwert hinsichtlich der Ermittlung der Höhe des Abfindungsguthabens nicht zu berücksichtigen ist. In der Regel wird im Gesellschaftsvertrag auch vereinbart werden, dass der Gesellschafter an den Gewinnen aus den noch schwebenden Geschäften nicht mehr teilhat. Der Gesellschaftsvertrag kann vorsehen, dass der Wert des Abfindungsguthabens durch ein Sachverständigengutachten zu ermitteln ist, dem sich die Gesellschaft und der Ausscheidende zu unterwerfen haben. Da die Abfindung eines Gesellschafters in jedem Falle für die Gesellschaft einen erheblichen Aderlass bedeutet, insbesondere dann, wenn die Gesellschaft das Abfindungsguthaben auf einmal auszahlen muss, ist es zweckmäßig, im Gesellschaftsvertrag der Gesellschaft das Recht zu geben, den Abfindungsbetrag in Raten oder u. U. sogar in Form einer Rente zu zahlen. Der Gesellschaftsvertrag kann eine Verzinsung der gestundeten Abfindung vorsehen, er kann aber auch eine unver-

zinsliche Stundung des Betrages vereinbaren. Nur müssen die Bedingungen für den Ausscheidenden auch zumutbar sein.

b) Abfindung bei Buchwertklausel

Ist im Gesellschaftsvertrag vereinbart worden, dass der Ausscheidende lediglich den letzten Buchstand seines Kapitalkontos einschließlich der Darlehenskonten und dem Gewinnanteil erhält, nimmt er an den stillen Reserven des Unternehmens nicht teil. Die Vereinbarung solcher Buchwertklauseln ist bürgerlichrechtlich zulässig, insbesondere dann, wenn Gegenseitigkeit besteht, d. h. diese für alle Gesellschafter gilt. Allerdings ist die grundsätzlich zulässige Buchwertklausel dann als unzulässig zu erachten, wenn sie auf Grund wirtschaftlich nachteiliger Folgen, insbesondere wegen eines erheblichen Missverhältnisses zwischen Buchwert und wirklichem Wert, die Freiheit des Gesellschafters, sich zu einer Kündigung zu entschließen, unvertretbar einengt. Das folgt aus § 723 Abs. 3 BGB, der nach § 105 Abs. 2 HGB auch auf die handelsrechtliche Personengesellschaft sowie auf die ordentliche Kündigung unbefristeter Personengesellschaften anwendbar ist (BGHZ 23, 1015; v. 28. 5. 1979 WM 1979, 1064, 1065; v. 24. 9. 1984 DB 1985, 167). Die Feststellung, dass erhebliche stille Reserven vorhanden sind, reicht allein nicht aus. Der Beteiligungswert ist auf der Grundlage des wirklichen Werts des Unternehmens zu errechnen. Dieser ergibt sich im allgemeinen aus dem Preis, der bei einem Verkauf des Unternehmens als Einheit erzielt würde (BGHZ 17, 130, 136; v. 20. 9. 1971, WM 1971, 1450). Bei der Wertermittlung ist nach § 738 Abs. 2 BGB eine Schätzung möglich. Dabei wird regelmäßig mit der heute herrschenden Auffassung von dem Ertragswert auszugehen sein (BGH v. 24. 9. 1984 DB 1985, 167). Ist eine solche Klausel vereinbart worden, erhält er lediglich den letzten Kapitalkontostand einschließlich Darlehens- und Privatkonten und den Anteil am Gewinn bis zum Zeitpunkt seines Ausscheidens ausgezahlt. Auch in diesem Falle ist eine Stundung der Auszahlung möglich.

c) Abfindung bei Pauschalabfindung der stillen Reserven

Um eine schwierige Bewertung des Auseinandersetzungsguthabens zu vermeiden, kann der Gesellschaftsvertrag vorsehen, dass die im Unternehmen vorhandenen stillen Reserven pauschal abgefunden werden. Das geschieht vielfach in der Weise, dass der Gesellschafter einen bestimmten Vomhundertsatz seines letzten Kapitalkontostandes zusätzlich erhält. Man kann die Pauschalabfindung auch an den Durchschnittsgewinn der letzten Jahre koppeln. (Hinsichtlich weiterer Ansprüche des Ausgeschiedenen, z. B. Entgelt für Grundstücksnutzung, siehe BGH v. 14. 11. 1988, BB 1989, 104.)

II. Erbfolgeregelung

Bei der GmbH & Co. KG ist zu beachten, dass es sich hier um zwei Gesellschaften handelt. Die Vererbung eines GmbH-Anteils richtet sich grundsätzlich nach Erbrecht, die Nachfolge im Gesellschaftsanteil einer KG grundsätzlich nach Gesellschaftsrecht. Ist ein Gesellschafter sowohl an der GmbH als auch an der KG beteiligt, ist es zweckmäßig, im Falle mehrerer Erben korrespondierende Regelungen zu treffen. Ferner muss beachtet werden, dass der GmbH-Anteil bei mehreren Erben in den Nachlass fällt und die Rechte aus dem GmbH-Anteil von der Erbengemeinschaft geltend gemacht werden. Bei der Personengesellschaft wird der einzelne Erbe bei einer einfachen Nachfolgeklausel mit dem Erbfall unmittelbar Gesellschafter, Sondererbfolge tritt also ein. So kann im Falle der einfachen Nachfolgeklausel z. B. eine Genehmigung zur Teilung des GmbH-Anteils davon abhängig gemacht werden, dass die Aufteilung im gleichen Verhältnis wie die Aufteilung der KG-Anteile erfolgt.

1. Die Rechtsnachfolge im GmbH-Anteil

a) Die Vererblichkeit von Geschäftsanteilen

324 Grundsätzlich ist der Gesellschaftsanteil frei vererblich. Es bedarf in diesem Fall auch nicht der Anzeige gegenüber der Gesellschaft. Die Satzung kann aber einen Ausschluss und eine Erschwerung der Veräußerbarkeit im Erbfall vorsehen. Schließt die Satzung die Vererbung aus, muss eine Regelung hinsichtlich des Geschäftsanteils des Verstorbenen vorgesehen sein. So kann die Satzung regeln, dass die Gesellschaft oder die Gesellschafter den Anteil erwerben, ein Dritter diesen erwirbt oder die Gesellschaft den Anteil einzieht. Er kann auch Dritten überlassen werden. Jedoch kann die Satzung auch hier eine Einschränkung vorsehen, dass die Gesellschaft das Ankaufsrecht hat. Hat der Erblasser den Anteil auf Grund eines Vermächtnisses an einen Dritten vermacht, geht dieser zunächst auf den Erben über. Zur Übertragung bedarf es in diesem Falle der Form des § 15 Abs. 3 GmbHG. Bindet die Satzung die Übertragung eines Geschäftsanteils an die Genehmigung durch die Gesellschaft, so ist auch diese zur Ausführung des Vermächtnisses erforderlich. Wird im Rahmen einer Erbauseinandersetzung der Geschäftsanteil auf einen Erben übertragen, so bedarf es grundsätzlich der Form des § 25 Abs. 3 GmbHG. Sie kann jedoch formlos wirksam werden, wenn ein Gesamthänder den Anteil am Gesamthandsvermögen, zu dem der Geschäftsanteil gehört, als solchen und in der dafür vorgeschriebenen Form erwirbt (Erwerb aller Erbanteile, § 2033 BGB, und damit verbunden das Anwachsen der Anteile, § 38 BGB).

b) Tod eines Gesellschafters bei mehreren Erben

325 Mit dem Tode des Gesellschafters geht der Anteil im Wege der Gesamtrechtsnachfolge auf den Erben oder die Erben über (§ 1922 BGB). Der Ausschluss oder die Beschränkung der Vererblichkeit ist nicht möglich (Baumbach/Hueck § 15 GmbHG Anm. 1). Miterben steht der ererbte Geschäftsanteil ungeteilt zu. Die Miterben können ihre Rechte aus dem Anteil nur gemeinsam geltend machen. Sind mehrere Erben vorhanden, steht der GmbH-Anteil grundsätzlich allen Erben in ungeteilter Erbengemeinschaft zu. Es liegt eine Mitberechtigung aller Erben am Geschäftsanteil vor. Mitberechtigung i. S. des § 18 GmbHG liegt vor, wenn mehrere natürliche oder juristische Personen oder auch mehrere Personengemeinschaften Inhaber eines Geschäftsanteils sind, d. h. er ihnen gemeinsam gehört. Hierunter fallen die Bruchteilsgemeinschaften und die Gesamthandsgemeinschaften. Miteigentum gem. § 1008 ff. BGB ist, da der Geschäftsanteil ein Recht ist, nicht möglich. Unter die Gesamthandsgemeinschaften des § 18 GmbHG fallen nach herrschender Meinung nicht die Personenhandelsgesellschaften, jedoch die Gesellschaft bürgerlichen Rechts, die Erbengemeinschaft und das Gesamtgut der ehelichen Gütergemeinschaft. Die Mitberechtigten sind nicht jeder für sich Gesellschafter, sondern nur zusammen als Teilhaber der Bruchteilsgemeinschaft als Gesamthandsbe-

rechtigte an einem einheitlichen Geschäftsanteil. Die Mitberechtigung endet, wenn bei der Auseinandersetzung der Gemeinschaft §§ 731 ff., 752 ff., 1471 ff., 2042 ff. BGB oder auch vorher der Geschäftsanteil an einen Mitberechtigten oder Dritten übertragen wird oder wenn Geschäftsanteile gebildet und nachher übertragen werden. Diese Übertragungen bedürfen der Form des § 15 Abs. 3 GmbHG. Zur realen Teilung ist die Genehmigung der Gesellschaft auch dann erforderlich, wenn der Gesellschaftsvertrag die Veräußerung von Teilen eines Geschäftsanteils zulässt. Die Mitberechtigten können die Rechte aus dem Geschäftsanteil nur gemeinschaftlich ausüben. Die gemeinschaftliche Ausübung der Rechte aus dem Geschäftsanteil kann entweder in der Weise erfolgen, dass alle Beteiligten durch übereinstimmendes Handeln unmittelbar mitwirken oder dass sie einen gemeinsamen Vertreter bestellen und durch ihn handeln (BGHZ 49, 183, 191, Baumbach/Hueck, GmbHG § 18 Anm. 2; Scholz-Winter, § 18 GmbHG Anm. 12). Verwaltungs- und Verfügungsbefugnis von Testamentsvollstreckern, Nachlaßverwaltern, Nachlassinsolvenzverwaltern schließen eine Mitwirkung der Miterben aus. Mitberechtigte sind im Prozess notwendige Streitgenossen i. S. des § 62 ZPO. Rechte aus dem Gesellschaftsanteil sind sowohl die gesellschaftsrechtlichen Mitwirkungsrechte wie Ausübung des Stimmrechts, Anfechtung gefasster Gesellschafterbeschlüsse, Stellung von Anträgen usw., ferner besondere vertragliche Rechte, z. B. auf Einsicht in die Geschäftsbücher und die reinen Vermögensrechte wie auf Auszahlung des Gewinnanteils bzw. der Liquidationsquote (Baumbach/Hueck, GmbHG § 18 Anm. 2). Die Rechte der Mitberechtigten untereinander regeln sich nach dem Recht der BGB-Gesellschaft, Erbengemeinschaft usw. (hierzu auch BGH v. 14. 5. 1986 BB 1986, 2084).

Die Mitberechtigten haften der GmbH gegenüber solidarisch als Gesamtschuldner. 326 Das gilt auch für die Bruchteilsgemeinschaften. Die Haftung im Innenverhältnis wird durch § 18 GmbHG nicht geregelt. Dies regelt sich nach dem Recht der Gemeinschaft. Rechtshandlungen der Gesellschafter gegenüber den Mitberechtigten werden, sofern nicht ein gemeinsamer Vertreter der Mitberechtigten vorhanden ist, wirksam, wenn sie auch nur gegenüber einem Mitberechtigten vorgenommen werden. Jedoch findet diese Bestimmung gegenüber mehreren Erben eines Gesellschafters nur in Bezug auf Rechtshandlungen Anwendung, welche nach Ablauf eines Monats seit dem Anfall der Erbschaft vorgenommen werden.

c) Erbauseinandersetzung eines GmbH-Anteils

Die Erbauseinandersetzung führt in der Regel zu einer realen Teilung des Nachlas- 327 ses. Grundlage kann auch eine Teilungsanordnung des Erblassers, Voraus-Vermächtnis oder ein Vermächtnis sein. Es bestehen mehrere Möglichkeiten, die Erbengemeinschaft zu beenden:
1. Ein Miterbe übernimmt im Rahmen der Erbauseinandersetzung u. U. gegen Zuzahlung den GmbH-Anteil.
2. Die Erben veräußern den Anteil an einen Dritten oder denjenigen, der aufgrund einer Nachfolgeklausel berechtigt sein soll.
3. Der Geschäftsanteil wird real geteilt.

Die Übertragung bedarf in allen Fällen der notariellen Form, § 15 Abs. 3 GmbHG. 328 Im Falle der realen Teilung der Anteile bedarf es gleichzeitig noch der Genehmigung durch die Gesellschaft, § 15 Abs. 5 GmbHG.

d) Nachfolgeklausel im GmbH-Vertrag

329 Die Vererblichkeit eines Geschäftsanteils kann im Gesellschaftsvertrag nicht beschränkt werden. Der Gesellschaftsvertrag kann nicht mit unmittelbarer Wirkung eine Sondernachfolge anordnen. Das gilt auch dann, wenn der Gesellschaftsvertrag zugleich das Erfordernis eines Erbvertrages erfüllen sollte, §§ 2274 ff., § 2278 Abs. 2 BGB. Soll eine am Gesellschaftsvertrag nicht beteiligte Person Nachfolger werden, scheitert die bedingte Übertragung an § 15 Abs. 3 GmbHG und der unzulässigen Belastung des Dritten mit den Pflichten aus der Gesellschaft (Scholz-Winter § 15 GmbHG Anm. 13). Möglich ist jedoch, dass der Gesellschaftsvertrag eine Abtretungspflicht der Erben oder ein Einziehungsrecht der Gesellschaft vorsieht. Zulässig ist auch, die Rechtsstellung des Gesellschafternachfolgers statutarisch einzuschränken. Die vertraglich begründete Abtretungspflicht des Gesellschaftererben ist entweder eine Nebenleistungspflicht i. S. des § 3 Abs. 2 GmbHG oder eine gesellschaftliche Pflicht gegenüber einem oder allen Mitgesellschaftern. Der Gesellschaftsvertrag kann vorsehen, dass der im Wege der Erbfolge übergegangene Geschäftsanteil an eine nur von der Gesellschaft zu bestimmenden oder ihr genehmen Person oder an die Gesellschaft selbst abzutreten ist. Die Abtretung muss in notarieller Form erfolgen. Einer Genehmigung i. S. des § 15 Abs. 5 GmbHG bedarf es nicht. Anspruchsberechtigt aus einer Nachfolgeklausel ist die Gesellschaft, wenn sich aus dem Gesellschaftsvertrag nichts anderes ergeben sollte. Der Gesellschaftsvertrag kann weitere Bedingungen der Abtretungspflicht festlegen, insbesondere über das Abtretungsentgelt, über dessen Fälligkeit und die Zahlungsbedingungen. Die Einziehung des Gesellschaftsanteils erfolgt nicht automatisch mit dem Tode. Erforderlich ist ein den Gesellschaftererben zu erklärender einseitiger Rechtsakt der Gesellschaft. Es kann auch vertraglich angeordnet werden, dass sich beim Ausscheiden des Gesellschafters durch Tod der Inhalt des Gesellschaftsvertrages ändert.

2. Die Nachfolge im Kommanditanteil

330 Der Tod eines Kommanditisten löst die Gesellschaft ohne vertragliche Vereinbarung nicht auf (§ 177 HGB). Ist im Gesellschaftsvertrag nichts vereinbart, wird die Gesellschaft grundsätzlich mit den Erben fortgesetzt. Erhält der Gesellschaftsvertrag eine so genannte Fortsetzungsklausel, wird die Gesellschaft mit den verbleibenden Gesellschaftern fortgesetzt, der verstorbene Gesellschafter scheidet mit seinem Tode aus der Gesellschaft aus. Bei den so genannten Nachfolgeklauseln, die die Fortsetzung mit den Erben vorsehen, unterscheidet man die einfache Nachfolgeklausel und die qualifizierte Nachfolgeklausel. Scheiden die Erben eines verstorbenen Gesellschafters grundsätzlich aus der Gesellschaft aus, haben aber einige Erben das Recht, in die Gesellschaft einzutreten, spricht man von einer Eintrittsklausel.

a) Fortsetzungsklausel

331 Ist im Gesellschaftsvertrag vorgesehen, dass die Gesellschaft im Falle des Todes eines Kommanditisten lediglich mit den verbleibenden Gesellschaftern fortgesetzt wird, scheidet der Erblasser mit seinem Tode aus der Gesellschaft aus. In den Nachlas fällt in diesem Falle lediglich das Abfindungsguthaben. Das gilt auch dann, wenn der Erblasser testamentarisch den Anteil einem bestimmten Erben vermacht hat. Die gesellschaftsvertragliche Regelung hat hier Vorrang. Der Erbe hat lediglich Anspruch auf

Auszahlung des Abfindungsguthabens. Die gesellschaftsrechtlichen Klauseln beziehen sich nur auf den Gesellschaftsanteil, nicht auch auf die übrigen Wirtschaftsgüter, die der Erblasser der Gesellschaft im Wege der Vermietung und Verpachtung zur Nutzung überlassen hat. Diese Gegenstände fallen unmittelbar in den Nachlas und stehen den Erben zur gesamten Hand zu. Komplikationen können bei einer Fortsetzungsklausel bei der Gesellschaftsform der GmbH & Co. KG insofern auftreten, als der GmbH-Anteil grundsätzlich frei vererblich ist. Dies führt dazu, dass die Erben eines Gesellschafters nicht Gesellschafter der GmbH & Co. KG geworden sind, jedoch Gesellschafter der GmbH. Der GmbH-Anteil fällt grundsätzlich in den Nachlass. Das Stimmrecht aus dem GmbH-Anteil kann aber nur einheitlich ausgeübt werden. Der Gesellschaftsvertrag der GmbH kann die freie Vererblichkeit einschränken, d.h. er kann u. a. vorsehen, dass der GmbH-Anteil nicht aufgeteilt werden darf. Schließt die Satzung die Vererbung aus, muss eine Regelung hinsichtlich des Geschäftsanteils des Verstorbenen vorgesehen sein. So kann die Satzung regeln, dass die Gesellschaft den Anteil erwirbt, ein Dritter diesen erwirbt oder die Gesellschaft den Anteil einzieht. In diesem Falle wäre es also zweckmäßig, auch im Gesellschaftsvertrag der GmbH vorzusehen, dass der Gesellschaftsanteil im Erbfall gegen eine Abfindung, die dem Wert des Anteils entspricht, auf die GmbH übergeht.

b) Nachfolgeklausel

aa) einfache Nachfolgeklausel

Enthält der Gesellschaftsvertrag eine einfache Nachfolgeklausel, so treten bei mehreren Erben diese entsprechend ihren Erbquoten in die Gesellschaft ein. Dieser Eintritt in die Gesellschaft vollzieht sich unabhängig von der erbrechtlichen Auseinandersetzung. Mit dem Tode des Erblassers werden die Erben automatisch Gesellschafter der GmbH & Co. KG. Trotz gesellschaftlicher Sonderrechtsnachfolge gehört der Gesellschaftsanteil zum Nachlass. (BGH v. 30. 4. 1984, BB 1984, 1313; v. 15. 6. 1986, BB 1986, 2084). Bei der späteren Erbauseinandersetzung können sich jedoch unterschiedliche Beteiligungsverhältnisse bei der GmbH und der GmbH & Co. KG ergeben. So ist es u. U. möglich, dass der GmbH-Anteil auf einen Gesellschafter übergeht, der Kommanditanteil jedoch auf mehrere Gesellschafter aufgeteilt wird, mit der Folge, dass die Gesellschafteridentität bei beiden Gesellschaften nicht mehr gegeben ist. Ist es die Vorstellung der Gründer der GmbH & Co. KG, dass auch künftig die Gesellschafteridentität gewahrt bleiben soll, und zwar bei gleichzeitiger Beteiligungsidentität hinsichtlich der Höhe, ist es zweckmäßig, die freie Vererblichkeit des GmbH-Anteils insoweit einzuschränken, dass die Übertragung und auch die Aufteilung des GmbH-Anteils im Erbfall an die Zustimmung der Gesellschaft gebunden wird und die Gesellschaft die Zustimmung nur erteilen darf, wenn die Übertragung des ganzen GmbH-Anteils bzw. die Aufteilung des GmbH-Anteils auf die einzelnen Erben bei der GmbH & Co. KG in gleicher Weise beim Kommanditanteil erfolgt.

332

bb) Qualifizierte Nachfolgeklausel

Um die Stückelung des Erbanteils zu verhindern und auch um die Zahl der Gesellschafter zu beschränken, kann der Gesellschaftsvertrag vorsehen, dass nur ein Erbe

333

oder einzelne Erben Gesellschafter werden. In diesem Falle spricht man von einer qualifizierten Nachfolgeklausel. Der BGH (Urteil vom 22. 11. 1956, BGHZ 22, 186, 195) hatte früher bei den Fällen der qualifizierten Nachfolgeklausel den Rechtsstandpunkt vertreten, dass der Gesellschaftsanteil unmittelbar nur in der Höhe der Erbquote auf den Gesellschafter übergehe, der übrige Anteil dagegen, wenn Abfindungsansprüche insoweit nicht in Frage kommen, zunächst den überlebenden Gesellschaftern als Treuhänder des Nachfolgers anwachse. In dem Urteil vom 2. 10. 1977 (NJW 1977, 1.339) hat der BGH diese Rechtsansicht aufgegeben und den Standpunkt vertreten, dass der gesellschaftsvertraglich allein zugelassene Miterbe den Anteil des Gesellschafter-Erblassers unmittelbar im ganzen erwirbt. In diesem Falle fällt der Anteil, unabhängig von der Erbquote, dem Bedachten, der im Gesellschaftsvertrag oder im Testament als Rechtsnachfolger benannt worden ist, unmittelbar in voller Höhe zu.

cc) Verhältnis der Gesellschaftsanteile zum übrigen Nachlass

334 Die vererblich gestellte Mitgliedschaft in einer Personengesellschaft wird im Erbfall nicht gemeinschaftliches Vermögen der Nachfolgeerben, sondern gelangt im Wege der Sondererbfolge unmittelbar und geteilt ohne weiteres Dazutun an die einzelnen Nachfolger (BGHZ 22, 186; 68, 225; BGH vom 4. 5. 83, GmbHR 1984, 39). Die so aufgeteilten Gesellschaftsanteile der Nachfolger gehören dennoch zum Nachlass. Das Erbrecht kann die Rechte des Erblassers nur so auf dessen Nachfolger weiterleiten, wie es sie beim Erbfall vorfindet. Das Erbrecht muss es daher hinnehmen, wenn ein Recht des Erblassers unvererblich ist, wie z. B. grundsätzlich der Anteil eines Gesellschafters an einer offen Handelsgesellschaft (BGHZ 22, 186, 191). Nicht anders ist es, wenn das Recht des Erblassers nur beschränkt vererblich ist und – wie z. B. die Mitgliedschaft in einer offen Handelsgesellschaft bei einer in den Gesellschaftsvertrag aufgenommenen qualifizierten Nachfolgeklausel (vgl. BGH vom 10. 2. 1977, BGHZ 68, 225, 237) – kraft Erbrechts nur an einen begrenzten Kreis von Nachfolgern gelangen kann. Nach der Rechtsprechung des BGH (BGHZ 22, 186, 192; 68, 225, 237; vom 24. 11. 1980, LM BGB § 730 Nr. 8 Bl. 2 R) kann eine Erbengemeinschaft nicht Mitglied einer Personengesellschaft sein. Das beruht im wesentlichen darauf, dass es sich hier meist um persönlichkeitsbezogene Arbeits- und Haftungsgemeinschaften handelt, in denen Rechte und Pflichten i. d. R. sachgerecht nur von voll verantwortlichen und selbst handlungsfähigen Personen wahrgenommen werden können. Diese Auffassung, die bereits auf die Rechtsprechung des Reichsgerichtes (DR 1943, 1224) zurückgeht und die in § 139 HGB vorausgesetzt ist („jeder Erbe"), wird im Schrifttum weitgehend gebilligt (vgl. auch Flume, Allgemeiner Teil des BGB, die Personengesellschaft, § 18 II 1 S. 379; Ulmer in Münchener Kommentar § 705 BGB RdNr. 59). Sie wird von der Rechtsprechung nicht mehr infrage gestellt (BGHZ 85, 64, 66). Hieraus folgt, dass auch für den Fall, dass der Gesellschaftsvertrag die Vererbung der Anteile ausdrücklich eröffnet, die Anteile im Wege der Erbfolge nicht gemeinschaftliches Vermögen mehrerer Erben i. S. von § 2032 ff. BGB werden können und daher trotz § 1922 Abs. 1 BGB als ganzes nicht der Gesamtrechtsnachfolge (Universalsukzession) unterliegen.

c) Abfindung weichender Erben

Haben sich die Erben dahingehend auseinandergesetzt, dass nur einer oder einzelne Erben den Kommanditanteil erhalten sollen, haben diese grundsätzlich die weichenden Erben abzufinden. Diese Abfindung erfolgt unabhängig von der gesellschaftsvertraglichen Regelung. Von der Abfindung wird das Gesellschaftsvermögen nicht berührt. Es handelt sich hier um eine Verpflichtung der übernehmenden Erben und nicht um eine solche der Gesellschaft. Infolgedessen haben die übernehmenden Erben auch bei Buchwertklausel im Gesellschaftsvertrag die weichenden Erben mit dem vollen Wert des Anteils abzufinden. Allerdings ist zu berücksichtigen, dass eine im Gesellschaftsvertrag vorhandene Buchwertklausel den Wert des Anteils mindern kann. Gleiches gilt, wenn im Gesellschaftsvertrag vereinbart worden ist, dass nur ein Erbe oder einzelne Erben (qualifizierte Nachfolgeklausel) den Anteil übernehmen dürfen. Die Abfindung ist auch in diesem Falle Angelegenheit des übernehmenden Gesellschafters und nicht eine solche der Gesellschaft. Durch die Abfindung wird also das Gesellschaftsvermögen wie im Falle einer Fortsetzungsklausel nicht berührt. Im Gegensatz zum Ausscheiden eines Gesellschafters aus einer Personengesellschaft wird bei einer Abfindung von weichenden Erben durch den übernehmenden Erben das Gesellschaftsvermögen selbst nicht berührt. Die Mittel für die Abfindung hat der abfindende Gesellschafter selbst aufzubringen. Sollte der Abfindende die Mittel hierzu nicht besitzen, bieten sich folgende Möglichkeiten für eine Abfindung an:

1. die Einräumung einer Unterbeteiligung
2. die Aufnahme eines Darlehens
3. die Vereinbarung von Ratenzahlungen
4. die Vereinbarung einer Rentenverpflichtung.

Das Betriebsvermögen wird durch solche Vereinbarungen nicht berührt, auch wenn die Abfindung aus dem Betriebsvermögen, nämlich den künftigen Gewinnansprüchen, gezahlt werden soll.

3. Gemeinsame Bestimmungen

a) gemeinsame Nachfolgeregelungen

Um zu verhindern, dass GmbH-Anteil und Kommanditanteil verschiedene Wege gehen, ist es zweckmäßig, im Gesellschaftsvertrag der GmbH hinsichtlich der Vererblichkeit des Anteils eine entsprechende Vereinbarung zu treffen, wonach auch im Erbfall die Übertragung des Anteils auf einen bestimmten Erben der Zustimmung der Gesellschaft bedarf, die Gesellschaft die Zustimmung jedoch nur erteilen darf, wenn der Erwerber des Anteils gleichzeitig den Kommanditanteil übernimmt. Wie bereits ausgeführt, ist der GmbH-Anteil grundsätzlich frei vererblich. Diese freie Vererblichkeit kann grundsätzlich durch den Gesellschaftsvertrag auch nicht ausgeschlossen werden. Ist im Gesellschaftsvertrag der KG die Fortführungsklausel vereinbart, scheidet der Gesellschafter mit seinem Tode grundsätzlich aus der Gesellschaft aus. Um bei der GmbH die gleichen Beteiligungsverhältnisse zu erhalten, ist es zweckmäßig, im Gesellschaftsvertrag zu vereinbaren, dass in einem solchen Fall die Erwerber des GmbH-Anteils verpflichtet sind, diesen GmbH-Anteil an die GmbH selbst oder die übrigen GmbH-Gesellschafter zu veräußern. Es kann im Gesellschaftsvertrag unter Umständen ein Ausschluss eines Gesellschafters aus wichtigem Grunde vorgesehen werden, wobei als wichtiger Grund die Beendigung der Beteiligung an der KG angesehen wird. In den Fällen der einfachen und der qualifizierten Nachfolgeklausel müssen der Gesellschaftsvertrag und auch die testamentarischen Verfügungen gleichlauten. So kann im Falle der einfachen Nachfolgeklausel z. B. eine Genehmigung zur Teilung der GmbH-Anteile davon abhängig gemacht werden, dass die Aufteilung im gleichen Verhältnis wie die Aufteilung der KG-Anteile erfolgt.

b) Testamentsvollstreckung

338   Ist Testamentsvollstreckung angeordnet und befindet sich im Nachlass ein GmbH-Anteil, so nimmt der Testamentsvollstrecker das Stimmrecht in der Gesellschafterversammlung grundsätzlich im eigenen Namen wahr. Er wird aufgrund letztwilliger Verfügung des Erblassers vom Nachlassgericht als Amtsträger ernannt (§§ 2197 ff. BGB). Eine Beschränkung der Erbenhaftung tritt hierdurch nicht ein. Das Aufgabengebiet richtet sich nach der testamentarischen Verfügung. Besteht keine Einschränkung, hat er unter Ausschluss des/der Erben den ganzen Nachlass zu verwalten und kann über ihn verfügen, doch nicht unentgeltlich. Die Testamentsvollstreckung kann auch auf die Verwaltung eines GmbH-Anteils beschränkt sein (§§ 2205, 2208 BGB). Eine Beschränkung der Testamentsvollstreckung auf das Stimmrecht ist nicht möglich. Der Testamentsvollstrecker nimmt grundsätzlich alle Mitverwaltungsrechte wahr, ausgenommen sind jedoch höchstpersönliche Gesellschafterrechte (z. B. ein dem Gesellschafternachfolger eingeräumtes höchstpersönliches Geschäftsführungsrecht). Im Rahmen der §§ 2205, 2208 BGB kann der Testamentsvollstrecker auch neue Gesellschafterpflichten eingehen, soweit die Haftung auf den Nachlass begrenzt bleibt, so kann er an einer Kapitalerhöhung teilnehmen. Bei Bestellung des Testamentsvollstreckers zum Geschäftsführer ist § 181 BGB zu beachten, d. h. wenn Erblasser oder Erben es ihm gestatten. Die Wahrung der Gesellschaftsrechte durch einen Testamentsvollstrecker kann durch den Gesellschaftsvertrag ausgeschlossen werden. Der Testamentsvollstrecker kann jedoch bei Gesellschaftsgründung nicht eine wirksame Betätigungserklärung für die Erben abgeben, was von Bedeutung ist, wenn ein bisheriges Einzelunternehmen in eine GmbH bzw. eine bisherige Personengesellschaft in eine GmbH eingebracht werden soll. Im Falle der Veräußerung des GmbH-Anteils ist der Testamentsvollstrecker antragsberechtigt.

339   Anders ist jedoch die Rechtslage bei der KG. Der Testamentsvollstrecker kann hier als Bevollmächtigter der Erben, also in deren Namen auftreten, aber auch im eigenen Namen tätig werden mit der Folge, dass er in seiner Eigenschaft als Treuhänder für die von ihm selbst durchgeführten Maßnahmen selbst haftbar ist. Deshalb erscheint die Wahrnehmung der Rechte der Erben seitens des Testamentsvollstreckers als Treuhänder unbedenklich, zumal der Testamentsvollstrecker nach feststehender Rechtsprechung (BGHZ 24, 112) die treuhänderische Übertragung der Verwaltung verlangen kann, sofern die Erben nicht damit einverstanden sind, dass der Testamentsvollstrecker als deren Bevollmächtigter auftritt. Allerdings muss der Gesellschaftsvertrag die Wahrnehmung der Gesellschaftsrechte durch einen Testamentsvollstrecker zulassen oder müssen die übrigen Gesellschafter mit der Wahrnehmung der Gesellschaftsrechte durch den Testamentsvollstrecker einverstanden sein (vgl. hierzu RGRK Anm. 28 c ff.

zu § 105 HGB und Anm. 68 ff. zu § 139; Schlegelberger Anm. 14 ff. zu § 139 HGB). Der Testamentsvollstrecker darf grundsätzlich nicht in die inneren Angelegenheiten der Gesellschaft eingreifen, er nimmt jedoch die Vermögensrechte aus dem Anteil wahr (BGH v. 14. 5. 1986, BB 1986, 2084).

III. Gesellschafterwechsel

Unter Gesellschafterwechsel versteht man jede Veränderung innerhalb des Gesellschafterbestands. Aus diesem Grunde fällt auch das Ausscheiden eines Gesellschafters aus einer Personengesellschaft unter den Begriff des Gesellschafterwechsels im weiteren Sinne. Insbesondere fällt hierunter die Übertragung von Anteilen an Dritte oder einen bzw. die übrigen Gesellschafter. Aber auch der Eintritt weiterer Gesellschafter fällt hierunter. Die Identität der Personengesellschaft, das gilt auch für die GmbH & Co. KG, bleibt bei Gesellschafterwechsel – das gilt auch für den vollständigen – grundsätzlich erhalten, selbst dann, wenn sich der Firmenname ändert (OLG Zweibrücken Beschl. v. 12. 11. 1987, GmbHR 1988, 307). 340

1. Veräußerung von Anteilen durch Übertragung

Die Übertragung von Anteilen auf einen Dritten (Nichtgesellschafter) ist ohne besondere Vereinbarung im Gesellschaftsvertrag nicht möglich. Der Gesellschafterwechsel bedeutet gleichzeitig Änderung des Gesellschaftsvertrags. Eine Änderung des Gesellschaftsvertrags ist grundsätzlich nur mit Zustimmung aller Gesellschafter gültig. Will ein Gesellschafter seinen Anteil auf einen Dritten übertragen, so ist grundsätzlich die Zustimmung der übrigen Gesellschafter hierzu notwendig, es sei denn, der Gesellschaftsvertrag lässt die Übertragung von Anteilen ausdrücklich zu. Jedoch kann aus dem Umstand, dass der Gesellschaftsvertrag die Übertragung von Gesellschaftsanteilen auf Nichtgesellschafter an die Zustimmung der übrigen Gesellschafter bindet, nicht der Gegenschluss gezogen werden, für den nicht ausdrücklich geregelten Fall der Übertragung auf einen Mitgesellschafter bedürfe es keiner Zustimmung (BGH vom 24. 2. 1986, GmbHR 86, 345). Es ist hierbei gleichgültig, ob die Übertragung entgeltlich oder unentgeltlich erfolgt. Der Gesellschaftsvertrag kann hier eine grundsätzliche Übertragbarkeit vorsehen, u. U. sogar den übrigen Gesellschaftern ein Vorkaufsrecht einräumen. Das gilt grundsätzlich auch, wenn ein Anteil auf einen anderen Gesellschafter übertragen werden soll. Eine derartige Übertragung ist nur mit Zustimmung aller Gesellschafter zulässig, weil sich hierdurch die Beteiligungsverhältnisse am Gesellschaftsvermögen und die Beteiligung am Gewinn ändert. Gleiches gilt für die Übertragung von Teilen von Anteilen. Eine andere Beurteilung gilt für den Fall, dass Gesellschaftsanteile oder Teile von Gesellschaftsanteilen auf Abkömmlinge oder den Ehegatten übertragen werden, wenn die Vererblichkeit der Anteile nicht ausgeschlossen ist. Werden Anteile in vorweggenommener Erbfolge übertragen, bedarf die Anteilsübertragung grundsätzlich auch der Zustimmung der übrigen Gesellschafter, diese sind aber verpflichtet, die Zustimmung in der Regel zu erteilen. In der Regel wird der Gesellschaftsvertrag die Übertragung von Anteilen im Wege der vorweggenommenen Erbfolge zulassen. 341

Handelt es sich um Publikums-GmbH & Co's, ist es zweckmäßig, die Veräußerlichkeit von Anteilen grundsätzlich zu vereinbaren, um die Anteile fungibler zu machen. Al- 342 lerdings kann auch hier auf die formale Zustimmung der übrigen Gesellschafter nicht verzichtet werden, da die Person des Gesellschafters wesentlicher Bestandteil des Gesellschaftsvertrags ist und damit jeder Gesellschafterwechsel eine Änderung des Gesellschaftsvertrages zum Inhalt hat. Einer besonderen Zustimmung bedarf es jedoch nicht, wenn die Anteile der Kommanditisten von einem Treuhänder verwaltet werden und nur der Treuhänder nach außen hin der Gesellschaft gegenüber als Kommanditist gilt. Keiner Zustimmung bedarf es bei so genannten Unterbeteiligungsverhältnissen, bei denen ein Gesellschafter als so genannter Hauptbeteiligter der Gesellschaft gegenüber als Kommanditist gilt und die übrigen Gesellschafter sich an diesem Anteil unterbeteiligt haben. In diesen Fällen ist ein Gesellschafterwechsel ohne Kenntnis und Zustimmung der Gesellschaft möglich. Der Gesellschaftsvertrag kann jedoch Unterbeteiligungsverhältnisse verbieten. Ein solches Verbot hat jedoch keine unmittelbare Wirkung. Wird ein Gesellschaftsanteil auf einen anderen Gesellschafter übertragen, bedarf auch dieses der Zustimmung der übrigen Gesellschafter, weil sich hierdurch die Beteiligungsverhältnisse am Vermögen und am Gewinn ändern. Die Zustimmung der übrigen Gesellschafter muss erteilt werden, wenn der Gesellschaftsvertrag eine solche Übertragung vorsieht oder bestimmten Gesellschaftern ein Vorkaufsrecht im Falle der Veräußerung einräumt. In diesem Falle sind die Gesellschafter verpflichtet, der Übertragung zuzustimmen. Notfalls kann der übernehmende Gesellschafter auf Zustimmung der übrigen Gesellschafter klagen.

2. Eintritt weiterer Gesellschafter

343 Der Eintritt weiterer Gesellschafter hat zur Folge, dass sich die Anteile der Altgesellschafter am Gesellschaftsvermögen vermindern. Insofern ist auch hier die Veräußerung von Anteilen gegeben. Die neu eintretenden Gesellschafter werden mit der Eintragung in das Handelsregister zu Kommanditisten. Soweit Gesellschaftsgläubigern der Eintritt als Kommanditist nicht bekannt war, haften die Kommanditisten bis zur Eintragung grundsätzlich für die bis dahin entstandenen Verbindlichkeiten unbegrenzt. Handelt es sich jedoch um die Gesellschaftsform einer GmbH & Co. KG, kann grundsätzlich davon ausgegangen werden, dass die neu eintretenden Gesellschafter die Stellung eines Kommanditisten haben werden. Hiervon haben auch die Gläubiger auszugehen.

3. Korrespondierende Regelung bei der GmbH

344 Wie bereits ausgeführt, sieht die GmbH grundsätzlich einen Gesellschafterwechsel vor. Es ist also davon auszugehen, dass die GmbH-Anteile grundsätzlich frei veräußerlich sind, Anteile an einer Kommanditgesellschaft jedoch nicht. Der unterschiedlichen Behandlung kann nur durch vertragliche Vereinbarung sowohl in der Satzung der GmbH als auch im Gesellschaftsvertrag der GmbH & Co. KG abgeholfen werden. Das kann in der Weise geschehen, dass entweder im Gesellschaftsvertrag der GmbH & Co. KG die Anteile grundsätzlich als frei veräußerlich gestaltet werden, wobei die Zustimmung der Kommanditisten eine reine Formalie ist, oder aber dadurch, dass im GmbH-Gesellschaftsvertrag die freie Veräußerlichkeit der Anteile an die Zustimmung der Gesellschaft geknüpft wird und die Gesellschaft die Zustimmung zur Veräußerung des GmbH-Anteils nur dann erteilen darf, wenn gleichzeitig auch der Anteil an der GmbH & Co. KG wirksam mit Zustimmung der Gesellschafter veräußert worden ist.

C. Auflösung der GmbH & Co. KG

I. Liquidation der GmbH

Zur Auflösung einer GmbH bedarf es grundsätzlich eines Liquidationsbeschlusses, sofern die GmbH, was die Regel ist, auf unbestimmte Zeit geschlossen worden ist. Ist jedoch die Gründung von vornherein zeitlich begrenzt gewesen, so tritt die Liquidation mit Zeitablauf ein (§ 65 ff. GmbHG). Mit dem Liquidationsbeschluss ist die GmbH jedoch noch nicht aufgelöst, sie tritt lediglich vom werbenden in das Liquidationsstadium. Es sind Liquidatoren zu bestellen. Im Zweifel werden das die bisherigen Geschäftsführer sein. Lediglich ihre Befugnisse erhalten eine wesentliche Einschränkung. Die Liquidation ist in das Handelsregister einzutragen, zu drei verschiedenen Zeitpunkten durch die Gesellschaftsblätter bzw. die in § 30 Abs. 2 GmbHG bezeichneten öffentlichen Blätter bekannt zu machen. Die Bekanntmachung hat gleichzeitig die Aufforderung an die Gläubiger der Gesellschaft zu enthalten, sich bei derselben zu melden. Die Liquidatoren sind nach § 71 Abs. 1 GmbHG verpflichtet, zu Beginn der Liquidation eine Liquidationseröffnungsbilanz zu erstellen. Die Liquidationsbilanz ist keine Gewinnermittlungsbilanz, sondern eine reine Vermögensverteilungsbilanz (Scholz/K.Schmidt, GmBHG, § 71 Rn. 5, Hofmann, GmbHR 1976, 258). Man unterscheidet die Liquidationseröffnungsbilanz, die Zwischenbilanzen und die Schlussrechnung. Die Schlussrechnung ist nicht ausdrücklich vorgeschrieben. Die Notwendigkeit ergibt sich aus der Rechenschaftspflicht der Liquidatoren. Die Liquidationseröffnungsbilanz ist in § 71 Abs. 1 GmbHG ausdrücklich vorgeschrieben. Sie ist sofort bei Beginn der Liquidation, also ohne schuldhaftes Verzögern, von den Liquidatoren aufzustellen. Die Liquidationsbilanz soll die zu erwartende Gläubigerbefriedigung manifestieren und Informationen über das zu erwartende Liquidationsergebnis liefern. Bilanzstichtag ist der Eintritt der Auflösung. In der Liquidationseröffnungsbilanz erscheinen nur die verwertbaren Güter als Aktiva und nur die Gesellschaftsverbindlichkeiten als Passiva. Als reine Vermögensbilanz kann die Liquidationseröffnungsbilanz nur auf Liquidationswerte abstellen, nicht auf Fortführungswerte. Es ist eine Neubewertung durchzuführen, Buchwerte dürfen nicht übernommen werden. Stille Reserven sind aufzulösen. Liquidationszwischenbilanzen sind Erfolgsrechnungen im Gegensatz zur Eröffnungsbilanz. Die Schlussrechnung erfolgt, wenn die Abwicklung beendet ist. Hinsichtlich der Verteilung des Restvermögens nach Begleichung aller Verbindlichkeiten besteht eine Sperrfrist von einem Jahr, die von dem Tage der dritten Bekanntmachung an zu berechnen ist (§ 73 GmbHG i. V. m. § 65 Abs. 2 GmbHG).

II. Auflösung der KG

Die Auflösung einer GmbH & Co. KG bedarf ebenfalls des Liquidationsbeschlusses der Gesellschafter. Dieser ist in das Handelsregister einzutragen. Die Gesellschaft hat in ihrer Firma den Zusatz „i. L." zu führen. Damit beginnt das Abwicklungsstadium. Das besagt jedoch nicht, dass die GmbH & Co. KG von diesem Zeitpunkt an keine werbenden Geschäfte mehr abschließen darf. Die Liquidatoren haben bei dem Beginn sowie bei der Beendigung der Liquidation eine besondere Bilanz zu erstellen (§ 154 HGB). Es handelt sich hier nicht um eine Gewinnermittlungsbilanz (§ 121 HGB). Die Liquidation der GmbH & Co. KG hat nicht notwendigerweise auch die Liquidation bzw. die Beendigung der GmbH zur Folge. Es ist jedoch zu beachten, dass in den meisten Fällen der Zweck der Gesellschaftsgründung die Geschäftsführung dieser GmbH & Co. KG war. Um weiter bestehen zu können, müsste durch Gesellschafterbeschluss, und zwar als satzungsändernder Beschluss, der Gesellschaftszweck geändert werden. Hierbei sind die besonderen Vorschriften (notarielle Form) für den satzungsändernden Beschluss zu beachten. Die Liquidation der GmbH & Co. KG als Kommanditgesellschaft kann sich wesentlich schneller vollziehen als bei der Komplementär-GmbH, weil hier ein gesetzliches Sperrjahr für die Auskehrung des Liquidationserlöses nicht besteht. Bei der Personengesellschaft kann grundsätzlich die Auszahlung des Restgewinnes an die Gesellschafter erfolgen, wenn die Verbindlichkeiten der Gesellschaft beglichen sind.

347 Beschließt die GmbH die Liquidation, bedeutet das nicht, dass mit diesem Augenblick die Geschäftsführertätigkeit für die GmbH & Co. KG beendet ist. Solange die GmbH als juristische Person besteht, kann sie auch als in Liquidation befindliche Gesellschaft die Geschäftsführungsbefugnisse weiterführen. Es ist jedoch zu beachten, dass, sofern die GmbH vor der GmbH & Co. KG gelöscht wird, von diesem Zeitpunkt an die persönliche Haftung der Kommanditisten wieder auflebt, sofern nicht ein anderer Gesellschafter als Komplementär die persönliche Haftung übernimmt. Das Registergericht kann die Eintragung der Auflösung einer Personenhandelsgesellschaft und des Erlöschens der Firma nicht davon abhängig machen, dass zugleich die Liquidation zur Eintragung in das HR angemeldet wird (BayObLG Beschl. v. 07.03.2001, GmbHR 2001, 522). Das Erlöschen der Komplementär-GmbH hat nicht automatisch auch die Amtslöschung der KG zur Folge, wenn diese nach Beendigung eines Insolvenzverfahrens noch Vermögen besitzt (OLG Düsseldorf, Beschl. v. 17.10.1994, GmbHR 1995, 233).

III. Verteilung des Liquidationserlöses

348 Sofern nach Begleichung der Verbindlichkeiten noch ein Restvermögen vorhanden ist, ist bei der GmbH nach Ablauf des Sperrjahres das Restvermögen auf die Gesellschafter nach dem Verhältnis ihrer Geschäftsanteile zu verteilen. Jedoch kann auch der Gesellschaftsvertrag hier ein anderes Verhältnis für die Verteilung vorsehen (§ 72 GmbHG). Ist die GmbH am Vermögen der KG beteiligt, ist eine Verteilung des Restvermögens nur dann möglich, wenn gleichzeitig auch das Vermögen der GmbH & Co. KG verteilt worden ist, es sei denn, die GmbH ist vorzeitig aus der GmbH & Co. KG als Gesellschafterin ausgeschieden. Bei der GmbH & Co. KG ist mangels besonderer Vereinbarung das Restvermögen, soweit es das Buchkapital übersteigt, entsprechend dem Gewinnverteilungsschlüssel auf die Gesellschafter aufzuteilen. Hier kann der Gesellschaftsvertrag eine andere Verteilung, die vom Gewinnverteilungsschlüssel abweicht, vorsehen.

IV. Auflösung der GmbH & Co. KG durch Erwerb aller Anteile seitens der GmbH

349 Eine GmbH & Co. KG als Personengesellschaft kann dadurch beendet werden, dass die übrigen Gesellschafter alle ihre Anteile auf einen Gesellschafter übertragen und dieser durch Anwachsung das gesamte Betriebsvermögen übernimmt. In diesem Falle ist das gesamte Betriebsvermögen der Personengesellschaft auf den übernehmenden

Gesellschafter im Wege der Gesamtrechtsnachfolge durch Anwachsung übergegangen. Scheiden also die Gesellschafter der GmbH & Co. KG bis auf die Komplementär-GmbH aus der GmbH & Co. KG durch Übertragung der Anteile auf diese aus, so wird die Komplementär-GmbH Eigentümerin des gesamten Betriebsvermögens durch Anwachsung im Wege der Gesamtrechtsnachfolge. Sind die Kommanditisten gleichzeitig zu gleichen Verhältnissen Gesellschafter der GmbH, kann dies unentgeltlich geschehen. Es wird jedoch die Regel sein, dass die Komplementär-GmbH entsprechend dem Wert des übernommenen Betriebsvermögens ihr Stammkapital erhöht und dieses auf die Gesellschafter im Verhältnis des übertragenen Anteils überträgt. Allerdings ist zu beachten, dass auf Seiten der GmbH eine Kapitalerhöhung gegen Sacheinlagen vorliegt. Bei der Anmeldung müssen daher besondere Voraussetzungen erfüllt werden (vgl. § 55 GmbHG). Die Übertragung des Unternehmens durch die Komplementärin auf die einzige Kommanditistin führt analog § 142 HGB zur Auflösung und Vollbeendigung der KG (OLG Düsseldorf v. 02.07.1997, GmbHR 1997, 903). Die Übertragung der Gesellschaftsanteile des letzten Kommanditisten auf den alleinigen Komplementär führt zur Auflösung und Beendigung der Kommanditgesellschaft ohne Abwicklung (BayObLG. Beschl. v. 19.06.2001 – 3 Z BR 48/01, GmbHR 2001, 776). Werden zwei GmbH & Co. KG´s durch Übertragung der Geschäftsanteile auf eine der Gesellschaften vereinigt, so ist zum Handelsregister der anderen Gesellschaft keine Verschmelzung, sondern das Ausscheiden des Komplementärs und des Kommanditisten und die hierdurch bedingte Auflösung der Gesellschaft sowie das Erlöschen der Firma anzumelden (OLG Frankfurt a. M. Beschl. v. 25.08.2003 – 20 W 354/02, GmbHR 2003, 1358).

V. Die Formwechselnde Umwandlung einer GmbH & Co. KG in eine GmbH

1. Grundsätze

Eine GmbH & Co. KG als Personengesellschaft kann durch Formwechsel eine andere Rechtsform erhalten (§ 190 UmwG). Als formwechselnder Rechtsträger i. S. des § 191 Abs. 1 Nr. 1 UmwG kann sie die Rechtsform einer Kapitalgesellschaft und somit auch die einer GmbH annehmen (§ 214 Abs. 1 UmwG). Grundsätzlich werden die Gesellschafter der GmbH & Co. KG und somit auch die Komplementär-GmbH Gesellschafter des Rechtsträgers neuer Rechtsform. Da die GmbH im Gegensatz zur Personengesellschaft keine Gesellschafter ohne Vermögensbeteiligung kennt, kommt es hinsichtlich der Beteiligung der Komplementär-GmbH an dem Rechtsträger der neuen Rechtsform darauf an, ob sie am Vermögen der Personengesellschaft (KG) beteiligt war oder nicht (vgl. hierzu Karsten Schmidt, GmbHR 1995, 693, v. d. Osten, GmbHR 1995, 438 ff).

2. Die Behandlung der Komplementär-GmbH

a) Bei Vermögensbeteiligung an der KG

Eine GmbH & Co. KG kann durch Formwechsel in eine GmbH umgewandelt werden. Ist die Komplementär-GmbH am Vermögen der KG beteiligt, wird sie grundsätzlich auch Gesellschafterin der in eine GmbH umgewandelten KG. Dies gilt auch

350

351

dann, wenn zwischen Komplementär-GmbH und KG Gesellschafteridentität besteht, d. h. die Kommanditisten im gleichen Beteiligungsverhältnis auch Gesellschafter der Komplementär-GmbH sind. Dies wird in den meisten Fällen jedoch nicht erwünscht sein, weil die ehemalige Komplementär-GmbH in der in eine GmbH umgewandelten KG keine Funktion mehr ausübt. Die GmbH wird im Rahmen einer Liquidation ihren Anteil an der Nachfolge-GmbH auf ihre Gesellschaft übertragen. Da das UmwG für die der Umwandlung widersprechenden Gesellschafter (für den Fall, dass der Gesellschaftsvertrag für Auflösung, Umwandlung usw. einen Mehrheitsbeschluss für ausreichend hält) eine Barabfindung vorsieht (207 UmwG), kann von vornherein vereinbart werden, dass die Komplementär-GmbH mit der Umwandlung ausscheidet, und zwar mit oder ohne Barabfindung. Die Komplementär-GmbH ist in dem Falle mit der Eintragung der Umwandlung jedoch nicht aufgelöst, sondern muss selbständig durch Auflösungsbeschluss aufgelöst werden.

352 Ist die Komplementär-GmbH nicht am Vermögen der KG beteiligt, kann sie im Falle einer formwechselnden Umwandlung nicht Gesellschafter der Nachfolge-GmbH werden, da ein Gesellschaftsverhältnis an einer GmbH ohne Vermögensbeteiligung nicht möglich ist. In der Literatur wird daher überwiegend die Rechtsansicht vertreten, dass die Komplementär-GmbH im zeitlichen Zusammenhang mit der Umwandlung als Gesellschafter der KG ausscheidet.

3. Das Verfahren des Formwechsels in eine GmbH

a) Umwandlungsbericht

353 Die Geschäftsführer der GmbH & Co. KG (die Geschäftsführer der Komplementär-GmbH) haben grundsätzlich einen ausführlichen Bericht zu erstatten, in dem der Formwechsel, insbesondere die künftige Beteiligung der Anteilsinhaber an dem Rechtsträger neuer Rechtsform rechtlich und wirtschaftlich erläutert und begründet wird (§ 192 UmwG). Dem Bericht ist eine Vermögensaufstellung beizufügen, in der die Gegenstände und Verbindlichkeiten des formwechselnden Rechtsträgers mit dem wirklichen Wert (also dem Verkehrswert) zuzusetzen sind. Ein Umwandlungsbericht ist bei der KG als formwechselnder Rechtsträger nicht erforderlich, wenn alle Gesellschafter der formwechselnden Gesellschaft zur Geschäftsführung berechtigt sind. Das bedeutet, dass im Falle der GmbH & Co. KG als formwechselnder Rechtsträger im Falle einer beteiligungsidentischen GmbH & Co. KG alle Kommanditisten Geschäftsführer sein müssen. Die Geschäftsführer der Komplementär-GmbH haben allen Kommanditisten, die nicht zur Geschäftsführung befugt sind, spätestens zusammen mit der Einberufung der Gesellschafterversammlung, den Formwechsel als Gegenstand der Beschlussfassung schriftlich anzukündigen und einen Umwandlungsbericht i. S. d. § 192 UmwG sowie ein Abfindungsangebot nach § 207 UmwG zu übersenden.

b) Beschluss der Gesellschafterversammlung

354 Der Umwandlungsbeschluss der Gesellschafterversammlung bedarf der Zustimmung aller anwesenden Gesellschafter. Ihm müssen auch die nicht anwesenden Gesellschafter zustimmen. Allerdings kann der Gesellschaftsvertrag der formwechselnden KG eine Mehrheitsentscheidung der Gesellschafter vorsehen. Die Mehrheit muss mindestens

dreiviertel der abgegebenen Stimmen betragen. Im Falle einer Mehrheitsentscheidung sind die Gesellschafter, die für den Formwechsel gestimmt haben, namentlich in der Niederschrift über den Umwandlungsbeschluss aufzuführen.

c) Inhalt des Umwandlungsbeschlusses

Der Umwandlungsbeschluss muss den Gesellschaftsvertrag der GmbH enthalten (§ 218 UmwG). Es handelt sich in diesem Falle um eine Sachgründung, das Kapital muss mindestens 25.000 € betragen und muss voll durch Sacheinlage abgedeckt sein. Bei der Anwendung der Gründungsvorschriften stehen den Gründern die Gesellschafter der formwechselnden Umwandlung gleich, allerdings treten an die Stelle der Gründer nur die Gesellschafter, die für den Formwechsel gestimmt haben (§ 219 UmwG). Der Nennbetrag des Stammkapitals der neuen GmbH darf das nach Abzug der Schulden verbleibende Vermögen der formwechselnden Gesellschaft nicht übersteigen (§ 220 UmwG). Es kommt hier nicht auf die Bilanzwerte an, sondern auf die Verkehrswerte im Zeitpunkt der Umwandlung. Hierdurch kann auch ein nach der Handelsbilanz überschuldetes Unternehmen Gegenstand eines Formwechsels sein, wenn in den Unternehmen entsprechende stille Reserven vorhanden sind. Um das Mindestkapital zu erreichen, müssen die Aktiva die Verbindlichkeiten um mindestens 25.000 € übersteigen. In dem Sachgründungsbericht bei Formwechsel in eine GmbH sind auch der bisherige Geschäftsverlauf und die Lage der formwechselnden Gesellschaft darzulegen.

355

d) Anmeldung des Formwechsels zum Handelsregister

Die neue Rechtsform des Rechtsträgers ist zur Eintragung in das Register, in dem der formwechselnde Rechtsträger eingetragen ist, anzumelden (§ 198 UmwG). Der Anmeldung der neuen Rechtsform oder des Trägers der neuen Rechtsform sind in notarieller Ausfertigung oder öffentlich beglaubigter Abschrift oder, soweit sie nicht notariell zu beurkunden sind, in Urschrift oder Abschrift außer den sonst erforderlichen Unterlagen auch die Niederschrift des Umwandlungsbeschlusses, die nach dem UmwG erforderlichen Zustimmungserklärungen einzelner Anteilsinhaber einschließlich der Zustimmungserklärungen nicht erschienener Anteilsinhaber, der Umwandlungsbericht oder die Erklärungen über den Verzicht auf seine Erstellung beizufügen (§ 199 UmwG). Der Rechtsträger neuer Rechtsform darf seine bisher geführte Firma beibehalten. Zusätzliche Bezeichnungen, die auf die Rechtsform der formwechselnden Gesellschaft hinweisen, dürfen auch dann nicht verwendet werden, wenn der Rechtsträger die bisher geführte Firma beibehält.

356

Beispiel: Die Max Müller Gerätebau GmbH & Co. KG soll in eine GmbH durch Formwechsel umgewandelt werden. Sie darf den Zusatz GmbH & Co. KG nicht mehr verwenden, sondern nur noch die Max Müller Gerätebau GmbH.

Die Eintragung der neuen Rechtsform ist durch das zuständige Registergericht durch den Bundesanzeiger und durch mindestens ein anderes Blatt ihres ganzen Inhalt nach bekannt zu machen (§ 201). Die Eintragung der neuen Rechtsform bewirkt, dass der formwechselnde Rechtsträger in der im Umwandlungsbeschluss bestimmten Rechts-

357

form weiter besteht. Mit der Eintragung werden alle Mängel der Beurkundung des Umwandlungsbeschlusses und der erforderlichen Zustimmungs- und Verzichtserklärungen einzelner Anteilsinhaber geheilt. Der Formwechsel berührt nicht den Anspruch der Gläubiger der Gesellschafter gegen einen ihrer Gesellschafter aus Verbindlichkeiten der formwechselnden Gesellschaft, für die dieser im Zeitpunkt des Formwechsels persönlich haftet. Der Gesellschafter haftet für diese Verbindlichkeiten, wenn sie vor Ablauf von fünf Jahren nach dem Formwechsel fällig und daraus Ansprüche gegen ihn gerichtlich geltend gemacht sind.

VI. Verschmelzung einer GmbH & Co. KG auf eine andere GmbH & Co. KG oder Kapitalgesellschaft

358 Die GmbH & Co. KG ist als Personenhandelsgesellschaft verschmelzungsfähiger Rechtsträger. Sie kann sowohl übertragender Rechtsträger, als auch übernehmender Rechtsträger sein (§ 3 UmwG; hinsichtlich der Abgrenzung zwischen einer Anwachsung und Verschmelzung OLG Frankfurt v. 25.08.2003 GmbHR 2003, 1358). Die Verschmelzung kann durch Neugründung erfolgen, aber auch durch Aufnahme. Im Falle der Neugründung wird das Gesamtvermögen zweier oder mehrerer Rechtsträger auf einen neu zu gründenden Rechtsträger übertragen (vgl. hierzu Tobias Tillmann GmbHR 2003, 740). Mit der Eintragung der Verschmelzung sowohl beim Register der übertragenden als auch des übernehmenden Rechtsträgers ist das Vermögen im Wege der Gesamtrechtsnachfolge auf den neuen Rechtsträger übergegangen und die übertragenden Rechtsträger erloschen.

Beispiel: Die X-GmbH & Co. KG und die Y-GmbH werden im Wege der Verschmelzung auf die neugegründete Z-GmbH & Co. KG übertragen. Die Gesellschafter X-GmbH & Co. KG und die Y-GmbH übernehmen die Anteile der Z-GmbH & Co. KG.

Möglich ist auch die Verschmelzung durch Aufnahme, indem eine der Verschmelzungsträger der aufnehmende Rechtsträger ist. In diesem Falle geht das Vermögen des übertragenden Rechtsträgers auf den übernehmenden Rechtsträger über, die Gesellschafter des übertragenden Rechtsträgers erhaltenen Anteile an dem übernehmenden Rechtsträger. Die Ausgabe neuer Anteile unterbleibt jedoch, soweit der übernehmende Rechtsträger an dem übertragenden Rechtsträger beteiligt ist.

Beispiel: Die W-AG ist an der X-Verwaltungs-GmbH zu 100 v. H. beteiligt, gleichzeitig ist sie alleinige Kommanditistin der Y-GmbH & Co. KG und der Z-GmbH & Co. KG, deren Komplementär jeweils die X-Verwaltungs-GmbH ist. Diese Gesellschaften sollen mit der Muttergesellschaft W-AG verschmolzen werden. Da diese alleiniger Gesellschafter der übertragenden Rechtsträger ist, geht das Vermögen dieser Gesellschaften im Wege der Gesamtrechtsnachfolge auf die gemeinsame Mutter über, und zwar ohne Anteilserhöhung. Die Beteiligungen an diesen Gesellschaften gehen unter, dafür geht das ganze Vermögen dieser Gesellschaften auf die W-AG über.

Die Auflösung einer GmbH & Co. KG kann auch dadurch erfolgen, dass diese auf zwei oder mehrere übernehmende Rechtsträger aufgespalten wird. Dies kann auf bereits bestehende übernehmende Rechtsträger erfolgen, aber auch auf neu zu gründende

Rechtsträger. Mit der Eintragung der Spaltung ins Handelsregister ist die übertragende Personengesellschaft (GmH & Co. KG) aufgelöst und deren Vermögen auf die übernehmenden Rechtsträger übergegangen.

D. Die Publikums-GmbH & Co. KG

I. Begriff

1. Grundsätze

Die Publikumsgesellschaft ist eine Personengesellschaft i. d. R. in der Form der GmbH & Co. KG. Sie ist zwar nach der Gesellschaftsform eine Personengesellschaft, ist jedoch dem ganzen Zuschnitt nach eher einer Kapitalgesellschaft angenähert. Die Rechtsprechung hat für die Publikumsgesellschaft, auch Massen-KG genannt, ein Sonderrecht entwickelt (vgl. hierzu BGH NJW 1973, 1604). Es handelt sich hier i. d. R. um Kapitalanlagegesellschaften. Als Massengesellschaft ist hier die Person des Gesellschafters gleichgültig. Allein entscheidend ist der finanzielle Beitrag. So tritt die Person des Kommanditisten bei der Publikums-GmbH & Co. KG völlig in den Hintergrund. Der Gesellschaftsvertrag ist auf die Mitgliedschaft einer unbestimmten Vielzahl in der Öffentlichkeit geworbener und nur als Kapitalanleger beteiligter Kommanditisten zugeschnitten. Diese haben ihrerseits auf die Ausgestaltung des bei ihrem Eintritt in die Gesellschaft schon fertig und unabänderlich vorliegenden Gesellschaftsvertrages keinen Einfluss. Die Gesellschafter stehen auch untereinander in keinerlei persönlichen oder sonstigen Beziehungen. Sie haben auch keinen Einfluss auf die Aufnahme weiterer Kommanditisten und auch nicht auf die Unternehmensführung. Vielfach sind die Kommanditisten als Geldanleger nur mittelbar über einen Treuhänder an der Gesellschaft beteiligt. Während es sich bei dem Regeltyp der Kommanditgesellschaft um eine geschlossene Gesellschaft handelt – die Zahl der Gesellschafter, auch die Gesellschafter als Personen, sind im Gesellschaftsvertrag festgelegt, die Aufnahme neuer Gesellschafter und auch die Veräußerung von Anteilen bedarf der Zustimmung aller Gesellschafter –, ist dies bei der Publikums-KG nicht der Fall. Die Zahl der Kommanditisten ist nicht begrenzt. Es können jederzeit neue Gesellschafter aufgenommen werden. Man spricht hier auch von einer offenen Gesellschaft. Diese Unzahl von Kommanditisten hat auch auf die Geschäftsführung keinerlei Einfluss. Ihnen steht das Widerspruchsrecht des § 164 HGB nicht zu. Auch die Kontrollrechte des § 166 sind erheblich eingeschränkt und u. U. auf den Beirat übertragen. I. d. R. wird der Kommanditist lediglich einen Anspruch auf einen Auszug der Bilanz und einer Gewinn- und Verlustrechnung haben.

359

2. Organisation der Publikums-GmbH & Co. KG

Wie bereits ausgeführt, ist die Publikumsgesellschaft wie eine Körperschaft organisiert. Die Geschäftsführung liegt im Zweifel bei dem Geschäftsführer der Komplementär-GmbH. Dieser wird von den Gesellschaftern der Komplementär-GmbH bestimmt, die i. d. R. auch die Gründungsgesellschafter sind. Das Verhältnis der Gründungsgesellschaft zum Geschäftsführer richtet sich nach GmbH-Recht. Danach ist der Geschäftsführer an die Weisungen der Gesellschafter gebunden. Der Gesellschaftsvertrag der GmbH kann auch hier vorsehen, welche Handlungen dem Gesellschafter vorbehalten

360

sind, insbesondere, welche Handlungen der Zustimmung der Gesellschafterversammlung bedürfen. Die Gründer bestimmten den Umfang der Geschäftstätigkeit. Sie bestimmen die Aufnahme neuer Gesellschafter und legen auch die Vertragsbestimmungen mit den Kommanditisten fest. Der formularmäßig vorbereitete Eintrittsvertrag eines Kommanditisten ist im Zweifel in Zusammenarbeit mit den Gründern, die Gesellschafter der Komplementär-GmbH sind, vorbereitet. Die Gesellschafter der GmbH sind somit die Manager der Publikums-GmbH & Co. KG. Um die Aufnahme neuer Kommanditisten zu erleichtern und auch um zu vermeiden, dass jede Änderung im Handelsregister eingetragen werden muss, werden die Anteile vielfach von Treuhändern gehalten bzw. auch übernommen. Die Aufnahme neuer Gesellschafter kann dann dadurch erfolgen, dass die nominale Haftsumme der Treuhänder erhöht wird. Vielfach werden über die Kommanditbeteiligungen auch Zertifikate ausgestellt, die lediglich den Rechtscharakter von Beweisurkunden haben. Um Wertpapiere handelt es sich hierbei nicht. Dem Kommanditisten bleibt lediglich die Feststellung des Jahresgewinnes und die Gewinnverteilung. Diese Gewinnfeststellung kann auch insoweit erheblich eingeschränkt werden, indem die Geschäftsführer ermächtigt werden, Gewinnanteile bis zu einer gewissen Höhe in Rücklagen einzustellen. Darüber hinaus können Änderungen des Gesellschaftsvertrages grundsätzlich nur mit Zustimmung der Gesellschafter (Gesellschafterversammlung) erfolgen. Liegen jedoch hinsichtlich der Kommanditbeteiligungen Treuhandverhältnisse vor, so nehmen grundsätzlich die Treuhänder das Stimmrecht wahr. Der Treugeber kann jedoch dem Treunehmer in dieser Hinsicht Weisungen erteilen. Nach dem Gesellschaftsvertrag werden vielfach die Kontrollrechte der Kommanditisten auf einen Beirat oder Aufsichtsrat übertragen, der die Kontrollrechte des § 166 HGB für diese ausübt. Über diese Überwachungsfunktion geht im allgemeinen die Befugnis eines solchen Beirates oder Aufsichtsrates nicht hinaus.

3. Problemstellung

361 Da die Gründung dieser Publikumsgesellschaften i. d. R. der Finanzierung größerer Investitionsvorhaben dient, ist die Aufnahme von Kommanditisten und auch neuer Kommanditisten ein Instrument der Finanzierung. Die Gesellschaft bereitet daher i. d. R. einen Verkaufsprospekt vor, der die künftigen Anleger über die Vorteile des Anteilserwerbes informieren soll. Der Kaufentschluss hängt daher vielfach von der Qualität dieses Prospektes ab. Es hat sich in der Vergangenheit gezeigt, dass diese Prospekte vielfach die Erwartungen der Anleger nicht erfüllt haben, dass die Erwartungen erheblich hinter den Anpreisungen zurückgeblieben sind. Es fragt sich daher, wer für die falschen Angaben im Prospekt haftet. Da die GmbH i. d. R. mit einem sehr geringen eigenen Haftkapital ausgestattet ist, fragt sich, inwieweit die Hintermänner, die Gründer, auch wenn sie nicht offen in Erscheinung getreten sind, aber den Prospekt mitzuverantworten gehabt haben, in Haftung genommen werden können. Darüber hinaus erhebt sich die Frage, ob die formularmäßig vorbereiteten Gesellschaftsverträge den Charakter von allgemeinen Geschäftsbedingungen haben und daher unter dem Recht der allgemeinen Geschäftsbedingungen (§§ 305 ff. BGB) stehen. Darüber hinaus ergibt sich die Frage, ob im Falle arglistiger Täuschung der Beitritt zur Gesellschaft mit rückwirkender Kraft angefochten werden kann oder ob eine arglistige Täuschung dem Gesellschafter lediglich ein außerordentliches Kündigungsrecht gibt.

II. Der Gesellschaftsvertrag (Satzung)

1. Formularvertrag als Grundlage

Wird zwischen den Vertragsparteien ein Gesellschaftsverhältnis abgeschlossen, geht man i. d. R. davon aus, dass alle Gesellschafter an dem Vertrag mitgewirkt haben, zumindest auf die Vertragsbedingungen Einfluss genommen haben. Das ist aber bei den Gesellschaftsverträgen der Publikums-GmbH & Co's nicht der Fall. Die Gesellschaftsverträge sind von den Gründern formularmäßig vorbereitet. Die Vertragsbedingungen können entweder akzeptiert oder abgelehnt werden. Eine Änderungsmöglichkeit hat der Gesellschafter nicht. Nach § 310 Abs. 4 BGB finden die Vorschriften der AGB bei Verträgen auf dem Gebiet des Gesellschaftsrechtes keine Anwendung.

362

2. Inhaltskontrolle

Da es sich um fertig vorformulierte Einheitsverträge (Formularverträge) handelt, ist die Rechtslage den allgemeinen Geschäftsbedingungen vergleichbar. Die Verträge werden nicht zwischen den Parteien ausgehandelt, bei ihnen wurden vielmehr für eine Vielzahl gleichgelagerter Fälle die künftigen Rechtsbeziehungen einseitig vorweg festgelegt. Infolgedessen fehlt der Vertragskompromiss als Gewähr dafür, dass die Interessen aller Beteiligten berücksichtigt worden sind. Es ist daher weitgehend anerkannt, dass die Gesellschaftsverträge dieser Publikums-Gesellschaften wegen des unter solchen Umständen leicht möglichen Missbrauchs der Vertragsfreiheit mit Hilfe einer an den Maßstäben von Treu und Glauben (§ 242 BGB) ausgerichteten Inhaltskontrolle durch die Gerichte zum Schutze der Anlagegesellschafter unterliegen (BGHZ 64, 238 (241 ff.); BGH WM 1982, 760, 781; von Westfalen, DB 1983, 2745; Burhoff, NWB Fach 18 S. 2651, Binz/Sorg, GmbH & Co. KG, 9. Aufl., § 13 Rdn. 17). Der Vertrag ist wie eine Satzung nach dem objektiven Erklärungsbefund auszulegen. Allerdings genießen die Gesellschafter, die den Vertrag nicht mit aufgestellt haben, einen gewissen Vertrauensschutz (BGHZ 64, 241). Vor einer Inhaltskontrolle ist jedoch zu prüfen, ob der Vertrag nicht ausgelegt werden kann (BGH NJW 1979, 2102). Ist eine Publikums-Kommanditgesellschaft so organisiert, dass sich die Anleger nur mittelbar über einen Treuhänder an ihr beteiligen können, so unterliegt das zusammengehörende Bündel von Gesellschaftsvertrag und Treuhandabrede genauso der Inhaltskontrolle nach § 242 BGB, wie wenn eine unmittelbare Beteiligung der Anleger an der Publikums-Gesellschaft ohne Zwischenschaltung des Treuhänders vorläge (BGH v. 21. 3. 1988, BB 1988, 1690).

363

3. Inhalt des Gesellschaftsvertrages

Der Gesellschaftsvertrag regelt einmal die Rechte und Pflichten der Gesellschafter, insbesondere die Einlageverpflichtung. Darüber hinaus enthält der Gesellschaftsvertrag ein Organisationsstatut. Es regelt die Geschäftsführung und den Eintritt und Austritt von Gesellschaftern. Von besonderer Bedeutung ist bei einer Publikums-GmbH & Co. KG auch das Stimmrecht. Auch bei Beschlüssen, die normalerweise der Einstimmigkeit bedürfen, wie bei Änderung des Gesellschaftsvertrages, wird man hier Abweichungen zulassen müssen, weil eine Publikumsgesellschaft i. d. R. funktionsunfähig

364

werden wird, weil nicht davon ausgegangen werden kann, dass alle Gesellschafter an den Beschlüssen teilnehmen. Deshalb wird man es zulassen müssen, dass auch bei Beschlüssen, die sonst Einstimmigkeit verlangen, hier qualifizierte Mehrheiten zugelassen werden. So kann der Gesellschaftsvertrag z. B. auch die Möglichkeit der Umwandlung in eine AG, Kommanditgesellschaft auf Aktien oder in eine GmbH mit ³/4-Mehrheit vorsehen (BGH, NJW 1983, 1005). Der Gesellschaftsvertrag hat ferner den Grundsatz der Selbstorganschaft zu beachten. So können nicht sämtliche Gesellschafter von der Geschäftsführung und Vertretung ausgeschlossen und diese auf Dritte übertragen werden. Dritte können jedoch im weiten Umfange mit Geschäftsführungsaufgaben betraut und auch mit einer umfassenden Vollmacht (Prokura oder Generalvollmacht) ausgestattet werden (BGH, DB 1962, 298; DB, 1982, 218). So können Dritte ermächtigt werden, auch im Namen und mit Wirkung für alle Gesellschafter Aufnahmeverträge mit neuen Gesellschaftern abzuschließen (BGH, DB 1982, 218). Gehört der Verwalter, der mit Geschäftsführung und Vertretung betraut ist, nicht zum Kreis der Gesellschafter, genügt zur Abberufung eine einfache Mehrheit (BGH, DB 1982, 1395). Jedoch darf im Gesellschaftsvertrag der Komplementär-GmbH der Publikums-KG nicht das Recht eingeräumt werden, die Gewinnbeteiligung nach freiem Ermessen Dritten zukommen zu lassen bzw. selbst zu übernehmen (BGH, NJW 1982, 2303).

4. Sondervorteile für Gründer

365   Da der Kommanditist einer Publikumsgesellschaft i. d. R. an der Gründung nicht beteiligt ist, sondern die Anteile erst durch späteren Beitritt erwirbt, hat er keinen Einfluss auf die Höhe der den Gründergesellschaftern zugesagten Vorteile wie Tätigkeitsvergütungen, Haftungsübernahmeentschädigungen usw. Sind derartige Vereinbarungen lediglich mündlich geschlossen worden, sind sie dem beitretenden Kommanditisten nicht bekannt. Es handelt sich hier um Tatsachen, die auf den Gewinn der Kommanditgesellschaft Einfluss haben. Nach der Rechtsprechung des BGH (NJW 1976, 1451) sind bei einer Publikumsgesellschaft grundsätzlich alle gesellschaftsrechtlichen Verpflichtungen, die der Gesellschaft gegenüber den Gründergesellschaftern auferlegt werden und diesen Vorteil verschaffen sollen, in den schriftlich festgelegten Gesellschaftsvertrag oder in einem ordnungsgemäß zustandegekommenen protokollierten Gesellschafterbeschluss aufzunehmen. Andernfalls sind die entsprechenden Vereinbarungen und die zu ihrer Ausführung vorgenommenen Rechtshandlungen unwirksam. Das gilt insbesondere auch für die an die Geschäftsführer zu zahlenden Tätigkeitsvergütungen. Diese Grundsätze finden auch dann Anwendung, wenn die Kapitalanleger nicht unmittelbar, sondern über eine Treuhand-Kommanditgesellschaft beteiligt sind, die ihrerseits als Publikums-Gesellschaft organisiert ist (BGH WM 1978, 87 f.). Zu den formbedürftigen Nebenabreden gehören auch solche, die zwar keine Verpflichtung auferlegen, die jedoch umgekehrt einen Gründer von einer ihm sonst obliegenden Verpflichtung freistellen sollen.

5. Sicherung von Sperrminoritäten für die Gründungsgesellschafter

366   In einer Publikumsgesellschaft ist eine gesellschaftsvertragliche Bestimmung unwirksam, die den Gründergesellschaftern eine Sperrminorität sichert, wenn der von ihnen bestellte Geschäftsführer ersetzt oder der den Geschäftsführer kontrollierende Auf-

sichtsrat gewählt werden soll (Inhaltskontrolle nach § 242 BGB, BGH vom 10. 10. 1983 GmbHR 1984, 201). Sieht eine Satzung vor, dass die Gründungsgesellschafter für einen Zeitraum von mehr als 6 Jahren eine Sperrminorität haben, die ausschließt, dass gegen ihren Willen der von ihnen bestellte Verwalter abberufen und durch eine andere Person ersetzt werden kann, und sieht die Satzung ferner vor, dass die Anlagegesellschafter von allen wichtigen unternehmerischen Entscheidungen ausgeschlossen sind, diese ihre Informations- und Kontrollrechte nach § 716 BGB außerhalb der Gesellschafterversammlung nur durch einen Aufsichtsrat ausüben können, auf dessen Zusammensetzung sie wegen der Sperrminorität der Gründergesellschafter ebenfalls keinen entscheidenden Einfluss haben, sind die Satzungsbestimmungen unwirksam. Die Gründungsgesellschafter haben auf diese Weise durch vorweggenommene Regelung ihrem Verwalter eine von Seiten der künftigen Anteilserwerber unangreifbare Stellung gesichert, die im Interesse einer Vertragsgerechtigkeit nicht bestehen bleiben kann. Da die Gesellschaft einen Fremdgeschäftsführer hat, ist die Beteiligung auch für die Gründer eher ein finanzielles Engagement und nicht zugleich Berufs- und Existenzgrundlage. Ihre Stellung ist deshalb mit der der späteren Anlagegesellschafter vergleichbar und ihr Interesse, die Geschäftsführung und den diese kontrollierenden Aufsichtsrat mit Personen ihres Vertrauens zu besetzen, nicht schutzwürdiger als das ihrer Mitgesellschafter. Da diese durch die qualifizierte Mehrheit von 90% des Pflichtkapitals daran gehindert sind, gegen den Willen der Gründer die Organe der Gesellschaft mit Personen zu besetzen, denen auch sie vertrauen, ist die Satzung insoweit unwirksam.

III. Rechte und Pflichten der Kommanditisten

1. Stimmrecht

Das Stimmrecht für wichtige Entscheidungen bei Änderungen des Gesellschaftsvertrages und hinsichtlich von Beschlüssen, die seine Gesellschafterstellung, insbesondere seine Beteiligung, einschränken, darf dem Kommanditisten durch den formularmäßigen Gesellschaftsvertrag nicht genommen werden. Das Recht der Teilnahme an der Gesellschafterversammlung kann ihm grundsätzlich nicht genommen werden, es sei denn, es liegt ein Treuhandverhältnis vor, wonach der Treuhänder die Gesellschaftsrechte wahrnimmt. Der Gesellschaftsvertrag einer Publikumsgesellschaft kann jedoch die über einen Treuhandkommanditisten nur mittelbar beteiligten Anleger im Innenverhältnis unter den Gesellschaftern so stellen, als seien sie Kommanditisten (BGH v. 30. 3. 1987 BB 1987, 1275). Es ist auch gegen die Bestimmungen im Gesellschaftsvertrag, dass die Rechte der Kommanditisten in der Gesellschafterversammlung durch Kommanditistenvertreter (Delegierte) wahrgenommen werden, nichts einzuwenden. Aber in diesen Fällen müssen Treuhänder und Delegierte den Weisungen der Kommanditisten unterliegen. Zu den unverzichtbaren Rechten gehört auch das Kündigungsrecht (vgl. Schilling in Großkommentar zum HGB § 59 HGB Anm. 32). Das Widerspruchsrecht i. S. des § 164 HGB wird i. d. R. dem Kommanditisten einer Publikumsgesellschaft genommen sein. Nach § 47 Abs. 4 Satz 2 1. Alt. GmbHG hat jedoch ein Gesellschafter in der Gesellschafterversammlung kein Stimmrecht, wenn ein Beschluss über die Vornahme eines Rechtsgeschäftes mit ihm gefasst werden soll. Die herrschende Meinung wendet die Regelungen des § 47 Abs. 4 GmbHG, 34 BGB auch auf den Personengesellschafter an (Weinhardt DB 1989, 2417; Scholz/Karsten Schmidt, GmbHG, Anh. § 45, Anm. 46).

2. Kontrollrechte

368 Nach § 166 HGB stehen dem Kommanditisten bestimmte Kontrollrechte zu. Dazu gehören das Verlangen nach einer Abschrift der Bilanz und der Gewinn- und Verlustrechnung und das Recht auf Einsicht in die Bücher. Das Recht auf Einsicht in die Bücher wird vielfach den Kommanditisten bei Publikumsgesellschaften genommen werden. Es wird daher lediglich das Recht auf Abschrift einer Bilanz und der Gewinn- und Verlustrechnung verbleiben.

3. Einlageverpflichtung

369 Der Kommanditist ist verpflichtet, die im Gesellschaftsvertrag bedungene Hafteinlage zu leisten. Soweit er die Einlage nicht geleistet hat, haftet er den Gesellschaftsgläubigern. Das gilt auch dann, wenn er nicht im Handelsregister eingetragen ist, sondern ein Treuhänder nach außen hin die Kommanditistenstellung wahrnimmt. Der Kommanditist hat seine Einlage in das Gesellschaftsvermögen zu leisten, auch dann, wenn er Schadensansprüche gegen Anlagenvermittler und Geschäftsführer hat. Die Aufrechnung scheitert hier an der Gegenseitigkeit der Forderungen (BGH v. 10. 12. 1984, WM 1985, 258).

4. Verpflichtungen zu Nebenleistungen

370 Vielfach ist im Gesellschaftsvertrag vereinbart, dass der Kommanditist neben seiner Pflichteinlage auch noch Darlehen oder stille Einlagen zu leisten hat. Sind diese Einlagen mit der Beteiligung verbunden und können die Darlehen auch nur mit Kündigung des Gesellschaftsvertrages wieder zurückverlangt werden, so haben diese Darlehen den Charakter einer Pflichteinlage. Vielfach wird in den Gesellschaftsverträgen auch eine Nachschusspflicht vereinbart. Es können in diesem Falle nur solche Nachschüsse gefordert werden, die der Förderung des Gesellschaftszwecks und nicht zur Befriedigung von Drittgläubigern dienen (BGH NJW 1979, 419). Diese Nachschusspflicht muss aber dann ganz klar im Gesellschaftsvertrag zum Ausdruck kommen. Keine Nachschussverpflichtung ergibt sich jedoch, wenn im Gesellschaftsvertrag vereinbart ist, dass jeder Gesellschafter verpflichtet ist, erforderlichenfalls die von Hypothekenbanken und sonstigen Finanzierungsinstituten im Zusammenhang mit der Gewährung von Baudarlehen und Zwischenfinanzierung gemachten Auflagen zu erfüllen. So besteht nach Ansicht des Kammergerichtes (DB 1978, 1025 f.) keine Nachschussverpflichtung wegen der Unbestimmtheit. Die Pflichten der Gesellschafter müssen klar und eindeutig im Gesellschaftsvertrag vereinbart sein (vgl. auch BGH WM 1979, 672; NJW 1979, 419; hierzu ebenfalls Binz/Sorg, GmbH & Co. KG, 9. Aufl., § 13 Rn. 72 ff.).

5. Behandlung von Gesellschafterdarlehen

371 Beim Eintritt eines Gesellschafters in eine Publikums-GmbH & Co. KG wird vielfach vereinbart, dass die Leistungen des Kommanditisten in der Form einer Kommanditeinlage und in der Form eines Darlehens erfolgen sollen. Vielfach ist der Darlehensanteil erheblich größer als die Kommanditeinlage. Es fragt sich, inwieweit auch diese Darle-

hen Einlagecharakter haben und daher von ihren Gesellschaftern nicht zurückgefordert werden können. Von einer weiteren Pflichteinlage wird man dann nur sprechen können, wenn das Darlehen für die Dauer der Zugehörigkeit zur Gesellschaft der Gesellschaft verbleiben soll. Ist jedoch die Rückzahlung des Darlehens im Gesellschaftsvertrag vorgesehen (Hanseatischen OLG vom 28. 10. 1983 GmbHR 1983, 70), bleibt die Rechtsnatur als Darlehen davon unberührt, dass die Pflicht des Kommanditisten, das Darlehen zu gewähren, sowie die weitere Behandlung des Darlehens im Gesellschaftsvertrag geregelt sind und dass demgemäß das insoweit begründete Rechtsverhältnis zwischen den Parteien gesellschaftsvertraglicher Art ist (BGHZ 70, 61, 63 = NJW 1978, 376). Auch ein Darlehen mit Eigenkapitalcharakter steht der Gesellschaft im Innenverhältnis zum einzelnen Gesellschafter nur entsprechend den gesellschaftsvertraglichen Abmachungen und nur bis zum Ablauf der dafür festgelegten Zeitdauer zu (BGHZ 70, 61, 64). Darlehen können niemals den Charakter von Haftkapital haben. Die Rückzahlung an die Gesellschafter führt nicht dazu, dass die Gesellschafter dieses nach § 172 HGB wieder zurückzahlen müssen bzw. in Höhe dieser Summe persönlich haften. § 172 HGB bezieht sich lediglich auf zurückgezahltes Haftkapital, nicht auf eine eventuelle Pflichteinlage. Solange eine GmbH & Co. KG sich nicht in Liquidation befindet oder in Insolvenz, bestehen hinsichtlich der Rückzahlung von Darlehen, auch soweit sie Eigenkapitalcharakter haben, keine Beschränkungen. Die Publikums-Gesellschaft kann daher die Rückzahlung der Darlehen nicht verweigern mit der Begründung, sie sei zur Rückzahlung nicht in der Lage. Nach der Rechtsprechung des BGH (NJW 1980, 1522, NJW 1981, 2251) können Darlehen mit Eigenkapitalcharakter in Insolvenz oder in der Liquidation der Gesellschaft nicht zurückgefordert werden, soweit sie für die Befriedigung der Gläubiger benötigt werden. Nach § 172 a HGB bestehen unter Anwendung der §§ 32 a, 32 b GmbHG nur hinsichtlich der Rückzahlung von Darlehen im Falle der Krise Beschränkungen. So können Darlehen, die der Gesellschaft in einem Zeitpunkt, in dem ihr die Gesellschafter als ordentliche Kaufleute Eigenkapital zugeführt hätten, gewährt wurden, im Falle der Insolvenz nicht rückgewährt werden. Außerdem besteht eine Haftung nach § 32 b GmbHG für solche Darlehen nach § 32 a Abs. 2 GmbHG, die im letzten Jahr vor der Insolvenzeröffnung zurückgezahlt worden sind. Auf Darlehen mit Eigenkapitalcharakter sind auch bei der GmbH & Co. KG die §§ 30, 31 GmbHG sinngemäß anwendbar. Jedoch können die genannten Vorschriften bei Zahlungen aus dem Vermögen der KG an einen Kommanditisten nur eingreifen, wenn einerseits zugleich das Stammkapital der Komplementär-GmbH betroffen ist, andererseits die Leistung einem Gesellschafter der GmbH als Empfänger zugeordnet werden kann (BGHZ 60, 324, 328; 67, 171, 174, 177; 69, 274, 279; BB 1980, 222, BGHZ 76, 326, 336; Goerdeler/Müller in Hachenburg GmbHG, 7. Aufl., Band II, § 30 RdNr. 56, 59, 60; Ulmer in Hachenburg Anhang zu § 30 RdNr. 101). Das Rückforderungsverbot von Darlehen kann sich u. U. aufgrund gesellschaftsrechtlicher Treuepflicht ergeben. Die Treuepflicht kann dazu führen, dass ein Gesellschafter bei der Geltendmachung von Rechten gegen die Gesellschaft, sei es solchen aus dem Gesellschaftsverhältnis oder aus anderen Zusammenhängen, die Interessen der Gesellschaft in schonender Weise zu berücksichtigen hat und im Einklang mit der allgemeinen Pflicht handeln muss, den gemeinschaftlichen Zweck in der durch den Vertrag bestimmten Weise zu fördern (Baumbach-Hopt, HGB 31. Aufl. §

109 Anm. 5 A und § 124 Anm. 6 C). Handelt es sich aber um Rechte, die dem Gesellschafter durch die gesellschaftsvertraglichen Vereinbarungen in seinem eigenen Interesse eingeräumt sind, so findet die gesellschaftliche Treuepflicht an der Ausübung dieser Rechte im allgemeinen ihre Grenze. Denn der Gesellschafter muss die Verfolgung der Eigeninteressen nicht gegenüber den Interessen der Gesellschaft zurückstellen (BGHZ 34, 80, 83; OGHZ 4, 66, 73). Es ist zu beachten, dass die Treuepflicht eines Kommanditisten einer Publikums-KG längst nicht die Reichweite haben kann, die sie in einer dem Leitbild des Gesetzes entsprechenden Personalgesellschaft, in der die Gesellschafter sich in vertrauensvoller Zusammenarbeit für die Erreichung des Gesellschaftszweckes einsetzen, haben müsste. Angesichts der wirtschaftlich im wesentlichen auf den Gesichtspunkt einer steuerbegünstigten Kapitalanlagemöglichkeit reduziertem Mitgliedschaftsinteresse können nur weitaus geringere Anforderungen an ein Treueverhalten eines Kommanditisten in einer solchen Publikums-KG gestellt werden. Die aus Kommanditanteil und Darlehensbetrag zusammengesetzte Pflichteinlage kann insgesamt den Charakter von Eigenkapital haben und daher auch, soweit sie die Maßnahme übersteigt, jedenfalls vom Konkursverwalter insoweit eingefordert werden, als sie zur Befriedigung der Gläubiger erforderlich ist (BGH v. 5. 11. 1979 WM 1980, 332; v. 10. 12. 1984 WM 1985, 258).

372 Stille Einlagen bei Publikums-KGs stellen haftendes Eigenkapital dar, wenn den stillen Gesellschaftern weitreichende Befugnisse zur Einflussnahme auf die Geschäftsführung und die Gestaltung der Kommanditgesellschaft eingeräumt sind (hierzu auch BGH v. 17. 12. 1984, GmbHR 1985, 213). Ist der stille Gesellschafter nicht am Verlust beteiligt, so kommt dem im Verhältnis der Gesellschafter untereinander die Bedeutung zu, dass die Verluste insoweit ausschließlich der KG als Geschäftsinhaberin zur Last fallen und demgemäß in vollem Umfang die Kommanditeinlagen und die persönlich haftenden Gesellschafter zu belasten sind. Daraus folgt, dass die stillen Einlagen nur dann im Liquidationsverfahren in Anspruch genommen werden dürfen, wenn die Einlagen der Kommanditisten und der persönlich haftenden Gesellschafterin zur Befriedigung nicht ausreichen (BGH v. 5. 11. 1979 DB 1980, 730).

6. Das Treuegebot

373 Das Treuegebot besteht auch bei einer Publikums-KG, auch wenn es gegenüber einer Personengesellschaft des üblichen Typs stark abgeschwächt ist. Das Treuegebot gilt auch bei der Publikums-KG jedenfalls in den Fällen, in denen es um die Erhaltung der Funktionsfähigkeit der Gesellschaft geht. Beschließen die Gesellschafter einer Publikums-KG mit qualifizierter Mehrheit einen Eingriff in die Gesellschaftsrechte, so ist dieser Beschluss, ohne dass die Minderheit auf Zustimmung beklagt werden müsste, wirksam, wenn alle überstimmten oder an der Abstimmung nicht beteiligten Gesellschafter aufgrund ihrer gesellschaftlichen Treuepflicht zur Zustimmung verpflichtet sind.

374 Die Treuepflicht bestimmt nicht nur Inhalt und Grenzen der Rechte eines Gesellschafters, sie kann diesem auch gebieten, Maßnahmen zuzustimmen, die mit Rücksicht auf das Gesellschaftsverhältnis, insbesondere zur Erhaltung des Geschaffenen, dringend geboten und den Gesellschaftern unter Berücksichtigung ihrer eigenen schutzwerten Belange zumutbar sind (BGHZ 64, 253, 257 ff. = DB 1975, 1408). Derartige Treue-

pflichten bestehen auch bei einer Publikums-Gesellschaft (BGH v. 5. 11. 1984 DB 1985, 479).

IV. Eintritt und Austritt von Gesellschaftern

1. Grundsätze

Da es der Publikumsgesellschaft allein auf den finanziellen Beitrag der Gesellschafter ankommt und nicht auf die Person des Gesellschafters, sind Eintritt und Austritt eines Gesellschafters durch den Gesellschaftsvertrag erheblich erleichtert. Wie bereits ausgeführt, ist die Zahl der Gesellschafter nicht begrenzt. Jederzeit können neue Kommanditisten eintreten, ohne dass es der Zustimmung der übrigen Gesellschafter bedarf. Auch ist das Ausscheiden eines Gesellschafters erheblich dadurch erleichtert, dass dieser im Zweifel nach einer Mindestlaufzeit zu einem bestimmten Zeitpunkt das Gesellschaftsverhältnis kündigen kann. Handelt es sich nämlich hierbei um eine sog. Abschreibungsgesellschaft, ist der Gesellschafter an der Beteiligung nicht mehr interessiert, wenn der Begünstigungszeitraum für die AfA abgelaufen ist. Vielfach sind auch derartige Beteiligungen von vornherein befristet. So kann die Komplementär-GmbH, vertreten durch ihren Geschäftsführer, nicht nur Beitrittsverträge unmittelbar abschließen, sondern auch durch Vollmacht von Vertretern abgeschlossene Beitrittsverträge genehmigen (vgl. BGH v. 10. 12. 1984 WM 1985,258).

375

2. Beitritt eines Gesellschafters

Dem Beitritt eines Kommanditisten liegt ein Aufnahmevertrag zugrunde. Dieser Aufnahmevertrag ist bereits fertig formuliert. Der aufzunehmende Gesellschafter ist mit der Unterzeichnung des Vertrages Gesellschafter geworden. Da die Anteile i. d. R. schon von Treuhändern gehalten werden, bedarf es hier nicht erst der Eintragung in das Handelsregister. Diese erfolgt i. d. R. überhaupt nicht. Der Aufnahmevertrag wird i. d. R. durch den persönlich haftenden Gesellschafter (die GmbH) auch im Namen der übrigen Gesellschafter abgeschlossen (BGH BB 1976, 154). Für die Gesellschaft kann auch ein Dritter tätig werden (BGH DB 1982, 218). Der Gesellschaftsvertrag kann auch vorsehen, dass die Gesellschaft selbst Aufnahmeverträge im eigenen Namen mit Wirkung für alle Gesellschafter abschließt (BGH, BB 1978, 1133). Der Beitritt zu einer Publikums-GmbH & Co. KG kann auch unter Vorbehalt voller Finanzierung erfolgen, auch dann, wenn er nur mündlich gegenüber dem Anlagenvermittler erfolgt ist. Dieser ist als Empfangsbote für die persönlich haftenden Gesellschafter anzusehen, so dass die Erklärungen des unter Vorbehalt Eintretenden gegenüber dem Anlagenvermittler als der KG gegenüber abgegeben zu gelten haben (BGH v. 19. 11. 1984 DB 1985, 805).

376

3. Arglistige Täuschung bei Eintritt

Vielfach werden die Kapitalanleger durch falsche Angaben über Umsätze, Ertragsaussichten usw. zum Beitritt zu einer Publikums-Kommanditgesellschaft bewogen. Der Kapitalanleger wird sich in diesem Falle überlegen müssen, auf welche Weise er den Beitritt zur Gesellschaft rückgängig machen kann, durch Anfechtung, außerordentliche Kündigung oder Verweigerung der Einlage, soweit sie noch nicht gezahlt ist.

377

a) Anfechtung

378 Da es sich hier i. d. R. meist um eine bereits in Vollzug gesetzte Gesellschaft handelt, führt eine Anfechtung wegen Irrtums oder arglistiger Täuschung nicht zu einer rückwirkenden Vernichtung des Gesellschaftsbeitritts und der dadurch begründeten Rechte und Pflichten. Nach der von der Rechtsprechung entwickelten Lehre zur sog. fehlerhaften Gesellschaft, die auch auf den fehlerhaften Gesellschafterbeitritt entsprechende Anwendung findet (BGHZ 44, 235 ff.), können bei einer in Vollzug gesetzten, bereits werbend tätig gewordenen Gesellschaft Anfechtungs- oder Nichtigkeitsgründe nur mit Wirkung für die Zukunft geltend gemacht werden (vgl. hierzu auch BGHZ 55, 5 ff.). Daher ist der Beitritt des arglistig getäuschten Kommanditisten zunächst einmal voll wirksam. Er kann seine Zugehörigkeit zur Gesellschaft und damit auch seine Verpflichtung zur Zahlung der Kommanditeinlage durch die Anfechtung nicht mehr rückwirkend beseitigen (BGH BB 1979, 15).

b) Außerordentliche Kündigung

379 Gründe, die eine Anfechtung wegen Irrtums oder arglistiger Täuschung rechtfertigen würden, geben jedoch dem Kapitalanleger ein Recht zur außerordentlichen Kündigung. Dieses Kündigungsrecht braucht nicht im Gesellschaftsvertrag besonders festgelegt zu sein. Dieses steht ihm kraft Gesetzes zu. Übt er das Kündigungsrecht aus, so scheidet er sofort aus der Gesellschaft, also ohne Klage nach § 133 HGB, aus (BGH, NJW 1976, 894; NJW 1975, 1700; OLG Hamm, NJW 1978, 225). Hat der Gesellschafter den Beitritt angefochten, ist im Zweifel diese Anfechtung dahingehend auszulegen, dass der Gesellschafter zumindest hilfsweise aus wichtigem Grunde kündigen will (BGH, NJW 1978, 1700). Allerdings besteht das Recht zur außerordentlichen Kündigung nicht mehr, wenn die Gesellschaft aufgelöst ist (BGH, BB 1979, 239). Die Kündigungserklärung ist auch dann wirksam, wenn sie nicht gegenüber der GmbH & Co. KG, sondern lediglich gegenüber der Komplementär-GmbH abgegeben wird, sofern diese nach dem Gesellschaftsvertrag berechtigt ist, mit Wirkung gegenüber allen Gesellschaftern die Beitrittserklärung neuer Kommanditisten entgegenzunehmen (BGH, WM 1975, 537). Die fristlose Kündigung hat zur Folge, dass eine sog. Abschichtungsbilanz zu erstellen ist.

c) Das Schicksal der Einlage

380 Hat ein Gesellschafter aus wichtigem Grunde das Gesellschaftsverhältnis gekündigt, scheidet er mit diesem Zeitpunkt aus der Gesellschaft aus. Es fragt sich jedoch, was mit der Einlage geschieht. Wie bereits ausgeführt, führt die Kündigung nicht dazu, dass der Gesellschafter mit rückwirkender Kraft ausscheidet, sondern erst mit dem Zeitpunkt der außerordentlichen Kündigung. Er ist somit Gesellschafter geworden und hat somit auch grundsätzlich die Einlage zu erbringen und ggfs. auch die Kommanditistenhaftung gem. §§ 171 ff. HGB zu erfüllen. Die Einlageverpflichtung ist jedoch grundsätzlich erloschen, wenn der Gesellschafter aus der Gesellschaft ausgeschieden ist. Hat er die Einlage bereits geleistet, hat er grundsätzlich einen Anspruch auf Rückerstattung der Einlage, soweit sie durch eine Verlustbeteiligung noch nicht aufgezehrt ist. Hat er die Einlage noch nicht geleistet, besteht die Verpflichtung zur Leistung der Einlage nicht mehr. Er hat lediglich nach § 739 BGB i. V. m. §§ 161

Abs. 2, 105 Abs. 2 HGB einen Ausgleich zu zahlen, wenn und soweit die Gesellschaft in der Zeit seiner Zugehörigkeit im Endergebnis Verluste erlitten hat und diese anteilig auf ihn entfallen. Dieser vom Gesellschafter zu tragende Verlustanteil ist durch eine von der Gesellschaft zu erstellende, auf den Tag des Ausscheidens bezogene Abschichtungsbilanz zu ermitteln (vgl. hierzu BGH WM 1978, 300). Mit der Kündigung des Gesellschaftsverhältnisses entfällt auch gleichzeitig die Verpflichtung, dem in die Akquisition eingeschalteten Makler die vereinbarte Provision zu zahlen, und zwar auch dann, wenn dieser an der arglistigen Täuschung nicht beteiligt war (BGH, BB 1979, 15).

4. Ausscheiden und Austritt von Gesellschaftern

a) Ausscheiden durch ordentliche Kündigung des Kommanditisten

Die Mitgliedschaft zur KG endet durch Ausscheiden und Austritt von Gesellschaftern. Das Ausscheiden von Gesellschaftern durch Veräußerung von Anteilen an Dritte ist mangels der Fungibilität der Kommanditanteile von untergeordneter Bedeutung (BGH, NJW 1981, 2747). Die Kündigung kann entweder durch den Kommanditisten selbst oder durch den Komplementär oder auch durch die übrigen Gesellschafter erfolgen. I. d. R. wird das Ausscheiden eines Gesellschafters im Gesellschaftsvertrag geregelt sein. Bei den Publikumsgesellschaften ist i. d. R. vorgesehen, dass das Verbleiben eines Gesellschafters an eine Mindestvertragsdauer geknüpft ist. Meist ist es der Begünstigungszeitraum für die Sonderabschreibungen. Nach Ablauf dieses Zeitraumes kann das Gesellschaftsverhältnis zu den im Gesellschaftsvertrag genannten Fristen gekündigt werden. Enthält der Gesellschaftsvertrag jedoch keine besondere Vereinbarung hinsichtlich der Beendigung des Gesellschaftsverhältnisses, so kann nach § 132 HGB der Kommanditist durch Kündigung unter Einhaltung einer bestimmten Frist aus der Gesellschaft ausscheiden, und zwar bei auf unbestimmte Zeit eingegangener KG mit sechsmonatiger Frist zum Ende eines Geschäftsjahres. Dieses Kündigungsrecht kann im Gesellschaftsvertrag nicht generell ausgeschlossen werden (§ 723 Abs. 3 BGB). Gekündigt werden kann die KG auch von einem Privatgläubiger eines Kommanditisten, der die Pfändung und Überweisung des Auseinandersetzungsguthabens bewirkt hat (§§ 161 Abs. 2, 135 HGB).

381

b) Außerordentliche Kündigung durch den Kommanditisten

Wie bereits ausgeführt, steht dem Kommanditisten ein außerordentliches Kündigungsrecht ohne Einhaltung einer bestimmten Frist zu, wenn sein Gesellschaftsbeitritt auf arglistiger Täuschung beruht. Auch dann, wenn wesentliche Grundlagen des Gesellschaftsvertrages durch Mehrheitsbeschluss der Gesellschafter geändert werden, kann der überstimmte Kommanditist durch sofortige Kündigung aus der Gesellschaft ausscheiden (BGH, NJW 1977, 2160). Zu den wesentlichen Grundlagen der Gesellschaft zählen insbesondere der Gegenstand der Gesellschaft, die Geschäftsführung, Erhöhung der Einlage oder Änderung oder Begründung von weitreichenden finanziellen, wirtschaftlichen und persönlichen Verpflichtungen (vgl. Sauer, a. a. O. S. 84).

382

Ein außerordentliches Kündigungsrecht steht dem Kommanditisten auch dann zu, wenn der Gesellschaftszweck nicht mehr erreicht werden kann. Es ist jedoch zu beach-

383

ten, dass auch bei der Publikumsgesellschaft die Nichterreichbarkeit des Gesellschaftszweckes nicht nur einen Gesellschafter, sondern alle Gesellschafter betrifft, so dass sich hierfür kein Kündigungsrecht eines einzelnen Gesellschafters ergibt. Hinzu kommen muss hier der mit Dreiviertelmehrheit getroffene Beschluss der übrigen Gesellschafter, den Gesellschafterzweck zu ändern und die Gesellschaft unter dem veränderten Zweck fortbestehen zu lassen (BGH, NJW 1977, 2160). Dem Recht, den Gesellschaftszweck zu ändern, muss die Möglichkeit für den überstimmten Gesellschafter gegenüberstehen, das Gesellschaftsverhältnis sofort zu kündigen (Sauer, a. a. O., S. 85). Ist der Gesellschaftszweck für sich allein genommen nicht mehr zu erreichen, bleibt dem Gesellschafter nur die Auflösungsklage übrig (vgl. Loritz, NJW 1981, 369).

c) Kündigung durch den Komplementär oder die übrigen Gesellschafter

384 Es kann im Gesellschaftsvertrag vereinbart werden, dass der Komplementär das Recht hat, einen Kommanditisten zu kündigen. Dieses Recht wird aus § 161 Abs. 2 HGB i. V. m. § 140 HGB hergeleitet, wonach ein Gesellschafter aus der Gesellschaft ausgeschlossen werden kann, wenn ein Umstand eintritt, der gem. § 133 HGB die übrigen Gesellschafter berechtigen würde, die Gesellschaft durch gerichtliche Entscheidung aufzulösen. Der Gesellschaftsvertrag, auch der einer Publikumsgesellschaft, kann Vertragsbestimmungen enthalten, wonach dem Komplementär oder den übrigen Gesellschaftern das Recht zusteht, einen Gesellschafter aus den vorgenannten Gründen auszuschließen (BGH, BB 1981, 1727). Nicht jedoch kann dem Komplementär das Recht eingeräumt werden, nach freiem Belieben Mitgesellschafter ohne Begründung, wenn auch unter Einhaltung gewisser Fristen, aus der Gesellschaft auszuschließen (BGH, BB 1981, 1727; BGH, BB 1982, 1196). So ist nach Ansicht des BGH (BB 1982, 1196) eine Bestimmung im Gesellschaftsvertrag einer Publikums-GmbH & Co. KG wegen Verstoßes gegen § 242 BGB unwirksam, in der der Komplementär-GmbH einseitig das Recht eingeräumt worden ist, eine Kommanditbeteiligung von einem Gesellschafter nach ihrem freien Ermessen zu übernehmen. Eine gesellschaftsvertragliche Bestimmung, die den persönlich haftenden Gesellschaftern einseitig das Recht einräumt, die treuhänderisch gehaltenen Kommanditbeteiligungen nach freiem Ermessen zu einem bestimmten Zeitpunkt zu übernehmen, ist unwirksam (BGH v. 21. 3. 1988, BB 1988, 1270).

V. Geschäftsführung

385 In der Regel wird die Geschäftsführung der Publikums-GmbH & Co. KG durch den Geschäftsführer der Komplementär-GmbH ausgeübt. Der Umfang der Geschäftsführung ergibt sich aus dem Gesellschaftsvertrag der KG, subsidiär aus den §§ 164 ff. HGB. Grundlage für die Geschäftsführung ist i. d. R. ein Dienstvertrag zwischen dem Geschäftsführer und der Komplementär-GmbH. Dieser begründet grundsätzlich auch die Pflichten gegenüber der KG. Nimmt der Geschäftsführer die Leistungsaufgaben der Gesellschaft als Komplementärin einer GmbH & Co. KG wahr und führt dies zu Schäden bei der KG, so besteht Einigkeit, dass die KG unmittelbar Ansprüche gegen den Geschäftsführer der GmbH erwirbt, wenn er gegenüber der KG eine unerlaubte Handlung begeht (BGH WM 1956, 61 ff.; vgl. auch BGH JR 1960, 104 mit Anmerkung Schröder; Scholz-Schneider, § 43 GmbHG Anm. 261). Streitig hingegen

ist, ob und unter welchen Voraussetzungen die Kommanditgesellschaft auch darüber hinaus unmittelbar Ansprüche gegen den Geschäftsführer erwirbt, wenn er durch fehlerhafte Unternehmensleitung bei der KG einen Schaden verursacht hat. Ist jedoch der Anstellungsvertrag des Geschäftsführers mit der Kommanditgesellschaft abgeschlossen, so sollen fehlerhafte Maßnahmen der Unternehmensleitung, die zu Schäden der Kommanditgesellschaft geführt haben, eine Verletzung der Leistungspflichten, die der Anstellungsvertrag begründet, darstellen (BGH, WM 1980, 1190). Ist der Geschäftsführer der Komplementär-GmbH zugleich Kommanditist, kommt eine Haftung der gesellschaftlichen Pflichten aufgrund des KG-Vertrags in Betracht (BGH, WM 1982, 1025; Scholz-Schneider § 43 GmbHG Anm. 261). Fehlt es an vertraglichen Beziehungen zwischen der Kommanditgesellschaft und dem Geschäftsführer, ist die Meinung in Rechtsprechung und Literatur unterschiedlich. Teilweise wird die Ansicht vertreten, dass Ansprüche gegen den Geschäftsführer ausscheiden (Hopt ZGR 1979, 1, 14; K. Müller, GmbHR 1972, 18 ff.). Andererseits hat die Rechtsprechung aus dem Anstellungsvertrag des Geschäftsführers mit der GmbH auch besondere Pflichten im Verhältnis zur KG abgeleitet. Liegt die wesentliche Aufgabe der Komplementär-GmbH in der Führung der Geschäfte der KG, so erstreckt sich der Schutzbereich des zwischen der GmbH und ihrem Geschäftsführer bestehenden Dienstverhältnisses hinsichtlich einer Haftung des letzteren aus § 43 Abs. 2 GmbHG auch auf die KG (BGHZ 75, 321, BGHZ 76, 326; BGH, WM 1980, 593; BGH, WM 1981, 440; BGHZ IP 1982, 1073). Für die Haftung genügt grundsätzlich leichte Fahrlässigkeit. § 708 BGB ist bei der Publikums-GmbH & Co. KG nicht anwendbar (so BGH DB 1980, 295).

VI. Aufsichtsrat und Beirat

In der Regel wird die Publikumsgesellschaft wegen ihrer körperschaftlichen Struktur einen Aufsichtsrat, Beirat oder Überwachungsausschuss haben, dem Geschäftsführungsbefugnisse übertragen sein können und der bei der Geschäftsführung berät und diese kontrolliert (BGH, NJW 1978, 725). Sind dem Aufsichtsrat oder Beirat durch Gesellschaftsvertrag Überwachungsaufgaben eingeräumt worden, braucht er nicht jede einzelne Geschäftsführungsmaßnahme zu überprüfen, jedoch muss er den Jahresabschluss prüfen (BGH, DB 1980, 71). Das gilt auch, wenn Kommanditisten selbst Mitglieder eines Aufsichtsorgans sind (BGH, BB 1977, 1472; s. auch BFH, BB 1980, 546). Der Gesellschafter, der selbst Aufsichtsratsmitglied ist, kann sich nicht auf die Haftungsbeschränkung des § 708 BGB berufen. Er hat vielmehr die im Verkehr erforderliche Sorgfalt zu beachten und haftet in entsprechender Anwendung der §§ 116, 93 AktG (BGH BB 1977, 1472). Die Ansprüche gegen ihn verjähren in 5 Jahren (BGH, NJW 1975, 1318). Die Verjährungsfrist kann nicht durch Satzung verkürzt werden. Der Anspruch steht der Gesellschaft und nicht den Kommanditisten zu und ist ggfs. vom Insolvenzverwalter geltend zu machen (BGHZ 80, 348; zur Frage, inwieweit einem Beirat oder Verwaltungsrat das Recht eingeräumt werden kann, den Gesellschaftsvertrag zu ändern, siehe BGH v. 19. 11. 1984, GmbHR 1985, 188).

386

VII. Gesellschafterversammlung

Die Gesellschafterversammlung ist als Vertretung der Kommanditisten grundsätzlich für alle Fragen des Gesellschaftsvertrages, dessen Änderung, Aufnahme neuer Gesell-

387

schafter, Auflösung der Gesellschaft und die Bereiche zuständig, die ihr durch den Gesellschaftsvertrag zugewiesen sind. Auf der anderen Seite können Zuständigkeiten der Gesellschafterversammlung auf einen Beirat, Verwaltungs- oder Aufsichtsrat oder einen besonderen Gesellschafterausschuss übertragen werden. So kann die Gesellschafterversammlung den Verwaltungsrat ermächtigen, die Zahlung von Gesellschafterzinsen für eine gewisse Zeit auszusetzen und bis auf weiteres nicht fällig zu stellen. Das gilt insbesondere dann, wenn in der Gesellschafterversammlung 90% der Kommanditisten vertreten waren und der Beschluss einstimmig gefasst worden war (BGH v. 19. 11. 1984 DB 1985, 907). Dies gilt ferner, wenn die Gesellschafterversammlung die Aufgabe nicht uneingeschränkt übertragen hat, weil der Verwaltungsrat lediglich damit betraut war, neben der Gesellschafterversammlung tätig zu werden und diese die Entscheidungen und Beschlüsse des Verwaltungsrates wieder außer Kraft setzen kann.

388 Bei Publikums-Gesellschaften ist nicht vom Einstimmigkeitsprinzip auszugehen (BGHZ 71, 53, 58). Vertragsändernde Mehrheitsentscheidungen sind jedoch nicht zulässig, soweit sie in die Rechtsstellung der Gesellschafter – in ihre rechtliche und vermögensmäßige Position in der Gesellschaft – eingreifen. Den Gesellschaftern steht insoweit ein unverfügbarer Kernbereich von Rechten zu (BGH v. 5. 11. 1984 DB 1985, 479). Die Beschlussgegenstände müssen sich bei einer Publikums-GmbH & Co. KG nicht zusätzlich aus dem Gesellschaftsvertrag ergeben. Die Gesellschafterversammlung ist u. a. zuständig, wenn es Fragen der Gesellschafterdarlehen und deren Verzinsung zu regeln gilt, soweit diese Darlehen Teil des von den Kommanditisten geschuldeten Gesamtbeitritts sind und in dieser Eigenschaft den Charakter haftenden Eigenkapitals haben (BGH v. 17. 5. 1982 DB 1982, 1818; v. 5. 11. 1984 DB 1985, 479). Bei Publikums-Gesellschaften, deren Beschlüsse nicht einstimmig erfolgen müssen, sind auch hinsichtlich einer qualifizierten Mehrheit einer Gesellschafterversammlung Schranken gesetzt. So kann die Mehrheit nicht einen Gesellschafter ohne seine Zustimmung gegenüber einem anderen zu seinem Nachteil ungleich behandeln oder ihm erhöhte Pflichten auferlegen (BGH v. 5. 11. 1984 a. a. O.). Aufgrund der gesellschaftlichen Treuepflicht bei Publikums-Gesellschaften ergibt sich vielfach eine Zustimmungspflicht der nicht beteiligten Gesellschafter (BGH v. 5. 11. 1984, DB 1985, S. 479). Eine ordnungsgemäß einberufene Versammlung setzt voraus, dass sämtliche Gesellschafter zu ihr eingeladen worden sind. Wird hiergegen verstoßen, führt dieses grundsätzlich zur Nichtigkeit des Beschlusses (BGH vom 10. 10. 1983, GmbHR 1984, 201). Dieser Grundsatz gilt aber nicht ausnahmslos. Willensbildung und Willensbetätigung innerhalb eines Vereins, aber auch dessen Rechtsbeziehung nach außen, würden jedoch mit unerträglicher Unsicherheit belastet, wenn jedes Vereinsmitglied, ja sogar jeder Fremde wegen irgendeines Gesetzes oder Satzungsverstoßes ohne Rücksicht auf dessen Schwere und die Bedeutung der betreffenden Angelegenheit die Nichtigkeit eines Beschlusses unbeschränkt geltend machen könnte (BGHZ 59, 369, 372). Für die auf eine unbegrenzte Vielzahl von Mitgliedern angelegte Publikums-Gesellschaft gilt nichts anderes. Auch bei ihr ist eine Abstimmung nicht wirkungslos, wenn zwar ein Gesellschafter versehentlich nicht eingeladen worden ist, aber zugleich feststeht, dass dieser Fehler das Abstimmungsergebnis unter keinen Umständen beeinflusst haben kann. Beschlüsse einer Publikums-Gesellschaft sind daher wirksam, wenn sicher feststeht, dass sie nicht auf dem Mangel beruhen (BGH vom 10. 10. 1983, GmbHR 1984, 201).

VIII. Prospekthaftung

1. Begriff der Prospekthaftung

Nach den von der Rechtsprechung entwickelten allgemeinen Grundsätzen zur sog. culpa in contrahendo (cic) (§ 311 Abs. 3 und 3 BGB) entsteht mit dem Eintritt in Vertragsverhandlungen ein gesetzliches Vertrauensschutzverhältnis, das die Verhandlungspartner verpflichtet, sich gegenseitig über alle wesentlichen Umstände des abzuschließenden Vertrages vollständig und sachlich zutreffend zu informieren. Beabsichtigt daher jemand, der über keine eigenen Informationsquellen verfügt, einer Publikumsgesellschaft als Kapitalgeber (Kommanditist) beizutreten, so muss er sich darauf verlassen können, dass die im Werbeprospekt enthaltenen Angaben richtig und vollständig sind (OLG Bremen ZIP 1983, 423). Ergeben sich während der Vertragsverhandlungen Änderungen, müssen die Beitrittsinteressenten rechtzeitig auf diese hingewiesen werden (BGH, DB 1978, 1491). Insbesondere sind zu offenbaren wesentliche kapitalmäßige und personelle Verflechtungen zwischen Komplementär-GmbH, ihren Geschäftsführern und beherrschenden Gesellschaftern einerseits und den Unternehmen sowie deren Geschäftsführern und beherrschenden Gesellschaftern, in deren Hand die nach dem Emissionsprospekt durchzuführenden Vorhaben liegen, andererseits (BGH WM 1981, 483; vgl. auch Garz/Holzmann/Gurke, DB 1983, 29 ff.; zur Prospekthaftung insgesamt von Westphalen, DB 1983, 2745 ff; BGH v. 9. 10. 1989 BB 1990, 12). Die Prospekthaftung bezieht sich ausschließlich auf die Angaben im Prospekt. Daneben gibt es aber auch eine weitere Haftung von Anlageberatern und sonstigen Personen, die durch ihren persönlichen Einsatz den Vertragsabschluß herbeigeführt haben (hinsichtlich der Haftung des Gründungs-Gesellschafters einer Publikums-Gesellschaft aus Verschulden bei Vertragsverhandlungen gegenüber Kapitalanlegern, die über einen Treuhandkommanditisten beitreten BGH v. 30. 3. 1987 BB 1987, 1278; s. auch § 44 BörsG zu Prospekthaftung).

389

2. Anspruchsverpflichteter

Die Verletzung vorvertraglicher Aufklärungspflichten (hierzu BGH v. 9. 10. 1989, BB 1990, 12) verpflichtet an sich nur denjenigen zum Schadensersatz, in dessen Namen die Verhandlungen geführt wurden, hier also die Publikums-Gesellschaft, insbesondere die Komplementär-GmbH. Ausnahmsweise haftet jedoch neben dem Geschäftsherrn auch sein Vertreter für Verschulden bei Vertragsschluss, sofern er für seine Person Vertrauen in Anspruch genommen und da durch die Vertragsverhandlungen beeinflusst hat. (Hierzu Palandt/Heinrichs BGB § 276 Anm. 6 Cc). Nach Ansicht des BGH ist nicht nur die Komplementär-GmbH, sondern sind auch die hinter der Publikums-Kommanditgesellschaft stehenden Initiatoren und Gründer, die das Management bilden oder beherrschen, sowie solche Personen, die daneben besonderen Einfluss in der Gesellschaft ausüben und Mitverantwortung tragen, haftbar (BGH, DB 1978, 1491; WM 1979, 141; WM 1980, 522, 794, 825, 955; WM 1981, 483; WM 1982, 90, 758). Dabei brauchen jedoch die Bedeutung dieser Personen und ihr Einfluss dem Kommanditisten nicht bekannt geworden zu sein (BGH, BB 1979, 238; BGH, WM 1981, 484). Für andere Personen kommt eine Haftung nur in engen Grenzen in Betracht, z. B. wenn sie durch ihre nach außen hin in Erscheinung tretende Mitwirkung an dem

390

Prospekt einen besonderen Vertrauenstatbestand schaffen und Erklärungen abgeben (BGH, BB 1980, 1067) oder wenn und soweit sie sich den Prospekt, beispielsweise als Anlagevermittler, zueigen machen (BGH, NJW 1982, 1095). Der Umstand jedoch, dass eine Person mit ihrer Zustimmung im Prospekt als Kommanditist aufgeführt wird, kann die Vertrauenshaftung allein noch nicht begründen (BGH, BB 1981, 865, 876; vgl. auch OLG Düsseldorf, BB 1980, 649). Außer den eigentlichen Initiatoren und Gründungsgesellschaftern kommen für die Haftung insbesondere auch Rechtsanwälte, Steuerberater und Wirtschaftsprüfer in Betracht, die mit ihrer Zustimmung im Prospekt als Sachverständige angeführt werden und in dieser Eigenschaft Erklärungen (Gutachten) abgeben (BGH, WM 1980, 794). Ein Rechtsanwalt haftet bereits schon dann, wenn im Prospekt auf sein Anderkonto hingewiesen und dadurch der Eindruck einer besonders sicheren Kapitalanlage vermittelt wird (BGH, WM 1984, 19). Eine Treuhandkommanditistin haftet gegenüber den Kapitalanlegern für Verschulden der KG, die für die Treuhandkommanditistin bei Abschluss des Treuhandvertrages tätig geworden ist (BGH, DB 1982, 1817).

3. Pflichtverletzung

391 Die Prospekthaftung bezieht sich auf die Vollständigkeit und Richtigkeit der Prospekte, mit denen geworben wird. Interessierte Kapitalanleger müssen sich darauf verlassen können, dass die im Prospekt enthaltenen Angaben richtig und vollständig sind. Auf Veränderungen ist besonders hinzuweisen (BGH, BB 1978, 979). Eine Richtigstellung der falschen Angaben ist jedoch bis zum Beitritt möglich und schließt eine spätere Haftung aus (BGHZ 72, 387). Abgesehen von den falschen Angaben im Prospekt sind auch die Anlagevermittler zur vollständigen Information verpflichtet (BGH, NJW 1982, 1095).

4. Inhalt des Anspruchs

392 Die Prospekthaftung geht auf Ersatz des dem Kapitalanleger entstandenen Vertrauensschadens, also auf die Herstellung des Zustandes, der bestünde, wenn der Emissionsprospekt richtig und vollständig gewesen wäre (BGH, WM 1980, 953). Da sich der Kommanditist im Zweifel an der Gesellschaft nicht beteiligt hätte, umfasst der Anspruch den Schadensersatz für den Verlust der geleisteten Einlage einschließlich etwaiger Nebenkosten wie Maklerprovision, Agio usw. sowie für die entgangenen Steuervorteile, die dem Kommanditisten entstanden wären, wenn er sich mit demselben Kapitalansatz an einer anderen erfolgreichen Abschreibungsgesellschaft beteiligt hätte (BGH, WM 1982, 760). Auf die Schadensersatzleistung ist eine Ersparnis an Einkommensteuer nicht anzurechnen, da andererseits die Ersatzleistung zu versteuern ist (BGH, BB 1980, 800; dazu Piltz, BB 1979, 1336). Allerdings ist u. U. auch ein Mitverschulden des Anlegers bei der Informationspflichtverletzung des Anlagevermittlers zu berücksichtigen (BGH, NJW 1982, 1095; Assmann, NJW 1982, 1083; Zur Frage der Anrechnung steuerlicher Vorteile BGH v. 6. 11. 1989, BB 1990, 21.)

5. Verjährung

393 Ansprüche aus Verschulden bei Vertragsschluss verjähren grundsätzlich in 3 Jahren (§ 195 BGB). Das gilt insbesondere gegenüber Personen, die unter Inanspruchnah-

me persönlichen Vertrauens oder aus eigenen wirtschaftlichen Interessen handeln und deshalb schon nach den allgemeinen Grundsätzen über die Vertreterhaftung für Verschulden bei Vertragsschluss persönlich haftbar sind (BGH, WM 1982, 554). Diese allgemeine Verjährungsfrist von 3 Jahren gilt jedoch nicht für die Prospekthaftung im engeren Sinne. Es handelt sich hier um Ansprüche des Vertrauensschadens aufgrund eines fehlerhaften oder unvollständigen Prospektes. Entsprechend der Anwendung der §§ 12 Abs. 5 AuslandsInvestG und § 20 Abs. 5 Kapitalanlagengesetz verjähren diese Ansprüche grundsätzlich in einem Jahr seit dem Zeitpunkt, in dem der Gesellschafter von der Unrichtigkeit oder Vollständigkeit des Prospektes Kenntnis erlangt hat, spätestens jedoch in 3 Jahren seit dem Beitritt zur Gesellschaft bzw. Abschluss des Vertrages (hierzu insbesondere BGH DB 1982, 1160; BGH DB 1984, 1671; BGH, WM 1984, 1077; von Teufel, DB 1985, 173; von Westphalen, DB 1983, 2745 ff.).

6. Strafrechtliche Haftung

Neben der Strafbarkeit gem. §§ 61ff. BörsG kommt die Strafbarkeit nach § 263 StGB wegen Betruges in Betracht, und zwar meist in der Form des Eingehungsbetruges (BGH vom 18.10.1977, 5 StR 291/77). Den Kommanditisten können bei der Vertragsverhandlung durch Vorlage falscher, unvollständiger oder gefälschter Unterlagen falsche Tatsachen vorgespiegelt bzw. wahre Tatsachen unterdrückt oder entstellt werden. 394

E. Die GmbH & Co. KG und Mitbestimmung

Das Betriebsverfassungsgesetz von 1952, nach dem bei einer GmbH mit mehr als 500 Arbeitnehmern ein Aufsichtsrat zu bilden ist, der zu einem Drittel aus Vertretern der Arbeitnehmer bestehen muss, ist bei einer reinen Komplementär-GmbH, die in der Regel nur wenige Arbeitnehmer beschäftigen wird, ohne jede praktische Bedeutung. 395

Die GmbH & Co. KG selbst wird von der Mitbestimmung nach dem Betriebsverfassungsgesetz, und zwar unabhängig von ihrer Arbeitnehmerzahl nicht betroffen. Jedoch hat das Mitbestimmungsgesetz vom 1. 7. 1976 für die GmbH & Co. KG einschneidende Änderungen mit sich gebracht. Unternehmen, die unter dieses Mitbestimmungsgesetz fallen, haben einen Aufsichtsrat zu bilden, der sich paritätisch zusammensetzt aus Mitgliedern der Anteilseigner und solchen der Arbeitnehmer. Ferner ist ein Arbeitsdirektor Mitglied der Geschäftsführung. Zu den Unternehmen, die der Mitbestimmung unterliegen, gehören die Kapitalgesellschaften, insbesondere die GmbH, nicht jedoch die Personenhandelsgesellschaften. Somit unterliegt grundsätzlich die GmbH & Co. KG auch nicht der Mitbestimmung. Die Mitbestimmung bezieht sich daher nur auf die Komplementär-GmbH. Nach § 4 Mitbestimmungsgesetz unterliegen jedoch solche GmbHs der Mitbestimmung, wenn die GmbH & Co. KG, deren persönlich haftende Gesellschafterin die Komplementär-GmbH ist, mindestens 2000 Arbeitnehmer beschäftigt. Nach § 4 Mitbestimmungsgesetz werden die bei der GmbH & Co. KG beschäftigten Arbeitnehmer den Arbeitnehmern der Komplementär-GmbH hinzugerechnet mit der Wirkung, dass diese, sofern sie bisher weniger als 2000 Arbeitnehmer hatte, infolge der Zurechnung gegebenenfalls die gesetzlich vorgeschriebene Mindestzahl von 2000 Arbeitnehmern erreicht und dadurch mitbestimmungspflichtig wird, wenn folgende drei Voraussetzungen kumulativ erfüllt sind: 396

1. GmbH und KG beschäftigen zusammen i. d. R. mehr als 2000 Arbeitnehmer;

2. die Mehrheit der Kommanditisten, berechnet nach der Mehrheit der Anteile oder der Stimmen, hat die Mehrheit der Geschäftsanteile oder der Stimmen bei der GmbH inne;
3. die GmbH hat keinen eigenen Geschäftsbetrieb, oder sie hat zwar einen eigenen Geschäftsbetrieb, aber i. d. R. nicht mehr als 500 Arbeitnehmer.

397 Sind die genannten Voraussetzungen gegeben, ist die GmbH & Co. KG nicht unmittelbar der Mitbestimmung unterworfen, sondern nur insofern mittelbar, als der Aufsichtsrat bei der Komplementär-GmbH zu bestellen ist. Da die Komplementär-GmbH Geschäftsführerin der GmbH & Co. KG ist, wird die Bestellung des Aufsichtsrates auch auf die GmbH & Co. KG durchschlagen. Unterliegt die Komplementär-GmbH der Mitbestimmung, erfolgt die Bestellung und Abberufung der Geschäftsführer durch den Aufsichtsrat und nicht mehr durch die Gesellschafterversammlung. Allerdings hat über den Stichentscheid der Aufsichtsratsvorsitzende, der im Zweifel von der Anteilseignerseite gestellt wird, das Übergewicht mit der Folge, dass letztlich auch die Anteilseigner bestimmen, wer Geschäftsführer der GmbH werden soll.

I. Arbeitsdirektor

398 Von noch einschneidenderer Bedeutung ist jedoch die Bestellung eines Arbeitsdirektors als gleichberechtigtes Mitglied der Geschäftsführung, der seine Aufgaben im engsten Einvernehmen mit dem Gesamtorgan ausüben soll. Hieraus folgt, dass die der Mitbestimmung unterliegende GmbH & Co. KG mindestens 2 Geschäftsführer haben muss. Um zu vermeiden, dass das Vertretungsorgan wegen Meinungsverschiedenheit zwischen Arbeitsdirektor und den anderen Mitgliedern der Geschäftsführung funktionsunfähig wird, wird sich die Berufung eines weiteren dritten Geschäftsführers kaum umgehen lassen. Die Bestellung des Arbeitsdirektors erfolgt im übrigen nach den gleichen Grundsätzen wie diejenigen der anderen Geschäftsführungsmitglieder. Die Anteilseigner haben über den Stichentscheid des Aufsichtsratsvorsitzenden auch die Möglichkeit, ihren Arbeitsdirektor selbst zu bestimmen. Es kann niemand zum Arbeitsdirektor bestellt werden durch den Aufsichtsrat, den die Anteilseigner nicht akzeptieren. Der Gesellschaftsvertrag kann zusätzlich Qualifikationen vorschreiben, die auch für den Arbeitsdirektor gelten. Bei der GmbH, die der Mitbestimmung unterliegt, kann die Art der Vertretungsmacht durch die Satzung bestimmt werden. Dies gilt auch für den Arbeitsdirektor. Eine Grenze bildet hier nur das Diskriminierungsverbot. Daher bestehen keine Bedenken, nur dem Vorsitzenden Alleinvertretungsrecht, den anderen Geschäftsführern aber Gesamtvertretungsbefugnis zu erteilen (Meyer/Landhut DB 1976, 388; Hoffmann BB 1977, 21). Unzulässig dagegen ist eine Beschränkung der Vertretungsmacht des Arbeitsdirektors ohne sachlichen Grund.

II. Mitbestimmender Aufsichtsrat

399 Der Aufsichtsrat besteht aus mindestens 12 Mitgliedern (§ 7 MitbestG). Er hat nicht nur die Geschäftsführung zu bestimmen, sondern diese auch zu überwachen. Die Befugnisse beziehen sich jeweils nur auf das Unternehmen der mitbestimmten Komplementär-GmbH, nicht auf das Unternehmen der GmbH & Co. KG. Zur Überwachung der Geschäftsführung kann bzw. muss der Aufsichtsrat insbesondere von der Geschäftsführung jederzeit einen Bericht verlangen über die Angelegenheiten der Gesell-

schaft, über ihre rechtlichen und geschäftlichen Beziehungen zu verbundenen Unternehmen sowie über geschäftliche Vorgänge bei diesen Unternehmen, die auf die Lage der Gesellschaft von erheblichem Einfluss sein können, die Bücher und Schriften der Gesellschaft sowie die Vermögensgegenstände, namentlich der Gesellschaftskasse und die Bestände an Wertpapieren und Waren, einsehen und prüfen sowie an der – freiwillig nur in Ausnahmefällen obligatorischen – Gesellschafterversammlung teilnehmen. Die Geschäftsführung hat ihm hierzu binnen 12 Tagen nach der Bekanntmachung der Einberufung der Gesellschafterversammlung die Tagesordnung und etwaige Anträge und Wahlvorschläge mitzuteilen. Schließlich hat der Aufsichtsrat den Jahresabschluss, den Geschäftsbericht sowie den Vorschlag für die Verwendung des Bilanzgewinns zu prüfen. Im Falle der Auflösung der Gesellschaft hat er die Liquidatoren zu überwachen. Der Aufsichtsrat hat jedoch gegenüber der Geschäftsführung weder ein Weisungs- noch ein Widerspruchsrecht. Der Aufsichtsrat kann also Maßnahmen der Geschäftsführung nicht verhindern. Er kann der Geschäftsführung auch keine Weisungen hinsichtlich der Ausführung erteilen. Jedoch kann die Gesellschafterversammlung von ihrem Weisungsrecht gegenüber den Geschäftsführern Gebrauch machen.

F. Schiedsklauseln in Gesellschaftsverträgen der GmbH & Co. KG

Auch was Schiedsklauseln anbetrifft, besteht bei der GmbH & Co. KG die Notwendigkeit, die Vereinbarungen in der GmbH und der KG aufeinander abzustimmen. Nach herrschender Auffassung kann im Gesellschaftsvertrag der GmbH durch statuarische Schiedsklauseln gem. § 1048 ZPO die Zuständigkeit eines Schiedsgerichts bestimmt werden. Hieran ist auch jeder künftige Gesellschafter gebunden. Der Form gemäß § 1027 Abs. 1 ZPO bedarf es hier nicht. Wer bereits Gesellschafter einer GmbH ohne statuarische Schiedsklauseln ist, kann allerdings nicht gegen seinen Willen durch Satzungsänderung einer solchen Klausel unterworfen werden (Lutter/Hommelhoff, GmbHG, 16. Aufl., Anh. § 47 Rn. 77 ff.). Es bedarf zur Einführung einer Schiedsklausel grundsätzlich der Zustimmung aller, die zur Zeit der Vereinbarung Gesellschafter sind. Darüber hinaus können außerhalb der Satzung zwischen Gesellschaftern Schiedsvereinbarungen getroffen werden.

Hingegen verlangt die Rechtsprechung (BGHZ 45, 282, 286, BGH NJW 1980, 1049) für die Schiedsvereinbarung unter Gesellschaftern einer Personengesellschaft und damit auch für eine KG, dass diese als Vertrag nach § 1031 Abs. 5 ZPO abgeschlossen, also nicht einfach in den Gesellschaftsvertrag aufgenommen wird. Die Aufnahme einer statuarischen Schiedsklausel in den Gesellschaftsvertrag der KG macht deshalb die Klausel, folgt man der herrschenden Auffassung, unwirksam, denn eine gesetzliche Beurkundungspflicht, welche den Schutzzweck des Trennungsverbots ersetzen könnte, besteht für die Kommanditgesellschaft nicht. Eine nicht in der Form des § 1031 Abs. 5 ZPO vereinbarte Schiedsklausel begründet daher nach h.L. gegenüber einer vor dem ordentlichen Gericht erhobenen Klage nicht die sog. Schiedsvertragseinrede gem. § 1032 ZPO. Aus diesem Grunde enthalten KG-Gesellschaftsverträge in der Regel nur eine auf den Schiedsvertrag verweisende Schiedsklausel, die selbst keine schiedsvertragliche Wirkung hat. Dennoch haben Schiedsvereinbarungen bei Personengesellschaften satzungsähnliche Wirkung, weil auch der Rechtsnachfolger an die in der Form des §

400

401

1031 Abs. 5 ZPO vom Veräußerer eingegangenen Schiedsvereinbarungen gebunden ist (BGHZ 71, 162/165 = NJW 1978, 1585).

G. Die doppelstöckige GmbH & Co. KG

402 Die doppelstöckige GmbH & Co. KG ist handelsrechtlich und auch steuerlich weithin anerkannt. Auch § 15 Abs. 3 Nr. 2 Satz 2 EStG geht von der zivilrechtlichen Zulässigkeit der doppelstöckigen GmbH & Co. KG aus. Hiernach gibt eine Komplementär-GmbH & Co. KG der KG das Gepräge, so dass auch die doppelstöckige GmbH & Co. KG stets als eine gewerbliche anzusehen ist, auch wenn sie Vermögensverwaltung betreibt. Bedenken könnten hier jedoch gegen die Kaufmannseigenschaft der KG bestehen. Der Gesellschafter einer Personengesellschaft ist in dieser Eigenschaft kein Kaufmann. Die Kaufmannseigenschaft bezieht sich auf die Personengesellschaft, soweit diese ein Grundhandelsgewerbe betreibt oder aufgrund der Größe des Geschäftsbetriebes Sollkaufmann ist. Im Gegensatz zur GmbH ist die Personengesellschaft nicht kraft Rechtsform Kaufmann (§ 6 HGB). Ist eine GmbH Komplementärin einer Personengesellschaft, gibt sie dieser nicht das Gepräge, mit der Folge, dass diese ebenfalls Kaufmann kraft Rechtsform wäre. Eine GmbH & Co. KG, die selbst keinen eigenen Geschäftsbetrieb hat, sondern deren Zweck allein darin besteht, persönlich haftender Gesellschafter einer Personengesellschaft zu sein und die Geschäfte der Personengesellschaft zu führen, übt selbst kein Grundhandelsgewerbe aus und wird in der Regel keinen eigenen umfangreichen Geschäftsbetrieb haben, so dass sie in der Regel auch nicht Kaufmann kraft Handelsgewerbe sein kann.

403 Eine GmbH & Co. KG, die lediglich Komplementär wiederum einer GmbH & Co. KG ist, ist daher bei Auslegung konsequenter rechtlicher Maßstäbe lediglich eine Schein-KG und daher als Gesellschaft bürgerlichen Rechts zu behandeln. Durch die Möglichkeit der Eintragung der Gesellschaft in das Handelsregister nach § 105 Abs. 2 HGB kann jedoch wirksam eine Handelsgesellschaft begründet werden, die ihrerseits als Komplementärin einer GmbH & Co. KG fungieren kann.

H. Publizität

404 Ebenso wie die Kapitalgesellschaften muß die GmbH & Co. KG ihren Jahresabschluss gemäß §§ 325 ff. HGB offenlegen. Dabei sind von den großen und mittelgroßen Gesellschaften im Sinne des § 267 HGB der Jahresabschluss, die Bilanz, die Gewinn- und Verlustrechnung sowie der Bestätigungsvermerk oder der Vermerk über die Versagung des Vermerks durch den Abschlußprüfer dem Handelsregister einzureichen. Kleine GmbH & Co. KGs brauchen demgegenüber lediglich die Bilanz und den Anhang ohne Angabe zur Gewinn- und Verlustrechnung dem Handelsregister und ohne Lagebericht einzureichen. Große GmbH & Co. KGs müssen vor Einreichung zum Handelsregister die vorgenannten Unterlagen im Bundesanzeiger veröffentlichen. Sodann ist eine Kopie der Veröffentlichung mit den oben genannten Unterlagen dem Handelsregister zu übermitteln. Mittelgroße und kleine GmbHs brauchen im Bundesanzeiger nur bekannt zu geben, bei welchem Handelsregister und unter welcher Nummer die Unterlagen eingereicht wurden.

Das KapCoRiLiG hat die Sanktionen bei Nichterfüllung der Offenlegungspflichten erheblich verschärft. Auf Antrag von jedermann kann nunmehr vom Registergericht ein Ordnungsgeld in Höhe von mindestens 2.500,- EUR, höchstens 25.000,- EUR nach § 335 a HGB festgesetzt werden. Bei einer geringfügigen Fristüberschreitung der vom Registergericht fest zu setzenden sechs-Wochen-Frist kann die betroffene Gesellschaft jedoch die Härtefallregelung des § 140 a Abs. 2 Satz 4 FGG in Anspruch nehmen. Ist das Ordnungsgeld jedoch verwirkt, ist es gegen den Geschäftsführer der Komplementär-GmbH festzusetzen (Binz/Sorg, 9. Aufl., § 15 Rdnr. 38).

405

§ 3 GmbH & Co. KG im Steuerrecht

A. Die GmbH & Co. KG als Steuersubjekt

I. Die GmbH & Co. KG als Personengesellschaft

1. Grundsätze

Die GmbH & Co. KG ist sowohl handelsrechtlich als auch ertragsteuerlich eine Personengesellschaft. Das bedeutet, dass die GmbH & Co. KG selbst kein Steuerrechtssubjekt ist, sondern die Einkommen- bzw. Körperschaftsteuerpflicht durch die hinter ihr stehenden Gesellschafter begründet wird. Die GmbH & Co. KG ist nach § 15 Abs. 1 Nr. 2 EStG i. V. m. § 179 AO lediglich Gewinnermittlungssubjekt, die Steuerverpflichtungen fallen bei den Gesellschaftern an. Lediglich in der Gewerbesteuer (Objektsteuercharakter), im Umsatzsteuerrecht (Unternehmer) und im Grunderwerbssteuerrecht werden Personengesellschaften als Rechtssubjekte behandelt.

406

Auch soweit eine so genannte Publikums-GmbH & Co. KG zivilrechtlich eher einem nichtrechtsfähigen Verein nachgestaltet ist als einer Personengesellschaft, unterliegt sie nicht der Körperschaftsteuer (Herrmann/Heuer/Raupach § 1 KStG Anm. 40; BFH Großer Senat, Beschl. v. 25. 6. 1984, DB 2382), weil nach § 3 Abs. 2 KStG eine Körperschaftsteuerpflicht für nichtrechtsfähige Personenvereinigungen nur dann in Betracht kommt, wenn keine unmittelbare Körperschaftsteuerpflicht besteht oder das Einkommen nicht unmittelbar bei den Mitgliedern zu versteuern ist.

407

II. Die Gesellschafter als Einkunftsbezieher

1. Grundsätze

Da nicht die Gesellschaft, sondern die Gesellschafter Steuerpflichtige i. S. des Einkommensteuergesetzes sind, kommt es darauf an, dass diese und nicht die Gesellschaft alle an eine Einkunftsart geknüpften Merkmale erfüllen. Werden an eine Einkunftsart besondere Voraussetzungen geknüpft, kommt es letztlich darauf an, dass der Gesellschafter sie erfüllt. Für die Frage, ob ein Gesellschafter einer Personengesellschaft als Mitunternehmer und daher als Gewerbetreibender anzusehen ist, kommt es daher darauf an, ob dieser alle an eine gewerbliche Tätigkeit gestellten Voraussetzungen erfüllt, d. h. er muss als Mitunternehmer ein Unternehmerrisiko tragen und Mitunternehmerinitiative entfalten können. Hat ein Gesellschafter lediglich Kapital einem anderen überlassen, hat er Einkünfte aus Kapitalvermögen (§ 20 Abs. 1 EStG, typisch stille Gesellschaft).

408

2. Die gewerbliche Tätigkeit der GmbH & Co. KG

Da die GmbH & Co. KG ebenso Personenhandelsgesellschaft ist, wie die oHG und KG, unterliegt sie selber nicht als Steuersubjekt der Ertragssteuer. Die Gewinnanteile werden bei den natürlichen Personen als Einkünfte aus Gewerbebetrieb der Einkommensteuer unterworfen und bei der Komplementär-GmbH unterliegen sie der Körperschaftsteuer. Um Einkünfte aus Gewerbebetrieb annehmen zu können, bedarf es ebenso wie bei den übrigen Personengesellschaften einer Mitunternehmerschaft nach

409

§ 15 Abs. 1 Nr. 2 EStG. Insoweit gelten die oben genannten Kriterien zur Unternehmerschaft auch für die GmbH & Co. KG.

410 Aufgrund der bestehenden Außenhaftung für die Verbindlichkeiten der KG und ihrer Geschäftsführungs- und Vertretungsbefugnis ist die Komplementär-GmbH in der Regel stets Mitunternehmer. Dies gilt auch für den typischen Fall, dass sie am Vermögen und am Verlust der KG nicht beteiligt ist und für ihre Tätigkeit und ihr Haftungsrisiko lediglich eine feste Vergütung erhält. Unerheblich ist auch, ob sie im Innenverhältnis weisungsgebunden ist (BFH v. 17.1.980, BStBl. II 1980, 336, 338; BFH v. 11.12.1986, BStBl. II 1987, 553; Schmidt, EStG § 15 Rz. 709; Schulze zur Wiesche, FR 1976, 113; Seithel, GmbHR 1975, 136). Die Rechtsprechung stellt als Abgrenzungskriterien insbesondere auf das Haftungsrisiko der Komplementär-GmbH ab. Ist dieses im Innenverhältnis ausgeschlossen, die GmbH nicht Geschäftsführerin, ist sie auch nicht Mitunternehmerin (FG Münster v. 13.12.1974, EFG 1975, 471; BFH v. 11.6.1985, BStBl. II 1987, 33).

411 Sollte der Komplementär-GmbH ausnahmsweise tatsächlich die Mitunternehmereigenschaft fehlen, sind ihre Einkünfte aus GmbH & Co. KG dennoch als gewerbliche Einkünfte zu qualifizieren, da die GmbH kraft ihrer Rechtsform nur gewerbliche Einkünfte haben kann (§ 15 Abs. 3 Nr. 2 EStG i.V.m. § 8 Abs. 2 KStG). Konsequenzen ergeben sich in diesem Fall nur bei der Ausschüttung der GmbH an ihre Gesellschafter und hinsichtlich der GmbH-Anteile selbst. Diese werden nicht in die Mitunternehmereigenschaft einbezogen und sind damit auch nicht zur Führung des KG-Betriebes notwendig. Damit gehören sie auch nicht zum Sonderbetriebsvermögen der übrigen KG-Gesellschaft. Die Gewinnausschüttung der GmbH an ihre Gesellschafter (die Kommanditisten der GmbH & Co. KG) gehören damit zu den Einkünften aus Kapitalvermögen und sind entsprechend nicht gewerbesteuerpflichtig. Bei Veräußerung der GmbH-Anteile sind sie nur steuerlich zu erfassen über die §§ 17 und 23 EStG. Auch die Kommanditisten der GmbH & Co. KG gelten typischerweise als Mitunternehmer, obwohl ihre Haftung beschränkt ist und sie Unternehmerinitiative nur in sehr geringem Umfang über ihre Mitwirkungs- und Kontrollrechte ausüben können (BFH v. 3.7.1975, BStBl. II 1975, 818).

412 Von besonderer Bedeutung für die GmbH & Co. KG ist die Geprägevorschrift des § 15 Abs. 3 Nr. 2 EStG. Danach gelten auch solche Kommanditgesellschaften, die nicht gewerblich, sondern etwa nur vermögensverwaltend oder landwirtschaftlich tätig sind, als Gewerbebetrieb, sofern ausschließlich eine oder mehrere Kapitalgesellschaften persönlich haftende Gesellschafter sind und nur diese oder Personen, die nicht Gesellschafter sind, zur Geschäftsführung befugt sind (gewerblich geprägte Personengesellschaft). Die Verwendung einer solchen gewerblich geprägten Personengesellschaft bietet steuerlichen Gestaltungsspielraum, um auch bei einer schlichten vermögensverwaltenden Tätigkeit die Merkmale eines Gewerbebetriebes herbeizuführen. Dies kann etwa vorteilhaft sein, um Zulagen und Abschreibungen zu erhalten, die ein Betriebsvermögen voraussetzen, etwa die Investitionszulagen nach dem Investitionszulagengesetz. Eine gewerblich geprägte Personengesellschaft kann aber auch eingesetzt werden, um eine sonst drohende Aufdeckung stiller Reserven zu vermeiden. Dies kommt etwa in Betracht bei:

- Wegfall der aktiven Tätigkeit eines Einzelunternehmens oder einer Personengesellschaft,
- Wegfall der personellen Voraussetzungen der Betriebsaufspaltung,
- betriebliche Umgestaltung des verpachteten Betriebes bei der Betriebsverpachtung,
- bei der Realteilung,
- bei der Umwandlung einer GmbH in ein Einzelunternehmen oder in eine Personengesellschaft.

Beispiel: A und B sind jeweils zu 50 % Gesellschafter eines Fabrikationsbetriebes, der in der Rechtform der GmbH betrieben wird. Gleichzeitig sind sie im selben Verhältnis Eigentümer des Betriebsgrundstückes, das sie an die GmbH vermieten. Damit liegt eine Betriebsaufspaltung im steuerlichen Sinne vor. Der B will nunmehr seine Anteile an der Betriebs-GmbH an den C veräußern. Die Veräußerung würde dazu führen, dass die personelle Verflechtung wegfällt und damit die Betriebsaufspaltung beendet wird, da die am Besitzunternehmen mehrheitlich beteiligte Personengruppe nicht mehr mehrheitlich an der GmbH beteiligt wäre. Mit dem Verkauf des GmbH-Anteils an C läge beim Besitzunternehmen eine Betriebsaufgabe vor und die stillen Reserven müssten versteuert werden. Zur Vermeidung dieser Rechtsfolge müssen A und B vor Veräußerung des GmbH-Anteils an C das Besitzunternehmen in eine GmbH & Co. KG umgründen. 413

Beispiel: A hat sein Einzelunternehmen, eine Gaststätte, seit mehreren Jahren an B verpachtet. B will nunmehr den Betrieb umgestalten und aus der Gaststätte einen Waschsalon machen. Da nach Umgestaltung nicht mehr der frühere Betrieb in Form der Verpachtung weitergeführt wird, sondern ein anderer Betrieb eröffnet wird, entfallen die Voraussetzungen des Verpachtungserlasses (BStBl. II 1965, 4; R139 Abs. 5 EStR 2003; BFH v. 19.1.1983, BStBl. II 1983, 412). A gibt in diesem Fall seinen verpachteten Gewerbebetrieb auf und muss die stillen Reserven versteuern. Um diese Rechtsfolge zu vermeiden muss A vor Beginn der Umbaumaßnahmen das verpachtete Unternehmen in eine Ein-Mann-GmbH & Co. KG umgründen. Zwar sind ab diesem Zeitpunkt die Pachterlöse mit Gewerbesteuer belastet. Diese kann jedoch dadurch reduziert werden, dass A nur noch Grundbesitz ohne Betriebsvorrichtungen verpachtet. In diesem Fall können die erweiterten Kürzungen des § 9 Abs. 1 S. 2 GewStG in Anspruch genommen werden. Die Errichtung einer GmbH & Co. KG in diesen Fällen hat gegenüber der Nutzung einer GmbH den Vorteil, dass keine Grunderwerbsteuer anfällt, da die Grundstücke ins Gesamthandsvermögen einer Personengesellschaft übertragen werden, an der die selben Eigentümer wie bei der Betriebsgesellschaft beteiligt sind. 414

Geschäftsführung i. S. d. Regelung über die gewerblich geprägte Personengesellschaft ist die organschaftliche Geschäftsführung des Gesellschafters für die Gesellschaft. Bei einer GmbH & Co. KG, deren alleinige Geschäftsführerin die Komplementär-GmbH ist, ist der zur Führung der Geschäfte der GmbH berufene Kommanditist nicht wegen dieser Geschäftsführungsbefugnis auch als zur Führung der Geschäfte der KG berufen anzusehen (BFH v. 23.05.1996, BStBl II, 523). 415

Voraussetzung ist, dass die Kapitalgesellschaft oder mehrere Kapitalgesellschaften der einzige oder die einzigen persönlich haftenden Gesellschafter sind. Ist neben der Ka- 416 pitalgesellschaft eine natürliche Person ebenfalls persönlich haftender Gesellschafter, gibt die Kapitalgesellschaft der Personengesellschaft nicht das Gepräge. Eine Kapitalgesellschaft in diesem Sinne ist auch eine gewerblich geprägte Personengesellschaft, die persönlich haftende Gesellschafterin und Geschäftsführerin einer anderen Personengesellschaft ist (doppelstöckige GmbH & Co. KG).

417 Nach BFH v. 11. 12. 1986 (BStBl. II 1987, 553) ist § 15 Abs. 3 Nr. 2 EStG auch auf eine gewerblich geprägte Schein-KG anzuwenden. Eine Schein-KG wird im Rechtsleben als BGB-Gesellschaft behandelt. Die Gesellschaft bürgerlichen Rechts ist auch eine Personengesellschaft i. S. des § 15 Abs. 3 Nr. 2 EStG. Es fragt sich aber, inwieweit die Kapitalgesellschaft einer Schein-KG ausschließlich persönlich haftet. Nach der Rechtsprechung des BGH ist auch bei Gesellschaften bürgerlichen Rechts ein Haftungsausschluss möglich (BGH v. 25. 10. 1984, NJW 85, 619), soweit der Haftungsausschluss den Gläubigern gegenüber bekannt ist. Tritt eine Gesellschaft des bürgerlichen Rechts nach außen als GmbH & Co. KG auf, so hat dieser Haftungsausschluss grundsätzlich auch nach außen Wirkung (vgl. Bordewin, FR 87, 1). Mit Recht gilt daher das Geprägegesetz (§ 15 Abs. 3 Nr. 2) auch für die Schein-KG (siehe auch L. Schmidt, § 15 EStG Anm. 46 c; a. A. Söffing, FR 86, 521). Sind neben der Komplementär-GmbH weitere natürliche Personen als persönlich haftende Gesellschafter beteiligt, ist aber mit diesen im Innen Verhältnis Haftungsausschluss vereinbart, so fällt diese Personengesellschaft nur dann unter § 15 Abs. 3 Nr. 2, wenn die Freistellung auch tatsächlich wirksam wird.

418 Diese Umqualifizierung gilt jedoch nicht ausnahmslos. Ist neben der GmbH ein Gesellschafter der KG Geschäftsführer, so bleibt die Personengesellschaft weiterhin vermögensverwaltend tätig. Scheidet der Geschäftsführer, der gleichzeitig Kommanditist ist, aus, so wird die Personengesellschaft mit seinem Ausscheiden gewerblich tätig, mit der Folge, dass zu diesem Zeitpunkt eine Eröffnungsbilanz zu erstellen ist.

Tritt ein Kommanditist später als Geschäftsführer hinzu, sind die Voraussetzungen für eine gewerbliche Tätigkeit nicht mehr gegeben, mit der Folge, dass in diesem Zeitpunkt der Betrieb aufgegeben ist und daher eine erfolgswirksame Auflösung der stillen Reserven erfolgen muss. Die Rechtslage ist in etwa vergleichbar mit dem Wegfall der personellen Verflechtung bei der Betriebsaufspaltung. Auch hier nimmt der BFH (v. 13. 12. 1985, BStBl. 84 II, 474) eine Betriebsaufgabe an.

419 Sind die in § 15 Abs. 3 Nr. 2 genannten Voraussetzungen gegeben, werden unabhängig von der Tätigkeit einer Personengesellschaft deren Einkünfte in gewerbliche Einkünfte umqualifiziert. Das gilt nicht nur für die vermögensverwaltende Tätigkeit einer Personengesellschaft, sondern auch für eine Landwirtschaft und Forstwirtschaft betreibende Personengesellschaft.

Beispiele:
1. Eine GmbH & Co. KG betreibt ein Forstgut,
2. eine freiberufliche Praxis wird in der Form einer GmbH & Co. KG geführt, sofern dieses standesrechtlich zulässig ist.

Auf die Rechtsform der Personengesellschaft kommt es nicht an; das gilt sowohl für Personengesellschaften, die in Form einer OHG, KG, Gesellschaft bürgerlichen Rechts geführt werden, wie auch für reine Innengesellschaften, deren Geschäftsinhaber eine Kapitalgesellschaft ist, bei der die Innengesellschafter am Vermögen und Risiko be-

teiligt sind. Maßgeblich ist, dass nur Kapitalgesellschaften persönlich haftende Gesellschafter, nur diese zur Geschäftsführung bestellt sind und eine mit Einkunftserzielungsabsicht unternommene Tätigkeit ausüben.
In folgenden Fällen liegt nach § 15 Abs. 3 Nr. 2 eine gewerbliche Tätigkeit einer Personengesellschaft vor: 420

Beispiele:
aa) Die X-GmbH ist alleinige persönlich haftende Gesellschafterin der X-GmbH & Co. KG.
bb) Die X-GmbH und Y-GmbH sind alleinige Gesellschafter der X & Y OHG.
cc) Die X-GmbH ist persönlich haftender Gesellschafter der Z-GBR und deren alleinige Geschäftsführerin.
dd) Die X-GmbH ist Geschäftsführer der X-OHG. Die Gesellschafter A, B und C sind von der Geschäftsführung ausgeschlossen,
ee) Die X-GmbH ist persönlich haftende Gesellschafterin der X-GmbH & Co. KG. Neben der X-GmbH sind A und B Geschäftsführer der X-GmbH & Co. KG. A und B sind an der Gesellschaft nicht beteiligt,
ff) Die X-GmbH ist persönlich haftende Gesellschafterin der X-GmbH & Co. KG. Die X-GmbH ist von der Geschäftsführung und Vertretung ausgeschlossen. A und B, die an der KG nicht beteiligt sind, sind deren Geschäftsführer.

Keine Anwendung findet jedoch § 15 Abs. 3 Nr. 2 auf folgende Fälle:
- An der A-OHG sind die X-GmbH und die Gesellschafter A und B beteiligt.
- An der A-KG sind die X-GmbH und A als persönlich haftende Gesellschafter beteiligt.
- An der X-GmbH & Co. KG ist die X-GmbH als alleinige persönlich haftende Gesellschafterin beteiligt, jedoch sind die Kommanditisten A und B zu weiteren Geschäftsführern bestellt.
- An der X-GmbH & Co. KG ist die X-GmbH als persönlich haftende Gesellschafterin beteiligt, sie ist jedoch von der Geschäftsführung ausgeschlossen. Geschäftsführer sind die Kommanditisten A und B.
- An der X-GmbH & Co. KG ist die X-GmbH als persönlich haftende Gesellschafterin beteiligt. Neben der X-GmbH sind weitere Geschäftsführer der Nichtgesellschafter Y und der Kommanditist A.
- An der X-GmbH & Co. KG ist die X-GmbH als persönlich haftende Gesellschaft beteiligt. Sie ist jedoch von der Geschäftsführung ausgeschlossen. Zur Geschäftsführerin ist die Y-GmbH bestellt, die jedoch an der KG selbst nicht beteiligt ist.

Eine gewerbliche Tätigkeit ist auch dann gegeben, wenn die Kapitalgesellschaft nicht am Vermögen der KG beteiligt ist, die Kommanditisten die Haftung ausgeschlossen haben und die GmbH intern weisungsgebunden ist, weil nach der Rechtslage des BFH (11. 6. 1985, DB 1985, 2434) der Komplementär in jedem Fall als Mitunternehmer anzusehen ist, da die persönliche Haftung nach außen und auch die Vertretungsmacht diesem nicht genommen werden kann. 421

Nach einer Verfügung der OFD Hannover v. 31. 8. 1989 (S 2241 – 222 – StH 221) liegt eine gewerblich geprägte Personengesellschaft auch dann vor, wenn bei der per- 422 sönlich haftenden Kapitalgesellschaft (Komplementärin) eine oder mehrere Kommanditisten zur Geschäftsführung bestellt sind und die Kapitalgesellschaft tatsächlich die Geschäfte der Personengesellschaft führt, denn die Kommanditisten leiten ihre Geschäftsführungsbefugnis nicht aus ihrer eigenen gesellschaftsrechtlichen Stellung in der KG her, sondern aus derjenigen der Kapitalgesellschaft. Somit ist die Tätigkeit einer GmbH & Co. KG, unabhängig davon, ob sie selbst einen Gewerbebetrieb hat, als gewerblich einzustufen, wenn sie lediglich Beteiligung an Kapitalgesellschaften und auch Personengesellschaften hält und Vermietung und Verpachtung betreibt, ohne dass die Voraussetzungen einer Betriebsaufspaltung gegeben sind.

3. Die Beteiligung an einer GmbH & Co. KG als Liebhaberei

a) Gewinnerzielungsabsicht als Gesellschaftszweck

423 Die Gewinnerzielungsabsicht ist Voraussetzung für einen Gewerbebetrieb und damit für jede gewerbliche Tätigkeit (vgl. § 15 Abs. 2 EStG). Die Gewinnerzielungsabsicht selbst ist zwar im Gesetz nicht definiert, die Vorschrift (§ 15 Abs. 2 EStG) stellt jedoch klar, dass eine durch die Beteiligung verursachte Minderung der Steuern vom Einkommen der Gesellschafter keinen Gewinn darstellt (s. auch § 2b EStG).

424 Die Gewinnerzielungsabsicht ergibt sich aus dem Gewinnbegriff des § 4 Abs. 1 EStG. Hiernach ist der Gewinn der Unterschiedsbetrag zwischen dem Vermögen am Schluss des Wirtschaftsjahres und dem Betriebsvermögen am Schluss des vorangegangenen Wirtschaftsjahres (zzgl. Entnahme, abzgl. Einlage, soweit diese den Gewinn gemindert oder erhöht haben). Gewinn ist somit Vermögensmehrung, und zwar begrenzt auf das Betriebsvermögen. Die Gewinnerzielungsabsicht ist daher auf die Mehrung des Betriebsvermögens ausgerichtet. § 15 Abs. 2 Satz 2 EStG stellt grundsätzlich klar, dass die Vermögensmehrung im betrieblichen Bereich einzutreten habe und eine Gewinnerzielungsabsicht nicht vorliegt, wenn sie im außerbetrieblichen Bereich, z. B. in einer Steuerersparnis, eintritt. Somit liegt keine Gewinnerzielungsabsicht i. S. des § 15 Abs. 2 EStG vor, wenn die Ausnutzung steuerlicher Vorteile der alleinige Zweck der Tätigkeit einer Personengesellschaft ist (s. auch § 2b EStG). Die Voraussetzung ist nicht rechtsbegründend, sondern hat lediglich deklaratorische Bedeutung.

425 Nach BFH v. 15. 10. 1984 (BStBl. 1985 S 205, liegt keine Liebhaberei vor, wenn der Steuerpflichtige aus der Erkenntnis, keine Gewinne zu erzielen, nach erlittenen Verlusten in den Anlaufjahren die Konsequenzen zieht. Verluste in den ersten 8 Jahren nach der Gründung reichen allein für die Annahme einer Liebhaberei noch nicht aus (BFH v. 21. 3. 1985, BB 1985, 1244)

Beispiel: Die X-GmbH & Co. KG betreibt die Finanzierung des Baues eines Containerschiffes und die spätere Vercharterung dieses Schiffes an die Y-Schiffsfracht-AG in Nassau/Bahamas. Die Schiffsfracht-AG ist der einzige Gesellschafter der X-GmbH, die Komplementärin der X-GmbH & Co. KG ist. Kommanditisten sind 2 Treuhänder, die die Anteile für ca. 500 Kommanditisten halten. Die Dauer der Gesellschaft ist begrenzt auf 5 Jahre (Zeitraum der Sonderabschreibungen). Nach Ablauf soll das Betriebsvermögen auf die Schiffsfracht-AG bzw. auf die Komplementärin übertragen werden. In der Regel ist davon auszugehen, dass eine Gewinnerzielungsabsicht vorliegt, wenn nach dem Auslaufen der Sonderabschreibungen in den Gründungsjahren der Betrieb mit Gewinnen arbeiten soll. Tritt die Erwartung jedoch nicht ein, wird der Gewerbebetrieb nicht rückwirkend zum Liebhabereibetrieb. Unter der Voraussetzung des § 2b EStG (bei Erwerb der Beteiligung oder Gründung stehen die Erbringung steuerlicher Vorteile im Vordergrund, insbesondere dann, wenn nach dem Betriebskonzept die Rendite auf das einzusetzende Kapital mehr als das Doppelte dieser Rendite vor Steuern beträgt) sind auch Verluste aus einer gewerblich geprägten GmbH & Co. KG nicht nutzbar.

b) Gewinnerzielungsabsicht beim Gesellschafter

Die Gewinnerzielungsabsicht muss nicht nur auf der Ebene der Gesellschaft, sondern auch bei dem einzelnen Gesellschafter vorliegen. Wird die Gewinnerzielungsabsicht bei der Gesellschaft bereits verneint, ist sie beim Gesellschafter nicht erst zu prüfen. Ist eine Gesellschaft auf Dauer ausgerichtet und eine Gewinnerzielungsabsicht – Erstreben eines Totalgewinnes (einschl. eines evtl. Veräußerungsgewinns nach R 138 Abs. 6 Satz 4 EStR) – zu bejahen, kann sie dennoch für den einzelnen Gesellschafter zu verneinen sein, wenn die Beteiligung von vornherein vertraglich auf den Zeitraum der Verluste durch Sonderabschreibungen begrenzt ist. Ein Gesellschafter wird nur dann als Mitunternehmer angesehen, wenn er das Unternehmen mitträgt und Unternehmerinitiative entwickeln kann. Der Große Senat stellt in dem Beschluss vom 25. 6. 1984 (a.a.O.) klar, dass beide Merkmale, wenn auch in unterschiedlicher Intensität, vorliegen müssen. So setzt das Unternehmerrisiko die Beteiligung am Gewinn voraus. Eine Beteiligung am Gewinn ist nicht gegeben, wenn die Beteiligung von vornherein auf einen Zeitraum begrenzt ist, in dem das Unternehmen voraussichtlich nur Verluste erwirtschaften wird. In diesen Fällen ist der Gesellschafter nicht als Mitunternehmer anzusehen, seine Verlustanteile stehen daher nicht mit Einkünften aus Gewerbebetrieb im Zusammenhang und können daher nicht mit anderen Einkunftsarten ausgeglichen noch im Wege des Vortrags oder Rücktrags vom Einkommen wie Sonderausgaben nach § 10 d EStG abgezogen werden (s. auch § 2b EStG).

Eine Mitunternehmerschaft eines Gesellschafters wird in der Regel nur dann zu verneinen sein, wenn die zeitliche Begrenzung der Beteiligung im Gesellschaftsvertrag oder in einem Sondervertrag festgelegt worden ist und daher von vornherein feststeht, dass der Gesellschafter am Gewinn nicht beteiligt ist und eine Gewinnbeteiligung nicht beabsichtigt ist. Es ist aber für die Frage der Mitunternehmerschaft ohne Bedeutung, wenn die Beteiligung nicht von vornherein begrenzt war, daher diese zeitliche Begrenzung nicht nach außen hin dokumentiert war, dass der Gesellschafter später dennoch ausscheidet, bevor die Gesellschaft in die Gewinnzone gerät.

B. GmbH & Co. KG als Mitunternehmerschaft

I. Arten der GmbH & Co. KG

1. Typische GmbH & Co. KG

428 Von einer typischen GmbH & Co. KG spricht man, wenn die Gesellschafter der Kommanditgesellschaft gleichzeitig Gesellschafter der GmbH sind. Die typische GmbH & Co. KG findet insofern steuerlich besondere Beachtung, als bei ihr Interessenkonflikte weitgehend ausgeschlossen sind. Das gilt sowohl für die Gewinnbeteiligung der GmbH & Co. KG, als auch für die Gewinnbeteiligung von Familienangehörigen eines Hauptgesellschafters, sofern sie auch am Kapital der Gesellschaft als Kommanditisten bzw. als GmbH-Gesellschafter beteiligt sind. Die Bedingungen müssen grundsätzlich so gestaltet worden sein, als wären sie auch mit einer GmbH, bei der Gesellschafter beteiligt sind, die nicht gleichzeitig Gesellschafter der Kommanditgesellschaft sind, vereinbart worden wären. Besonderheiten gelten dann, wenn der Kommanditist und Gesellschafter der GmbH gleichzeitig Geschäftsführer der GmbH ist und damit auch mittelbarer Geschäftsführer der GmbH & Co. KG. Da es sich hier um Tätigkeiten im Dienste der GmbH & Co. KG handelt, werden die Geschäftsführergehälter bei den Kommanditisten grundsätzlich als Vorweggewinn aus dem Gesellschaftsverhältnis der GmbH & Co. KG behandelt. Als Personengesellschaft wird auch die Einmann GmbH & Co. KG anerkannt.

2. Atypische GmbH & Co. KG

429 Eine atypische GmbH & Co. KG liegt dann vor, wenn die Gesellschafter der Kommanditgesellschaft und der GmbH nicht identisch sind bzw. nicht weitgehend identisch sind und somit die Willensbildung bei beiden Gesellschaften eine unterschiedliche ist. Eine atypische GmbH & Co. KG wird in Zweifelsfällen immer bei den Abschreibungsgesellschaften, Finanzierungsgesellschaften und bei den so genannten Management-GmbH's vorliegen. Die atypische stille Gesellschaft bietet daher wegen der unterschiedlichen Interessenlagen bei GmbH und GmbH & Co. KG in der Regel steuerlich keine Komplikationen. Allerdings ist bei den typischen Abschreibungs- und Finanzierungsgesellschaften zu beachten, dass die Kommanditisten wegen der Einschränkung ihrer Rechte, die ihnen nach dem Regelstatut des HGB über die KG zustehen, nicht als Mitunternehmer anzusehen sind. Einkünfte aus Gewerbebetrieb nach § 15 EStG setzen jedoch Abs. 1 Nr. 2 für die Anerkennung einer Mitunternehmerschaft voraus, dass die Gesellschafter aufgrund eines gewissen Mitunternehmerrisikos und Entfaltung einer Mitunternehmerinitiative als Mitunternehmer anzusehen sind. Die Kommanditisten wären in diesem Falle lediglich als Kapitalgeber zu behandeln.

II. Mitunternehmerschaft der GmbH und der Kommanditisten

1. Mitunternehmerschaft als Grundlage für die steuerliche Gewinnermittlung

430 Die GmbH & Co. KG stellt als Kommanditgesellschaft sowohl bürgerlich-rechtlich als auch ertragsteuerlich eine Personengesellschaft dar. Das bedeutet, dass die GmbH & Co. KG selbst nicht Steuerpflichtiger im Sinne des Einkommensteuerrechts ist.

Steuerpflichtige sind vielmehr die Gesellschafter. Sofern jedoch mehrere an einer Einkommensquelle beteiligt sind, also aus ihr Einkünfte beziehen, sind die Einkünfte gemeinschaftlich gesondert für alle Beteiligten festzustellen (§§ 179, 180 AO). Die Gesellschafter einer Personengesellschaft und damit auch die Kommanditisten haben nur dann gemeinschaftliche Einkünfte, wenn sie gemeinsam das Gewerbe betreiben. Das setzt voraus, dass jeder einzelne von ihnen steuerlich als Mitunternehmer i. S. des § 15 Abs. 1 Nr. 2 EStG anzusehen ist. Eine Mitunternehmerschaft der Gesellschafter ist dann zu verneinen, wenn bürgerlich-rechtlich kein Gesellschaftsverhältnis gegeben ist, weil die Verträge nicht anzuerkennen sind, die Vermögensverfügung zwar anzuerkennen ist, aber die rechtlichen Verhältnisse innerhalb der Gesellschafter so gestaltet worden sind, dass eine Mitunternehmerschaft des Gesellschafters im Sinne des Steuerrechts zu verneinen ist. Ist in einem Gesellschaftsvertrag vereinbart, dass die Ehefrau im Scheidungsfalle aus der Gesellschaft ausgeschlossen werden kann und ihr Ehemann an ihre Stelle tritt, dann ist der Kommanditanteil der Ehefrau gem. § 39 AO (wirtschaftl. Betrachtungsweise) dem Ehemann zuzurechnen.

2. Anerkennung der Verträge mit Minderjährigen

a) Anerkennung des Gesellschaftsverhältnisses überhaupt

Verträge mit Familienangehörigen, das gilt insbesondere für Minderjährige, das gilt grundsätzlich sowohl für die Beteiligung an der Komplementär-GmbH als auch an der GmbH & Co. KG, werden steuerlich nur anerkannt, wenn sie
1. bürgerlich-rechtlich wirksam sind,
2. ernsthaft gewollt sind,
3. tatsächlich durchgeführt worden sind und
4. unter Bedingungen abgeschlossen worden sind, wie sie auch zwischen Dritten bei entgeltlich erworbenen Beteiligungen üblich sind.

431

Insbesondere werden Verträge zwischen Angehörigen nur anerkannt, wenn sie eindeutig sind (BFH vom 29. 1. 1976, BStBl. 1976 II S. 324).

432

Beispiel: Der KG-Vertrag zwischen dem Vater als Komplementär und seinen minderjährigen Kindern enthält zur Entnahme von Gewinnanteilen folgende Regelung (nach Bordewin, DB 1996, 1359): „Entnahmen bedürfen der Zustimmung aller Gesellschafter mit Ausnahme der Entnahmen, die erforderlich sind, um die auf die Gewinnanteile entfallenden persönlichen Steuern zu entrichten. Diese Bestimmung gilt solange nicht, wie der Vater persönlich haftender Gesellschafter ist." Der BFH hatte einen entsprechenden Fall zu entscheiden (BFH v. 29.1.1976, BStBl. II 1976, 328) und hielt diese Regelung für mehrdeutig. Sie könne dahingehend verstanden werden, dass, solange der Vater Komplementär ist, jeder Gesellschafter, also auch die Kommanditisten, jederzeit die Auszahlung ihrer Gewinnanteile verlangen könnten. Ebenso gut sei aber auch die Deutung möglich, dass, solange der Vater Komplementär ist, dieser selbst keinerlei Entnahmebeschränkungen unterliege, die Entnahme der Kinder jedoch zustimmungsbedürftig seien.

Verträge zwischen Angehörigen dürfen auch nicht manipulierbar sein (BFH vom 31. 1. 1961, BStBl. 1961 III S. 158; vom 18. 3. 1964, BStBl. 1964 III S. 429; vom 1. 2.

1973, BStBl. 1973 II S. 307; vgl. auch BFH vom 8. 8. 1979 DB 1979 S. 1160). Das gilt insbesondere dann, wenn der Schenker beherrschender Gesellschafter ist (BFH v. 13. 6. 1989 BStBl. II 1989, 894 zur atypischen GmbH & Still).
Wer alles zu Familienangehörigen zählt, ist umstritten. Als Leitschnur kann auf § 15 AO abgestellt werden. Danach sind „Angehörige":

- Verlobte,
- Ehegatten,
- Verwandte und Verschwägerte gerader Linie,
- Geschwister,
- Kinder der Geschwister,
- Ehegatten der Geschwister und Geschwister der Ehegatten,
- Geschwister der Eltern,
- Pflegeeltern und Pflegekinder.

433 Die Rechtsprechung hat dies jedoch weiter konkretisiert: Familiengesellschaften können jedenfalls zwischen Ehegatten, Eltern und Kindern, Großeltern und Enkeln (BFH v. 18.12.1990, BStBl. II 1991, 391), Schwiegereltern und Schwiegerkinder (BFH v. 5.2.1988, BFH-NV 1988, 628) gegeben sein. Zwischen Geschwistern und Onkel/Tanten und Neffen/Nichten kann ein Familienangehörigkeitsverhältnis im Sinne der Begründung einer Familiengesellschaft nicht in jedem Fall angenommen werden. Hier fehlt es an der Annahme, das zwischen ihnen übereinstimmende Interessenlagen bestehen. Auch sind sie nicht gesetzlich zum Unterhalt verpflichtet. Typischerweise wird man vielmehr davon ausgehen können, dass jeder Partner bestrebt ist, seine eigenen Interessen optimal zu wahren (vgl. Bordewin, DB 1996, 1359; Friedrich, DB 1995, 1048). Auch Verlobte fallen nicht unter den Begriff der Angehörigen im Sinne der Rechtsprechung zur Familienpersonengesellschaft (BFH v. 17.1.1985, BFH-NV 1986, 148). Gleiches gilt nach einem Urteil des BFH vom 14.4.1988 für nichteheliche Lebensgemeinschaften (BStBl. II 1988, 670). Sind auch fremde Dritte an der Personengesellschaft beteiligt, kann eine Familienpersonengesellschaft nur dann angenommen werden, wenn die Familienangehörigen die Personengesellschaft beherrschen (Littmann/Bitz, EStG, § 15 Rz. 106 c).

434 Die steuerliche Anerkennung von Verträgen mit Familienangehörigen setzt insbesondere die bürgerlich-rechtliche Wirksamkeit des Vertrages voraus (BFH v. 8. 11. 1972, BStBl. II 1973, 287; v. 1. 2. 1973, BStBl. II 1973, 309, v. 19. 9. 1974, BStBl. II 1975, 141). Das gilt insbesondere für Beteiligungsschenkungen an Minderjährige. Nur solche Schenkungen werden steuerlich anerkannt, bei denen eine vormundschaftliche Genehmigung vorliegt (BFH vom 19. 9. 1974, BStBl. II 1975, 141). Die zivilrechtliche Rückwirkung der vormundschaftlichen Genehmigung eines Vertrages über den Erwerb eines Anteils an einer Personengesellschaft durch einen Minderjährigen wird auch steuerlich berücksichtigt, wenn die vormundschaftliche Genehmigung unverzüglich nach Abschluss des Gesellschaftsvertrages beantragt und in angemessener Frist erteilt worden ist (BFH v. 8. 11. 1972, BStBl. II 1973, 289; v. 1. 2. 1973, BStBl. II 1973, 307). Grundsätzlich bedarf der Vertragsabschluß auch der notariellen Form (§ 518 BGB) (so BFH v. 19. 9. 1974 BStBl. II 1975, 141). Es fragt sich, ob hier die mangelnde Form auch durch tatsächlichen Vollzug geheilt werden kann. Die Rechtsprechung

hierzu betrifft die stille Gesellschaft. Hier ist eine Heilung der mangelnden Form nicht möglich, weil die stille Gesellschaft lediglich obligatorische Beziehungen begründet, während der Eintritt als Gesellschafter in eine Personengesellschaft insofern dingliche Konsequenzen hat, als der eintretende Gesellschafter Gesamthandseigentümer des Gesellschaftsvermögens wird.

Ist der Vater gleichzeitig Gesellschafter der Personengesellschaft, bedarf es bei minderjährigen Gesellschaftern gemäß § 1909 BGB grundsätzlich der Bestellung eines Ergänzungspflegers für den Abschluss des Gesellschaftsvertrages. Zu beachten ist, dass für jeden Minderjährigen ein besonderer Abschlusspfleger bestellt werden muss (BFH v. 1. 2. 1973, BStBl. II 1973, 309). Die Ergänzungspflegschaft gilt jedoch lediglich für den Vertragsabschluß, nicht für die Dauer der Minderjährigkeit (BFH v. 29. 1. 1976, BStBl. II 1976, 328), bzw. Mitgliedschaft in der Gesellschaft. Darüber hinaus müssen die Verträge mit Familienangehörigen ernsthaft gewollt und dürfen nicht lediglich für das Papier vereinbart sein. Stimmt die förmliche Vereinbarkeit nicht mit dem überein, was die Gesellschafter tatsächlich wollen, ist die Vereinbarung als Scheingeschäft im Sinne des § 117 BGB bereits unwirksam. Verbirgt sich hinter dem formell vereinbarten Rechtsgeschäft ein anderes Rechtsgeschäft, hat dieses im Zweifel wegen mangelnder Form auch keine Gültigkeit, insbesondere, wenn es mit Minderjährigen abgeschlossen worden ist, weil es hier in der Regel der notariellen Form des gewollten Rechtsgeschäfts bedarf. 435

Voraussetzung für die steuerliche Anerkennung ist ebenfalls, dass die Verträge auch tatsächlich durchgeführt werden (BFH v. 17. 10. 1951, BStBl. III 1951, 232; v. 24. 7. 1969, BStBl. II 1969, 619; v. 1. 2. 1972, BStBl. II 1973, 307; v. 8. 8. 1979, BB 1979, S. 2160). Eine tatsächliche Durchführung des Gesellschaftsverhältnisses wird in der Regel gegeben sein, wenn folgende Voraussetzungen erfüllt sind:
1. die selbständige Führung von Gesellschafterkonten für die minderjährigen Kinder,
2. die Verwaltung der Anteile der Kinder als Fremdvermögen,
3. Kündigungsrecht der Kinder als Gesellschafter und
4. zumindest die teilweise Entnahme der Gewinngutschriften. 436

Für die minderjährigen Kinder sind daher selbständige Kapital- und Privatkonten zu führen. Das gilt auch für den Fall, dass der Vater als gesetzlicher Vertreter über diese verfügen kann. Die Eigenständigkeit des Kindesvermögens muss durch selbständige Konten nach außen hin dokumentiert werden. Darüber hinaus muss erkennbar sein, dass der Vater die Anteile als Fremdvermögen verwaltet (vgl. BFH vom 3. 11. 1976, BStBl. II 1977, 206). Hierbei sind insbesondere die Einschränkungen hinsichtlich der Verwendung des § 1649 BGB zu beachten. Grundsätzlich muss gewährleistet sein, dass der Minderjährige mit Eintritt der Volljährigkeit auch die Gesellschaftsrechte selbst wahrnimmt. Unschädlich ist es jedoch, wenn der Gesellschaftsvertrag die Wahrnehmung der Gesellschaftsrechte durch das beschenkte Kind für einen überschaubaren Zeitpunkt hinausschiebt. (Vgl. hierzu im einzelnen BFH vom 29. 1. 1976, BStBl. II 1976, 324; vom 29. 1. 1976 BStBl. II 1976, 328; vom 29. 1. 1976, BStBl. II 1976, 233; vom 29. 1. 1976, BStBl. II 1976, 374; vom 8. 2. 1979, BB 1979, S. 717; vom 6. 7. 1979, BB 1979, S. 1823). So hat der BFH die Anteilsschenkung an eine 17jährige steuerlich anerkannt, weil die im Schenkungsvertrag vereinbarten Verfügungsbeschränkungen im wesentlichen mit der Vollendung des 26. Lebensjahres beseitigt waren (vgl. 437

BFH vom 6. 4. 1979, BB 1979, S. 1823). Gleiches gilt, wenn einseitige Gewinnentnahmebeschränkungen vereinbart worden sind. BFH v. 4. 8. 1971, BStBl. II 1972, 10). Jedoch stehen nach dem Urteil des BFH vom 10. 11. 1987 (DB 1988, S. 940) Entnahmebeschränkungen einer Anteilsschenkung nicht entgegen, wenn weder ein absolutes Entnahmeverbot noch eine absolute Entnahmebeschränkung vereinbart worden ist, sondern wenn Entnahmen über den festgesetzten Rahmen ohne die Zustimmung des Schenkers und Komplementärs möglich sind. Insbesondere sind Entnahmebeschränkungen zulässig, wenn das Entnahmerecht in erster Linie aus gesellschaftsrechtlichen Erwägungen beschränkt worden ist, nämlich deshalb, um zu vermeiden, dass die für das Wachstum des Betriebes der Personengesellschaft erforderlichen Mittel dem Betrieb entzogen werden und die Beschränkung des Entnahmerechts ein geeignetes Mittel dafür ist, die nachfolgende Generation zur Bildung von Betriebskapital zu zwingen, d.h. um sie im stärkeren Maße unter dem Gesichtspunkt der Betriebsnachfolge an den Betrieb zu binden, als dies ohne eine solche Kapitalbildung möglich wäre. Das gilt insbesondere dann, wenn die Beschenkten durch die Entnahmebeschränkungen keine vermögensrechtlichen Nachteile haben, weil die stehen gebliebenen Gewinne angemessen verzinst werden. Ebenfalls bestehen keine steuerlichen Bedenken, wenn die Zinsen wenigstens entnommen werden dürfen. Gleiches gilt, wenn lediglich Gewinnanteile, die zur Steuerzahlung notwendig sind, entnommen werden dürfen.

438 Letzteres gilt insbesondere dann, wenn im Gesellschaftsvertrag vereinbart worden ist, dass der Beschenkte bis zum Tode des Schenkers die Gesellschaftsrechte nicht wahrnehmen bzw. wesentliche Rechte eines Gesellschafters nicht ausüben darf. Dieses gilt insbesondere für das Kündigungsrecht des Gesellschafters. Ist ein Kündigungsrecht im Gesellschaftsvertrag oder im Schenkungsvertrag auf Dauer ausgeschlossen worden, ist dem Beschenkten eines der wichtigsten Rechte, die aus seinem Eigentum an dem Gesellschaftsanteil fließen, entzogen worden. Ein Gesellschaftsverhältnis wird daher von der Rechtsprechung (BFH vom 3. 5. 1979, BStBl. II 1979, 515; vom 8. 2. 1979, BB 1979, S. 717; vom 5. 7. 1979, BB 1979, S. 1483) nicht anerkannt, wenn das Kündigungsrecht einseitig zu Lasten des Beschenkten aufgehoben worden ist. Ein Gesellschaftsverhältnis im steuerlichen Sinn liegt auch nicht vor, wenn es von vornherein nicht befristet ist (BFH v. 29. 1. 1976 BStBl. II 1976, 324). Bei der Beurteilung der Frage, ob ein Kommanditist eine Stellung im vorstehend bezeichneten Sinn hat, kommt dem Umstand, dass der betreffende Kommanditist nicht gegen seinen Willen durch Kündigung zum Buchwert aus der KG hinausgedrängt werden kann, eine besondere Bedeutung zu (BFH vom 10. 11. 1987, DB 1988, 940). Das gilt insbesondere auch dann, wenn der Schenker als persönlichhaftender Gesellschafter die Hinauskündigung nicht durch Änderung des Gesellschaftsvertrages erreichen kann, weil er nicht die notwendige erforderliche Mehrheit der Stimmrechte besitzt. Dem steht nicht entgegen, wenn der Gesellschafter im Falle der eigenen Kündigung lediglich seinen buchmäßigen Anteil zuzüglich gutgeschriebener Gewinne erhält (BFH v. 10.11.1987, BStBl II 1989, 758; v. 07.11.2000, DStR 2001, 74). Eingriffe in das Entnahmerecht des Gesellschafters werden insbesondere dann von der Rechtsprechung zugelassen, wenn die Gesellschafter keine vermögensrechtlichen Nachteile erleiden, weil die nicht entnommenen Gewinnanteile angemessen verzinst werden (BFH v. 10.11.1987, BStBl II 1989 S. 758; v. 07.11.2000, DStR 2001, 74).

Gemäß BFH vom 10. 11. 1987 (DB 1988, 940) kann die Einschränkung des Kündigungsrechtes der Kommanditisten nicht als eine wesentliche Einschränkung ihrer Gesellschaftsrechte gegenüber dem Regelstatut des HGB gewertet werden, wenn die Einschränkung lediglich dazu dient, eine Kündigung zu einem Zeitpunkt zu verhindern, in dem die Beschenkten noch nicht die Reife erlangt haben, um die Tragweite einer solchen Kündigung richtig einzuschätzen. Die Einschränkung des Kündigungsrechts dient insoweit der Förderung und Sicherung der Unternehmensnachfolge.

439

Wie bereits ausgeführt, liegt auch zivilrechtlich kein Gesellschaftsverhältnis vor, wenn der Gesellschafter das Kündigungsrecht nicht selbst ausüben kann und jederzeit eine Schlechterstellung seiner Gesellschafterstellung durch einfachen Beschluss hinnehmen muss. Eine Buchwertklausel, die lediglich das freiwillige Ausscheiden erschweren soll, sie jedoch nicht völlig ausschließt, steht einer Mitunternehmerschaft nicht entgegen. Nach der zivilrechtlichen Rechtsprechung wird jedoch eine Buchwertklausel nicht anerkannt, wenn sie wegen eines groben Missverhältnisses zum Verkehrswert des Anteils das Kündigungsrecht wertlos macht. Hat jedoch der Schenker das Recht, die Beschenkten jederzeit mit Abfindung zum Buchwert wieder hinauszukündigen, liegt keine Vermögensbeteiligung vor. Gleiches gilt, wenn der Kommanditist über den Fall des freiwilligen Ausscheidens hinaus auch bei Kündigung durch die übrigen Gesellschafter und auch bei Liquidation lediglich den Buchwert erhält.

440

Insbesondere wird dann auch ein Gesellschaftsverhältnis mit minderjährigen Familienangehörigen nicht anerkannt, wenn die Bedingungen, zu denen das Gesellschaftsverhältnis eingegangen worden ist, zwischen fremden Dritten unüblich gewesen wären (vgl. hierzu BFH vom 5. 7. 1979, BB 1979, S. 1483; vom 6. 4. 1979, DB 1979, S. 1823; vom 8. 2. 1979, BB 1979, S. 717; vom 3. 5. 1979 BStBl. II 1979, 515). So ist es z. B. unüblich, wenn der Schenker sich im Verhältnis zu dem Kapitalanteil ein doppeltes Stimmrecht zurückbehält und im Gesellschaftsvertrag vereinbart, dass für die Änderung des Gesellschaftsvertrages es lediglich der einfachen Mehrheit der Stimmen bedürfe. Auch die einseitige Ausgestaltung des Kündigungsrechts, dergestalt, dass der Schenker berechtigt ist, das Gesellschaftsverhältnis einseitig zu kündigen und im Rahmen des Gesellschaftsverhältnisses das gesamte Betriebsvermögen zu übernehmen, dürfte zwischen fremden Dritten unüblich sein. Dies gilt insbesondere dann, wenn wie in einem Falle die Auszahlung auf zehn Jahre hinausgezögert wird oder in einem anderen Falle keine Auszahlung erfolgen soll, sondern die Abfindung als partiarisches Darlehen für die gesamte Dauer des Unternehmens in dem Unternehmen belassen sein soll (vgl. BFH vom 19. 12. 1979, BB 1980, S. 1051).

441

Der BFH hat jedoch wiederholt entschieden, dass bei Verträgen zwischen Angehörigen nicht jede geringfügige Abweichung einzelner Regelungen vom Fremdüblichen oder vom Regelstatut des HGB die steuerliche Anerkennung des Verhältnisses ausschließt (BFH v. 07.05.1996, BStBl II 1997, 196; 29.10.1997, BStBl II 1998, 573; v. 10.11.1998, BFH/NV 1999, 616; v. 07.11.2000, DStR 2001, 74). Eingriffe in das Entnahmerecht des Gesellschafters werden insbesondere dann von der Rechtsprechung zugelassen, wenn die Gesellschafter keine vermögensrechtlichen Nachteile erleiden, weil die nicht entnommenen Zinsanteile angemessen verzinst werden (BFH v. 10.11.1987, BStBl II 1989, 758, v. 07.11.2000, DStR 2001, 74). In seinem Urteil vom

442

5. 6. 1986 (BStBl. II 1986, 798 ff.) hat der BFH folgende Sachverhaltsgestaltungen als unüblich angesehen, wenn
1. 52 v. H. der Stimmen in der Gesellschafterversammlung an die Komplementär GmbH, die am Vermögen der Gesellschaft nicht beteiligt ist, eingeräumt sind,
2. das Widerspruchsrecht der Kommanditisten, das nach § 164 HGB zwar formal besteht, jedoch von der Gesellschafterversammlung, in der der Komplementär 52 v. H. der Stimmrechte hat, jederzeit überstimmt werden kann,
3. die Machtbefugnisse auf einen Gesellschafter verlagert werden, der seinerseits keinen Anteil am Vermögen der Gesellschaft hat. – Dies gilt insbesondere für die von vornherein ins Auge gefasste Beteiligung einer GmbH als persönlich haftende Gesellschafterin, wenn die Geschäfte der KG vom Geschäftsführer der GmbH besorgt werden, seine Person aber ohne Beteiligung der Kommanditisten allein von den Gesellschaftern der GmbH bestimmt wird. Gewöhnlich sind die Kommanditisten an der Komplementär-GmbH im gleichen Umfang wie an der KG beteiligt.
4. im Gesellschaftsvertrag eine Bestimmung enthalten ist, dass der persönlich haftende Gesellschafter keinem Wettbewerbsverbot unterliegt,
5. der Pachtvertrag, der die Grundlage der Gesellschaft darstellt, auf unbestimmte Dauer, also jederzeit kündbar abgeschlossen worden ist,
6. die Verfügung über die Gewinnanteile der Kommanditisten diesen dadurch weitgehend entzogen ist, dass diese auf Anforderung zunächst eine Pflichteinlage von 40.000 € zu erbringen und spätere Gewinne nur als beschränkt kündbare Darlehen der Gesellschaft zur Verfügung stehen müssen.

443 Ist in dem Gesellschaftsvertrag einer Familien-PersGes, durch den die minderjährigen Kinder des Hauptgesellschafters als Kommanditisten die KG aufgenommen werden, bestimmt, dass Beschlüsse in der Gesellschafterversammlung – abweichend vom Einstimmigkeitsprinzip des § 119 Abs. 1 HGB – mit einfacher Mehrheit zu fassen sind, steht diese Vertragsklausel der Anerkennung der Kinder als Mitunternehmer nicht entgegen. Eine solche Klausel ist dahin auszulegen, dass sie nur Beschlüsse über die laufenden Geschäfte der KG betrifft (BFH v. 07.11.2000, DStR 2001, 74).

b) Anerkennung der Mitunternehmerschaft

444 Die minderjährigen Gesellschafter haben jedoch nur dann Einkünfte aus Gewerbebetrieb, wenn sie gleichzeitig als Mitunternehmer anzusehen sind. Das setzt voraus, dass ihnen die Stellung eingeräumt worden ist, die normalerweise nach dem Regelstatut des HGB auch dem Kommanditisten eingeräumt worden ist (vgl. insb. BFH vom 29. 1. 1976, BStBl. II 1976, 324; vom 8. 2. 1979, BB 1979, S. 717). Die Tatsache, dass während der Minderjährigkeit der Kinder der Vater als gesetzlicher Vertreter auch die Stellung seiner Kinder wahrnimmt, führt allein nicht dazu, die Mitunternehmerschaft der Kinder nicht anzuerkennen (vgl. auch BFH vom 4. 8. 1971, BStBl. II 1972, 10). Die Mitunternehmerschaft von minderjährigen Kindern dürfte u. U. im Zweifel stehen, wenn die Kinder für den Fall ihres Ausscheidens durch Kündigung seitens ihres Vaters infolge Vereinbarung der Buchwertklausel nicht an den stillen Reserven beteiligt sein werden (BFH vom 8. 11. 1972, BStBl. II 1973, 287). Allerdings liegt keine Mitunternehmerschaft vor, wenn ein Kind bis zum 28. Lebensjahr von den Verwaltungsrechten ausgeschlossen ist (BFH v. 25. 6. 1981 BStBl. II 1981, 779). Die Beteiligung an den

stillen Reserven darf durch den Gesellschaftsvertrag nicht von vornherein ausgeschlossen sein. Zumindest muss die theoretische Möglichkeit bestehen, dass die Gesellschafter auch an den stillen Reserven beteiligt sein werden (BFH vom 10. 8. 1978, BStBl. 1979 II S. 74; vom 5. 7. 1978, BStBl. 1978 II S. 644). Eine Beteiligung an den stillen Reserven ist nicht gegeben, wenn der Vater als Komplementär und Schenker der Anteile jederzeit das Gesellschaftsverhältnis unter Übernahme des Betriebes zum Buchwert beenden kann (BFH v. 15. 10. 1981, BStBl. II 1982, 342). In diesem Falle wäre eine Vermögensbeteiligung nicht gegeben. Eine Mitunternehmerschaft ist auch dann zu verneinen, wenn der bisherige Alleingeschäftsinhaber diese Stellung nicht eingebüßt hat, weil ihm seine einfache Mehrheit bei jeder Entscheidung die Durchsetzung seines Willens garantiert, weil für jeden Beschluss die einfache Mehrheit im Gesellschaftsvertrag vorgesehen ist (BFH vom 1. 2. 1973, BStBl. 1973 II S. 309).
Folgende Klauseln sind regelmäßig Grund einer Fremdvergleichsprüfung:

Rücktrittsrechte und Rückfallklauseln
Wird ein Anteil an einer Personengesellschaft schenkweise an Familienangehörige übertragen und behält sich der Schenker die Möglichkeit der unentgeltlichen Rückübertragung des Anteils vor, wurde nach Auffassung des BFH keine Einkunftsquelle übertragen (BFH v. 18.7.1974, BStBl. II 1974, 740; BFH v. 16.5.1989, BStBl. II 1989, 877). Die Familienpersonengesellschaft wird nicht anerkannt. Wird der Rückfall der Geschäftsanteile jedoch nur für den Todesfall vereinbart, liegt keine unangemessene Gestaltung vor (BFH v. 27.1.1994, BStBl. II 1994, 635).

445

Schwierigkeiten bereiten regelmäßig Klauseln, bei denen der Rückfall des Geschäftsanteils unter bestimmten Voraussetzungen verlangt werden kann, etwa wenn der Beschenkte seinen Güterstand ändert oder einen vorbestimmten Güterstand mit seinem künftigen Ehegatten nicht vereinbart oder eine begonnene Ausbildung abbricht oder kinderlos verstirbt oder Erben nicht die vorher benannten Personen oder Personengruppen werden. Hier ist jeweils im Einzelfall zu prüfen, ob auch ein fremder Dritter eine entsprechende Klausel unterzeichnet hätte.

446

Beispiel: O ist Hauptgesellschafter einer KG. Nachdem sein Neffe N zwei Jahre im Unternehmen gearbeitet hat, erhält er von seinem Onkel einen Kommanditistenanteil in Höhe von 15 % übertragen. Aufgrund einer Klausel im privaten Schenkungsvertrag muss N die Beteiligung nach drei Jahren auf Verlangen des O zurück übertragen, ohne eine Abfindung zu erhalten, weil die Tochter des O ihre Verlobung mit O aufgelöst hat (BFH v. 3.5.1979, BStBl. II 1979, 515).

Eine Mitunternehmerschaft unter Teilnahme des N wurde hier nicht begründet, da die Rückübertragung der Geschäftsanteile an den O ausschließlich aus privaten Gründen erfolgte.

447

Beispiel: A, B und C sind Kommanditisten einer Familien-GmbH & Co. KG und beherrschen gleichzeitig auch die Komplementär-GmbH, deren Geschäftsführer sie sind. Alle drei Gesellschafter haben ihre Kommanditanteile unentgeltlich auf ihre drei Ehefrauen D, E und F übertragen. Hierdurch sollten die Geschäftsführergehälter der Ehemänner nicht mehr Einkünfte aus Gewerbebetrieb nach § 15 Abs. 1 Nr. 2 EStG sein, sondern vielmehr abziehbare Betriebsausgaben. Die Betriebsprüfung fand später Zusatzverträge, die A, B und C jeweils mit ihren Ehefrauen getroffen hatten: „Hiermit mache ich meinem vorgenannten Ehemann das unwiderrufliche und unbefristete Angebot, diesen Kommanditanteil unentgeltlich zurück zu übertragen. Dieses Angebot kann jederzeit ohne Angabe von Gründe von einem Ehemann angenommen werden." (BFH v. 16.5.1989, BStBl. II 1989, 877) Die Ehemänner waren bei dieser Gestaltung wirtschaftliche Eigentümer der Kommanditanteile geblieben. Die Familienpersonengesellschaft wurde nicht anerkannt. Die Argumentation der Eheleute, die Rückübertragungsklausel hätte nur für den Fall des Auseinanderlebens bzw. der Scheidung gelten sollen, ließ der BFH mit Rücksicht auf das Klarheitsgebot bei Verträgen unter nahen Angehörigen nicht gelten.

Beispiel: E erhält von seinem Großvater V unentgeltlich einen Kommanditanteil an einem Chemieunternehmen übertragen mit der im Gesellschaftsvertrag enthaltenen Bestimmung, dass V den Gesellschaftsanteil rückwirkend unentgeltlich zurückverlangen kann, wenn E sein Chemiestudium abbricht. Aufgrund der rückwirkenden Möglichkeit des Ausschlusses aus der Gesellschaft ist E nicht Mitunternehmer geworden.

Beispiel: Vater V räumt seinem Kind K eine atypische Unterbeteiligung mit Verlustbeteiligung an seinem KG-Anteil ein. Die Unterbeteiligung soll ersatzlos an V zurückfallen, wenn
- S ohne Hinterlassung leiblicher ehelicher Abkömmlinge vor dem V verstirbt oder
- V aus wichtigem Grund den Rücktritt vom Vertrag erklärt.

Ein wichtiger Grund ist insbesondere gegeben, wenn
- V zum angemessenen eigenen Lebensunterhalt und dem seines Ehegatten auf die Unterbeteiligung zugreifen muss, weil sein eigenes Einkommen dazu nicht mehr ausreicht oder
- wenn S sich eines groben Undanks gegenüber dem V oder dessen Ehegatten schuldig macht. (BFH v. 27.1.1994, BStBl. II 1994, 634)

Hier hat der BFH keine fremdunübliche Klausel angenommen, da die Notfall- und Undankklausel im Wesentlichen den Regelungen des §§ 527 und 530 BGB über den Widerruf einer Schenkung entsprechen. Die Vorversterbens-Klausel soll den Erhalt des Unternehmens im Familienbesitz sichern und wird mit überwiegender Wahrscheinlichkeit nicht eintreten. Ihr Eintritt kann im Übrigen vom Schenker nicht beeinflusst werden und ändert damit nichts daran, dass der Beschenkte jedenfalls zunächst und voraussichtlich auf Dauer die rechtliche und wirtschaftliche Stellung eines Mitunternehmers erlangt.

Kündigung zum Buchwert

448 Sieht der Gesellschaftsvertrag die Möglichkeit vor, einen Familienangehörigen unter Ausschluss von anteiligen stillen Reserven, mithin zum Buchwert zu kündigen, steht dies der Annahme einer Mitunternehmerschaft entgegen. Nach Auffassung des BFH verstößt es gegen den Fremdvergleich, wenn ein Kommanditist unter der ständigen Drohung der Kündigung zum Buchwert aus der Gesellschaft entfernt werden kann

(BFH v. 29.4.1991, BStBl. II 1991, 663; BFH v. 5.6.1996, BStBl. II 1996, 798). Auch eine Abfindungsvereinbarung in Höhe von 110 % des Buchwertes ist steuerschädlich (BFH v. 8.2.1979, BStBl. II 1979, 405). Wird nur die Beteiligung am Firmenwert, nicht aber an den sonstigen stillen Reserven ausgeschlossen, ist ebenfalls eine Mitunternehmerschaft nicht begründet (BFH v. 25.6.1981, BStBl. II 1982, 59). Als steuerlich unschädlich hat die Rechtsprechung allerdings eine Buchwertklausel beurteilt bei einmaliger Kündigungsmöglichkeit im Zeitpunkt der Volljährigkeit des Kindes, wenn sie für alle Gesellschafter gleich gilt und bei eigener Kündigung durch den Kommanditisten (BFH v. 23.6.1976, BStBl. II 1976, 678; BFH v. 22.1.1970, BStBl. II 1970, 416; BFH v. 10.11.1987, BStBl. II 1989, 758).

Kündigungsbeschränkungen
Ist eine Kündigungsbeschränkung im Gesellschaftsvertrag vorgesehen, ist sie nach Auffassung der Finanzverwaltung unschädlich, wenn sie für alle Gesellschafter in gleichem Maße gilt. Wird jedoch ein Kündigungsausschluss nur zum Nachteil des Minderjährigen oder volljährigen Kindes vereinbart, kann dies zu einer schädlichen Gestaltung und damit zur Ablehnung der Mitunternehmerschaft führen (BFH v. 3.5.1979, BStBl. II 1979, 515).

449

Scheidungsklauseln
Auch bei Scheidungsklauseln ist Vorsicht geboten.

Beispiel: K und S sind Gesellschafter einer GbR. Die GbR verpachtet einer GmbH & Co. KG das gesamte Anlagevermögen. Gesellschafter der KG sind eine GmbH als Komplementär und die Ehefrauen K und S als Kommanditisten. Gesellschafter der GmbH sind wiederum K und S. Im KG-Vertrag findet sich folgende Klausel:
„Eine Kommanditistin kann für den Fall der Ehescheidung aus der Gesellschaft ausgeschlossen werden. In diesem Fall tritt ihr Ehemann als Kommanditist in die KG ein. Die Ausschließung erfolgt durch Beschluss der Gesellschafter fristlos." (BFH v. 26.6.1990, BStBl. II 1994, 645)
Nach Auffassung des BFH sind K und S wirtschaftliche Eigentümer der Kommanditanteile. Eine Mitunternehmerschaft mit den Ehefrauen wurde nicht begründet.

Mehrheitsprinzip und Ausschluss des Widerspruchsrechts
Werden Kinder in eine Familienpersonengesellschaft aufgenommen, sind die Eltern meist bestrebt, diesen keine oder nur sehr beschränkte Einflussnahmemöglichkeiten durch ihre Stimmrechte einzuräumen. In aller Regel wird daher das Mehrheitsstimmprinzip vereinbart, so dass die Eltern sowohl die einfache als auch qualifizierte Mehrheit innehaben. Wird in einem solchen Fall auch das Widerspruchsrecht nach § 164 HGB eines Kindes, das Kommanditist einer Familienpersonengesellschaft ist, ausdrücklich ausgeschlossen, hält dies dem Fremdvergleich nicht mehr stand und die Familienpersonengesellschaft wird nicht anerkannt (BFH v. 11.10.1988, BStBl. II 1989, 762).

450

Entnahmebeschränkungen

451 Kann das in die Familienpersonengesellschaft aufgenommene Kind weder über seinen Gewinnanteil noch über seine Zinsen aus Gewinngutschriften verfügen, hält eine solche Klausel einem Fremdvergleich selbst dann nicht stand, wenn die Eltern ihre Gewinne ebenfalls nur beschränkt entnehmen dürfen. Nur bei einer vorübergehenden Verfügungsbeschränkung über den Gewinnanteil sieht der BFH noch die Voraussetzungen einer Mitunternehmerschaft als gegeben (BFH v. 25.9.1969, BStBl. II 1970, 114). Treffen solche Entnahmebeschneidungen jedoch wiederum nur einseitig ein Familienmitglied, ist dies wiederum schädlich (BFH v. 5.6.1986, GmbHR 1986, 403).

Beispiel: V und M haben mit ihrer Tochter K eine Familien-KG gegründet, an der K als Kommanditistin beteiligt ist. Nach den Bestimmungen des Gesellschaftsvertrages darf K den ihr gutgeschriebenen Gewinnanteil sowie die Zinsen voll oder teilweise nur mit Zustimmung der Eltern entnehmen, während die Eltern selbst in ihrem eigenen Entnahmerecht völlig frei sind. Eine solche Klausel steht der Begründung einer Mitunternehmerschaft ebenso entgegen, wie die Befugnis, Entnahmen nur zur Begleichung von Steuern und Abgaben sowie zum notwendigen Lebensunterhalt und ansonsten nur mit Zustimmung der Eltern entnehmen zu können (hierzu auch H138 a Abs. 2 (Verfügungsbeschränkungen) EStR 2003).

452 Zur Ablehnung einer Mitunternehmerschaft führen auch folgende Gewinnverteilungsklauseln:
- Der vom Familienangehörigen übernommene nominale Kapitalanteil wird durch das Stehen lassen künftiger Kapitalanteile angesammelt (BFH v. 1.2.1973, BStBl. II 1973, 221).
- Der vom Familienangehörigen übernommene nominale Kapitalanteil wird durch ein Darlehen der Angehörigen geleistet, das vertragsgemäß aus dem ersten Gewinnanteil des eingetretenen Gesellschafters getilgt werden muss (BFH v. 1.2.1973, BStBl. II 1973, 526).

Änderung der Festkapitalkonten

453 Sieht der Gesellschaftsvertrag vor, dass der beherrschende Gesellschafter mit den ihm zustehenden Stimmrechten eine Erhöhung seines Festkapitalkontos beschließen kann, wodurch eine Verwässerung der Anteile der übrigen Familiengesellschafter eintritt, steht dies nach Auffassung des BFH der Annahme einer Mitunternehmerschaft nicht entgegen (BFH v. 10.11.1987, BStBl. II 1989, 798). Die Finanzverwaltung wendet dieses Urteil jedoch nicht an, weshalb einseitige Kapitalerhöhungsmöglichkeiten bei Familienpersonengesellschaften vermieden werden sollten (vgl. hierzu Nichtanwendungserlass des BMF v. 5.10.1989, BStBl. I 1989, 378).

c) Steuerliche Folgen bei Nichtanerkennung des Gesellschaftsverhältnisses

454 Wird das Gesellschaftsverhältnis wegen bürgerlich-rechtlicher Unwirksamkeit oder mangels Ernsthaftigkeit oder mangels Durchführung oder infolge unüblicher Bedingungen nicht anerkannt, sind die minderjährigen Kinder steuerlich nicht als Mitunternehmer anzusehen. Hier sind folgende Fälle zu unterscheiden:

Fall 1: A bringt sein Unternehmen in eine GmbH & Co. KG ein, deren Kommanditisten er und seine Kinder sind. Gleichzeitig sind er und seine Kinder an der GmbH beteiligt. A ist Geschäftsführer der GmbH und damit auch mittelbarer Geschäftsführer der GmbH & Co. KG.

Sind die Verträge, sowohl der GmbH-Vertrag als auch der Kommanditgesellschaftsvertrag, bürgerlich-rechtlich nicht wirksam, wird das Unternehmen weiterhin als Einzelunternehmen des A behandelt. Ist der GmbH-Vertrag jedoch als wirksam zu erachten und auch der KG-Vertrag, soweit es die Stellung des Vaters als Kommanditisten betrifft, liegt eine Einmann-GmbH & Co. KG vor, mit der Folge, dass die GmbH und A als Kommanditist als Mitunternehmer zu behandeln sind. Möglich ist aber auch, dass die Kinder wirksam Gesellschafter der GmbH geworden sind, nicht jedoch der der GmbH & Co. KG, In diesem Falle sind die Kinder zwar als Beteiligte an der GmbH anzusehen, nicht jedoch als Gesellschafter der Kommanditgesellschaft, mit der Folge, dass die Personengesellschaft nur mit der GmbH und A als Kommanditisten begründet worden ist. 454

Fall 2: A, bisheriger Einzelunternehmer, gründet eine GmbH & Co. KG. Gesellschafter und Geschäftsführer der GmbH ist A, alleinige Kommanditisten jedoch seine Kinder. Ist der Gesellschaftsvertrag mit den Kindern unwirksam, fragt sich, ob das Vermögen des ursprünglichen Einzelunternehmens auf die GmbH & Co. KG als Gesamthandsvermögen übergegangen sein kann. Ist das Gesellschaftsverhältnis auch bürgerlich-rechtlich nicht begründet worden, ist A als bisheriger Eigentümer des Betriebsvermögens alleiniger Eigentümer dieses geblieben. Auch das Gesellschaftsverhältnis der GmbH mit der GmbH & Co. KG ist nicht begründet worden, weil die Kommanditgesellschaft als solche nicht existent geworden ist. In diesem Falle ist die GmbH als solche wirksam begründet worden. Ihr Gesellschaftszweck ist jedoch unmöglich geworden, weil die Gesellschaft, deren Geschäftsführung sie als Komplementär übernehmen soll, gar nicht begründet worden ist. Folglich führt A das Unternehmen weiterhin als Einzelunternehmen fort.

Fall 3: A ist alleiniger Geschäftsführer der GmbH und deren alleiniger Gesellschafter. Die GmbH hat bisher das Unternehmen allein betrieben. Das Unternehmen der GmbH soll durch Aufnahme der Kinder des A als Kommanditisten durch Umbegründung in eine GmbH & Co. KG erweitert werden. Ist der Vermögensübertragung die steuerliche Anerkennung zu versagen, so bleibt die GmbH die alleinige Eigentümerin des Betriebsvermögens. Sie hat weiterhin Einkünfte aus Gewerbebetrieb, die der Körperschaftsteuer unterliegen.

Fall 4: A hat sein bisheriges Einzelunternehmen in eine GmbH & Co. KG eingebracht, deren Gesellschafter seine Kinder sind. Beide Gesellschaften sind bürgerlich-rechtlich wirksam begründet worden, jedoch nimmt A die Rechte aus den Anteilen wahr, er kann seine Kinder zu Lebzeiten von der Wahrnehmung der Gesellschaftsrechte ausschließen. In diesem Falle sind beide Gesellschaften steuerrechtlich anzuerkennen. Lediglich die Anteile sind dem Vater als wirtschaftlichem Eigentümer zuzurechnen.

455 Hiervon sind die Fälle zu unterscheiden, in denen zwar das Gesellschaftsverhältnis als solches anerkannt wird, nicht jedoch die Stellung der Familienangehörigen als Kommanditisten. Hier sind folgende Fälle zu unterscheiden. Neben den Kindern ist der Vater Kommanditist.

Fall 1: Der Vater hat als Kommanditist die Rechte, die üblicherweise einem Kommanditisten zustehen, nicht jedoch seine Kinder. In diesem Falle ist die Mitunternehmerschaft mit dem Vater anzuerkennen, mit der Folge, dass der Gewinn der GmbH & Co. KG, was die Gewinnanteile des Vaters und der GmbH anbetrifft, einheitlich und gesondert festzustellen sind. Die Kinder jedoch haben als Kapitalgeber Einkünfte aus Kapitalvermögen. Ihre Gewinnansprüche sind als Betriebsausgaben zu behandeln. Sie mindern daher den gewerblichen Gewinn der Mitunternehmerschaft. Die Einkünfte der Kinder werden als Einkünfte aus Kapitalvermögen bei diesen erst mit Zufluss erfasst. Zufluss ist der Zeitpunkt, in dem sie über die Geldbeträge verfügen können. Das wird in der Regel der Zeitpunkt sein, in dem diese dem Kapitalkonto bzw. dem Privatkonto gutgeschrieben worden sind.

Fall 2: Der Schenker A ist nicht Kommanditist, sondern lediglich Gesellschafter-Geschäftsführer der GmbH. Die Gesellschaftsverhältnisse mit den minderjährigen Kindern als Kommanditisten sind zwar steuerlich anzuerkennen, ihre Rechte sind jedoch so eingeschränkt, dass sie als Mitunternehmer nicht anzusehen sind. In diesem Falle liegt steuerlich keine Mitunternehmerschaft vor, der Betreiber des Unternehmens ist weiterhin die GmbH. Es ist hierbei gleichgültig, ob ihr das Betriebsvermögen nur zum bürgerlich-rechtlichen Bruchteil gehört. Sie ist als Betreiberin des Unternehmens anzusehen. Ihr sind daher die Einkünfte allein als gewerblicher Gewinn zuzurechnen. Der gewerbliche Gewinn unterliegt als körperschaftsteuerpflichtiges Einkommen voll der Körperschaftsteuer. Allerdings ist zu beachten, dass die Gewinnansprüche der Kommanditisten als Kapitalgeber (in Form von stillen Beteiligungen oder in Form von Darlehen) bei der GmbH als Betriebsausgaben zu behandeln sind, mit der Folge, dass das körperschaftsteuerpflichtige Einkommen der GmbH um diese Gewinnansprüche zu mindern ist.

3. Mitunternehmerschaft der GmbH

456 Ist eine GmbH persönlich haftende Gesellschafterin einer Personengesellschaft, so stellen ihre gewerblichen Einkünfte hieraus grundsätzlich Einkünfte aus Gewerbebetrieb im Sinne von § 15 Abs. 1 Nr. 2 EStG dar. Voraussetzung ist jedoch, dass die GmbH aufgrund ihrer Stellung als Komplementärin als Mitunternehmer anzusehen ist. In der Regel ist jedoch davon auszugehen, dass der Komplementär einer Personengesellschaft als Mitunternehmer anzusehen ist, wenn er am Gewinn beteiligt ist, das Risiko trägt und Unternehmerinitiative entfalten kann. Ein persönlich haftender Gesellschafter, das gilt insbesondere für natürliche Personen, ist jedoch nicht als Mitunternehmer anzusehen, wenn er im Innenverhältnis die Stellung eines Angestellten hat. Solches ist auch bei der GmbH als Komplementär gegeben, wenn ihre Rechte so beschnitten sind, dass ihr Einfluss als Gesellschafter im Rahmen des Gesellschaftsverhältnisses bedeutungslos ist. Die Komplementär-GmbH ist jedoch wegen der persönlichen Haftung stets als Mitunternehmer anzusehen (BFH v. 25.2.1991 BStBl II 1991, 691).

a) Beteiligung der GmbH am Vermögen und Gewinn

Für die Beurteilung der Mitunternehmerschaft ist es nicht notwendig, dass die GmbH auch am Vermögen beteiligt ist. Komplementäre sind vielfach auch handelsrechtlich nicht am Vermögen der Kommanditgesellschaft beteiligt, insbesondere dann, wenn sie lediglich ihre Arbeitskraft zur Verfügung stellen. Da es für die Frage der Mitunternehmerschaft nicht auf das Vorliegen einiger bestimmter Voraussetzungen, sondern auf die Gesamtumstände ankommt, kann eine Mitunternehmerschaft nicht allein schon deshalb verneint werden, wenn ein Gesellschafter nicht am Gesellschaftsvermögen beteiligt ist. Das gilt insbesondere dann, wenn die GmbH am Gewinn beteiligt ist und das volle Risiko aus dem Betreiben des Handelsgewerbes trägt. Die Mitunternehmerschaft der GmbH als Komplementär-GmbH wird noch nicht einmal dadurch berührt, dass die GmbH keine Gewinnbeteiligung, sondern lediglich eine Vergütung für die Übernahme der Haftung und für die Tätigkeit als Geschäftsführer erhält.

457

b) Ausschluss der GmbH von der Geschäftsführung

Ist jedoch die GmbH von der Geschäftsführung ausgeschlossen, weil einem Kommanditisten die Geschäftsführung übertragen worden ist, fehlt der GmbH jede Unternehmerinitiative, mit der Folge, dass sie auch bei Übernahme der vollen Haftung nicht als Unternehmer und damit Mitunternehmer anzusehen ist. Gleiches gilt m. E., wenn im Gesellschaftsvertrag vereinbart worden ist, dass die GmbH in der Gesellschafterversammlung kein Stimmrecht hat. In diesem Falle ist der Gewinn der GmbH nicht einheitlich und gesondert nach § 180 AO für alle Gesellschafter festzustellen. Der Gewinnanteil der GmbH stellt mangels Mitunternehmerschaft für die Mitunternehmerschaft der übrigen Gesellschafter eine Betriebsausgabe dar. Da die GmbH aufgrund ihrer Rechtsform nur gewerbliche Einkünfte hat, verlieren die Einkünfte nicht ihren Charakter als gewerbliche Einkünfte. Wegen der persönlichen Haftung nimmt die Rechtsprechung dennoch eine Mitunternehmerschaft an (BFH v. 25.2.1991, BStBl II 1991, 691).

458

4. Mitunternehmerschaft der Kommanditisten

459

Wesensmerkmale einer Mitunternehmerschaft sind das Mitunternehmerrisiko und die Mitunternehmerinitiative. Beide Merkmale müssen in irgendeiner Form vorhanden sein, aber nicht in gleicher Intensität (so BFH GrS v. 25. 6. 1984, BStBl. II 1984, 751). Ob im Einzelfall eine Mitunternehmerschaft vorliegt, entscheiden die Gesamtumstände (H 138 Abs. 1 (Allgemeines) EStH).

a) Das Mitunternehmerrisiko

460

Das Mitunternehmerrisiko wird dokumentiert durch die Beteiligung
1. am Gewinn,
2. am Verlust,
3. an den Vermögensveränderungen und
4. am Geschäftswert.

Es genügt für die Annahme eines Mitunternehmerrisikos des Kommanditisten, wenn er im Fall der Auflösung der KG an den stillen Reserven und am Geschäftswert beteiligt wird (BFH v. 10.11.1987, BStBl II 1989, 758; v. 07.11.2000, BStBl II 2001, 186).

aa) Beteiligung am Gewinn

461 Die Gewinnbeteiligung ist Bestandteil des Unternehmensrisikos. Dieses wird jedoch erheblich geschmälert, wenn den Gesellschaftern eine Mindestverzinsung ihres Kapitals gewährt wird. Ein Kommanditist, der nach dem Gesellschaftsvertrag nur eine übliche Verzinsung seiner Kommanditeinlage erhält und auch an den stillen Reserven des Anlagevermögens einschl. des Gesellschaftswertes nicht beteiligt ist, ist deshalb auch dann nicht Mitunternehmer, wenn seine gesellschaftlichen Mitwirkungsrechte denjenigen eines Kommanditisten entsprechen. Ein solcher Kommanditist bezieht keine Einkünfte aus Gewerbebetrieb, sondern als Darlehensgeber oder stiller Gesellschafter. Haftungsrisiko als Gesellschafter der Komplementär-GmbH kann die fehlende Gewinnbeteiligung nicht kompensieren. Auch eine mittelbare Beteiligung über eine Mitgesellschafter-GmbH ist nicht ausreichend (BFH v. 28.10.1999, DStR 2000, 19).

462 Die Beteiligung muss in der Absicht erworben sein, Gewinne zu erzielen. Dabei kommt es nicht darauf an, dass Gewinne von Anfang an erzielt werden, es muss sich während der gesamten Dauer der Beteiligung insgesamt ein Gewinn erwarten lassen. Ist eine Beteiligung von vornherein nur für eine begrenzte Zeit erworben worden und sind in diesem Zeitraum nur Verluste zu erwarten, weil sich dieser Zeitraum genau mit dem Zeitraum der Sonderabschreibungen deckt, ist die Beteiligung nicht in Gewinnerzielungsabsicht erworben worden (vgl. BFH GrS v. 25. 6. 1984 BStBl. II 1984, 751).

463 Der Nachweis der fehlenden Gewinnerzielungsabsicht wird im Zweifel nur dann geführt werden, wenn sich eine zeitliche Begrenzung der Beteiligung aus dem Gesellschaftsvertrag oder aus einem Nebenvertrag ergibt. Die Absicht des zeitlich begrenzten Erwerbs muss bereits beim Erwerb der Beteiligung vorgelegen haben.

464 Eine spätere Änderung der Absicht macht nicht rückwirkend den Erwerb der Beteiligung zur Liebhaberei, auch nicht die spätere Veräußerung des Anteils. Hat ein Gesellschafter einen Anteil an einer Gesellschaft erworben, um über Verluste Steuern zu sparen, und ist beabsichtigt, die Beteiligung nach Auslaufen der AfA-Vergünstigung abzustoßen, liegt keine Mitunternehmerschaft, sondern eine Liebhaberei vor (s. auch BFH v. 10.9.1991, BStBl. II 1992, 328). Das gilt u. E. auch dann, wenn den Verlusten steuerfreie Investitionszulagen in gleicher Höhe gegenüberstehen oder diese sogar die Verluste übersteigen.

bb) Beteiligung am Verlust

465 Ein wesentliches Merkmal des Unternehmerwagnisses ist die Beteiligung am Verlust. Der Kommanditist ist im Zweifel im Verhältnis seiner Gewinnbeteiligung auch am Verlust der Gesellschaft beteiligt, er mindert sein Kapitalkonto. Durch den Ausschluss einer Verlustbeteiligung wird das Unternehmerrisiko eines Gesellschafters wesentlich vermindert. Im Zusammenhang mit anderen Umständen kann auch die Mitunternehmerschaft im Einzelfall zu versagen sein (BFH v. 18. 3. 1982 BStBl. II 1982, 546).

cc) Beteiligung am Vermögen

466 Vermögensbeteiligung bedeutet die Teilhabe an den Vermögensmehrungen, die in dem in der Bilanz ausgewiesenen Gewinn nicht offen erscheinen (stille Reserven), die aber im Falle der Veräußerung der Beteiligung und der Auflösung der Gesellschaft in Erscheinung treten. Somit bedeutet Vermögensbeteiligung nicht die Beteiligung als Ge-

samthänder, sondern Beteiligung an den stillen Reserven. (Vgl. BFH v. 29. 4. 1981, BStBl. II 1981, 663; 10. 8. 1978, BStBl. II 1979, 74). Eine Beteiligung an den stillen Reserven ist nicht gegeben, wenn sich der Gegenstand des Gesellschaftszwecks während der Dauer der Gesellschaft verbraucht, z. B. wenn eine Abschreibungs-Gesellschaft zur Finanzierung eines Spielfilms gegründet wird und die Filmrechte mit Ablauf des Gesellschaftsverhältnisses wertlos geworden sind (BFH v. 22. 1. 1981, BStBl. II 1981, 424). Eine Vermögensbeteiligung ist auch dann nicht gegeben, wenn die Komplementär-GmbH zu jeder Zeit das Gesellschaftsverhältnis kündigen und das Betriebsvermögen zum Buchwert übernehmen kann (BFH v. 29. 4. 1981, BStBl. II 1981, 663). Eine Vermögensbeteiligung liegt ebenfalls dann nicht vor, wenn eine Beteiligung mit Buchwertklausel zeitbegrenzt ist und eine andere Möglichkeit der Auflösung der stillen Reserven nahezu ausgeschlossen ist (BFH v. 10. 8. 1978, BStBl. II 1979,74).

Es genügt nach ständiger Rechtsprechung (BFH vom 5. 7. 1979 – BStBl. II 1979, 670) für die Annahme eines ausreichenden Mitunternehmerrisikos eines Kommanditisten, wenn er im Fall der Auflösung der KG an den stillen Reserven und dem Geschäftswert beteiligt wird. Ein Ausschluss der Kommanditisten von den stillen Reserven bei einem vorzeitigen Ausscheiden ist auch keine wesentliche Einschränkung der Rechte eines Kommanditisten nach dem Regelstatut des HGB, weil eine solche Einschränkung auch bei Gesellschaftsverträgen unter Fremden häufig vorkommt. Das gilt insbesondere dann, wenn eine Buchwertabfindung nur dann in Betracht kommt, wenn die Gesellschafter von sich aus kündigen (hierzu BFH vom 10. 11. 1987 – DB 1988, 940). Allerdings ist zu beachten, dass eine Buchwertklausel bürgerlich-rechtlich nicht nichtig sein kann, wenn der Wert des Anteils erheblich über dem Buchwert liegt und dies den Gesellschafter davon abhalten kann, von seinem Kündigungsrecht Gebrauch zu machen (BGH, WM 1984, 1506). 467

dd) Beteiligung am Geschäftswert

Zum Unternehmerrisiko gehört nicht nur eine Beteiligung an den stillen Reserven der Substanzwerte, sondern auch am Geschäfts- und Firmenwert. Bei einer Kommanditgesellschaft wird eine Beteiligung am Firmenwert nicht ausschlaggebend für eine Mitunternehmerschaft sein. Dieses Erfordernis verlangt der BFH ausdrücklich jedoch für die stille Beteiligung (BFH v. 25. 6. 1981, BStBl. II 1981, 668; 25. 6. 1981, BStBl. II 1981, 779). Für die Annahme einer Mitunternehmerschaft ist auch die Beteiligung am Zuwachs des Firmenwertes notwendig. Es genügt für die Annahme eines Mitunternehmerrisikos, wenn der Gesellschafter im Falle der Auflösung der PersGes an den stillen Reserven und dem Geschäftswert beteiligt ist (BFH v. 07.11.2000 VIII R 16/97, BStBl II 2001, 186). Eine Pauschalabfindung der stillen Reserven hat jedoch hier der BFH nicht als ausreichend angesehen, vielmehr müsse der Geschäftswert geschätzt werden. 468

b) Mitunternehmerinitiative

Die Mitunternehmerinitiative ist beim Kommanditisten durch das HGB stark eingeschränkt. Der Kommanditist kann die Geschäftspolitik nicht positiv beeinflussen, hierzu sind nur die zur Geschäftsführung berechtigten und verpflichteten Gesellschafter befugt. Der Kommanditist ist jedoch nach der Rechtsprechung als Mitunternehmer anzusehen, wenn er nach dem Gesellschaftsvertrag und aufgrund der tatsächlichen 469

Handhabung des Vertrages annähernd die Rechte hat, die nach dem Regelstatus des HGB über die Kommanditgesellschaft einem Kommanditisten zustehen (vgl. BFH v. 4. 8. 1971, BStBl. II 1972, 10; 21. 2. 1974, BStBl. II 1974, 404; 28. 11. 1974, BStBl. 1975, 498; 29. 1. 1976, BStBl. II 1976, 324; v. 8. 2. 1979, BStBl. II 1979, 415; 29. 4. 1981, BStBl. II 1981, 663) oder die den gesellschaftsrechtlichen Kontrollrechte nach § 716 Abs. 1 BGB entsprechen (BFH v. 25.6.1984, BStBl. II 1984, 751, 769). Entscheidend ist, dass dem Gesellschafter ein Kernbereich seiner Mitwirkungsrechte als Gesellschafter, wie etwa das Verbot der Änderung der Gewinnbeteiligung und das Verbot einer Beschneidung des Auseinandersetzungsguthabens, der ausschließlich der eigenen Ausübung belassen bleibt, wie der BFH (v. 01.03.1994, DB 1994, 2423) bei der Beschränkung der Gesellschafterstellung bei Einräumung eines Nießbrauchs entschieden hat.

470 Auch die Beschränkung der Gesellschafterstellung durch Testamentsvollstreckung, die mit einer fremdnützigen Treuhand vergleichbar ist, steht einer Mitunternehmerinitiative nicht entgegen, weil der Testamentsvollstrecker wie der Treuhänder-Kommanditist die für die Mitunternehmerinitiative erforderliche Stimmkontroll- und Widerspruchsrechte im Innenverhältnis pflichtverbunden für den Treuhandkommanditist ausübt, der im Innenverhältnis – ggf. über eine Freistellungsverpflichtung gegenüber dem Treuhänderkommanditisten – auch das alleinige Mitunternehmerrisiko trägt (BFH v. 16.05.1995, BStBl II, 714).

471 Diese für die Familien-KG aufgestellten Regeln gelten allgemein für die KG, insbesondere auch für die Publikums-KG. Ist bei der Publikums-KG die Stellung eines Kommanditisten erheblich gegenüber dem Regelstatus des HGB abgeschwächt, ist der Kommanditist nicht als Mitunternehmer anzusehen. Das gilt auch dann, wenn der Kommanditist diese Rechte nicht persönlich wahrnimmt, sondern diese Rechte durch den Gesellschaftsvertrag auf einen Beirat übertragen worden sind. Dem Kommanditisten sind diese Rechte nur zuzurechnen, wenn er sie freiwillig jederzeit rückholbar auf einen Dritten übertragen hat, nicht jedoch wenn sie durch den Gesellschaftsvertrag auf einen Beirat übertragen worden sind. Die Mitunternehmerinitiative kommt insbesondere durch
aa) das Widerspruchsrecht gegen Maßnahmen der Geschäftsführung § 164 HGB
bb) Ausübung des Stimmrechts in grundlegenden Fragen in der Gesellschafterversammlung, §§ 161 Abs. 2, 119 HGB
cc) im Überwachungsrecht, § 166 HGB
zum Ausdruck.

472 Die Entziehung des Widerspruchsrechts nach § 164 HGB ist jedoch nach Ansicht des BFH vom 10. 11. 1987 (DB 1988, 940) keine wesentliche Einschränkung der Rechte des Kommanditisten, die ihm nach dem Regelstatut des HGB zustehen. Denn auch bei entgeltlich begründeten Kommanditgesellschaften zwischen Fremden ist es nicht unüblich, dass die Kommanditisten auf ihr Widerspruchsrecht verzichten. Darüber hinaus ist zu berücksichtigen, dass die Beschränkung des Widerspruchsrechts nach § 164 HGB keine wesentliche Einschränkung der Möglichkeit zur Entfaltung von Mitunternehmerinitiative ist. Da ein Kommanditist grundsätzlich von der Geschäftsführung ausgeschlossen ist ((§ 164 Satz 1 Teilsatz 1 HGB) und das Widerspruchsrecht sich nur auf Handlungen des Geschäftsführers bezieht, die über den gewöhnlichen Betrieb des Handelsgewerbes

der Gesellschaft hinausgehen, kommt ihm ohnehin keine Bedeutung zu, wenn solche Handlungen nicht vorkommen oder der Geschäftsführer zu ihrer Vornahme nicht befugt ist, weil sie der Beschlussfassung der Gesellschafterversammlung vorbehalten sind. Im wesentlichen entfaltet ein Kommanditist seine Mitunternehmerinitiative durch die Ausübung der ihm zustehenden Kontrollrechte und die Ausübung seiner Stimmrechte in der Gesellschafterversammlung (BFH v. 11.10.1988, BStBl. II 1989, 762).

Die Stellung eines Kommanditisten wird erheblich geschmälert, wenn die Aufnahme von neuen Gesellschaftern und der Abschluss von Aufnahmeverträgen auf die Geschäftsführung, auf einen von der Komplementär-GmbH gestellten Verwaltungsrat oder einen Beirat der KG durch den Gesellschaftsvertrag übertragen wird, so dass der Kommanditist noch nicht einmal mehr Einfluss auf die Zusammensetzung der Gesellschafter hat. 473

Das Kontrollrecht des § 166 HGB, das weit hinter das Informationsrecht des Gesellschafters einer GmbH (§ 51 a GmbHG) zurücktritt, ist für die Frage der Mitunternehmerschaft ohne Bedeutung. In der Regel ist davon auszugehen, dass der Kommanditist Mitunternehmer ist. Für eine Mitunternehmerschaft reicht es aus, dass der Gesellschafter die Kontrollrechte nach § 716 BGB ausüben konnte. (Schmidt, EStG, § 15, Rz. 662). Die Kontrollrechte müssen ihm nachdem Gesellschaftsrecht rechtlich zustehen (BFH v. 28.10.1999, BB 2000, 911). Diese Regel gilt jedoch nicht für Kommanditisten einer Familien-GmbH & Co. KG und die Kommanditisten einer Publikums-GmbH & Co. KG (vgl. GrS v. 25. 6. 1984, BStBl. II 1984, 751). 474

b) Konsequenzen aus der Nichtanerkennung der Mitunternehmerschaft

Grundsätzlich ist davon auszugehen, dass diejenigen Gesellschafter, die die Voraussetzung für eine Mitunternehmerschaft nicht erfüllen, keine Einkünfte aus Gewerbebetrieb aus dieser Beteiligung haben. Da sie nicht als Mitunternehmer anzusehen sind, werden ihre Einkünfte auch nicht im Rahmen der einheitlichen und gesonderten Gewinnfeststellung festgestellt. Die einheitliche und gesonderte Gewinnfeststellung bezieht sich nur auf die Gesellschafter, die als Mitunternehmer anzusehen sind. Die Frage, ob eine Mitunternehmerschaft gegeben ist, ist nicht für alle Gesellschafter einheitlich zu treffen, sondern für jeden Gesellschafter einzeln. Es ist daher möglich, dass für einzelne Gesellschafter die Mitunternehmerschaft bejaht wird, für andere nicht. Wird für einzelne Gesellschafter die Mitunternehmerschaft bejaht, ist der Gewinn der KG, mit Ausnahme des Gewinnanteils der Gesellschafter, die nicht als Mitunternehmer anzusehen sind, gesondert festzustellen (§§ 179, 180 AO). Die Gewinnansprüche der Gesellschafter, die nicht als Mitunternehmer anzusehen sind, sind als Betriebsausgaben der Mitunternehmerschaft zu behandeln. 475

Ist die Mitunternehmerschaft der Kommanditisten generell zu verneinen, weil sie lediglich Kontrollrechte besitzen und ihre Stellung auch sonst erheblich beeinträchtigt ist, so ist als Betreiber des Unternehmens die GmbH alleine anzusehen, mit der Folge, dass ihr die gesamten Einkünfte aus dieser Unternehmung zuzurechnen sind. Eine einheitliche und gesonderte Gewinnfeststellung findet nicht statt. Wohl hingegen sind die Gewinnansprüche der Kommanditisten, die wirtschaftlich gesehen, lediglich die Stellung eines stillen Gesellschafters oder Darlehensgebers haben, als Betriebsausgaben anzuerkennen, was zur Folge hat, dass diese den gewerblichen Gewinn der GmbH 476 mindern. Das gilt insbesondere dann, wenn die Kommanditisten die Aufgabe haben, den Geschäftsbetrieb der GmbH zu finanzieren, die GmbH & Co. KG wie eine Kapitalgesellschaft organisiert ist, die Rechte der Kommanditisten von einem Beirat, Aufsichtsrat oder von einem Verwaltungsrat wahrgenommen werden, für die Kommanditbeteiligung in Prospekten geworben wird.

5. Erweiterung des Kreises der Mitunternehmer

477 Mitunternehmerschaft setzt nicht voraus, dass der Mitunternehmer Gesamthänder der Personengesellschaft ist. Neben dem Gesamthandsverhältnis, das nach außen hin in Erscheinung tritt, können daneben auch noch Innengesellschaften begründet werden. So kann ein im Innenverhältnis Beteiligter stiller Gesellschafter der Personengesellschaft sein. Der Beitrag als stiller Gesellschafter braucht nicht in einer Geldeinlage zu bestehen, er kann auch in einer Arbeitsüberlassung, Überlassung von Diensten und auch in Gebrauchsüberlassungen bestehen. Die Abgrenzung zwischen einem Arbeitsverhältnis und einem stillen Gesellschaftsverhältnis ist daher nicht immer einfach zu treffen. Der BFH hat in mehreren Entscheidungen den Rechtsstandpunkt vertreten, dass ein Gesellschaftsverhältnis auch dann begründet werden kann, wenn das Rechtsverhältnis rein äußerlich als Arbeitsverhältnis, Auftrag, Darlehensvertrag oder Miet- oder Pachtverhältnis ausgestaltet worden ist.

a) Die verdeckte Mitunternehmerschaft

aa) Begriff

478 Mitunternehmerschaft setzt grundsätzlich ein Gesellschaftsverhältnis voraus, wobei jedoch Gesellschaftsverhältnisse auch in verdeckter Form in lediglich obligatorische Rechtsverhältnisse wie Dienstvertrag, Pachtvertrag und Darlehensvertrag gekleidet werden können. (Vgl. BFH v. 11. 12. 1980, BStBl. II 1981, 310; ; v. 19. 2. 1981, BStBl. II 1981, 602; v. 28. 10. 1981, BStBl. II 1982, 186; v. 28. 1. 1982, BStBl. II 1982, 389; v. 18. 3. 1982, BStBl. II 1982, 546; v. 24. 7. 1984, BStBl. II 1985, 85; v. 22. 1. 1985, BStBl. II 1985, 363; v. 22. 10. 1987, BStBl. II 1988, 62.) Auf die formalrechtliche Ausgestaltung eines Vertragsverhältnisses kommt es nicht an, allein auf den Inhalt des Vertrages. Ein verdecktes Gesellschaftsverhältnis kann formfrei durch schlüssiges Handeln zustande kommen (BFH v. 16.02.1997, BStBl II 1998, 480).

479 Jedoch hat die Rechtsprechung eine Mitunternehmerschaft angenommen, wenn der alleinige Gesellschafter-Geschäftsführer für die Geschäftsführung unangemessene gewinnabhängige Bezüge erhält und sich – wie bisher als Einzelunternehmer – als Herr des Unternehmens verhält. Die Gesamtbezüge sind unangemessen, wenn der Geschäftsführer neben einem üblichen Festgehalt eine ungewöhnlich hohe Gewinnbeteiligung erhält, die stets den überwiegenden Teil des Gewinns abschöpft (BFH v. 21.09.1995, BStBl II 1996, S. 66, 68). So können Gesellschaftsverhältnisse auch in Form eines Leistungsaustausches gekleidet werden. Auch hinter einem obligatorischen Rechtsgeschäft (Anstellungsvertrag, Darlehens-, Miet- oder Pachtvertrag) kann sich ein Gesellschaftsverhältnis verbergen (verdeckte Mitunternehmerschaft), wenn die Beziehungen der Parteien nicht auf Leistungsaustausch ausgerichtet sind, sondern gemeinsame Interessen im Vordergrund stehen, die Rechtsbeziehungen partnerschaftlich geregelt sind

und der Austauschcharakter (Entgeltcharakter) in den Hintergrund tritt (BFH v. 22. 10. 1987, BStBl. II 1988, S 62).

Ein Gesellschaftsverhältnis setzt ein gemeinsames Interesse zur Erreichung eines gemeinsamen Zieles voraus (BFH (GrS) v. 25. 6. 1984, BStBl. II1984, 751; v. 5. 6. 1986, BStBl. II 1986, 802). Ein Gesellschaftsverhältnis ist daher nicht gegeben, wenn der Stpfl. lediglich ein Eigeninteresse verfolgt. Voraussetzung für ein Gesellschaftsverhältnis ist ein geschäftliches Zusammenwirken auf der Grundlage einer partnerschaftlichen Gleichberechtigung (BFH v. 5. 6. 1986, BStBl. II 1986, 802 v. 13.07.1993, BFH/NV 1994, 551). Das gemeinsame Interesse wird jedoch nicht infrage gestellt, wenn ein Gesellschafter es übernimmt, den Betrieb der Gesellschaft im eigenen Namen zu führen (BFH v. 6. 5. 1986, BStBl. II 1986, 891). So hat der BFH (a. a. O.) eine Innengesellschaft angenommen, wenn eine GmbH bzw. eine GmbH & Co. KG einer anderen Personengesellschaft zum Betreiben eines Mischwerks Investitionsgegenstände überlassen hat und darüber hinaus mit 30% am Ergebnis beteiligt war. Die Mitunternehmerschaft stützt sich darauf, dass die Vermieterin alle maßgebenden Entscheidungen miterörtert und mitgetragen hatte. Hat eine Personengesellschaft kein Gesellschaftsvermögen, sondern nutzt sie bei ihrer Tätigkeit lediglich Wirtschaftsgüter, die zum Sonderbetriebsvermögen der Gesellschafter gehören, beschränkt sich zwangsläufig die Beteiligung an den stillen Reserven auf die stillen Reserven im Sonderbetriebsvermögen. Rein faktische Beziehungen reichen jedoch nicht aus (BFH v. 2. 9. 1985 BStBl. II 1986, 10).

Die Lehre von der verdeckten Mitunternehmerschaft steht ganz auf dem Boden des Zivilrechts. Im Zivilrecht gilt der Grundsatz, dass Verträge auf ihren Inhalt zu untersuchen sind. So kann auch im Zivilrecht ein als „Anstellungsvertrag" gekennzeichneter Vertrag als eine stille Beteiligung umgedeutet werden, wenn er nicht auf Leistungsaustausch gerichtet ist, kein Abhängigkeitsverhältnis begründet, sondern der Vertrag ein gemeinsames Interesse zur Erreichung eines gemeinsamen Zweckes begründet und auf Partnerschaft aufgebaut ist. Verdeckte Mitunternehmerschaften sind daher steuerlich in der Regel als atypisch stille Beteiligungen zu behandeln.

bb) Abgrenzung zur faktischen Beherrschung

Eine verdeckte Mitunternehmerschaft setzt grundsätzlich ein partnerschaftliches, auf gemeinsame Interessen gerichtetes Verhältnis zwischen dem verdeckten Mitunternehmer und dem anderen Gesellschafter bzw. den übrigen Gesellschaftern voraus. Ein partnerschaftlich auf der Grundlage der Gleichberechtigung aufgebautes Gesellschaftsverhältnis fehlt jedoch, wenn der „Nichtgesellschafter" das Unternehmen beherrscht und ganz seinem Willen unterworfen hat. Faktische Beherrschung und verdeckte Mitunternehmerschaft schließen sich daher aus. Hat der Beherrschende das Unternehmen bzw. die Gesellschafter des Unternehmens ganz seinem Willen unterworfen, weil nur er die Fachkenntnisse hat oder nur er den Fortbestand des Unternehmens bestimmt, so ist ein Gesellschaftsverhältnis grundsätzlich zu verneinen. Eine faktische Beherrschung eines Unternehmens und damit die personelle Verflechtung ist in besonders gelagerten Fällen auch ohne Anteilsbesitz gegeben, wenn die Fähigkeit, den Willen in dem Betriebsunternehmen durchzusetzen, ohne Anteilsbesitz durch eine besondere tatsächliche Machtstellung erlangt wird (BFH v. 29. 7. 1976, BStBl. II 76, 750; v. 27. 11. 1985, BStBl. II 86, 362), wobei eine bloße eheliche Beziehung nicht ausreicht.

483 Eine faktische Beherrschung einer Betriebsgesellschaft durch den Ehemann der Gesellschafterin, die der Betriebsgesellschaft auch die wesentlichen Grundlagen zur Verfügung stellt, kann z. B. dadurch gegeben sein, dass der Ehemann aus fachlichen Gründen eine eindeutige Vorrangstellung auf dem Gebiet der in Frage kommenden geschäftlichen Betätigung (Herstellung von Lagertanks und Zubehör, Großhandel mit diesen Artikeln, Werkvertrag auf diesem Gebiet) einnahm und es dem Gesellschafter der Betriebsgesellschaft im eigenen wohlverstandenen Interesse zwingend nahe stand, sich weiterhin den Vorstellungen der ihnen nahe stehenden Gesellschafter der Besitzgesellschaft unterzuordnen (BFH v. 29. 7. 1976, BStBl. II 1976, 750).

484 Die fachliche Dominanz des Ehemannes kann deshalb faktische Herrschaftsgewalt nur dann begründen, wenn die Ehefrau nach den Umständen des Einzelfalles darauf angewiesen ist, sich dem Willen des Ehemannes so unterzuordnen, dass sie daneben keinen eigenen Geschäftswillen entfalten kann (BFH v. 12. 10. 1988, DB 1989, 304). Keine faktische Machtstellung allein begründen:
- Die Überlassung sämtlicher wesentlicher Betriebsgrundlagen (BFH v. 26. 10.1988, DB 1989, 306),
- die Alleinvertretungsmacht eines nichtbeteiligten Geschäftsführers (BFH v. 26.10. 1988, DB 1989, 366). Es kommt auf die Fähigkeit an, einen bestimmten Betätigungswillen als Gesellschafter durchzusetzen,
- auch nicht die Tatsache, dass derjenige, der den für die Betriebsführung vorausgesetzten Sachverstand aufweist, der Betriebsgesellschaft das Gepräge gegeben hat (BFH v. 27. 11. 1985, BStBl. II 1986, 362).

485 Eine faktische Machtstellung liegt nur vor, wenn diese auf der Gesellschafterebene begründet worden ist. Die Stellung muss so stark sein, dass die Stellung der gesellschaftsrechtlichen Beteiligungen hinter dieser ganz zurücktritt.
Verdeckte Mitunternehmerschaft und Betriebsaufspaltung aufgrund faktischer Beherrschung schließen sich daher grundsätzlich aus.

cc) Der Gesellschafter-Geschäftsführer der Komplementär-GmbH als verdeckter Mitunternehmer der GmbH & Co. KG

486 Nach dem Urteil des BFH v. 29. 1. 1976 (BStBl. II 1976, 332) können auch Gesellschafter der GmbH u. U. als Mitunternehmer der GmbH & Co. KG angesehen werden, wenn ihre Stellung wirtschaftlich gesehen der eines Mitgesellschafters der Personengesellschaft gleichkommt. Das wäre der Fall, wenn der Gesellschafter der GmbH, der gleichzeitig deren Geschäftsführer ist, der GmbH & Co. KG Wirtschaftsgüter pachtweise zur Verfügung gestellt hat. So hat der BFH eine Mitunternehmerschaft auch bei Nichtgesellschaftern angenommen, wenn der Vater und Ehemann der GmbH-Gesellschafter und der Kommanditisten nicht selbst Gesellschafter im Sinne des HGB, jedoch deren Geschäftsführer gegen eine Gewinnbeteiligung ist und der Gesellschaft Wirtschaftsgüter verpachtet hat (vgl. BFH vom 29. 1. 1976, BStBl. II 1976, 332). In diesem Falle war die tatsächliche Stellung des Gesellschafters so, dass er, obwohl er nicht Gesamthänder der Gesellschaft war und auch formell mit ihm kein Gesellschaftsverhältnis abgeschlossen war, als Mitunternehmer anzusehen war und somit faktisch das Unternehmen gemeinsam mit den Gesellschaftern der Personengesellschaft betrieb. Das eben genannte BFH-Urteil wird nicht allgemein von den Gerichten geteilt. Aller-

dings kann der Geschäftsführer einer GmbH aufgrund seiner Geschäftsführerstellung allein kein Gesellschaftsverhältnis begründen, weil der Geschäftsführer einer GmbH kraft seiner Stellung als Organ stets deren Interessen verfolgt und nicht gemeinsame (BFH v. 22. 1. 1985, BStBl. II 1985, 363). Auch wird der Sohn eines Gewerbetreibenden, der die Stellung eines Prokuristen einnimmt und hierdurch an unternehmerischen Entscheidungen teilnimmt, nicht zu einem Mitunternehmer, auch dann nicht, wenn er durch Stehen lassen von Gehaltsteilen als Darlehen erhebliches Eigenkapital im Betrieb gebunden hat (BFH v. 24. 7. 1984, BStBl. II 1985, 84).

Ein Steuerpflichtiger, der lediglich als Geschäftsführer einer Familien-GmbH & Co. KG fungiert, an der lediglich seine Ehefrau und seine Kinder beteiligt sind und der dem Betrieb wesentliche Betriebsgrundlagen verpachtet hat, ist nicht als Mitunternehmer anzusehen. Eine Ausnahme gilt nur dann, wenn er für diese Leistungen keine angemessene Vergütung erhält, sondern ebenso wie die Gesellschafter am Gewinn des Unternehmens beteiligt ist (BFH v. 22. 1. 1985, BStBl. II 1985, 363). Jedoch können Mitunternehmerinitiative und Unternehmerrisiko ein Anzeichen für das Vorliegen eines Gesellschaftsverhältnisses sein (BFH v. 2. 9. 1985, BStBl. II 1986, 10). In der Regel wird der GmbH-Geschäftsführer, der nicht gleichzeitig Kommanditist der KG ist, nicht deren verdeckter Gesellschafter sein, BFH v. 28. 1. 1986, BStBl. II 1986, 599. Hierzu reichen erhebliche Einflussmöglichkeiten nicht aus, diese hat auch ein Vorstandssprecher einer AG.

487

Voraussetzung ist, dass der Steuerpflichtige am Erfolg des Unternehmens beteiligt ist, entweder durch Beteiligung am Gewinn oder über die Provision, und auf diese Weise das wirtschaftliche Ergebnis im wesentlichen ihm zugute kommt, der Steuerpflichtige für den für das Unternehmen wesenswichtigen Ein- und Verkauf eigenständig sorgt, nur er über die für den Aufbau des Unternehmens wesentlichen Kenntnisse verfügt und somit zumindest für einen Teilbetrieb (Verkaufsbereich) alle unternehmenswichtigen Entscheidungen selbst trifft (BFH v. 2. 9. 1985 BStBl. II 1986, 10). Daher wird auch der Sohn des Unternehmers, der als Geschäftsführer eine starke Stellung hat, ohne eigene Beteiligung auch dann, wenn er der Erbe des Mehrheitsgesellschafters ist, nicht verdeckter Gesellschafter sein (BFH v. 11. 9. 1987, BStBl. II 1987, 111; v. 22. 10. 1987, BStBl. II 1988, 62).

488

dd) Mitunternehmerschaft bei Rechtsbeziehungen nur zur GmbH

Der Gesellschafter einer GmbH, der nur in Rechtsbeziehungen zur GmbH steht, kann nur dann als Mitunternehmer der GmbH und damit auch der GmbH & Co. KG angesehen werden, wenn das Rechtsverhältnis inhaltlich als atypische stille Beteiligung an der GmbH angesehen werden muss. Da die Rechtsbeziehungen nur zur Komplementär-GmbH bestehen, werden keine Rechtsbeziehungen zur GmbH & Co. KG begründet. Das Rechtsverhältnis ist wie eine Unterbeteiligung an einem Anteil zu deuten, was in der Regel eine selbständige Mitunternehmerschaft zwischen der Komplementär-GmbH und dem atypisch stillen Gesellschafter begründet. Die Tatsache, dass ein Mehrheitsgesellschafter, oder sogar Alleingesellschafter einer GmbH, neben der Stellung als Hauptgesellschafter gleichzeitig noch deren stiller Gesellschafter ist, begründet allein noch keine Mitunternehmerschaft. Der Alleingesellschafter ist nur dann als Mitunternehmer anzusehen, wenn seine Beteiligung als stiller Gesellschafter überwiegt

489

und er hinsichtlich seiner Vergütungen ein eigenes Interesse am Unternehmen hat, d. h. seine Vergütungen, einschließlich der gewinnabhängigen, den größten Teil des Gewinnes des Unternehmens der GmbH ausmachen. Übertragen auf den Gesellschaftergeschäftsführer der Komplementär-GmbH bedeutet dieses, dass ein Rechtsverhältnis zwischen GmbH und Geschäftsführer besteht, das als atypisch stilles Gesellschaftsverhältnis gedeutet werden kann.

490 Der GmbH-Geschäftsführervertrag wird im allgemeinen nicht Grundlage für ein stilles Beteiligungsverhältnis sein können, denn der GmbH-Geschäftsführer ist als Organ der Gesellschaft verpflichtet, die Interessen der Gesellschaft als Fremdinteressen zu vertreten. Er führt aufgrund des Anstellungsvertrages und der Bestellung zum Geschäftsführer die Geschäfte der GmbH, daher keine gemeinsamen Geschäfte. Wäre der GmbH-Geschäftsführer Gesellschafter und Mitunternehmer der GmbH, würde die GmbH ihres Geschäftsführers beraubt werden. Der Geschäftsführer der GmbH kann daher nur dann zum Mitunternehmer der GmbH werden, wenn neben dessen Anstellungsverhältnis weitere Rechtsbeziehungen zur GmbH geknüpft werden, die ihrem Wesen nach nicht auf Leistungsaustausch gerichtet sind, sondern auf das Betreiben eines gemeinsamen Handelsgewerbes; das wäre der Fall, wenn der Geschäftsführer der GmbH dieser ein Darlehen gewährt hat, das jedoch als atypische stille Beteiligung zu qualifizieren ist oder durch Überlassung wesentlicher Betriebsmittel. In diesem Falle bestünde eine Mitunternehmerschaft des Gesellschafter-Geschäftsführers zur GmbH, nicht zur GmbH & Co. KG. Die Verpflichtung als Geschäftsführer stellt keine Beitragspflicht gegenüber der Mitunternehmerschaft, sondern eine Verpflichtung als Organ der GmbH dieser gegenüber dar.

ee) Der Geschäftsführer einer GmbH als Mitunternehmer der GmbH & Co. KG

491 Der Gesellschafter einer Personengesellschaft, der die Geschäfte dieser Gesellschaft führt, führt diese Geschäfte im eigenen Interesse und im Interesse der Mitgesellschafter, also im gemeinsamen Interesse. Daher kann ein Geschäftsführervertrag grundsätzlich gleichzeitig ein Gesellschaftsverhältnis begründen, weil gerade die Verpflichtung zur Geschäftsführung einen wesentlichen Gesellschaftsbeitrag darstellt. Der Geschäftsführervertrag eines Geschäftsführers einer GmbH & Co. KG kann nur dann ein Gesellschaftsverhältnis begründen, wenn gleichzeitig unmittelbare Rechtsbeziehungen zur GmbH & Co. KG begründet werden. In der Regel ist davon auszugehen, dass der Geschäftsführervertrag mit der GmbH abgeschlossen ist, mit der Folge, dass dieser Vertrag keine unmittelbaren Rechtsbeziehungen zur Kommanditgesellschaft beinhaltet, wenn er auch auf Grund seines Anstellungsvertrages die Geschäfte der Kommanditgesellschaft führt. Grundlage für ein Gesellschaftsverhältnis kann in diesen Fällen nicht der Anstellungsvertrag, sondern ein Miet- oder Pachtvertrag oder ein Darlehensvertrag sein, u. U. auch eine stille Beteiligung an der KG. Es müssen auch hier besondere Umstände hinzukommen, um den Geschäftsführer zum Gesellschafter und Unternehmer werden zu lassen.

b) Anstellungsvertrag des GmbH-Geschäftsführers als Grundlage

Wie bereits ausgeführt, kann in der Regel der Anstellungsvertrag mit der Komplementär-GmbH kein Rechtsverhältnis zur KG begründen, da diese nicht Vertragspartner ist. Da der Anstellungsvertrag die Geschäftsführung der KG mitumfasst, ergeben sich hieraus auch Rechte für die KG (Vertrag zu Gunsten Dritter). Allerdings wird ein Anstellungsvertrag mit der Komplementär-GmbH allein nicht ausreichen, ein Gesellschaftsverhältnis zur KG zu begründen, auch wenn der Geschäftsführer wegen der Beschränkung der Rechte der Kommanditisten praktisch allein das Sagen hat. Hier wird man vielmehr, wenn dem Kommanditisten nicht die Rechtsstellung zukommt, die dem Regelstatut des HGB entspricht, und dieser daher nicht als Mitunternehmer anzusehen ist, die GmbH als Alleinunternehmer ansehen müssen. Es ist jedoch nicht selten, dass der Anstellungsvertrag, der Grundlage für die Geschäftsführung ist, nicht mit der Komplementär-GmbH, sondern mit der Kommanditgesellschaft abgeschlossen ist. In diesem Falle tritt der Geschäftsführer in unmittelbare Rechtsbeziehungen zur Kommanditgesellschaft mit der Folge, dass die Dienstleistung auch Grundlage eines Gesellschaftsverhältnisses sein kann, was voraussetzt, dass durch den Anstellungsvertrag gemeinsame Interessen begründet werden.

492

Die Komplementär-GmbH ist grundsätzlich zur Geschäftsführung der KG verpflichtet. Das ergibt sich auch aus §§ 161, 164, 114, 115 HGB. Sofern nichts anderes vereinbart worden ist, ist die Komplementär-GmbH auch die Geschäftsführerin der GmbH & Co. KG. Somit nimmt der Geschäftsführer der Komplementär-GmbH grundsätzlich gleichzeitig als Organ des Komplementärs die Geschäfte der KG wahr. Er erfüllt eine Verpflichtung des Komplementärs. Das gilt auch dann, wenn der Anstellungsvertrag unmittelbar mit der KG geschlossen worden ist. Grundlage für diesen Anstellungsvertrag ist die Geschäftsführung der Komplementär-GmbH. Wenn auch der Geschäftsführer der GmbH durch den Anstellungsvertrag mit der KG unmittelbar für die KG in die Pflicht genommen worden ist, übernimmt er die Geschäftsführung aufgrund seiner Eigenschaft als Organ der Komplementär-GmbH, insbesondere dann, wenn sich die gesetzliche Vertretung der Kommanditgesellschaft nicht unmittelbar aus den Rechtsbeziehungen zur KG ergibt, sondern lediglich mittelbar aus der Stellung als vertretungsberechtigtes Organ der Komplementär-GmbH. U. E. kann der Anstellungsvertrag mit der KG nicht Grundlage für ein Gesellschaftsverhältnis sein. Als Geschäftsführer der GmbH kann er nicht selbständig Unternehmerinitiative entfalten, weil dies immer in Ausübung der Rechte der GmbH als Gesellschafter geschieht.

493

aa) Stellung des Geschäftsführers bei Ausschluss der GmbH von Geschäftsführung und Vertretung

Ist im Gesellschaftsvertrag vereinbart worden, dass die GmbH von der Vertretung ausgeschlossen ist, und ist der Geschäftsführer der GmbH von der KG unmittelbar durch einen Anstellungsvertrag in die Pflicht genommen, ohne dass er nach außen hin Gesellschafter der KG ist, kann die Vereinbarung zur Leistung von Diensten ein Arbeitsverhältnis begründen und bei Vorliegen besonderer Umstände sogar ein Gesellschaftsverhältnis. Das gilt insbesondere dann, wenn die Kommanditisten in ihrer rechtlichen Stellung als Kommanditisten erheblichen Beschränkungen unterliegen und sich wegen ihrer Branchenunerfahrenheit im wesentlichen auf den Geschäftsführer verlassen. Die

494

Interessen der Kommanditgesellschaft und die des Geschäftsführers müssen gleichgelagert sein. Das Interesse der Gesellschaft muss auch das des Geschäftsführers sein, und zwar auf der Basis der Gleichordnung. Äußere Merkmale für eine Gesellschafterstellung sind hier wesentliche Einflussnahme nicht nur auf die Führung der laufenden Geschäfte, sondern auch auf die übrigen Unternehmensentscheidungen (wie z. B. Änderung des Gesellschaftsvertrags, Erhöhung der Einlagen, Aufnahme neuer Gesellschafter, Änderung des Unternehmenszweckes usw.). Wenn der Geschäftsführer der GmbH aufgrund seiner Stellung als Geschäftsführer der Kommanditgesellschaft als gleichberechtigter Partner und nicht als Angestellter der Gesellschaft nicht nur die laufenden Geschäfte der Gesellschaft führt, sondern auch das Gesellschaftsverhältnis zumindest mitbestimmt, ist er seinem Wesen nach Gesellschafter. Der Anstellungsvertrag begründet daher eine Innengesellschaft.

495 Weiteres Merkmal für ein Gesellschaftsverhältnis ist die Beteiligung am Risiko des Unternehmens. Dies gilt insbesondere, wenn der Angestellte in erheblichem Umfang gewinnabhängige Vergütungen erhält (d. h. wenn die Tantiemen die festen Vergütungen im Durchschnitt der Jahre übersteigen), der Geschäftsführer durch Bürgschaften oder Sicherheiten an seinem Privatvermögen ein persönliches Risiko eingegangen ist. Gleiches gilt, wenn der Geschäftsführer einen erheblichen Teil seiner Bezüge als Darlehen dem Betrieb belässt, was nicht deshalb geschieht, weil er seinen Arbeitsplatz sichern will, sondern um dem Unternehmen zur Erreichung des Unternehmenszweckes Mittel zur Verfügung zu stellen. Verstärkt kann das eigene Interesse an dem Unternehmen noch dadurch werden, dass die Gesellschafter überwiegend seine Ehefrau und Kinder sind. In der Regel wird jedoch ein Anstellungsvertrag allein nicht zur Begründung eines Gesellschaftsverhältnisses ausreichen. Dieses kann ausreichend sein, wenn ein Unternehmen kein erhebliches Anlagevermögen benötigt und der Arbeitskraft des Geschäftsführers wesentliche Bedeutung zukommt, z. B. wenn die Personengesellschaft eine Unternehmensberatung, Finanzberatung betreibt und es daher auf die persönliche Fähigkeit des Beraters ankommt (vgl. Sachverhalt BFH 11. 12. 1980). Nach dem Urteil des BFH v. 22. 1. 1985 ist jemand, der, ohne Gesellschafter zu sein, Vergütungen erhält, die seinen Leistungen entsprechen, nicht als Mitunternehmer anzusehen. Mitunternehmer kann jemand nur dann sein, wenn er eine im wesentlichen von seinen Leistungen unabhängige Verfügung erhält, die sich an dem Gewinn des Unternehmens orientiert.

bb) Darlehensüberlassungen

496 Auch ein Darlehensverhältnis kann Grundlage eines Gesellschaftsvertrages sein, wenn die Kapitalüberlassung zur Erreichung eines gemeinsamen Zweckes erfolgt und die Vergütung für die Kapitalüberlassung im wesentlichen gewinnabhängig ist. Ausnahmsweise können auch gewinnunabhängige Vergütungen ein Gesellschaftsverhältnis begründen, wenn die Vergütungen den Handelsbilanzgewinn der Gesellschaft (des Unternehmens) übersteigen. In der Regel kann aber ein Darlehensverhältnis keine Grundlage für eine Innengesellschaft sein. Das gilt insbesondere dann, wenn die Geschäftsführer Teile ihrer Vergütung im Unternehmen unter Bedingungen wie zwischen fremden Dritten als Darlehen belassen. Diese Geschäftsführerdarlehen können nur dann den Charakter eines Beitrages zur Erreichung eines gemeinsamen Zwecks haben, wenn sie ge-

genüber den Kommanditeinlagen erheblich ins Gewicht fallen und die Vergütungen für die Kapitalnutzung einen erheblichen Teil der Erträge aufzehren, so dass der Geschäftsführer der GmbH über die Darlehensüberlassung ein eigenes Interesse am Unternehmen bekommt und somit das Unternehmen im gemeinsamen Interesse der übrigen Gesellschafter und des Geschäftsführers führt.

cc) Nutzungsüberlassung

Überlässt ein Geschäftsführer Wirtschaftsgüter seines Privatvermögens an die GmbH & Co. KG, die eine wesentliche Betriebsgrundlage darstellen, kann der der Nutzungsüberlassung zugrunde liegende Pachtvertrag ein eigenes Gesellschaftsverhältnis außerhalb des KG-Vertrages begründen. Dieses Rechtsverhältnis, das nach außen hin nicht in Erscheinung tritt, ist als eine Innengesellschaft, die neben die Kommanditgesellschaft tritt, zu würdigen. Als Innengesellschaft besitzt sie kein eigenes Betriebsvermögen, zugleich bleiben die überlassenen Wirtschaftsgüter Eigentum des Überlassenden. Dennoch kann die Überlassung über den Rahmen einer schlichten Verpachtung hinausgehen, wenn dem Überlassenden neben Überwachungsrechten auch Mitwirkungsrechte eingeräumt werden und die Pachtzahlungen einen erheblichen Teil der Erträge des Unternehmens ausmachen oder sogar gewinn- bzw. umsatzabhängig sind. Die Vergütung darf nicht dem Wert der Nutzungsüberlassung entsprechen. Ist ein Geschäftsführer an der Kommanditgesellschaft selbst nicht beteiligt, hat er jedoch dieser Kapital in erheblichem Umfang in der Form der Verpachtung von Anlagevermögen überlassen, so geht die Nutzungsüberlassung über eine schlichte Verpachtung hinaus und begründet daher wegen des gemeinsamen Interesses am Unternehmen ein Gesellschaftsverhältnis. Das gilt insbesondere dann, wenn die Einlagen der Kommanditisten im wesentlichen nur zur Finanzierung des Umlaufvermögens ausreichen, die wesentliche Grundlage für den Gewerbebetrieb jedoch vom Geschäftsführer an das Unternehmen verpachtet wurde. In diesem Falle wird das Unternehmen im gemeinsamen Interesse der Gesellschafter des Handelsrechts und des Überlassenden geführt, wenn die Vergütung für die Überlassung im wesentlichen vom Erfolg des Unternehmens abhängt (BFH v. 22. 1. 1985, DB 1980, 1269).

497

c) Mitunternehmerschaft zu Personen, die nicht gleichzeitig Geschäftsführer der GmbH sind

Voraussetzung für eine Mitunternehmerschaft ist, dass aufgrund eines Rechtsverhältnisses die Vertragschließenden gleichberechtigte Partner sind mit dem Ziel, gemeinsam ein Handelsgewerbe zu betreiben, was dem Teilhaber, der nach außen hin nicht Handelsgewerbetreibender ist, einen gewissen Spielraum für eine Mitunternehmerinitiative lässt. Aus dem Grunde kann nur ein solches Rechtsverhältnis eine Mitunternehmerschaft begründen, das den Vertragschließenden zu Dienstleistungen verpflichtet, was bei einer schlichten Nutzungsüberlassung in der Regel nicht gegeben ist, da die GmbH & Co. KG als Personengesellschaft neben der GmbH weitere Geschäftsführer bestellen kann, die nach außen die Stellung eines Prokuristen oder Generalbevollmächtigten haben. Die kapitalmäßige Beteiligung wird hier entweder durch Darlehensforderungen oder durch Einlagen von Nutzungsrechten vollzogen. Ein Gesellschaftsverhältnis wird in diesen Fällen nur gegeben sein, wenn alle Verträge wirtschaftlich eine Einheit bilden

498

und ein partnerschaftliches Rechtsverhältnis begründen, das auf einen gemeinsamen Zweck, nämlich den Betrieb eines Handelsgewerbes, ausgerichtet ist. Diese formal unabhängigen Verträge können ein einheitliches Rechtsverhältnis begründen, wenn sie sich gegenseitig bedingen. Voraussetzung ist, dass der Gesellschafter Einfluss auf die Geschäftsführung erhält. Grundlage kann ein Rechtsverhältnis sein, das formell als Pachtverhältnis gekennzeichnet ist; Voraussetzung jedoch ist, dass Gegenstand des Vertrags nicht eine schlichte Nutzungsüberlassung ist, sondern die Gebrauchsüberlassung zur Erreichung eines gemeinsamen Zweckes erfolgt, was in der Regel nicht gegeben ist, wenn der Überlassende lediglich eine gewinnunabhängige Vergütung erhält. Das Handelsgewerbe muss auf gemeinsames Risiko von allen Partnern geführt werden, wobei sich das Führen auf eine Zustimmung oder einen Widerspruch zu bestimmten Geschäften beschränken kann.

d) Zusammenfassung

499 Neben den Gesamthändern können weitere Personen aufgrund eines stillen Beteiligungsverhältnisses Mitunternehmer sein. Das Rechtsverhältnis muss nicht ausdrücklich als ein solches bezeichnet sein; entscheidend ist, dass das Rechtsverhältnis die Wesensmerkmale eines Gesellschaftsverhältnisses enthält. Mitunternehmerschaften werden vielfach begründet, wenn der Vater als bisheriger Einzelunternehmer sein Betriebsvermögen in eine GmbH & Co. KG einbringt, deren Gesellschafter seine Ehefrau und seine Kinder sind, der Vater lediglich Geschäftsführer ist, eine gewinnabhängige Vergütung erhält und wesentliche Betriebsgrundlagen zurückbehalten hat, die er der GmbH & Co. KG verpachtet. Das gilt insbesondere dann, wenn er den Vertragsinhalt des Anstellungsvertrages selbst festgelegt hat, hinsichtlich seiner Geschäftsführung nicht weisungsgebunden ist und das Rechtsverhältnis auf Partnerschaft beruht. Eine kapitalmäßige Beteiligung ist gegeben, wenn er der Gesellschaft erhebliche Betriebsmittel durch einen Pachtvertrag zur Verfügung gestellt hat. Das Rechtsverhältnis ist hier nicht auf einen Leistungsaustausch ausgerichtet, sondern auf das gemeinsame Betreiben eines Handelsgewerbes. In diesen Fällen wird keine Betriebsaufspaltung, jedoch eine Mitunternehmerschaft in der Form eines atypischen stillen Gesellschaftsverhältnisses, begründet.

500 Hat jedoch der Vater als Geschäftsführer der Gesellschaft erhebliche Betriebsmittel in der Form von Darlehen oder in der Form von Verpachtung von Wirtschaftsgütern (Grundstücke, Patente) zur Verfügung gestellt und sind die Gesellschafter hauptsächlich Familienmitglieder, ist davon auszugehen, dass der Vater seine Leistung nicht im Rahmen von Einzelrechtsverhältnissen (Arbeitsverhältnis, Darlehens- und Pachtverhältnis) erbringt, sondern als Beitrag, um ein gemeinsames Ziel zu verfolgen. Der Vater ist in diesem Falle Mitunternehmer i. S. des § 15 Abs. 1 Nr. 2. Er ist jedoch nicht Gesamthänder, da die Rechtsgrundlage für das Gesellschaftsverhältnis eine Innengesellschaft ist. Sein gewerblicher Gewinn ergibt sich somit nicht aus den Handelsbilanzen der GmbH & Co. KG, sondern ist im Sonderbereich festzustellen.

501 Nach dem Urteil des BFH (5. 6. 1986, BStBl. II 1986, 798) liegt eine Mitunternehmerschaft vor, wenn der Vater und bisherige Einzelgewerbetreibende sein bisheriges Einzelgeschäft in eine GmbH & Co. KG einbringt, an der als Gesellschafter der GmbH seine Ehefrau und als Kommanditisten der KG seine Kinder sind, jedoch unter Zu-

rückbehaltung des wesentlichen Betriebsvermögens, das er an die GmbH & Co. KG verpachtet hatte, wenn er der alleinige Geschäftsführer der Komplementär-GmbH ist und weiterhin das Sagen in der Gesellschaft hat und der von der Gesellschaft erwirtschaftete Ertrag ihm im wesentlichen zugute kommt. Folgende Umstände sprechen nach BFH v. 5. 6. 1986 a. a. O. für ein Gesellschaftsverhältnis:
- unentgeltliche Nutzung des dem Dienstverpflichteten gehörenden Grundstücks durch die KG,
- zinslose Stundung des sich aus dem Kaufvertrag ergebenden Restkaufpreises,
- ausschlaggebende Bedeutung der Tätigkeit des Dienstverpflichteten für den Erfolg des Unternehmens,
- Erfolgsabhängigkeit der Tätigkeitsvergütungen des Dienstverpflichteten,
- tatsächlicher Verbleib nahezu der gesamten Erträge des Unternehmens beim Dienstverpflichteten aufgrund von Entnahmen,
- herausragende Funktion des Dienstverpflichteten in dem Unternehmen,
- Herbeiführung des geschäftlichen Erfolges des Unternehmens nahezu ausschließlich durch die persönlichen Leistungen und Kontakte einer einzigen Person, nämlich den Dienstverpflichteten.

e) Atypisch stille Beteiligung an der GmbH & Co. KG

Eine Mitunternehmerschaft liegt auch im Falle einer stillen Gesellschaft zur GmbH & Co. KG vor, wenn der stille Gesellschafter als der Hauptkapitalgeber und am Gewinn zu mehr als der Hälfte beteiligt ist und der Stille, unabhängig von seiner Stellung als Geschäftsführer, die Rechte aus § 716 BGB hat und daher alle nicht laufenden Geschäfte seiner Zustimmung bedürfen (vgl. BFH vom 5. 7. 1978 (BStBl. II 1978, 644). Gleiches gilt auch dann, wenn der atypische stille Beteiligte an den stillen Reserven der GmbH & Co. KG beteiligt und daher wirtschaftlich so gestellt ist, als sei er am Vermögen der Gesellschaft beteiligt. Das wäre der Fall, wenn er im Falle der Beendigung des stillen Beteiligungsverhältnisses nicht lediglich seine Einlage zurückerhält, sondern auch entsprechend seiner Beteiligung anteilsmäßig an den bis dahin gebildeten stillen Reserven einschließlich eines Firmenwertes beteiligt wird (BFH v. 15. 10 1981, BStBl. II 1982, 342; v. 29. 9. 1981, BStBl. II 1981, 663). Gleiches gilt, wenn er im Falle der Liquidation der Gesellschaft entsprechend seinem Gewinnverteilungsschlüssel an den stillen Reserven bei der Auseinandersetzung beteiligt wird. Eine Pauschalabfindung des Geschäftswertes ist nicht ausreichend (BFH v. 29. 9. 1981, a. a. O.). Der Verkehrswert des Geschäftswertes ist nach den verkehrsüblichen Berechnungsmethoden zu ermitteln (BFH v. 25. 6. 1981, BStBl. II 1982, 59). Ausnahmsweise kann ein Gesellschafter atypischer stiller Gesellschafter sein, ohne Beteiligung am Verlust, an den stillen Reserven und am Geschäftswert, wenn er wie ein Unternehmer auf das Schicksal des Unternehmens Einfluss nehmen kann (BFH v. 28. 1. 1982, BStBl. II 1982, 389). Im Falle einer atypischen stillen Gesellschaft ist Subjekt der Gewinnermittlung der Betrieb des Handelsgewerbetreibenden (BFH v. 2. 5. 1984, BStBl. II 1984, 820).

502

f) Mitunternehmerschaft durch Teilhabe an den stillen Reserven des Vermögens der KG

503 Unabhängig davon, ob ein stilles Beteiligungsverhältnis oder ein anderes Gesellschaftsverhältnis begründet worden ist, kann jemand, der nach außen hin gemeinsam mit der GmbH & Co. KG das Gewerbe betreibt und auch an den stillen Reserven des Unternehmens beteiligt ist, als Mitunternehmer anzusehen sein. Das gilt insbesondere dann, wenn jemand der GmbH Wirtschaftsgüter überlassen hat, die eine wesentliche Grundlage des Betriebes der GmbH darstellen und zumindest nach außen hin mit diesen Wirtschaftsgütern zusammen mit der GmbH & Co. KG das Gewerbe betreibt.

g) Unterbeteiligung an einzelnen Kommanditanteilen

504 Unter Unterbeteiligung versteht man die Beteiligung an einer Beteiligung. In der Regel hat der Unterbeteiligte die Stellung eines stillen Gesellschafters. D. h. er ist am Gewinn beteiligt und seine Einlage wird Vermögen des Hauptbeteiligten. Im Falle der Beendigung des Unterbeteiligungsverhältnisses erhält er lediglich seine Einlage zurück. Aber auch die Unterbeteiligung kann anders gestaltet sein. Insbesondere kann sich der Hauptbeteiligte gegenüber dem Unterbeteiligten im Innenverhältnis verpflichten, sein Stimmrecht in der Gesellschafterversammlung nur in Übereinstimmung mit dem Unterbeteiligten auszuüben. Es kann im Unterbeteiligungsvertrag ein Weisungsrecht gegenüber dem Hauptbeteiligten vereinbart werden.

505 Nach dem Urteil des BFH v. 18. 3. 1982 (BStBl. II 1982, 546) kann ein Unterbeteiligter auch eine Rechtsstellung erlangen, die der eines Kommanditisten angenähert ist (vgl. zu Tätigkeitsvergütungen an den Unterbeteiligten Ottersbach, FR 1999, S. 201ff.). Das gilt insbesondere dann, wenn der Unterbeteiligte wie ein Kommanditist am Verlust des Unternehmens beteiligt ist. Zwar haftet ein Unterbeteiligter seinen Gläubigern niemals unmittelbar, er kann jedoch zu Nachschüssen verpflichtet werden oder dazu, aus künftigen Gewinnen sein, durch Verluste gemindertes Kapital wieder auszugleichen. Insbesondere kann dem Unterbeteiligten hinsichtlich der Verlustbeteiligung eine ähnliche Rechtsstellung eingeräumt werden, wie sie nach § 167 Abs. 3 HGB dem Kommanditisten zukommt. Es kommt nicht darauf an, dass der Unterbeteiligte ein Widerspruchsrecht hat, die Kontrollrechte des § 166 HGB werden im allgemeinen als ausreichend angesehen (BFH v. 24. 7. 1986, BStBl. II 1987, 54).

506 Außerdem kann vereinbart werden, dass der Unterbeteiligte im Falle der Beendigung des Unterbeteiligungsverhältnisses oder im Falle der Liquidation der Hauptgesellschaft entsprechend seiner Gewinnbeteiligung an den stillen Reserven des Unternehmens beteiligt wird. In diesem Falle ist der Unterbeteiligte trotz seiner mittelbaren Vermögensbeteiligung als Mitunternehmer anzusehen. Allerdings ist in der Regel davon auszugehen, dass eine Mitunternehmerschaft nur zu dem Hauptbeteiligten begründet wird. Es lägen in diesem Falle zwei getrennte Mitunternehmerschaften vor, die beide unabhängig voneinander eine gesonderte Gewinnfeststellung durchzuführen haben. Anders jedoch ist die Rechtslage, wenn der Unterbeteiligte, weil er Geschäftsführer der GmbH & Co. KG ist oder Prokura hat, unmittelbar auf die Unternehmenspolitik Einfluss hat. In diesem Falle ist er gleichzeitig als Mitunternehmer der Hauptgesellschaft anzusehen, mit der Folge, dass sein Gewinnanteil gesondert bei der Hauptgesellschaft mit festgestellt wird. Die Unterbeteiligung kann auch am Gesellschaftsanteil des Komplementärs

bestehen. Der Unterbeteiligte ist als Mitunternehmer anzusehen, sofern der Unterbeteiligte am Gewinn und Verlust des Komplementärs nach Art eines atypisch stillen Gesellschafters teilnimmt (BFH v. 26. 6. 1985, BFH/NV 1987, 24).

h) Treuhandverhältnisse und Mitunternehmerschaft

Bei Treuhandverhältnissen ist der Treuhänder Gesellschafter im zivilrechtlichen Sinne (vgl. BFH v. 24. 5. 1977, BStBl. II 1977, 737). Der Treuhänder als Gesellschafter und Träger aller Rechte und Pflichten aus dem Gesellschaftsverhältnis handelt aber für Rechnung des Treugebers und ist aufgrund des Treuhandvertrages dem Treugeber unterworfen. Nach dem Beschluss des GrS v. 25. 6. 1984 (BStBl. II 1984, 751) ist es gerechtfertigt, den Treugeber bei der Entscheidung über das Vorliegen einer Mitunternehmerschaft einem Gesellschafter gleichzustellen. Die eine Mitunternehmerschaft kennzeichnenden Merkmale müssen daher in der Person des Treugebers vorliegen, damit dieser einkommensteuerrechtlich als Zurechnungssubjekt für die Anteile am Gewinn oder Verlust der Personengesellschaft angesehen werden kann. Der Treugeberkommanditist einer sog. Abschreibungsgesellschaft kann dann nicht als Mitunternehmer nach § 15 EStG angesehen werden, wenn er aufgrund einschränkender vertraglicher Gestaltungen und ihrer tatsächlichen Durchführung keine mit einem Kommanditisten nach dem HGB vergleichbare Rechtsstellung mehr innehat (vgl. Niedersächs. FG Beschl. v. 30. 3. 1984 EFG 1984, 549). Das gilt insbesondere dann, wenn der einzelne Treugeber nach den vertraglichen Gestaltungen nicht jederzeit die Herausgabe des Treugutes verlangen und die Rechte des Kommanditisten unmittelbar wahrnehmen kann. Das gilt ferner, wenn die vertraglichen Regelungen über Beirat und Gesellschafterversammlung die Rechte des Treugebers beschränken (kein Widerrufsrecht, § 164 HGB, kein Stimmrecht in grundlegenden Fragen der Gesellschafterversammlung, kein Überwachungsrecht, § 166 HGB). Das gilt insbesondere, wenn diese Rechte von einem Beirat wahrgenommen werden, in dem die Vertreter des Komplementärs und die Treuhänder die Mehrheit haben und die Vertreter der Treugeber jederzeit überstimmt werden. Die Mitunternehmerschaft des Treuhänders schließt die des Treugebers nicht aus (BFH v. 17. 11. 1987, BFHE 152, 230).

Der Treugeber ist als Mitunternehmer anzusehen, wenn er im Verhältnis zum Treuhänder die Stellung eines Kommanditisten hat, er dem Treuhänder Weisungen erteilen kann. Ausreichend für die Mitunternehmerschaft des Treugebers ist die Möglichkeit zur Ausübung von Gesellschafterrechten, die wenigstens den Stimm-, Kontroll- und Widerspruchsrechten angenähert sind, die einem Kommanditisten nach dem HGB zustehen oder die den Kontrollrechten nach § 716 Abs. 1 BGB entsprechen. Für die Mitunternehmerinitiative des Treugebers reicht es aus, wenn nur die Treuhandkommanditistin Stimm-, Kontroll- und Widerspruchsrechte hat und nicht hingegen die Treugeber im Rahmen der Gesellschaft unmittelbar Mitunternehmerinitiative entfalten können. Ist die Mitgliedschaft in einer Personengesellschaft Gegenstand eines Treuhandverhältnisses, so schließt der Treuhänder, auch wenn es sich um ein offenes Treuhandverhältnis handelt, den Gesellschaftsvertrag im eigenen Namen ab. Er allein wird Gesellschafter und Träger aller Rechte und Pflichten aus dem Gesellschaftsvertrag, während der Treugeber zivilrechtlich in keiner Beziehung Gesellschafter ist, unmittelbare Rechtsbeziehungen nicht zwischen ihm und der Gesellschaft bzw. den übrigen Gesellschaftern, sondern auf schuldrechtlicher Grundlage, nämlich dem regelmäßig als Geschäftsbesorgungsvertrag (§ 675 ff. BGB) anzusehenden Treuhandvertrag lediglich mit dem Treuhänder bestehen (BFH vom 24. 5. 1977, BStBl. II 1977, 737, 739). Für die Mitunternehmerinitiative des Treugebers reicht es aus, wenn die Treugeber zur Wahrnehmung ihrer Rechte aus dem Treuhandvertrag in einer Gesellschaft bürgerlichen Rechts zusammengeschlossen sind und die Treuhänderin bei der Wahrnehmung der Rechte der Treugeber aus dem Gesellschaftsvertrag an die Beschlüsse der Gesellschafterversammlung der Treugeber gebunden ist. Das gilt auch dann, wenn vertraglich der Fortbestand der Treuhand für die Gesamtdauer der Gesellschaft abgesichert ist (vgl. BFH vom 21. 4. 1988, DB 1988, S. 2233).

509 Bei der Treuhand ist verfahrensrechtlich folgendes zu beachten: Im Feststellungsverfahren der Personengesellschaft sind grundsätzlich alle im Rahmen der Mitunternehmerschaft anfallenden Einnahmen und Ausgaben einschl. der Sonderbetriebseinnahmen und der Sonderbetriebsausgaben der Mitunternehmer zu berücksichtigen. Das anschließende Verfahren betreffend den Treugeber und den Treuhänder hat grundsätzlich nur noch die Funktion, den nach dem Feststellungsverfahren für die Personengesellschaft (KG) auf die Treuhänderin entfallenden Gewinn oder Verlustanteil auf die Treugeber aufzuteilen. Ein Treuhandverhältnis, dessen Gegenstand ein Gesellschaftsanteil ist, kann grundsätzlich auch durch eine Vereinbarungstreuhand in der Weise begründet werden, dass ein Gesellschafter mit einem Treugeber vereinbart, er werde seine Geschäftsbeteiligung nunmehr lediglich als Treuhänder für den Treugeber halten (hierzu: Blaurock, Unterbeteiligung und Treuhand an Gesellschaftsanteilen S. 153 ff.; BFH v. 11. 10. 1984 BStBl. II 1985, 247).

C. Die Gründung einer GmbH & Co. KG

I. Grundsätze

510 Die Gründung einer GmbH & Co. KG kann sich als eine Bargründung vollziehen. Das wäre der Fall, wenn sich mehrere Personen zu einer Personengesellschaft zusammenschließen, um ein Geschäft neu zu erwerben und sich verpflichten, eine Einlage in bar zu erbringen. Vielfach handelt es sich jedoch um Sachgründungen.

511 Die steuerliche Behandlung der Sachleistungen hängt davon ab, ob sie aus dem Privatvermögen, einem anderen Betriebsvermögen oder ob Gegenstand der Sacheinlage ein Betrieb, Teilbetrieb oder Mitunternehmeranteil an einer anderen Personengesellschaft ist.

Einlage von EinzelWG aus dem Privatvermögen	§ 6 Abs. 1 Nr. 5 EStG
Einlage von Einzelwirtschaftsgütern aus dem Betriebsvermögen	§ 6 Abs. 5 Satz 3
Einbringung eines Betriebes, Teilbetriebes, Mitunternehmeranteils gegen Gesellschaftsrechte	§ 24 UmwStG
Einbringung bei Beteiligungsschenkungen	§ 6 Abs. 3 EStG
Formwechsel einer GmbH in eine GmbH & Co. KG	§ 3 ff. UmwStG

II. Bargründung

Die geleistete Bareinlage ist grundsätzlich mit ihrem Nennwert zu bewerten. Handelt es sich um eine Einlage in fremder Währung, ist sie mit dem Tageskurs zu bewerten. Nicht um eine Bareinlage handelt es sich bei einer Einlage von Forderungen oder Umwandlung von Darlehen. Diese sind wie Sacheinlagen mit dem Teilwert im Zeitpunkt der Einlage zu bewerten. Die GmbH & Co. KG entsteht als steuerliche Mitunternehmerschaft mit dem Abschluss des Gesellschaftsvertrages, wobei die Komplementär-GmbH zumindest als Vorgesellschaft schon existent sein muss und die Personengesellschaft nach außen hin in Erscheinung getreten sein muss. Vorbereitungshandlungen sind ausreichend, der ordentliche Geseschäftsbetrieb braucht jedoch noch nicht aufgenommen zu sein. Keine Bargründung, sondern eine verschleierte Sachgründung liegt vor, wenn die Gesellschafter zu einer Bareinlage verpflichtet werden, diese aber dann dazu verwendet wird, von einem Gesellschafter Betriebsvermögen zu erwerben. Nach § 19 Abs. 1 GmbHG sind Einzahlungen auf die Stammeinlage grundsätzlich durch Geldeinlage zu leisten (Vgl. zur verdeckten Sacheinlage bei Kapitalerhöhung Kammergericht, Beschl. v. 19.05.1998, DB 1998, S.1400. Zum sog. Hin- und Herzahlen das Urt. des LG Dresden v. 16.11.2000, GmbHR 2001, S. 29 und des OLG Oldenburg v. 31.01.2002 (rkr.), GmbHR 2003, S. 233.). Etwas anderes gilt nur dann, wenn die Sacheinlage im Gesellschaftsvertrag eindeutig vereinbart worden ist (§§ 5 Abs. 4, 19 Abs. 5 GmbHG). Nur in diesem Fall wird der Gesellschafter durch die Sacheinlage von seiner Schuld der Einlagenerbringung befreit (§ 19 Abs. 2 GmbHG). Ist die Gesellschaft bereits in das Handelsregister eingetragen, und lagen vor Eintragung der Gesellschaft die Voraussetzungen zur wirksamen Sacheinlage nicht vor, so kann eine Verpflichtung zur Einlage von Geld nicht durch eine Sacheinlage ersetzt werden und damit schuldbefreiend wirken (Hueck N : Baumbach/Hueck GmbHG, 16. Aufl., § 5, Rz. 51b). Liegt keine Regelung zur Sacheinlage im Gesellschaftsvertrag vor (§ 5 Abs. 4 GmbHG), und besteht die Leistung nicht in Geld, sondern erfolgt im Wege der Sacheinlage oder durch Aufrechnung einer für die Überlassung von Vermögensgegenständen zu gewährenden Vergütung, befreit dies den Gesellschafter nicht von seiner Einlageverpflichtung (§ 19 Abs. 5 GmbHG). In diesen Fällen liegt eine verschleierte Sacheinlage vor. Dies soll verhindern, dass Sacheinlagen mit befreiender Wirkung geleistet werden, ohne einer registergerichtlichen Kontrolle zu unterliegen. Damit soll die Möglichkeit ausgeschlossen werden, dass die Gläubiger mit Blick auf den Wert der Stammeinlagen getäuscht werden können (vgl. u.a. Groß GmbHR 1996, S. 2721ff. Zu Neuforderungen, nämlich die nach dem Kapitalerhöhungsbeschluss entstandene Forderung des Gesellschafters auf Gewinnausschüttung, vgl. das BGH v. 16.09.2002, NZG 2002, S. 1172 sowie hierzu Langenbucher, NZG 2003, S. 211ff.). Auch die Leistung der Bareinlage, der anschließende Verkauf von Wirtschaftsgütern durch den Gesellschafter an die Gesellschaft und die Vergütung durch die GmbH aus Mitteln des Stammkapitals gilt als verschleierte Sacheinlage (vgl. Urt. OLG Stuttgart v. 02.05.2002 (rkr.), GmbHR 2002, S. 1124, m. Anm. Ende).

Eine verschleierte Sachgründung bei Bareinlage und anschließendem Verkauf von Wirtschaftsgütern und Zahlung des Kaufpreises zu Lasten des Stammkapitals liegt dann vor, wenn ein zeitlicher Zusammenhang zwischen diesen beiden Vorgängen von maximal ca. sechs bis zwölf Monaten vorliegt (Neu/Neumann/Neumayer, Handbuch GmbH-Besteuerung, Köln 1999, Rz. 327; ausf. zu den Tatbestandsmerkmalen der verschleierten Sacheinlage: Priester, ZIP 1991, S. 345ff.). Dies gilt auch dann, wenn der Einlagebetrag nicht an den Gesellschafter selber, sondern an eine von ihm beherrschte GmbH zurückfließt (Urt. des OLG Hamm v. 23.10.1996, GmbHR 1997, S. 213). Hat der Geschäftsführer beim Registergericht versichert, dass die Einlage bewirkt wurde und zu seiner Verfügung steht, und liegt dagegen eine verschleierte Sacheinlage vor, so haftet er persönlich.

Beispiel: Gesellschafter A gründet die B-GmbH mit einem Stammkapital von € 25.000. Diese Einlage leistet er in voller Höhe bar. Nach einem Monat verkauft der Gesellschafter A ein Fahrzeug für einen Preis von € 20.000 an die B-GmbH. In Höhe der € 20.000 liegt eine verschleierte Sacheinlage vor. Der Gesellschafter schuldet der GmbH weiterhin in dieser Höhe die Einlage, da er nach § 19 Abs. 5 GmbHG von dieser Schuld nicht frei geworden ist.

514 Die Bareinlage muss der Gesellschaft grundsätzlich für die Dauer der Gesellschafterstellung zur Verfügung stehen. Somit ist eine Bareinlage nicht gegeben, wenn ein Geldbetrag der Gesellschaft nur zeitlich begrenzt zur Verfügung gestellt wird. Im letzten Falle liegt ein Darlehen vor. Steuerrechtlich werden jedoch Gesellschafterfremdmittel, die nicht ins Gesamthandseigentum gehen, grundsätzlich als Eigenkapital behandelt, das im Sonder-BV festzuhalten ist (BFH v. 26.10.1987, DB 1988, S. 529).

III. Sacheinlage aus dem Privatvermögen

515 Jeder offenen Sacheinlage – sei es bei einer Personengesellschaft oder bei einer Kapitalgesellschaft – liegt eine Vereinbarung des Gegenstandes der Sacheinlage und der Höhe der in Geld ausgedrückten Einlageschuld zugrunde, auf die der Gesellschafter die Einlageforderung verrechnet (K. Schmidt, Gesellschaftsrecht, 3. Aufl. 1997, S. 572, 577). Es war lange Zeit streitig, ob es sich bei den Sacheinlagen um eine Einlage i. S. d. § 6 Abs. 1 Nr. 5 EStG oder um ein entgeltliches tauschähnliches Rechtsgeschäft, nämlich Leistung der Sacheinlage gegen Gewährung der Mitunternehmerstellung, handelt. Während die Verwaltung (Mitunternehmererlass v. 20.12.1977, BStBl I 1978 S. 8, 13 Tz. 49) bisher bei Sacheinlagen in das Gesamthandsvermögen die Regeln über die Einlage angewandt hatte (§ 6 Abs. 1 Nr. 5 EStG), was in der Literatur streitig war, hat sich nunmehr der BFH (v. 19.10.1998, BB 1999, S. 510) für einen tauschähnlichen Vorgang entschieden (vgl. Schulze zur Wiesche, FR 1999 S. 599). Das BMF-Schreiben vom 26.11.2004 (DB 2004, S. 2667f.) differenziert hingegen danach, ob bei Zubuchung auf bestimmten Kapitalkonten von einer Gewährung von Gesellschaftsrechten ausgegangen werden kann, denn nur in diesem Fall läge ein tauschähnliches Geschäft vor. Zuführungen auf dem Festkapitalkonto stellen zweifellos die Gewährung von Gesellschaftsrechten dar. Bei Zubuchungen auf anderen (variablen) Kapitalkonten ist entscheidend, ob es sich um gesamthänderisch gebundene Kapitalkonten oder um sog. „echte" Darlehenskonten handelt. Da bei letzeren echte Darlehen vorliegen, sind dort vorzunehmende Zubuchungen nicht als Gewährung von Gesellschaftsrechten aufzufassen. Maßgebliches Unterscheidungskriterium für das Vorliegen eines „echten" Darlehens- statt Kapitalkontos sind die fehlende Verlustverbuchung, die fehlende Vereinbarung über Rückzahlungsmodalitäten und ein Kreditlimit sowie die Verbuchung von

Entnahmen und Einlagen Indizien für das Bestehen eines Kapitalkontos. Nach der OFD Münster (DStR 1994, S. 582) kann sich zudem ein Darlehenskonto eines Kommanditisten bei Fehlen abweichender Vereinbarungen dann in ein Kapitalkonto verwandeln, wenn es durch Entnahmen einen Schuldsaldo ausweist (aktivische Gesellschafter-Darlehenskonten).

Die Einbringung einer „wesentlichen" Beteiligung i.S.d. § 17 EStG aus dem Privatvermögen eines Gesellschafters gegen Gewährung von Gesellschaftsrechten ist als tauschähnlicher Vorgang zu beurteilen, der beim einbringenden Gesellschafter zu einer entgeltlichen Veräußerung und bei der übernehmenden Gesellschaft zu einem Anschaffungsgeschäft führt (BMF-Schreiben, 04.08.1976 S. 418; BFH, 11.09.1991, BStBl II 1992 S. 404; Groh, DB 1997 S. 1683, 1684 ff.). Die Sacheinlage kann zu einer Veräußerung i. S. d. § 17 EStG, oder im Sinne des § 23 EStG führen. § 17 EStG ist erfüllt, wenn der Gegenstand der Einlage eine Beteiligung an einer Kapitalgesellschaft bei einer Beteiligung des Einbringenden von mindestens 1 v. H. im Zeitpunkt der Einbringung beträgt oder in den letzten 5 Jahren betragen hat. Ein privates Veräußerungsgeschäft i.S.d. § 23 EStG liegt vor, wenn bewegliche Wirtschaftsgüter innerhalb eines Jahres nach Erwerb weiterveräußert werden. Sind gleichzeitig die Voraussetzungen des § 17 EStG (Beteiligung > 1%) und des § 23 EStG (< 1 Jahr) erfüllt, so ist § 23 EStG vorrangig anzuwenden (§ 23 Abs. 2 Satz 2 EStG). Im Falle von Anteilen von Kapitalgesellschaften gilt das Halbeinkünfteverfahren. Sind Gegenstand der Einbringung Nutzungsrechte, liegt auch hier ein entgeltlicher Erwerb eines Wirtschaftsgutes vor, das bei der übernehmenden Personengesellschaft mit dem Teilwert zu bewerten ist.

516

IV. Sacheinlagen (Einzelwirtschaftsgüter) aus einem anderen Betriebsvermögen

Nach § 6 Abs. 5 Satz 3 EStG hat die Einlage zum Buchwert zu erfolgen, soweit ein Wirtschaftsgut unentgeltlich oder gegen Gewährung oder Minderung von Gesellschaftsrechten aus einem Betriebsvermögen des Mitunternehmers in das Gesamthandsvermögen der Mitunternehmerschaft übertragen wird (gl. A. Pyszka, BB 1998, S. 1557). Eine Übertragung erfolgt ebenfalls zum Buchwert, wenn das Wirtschaftsgut aus dem Sonderbetriebsvermögen eines Mitunternehmers in das Gesamthandsvermögen der Mitunternehmerschaft übertragen wird (§ 6 Abs. 5 Satz 3 Nr. 2 EStG) sowie bei Übertragungen zwischen den jeweiligen Sonderbetriebsvermögen verschiedener Mitunternehmer bei derselben Mitunternehmerschaft (§ 6 Abs. 5 Satz 3 Nr. 3 EStG). Gleiches gilt auch jeweils bei Einlage in umgekehrter Richtung. Dies gilt aber nur in den Fällen, in denen nicht eine Körperschaft an der Mitunternehmerschaft beteiligt ist und durch die Übertragung deren Beteiligung an dem Wirtschaftsgut unmittelbar oder mittelbar begründet wird oder sich dieser erhöht (§ 6 Abs. 5 Satz 5 EStG). In diesen Fällen ist der Teilwert anzusetzen. Darüber hinaus besteht eine Sperrfrist von 3 Jahren, in denen das in das Gesamthandsvermögen überführte Wirtschaftsgut weder veräußert noch entnommen werden kann, anderenfalls rückwirkend auf den Zeitpunkt der Übertragung der Teilwert anzusetzen ist.

517

Rechtlich ist jedoch immer noch nicht geklärt, ob die Übernahme von Schuldzinsen, die mit dem übertragenen Einzelwirtschaftsgut im Zusammenhang stehen, ein Entgelt darstellen mit der Folge, dass § 6 Abs. 5 Satz 3 EStG nicht zur Anwendung kommt oder diese selbst ein Wirtschaftsgut i. S. d. § 6 Abs. 5 EStG darstellen.

518

Beispiel: A tritt als Kommanditist in die X-GmbH & Co. KG ein. Er bringt in diese als Einlage ein mit einer Hypothek belastetes Grundstück ein, das einem anderen Betriebsvermögen entstammt. Buchwert des Grundstücks: 300.000 €, hypothekarische Belastung: 200.000 €, stille Reserven: 400.000 €. Diese Sacheinlage wird mit 500.000 € auf die KG-Einlage angerechnet. Nach der bisherigen Rechtsauffassung wären 2/7 der Übertragung entgeltlich erfolgt und 500.000 € = 5/7 gegen Gesellschaftsrechte. 2/7 = 85.700 € waren an die Personengesellschaft für 200.000 € (Übernahme der Hypothek veräußert worden. 5/7 = zum Buchwert von 214.300 € übertragen worden. Die in der Handelsbilanz ausgewiesene Kommanditeinlage von 500.000 € muss in einer negativen steuerlichen Korrekturbilanz um 285.700 gemindert werden.

§ 6 Abs. 5 Satz 3 EStG erfasst nicht nur die Übertragung von Einzelwirtschaftsgütern aus einem anderen Betriebsvermögen, sondern auch aus einem Sonderbetriebsvermögen.

Beispiel 1: A ist Gesellschafter der A-OHG. Er hat dieser ein (Sonder-BV) Fabrikgrundstück zur Nutzung überlassen, was von dieser nicht mehr benötigt wird. Er bringt dieses in die X-KG ein, um dort Gesellschafter zu werden. Das Grundstück ist von der X-KG zum Buchwert zu übernehmen, gleichzeitig liegt eine Entnahme zum Buchwert bei der A-OHG vor.

Beispiel 2: A ist Gesellschafter der A-KG. Er hat dieser ein Fabrikgrundstück zur Nutzung überlassen (Sonderbetriebsvermögen). Um das Grundstück steuerneutral aus der A-KG zu lösen, gründet er eine GmbH & Co. KG, deren alleiniger Kommanditist er ist und alleiniger Gesellschafter der Komplementär-GmbH er ist, in die er das Grundstück als Sacheinlage einbringt. Das Nutzungsverhältnis der A-KG soll bestehen bleiben. Die Voraussetzungen des § 6 Abs. 5 Satz 3 Nr. 2 EStG liegen vor, da ein Wirtschaftsgut aus einem Sonderbetriebsvermögen eines Mitunternehmers in das Gesamthandsvermögen einer anderen Mitunternehmerschaft überführt wurde. Die Übertragung hat zum Buchwert zu erfolgen. Es ist nunmehr eine Mitunternehmerische Betriebsaufspaltung begründet worden. Diese Gestaltung darf jedoch nicht dazu benutzt werden, um eine Veräußerung des Anteils an der KG vorzubereiten. In diesem Falle wird die Steuervergünstigung für die Veräußerung und Aufgabe von Anteilen nach § 16 Abs. 4 i. V. m. § 34 Abs. 1 EStG nicht gewährt, weil im Falle der Buchwertübertragung nach § 6 Abs. 5 Satz 3 EStG nicht alle stillen Reserven aufgedeckt werden. Erfolgt die Veräußerung in einem zeitlichen Zusammenhang mit der Buchwerteinbringung, ist die spätere Veräußerung des Anteils nicht mehr begünstigt.

519 § 6 Abs. 1 Nr. 5 Satz 4 EStG soll verhindern, dass durch Übertragung zum Buchwert in eine Personengesellschaft Wirtschaftsgüter im Falle einer späteren Veräußerung der Anteile den Vorteil der Tarifbegünstigung für Veräußerungsgewinne nach § 16 Abs. 4, § 34 Abs. 1 EStG erlangen. Aus diesem Grunde enthält Satz 4 eine Veräußerungssperre von drei Jahren. In diesem Falle ist das Wirtschaftsgut rückwirkend auf den Zeitpunkt der Übertragung mit dem Teilwert anzusetzen, es sei denn, die bis zur Übertragung entstandenen stillen Reserven sind durch Erstellung einer Ergänzungsbilanz dem übertragenden Gesellschafter zugeordnet worden. Die Sperrfrist endet drei Jahre nach

Abgabe der Steuererklärung des Übertragenden für den Veranlagungszeitraum, in dem die in § 6 Abs. 5 Satz 3 EStG bezeichneten Übertragungen erfolgt sind.

Beispiel 1: A bringt ein Wirtschaftsgut aus dem Betriebsvermögen – Buchwert 100.000 € (Teilwert 200.000 €) in eine mit B gegründete OHG ein, der seinerseits einen Betrieb – Buchwert 100.000 €, Teilwert 200.000 € – einbringt. Die Einbringung des B erfolgt steuerlich als Buchwertfortführung.

Bilanz Personengesellschaft

AKTIVA			PASSIVA
	€		€
Betrieb	200.000	Kap.Kto. A	200.000
Zugang Wirtschaftsgut	200.000	Kap.Kto. B	200.000
	400.000		400.000

Negative Ergänzungsbilanz A und B (jeweils)

AKTIVA			PASSIVA
	€		€
Minderkap.	100.000	Minderwert Wirtschaftsgut	100.000
	100.000		100.000

Die spätere Versteuerung der stillen Reserven im Falle der Veräußerung ist durch die Aufstellung von negativen Ergänzungsbilanzen sichergestellt.

Der Teilwert ist auch anzusetzen, soweit bei den Übertragungen i. S. des § 6 Abs. 5 Satz 5 EStG der Anteil einer Körperschaft, Personenvereinigung oder Vermögensmasse an dem Wirtschaftsgut unmittelbar oder mittelbar begründet wird oder sich dieser erhöht. Diese Vorschriften sollen nicht nur das Überspringen stiller Reserven auf Kapitalgesellschaften verhindern. Vielmehr soll generell das Verfügen über Wirtschaftsgüter ohne Teilwertrealisation durch Verkäufe von Anteilen an Kapitalgesellschaften über Nutzung der Vorteile, die durch Umstellung auf das Halbeinkünfteverfahren eingetreten sind, entsprechen vermieden werden. Ist die Komplementär-GmbH am Vermögen der KG beteiligt, wird sie bruchteilsmäßig auch in Höhe ihrer Beteiligung an dem eingebrachten Wirtschaftsgut beteiligt, was zur Folge hat, dass das eingebrachte Wirtschaftsgut in diesem Verhältnis mit dem Teilwert angesetzt werden müsste. Es ist daher zweckmäßig, im Falle von Sacheinbringungen von Einzelwirtschaftsgütern aus einem anderen Betriebsvermögen des Einbringenden, die Komplemetär-GmbH nicht am Vermögen der KG zu beteiligen.

520

V. Einbringung eines Betriebes, Teilbetriebes oder Mitunternehmeranteils in eine GmbH & Co. KG

1. Allgemeine Voraussetzungen

521 Ist Gegenstand der Einbringung ein Betrieb, Teilbetrieb oder Mitunternehmeranteil und wird der Einbringende Mitunternehmer, so hat die übernehmende Personengesellschaft ein Wahlrecht, ob sie den Betrieb mit dem Buchwert Teilwert oder Zwischenwert aktiviert wird (§ 24 UmwStG). Hierbei ist es unerheblich, ob die Einbringung in eine neu zu gründende oder eine bereits bestehende Personengesellschaft erfolgt. Eine Einbringung liegt nur dann vor, wenn nicht gleichzeitig die Voraussetzungen einer Veräußerung gegeben sind. Eine Veräußerung ist dann anzunehmen, wenn der Einbringende seinen Betrieb in eine mit Dritten gegründete GmbH & Co. KG einbringt, der Dritte jedoch nicht seine Einlage in das Gesellschaftsvermögen einlegt, sondern an den Einbringenden in deren Privatvermögen leistet. In diesem Fall liegt in Höhe der Beteiligung des Dritten eine Veräußerung vor, die nicht steuerbegünstigt ist.
Der Dritte muss in das Gesellschaftsvermögen leisten. Eine Einbringung ist i. S. d. § 24 UmwStG ebenfalls nicht gegeben, wenn die Anteile an der neuen Personengesellschaft geschenkt werden.

Beispiel: A – bisheriger Einzelunternehmer – nimmt seine beiden Kinder S. und T. in der Weise in sein Einzelunternehmen auf, dass er dieses in eine GmbH & Co. KG einbringt und von seinem Buchkapital jeweils ein Betrag auf die Kinderkapitalkonten übertragen werden. In diesem Falle hat die Personengesellschaft das Betriebsvermögen des Einzelunternehmens zum steuerlich zulässigen Wert (Buchwert) nach § 6 Abs. 3 EStG zu übernehmen.

522 Voraussetzung des § 24 UmwStG ist, dass der Einbringende nicht nur Mitunternehmer wird, sondern die eingebrachten Wirtschaftsgüter Betriebsvermögen der übernehmenden Personengesellschaft werden, wobei als Betriebsvermögen sowohl das Gesamthandsvermögen als auch das Sonderbetriebsvermögen zu verstehen ist. Auch die Komplementär-GmbH kann Einbringender i. S. d. § 24 UmwStG sein. Das setzt voraus, dass sie eine Sacheinlage i. S. d. § 24 UmwStG in das Gesamthandsvermögen erbringt.

2. Einbringung eines Einzelunternehmens in eine GmbH & Co. KG

523 Bringt der bisherige Einzelunternehmer sein bisheriges Einzelunternehmen bei gleichzeitiger Beteiligung Dritter als Gesellschafter (Mitunternehmer) in eine GmbH & Co. KG ein, und wird er Mitunternehmer der Personengesellschaft, sind für ihn die Voraussetzungen des § 24 UmwStG gegeben. Voraussetzung ist, dass die Bareinlagen der aufgenommenen Gesellschafter in das Gesellschaftsvermögen (Gesamthandsvermögen) gehen. Die aufgenommenen Gesellschafter können auch ihrerseits eine Sacheinlage erbringen. Handelt es sich hierbei um Einzelwirtschaftsgüter aus einem anderen Betrieb des Einbringenden, erfolgt unter den Voraussetzungen des § 6 Abs. 5 Satz 3 EStG die Übertragung zum Buchwert. Handelt es sich ebenfalls hier um einen Betrieb, Teilbetrieb oder Mitunternehmeranteil, liegt auch in diesem Falle eine Einbringungsmaßnahme i. S. d. § 24 UmwStG vor.

Beispiel: A – bisheriger Einzelunternehmer – gründet mit B und C die A-GmbH & Co. KG, Komplementärin ist die A-Verwaltungs-GmbH mit einer Beteiligung von 10 v. H., deren Gesellschafter A, B und C sind. A, B und C sind als Kommanditisten mit jeweils 30 v. H. an der A-GmbH & Co. KG beteiligt. A bringt einen Betrieb in die KG ein, behält jedoch das Geschäftsgrundstück zurück, das er der GmbH & Co. KG vermietet. B und C leisten eine Bareinlage. Die Voraussetzungen einer Einbringung i. S. d. § 24 UmwStG liegen vor. Die Rückbehaltung der Grundstücke ist insofern unschädlich, weil diese Sonderbetriebsvermögen geworden sind und somit zum Betriebsvermögen der GmbH & Co. KG gehören. Die übernehmende GmbH & Co. KG hat ein Wahlrecht zwischen Buchwertübernahme, Teilwertübernahme oder Übernahme zu einem Zwischenwert. Eine Übernahme zum Buchwert ist auch dann gegeben, wenn in der Handelsbilanz die übernommenen Wirtschaftsgüter zu einem höheren Wert bilanziert werden müssen, Mehrwerte können durch negative Ergänzungsbilanzen (steuerliche Korrekturbilanzen) rückgängig gemacht werden. Die Buchwertübernahme muss einheitlich, sowohl für das Gesamthandsvermögen, als auch für das eventuelle Sonderbetriebsvermögen erfolgen.

524 Teilwertübernahme bedeutet, dass alle stillen Reserven des eingebrachten Betriebsvermögens, einschließlich eines eventuell vorhandenen Firmenwertes, aufgedeckt werden müssen. Das betrifft nicht nur die in das Gesamthandsvermögen überführten Wirtschaftsgüter, sondern auch das Sonderbetriebsvermögen. Wird das Gesamthandsvermögen zum Teilwert, das Sonderbetriebsvermögen jedoch nur zum Buchwert eingebracht, liegt eine Zwischenwerteinbringung vor, mit der Folge, dass Einbringungsgewinne der laufenden Besteuerung unterliegen. Wird ein Betrieb zum Teilwert eingebracht, wird der Einbringungsgewinn, soweit er dem Verhältnis entspricht, zu dem der Einbringende an der übernehmenden Personengesellschaft beteiligt ist, nicht als steuerbegünstigter Veräußerungsgewinn behandelt, sondern als laufender Gewinn § 24 Abs. 3 Satz 3 UmwStG. Die übernehmende Personengesellschaft hat in Höhe des Teilwertes Anschaffungskosten. Sie ist daher in der AfA-Methode frei und somit nicht an den Rechtsvorgänger gebunden.

525 Liegt der Übernahmewert zwischen dem Buchwert und dem Teilwert, hat der Einbringende den Einbringungsgewinn als laufenden Gewinn zu versteuern. Die übernehmende Personengesellschaft hat grundsätzlich die bilanzielle Behandlung des Rechtsvorganges fortzuführen und die Buchwerte um die Mehrwerte aufzustocken. Die AfA richtet sich nach den ursprünglichen Anschaffungs- oder Herstellungskosten, zuzüglich des aufgedeckten Mehrwertes. Der bisherige Einzelunternehmer kann auch, sofern der Betrieb in Teilbetriebe gegliedert ist, einen Teilbetrieb aus seinem bisherigen Unternehmen ausgliedern und im Wege der Gesamtrechtsnachfolge auf eine mit Dritten gegründete GmbH & Co. KG übertragen. Das setzt voraus, dass die übertragene betriebliche Einheit die Voraussetzungen eines Teilbetriebes erfüllt. Diese Voraussetzungen müssen im Zeitpunkt der Übertragung gegeben sein, es reicht aus, wenn die Voraussetzungen erst durch die Einbringungsvereinbarung geschaffen werden, z. B. Abgrenzung der Tätigkeiten, der Aufteilung des Kundenstammes und des Personals usw. Es muss sich hier um einen selbständigen, für sich lebensfähigen Organismus handeln, der sich auch nach außen hin von dem übrigen Betrieb abgrenzt. Auch in diesem Fall sind die o.g. Regelungen des § 24 UmwStG anwendbar.

3. Einbringung eines Mitunternehmeranteils

526 Bringt der Gesellschafter einer Personengesellschaft seinen Mitunternehmeranteil in eine Personengesellschaft in der Rechtsform der GmbH & Co. KG ein, so wird diese Gesellschafterin der Personengesellschaft, deren Anteil eingebracht worden ist. Bringen alle Gesellschafter einer Personengesellschaft ihren Anteil an dieser in eine andere Personengesellschaft (GmbH & Co. KG) ein, so wird diese Eigentümer des Betriebsvermögens dieser Personengesellschaft durch Anwachsung. Die Personengesellschaft wird infolge Anwachsung beendet. Die Gesellschafter der untergegangenen Personengesellschaft werden Gesellschafter der übernehmenden Personengesellschaft (GmbH & Co. KG). Wird der Betrieb einer Personengesellschaft, sei es durch Fusion oder Einzelrechtsnachfolge auf eine GmbH & Co. KG als Personengesellschaft übertragen, liegt ertragsteuerlich eine Übertragung einzelner Mitunternehmeranteile auf die übernehmende Personengesellschaft vor, mit der Folge, dass die übernehmende GmbH & Co. KG einzelne Mitunternehmeranteile übernimmt. Jede Anteilsübertragung stellt eine selbständige Einbringungsmaßnahme dar, die getrennt zu behandeln ist, was zur Folge hat, dass die Wahlrechte im Hinblick auf die einzelnen Anteile unterschiedlich ausgeübt werden können.

VI. Eintritt einer GmbH als Komplementär einer KG bzw. bisherigen OHG

527 Wie bereits ausgeführt, kann auch die GmbH Einbringender in eine Personengesellschaft sein. Mit dem Eintritt als Komplementär wird sie Mitunternehmer der Personengesellschaft (GmbH & Co. KG). Sofern die GmbH selbst einen Betrieb einbringt, ist sie Einbringender i. S. d. § 24 UmwStG. Tritt ein neuer Gesellschafter in eine bereits bestehende Personengesellschaft ein, so ist ertragsteuerlich eine neue Mitunternehmerschaft gegeben, mit der Folge, dass die Altgesellschafter ihre Mitunternehmeranteile an der bisherigen Personengesellschaft in die neue GmbH & Co. KG einbringen. Die steuerliche Behandlung hängt jedoch davon ab, ob die Komplementär-GmbH an dem Vermögen der Gesellschaft beteiligt wird oder nicht.

1. Beteiligung der Komplementär-GmbH am Vermögen der KG

528 Wird die neueintretende Komplementär-GmbH am Vermögen der GmbH & Co. KG beteiligt, so hat sich die prozentuale Beteiligung der Altgesellschafter an der GmbH & Co. KG gemindert. Hat die Komplementär-GmbH eine adäquate Gegenleistung erbracht, hat sich trotz Minderung der prozentualen Beteiligung der Wert der Anteile der Altgesellschafter nicht gemindert, weil sie nunmehr an dem durch die Einbringung erhöhten Betriebsvermögenswert beteiligt sind. Voraussetzung ist jedoch, dass der Gegenwert für den geleisteten Beitrag dem Kapitalkonto des Einbringenden gutgeschrieben wird und dieser entsprechend diesem Kapitalkonto am Gewinn und Vermögen (Auseinandersetzungsguthaben) beteiligt wird. Es reicht daher nicht aus, wenn die Einlage einem Darlehenskonto oder Kapitalkonto II gutgeschrieben wird. Liegt eine Einbringung i. S. d. § 24 UmwStG vor, haben die Altgesellschafter hinsichtlich ihres eingebrachten Mitunternehmeranteils das Ansatzwahlrecht aus § 24 Abs. 2 UmwStG.

2. Komplementär ohne Beteiligung am Vermögen

529 Ist die Komplementär-GmbH nicht am Vermögen der GmbH beteiligt, bleiben die Anteile der Altgesellschafter unverändert. § 24 UmwStG ist auf den Beitritt einer GmbH zu einer bestehenden Personengesellschaft ohne vermögensmäßige Beteiligung nicht anzuwenden. In derartigen Fällen fehlt es an einem Übertragungsvorgang, so dass ein Gewinn i. S. d. § 16 EStG nicht entsteht und eine Wertaufstockung nicht möglich ist (BFH v. 21.06.1994, BStBl II 1994, 856, Schr. BMF v. 25.03.1998, BStBl I 1998, 268, Tz. 24.02).

VII. Eintritt eines neuen Kommanditisten als neuer Gesellschafter

1. Gegen Bareinlage

a) Behandlung der Altgesellschafter

Tritt ein neuer Kommanditist in eine GmbH & Co. KG ein, gegen Bareinlage in das Gesamthandsvermögen, ist für die Altgesellschafter ein Einbringungsvorgang gegeben. Sie legen ihre Mitunternehmeranteile in die neue Gesellschaft ein. Sie haben daher ein Wahlrecht, ob sie ihren Anteil mit dem Buchwert, Teilwert oder einem Zwischenwert einlegen. Da jeder Mitunternehmeranteil eine selbständige Einbringungsmaßnahme darstellt, kann das Wahlrecht im Hinblick auf jeden Anteil unterschiedlich ausgeführt werden. Erhält jedoch ein Altgesellschafter als Ausgleich für die vorhandenen stillen Reserven eine Zuzahlung, so liegt im Hinblick auf die Zuzahlung keine Einbringung, sondern ein Veräußerungsgeschäft vor, das nicht begünstigt ist, weil es sich hierbei um einen Bruchteil an einer Beteiligung handelt. Dem Einbringenden bleibt es jedoch unbenommen, den Anteil insgesamt zum Teilwert einzubringen. Dies bringt insofern nur eine geringe Steuerersparnis, als die Steuerbegünstigungen nicht gewährt werden, soweit der Einbringende an der Personengesellschaft selbst bruchteilsmäßig beteiligt ist. (§ 24 Abs. 3 Satz 3 UmwStG)

530

b) Behandlung des Neueintretenden

Der Neueintretende hat in Höhe der vereinbarten Einlage, einschließlich eventueller Zuzahlungen an die Altgesellschafter Anschaffungskosten. Soweit die Einlage zuzüglich der Zuzahlungen das Kapitalkonto übersteigen, sind diese insoweit in einer steuerlichen Korrekturbilanz (positive Ergänzungsbilanz) zu erfassen.

531

2. Eintritt der neuen Kommanditisten gegen Sacheinlage

a) Einlage aus dem Privatvermögen

Soweit der Neueintretende eine Einlage aus dem Privatvermögen in das Gesamthandsvermögen erbringt, ist diese Einlage dem Teilwert anzusetzen (§ 6 Abs. 1 Nr. 5 EStG). Für den Einbringenden ist ein Veräußerungsvorgang gegeben, der u. U. zu Einkünften aus §§ 17, 23 EStG führen kann.

532

b) Einlage aus einem anderen Betriebsvermögen

Handelt es sich bei der Einlage um ein Einzelwirtschaftsgut aus einem anderen Betriebsvermögen, so ist dieses zum Buchwert einzulegen, auch dann, wenn es mit einem höheren Wert auf die Pflichteinlage angerechnet wird. Handelt es sich ebenfalls um

533

einen Betrieb, Teilbetrieb oder Mitunternehmeranteil, so hat die übernehmende Personengesellschaft das Bewertungswahlrecht des § 24 Abs. 2 UmwStG.

Beispiel:
An der X-GmbH & Co. KG sind beteiligt
die X-Verwaltungs-GmbH   mit 20 v. H. = 20.000 €
A   mit 80 v. H. = 80.000 €

In die Gesellschaft tritt B mit einer Einlage von 100.000 € ein und soll am Gesellschaftsvermögen mit 50 v. H. beteiligt sein.

Die Beteiligungsverhältnisse sehen danach wie folgt aus:
X-GmbH 20.000   = 10 v. H.
A   80.000   = 40 v. H.
B   100.000   = 50 v. H.

534 Leistet der Eintretende mehr, als es seiner Nominalbeteiligung entspricht, hat er den Mehrwert in einer Ergänzungsbilanz festzuhalten. Steuerlich gesehen, bringen die X-Verwaltungs-GmbH und A ihre Mitunternehmeranteile in die neue Gesellschaft mit B ein. Sie erfüllen somit die Voraussetzungen des § 24 UmwStG. Hiernach hat die Gesellschaft ein Wahlrecht, ob sie das übernommene Betriebsvermögen mit dem Buchwert, dem Teilwert oder einem Zwischenwert ansetzt, wobei jeder Anteil eine selbständige Einbringung darstellt.

Beispiel wie zuvor:
Die X-GmbH & Co. KG weist folgende Bilanz aus:

	AKTIVA		PASSIVA
Grund u. Boden	20.000 €	Kapital X-	
Gebäude	80.000 €	Verw.-GmbH	20.000 €
Geschäftseinr.	20.000 €	Kommanditist A	80.000 €
Umlaufvermögen	120.000 €	Verbindlichk.	140.000 €
	240.000 €		240.000 €

Stille Reserven:
Grund und Boden   20.000 €
Gebäude   30.000 €
Firmenwert   50.000 €
Stille Reserven   100.000 €

B zahlt für seine Beteiligung von 50 v. H. 200.000 €. Es ist vereinbart worden, dass zur Abgeltung der Übernahme der Hälfte der stillen Reserven von seiner Einlage in Höhe von 200.000 Beträge von € 40.000 € auf das Kapitalkonto des A und von 10.000 € auf das der X-GmbH umgebucht werden.

Bilanz

	AKTIVA		PASSIVA
Grund u. Boden	20 000 €	Kapital X-	
Gebäude	80 000 €	Verw.-GmbH	30.000 €
Geschäftseinr.	20.000 €	Kommanditist A	120.000 €
Umlaufverm	320.000 €	Kommanditist B	150.000 €
		Verbindlichk.	140.000 €
Bilanzsumme	440.000 €		440.000 €

B ist verpflichtet, eine Ergänzungsbilanz zu erstellen, um sein Mehrkapital auszuweisen.

Ergänzungsbilanz B

Mehrwert		Mehrkapital	50.000 €
Grund u. Boden	10.000 €		
Mehrwert Gebäude	15.000 €		
anteiliger Firmenwert	25.000 €		
Summe	50.000 €	Summe	50.000 €

Die X-Verwaltungs-GmbH und A können ihre Buchgewinne dadurch neutralisieren, dass sie eine negative Ergänzungsbilanz aufstellen.

Ergänzungsbilanz X-Verwaltungs-GmbH

	AKTIVA		PASSIVA
Minderwert Gr. u. Boden	2.000 €	Minderkapital	10.000 €
Minderwert Gebäude	3.000 €		
Minderwert Firmenwert	5.000 €		
Summe	10.000 €	Summe	10.000 €

Ergänzungsbilanz des A

	AKTIVA		PASSIVA
Minderwert Gr. u. Boden	8.000 €	Minderkapital	40.000 €
Minderwert Gebäude	12.000 €		
Minderwert Firmenwert	20.000 €		
Summe	40.000 €	Summe	40.000 €

VIII. Umwandlung einer GmbH in eine GmbH & Co. KG

1. Grundsätze

535 Wird eine GmbH durch Formwechsel in eine GmbH & Co. KG umgewandelt, vollzieht sich die Umwandlung nach §§ 3 ff UmwStG (§ 14 UmwStG). Der Formwechsel wird ertragsteuerlich wie eine Übertragung auf einen neuen Rechtsträger behandelt. Der übertragende Rechtsträger (GmbH) hat ein Wahlrecht, in der Schlussbilanz die Buchwerte oder einen höheren Wert, höchstens jedoch den Teilwert anzusetzen (§ 3 UmwStG).

2. Übernahme durch die GmbH & Co. KG

536 Die übernehmende GmbH & Co. KG hat die auf sie übergegangenen Wirtschaftsgüter mit dem in der steuerlichen Schlussbilanz der übertragenden Körperschaft enthaltenen Wert zu übernehmen (Wertverknüpfung). Der Wertansatz ist auch dann zwingend, wenn die übernehmende GmbH & Co. KG nach § 24 UmwStG einen höheren Wert wählt. Hiernach können als Anschaffungskosten i. S. d. § 253 Abs. 1 HGB in die Jahresbilanz des übernehmenden Rechtsträgers auch die in der Schlussbilanz eines übertragenden Rechtsträgers angesetzten Werte einfließen. Werden in der Handelsübernahmebilanz höhere Werte ausgewiesen, als es dem Buchwert entspricht, sind diese Wertdifferenzen zur Steuerbilanz durch Ergänzungsbilanzen auszugleichen. Für die Frage, ob bei der Veräußerung von Wirtschaftsgütern die Voraussetzungen des § 6b EStG vorliegen, ist im Hinblick auf die Zugehörigkeit zum Betriebsvermögen die Zeit der Zugehörigkeit zum Betriebsvermögen des übertragenden Rechtsträgers hinzurechnen. Gleiches gilt für die Verbleibensvoraussetzungen bei Inanspruchnahme von Investitionszulagen beim Rechtsvorgänger.

537 Hat die übertragende GmbH § 6b EStG für sich in Anspruch genommen, kann die übernehmende Personengesellschaft die Rücklage fortführen bzw. diese auf Ersatzwirtschaftsgüter übertragen. Die Übernahme selbst stellt keine Anschaffung i. S. d. § 6b EStG dar. Ein vom übertragenden Rechtsträger verursachter Verlustvortrag geht nicht auf die übernehmende GmbH & Co. KG über (§ 4 Abs. 2 Satz 2 UmwStG).

a) AfA und AfA-Bemessungsgrundlage

538 Die übernehmende GmbH & Co. KG tritt hinsichtlich der Absetzungen für Abnutzung sowie der erhöhten Absetzungen und ähnlicher Erleichterungen entsprechend dem Grundsatz der Gesamtrechtsnachfolge in die Rechtsstellung der übertragenden Körperschaft ein (Tz. 04.01 des Umwandlungssteuererlasses). Das gilt auch dann, wenn die übergegangenen Wirtschaftsgüter in der steuerlichen Schlussbilanz der übertragenden Körperschaft mit einem über dem Buchwert liegenden Wert angesetzt werden (Tz. 04.02 des Umwandlungssteuererlasses). Die übernehmende GmbH & Co. KG hat grundsätzlich die AfA der GmbH zu übernehmen, da es sich bei der Übernahme des Betriebsvermögens nicht um eine Anschaffung, sondern um einen Übergang im Wege der Gesamtrechtsnachfolge handelt. Sind die übergegangenen Wirtschaftsgüter in der steuerlichen Schlussbilanz der übertragenden Körperschaft mit einem über dem Buchwert liegenden Wert angesetzt, sind die Absetzungen für Abnutzung bei Gebäuden bei der übernehmenden Personengesellschaft in den Fällen des § 7 Abs. 4 Satz 1

EStG (lineare AfA) und Abs. 5 EStG (degressive AfA) mit der bisherigen Bemessungsgrundlage vermehrt um den Unterschiedsbetrag zwischen dem Buchwert der einzelnen Wirtschaftsgüter und dem Wert, mit dem die Körperschaft die Wirtschaftsgüter in der steuerlichen Schlussbilanz angesetzt hat, zu bemessen. Die Restnutzungsdauer ist nach den Verhältnissen am steuerlichen Übertragungsstichtag neu zu schätzen (Tz. 04.05 des Umwandlungssteuererlasses).

Beispiel: Die X-GmbH wird in die A-GmbH & Co. KG umgewandelt. Im Betriebsvermögen der X-GmbH befindet sich ein Fabrikgebäude, HK 800.000 €, welches mit 4 v. H. abgeschrieben wird. Es steht mit 640.000 € zu Buche. Die X-GmbH setzt dieses in der Schlussbilanz mit 840.000 € an. Bemessungsgrundlage der übernehmenden Personengesellschaft hinsichtlich der Gebäude-AfA:

	€	€
ursprünglich Herstellungskosten		800.000
zzgl. Unterschied zwischen Buchwert und	640.000	
Wertansatz Schlussbilanz	840.000	+ 200.000
Bemessungsgrundlage für die OHG als übernehmende Rechtsträgerin		1.000.000

Wird jedoch in den Fällen des § 7 Abs. 4 Satz 1 EStG die volle Absetzung innerhalb der tatsächlichen Nutzungsdauer nicht erreicht, kann die Absetzung für Abnutzung nach der Restnutzungsdauer der Gebäude bestimmt werden (R 44 Abs. 11 EStG). Bei den anderen Wirtschaftsgütern ist Bemessungsgrundlage für die AfA der Buchwert im Zeitpunkt der Umwandlung vermehrt um den Unterschiedsbetrag zum Ansatz in der Schlussbilanz.

539

Beispiel: Der Buchwert des Maschinenparks betrug 600.000 €, Wertansatz in der Schlussbilanz 720.000 €.

AfA-Bemessungsgrundlage der übernehmenden Personengesellschaft

	€
Buchwert	600.000
zzgl. Unterschiedsbetrag	120.000
	720.000

Dieser Wert ist auf die Restnutzungsdauer zu verteilen.

b) Behandlung des Übernahmegewinns beim Gesellschafter

Das Umwandlungssteuergesetz geht von dem Grundfall aus, dass sich die Anteile an der übertragenden Körperschaft im Betriebsvermögen der übernehmenden Personengesellschaft befunden haben, sei es als Gesamthandsvermögen, sei es als Sonder-BV. Die Übernahme des Betriebsvermögens der übertragenden Körperschaft führt zu einer Vermögensmehrung, die Ausbuchung des untergehenden Anteils an der übertragenden Kapitalgesellschaft zu einem Vermögensabgang. Der Unterschiedsbetrag führt entweder zu einem Übernahmegewinn oder –verlust. Maßgebend für die Höhe des Unter-

540

schiedsbetrags ist der Wertansatz bei der übertragenden Körperschaft. Der Übernahmegewinn ist nicht anzusetzen, soweit er auf eine Körperschaft, Personenvereinigung oder andere Vermögensmassen als Mitunternehmerin der Personengesellschaft entfällt. Soweit er auf eine natürliche Person fällt, ist das Halbeinkünfteverfahren anzuwenden (§ 4 Abs. 7 UmwStG). Im Gegensatz zur Verschmelzung haben sich die Anteile der rechtsformwechselnden Kapitalgesellschaft nicht im Betriebsvermögen der Personengesellschaft als neuen Rechtsträger befunden. Da sich die Anteile im Zweifel im Privatvermögen der Gesellschafter befunden haben, ist für Beteiligungen i. S. d. § 17 EStG der Übernahmegewinn bei dem Gesellschafter in der Weise zu ermitteln, dass die übernommenen Werte den Anschaffungskosten gegenüberzustellen sind. Hierbei ist jedoch das anteilige Betriebsvermögen von nicht wesentlich Beteiligten herauszulösen. Gleiches gilt für übergegangenes Betriebsvermögen, das ausschließlich privaten Zwecken der Gesellschafter dient und damit nicht Betriebsvermögen sein kann. Bei den übrigen Beteiligten wird der anteilige Übergang des Eigenkapitals abzüglich des anteiligen gezeichneten Kapitals und abzüglich des steuerlichen Einlagekontos i. S. d. § 27 KStG n. F. als Kapitaleinkünfte i. S. d. § 20 Abs. 1 Nr. 1 EStG behandelt.

c) Ermittlung des Übernahmegewinns als Unterschiedsbetrag

541 Für die steuerliche Behandlung ist es gleichgültig, ob sich die Anteile im Gesamthands- oder im Sonder-BV befinden. Ein Übernahmegewinn bzw. Übernahmeverlust ergibt sich aus der Gegenüberstellung der Übernahmewerte des übernommenen Betriebsvermögens und dem Buchwert der Anteile, die auszubuchen sind. Auch bei Buchwertübernahme kann sich hier ein Übernahmegewinn ergeben, insbesondere wenn die übernehmende GmbH & Co. KG die Anteile bei Gründung übernommen und die GmbH jedoch die Gewinne thesauriert hat mit der Folge, dass der Buchwert des übernommenen Betriebsvermögens mit den übrigen Anschaffungskosten nicht mehr übereinstimmt, wovon im Regelfall auszugehen ist. Im Falle der formwechselnden Umwandlung sind den Werten des übernommenen Betriebsvermögens die Anschaffungskosten der Beteiligung i. S. d. § 17 EStG gegenüberzustellen.

d) Entstehungszeitpunkt

542 Das Übernahmeergebnis entsteht mit Ablauf des steuerlichen Übertragungsstichtags (vgl. Tz. 02.05 des Umwandlungssteuererlasses). Das gilt auch für einen Übernahmefolgegewinn i. S. d. Umwandlungssteuergesetzes (Tz. 04.09 des Umwandlungssteuererlasses).

e) Berechnung und Festsetzung des Übergangsgewinnes

543 Der Übernahmegewinn berechnet sich nach § 4 Abs. 5 UmwStG wie folgt:
Wert, mit dem die übergegangenen Wirtschaftsgüter i. S. d. § 4 Abs. 1 UmwStG zu übernehmen sind, jedoch nach § 4 Abs. 5 UmwStG i. d. F. des Gesetzes zur Fortsetzung der Unternehmenssteuerreform kein negativer Wert
./. Buchwert der Anteile an der übertragenden Körperschaft bzw. Anschaffungskosten der Beteiligung
Übernahmegewinn/-verlust i. S. d. § 4 Abs. 4 Satz 1 UmwStG
Sperrbetrag nach § 50c EStG (§ 4 Abs. 4 und 5 UmwStG)

Übernahmegewinn/-verlust i. S. d. § 4 Abs. 4 und 5 UmwStG
(Tz. 04.10 des Umwandlungssteuererlasses)

f) Individuelle Ermittlung für jeden Gesellschafter

Der Übernahmegewinn ist für die Gesellschafter bei der gesonderten Gewinnfeststellung der übernehmenden Personengesellschaft festzustellen. Eine einheitliche Ermittlung für die Gesellschaft und Aufteilung entsprechend dem Gewinnverteilungsschlüssel ist nicht zulässig, weil dies zu einer unzutreffenden Besteuerung führen würde; vielmehr ist der Übernahmegewinn für jeden einzelnen Gesellschafter individuell zu ermitteln. Der Übernahmegewinn betrifft nur die Gesellschafter, die durch die Verschmelzung oder den Formwechsel Gesellschafter der übernehmenden Personengesellschaft geworden sind oder deren Beteiligung sich infolge der Verschmelzung erhöht hat. Eine Beteiligungserhöhung tritt nicht ein, soweit sich die Anteile der untergehenden Kapitalgesellschaft im Gesamthandsvermögen der übernehmenden Personengesellschaft befunden haben, ebenso soweit sie im Sonder-BV waren.

544

g) Sperrbetrag i. S. d. § 50c Abs. 4 EStG

Ein Übernahmegewinn erhöht sich und ein Übernahmeverlust verringert sich um einen Sperrbetrag i. S. d. § 50c EStG, soweit die Anteile an der übertragenden Körperschaft am steuerlichen Übertragungsstichtag zum Betriebsvermögen der übernehmenden Personengesellschaft gehören (§ 4 Abs. 5 UmwStG). § 50c EStG ist durch das Steuersenkungsgesetz (StSenkG) vom 23.10.2000 aufgehoben worden, so dass nur noch alte Sperrbeträge vorhanden sein können (§ 52 Abs. 59 EStG).

545

h) Körperschaftsteuerguthaben und unbelastete Teilbeträge

Das Körperschaftsteuerguthaben der übertragenden Kapitalgesellschaft, was sich aus der Auflösung des KSt-Minderungspotentials i.S.d. § 37 KStG ergibt, wird mit der Körperschaftsteuerschuld der übertragenden Körperschaft aus dem letzten Geschäftsjahr vor der Übertragung verrechnet (KSt-Minderung). Ebenfalls wird das KSt-Erhöhungspotential des § 38 KStG aufgelöst, so dass es zu einer Körperschaftsteuererhöhung (3/7 des Bestandes) kommt (§ 10 UmwStG). Die aufgrund der Verrechnung mit dem Körperschaftsteuerguthaben sich bei der übertragenden Körperschaft ergebende Erhöhung des Betriebsvermögens im Zeitpunkt der Übertragung erhöht den Übernahmegewinn der Gesellschafter der Personengesellschaft. Umgekehrt führt eine Körperschaftsteuererhöhung durch Verrechnung mit unbelastetem Eigenkapital i. S. d. § 38 KStG zu einer Minderung des Betriebsvermögens und daher zu einer Minderung des Übernahmegewinns.

546

i) Übernahmeverlust

Nach § 4 Abs. 6 UmwStG (seit 2001) bleiben Übernahmeverluste außer Ansatz, und zwar unabhängig davon, ob Gesellschafter der übernehmenden Personengesellschaft natürliche Personen oder Körperschaften, Personenvereinigungen bzw. Vermögensmassen sind. Nach der Begründung des Regierungsentwurfs soll insbesondere folgende Gestaltung verhindert werden: Bringt ein Einzelunternehmer seinen Betrieb zu Buchwerten in eine Kapitalgesellschaft ein und verkauft er anschließend die Anteile an der

547

Kapitalgesellschaft, unterliegt der Veräußerungsgewinn der Halbeinkünftebesteuerung. Wandelt der Erwerber den Betrieb anschließend wieder in ein Personenunternehmen um, ergibt sich regelmäßig ein Übernahmeverlust, den der Erwerber im Rahmen des Kaufpreises an stillen Reserven des Betriebs mitbezahlt hat. Man will durch Nichtberücksichtigung von Verlusten verhindern, dass nach der bisherigen Regelung durch die Aufstockung entsprechender stiller Reserven für den Erwerber neues Abschreibungspotential geschaffen wird. Das so genannte Step-up-Modell ist somit nicht mehr anwendbar.

IX. Gründungskosten einer GmbH & Co. KG

548　Zu den Gründungskosten gehören alle Aufwendungen, die im Zusammenhang mit der Gründung der Gesellschaft und der Aufnahme der Geschäftstätigkeit durch diese entstehen. Soweit die Gründungskosten bestimmten Wirtschaftsgütern zugeordnet werden können, sind sie bei diesen zu aktivieren. Hat z. B. ein Gesellschafter als Sacheinlage ein Grundstück eingebracht, so sind die zur Übertragung des Grundstücks auf die Personengesellschaft entstandenen Kosten als Nebenkosten der Anschaffung des Grundstücks zu behandeln (Auflassungskosten und Eintragungskosten im Grundbuch, anteilige GrESt). Nicht einem konkreten Wirtschaftsgut jedoch können die Rechtsberatungskosten bei der Abfassung des Gesellschaftsvertrages, die Notarkosten für die Protokollierung des Gesellschaftsvertrages, bei Sacheinbringungen von Grundstücken, geschenkten Beteiligungen, Kosten der notariellen Gründung bei der Beteiligung von Minderjährigen und die Eintragungskosten für die Eintragung ins Handelsregister zugerechnet werden. Bei fehlender Zuordnungsmöglichkeit sind die Kosten als Sonderbetriebsausgaben abziehbar.

X. Rücklagenbildung nach § 7g EStG im Zusammenhang mit einer Gründung

549　Auch eine GmbH & Co. KG kann die Förderung kleiner und mittlerer Betriebe nach § 7g EStG in Anspruch nehmen. Die Förderung in der Form der Ansparabschreibung und Sonderabschreibung
Eine besondere Förderung besteht jedoch dann, wenn alle Gesellschafter die Voraussetzungen eines Existenzgründers erfüllen. Diese Vergünstigungen werden nur Personengesellschaften gewährt, deren Betriebsvermögen einschließlich des Sonderbetriebsvermögens nicht mehr als 204.517 € beträgt. Sie ist begrenzt auf Betriebe, die aktiv am wirtschaftlichen Leben teilnehmen und eine in diesem Sinne werbende Tätigkeit ausüben (BMF Schr. v. 25.02.2004, BStBl I 2004, 337, Tz. 1). Sie kommt daher für rein gewerblich geprägte Tätigkeiten nicht in Betracht. Personengesellschaften können Ansparabschreibungen sowohl im Gesamthandsvermögen, als auch im Sonder-BV vornehmen (BMF Schr. a.a.O.).

1. Ansparrücklagen

550　Ansparabschreibungen können für künftige Anschaffungen oder Herstellung von neuen beweglichen Wirtschaftsgütern des Anlagevermögens vorgenommen werden. Die Ansparabschreibung besteht in einer gewinnmindernden Rücklagenbildung. Die Rücklage darf 40 v. H. der Anschaffungs- oder Herstellungskosten der Wirtschaftsgüter nicht überschreiten, die der Steuerpflichtige voraussichtlich bis zum Ende des zweiten auf die Bildung der Rücklage folgenden Wirtschaftsjahres angeschafft oder hergestellt hat. Eine Rücklage kann auch gebildet werden, wenn dadurch ein Verlust entsteht oder sich erhöht. Die am Bilanzstichtag insgesamt hiernach gebildeten Rücklagen dürfen je Betrieb des Steuerpflichtigen den Betrag von 154.000 € nicht übersteigen.

2. Sonderabschreibungen nach § 7g EStG

Die neu angeschafften beweglichen Wirtschaftsgüter des Anlagevermögens können im Jahr der Anschaffung oder Herstellung und in den folgenden 4 Jahren neben der Absetzung und Abnutzung nach § 7 Abs. 1 oder 2 EStG bis zu insgesamt 20 v. H. der Anschaffungs- und Herstellungskosten abgeschrieben werden. Sobald für das begünstigte Wirtschaftsgut Abschreibungen vorgenommen werden dürfen, sind die Rücklagen in Höhe v. 40 v. H. der Anschaffungs- oder Herstellungskosten gewinnerhöhend aufzulösen. Soweit eine Rücklage am Ende des 2. Jahres auf ihre Bildung folgendes Wirtschaftsgutes noch vorhanden ist, ist sie zu diesem Zeitpunkt gewinnerhöhend aufzulösen. Wird sie aufgelöst, ohne dass eine Anschaffung in diesem Sinne erfolgt ist, ist für jedes volle Wirtschaftsjahr, in dem die Rücklage bestanden hat, eine Zuzahlung von 6 v. H. auf die aufgelösten Rücklagen zu erheben.

551

3. Existenzgründer

Existenzgründer können für die Anschaffung oder Herstellung beweglicher neuer Wirtschaftsgüter im Wirtschaftsjahr der Betriebseröffnung und in den folgenden 5 Jahren (Gründungszeitraum) eine gewinnmindernde Rücklage bilden. Das begünstigte Wirtschaftsgut muss vom Steuerpflichtigen voraussichtlich bis zum Ende des 5. auf die Bildung der Rücklage folgenden Wirtschaftsjahres angeschafft oder hergestellt sein. Der Höchstbetrag für die im Gründungszeitraum gebildeten Rücklagen beträgt 307.000 €. Als Existenzgründer i. S. des § 7 Abs. 7 Satz 1 EStG gelten natürliche Personen, die innerhalb der letzten fünf Jahre vor dem Wirtschaftsjahr der Betriebseröffnung weder an einer Kapitalgesellschaft unmittelbar oder mittelbar zu mehr als 10 v. H. beteiligt gewesen sind, noch Gewinneinkünfte i. S. d. § 2 Abs. 1 Nr. 1-3 erzielt haben. Handelt es sich um eine Personengesellschaft i. S. d. § 15 Abs. 1 Satz 1 Nr. 2, müssen alle Mitgesellschafter die vorgenannten Voraussetzungen erfüllen. Ist eine Kapitalgesellschaft Existenzgründer, müssen alle deren Gesellschafter natürliche Personen sein, die die vorgenannten Voraussetzungen erfüllen. Dies gilt grundsätzlich auch für eine GmbH & Co. KG, d. h. die Kommandisten müssen Existenzgründer i. S. dieser Vorschrift sein und auch die Gesellschafter der Komplementär-GmbH müssen natürliche Personen sein, die die Voraussetzungen eines Existenzgründers erfüllen.

552

Beispiel: An der X-KG, deren Gesellschafter A, B, C und D sind, ist die X-GmbH & Co. KG als Komplementär beteiligt.

a) Die Gesellschafter der GmbH waren innerhalb der letzten fünf Jahre weder mit mehr als 10 v. H. an einer anderen GmbH beteiligt, noch übten sie eine Gewinntätigkeit aus.

b) Ein GmbH-Gesellschafter übte eine Gewinntätigkeit in den letzten fünf Jahren aus.

§ 7g Abs. 7 Satz 2 Nr. 2 EStG stellt grundsätzlich auf natürliche Personen ab. Daher erfüllt eine GmbH & Co. KG grundsätzlich nicht die Voraussetzungen einer existenzgründenden Personengesellschaft. Dieses ergibt sich aus dem Verweis auf § 7g Abs. 7 Satz 2 Nr. 1 EStG.Nach dem Gesetzeszweck ist die Vorschrift über ihren Wortlaut hinaus jedoch dahin gehend auszulegen, dass auch eine GmbH & Co. KG als Existenzgründer gelten kann, da gem. § 7g Abs. 7 Satz 2 Nr. 3 EStG Kapitalgesellschaften, an denen nur natürliche Personen beteiligt sind, die die Voraussetzungen der Nr. 1 erfüllen, ebenso als Existenzgründer gelten wie Personengesellschaften, an denen allein natürliche Personen beteiligt sind, die die Voraussetzungen gem. § 7 Nr. 1 EStG erfüllen. Im Falle a) kann daher die X-GmbH & Co. KG eine Ansparrücklage bilden, nicht jedoch im Falle b).

D. Der Gewinn der Personengesellschaft

I. Gewinnermittlung der Personengesellschaft

1. § 15 Abs. 1 Nr. 2 EStG als Grundlage für die Gewinnermittlung

553 Grundlage für die Gewinnermittlung ist § 15 Abs. 1 Nr. 2 EStG. Hiernach sind u.a. Einkünfte aus Gewerbebetrieb, die Gewinnanteile der Gesellschafter einer offenen Handelsgesellschaft, seiner Kommanditgesellschaft oder einer anderen Gesellschaft, bei der der Gesellschafter als Unternehmer (Mitunternehmer) anzusehen ist, und die Vergütungen, die der Gesellschafter von der Gesellschaft für seine Tätigkeit im Dienste der Gesellschaft oder für die Hingabe von Darlehen oder für die Überlassung von Wirtschaftsgütern bezogen hat. Der Gewinnanteil des Gesellschafters ergibt sich aus der Handelsbilanz. Nach § 5 Abs. 1 EStG ist der Gewinn bei Gewerbetreibenden grundsätzlich nach den handelsrechtlichen Vorschriften zu ermitteln (Maßgeblichkeit). Dies gilt grundsätzlich auch für die Personengesellschaft. Die Vorschrift des § 15 Abs. 1 Nr. 2 EStG steht in einem engen Zusammenhang mit § 180 AO. Hiernach sind die Einkünfte bei mehreren Beteiligten einheitlich und gesondert festzustellen. Das trifft insbesondere für die Mitunternehmerschaften (OHG, KG und atypische stille Gesellschaft) zu.

554 Dem handelsrechtlichen Gewinn sind weiterhin noch die Vergütungen für Tätigkeiten im Dienste der Gesellschaft für Darlehensgewährungen und Nutzungsüberlassungen hinzuzurechnen. Sinn und Zweck dieser Vorschrift ist es nach Ansicht der Rechtsprechung (BFH, BStBl. II 1971, 177; BStBl. II 1980, 275), den Mitunternehmer einem Einzelunternehmer nach Möglichkeit gleichzustellen. Die Gleichstellung erfolgt jedoch nur insoweit, als sie vom Gesetzgeber ausdrücklich angeordnet worden ist. Im Gegensatz zum Einzelunternehmer haben die Gesellschafter einer Personengesellschaft die Möglichkeit, Rechtsbeziehungen zwischen Gesellschaft und Gesellschafter außerhalb des Gesellschaftsverhältnisses als so genanntes Drittverhältnis (Arbeitsvertrag, Geschäftsbesorgungsvertrag, Darlehensvertrag, Miet- und Pachtvertrag, Werkvertrag) zu regeln. Um den Gesellschafter einer Personengesellschaft gegenüber dem Einzelunternehmer nicht dadurch besser zu stellen, dass die im Rahmen des Drittverhältnisses gezahlten Vergütungen als Betriebsausgaben den Gewinn einer Personengesellschaft mindern, werden nach § 15 Abs. 1 Nr. 2 EStG die Vergütungen für Tätigkeiten im

Dienst der Gesellschaft für Darlehensgewährungen und Nutzungsüberlassungen dem Gewinnanteil des Gesellschafters als Sonderbetriebseinnahmen wieder hinzugerechnet (BFH v. 24.1.1980, BStBl II 1980, 269; v. 24.1.1980, BStBl II 1980, 271; v. 24.1.1980 BStBl II 1980, 175). Entscheidend ist, dass die Tätigkeiten Ausfluss des Gesellschaftsverhältnisses sind. Sie müssen also ihre Ursache im Gesellschaftsverhältnis haben.

2. Bilanz der Personengesellschaft als Grundlage für die Gewinnermittlung

Grundlage für die Gewinnermittlung der Mitunternehmerschaft GmbH & Co. KG ist die Handelsbilanz der GmbH & Co. KG. Diese ist nach § 5 Abs. 1 EStG grundsätzlich nach handelsrechtlichen Grundsätzen aufzustellen. Es ist jedoch hierbei zu beachten, dass § 5 Abs. 2 bis 6 EStG Ausnahmen hierzu enthält. Das gilt insbesondere hinsichtlich der Bilanzierung von immateriellen Wirtschaftsgütern (§ 5 Abs. 2 EStG). Hier muss eine Aktivierung erfolgen, wenn diese entgeltlich erworben wurden. Das handelsrechtliche Wahlrecht zwischen Behandlung als Betriebsausgabe oder Aktivierung gilt hier nicht. Eine besondere Vorschrift enthält § 5 Abs. 5 für die Bildung von Rechnungsabgrenzungsposten. Insbesondere sind die steuerlichen Vorschriften § 5 Abs. 6 EStG über die Entnahmen und die Einlagen, über die Zulässigkeit der Bilanzänderung, über die Betriebsausgaben, über die Bewertung und über die Absetzung für Abnutzung oder Substanzverringerung zu befolgen. Hier hat das Steuerrecht vor dem Handelsrecht Vorrang. Lediglich dort, wo das Steuerrecht ein Wahlrecht zulässt, wie z. B. beim Wertansatz zum niederen Teilwert, greifen die handelsrechtlichen Vorschriften (§ 253 HGB) ein.

555

Weitere wesentliche Abweichungen sind:
- Rückstellungen wegen Verletzung fremder Patent-, Urheber- oder ähnlicher Schutzrechte zeitlich verschoben (§ 5 Abs. 3 EStG)
- Jubiläumsrückstellungen nur sehr eingeschränkt (§ 5 Abs. 4 EStG)
- Verbot der Rückstellungsbildung für drohende Verluste aus schwebenden Geschäften (§ 5 Abs. 4a EStG)
- Aufwandsrückstellungen dürfen nur sehr eingeschränkt gebildet werden (§ 5 Abs. 4b EStG)
- Einschränkungen bei der Bildung von Rechnungsabgrenzungsposten (§ 5 Abs. 5 EStG)
- Besondere Bewertung von Pensionsrückstellungen (§ 6a EStG)
- Eingeschränkte Möglichkeit von Teilwertabschreibungen (§ 6 Abs. 1 Nr. 1 Sätze 2, 4 EStG)
- Abzinsung zinsloser Verbindlichkeiten mit Laufzeit über einem Jahr (§ 6 Abs. 1 Nr. 3 EStG)
- Steuerliche Abschreibungsregeln des § 7 EStG

Hinsichtlich der Bewertung des Betriebsvermögens hat daher grundsätzlich das Steuerrecht Vorrang. Grundlage für die Ermittlung des Gewinns der GmbH & Co. KG bzw. der Gewinnanteile der Gesellschafter an diesem ist somit die Handelsbilanz, allerdings mit den eben genannten steuerrechtlichen Korrekturen, sofern die Handelsbilanz nicht nach steuerrechtlichen Grundsätzen überhaupt aufgestellt worden ist. U. U. ergeben sich für einzelne Gesellschafter Korrekturen. Diese Korrekturen erfolgen in einer besonderen Ergänzungsbilanz zur Handelsbilanz der GmbH & Co. KG. So sind

556

Bilanzkorrekturen erforderlich, wenn ein Gesellschafter höhere Anschaffungskosten hatte, als seine Beteiligung bei der GmbH & Co. KG zu Buche steht. Korrekturen ergeben sich auch, wenn die Gesellschaft eine Rücklage nach § 6 b gebildet hat, ein Gesellschafter jedoch die Voraussetzungen für die Bildung einer solchen Rücklage nicht erfüllt. Ergänzungsbilanzen (positive und negative) können sich insbesondere aus Einbringungsvorgängen nach § 24 UmwStG ergeben.

Beispiel 1: A bringt sein bisheriges Einzelunternehmen zum Buchwert in eine GmbH & Co. KG ein. Der Buchwert des Betriebsvermögens beträgt € 200.000, der Teilwert beträgt € 400.000. B, der an beiden Gesellschaften mit 50 v.H. beteiligt sein soll, zahlt € 400.000 bar ein. B hat den Mehrwert in Höhe von € 200.000 seiner Beteiligung in einer Ergänzungsbilanz zu bilanzieren und das Mehrkapital je nach Wirtschaftsgut abzuschreiben.

Beispiel 2: B tritt als weiterer Kommanditist in eine GmbH & Co. KG ein Er zahlt für seine Nominalbeteiligung € 100.000 einen Barbetrag von € 150.000. Er bildet eine positive Ergänzungsbilanz mit einem Mehrkapital von € 50.000.

Beispiel 3: C erwirbt den Kommanditanteil des B an der X-GmbH & Co. KG zum Nominalwert von € 200.000 für € 300.000. Er bildet eine positive Ergänzungsbilanz mit einem Mehrkapital von € 100.000.

557 Wirtschaftsgüter sind grundsätzlich mit den Anschaffungskosten oder Herstellungskosten zu bilanzieren. Hat ein Gesellschafter für die Beteiligung mehr als den Nominalwert bezahlt, so hat er den Mehrwert zu bilanzieren. Zu den Anschaffungskosten einer Beteiligung gehört grundsätzlich alles, was er aufgebracht hat, um die Beteiligung in seine Verfügungsgewalt zu bekommen. Hat ein Gesellschafter für den Erwerb der Beteiligung eine Vermittlungsgebühr gezahlt, gehört die Vermittlungsgebühr zu seinen Anschaffungskosten. Sofern in der Sonderbilanz Mehrwerte bei den Wirtschaftsgütern des abnutzbaren Anlagevermögens ausgewiesen sind, ergeben sich wegen des erhöhten AfA-Volumens hieraus auch Gewinnauswirkungen, d.h. das in einer Ergänzungsbilanz bilanzierte Mehrkapital wird auf die Wirtschaftsgüter der PersG verteilt und entsprechend abgeschrieben.

3. Sondervergütungen für Tätigkeiten im Dienste der Gesellschaft

558 Wie bereits ausgeführt, gehören zu den Sonderbetriebseinnahmen alle Vergütungen, die der Gesellschafter im Zusammenhang mit dem Gesellschaftsverhältnis erhalten hat. Es kommt somit nicht darauf an, ob die Tätigkeit unmittelbar im Gesellschaftsverhältnis, also durch den Gesellschaftsvertrag, begründet worden ist, oder ob das Leistungsverhältnis als Drittverhältnis ausgestaltet worden ist, z.B. in der Form eines Werkvertrages, Dienstvertrages oder Geschäftsbesorgungsvertrages. Die Leistungen des Gesellschafters, für die er eine Vergütung erhält, müssen geeignet sein, den Sinn und Zweck des Gesellschaftsverhältnisses zu fördern. Ist das Streben einer Gesellschaft auf Gewinn gerichtet, sind grundsätzlich alle Leistungen des Gesellschafters, die geeignet sind, den Gewinn der Gesellschaft zu erhöhen, als Beiträge im Rahmen des Ge-

sellschaftsverhältnisses anzusehen. Das gilt sogar dann, wenn eine GmbH & Co. KG ein Bankgeschäft betreibt und die Gesellschafter wie Kunden der Gesellschaft Festgelder, Sparkonten usw. gegen Verzinsung überlassen. Nach Ansicht des BFH (BFH v. 25.1.1980, BStBl II 1980, 275) stellen die gutgeschriebenen Zinsen ebenfalls Sondervergütungen im Rahmen des Gesellschaftsverhältnisses dar.

Selbst dann, wenn ein Arbeitnehmer Gesellschafter einer GmbH & Co. KG geworden ist, sind seine Arbeitnehmervergütungen als Einkünfte aus Gewerbebetrieb zu behandeln, wenn seine Gesellschafterstellung der eines Mitunternehmers entspricht (BFH v. 24.1.1980, BStBl II 1980, 271). Eine andere Beurteilung greift nur dann Platz, wenn seine Stellung innerhalb des Unternehmens durch die Beteiligung keine Aufwertung erfährt und u.U. seine Gesellschaftsrechte so lange ruhen, solange er noch Arbeitnehmer ist. In diesem Falle wäre der Arbeitnehmer nicht als Mitunternehmer anzusehen. Ist er als Mitunternehmer anzusehen, gehören auch alle seine Arbeitsvergütungen, selbst wenn das Arbeitsverhältnis schon vor dem Eintritt als Gesellschafter bestand, von diesem Zeitpunkt an zu den Einkünften aus Gewerbebetrieb. Übernimmt es ein Gesellschafter, der gleichzeitig Geschäftsführer der GmbH & Co. KG ist, gegen Entgelt, die Bilanz zu erstellen und die Gesellschaft in allen steuerlichen Angelegenheiten zu beraten, so sind auch die hierfür gewährten Sondervergütungen als solche aus der Mitunternehmerschaft anzusehen, denn es gehört nach Ansicht des BFH zu den Aufgaben des Geschäftsführers, die steuerlichen Belange zu regeln (BFH v. 24.1.1980, BStBl II 1980, 265). Für die rechtsanwaltliche oder steuerliche Beratung durch einen Gesellschafter-Rechtsanwalt oder -Steuerberater für seine GmbH & Co. KG gilt das Gleiche.

Hat sich ein Architekt an einer Bauträgergesellschaft in Form einer PersG beteiligt und wird er von der Gesellschaft mit der Bauplanung und der Bauüberwachung beauftragt, so stellen diese Leistungen solche im Rahmen des Gesellschaftsverhältnisses dar, auch wenn der Vertrag unter Bedingungen abgeschlossen worden ist wie unter fremden Dritten. Gleiches gilt auch, wenn der Gesellschafter-Architekt nicht auf Grund eines langfristigen Baubetreuungsvertrages mit der Bauplanung und Bauaufsicht beauftragt worden ist, sondern von Fall zu Fall damit beauftragt wird (BFH v. 23.5.1979, BStBl II 1979, 763; BFH v. 23.5.1979, BStBl II 1979, 767). Es handelt sich bei den Architektenhonoraren auch dann um gewerbliche Einkünfte, wenn der Gesellschafter einen Dritten mit der Planung und der Bauaufsicht betraut (BFH v. 23.5.1979, BStBl II 1979, 763). Übt der Kommanditist den Beruf eines Architekten gemeinsam mit mehreren in Form einer Sozietät aus, so stellen die Honorare in Höhe seines Gewinnanteils in der Sozietät Sonderbetriebseinnahmen der GmbH & Co. KG dar, die gesondert bei dieser festzustellen sind, die der übrigen Partner stellen solche aus freiberuflicher Tätigkeit dar (BFH v. 23.5.1979 a.a.O.). Gleiches gilt für einen Verlag, der in Form einer OHG betrieben wird, wenn die Gesellschafter der Gesellschaft Manuskripte überlassen und Beiträge für von der OHG herausgegebene Fachzeitschriften leisten (BFH v. 30.11.1978, BStBl II 1979, 182). Es ist hierbei gleichgültig, ob die Vergütungen von der Gesellschaft oder auch von Dritten gezahlt werden.

4. Gewinnausschüttungen einer Komplementär-GmbH als Sonderbetriebseinnahmen der Gesellschafter

561 Besteht zwischen der Komplementär-GmbH und der Kommanditgesellschaft keine Gesellschafteridentität, sind die Gewinnausschüttungen der Komplementär-GmbH bei den Gesellschaftern als Einkünfte aus Kapitalvermögen im Sinne des § 20 Abs. 1 Nr. 1 EStG je nach Rechtsform auf Basis des Halbeinkünfteverfahren (§ 3 Nr. 40 EStG) oder der Freistellungsmethode (§ 8b Abs. 1, 6 KStG). Sind jedoch die Gesellschafter oder einzelne Gesellschafter der Kommanditgesellschaft gleichzeitig Gesellschafter der GmbH, so gehören die Anteile dieser Gesellschafter an der Komplementär-GmbH zu deren Sonderbetriebsvermögen. Das hat zur Folge, dass die Gewinnansprüche dieser Gesellschafter zu deren Sonderbetriebseinnahmen gehören. Da die Sonderbetriebseinnahmen in gleicher Weise zu ermitteln sind wie der Gewinn der Gesellschaft selbst, sind die Gewinnansprüche bereits mit der Entstehung der Ansprüche, also mit der Beschlussfassung über die Gewinnverteilung durch die Gesellschaft und nicht erst mit der Ausschüttung an die Gesellschafter , zu erfassen. Hat demnach die Gesellschaft die Dividende bereits beschlossen, ist diese bei der GmbH & Co. KG als Sonderbetriebseinnahme der Gesellschafter bereits zu erfassen, unabhängig vom Zeitpunkt des Zuflusses, also unabhängig von der Gutschrift auf dem Bankkonto der Gesellschafter. Zu den Gewinnausschüttungen gehören nicht nur die ordentlichen auf Grund eines handelsrechtlichen Gewinnverteilungsbeschlusses ausgeschütteten Gewinne, sondern alle Ausschüttungen, die nicht Rückzahlung des Nennkapitals darstellen. Somit gehören insbesondere auch die so genannten verdeckten Gewinnausschüttungen mit zu den Sonderbetriebseinnahmen der Gesellschafter (vgl. Schulze zur Wiesche/Ottersbach, Verdeckte Gewinnausschüttung und verdeckte Einlage, Berlin 2004, S. 280). Sie unterliegen dem Halbeinkünfteverfahren (§ 3 Nr. 40 EStG) bzw. der Freistellungsmethode (§ 8b Abs. 1 KStG, aber Mindestbesteuerung mit 5 % nach § 8b Abs. 5 KStG) je nach Gesellschafter.

562 Hat es ein Gesellschafter übernommen, weitere Beteiligungen an der Gesellschaft zu vermitteln und erhält er von den Erwerbern Provisionen, so stellen auch diese Provisionen Sonderbetriebseinnahmen des Gesellschafters dar.

5. Sonstige Sonderbetriebseinnahmen

563 Zu den Einkünften eines Mitunternehmers gehören nicht nur der Gewinnanteil des Gesellschafters am Handelsbilanzgewinn und die Sondervergütungen, sondern alle Einnahmen, die durch das Gesellschaftsverhältnis bzw. durch die Beteiligung veranlasst sind. Die Rechtsprechung hat den Begriff Gewerbliche Einkünfte eines Mitunternehmers über den Rahmen des § 15 Abs. 1 Nr. 2 EStG ausgedehnt. Hierunter gehören neben den Ausschüttungen der Komplementär-GmbH alle Einnahmen aus Rechtsverhältnissen, die mit der Beteiligung in Zusammenhang stehen, also durch die Mitunternehmerschaft veranlasst sind. Hierzu gehören auch alle Vergütungen, die von dritter Seite gezahlt worden sind, die aber mit dem Gesellschaftsverhältnis im Zusammenhang stehen.

Beispiel 1: A, Gesellschafter der X-OHG, ist Eigentümer eines Miethauses, dessen Wohnungen er an Arbeitnehmer der X-OHG vermietet hat. Die Mieten werden von den Arbeitnehmern direkt an A gezahlt.

Es handelt sich hier um Sonderbetriebseinnahmen, da die Vermietung an Arbeitnehmer der Gesellschaft den Betrieb der GmbH & Co. KG fördert und daher der Beteiligung zu Gute kommt.

Beispiel 2: A, Gesellschafter der X-OHG, hat einem Kunden der X-OHG ein verzinsliches Darlehen gewährt, um diesen in die Lage zu versetzen, Waren der Personengesellschaft zu beziehen. Auch hier ist der betriebliche Anlass gegeben, so dass die Zinsen Sonderbetriebseinnahmen des A darstellen.

Beispiel 3: A, Kommanditist der Schifffinanzierungs-GmbH & Co. KG, vermittelt Beteiligungen an diese Gesellschaft. Er erhält von dem Neukommanditisten eine Vermittlungsprovision.
Es handelt sich bei der Vermittlungsprovision um Sonderbetriebseinnahmen.

6. Sonderbetriebsausgaben

Ein Gesellschafter hat Sonderbetriebsausgaben, wenn er Aufwendungen hat, die nicht von der Gesellschaft übernommen werden, wenn diese in Zusammenhang mit seiner Beteiligung stehen.

563

Beispiel 1: A hat eine Beteiligung an der X-GmbH & Co. KG erworben. Für den Erwerb der Nominalbeteiligung von € 250.000 hat er bei der X-Bank einen Kredit von € 150.000 zu 8 v.H. Zinsen aufgenommen. Die Zinsen von € 12.000 p.a. stellen Sonderbetriebsausgaben dar.

Beispiel 2: Gesellschafter A lässt die Bilanz der X-GmbH & Co. KG von dem Wirtschaftsprüfer Y überprüfen. Dieser stellt ein Honorar in Höhe von € 3.000 in Rechnung.
Sofern die Gesellschaft das Honorar nicht übernimmt, sondern dies A trägt, handelt es sich hier um Sonderbetriebsausgaben des A.

7. Sonderbilanzen bei Sondervergütungen und Sonderbetriebsvermögen

Die Sondervergütungen und die Sonderbetriebseinnahmen sind ebenfalls, wie der Gewinn der Personengesellschaft, nach handelsrechtlichen Grundsätzen zu ermitteln (BFH BStBl 1979 II, 750).
Sonderbilanzen der Gesellschafter können zweierlei Ursachen haben:
1. Ein Gesellschafter hat der Gesellschaft Sonderbetriebsvermögen zur Verfügung gestellt. Dieses ist in einer Sonderbilanz zu bilanzieren.
2. Ein Gesellschafter ist Eigentümer von Wirtschaftsgütern, die der Beteiligung dienen.
3. Ein Gesellschafter erbringt Leistungen, die im Zusammenhang mit der Beteiligung stehen.

564

Diese Ermittlung des Sondergewinns erfolgt durch Erstellung von Sonderbilanzen.
Bei den Sonderbilanzen handelt es sich um eine selbständige Gewinnermittlung neben der Gewinnermittlung der PersG. Die Sonderbilanzen sind nach gleichen Grundsätzen zu erstellen, wie die Bilanz der Personengesellschaft. Im Gegensatz hierzu stellen die Ergänzungsbilanzen nur eine Korrektur der Hauptbilanz der Personengesellschaft dar. Insbesondere hat der Gesellschafter eine Sonderbilanz zu erstellen, wenn er der Gesell-

565

schaft Wirtschaftsgüter zur Nutzung überlassen hat, die in seinem Alleineigentum stehen. Diese sich aus der Nutzungsüberlassung ergebenden Gewinnauswirkungen sind hier gesondert in einer Sondergewinn- und Verlustrechnung festzuhalten. In diese Sondergewinnermittlung sind nicht nur die Vergütungen durch die Gesellschaft einzubeziehen, sondern auch diejenigen, die von dritter Seite gewährt werden.

Beispiel: Ein Geschäftshaus gehört in vollem Umfange zum Sonderbetriebsvermögen. 55 v.H. werden durch die GmbH & Co. KG genutzt. 25 v.H. der Nutzfläche werden an einen fremden Unternehmer durch den Gesellschafter vermietet, 20 v.H. nutzt der Gesellschafter privat. Hier gehören neben den Vergütungen der Gesellschaft die Pachtzahlungen des fremden Unternehmers und der Mietwert der eigenen Wohnung zu den Sonderbetriebseinnahmen, die gesondert festzustellen sind.

566 **Zusammenfassung:** Die Gewinnermittlung erfolgt somit in folgender Weise:
- Feststellung des Gewinns der PersG nach handelsrechtlichen Grundsätzen mit den Korrekturen des § 5 Abs. 2 ff. EStG einschließlich Ergänzungsbilanzen
- Hinzurechnung der Tätigkeitsvergütungen, Darlehenszinsen und Vergütungen aus Nutzungsüberlassungen
- Gewinnausschüttungen der GmbH an Gesellschafter, der gleichzeitig Kommanditist ist (bei GmbH & Co. KG).
- Sonstige Tätigkeitsvergütungen,
- Darlehenszinsen für gewährte Darlehen,
- Gewinne aus Sonderbetriebsvermögen auf Grund von Sonderbilanzen der Kommanditisten und sonstigen Mitunternehmern,
- abzüglich Sonderbetriebsausgaben, soweit nicht in Ergänzungsbilanzen berücksichtigt,
- zzgl. nicht abzugsfähige Betriebsausgaben (§ 4 Abs. 5 EStG) und Spenden.

oder verkürzt:

567 Gesamtgewinn der Personengesellschaft (PersG)
(1) Ergebnis der Steuerbilanz der PersG einschließlich außerbilanzieller Hinzurechnungen (z.B. § 4 Abs. 5 EStG)
(2) + Ergebnisse der bei der PersG zu führenden Ergänzungsbilanzen
Ergebnis erste Stufe (§ 15 Abs. 1 Nr. 2 Satz 1, 1. Halbsatz EStG)
(3) + Ergebnisse der Sonderbilanzen der Gesellschafter der PersG
Ergebnis zweite Stufe (§ 15 Abs. 1 Nr. 2 Satz 1, 2. Halbsatz EStG)

II. Betriebsvermögen der GmbH & Co. KG

568 Der Gewinn der GmbH & Co. KG ist grundsätzlich durch Betriebsvermögensvergleich (§ 4 [1], § 5 Abs. 1 EStG in Verbindung mit §§ 238 ff. HGB) zu ermitteln. Grundlage der Gewinnermittlung ist daher das Betriebsvermögen des Kaufmanns. Zum notwendigen Betriebsvermögen eines Kaufmanns gehören grundsätzlich alle Wirtschaftsgüter, die dem Betrieb zu dienen bestimmt sind. Entscheidend sind hier die tatsächlichen Verhältnisse. Daneben kann der Kaufmann auch noch gewillkürtes Betriebsvermögen haben. (BFH v. 12. 2. 1976 BStBl. II 1976, 663, 23. 7. 1975 BStBl. II 1976, 180). Zum

steuerlichen Betriebsvermögen der GmbH & Co. KG als Mitunternehmerschaft gehört nicht nur das Gesellschaftsvermögen der GmbH & Co. KG, sondern gehören alle Wirtschaftsgüter, die die Gesellschafter der GmbH & Co. KG zur Verfügung gestellt haben (vgl. BHF v. 13.05.1976 – BStBl II 1976 S. 617; v. 12.10.1977 – BStBl II 1978 S. 191; v. 13.09.1988 – DB 1988 S. 2488).

1. Gesamthandsvermögen der Personengesellschaft

Grundlage für den Gewerbebetrieb der PersG ist das Gesamthandsvermögen der PersG. Zum Gesamthandsvermögen gehören alle Wirtschaftsgüter, die im Gesamthandseigentum der Gesellschafter stehen, d.h. alle Wirtschaftsgüter, die die Gesellschafter in das Betriebsvermögen eingelegt haben, und solches, das die Gesellschaft aus ihrem Vermögen erworben hat.

569

a) Das Betriebsvermögen

Grundsätzlich ist davon auszugehen, dass das Gesamthandsvermögen einer Personengesellschaft deren Betriebsvermögen darstellt. Es ist nicht erforderlich, dass es sich hier um notwendiges Betriebsvermögen handelt, also um solches, das tatsächlich im Betrieb genutzt wird oder dem Betrieb zu dienen geeignet ist. Grundsätzlich ist davon auszugehen, dass alles Vermögen, das einer Personengesellschaft gehört, auch deren Betriebsvermögen ist. Dennoch ist eine Gleichstellung von Gesamthandsvermögen und Betriebsvermögen der Mitunternehmerschaft nicht gestattet.

570

b) Privatvermögen der Personengesellschaft

Auch eine Personengesellschaft kann notwendiges Privatvermögen haben. Notwendiges Privatvermögen liegt dann vor, wenn Gesellschaftsvermögen einem Gesellschafter oder bestimmten Gesellschaftern zur privaten Nutzung überlassen worden ist. Das ist insbesondere dann der Fall, wenn eine Gesellschaft einem Gesellschafter ein Einfamilienhaus zur privaten Nutzung überlassen hat oder diesem zur privaten Nutzung gebaut hat. In diesem Falle gehört dieser Teil des Gesamthandsvermögens nicht zum Betriebsvermögen der Personengesellschaft. Fraglich ist jedoch, inwieweit das Wirtschaftsgut als solches oder nur die Nutzungen als entnommen gelten. Eine Nutzungsentnahme und nicht die Entnahme des Wirtschaftsgutes selbst wird gegeben sein, wenn die Entstrickung nicht eine dauernde ist. Wird jedoch ein Wirtschaftsgut dem Gesellschafter gegen Entgelt zur privaten Nutzung überlassen, liegt wohl keine Entnahme vor. Darüber hinaus hat die Rechtsprechung die Einlage von verlustbringenden Geschäften abgelehnt, die nicht mit dem Betrieb in unmittelbarem Zusammenhang stehen (BFH v. 15.11.1978 BStBl II 1979 S. 257, v. 05.03.1981, BStBl II 1981, S. 658, BFH v. 20.06.1985 – BStBl II 1985 S. 654).

571

Eine Ausnahme jedoch hat der BFH dann zugelassen, wenn der Vater ein Einfamilienhaus für Angestellte errichtet hat, dieses später seinem Sohn, der sich ursprünglich in einem Angestelltenverhältnis befand, gegen Miete zur Nutzung überlassen und er den Sohn später als Kommanditisten in sein Unternehmen aufgenommen hat. Der BFH hat in diesem Falle eine Entnahme verneint, weil weiter die Möglichkeit bestand, das Einfamilienhaus auch künftig Arbeitnehmern zu überlassen. Eine eindeutige Nutzungsänderung hatte der BFH in diesem Falle verneint.

572

2. Sonderbetriebsvermögen

a) Begriff

573 Wirtschaftsgüter, die einer Personengesellschaft dienen, jedoch nicht zu deren Gesamthandsvermögen gehören, sondern im Eigentum eines Gesellschafters stehen, werden als Sonder-BV bezeichnet. Sonder-BV kann sich auf der Ebene der Personengesellschaft, aber auch auf der Ebene des Gesellschafters ergeben. Sonder-BV auf der Ebene der PersG (Sonder-BV I) ist dann gegeben, wenn das der Personengesellschaft vom Gesellschafter überlassene Wirtschaftsgut der Personengesellschaft unmittelbar dient. Sonder-BV in der Hand des Gesellschafters ist jedoch auch dann gegeben, wenn dieses Wirtschaftsgut zwar nicht der Personengesellschaft unmittelbar, jedoch der Beteiligung des Gesellschafters an der Personengesellschaft dient bzw. diese Beteiligung fördert (Sonder-BV II) (BFH, 18.12.1991, FR 1992 S. 515; v. 23.05.1991, FR 1991, S. 663; v. 23.10.1990, FR 1991 S. 11). Den Begriff des Sonder-BV selbst leitet jedoch der BFH aus § 4 Abs. 1 EStG ab. (BFH, 07.07.1992, FR 1992 S. 688; v. 07.04.1992, BB 1992 S. 2188, v. 11.03.1992, DStR 1992 S. 1197; v. 23.01.1992, BB 1992 S. 1758) Hiernach gehören alle Wirtschaftsgüter, die dem Betrieb einer Personengesellschaft – dazu gehören auch die Wirtschaftsgüter im Eigentum eines Gesellschafters – dienen, zum Betriebsvermögen. Aus § 4 Abs. 1 EStG folgt, dass Wirtschaftsgüter, die ein Steuerpflichtiger zur Erzielung gewerblicher Einkünfte einsetzt, grundsätzlich Betriebsvermögen sind. Gewerbliche Einkünfte sind nach § 15 Abs. 1 Satz 1 Nr. 2 EStG auch die Vergütungen, die der Gesellschafter von der Gesellschaft für die Überlassung von Wirtschaftsgütern bezogen hat (BFH v. 23.05.1991, a.a.O.).

Wirtschaftsgüter, die dem Betrieb der Personengesellschaft unmittelbar dienen (Sonderbetriebsvermögen I)

574 Zum Sonder-BV I gehören solche Wirtschaftsgüter, die der Gesellschafter einer Personengesellschaft zur unmittelbaren Nutzung durch die Gesellschaft überlässt, die aber im Eigentum des Gesellschafters verbleiben.
I. d. R. wird Grundlage für die Nutzung durch die Gesellschaft ein Miet- oder Pachtvertrag sein. Notwendig ist ein Miet-, Pacht- oder ähnliches Rechtsverhältnis jedoch nicht. Wie bereits ausgeführt, ist auch nicht Voraussetzung für die Behandlung als Sonder-BV, dass der Gesellschafter für die Überlassung eine Vergütung erhält. Die Überlassung kann als Gesellschafterbeitrag, sie kann aber auch aufgrund eines Sonderrechtsverhältnisses (Miet- oder Pachtvertrag) erfolgen. Ein Wirtschaftsgut dient dem Betrieb einer Personengesellschaft unmittelbar, wenn es objektiv erkennbar zum unmittelbaren Einsatz im Betrieb bestimmt ist (vgl. BFH v. 13.05.1976 – BStBl II 1976 S. 617; v. 12.10.1977 – BStBl II 1978 S. 191). Dazu gehören insbesondere solche Wirtschaftsgüter, die ein Gesellschafter der Gesellschaft zur betrieblichen Nutzung überlässt (BFH v. 02.12.1982, BStBl II 1983, S. 215; v. 14.04.1988 – BStBl II 1988 S. 667).

575 Ein Wirtschaftsgut dient dem Betrieb der Personengesellschaft, wenn diese aus der Überlassung Einkünfte aus Gewerbebetrieb erzielt. Das bedeutet nicht nur, dass die Personengesellschaft Einkünfte aus Produktion, Handel, Dienstleistungen, Einkünfte aus Gewerbebetrieb erzielt, sondern auch die Weitervermietung an Dritte gehört hierzu (v. 23.05.1991, BB 1991, S. 1897). Zum notwendigen Sonder-BV I gehören nach

der ständigen Rechtsprechung des BFH (v. 13.09.1988, BStBl II 1989 S. 37) nicht nur die Wirtschaftsgüter, die ein Gesellschafter der Gesellschaft zur betrieblichen Nutzung überlässt, sondern alle dem Gesellschafter gehörenden Wirtschaftsgüter, die objektiv erkennbar zum unmittelbaren Einsatz im Betrieb der Gesellschaft bestimmt sind (BFH v. 19.02.1991, DB 1991 S. 2063). Diese Voraussetzungen sind bei einer Personengesellschaft gegeben, deren Gesellschaftszweck in der Errichtung und Vermarktung von Eigentumswohnungen im Bauherrenmodell besteht und das Vorhandensein geeigneter Baugrundstücke wesentliche und notwendige Voraussetzung zur Erreichung dieses Zwecks ist. Stellt ein Gesellschafter seiner Gesellschaft ein ihm gehörendes Grundstück für die Durchführung eines solchen Bauvorhabens zur Verfügung, dann wird das Grundstück objektiv erkennbar unmittelbar für betriebliche Zwecke der Gesellschaft eingesetzt und gehört zum notwendigen Sonder-BV I, was jedenfalls dann gilt, wenn zwischen Gesellschaft und Gesellschafter von Anfang an Einigkeit darüber besteht, dass künftige Bauinteressenten mit der Gesellschaft Baubetreuungsverträge abzuschließen haben. Unter diesen Umständen steht das Grundstück nicht nur in der Planungsphase des Objekts der Gesellschaft praktisch uneingeschränkt zur Verfügung, sondern ist auch zur Realisierung des Bauherrenmodells unentbehrlich (BFH, ebenda).

Gegenstand der Nutzungsüberlassung sind insbesondere unbebaute Grundstücke, bebaute Grundstücke, Überlassung von Gebäudeteilen, betriebliche Nutzung eines einem Gesellschafter gehörenden Pkw, die Überlassung von Patenten, Know-how durch einen Gesellschafter, aber auch die Überlassung von Grundstücken zur Ausbeute, insbesondere von Kiesvorkommen (vgl. BFH v. 13.09.1988, DB 1988, S. 2488). Die Einlage erfolgt spätestens im Zeitpunkt der Nutzungsüberlassung an die Gesellschaft (nach § 6 Abs. 5 S. 2ff. EStG bei Einlagen aus dem Betriebsvermögen zu Buchwerten und nach § 6 Abs. 1 Nr. 5 EStG aus dem Privatvermögen grundsätzlich zu Teilwerten). 576

Wirtschaftsgüter, die der Beteiligung des Gesellschafter dienen
Nach Definition der Rechtsprechung (BFH v. 10.11.1994, BStBl II 1995, S. 452; v. 07.07.1992 – BStBl II 1993 S. 328; v. 06.05.1986, BStBl II 1986 S. 838) gehören zum Sonder-BV II solche Wirtschaftsgüter, die zwar nicht mit dem Betrieb der Gesellschaft in unmittelbarem Zusammenhang stehen, jedoch der Begründung oder der Stärkung der Beteiligung des Gesellschafters zu dienen bestimmt sind oder diese zu fördern (Bordewin in Bordewin/Brand, EStG, § 15 Rz. 521; BFH v. 06.05.1986, BStBl II 1986 S. 838, v. 15.10.1975, BStBl II 1976, S. 188). Es handelt sich also um solche Wirtschaftsgüter, die nicht dem Betrieb der Gesellschaft dienen, sondern dem Mitunternehmer in seiner Eigenschaft als Gesellschafter. Sie müssen also im Zusammenhang mit seiner Gesellschafterstellung stehen, nicht mit sonstigen eigenen Interessen. Es handelt sich in erster Linie um Darlehen zur Refinanzierung des Beteiligungserwerbs. 577

b) Betriebsvermögen der GmbH als Sonderbetriebsvermögen

Hat ein Gesellschafter Wirtschaftsgüter, die in seinem Eigentum stehen, der Personengesellschaft zur Nutzung überlassen, stellen diese Wirtschaftsgüter Sonderbetriebsvermögen der Personengesellschaft dar. Es ist hierbei unerheblich, ob diese Grundstücke bereits Betriebsvermögen des Gesellschafters und dort bilanziert sind. Nach § 15 Abs. 1 Nr. 2 EStG sind alle Vergütungen für Nutzungsüberlassungen bei der Personenge- 578 sellschaft zu erfassen, unabhängig von der Tatsache, dass es sich hierbei bereits um gewerbliche Einkünfte handelt. Die Vorschrift des § 15 Abs. 1 Nr. 2 EStG ist im Zusammenhang mit § 180 AO zu sehen (BFH vom 12. 7. 1979, BStBl. II 1979, 750). Das hat zur Folge, dass das von dem Gesellschafter der Personengesellschaft überlassene Betriebsvermögen in einer Sonderbilanz aufzunehmen ist. Falls die Beteiligung aus dem Privatvermögen eingelegt wird, erfolgt die Einlage grundsätzlich mit dem Teilwert (§ 6 Abs. 1 Nr. 5 EStG), es sei denn zwischen Anschaffung/Herstellung und Einlage liegen maximal 3 Jahre (§ 6 Abs. 1 Nr. 5 Buchst. a EStG) oder es handelt sich um Anteile i.S.d. § 17 Abs. 1 EStG (§ 6 Abs. 1 Nr. 5 Buchst. b EStG). Bei der Einlage von Grundstücken aus dem Privatvermögen kommt es daher nur zu einer steuerpflichtigen Aufdeckung stiller Reserven im Lichte des Zehnjahreszeitraums des § 23 Abs. 1 Nr. 1 EStG, wenn zwischen Anschaffung/Herstellung und Einlage ein Zeitraum von 3 bis 10 Jahren liegt (vgl. zur Berücksichtigung der (fiktiven) AfA im Zeitraum vor Einlage H 43 EStH „Nachträgliche Anschaffungs- oder Herstellungskosten"). Wird das Grundstück durch eine Gesellschafter-GmbH zur Nutzung überlassen, wird der Buchwert des Grundstücks (Einlage zum Buchwert nach § 6 Abs. 5 EStG) in den Beteiligungsansatz der Personengesellschaft umgebucht, da das Sonderbetriebsvermögen Teil des anteiligen steuerlichen Kapitalkontos des Gesellschafters ist und dieses in der Steuerbilanz des Gesellschafters nach der sog. Spiegelbildmethode gezeigt wird.

Beispiel: Die X-GmbH hat der X-GmbH & Co. KG, deren persönlich haftende Gesellschafterin und Geschäftsführerin sie ist, ein Grundstück gegen eine monatliche Pacht von € 2.000,00 überlassen. Das Grundstück war bisher in der Bilanz der GmbH mit € 200.000,00 bilanziert (Lagerplatz). Auf dem Grundstück lastete noch eine Hypothek in Höhe von € 100 000,00. Die Pachtzahlungen in Höhe von € 24.000,00 waren als Betriebseinnahmen der GmbH behandelt worden. Die Bilanz der GmbH ist zu berichtigen. Das Grundstück einschließlich der Hypothek ist in der Steuerbilanz auszubuchen. Die GmbH & Co. KG hat eine Sonderbilanz für die Komplementär-GmbH zu führen, so dass sich der Beteiligungsansatz KG in der Steuerbilanz entsprechend nach der sog. Spiegelbildmethode (Umbuchung Beteiligung an Grundstück).

Sonderbilanz

AKTIVA				PASSIVA	
Grund und Boden	€	200.000,00	Mehrkapital	€	100.000,00
			Privatentnahme	€	-24.000,00
			Hypothek	€	100.000,00
			Gewinn	€	24.000,00
	€	200.000,00		€	200.000,00
G u V					
Gewinn	€	24.000,00	Mieteinnahme	€	24,000,00

c) Sonderbetriebsvermögen der Kommanditisten

Nach ständiger Rechtsprechung gehören alle Wirtschaftsgüter, die sich im Alleineigentum eines Gesellschafters befinden und die dieser der Gesellschaft zur Nutzung überlassen hat, zum Betriebsvermögen der Mitunternehmerschaft. Auch die Bildung von gewillkürten Sonderbetriebsvermögens ist möglich. Wertpapiere, die dem Gesellschafter einer KG gehören, können in der Regel mangels hinreichender Dokumentation des Einlagewillens nicht dem gewillkürten Sonderbetriebsvermögen zugerechnet werden, wenn die Wertpapiere nicht in die Buchführung der KG aufgenommen worden sind. Die Zugehörigkeit von gewillkürtem Sonderbetriebsvermögen zum Betriebsvermögen der Personengesellschaft muss durch die Buchführung dokumentiert worden sein (BFH v. 23.10.1990, BB 1991, S. 34):

aa) Grundsätze

Wirtschaftsgüter, die im Alleineigentum eines Kommanditisten stehen, gehören zu dessen Betriebsvermögen, wenn sie dazu bestimmt sind, dem Gewerbebetrieb der GmbH & Co. KG zu dienen. Das ist bei Grundstücken, Maschinen, Patenten, Barmitteln in Form von Darlehen der Fall, wenn diese der GmbH & Co. KG vom Gesellschafter zur Nutzung überlassen werden. Es handelt sich hierbei um Betriebsvermögen, das nicht im Gesamthandseigentum der Gesellschafter, sondern im Alleineigentum einzelner Gesellschafter steht. Diese Gegenstände dienen dem Gesellschaftszweck und sind daher als Betriebsvermögen zu behandeln (BFH v. 12. 7. 1979, BStBl. 1979 II S. 75). Stehen Schulden im wirtschaftlichen Zusammenhang mit dem überlassenen Betriebsvermögen, gehören auch diese zum Sonderbetriebsvermögen. Darüber hinaus gehören nicht nur solche Wirtschaftsgüter zum notwendigen Sonderbetriebsvermögen, die dem Betrieb unmittelbar dienen (Sonderbetriebsvermögen I), sondern auch solche, die geeignet sind, seine Beteiligung zu fördern (Sonderbetriebsvermögen II).

Beispiel: A, der maßgebend an der X GmbH & Co. KG beteiligt ist, hat eine 51 %ige Beteiligung an der Y GmbH erworben, um die Geschäftsbeziehungen zwischen der X GmbH & Co. KG und der Y GmbH noch enger zu verknüpfen und um das Produktionsprogramm beider Gesellschaften zu bereinigen. Obwohl die Beteiligung von der GmbH & Co. KG selbst nicht genutzt wird, fördert sie den Unternehmenszweck. Die Beteiligung ist daher als Sonderbetriebsvermögen des Gesellschafters zu behandeln.

Das gleiche gilt, wenn die GmbH-Beteiligung nicht den Gesellschaftszweck der Personengesellschaft fördert, sondern dem Zweck seiner eigenen Beteiligung dient. Auch in diesem Falle wäre die GmbH-Beteiligung als notwendiges Sonderbetriebsvermögen des Gesellschafters zu behandeln. (BFH v. 26.06.1989 BStBl II 1989, 824, v. 31.03.1989, DB 1990, S. 1114, v. 06.07.1989, BStBl II 1989, S. 890 v. 14.04.1988, BStBl II 1988, 667, v. 18.06.1989, BStBl II 1989, 824, v. 23.01.2000, DB 2001, 737, v. 03.03.1998, BStBl II 1998, 383) Darüber hinaus kann auch der Gesellschafter gewillkürtes Betriebsvermögen als Sonderbetriebsvermögen haben (vgl. insb. BFH vom 12. 2. 1976 BStBl. II 1976, 663; vom 23. 7. 1975 BStBl. II 1976, 180; vom 21. 10. 1976 BStBl. II 1977, 150). Allerdings erfordert die Behandlung von gewillkürtem Betriebsvermögen als Sonderbetriebsvermögen eines Gesellschafters, dass ein gewisser objektiver Zusammenhang zum Gesellschaftszweck bzw. zur Beteiligung des Gesellschafters gegeben ist. Es sind hier strengere Maßstäbe anzulegen als beim gewillkürten Betriebsvermögen eines Einzelkaufmanns.

bb) GmbH-Anteil als Sonderbetriebsvermögen

582 Sind die Gesellschafter der GmbH & Co. KG gleichzeitig Gesellschafter der Komplementär-GmbH, so gehören die Anteile der Gesellschafter an der Komplementär-GmbH zum notwendigen Sonderbetriebsvermögen der Gesellschafter. Dies, ursprünglich in der Literatur heftig umstritten, ist jedoch mittlerweile gefestigte Rechtsprechung (BFH vom 15. 11. 1967 BStBl. II 1968, 152; vom 15. 10. 1975 BStBl. II 1976, 188). Nach der Ansicht des BFH (v. 11.12.1990, BStBl II 1991, 510, v. 06.07.1989, BStBl II 1989, 890) gehört der GmbH-Anteil deshalb zum notwendigen Sonderbetriebsvermögen des Gesellschafters, weil die GmbH-Anteile von den Gesellschaftern gehalten werden, um überhaupt die Gesellschaftsform der GmbH & Co. KG zu ermöglichen. Das hat zur Folge, dass die Gesellschafter den GmbH-Anteil mit ihren Anschaffungskosten in einer Sonderbilanz zu bilanzieren haben. Die Ausschüttungen der GmbH an die Gesellschafter aufgrund ihrer Beteiligung stellen daher keine Einkünfte aus Kapitalvermögen im Sinne des § 20 Abs. 1 Nr. 1 EStG dar, sondern Sonderbetriebseinnahmen der Gesellschafter. Das gleiche gilt hinsichtlich der einbehaltenen Kapitalertragsteuer. Diese Ansprüche sind zu aktivieren, wenn sie zivilrechtlich entstanden oder die für ihre Entstehung wesentlichen Ursachen im abgelaufenen Geschäftsjahr gesetzt worden sind und der Kaufmann mit der künftigen Entstehung der Ansprüche rechnen kann (BFH v. 17.09.1992, BFH/NV 1994, 278).

583 Auch wenn die Kommanditisten einer GmbH & Co. KG beherrschende Gesellschafter sind, muss der Gewinnausschüttungsanspruch gegen die GmbH nicht schon dann im Jahr der Entstehung des Gewinns als Sonderbetriebsvermögen aktiviert werden, wenn nach der GmbH-Satzung der Gewinn grundsätzlich nicht ausgeschüttet wird, es sei denn, die Gesellschafter würden etwas anderes beschließen (BFH v. 19.02.1991, GmbHR 1992, S. 187).

584 Aus der Zugehörigkeit der GmbH-Anteile zum Betriebsvermögen der Gesellschaft folgt, dass ein eventueller Veräußerungsgewinn hinsichtlich der GmbH-Anteile nicht als zum Privatvermögen gehörend steuerfrei ist (> 1 Jahr). Bei den evtl. sich ergebenden Veräußerungsgewinnen handelt es sich ebenfalls um Betriebseinnahmen, die den Gewinn der GmbH & Co. KG als Mitunternehmerschaft erhöhen.

585 Leistungen der Gesellschafter an die GmbH, insbesondere Leistungen von Nachschüssen, Inanspruchnahme von Bürgschaften usw. und die Gewährung von Darlehen, sind daher auch betrieblich veranlasst. Werden Nachschüsse gewährt oder wird der Gesellschafter aus einer Bürgschaft in Anspruch genommen, erhöhen sich hierdurch die Anschaffungskosten der GmbH-Beteiligung. Wertminderungen der GmbH-Beteiligung können durch eine Teilwertabschreibung u. U. aufgefangen werden, was der Fall ist, wenn die Ertragsminderung des Unternehmens nachhaltig ist und daher auch die Gewinnaussichten der GmbH hierdurch berührt werden. Werden der GmbH vom Gesellschafter Darlehen gewährt, sind diese ebenfalls als sein Sonderbetriebsvermögen zu behandeln, auch wenn das Darlehen unter Bedingungen gewährt worden ist, wie sie unter fremden Dritten auch gewährt worden wären. Werden für das Darlehen Zinsen

gewährt, so sind auch diese Zinsen als Sonderbetriebseinnahmen des Gesellschafters zu behandeln.

Unterhält jedoch die GmbH neben ihrer Geschäftsführertätigkeit für die GmbH & Co. KG einen Geschäftsbetrieb, von nicht ganz untergeordneter Bedeutung, ist davon auszugehen, dass beide Gesellschaften – und damit auch die Interessen – die Gesellschafter gleichrangig nebeneinander stehen. In diesem Falle gehören die Anteile der Kommanditisten an der Komplementär-GmbH nicht zu deren notwendigen Sonder-BV II (BFH v. 12.11.1985, BStBl II 1986, 55, v. 11.12.1990, BStBl II 1991, 510, v. 07.07.1992, BStBl II 1993, 328, OFD München v. 26.01.1999, S. 2134 – 4/6 St 41 GmbHR, 1999, 881). Bestehen jedoch zwischen KG und Komplementär-GmbH besonders enge wirtschaftliche Beziehungen und erfüllt die GmbH für die KG eine wesentliche wirtschaftliche Funktion, stellen die Anteile der Kommanditisten an der GmbH selbst dann notwendiges Betriebsvermögen dar, wenn die GmbH auch einen erheblichen eigenen Geschäftsbetrieb unterhält (FG München v. 28.09.1993, GmbHR 1994, 568). 586

cc) Sonstiges Sonderbetriebsvermögen

Wie bereits ausgeführt, gehören alle Wirtschaftsgüter, die Gesellschafter ihrer PersG zur Nutzung überlassen haben, zum Sonderbetriebsvermögen der Gesellschafter. Hierzu gehören insbesondere der Gesellschaft überlassene unbebaute und bebaute Grundstücke, aber auch Nutzungsrechte. 587

Beispiel: Dem Kommanditisten A ist der Nießbrauch an einem Grundstück überlassen worden. Auf Grund des Nießbrauchs überlässt er das Grundstück der X-GmbH & Co. KG gegen eine Pachtzahlung. Das Nutzungsrecht gehört zum Sonderbetriebsvermögen des Gesellschafters. Das gleiche gilt, wenn ein Gesellschafter der Gesellschaft Wirtschaftsgüter des abnutzbaren beweglichen Anlagevermögens überlassen hat. Auch Rechte können Gegenstand der Einlage sein. Hinsichtlich des Sonderbetriebsvermögens gelten grundsätzlich die gleichen Gewinnermittlungsvorschriften wie bei Gesamthandsvermögen der PersG. Daher sind die Erträge des Sonderbetriebsvermögens grundsätzlich durch Vermögensvergleich festzustellen, entsprechend § 5 Abs. 1 EStG, wonach auch hier die handelsrechtlichen Vorschriften maßgebend sind.

Hat ein Gesellschafter ein Wirtschaftsgut unmittelbar aus eigenen Mitteln erworben, um es von vornherein der Gesellschaft zur Nutzung zu überlassen, stellt die Anschaffung dieses Sonderbetriebsvermögens einen betrieblichen Vorgang dar. Das als Sonderbetriebsvermögen angeschaffte Wirtschaftsgut ist daher grundsätzlich mit den Anschaffungskosten oder Herstellungskosten zu bilanzieren. 588

Beispiel: A, Gesellschafter der X-GmbH & Co. KG, kauft ein unbebautes Grundstück für € 40.000,00 und baut hierauf eine Halle für € 260.000,00, die er an die X-GmbH vermieten will. Zur Finanzierung des Vorhabens nimmt er eine Hypothek von € 150.000,00 auf, und weitere € 150.000,00 nimmt er aus privaten Mitteln auf. Die Halle ist am 1. Oktober 2004 bezugsfertig geworden. Die betriebsgewöhnliche Nutzungsdauer ist mit 25 Jahren anzunehmen. Die Hypothekenzinsen betragen jährlich

€ 9.000,00. Im Jahr der Fertigstellung hat er insgesamt € 6.000,00 Zinsen gezahlt. Die monatliche Miete für die Überlassung beträgt € 3.000,00. Im Jahre 2004 sind bereits € 9.000,00 an A von der X-GmbH & Co. KG gezahlt worden. A hat zum 1. Oktober folgende Eröffnungsbilanz hinsichtlich seines Sonderbetriebsvermögens zu erstellen.

589 Zum 1. Oktober 2004 ergibt sich folgende Bilanz :

AKTIVA			PASSIVA	
Grund und Boden	€	40.000,00	Sonderkapital	€ 150.000,00
Gebäude	€	260.000,00	Hypothek	€ 150.000,00
Bilanzsumme	€	300.000,00	Bilanzsumme	€ 300.000,00

Bilanz zum 31. Dezember 2004 :

AKTIVA			PASSIVA	
Grund und Boden		€ 40.000,00	Hypothek	€ 150.000,00
Gebäude(1.10.)	260.000,00		Kapital 150.000,00	
AfA	-2.600,00	€ 257.400,00	PE -9.000,00	
			NE 6.000,00	
			Gewinn 400,00	€
			Kapital (31.12.)	€ 147.400,00
Bilanzsumme		€ 297.400,00	Bilanzsumme	€ 297.400,00

Ergänzende G u. V 2004:

Zinsen	€	6.000,00	Mieteinnahmen	€	9.000,00
AfA	€	2.600,00			
Gewinn	€	400,00			
Summe	€	9.000,00		€	9.000,00

590 Befand sich ein Grundstück zunächst im Privatvermögen und wird dieses der Gesellschaft zur Nutzung überlassen, liegt eine Sacheinlage vor. Bestellt der Gesellschafter einer gewerblich tätigen Personengesellschaft einem Dritten an einem unbebauten Grundstück ein Erbbaurecht und wird das Grundstück nach Bebauung vom Erbbauberechtigten vereinbarungsgemäß an die GmbH & Co. KG zu betrieblicher Nutzung vermietet, so gehört der Grund und Boden, auf dem das Gebäude errichtet wurde, zum notwendigen Betriebsvermögen des Gesellschafters (BFH v. 07.04.1994, GmbHR 1994, 816). Bei einer doppelstöckigen GmbH & Co. KG wird die Stellung eines Kommanditisten der Untergesellschaft durch seine Beteiligung an der Komplementär-GmbH der Obergesellschaft nur dann verstärkt, wenn der betreffende Kommanditist in der Obergesellschaft einen beherrschenden Einfluss ausüben kann (BFH v. 11.12.1990,

BStBl 1991, 510). Ist die GmbH Komplementärin mehrerer Kommanditgesellschaften und beschränkt sich ihre Tätigkeit auf die Geschäftsführung dieser GmbH & Co. KG, so sind die GmbH-Anteile dem notwendigen Sonder-BV II der Kommanditisten der zuerst gegründeten GmbH & Co. KG zuzurechnen (OFD Frankfurt v. 17.08.1998, GmbHR 1998, 1251).

591
Sacheinlagen sind grundsätzlich nach § 6 Abs. 1 Nr. 5a mit dem Teilwert zu bewerten. Das ist der Wert, den der Erwerber des gesamten Betriebes im Rahmen des Gesamtkaufpreises für das einzelne Wirtschaftsgut ansetzen würde, unter der Voraussetzung, dass er den Betrieb fortführt. Ist ein Wirtschaftgut jedoch innerhalb der letzten 3 Jahre vor der Einlage angeschafft oder hergestellt worden, sind höchstens die Anschaffungs- oder Herstellungskosten anzusetzen (§ 6 Abs. 1 Nr. 5 Buchst. a EStG).

592
Gleiches gilt, wenn ein Patent oder sonstiges immaterielles Wirtschaftsgut in das Betriebsvermögen als Sonderbetriebsvermögen eingelegt worden ist. Diese Wirtschaftsgüter sind daher grundsätzlich mit dem Teilwert einzulegen. Erfolgte die Anschaffung oder Herstellung innerhalb der letzten drei Jahre vor der Einlage, sind jedoch höchstens diese anzusetzen. Vgl. im einzelnen Ausführungen zu Überlassung von Patenten.

Zusammenfassung: Das Betriebsvermögen der GmbH & Co. KG als Mitunternehmerschaft besteht daher aus folgenden Einzelvermögen:

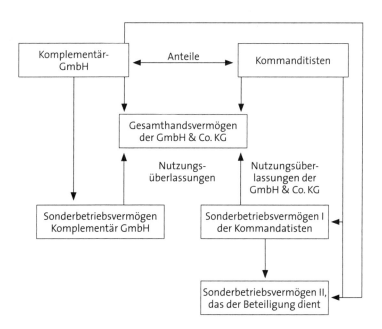

III. Einzelfragen der Gewinnermittlung

1. Bewertung des Betriebsvermögens

a) Grundsätze

593 Das Betriebsvermögen ist grundsätzlich mit den Anschaffungs- oder Herstellungskosten der PersG zu bewerten (§ 6 Abs. 1 Nr. 1 und 2 EStG). Wird ein Wirtschaftsgut in das Betriebsvermögen von einem Gesellschafter eingelegt, so ist dieses Wirtschaftsgut grundsätzlich mit dem Teilwert (§ 6 Abs. 1 Nr. 5 EStG) einzulegen. Eine Ausnahme gilt dann, wenn das Wirtschaftsgut innerhalb der letzten 3 Jahre vor der Einlage angeschafft worden ist. In diesem Falle sind höchstens die Anschaffungs- oder Herstellungskosten abzüglich der AfA anzusetzen. Handelt es sich bei der Einlage von Beteiligungen in das Betriebsvermögen bzw. Sonderbetriebsvermögen um Beteiligungen i.S.d. § 17 EStG, so ist unabhängig vom Zeitpunkt der Anschaffung stets von den Anschaffungskosten auszugehen. Für die Einlage aus Betriebsvermögen gelten die Sonderregelungen des § 6 Abs. 5 Sätze 2 und 3 EStG.

b) Anschaffungskosten

594 Unter Anschaffungskosten versteht man die Aufwendungen der Gesellschaft bzw. die des Gesellschafters, um das Wirtschaftsgut in die Verfügungsmacht der Gesellschaft zu bekommen. Die Anschaffung ist jedoch erst beendet, wenn das Wirtschaftsgut betriebsbereit ist. Somit gehören auch alle Nebenkosten bis zur Betriebsbereitschaft grundsätzlich zu den Anschaffungskosten. Bringt ein Gesellschafter ein Wirtschaftsgut mit Anrechnung auf die Pflichteinlage ein, liegt zwar auf der Ebene der Gesellschafter ein tauschähnlicher Vorgang vor, jedoch hat die Gesellschaft als Gewinnerzielungssubjekt keine eigene Aufwendung gehabt. Die Gutschrift auf dem Kapitalkonto (Beteiligungskonto) stellt keine Leistung, insbesondere keine Verbindlichkeit der Gesellschaft dar. Somit ist der Anrechnungswert nicht als Anschaffungskosten anzusehen.

595 Wird hingegen das Wirtschaftsgut aus dem Privatvermögen in das Gesamthandsvermögen eingelegt mit der Verrechnung auf dem Kapitalkonto, liegt ein Tauschvorgang vor. Die übernehmende GmbH & Co. KG hat dieses mit dem gemeinen Wert zu aktivieren. Wird das Wirtschaftsgut aus einem anderen Betrieb oder einem Sonderbetriebsvermögen des Einbringenden übertragen, hat die GmbH & Co. KG dieses mit dem Buchwert zu übernehmen (§ 6 Abs. 5 Satz 3 EStG). Gleiches gilt, wenn es in das Sonderbetriebsvermögen überführt wird (BFH v. 19.10.1998, BB 1999, 510, BdF Schr. 29.03.2000, BStBl I 2000, 462, Schulze zur Wiesche, DStZ 2001, 192).

aa) Anschaffungskosten beim Erwerb vom Gesellschafter

596 Wird ein Wirtschaftsgut durch die Personengesellschaft von einem Gesellschafter erworben, liegt ein Anschaffungsgeschäft seitens der Gesellschaft vor, wenn das Rechtsgeschäft wie unter fremden Dritten abgeschlossen worden ist (vgl. BFH vom 15. 10. 1980 BStBl. II 1981, 84; vom 23. 5. 1979, BStBl. II 1979, 763). Kein Rechtsgeschäft wie unter fremden Dritten liegt vor, wenn das Wirtschaftsgut gegen Verrechnung mit der Pflichteinlage eingebracht wird, wohl hingegen, wenn der Kaufpreisanspruch in ein Darlehen umgewandelt wird. Hat der Gesellschafter jedoch das Wirtschaftsgut an

die Gesellschaft zu einem Preis veräußert, der über dem Teilwert des Wirtschaftsgutes liegt, so ist der Differenzbetrag zwischen dem Teilwert und dem vereinbarten Kaufpreis nicht als Anschaffungskosten, sondern als Entnahme des Gesellschafters zu behandeln. Das Wirtschaftsgut selbst darf höchstens mit dem Teilwert bilanziert werden.

bb) Anschaffungskosten bei Beteiligungserwerb

Zu den Anschaffungskosten der Beteiligung gehören alle Aufwendungen, die der Gesellschafter zum Erwerb der Beteiligung aufgewandt hat, unabhängig davon, ob die Zahlungen in das Gesellschaftsvermögen gehen oder nicht. Somit gehören alle Vergütungen und Provisionen an fremde Dritte, die zum Erwerb der Beteiligung notwendig waren, zu den Anschaffungskosten der Beteiligung des Gesellschafters.

597

c) Gegenstand der Einlage

aa) Einlage von Nutzungen

Gegenstand der Einlage können nur Wirtschaftsgüter sein, die als Betriebsvermögen aktivierungsfähig sind, d.h. solche, deren Wert realisierbar ist. Sie müssen zwar nicht einzeln, jedoch im Rahmen der Veräußerung des ganzen Betriebs verwertbar sein.
Nutzungen und Leistungen können Gesellschafterbeiträge sein. Sie stellen jedoch keine Einlage von Wirtschaftsgütern dar. Nutzungen und Leistungen finden in der Regel dadurch im Gewinn der Gesellschaft ihren Niederschlag, als die Gesellschaft durch die Gesellschafterleistungen Aufwendungen erspart hat.

598

Beispiel: A überlässt der A-OHG unentgeltlich Geschäftsräume. Der Mietwert beträgt € 48.000 im Geschäftsjahr.
Diese unentgeltliche Überlassung bewirkt eine Gewinnerhöhung um die ersparten Aufwendungen bei der Gesellschaft in Höhe von € 48.000,00. An diesem Ergebnis ist der leistende Gesellschafter entsprechend seinem Gewinnanteil beteiligt. Jedoch kann auch dem Leistenden Gesellschafter im Gesellschaftsvertrag ein Gewinnvoraus eingeräumt werden. Dieser Gewinnvoraus kann mit der noch ausstehenden Einlage verrechnet werden.

bb) Aufwendungen des Gesellschafters im Zusammenhang mit der Nutzungsüberlassung

Wirtschaftsgüter, die der Gesellschafter der Gesellschaft unentgeltlich überlässt, gehören zu seinem Sonderbetriebsvermögen. Aufwendungen, die ihm im Zusammenhang mit der Überlassung der Nutzung an die Gesellschaft erwachsen, sind bei ihm als Sonderbetriebsausgaben zu behandeln.

599

Beispiel: wie zuvor; auf den überlassenen Gebäudeteil entfallen € 4.000 Hypothekenzinsen, € 2.000 weitere Aufwendungen.
Diese Ausgaben sind grundsätzlich als Sonderbetriebsausgaben zu behandeln. Die Sonderbetriebsausgaben werden ebenso wie der Gewinn der Personengesellschaft nach § 5 Abs. 1 i.V.m. § 4 Abs. 1 EStG durch Vermögensvergleich ermittelt.

600 Die Aufwendungen eines Gesellschafters auf ein ihm gehörendes, aber der Gesellschaft überlassenes Wirtschaftsgut sind auch dann als Sonderbetriebsausgaben zu behandeln, wenn das Wirtschaftsgut nicht zu seinem Sonderbetriebsvermögen, sondern zum Privatvermögen des Gesellschafters gehört. Die Berücksichtigung der Aufwendungen hängt auch nicht davon ab, dass der Gesellschafter Einnahmen durch die Überlassung erzielt. Es liegen auch dann Sonderbetriebseinnahmen vor, wenn der Gesellschafter für die Nutzungsüberlassung keine Vergütung i.S. von § 15 Abs. 1 Nr. 2 HS 2 EStG erhält.

Beispiel: Der Gesellschafter nutzt seinen privaten Pkw für Fahrten zwischen Wohnung und Dienststelle und für Dienstfahrten, ohne von der Gesellschaft Auslagenersatz zu erhalten. Der Pkw gehört nicht zum notwendigen Sonderbetriebsvermögen, wenn er nicht mehr als 50 v.H. zu Gesellschaftszwecken genutzt wird. Dennoch können alle Pkw-Aufwendungen, soweit sie betrieblich veranlasst worden sind, Sonderbetriebsausgaben darstellen. Gleiches gilt, wenn der Gesellschafter eine Garage, die von untergeordneter Bedeutung ist, für einen betrieblichen Pkw nutzt. Die Aufwendungen hinsichtlich der Garage stellen Sonderbetriebsausgaben dar.

cc) Nutzungsüberlassungen auf Grund einer gesicherten Rechtsposition

601 Werden Wirtschaftsgüter, die einem Gesellschafter gehören, auf Grund einer gesicherten Rechtsposition überlassen, so gehören diese zum Sonderbetriebsvermögen des Gesellschafters. Es fragt sich, ob die Einräumung einer gesicherten Rechtsposition zu einer Aufwandsverlagerung auf die Personengesellschaft führt, indem diese ein Nutzungsrecht bilanziert und das entsprechend der Nutzungsdauer abgeschrieben werden kann. Gehört der Gegenstand der Nutzungsüberlassung einem Gesellschafter und war der Gesellschaft an diesem ein dingliches Nutzungsrecht eingeräumt worden, müsste der Gesellschafter in seiner Sonderbilanz eine entsprechende Überlassungsverpflichtung bilanzieren, die mit der Nutzungsdauer abnimmt und entsprechend gewinnerhöhend aufzulösen wäre, mit der Folge, dass die Nutzungsüberlassung bei der Gesamtgewinnermittlung der Personengesellschaft wieder gewinnneutral ist. Berührt wird lediglich die Gewinnverteilung.

Beispiel: A ist Gesellschafter der X-OHG und räumt dieser an einem Grundstück ein Nutzungsrecht für die Dauer von 10 Jahren ein. Wert der Nutzungen € 300.000,00, die Nutzung soll zum 1. Januar beginnen. Buchwert Grund und Boden € 60 000,00, Gebäudewert € 240.000,00, jährliche AfA € 6.000,00.

Bilanz der OHG:

Nutzungsrecht	€ 300.000,00	Einlage Gesellschafter		€ 300.000,00
AfA	€ -30.000,00	Aufwand		€ -30.000,00
31.12.	€ 270.000,00			€ 270.000,00

Gesellschafter A Sonder BV:

Buchwert			Überlassungs-		
Grund und Boden		€ 60.000,00	verpflichtung		€ 300.000,00
Gebäude	240.000,00		Minderung	-30.000,00	
AfA	-6.000,00	€ 234.000,00	Gewinn	24.000,00	€ ./.6.000,00
		€ 294.000,00			€ 294.000,00

Die Einräumung des Nutzungsrechtes an die Gesellschaft und die Absicherung des Rechtes hat auf den Gesamtgewinn der Gesellschaft keinen Einfluss. Über die Sonderbetriebsausgaben wirkt sich nur die Gebäude-AfA auf den Gesamtgewinn aus. Der Gegenstand der Einlage von Nutzungsrechten kann auch an Gegenständen im fremden Eigentum bestehen. **602**

dd) Einlage von Nutzungsrechten mit Verrechnung auf die Pflichteinlage

Ein Nutzungsrecht stellt für die Personengesellschaft nur dann ein einlagefähiges Wirtschaftsgut dar, wenn es für die Gesellschaft realisierbar ist, also dieser für einen längeren bestimmten Zeitraum zur freien Verfügung steht. Das ist nicht der Fall, wenn das Nutzungsrecht an die Gesellschafterstellung gebunden ist. Nutzungsrechte sind nach herrschender Ansicht bewertbare Wirtschaftsgüter. Sie sind jedoch nur Wirtschaftsgüter, wenn sie realisierbar sind. Sie stellen keine Wirtschaftsgüter dar, wenn die Überlassung an die Gesellschaftereigenschaft gebunden ist, d.h. das Grundstück der Gesellschaft nur solange unentgeltlich überlassen wird, als der Überlassende Gesellschafter ist. Nutzungsrechte können nur dann realisierbare Wirtschaftsgüter und damit einlagefähig sein, wenn diese Wirtschaftsgüter zumindest für einen gewissen Zeitraum unabhängig von der Gesellschafterstellung überlassen werden. **603**

Beispiel: A ist Gesellschafter der X-KG und Eigentümer eines Grundstücks. Er gewährt der Gesellschaft ein unentgeltliches Nutzungsrecht für 15 Jahre. Dieses Nutzungsrecht ist unabhängig von der Gesellschafterstellung des A. Das 15-jährige Nutzungsrecht hat einen Wert von € 300.000,00. Dieser Wert wird dem Kapitalkonto I des Gesellschafters gutgeschrieben, wodurch sich auch seine Gewinnbeteiligung erhöht.

Handelsrechtlich können Nutzungsrechte in eine Personengesellschaft eingelegt werden, mit der Wirkung, dass eine Wertverrechnung auf dem Kapitalkonto stattfindet. Das gilt auch für die Hafteinlage eines Kommanditisten. Es handelt sich hier um ein bilanzierbares Wirtschaftsgut. **604**

605 Steuerrechtlich ist bei der Einlage von Nutzungsrechten zu beachten, dass Wirtschaftsgüter, die Gegenstand eines Nutzungsrechtes sind, infolgedessen der Personengesellschaft dienen und somit zum Sonderbetriebsvermögen des Gesellschafters gehören. Der Gegenstand der Nutzungen bleibt grundsätzlich auch dann Sonderbetriebsvermögen, wenn das Nutzungsrecht an einem Gegenstand vom Eigentum getrennt wird und in das Gesamthandsvermögen der Personengesellschaft übertragen wird.

606 Die Bindung des Gegenstands der Nutzung zum Betriebs- bzw. Sonderbetriebsvermögen wird nicht dadurch beendet, dass das Nutzungsrecht vom Eigentum abgespalten wird und in das Gesamthandsvermögen übertragen wird. Unabhängig von der Behandlung des Gegenstandes der Nutzung als Sonderbetriebsvermögen hat die Personengesellschaft das Nutzungsrecht in ihrer Bilanz als immaterielles zeitlich begrenztes Wirtschaftsgut auszuweisen. Auf der anderen Seite hat der Gesellschafter, dem das Nutzungsrecht nicht mehr zusteht, in seiner Sonderbilanz eine Überlassungsverpflichtung auszuweisen, die den Wert des Sonderbetriebsvermögens entsprechend mindert, so dass seine Gesamtkapitalbeteiligung wieder ausgeglichen ist.

607 Vergleichbar ist der Erwerb einer Beteiligung an einer Personengesellschaft durch Aufnahme eines Kredites. Das in der Bilanz der Personengesellschaft ausgewiesene Mehrkapital wird durch das Minderkapital in der Sonderbilanz wieder ausgeglichen.

Das immaterielle Wirtschaftsgut ist in der Bilanz der Personengesellschaft grundsätzlich mit dem Teilwert zu bilanzieren und eine wertentsprechende Verbindlichkeit in der Sonderbilanz auszuweisen. Dieses Nutzungsrecht ist entsprechend der Nutzungsdauer nach § 7 Abs. 1 EStG linear abzuschreiben. Das gilt nicht nur für den Fall, dass die Beteiligung von einem Dritten erworben worden ist, sondern auch dann, wenn die Beteiligung im Rahmen der Gründung übernommen worden ist. Gerade bei der Gründung von Publikums-Gesellschaften sind an die Anlagevermittler Provisionen zu leisten, die entweder getrennt berechnet werden oder von der gezahlten Einlage abgezogen werden. Bei diesen Provisionen handelt es sich um Nebenkosten der Anschaffung. Gleiches gilt für Aufwendungen, die im Zusammenhang mit dem Beteiligungserwerb dem Gesellschafter persönlich entstanden sind, sofern diese Aufwendungen unmittelbar mit dem Erwerb der Beteiligung im Zusammenhang stehen. Hierunter können Beratungskosten fallen, Reisekosten usw. Soweit diese Anschaffungskosten den Buchwert der erworbenen Beteiligung übersteigen, hat der Gesellschafter diese zusätzlichen Anschaffungskosten in einer Ergänzungsbilanz festzuhalten. Soweit diese Anschaffungskosten den einzelnen Wirtschaftsgütern nicht zugerechnet werden können, ist ein Firmenwert auszuweisen (BFH vom 13.3.1980, BStBl 1980 II, 499).

c) Bewertung von Einlagen

aa) Gesellschaftereinlage in eine GmbH & Co. KG

608 Gesellschaftereinlagen erfolgen in der Regel im Zusammenhang mit einer Gründung der GmbH & Co. KG oder im Zusammenhang mit dem Eintritt eines neuen Gesellschafters bei gleichzeitiger Kapitalerhöhung. Hinsichtlich der Behandlung der Sacheinlagen wird auf die Ausführungen zur Gründung einer GmbH & Co. KG Bezug genommen werden. Gleiches gilt hinsichtlich von Sacheinlagen im Rahmen einer Kapitalerhöhung. Erfolgt eine Kapitalerhöhung (d. h. Heraufsetzung der Pflichteinlage)

gegen eine Sacheinlage, hängt die steuerliche Behandlung davon ab, ob die Sacheinlage aus dem Privatvermögen oder dem Betriebsvermögen erfolgt.

Bei Einlage der Wirtschaftsgüter aus dem Privatvermögen innerhalb von 3 Jahren nach der Anschaffung bzw. der Herstellung sind die Wirtschaftsgüter höchstens mit den fortgeführten Anschaffungskosten anzusetzen (§ 6 Abs. 1 Nr. 5 Nr. 1 EStG) sowie bei der Einbringung von Kapitalgesellschaftsanteilen i.S.d. § 17 Abs. 1 EStG. In allen anderen Fällen erfolgt der Ansatz mit dem Teilwert. Erfolgt die Sacheinlage aus einem Betriebsvermögen, ist zu unterscheiden zwischen einem Einzelwirtschaftsgut (§ 6 Abs. 5 Satz 3 EStG), oder der Einlage einer Sachgesamtheit in der Form eines Betriebes, Teilbetriebes oder Mitunternehmeranteils (§ 24 UmwStG). 609

Wird ein Einzelwirtschaftsgut aus einem anderen Betrieb des Gesellschafters oder aus dem Sonderbetriebsvermögen des Gesellschafters eingebracht, erfolgt diese zwingend zum Buchwert (§ 6 Abs. 5 Satz 3 EStG). Handelt es sich hierbei um eine Sachgesamtheit im oben genannten Sinne, hat die übernehmende Personengesellschaft grundsätzlich ein Wahlrecht zwischen dem Buchwert, Teilwert oder einem Zwischenwert (§ 24 Abs. 2 UmwStG). 610

Eine Einlage erfordert eine Verrechnung der Einlage mit einer bedungenen Pflichteinlage. Das heißt der Gegenwert der Sacheinlage muss auf dem Beteiligungskonto seinen Niederschlag gefunden haben. Bei Gutschrift auf einem Darlehens- oder Verrechnungskonto des Gesellschafters liegt ein Kauf vor. Wird die Einlage auf einem Sonderkonto (Kapitalkonto II) verbucht, liegt nach Ansicht der Verwaltung eine unentgeltliche Übertragung in das Gesellschaftsvermögen vor, die zum Buchwert nach § 6 Abs. 5 Satz 3 EStG zu erfolgen hat. 611

bb) Einlage in das Sonderbetriebsvermögen

Erfolgt die Einlage in das Sonderbetriebsvermögen aus dem Privatvermögen des Gesellschafters, ist die Einlage nach § 6 Abs. 1 Nr. 5 EStG zu bewerten, d. h. sie ist zum Teilwert einzulegen. Erfolgt die Einlage innerhalb von 3 Jahren nach Anschaffung, ist das Wirtschaftsgut mit den Anschaffungskosten, wenn diese niedriger als der Teilwert sind, einzulegen, sonst mit dem niederen Teilwert. Die Bewertungsgrundsätze gelten grundsätzlich auch für die Einlage des GmbH-Anteils, falls die GmbH schon vor der Gründung der GmbH & Co. KG bestanden haben sollte. 612

Wird die GmbH erst im Zusammenhang mit der GmbH & Co. KG gegründet, so ist der GmbH-Anteil der Gesellschafter mit den Anschaffungskosten der Gesellschafter zu bilanzieren. Ist jedoch die GmbH & Co. KG aus einer GmbH hervorgegangen, deren Anteile zum Privatvermögen der Gesellschafter gehörten, gelten diese Anteile mit der Gründung der GmbH & Co. KG als in das Sonderbetriebsvermögen der Gesellschafter eingelegt. Die Einlage erfolgt hier grundsätzlich mit dem Buchwert nach § 6 Abs. 1 Nr. 5 Nr. 2 EStG, soweit es sich um eine Beteiligung i.S.d.. § 17 Abs. 1 EStG handelt. Handelt es sich nicht um eine Beteiligung i. S. d. § 17 EStG sind sie mit dem Teilwert einzulegen. Erfolgt die Einlage aus einem anderen Betrieb oder einem anderen Sonderbetriebsvermögen in das Sonderbetriebsvermögen, hat die Einlage grundsätzlich mit dem Buchwert zu erfolgen (§ 6 Abs. 5 Satz 2 EStG). 613

Gleiches gilt umgekehrt hinsichtlich der Übertragung aus dem Sonderbetriebsvermögen der GmbH & Co. KG in einen anderen Betrieb des Gesellschafters oder in das 614

Sonderbetriebsvermögen einer anderen Mitunternehmerschaft, an der der Gesellschafter ebenfalls beteiligt ist.

cc) Einlage des GmbH-Anteils in das Sonderbetriebsvermögen

615 Die Bewertungsgrundsätze gelten grundsätzlich auch für die Einlage des GmbH-Anteils, falls die GmbH schon vor der Gründung der GmbH & Co. KG bestanden haben sollte. Wird die GmbH erst im Zusammenhang mit der GmbH & Co. KG gegründet, so ist der GmbH-Anteil der Gesellschafter mit den Anschaffungskosten der Gesellschafter zu bilanzieren. Ist jedoch die GmbH & Co. KG aus einer GmbH hervorgegangen, deren Anteile zum Privatvermögen der Gesellschafter gehörten, gelten diese Anteile mit der Gründung der GmbH & Co. KG als in das Sonderbetriebsvermögen der Gesellschafter eingelegt. Die Einlage erfolgt hier grundsätzlich mit den Anschaffungskosten nach § 6 Abs. 1 Nr. 5 EStG, weil davon auszugehen ist, dass es sich hier um Anteile im Sinne des § 17 Abs. 1 EStG handelt (mindestens 1 v. H). Gleiches gilt, wenn die GmbH bereits als sogen. Vorrats-GmbH bestanden hat und nunmehr als Komplementär-GmbH in die Kommanditgesellschaft eintritt. In diesem Falle gelten die Anteile der Gesellschafter an der GmbH, sofern sie gleichzeitig Kommanditisten sind, als in das Gesellschaftsvermögen eingelegt. Hier gelten hinsichtlich der Bewertung der Einlage der GmbH-Anteile die gleichen Grundsätze.

d) Bildung von Rücklagen nach § 6 b EStG

aa) Gesetzliche Grundlagen

616 Wird ein Wirtschaftsgut eines BV veräußert, führt dieses grundsätzlich zu einer Auflösung von stillen Reserven und damit zur Erhöhung des laufenden Gewinns. Unter den Voraussetzungen des § 6b EStG können die im Falle der Veräußerung bestimmter in § 6b Abs. 1 Satz 1 EStG genannter Wirtschaftsgüter realisierten stillen Reserven auf in Satz 2 genannte Wirtschaftsgüter übertragen werden. Die Wirtschaftsgüter müssen im Jahr der Veräußerung oder im der Veräußerung vorangegangenen Wirtschaftsjahr angeschafft oder hergestellt worden sein. Anstelle der Übertragung können die Gewinne aus der Veräußerung in eine Rücklage nach § 6b EStG eingestellt und damit zunächst neutralisiert werden. § 6b EStG i. d. F. des Steuerentlastungsgesetzes 1999/2000/2002 schränkt die Übertragung stiller Reserven bei Veräußerung von Wirtschaftsgütern erheblich ein.

617 Nach der bisherigen Regelung konnte der Steuerpflichtige die beim Verkauf bestimmter Wirtschaftsgüter des Anlagevermögens entstehenden Gewinne auf bestimmte Wirtschaftsgüter des Anlagevermögens übertragen, falls eine Übertragung nicht möglich war, die Gewinne in eine steuerfreie Rücklage einstellen. Bei beweglichen Wirtschaftsgütern des Anlagevermögens und bei Beteiligungen an Kapitalgesellschaften ist sie künftig ausgeschlossen.

Nunmehr ist der Gewinn aus der Veräußerung von
- Grund und Boden,
- Aufwuchs auf Grund und Boden und dem dazugehörigen Grund und Boden, wenn er zu einem land- und forstwirtschaftlichen Vermögen gehört,
- Gebäude

- Kapitalgesellschaften ab 01.01.2002, allerdings begrenzt auf 500.000 €, begünstigt.

Die Gewinne aus der Veräußerung dieser Wirtschaftsgüter können auf folgende Wirtschaftsgüter übertragen werden:

Gegenstand der Anschaffung	Gegenstand der Veräußerung
Grund und Boden	Grund und Boden
Aufwuchs von Grund und Boden mit dem dazugehörigen Grund und Boden (land- und forstwirtschafliches BV)	Grund und Boden oder Veräußerung von Aufwuchs auf Grund und Boden
Gebäude	Grund und Boden Aufwuchs von Grund und Boden Gebäude Aufwand für Erweiterung und Ausbau und Umbau von Gebäuden Anteile an Kapitalgesellschaften
Abnutzbare bewegliche Wirtschaftsgüter	Anteile an Kapitalgesellschaften
Anteile an Kapitalgesellschaften	Anteile an Kapitalgesellschaften

Die Gewinne aus der Veräußerung der bestimmten Wirtschaftsgüter können im Wirtschaftsjahr der Veräußerung von den Anschaffungs- oder Herstellungskosten der Ersatzwirtschaftsgüter, die im Wirtschaftsjahr der Veräußerung oder im vorangegangenen Wirtschaftsjahr angeschafft oder hergestellt worden sind, abgezogen werden. Soweit Steuerpflichtige den Abzug nicht vorgenommen haben, können sie im Wirtschaftsjahr der Veräußerung eine den steuerlichen Gewinn mindernde Rücklage bilden. Bis zur Höhe dieser Rücklage können sie von den Anschaffungs- oder Herstellungskosten der vorgenannten Wirtschaftsgüter, die in den folgenden vier Jahren angeschafft oder hergestellt worden sind, im Wirtschaftsjahr der Anschaffung oder Herstellung einen Betrag unter Berücksichtigung der Einschränkungen des § 6b Abs. 1 Satz 2 Abs. 4 EStG abziehen.

bb) Die Übertragung von Gewinnen aus Veräußerungen von Wirtschaftsgütern auf andere Wirtschaftsgüter bei einer Personengesellschaft

Veräußert eine Personengesellschaft Wirtschaftsgüter i. S. d. § 6b Abs. 1 Satz 1 EStG, so kann sie die hierbei aufgedeckten stillen Reserven auf Wirtschaftsgüter i. S. d. Abs. 1 Satz 2 übertragen, sofern diese innerhalb eines Jahres vor der Veräußerung oder in den folgenden vier Wirtschaftsjahren angeschafft worden sind, sofern die personenbundenen Voraussetzungen für die einzelnen Gesellschafter gegeben sind. Es handelt sich bei § 6b EStG nach Ansicht des BFH (v. 30.03.1989, DB 1989, S. 1266; BFH v. 10.07.1980, BStBl II 1981 S. 84; BFH v. 25.04.1985, BStBl II 1986 S. 356) um eine personenbezogene Begünstigung, die Gesellschaftern einer Personengesellschaft daher grundsätzlich selbständig zustehen. Diese haben ein Wahlrecht, ob sie die Vergünstigung in Anspruch nehmen wollen oder nicht.

Veräußert eine Personengesellschaft die wesentlichen Grundlagen ihres Betriebes, so steht dem einzelnen Gesellschafter ein Wahlrecht zu, ob er unter den Voraussetzungen des § 6b den auf ihn entfallenen Gewinn dadurch neutralisiert, dass er ihn auf ein anderes Wirtschaftsgut überträgt oder die Steuervergünstigung des § 34 EStG in Anspruch nimmt (BFH v. 30.03.1989, DB 1989 S. 1266). Wird jedoch der Veräußerungsgewinn auf ein Wirtschaftsgut des Gesamthandsvermögens übertragen, ist jedoch eine Übertragung nur insoweit möglich, als die Wirtschaftsgüter dem Steuerpflichtigen als Mitunternehmer zuzurechnen sind.

cc) Übertragungsmöglichkeit innerhalb einer Personengesellschaft

622 Da die Steuervergünstigung des § 6b EStG personenbezogen ist, und nicht der Personengesellschaft als Gewinnermittlungssubjekt zusteht, können stille Reserven aus einem anderen Betrieb des Steuerpflichtigen in das BV übertragen werden und umgekehrt von einer Personengesellschaft auf einen Betrieb eines Gesellschafters und von einer Personengesellschaft auf eine andere Personengesellschaft, an der der Gesellschafter ebenfalls beteiligt ist.

dd) Übertragungen aus einem anderen Betriebsvermögen

623 Veräußert ein Steuerpflichtiger Wirtschaftsgüter aus einem Einzelunternehmen, so kann er den Gewinn auf Wirtschaftsgüter, die zum Betrieb der Personengesellschaft gehören, übertragen. Zum BV der Personengesellschaft gehören Wirtschaftsgüter des Gesamthandsvermögens und solche, die zum Sonder-BV des Gesellschafters gehören. Gehören Wirtschaftsgüter zum Sonder-BV, ist eine volle Übertragung möglich.

ee) Übertragung des nach § 6b EStG begünstigten Gewinns aus einem Sonderbetriebsvermögen

624 Veräußert der Gesellschafter Wirtschaftsgüter seines Sonder-BV unter den Voraussetzungen des § 6b EStG, so kann er den Gewinn bzw. die Rücklagen nach § 6b EStG auf Wirtschaftsgüter, die zu seinem Einzelunternehmen gehören, übertragen. Das gilt auch dann, wenn er das Grundstück an die Personengesellschaft oder einen anderen Gesellschafter veräußert.

625 Werden die begünstigten Gewinne des Sonder-BV auf Wirtschaftsgüter des Gesamthandsvermögens übertragen, so ist eine Übertragung nur insoweit möglich, als ihm die Wirtschaftsgüter anteilig zuzurechnen sind.

ff) Übertragung des steuerbegünstigten Gewinns aus Veräußerung von Wirtschaftsgütern des Gesamthandsvermögens

626 Der begünstigte Gewinn aus der Veräußerung eines Wirtschaftsgutes i. S. d. § 6b Abs. 1 EStG, das zum Gesellschaftsvermögen (Gesamthandsvermögen) einer Personengesellschaft gehört, kann übertragen werden

- auf Wirtschaftsgüter i. S. d. § 6b Abs. 1 EStG, die zum Gesellschaftsvermögen der Personengesellschaft gehören; dabei darf der begünstigte Gewinn von allen Mitunternehmern nur einheitlich übertragen werden,
- auf Wirtschaftsgüter i. S. d. § 6b Abs. 1 EStG, die zum Sonder-BV eines Mitunternehmers der Personengesellschaft gehören, aus deren BV das veräußerte Wirtschaftsgut ausgeschieden ist, soweit der begünstigte Gewinn anteilig auf diesen Mitunternehmer entfällt,
- vorbehaltlich der Regelung in § 6b Abs. 4 Satz 2 EStG auf Wirtschaftsgüter i. S. d. § 6b Abs. 1 EStG, die zum Betriebsvermögen eines anderen als Einzelunternehmen

geführten Betriebs eines Mitunternehmers gehören, soweit der begünstigte Gewinn anteilig auf diesen Mitunternehmer entfällt,
- vorbehaltlich der Regelung in § 6b Abs. 4 Satz 2 EStG auf Wirtschaftsgüter i. S. d. § 6b Abs. 1 EStG, die zum Gesellschaftsvermögen einer anderen Personengesellschaft oder zum Sonder-BV des Mitunternehmers bei einer anderen Personengesellschaft gehören, soweit diese Wirtschaftsgüter dem Mitunternehmer der Gesellschaft, aus deren BV das veräußerte Wirtschaftsgut ausgeschieden ist, zuzurechnen sind und soweit der begünstigte Gewinn anteilig auf diesen Mitunternehmer entfällt.

Veräußert eine Personengesellschaft ein Wirtschaftsgut i. S. d. § 6b EStG, kann sie unter den Voraussetzungen des § 6b EStG den begünstigten Gewinn auf andere Wirtschaftsgüter i. S. dieser Vorschrift, die sie im Wirtschaftsjahr der Veräußerung bis zum Schluss des vierten Wirtschaftsjahres nach der Veräußerung angeschafft hat, übertragen. Eine Rücklage nach § 6b EStG ist nur zulässig, wenn in der handelsrechtlichen Jahresbilanz ein entsprechender Passivposten in mindestens gleicher Höhe ausgewiesen ist. Das bedeutet, dass die Personengesellschaft als Kaufmann in ihrer Bilanz eine entsprechende Übertragung der stillen Reserven vorgenommen hat oder eine entsprechende Rücklage gebildet hat, unabhängig davon, ob die einzelnen Gesellschafter die Voraussetzungen für die Bildung einer Rücklage nach § 6b EStG erfüllen. Allerdings ist Voraussetzung, dass alle Gesellschafter die Voraussetzungen, insbesondere die des § 6b Abs. 4 EStG, erfüllen. Hierzu gehört insbesondere die sechsjährige Betriebszugehörigkeit. Erfüllen einzelne Gesellschafter die Voraussetzungen nicht, so kann die Rücklage nur insoweit gebildet werden, soweit das veräußerte Wirtschaftsgut anteilig auf die Gesellschafter entfällt, die die Voraussetzungen erfüllen. Gleiches gilt für die Übertragung auf ein Ersatzwirtschaftsgut. Auch hier ist eine Übertragung nur insoweit möglich, als das Wirtschaftsgut diesen Gesellschaftern anteilig zuzurechnen ist (vgl. hierzu BFH v. 10.07.1980, BStBl II 1981 S. 84). Gesellschafter i. S. d. § 6b EStG ist auch die Komplementär-GmbH. Sie ist jedoch nur dann zur Bildung einer Rücklage nach § 6b EStG berechtigt, wenn sie auch am Vermögen beteiligt ist. Für sie gilt ebenfalls die sechsjährige Betriebszugehörigkeit.

627

gg) Rücklage nach § 6b EStG bei Eintritt eines Gesellschafters

Tritt ein Gesellschafter neu in eine bestehende Personengesellschaft ein und hat die Gesellschaft in ihrer Bilanz eine Rücklage nach § 6b EStG ausgewiesen, erfüllt der neu eintretende nicht die Voraussetzungen einer Rücklage nach § 6b EStG, da sich das veräußerte Wirtschaftsgut nicht sechs Jahre in seinem BV befunden hat. Die Rücklage kann nicht durch Rechtsgeschäfte übertragen werden.

628

hh) § 6b EStG und Übertragungen innerhalb der Gesellschaft

(1) Ein Gesellschafter erwirbt ein Grundstück aus dem Gesamthandsvermögen unter Bedingungen wie zwischen Fremden.

Erwirbt ein Gesellschafter ein Wirtschaftsgut von einer Personengesellschaft wie unter Fremden, so liegt hinsichtlich des ganzen Wirtschaftsguts, auch soweit der Gesellschafter beteiligt ist, ein Veräußerungs- bzw. Anschaffungsgeschäft vor, wenn dieses

629

bei dem Gesellschafter Privatvermögen wird. Infolgedessen kann auch der Veräußerungsgewinn, soweit die Voraussetzungen des § 6b EStG im Übrigen vorliegen (d. h. der Gewinn, der durch die Veräußerung realisiert worden ist), in eine Rücklage nach § 6b EStG eingestellt werden (BFH v. 10.07.1980, BStBl II 1981 S. 84).

(2) Ein Gesellschafter überträgt bisheriges Sonderbetriebsvermögen auf die Gesellschaft.

630   Ist im Bereich des Sonder-BV durch Veräußerung eine Rücklage nach § 6b EStG angefallen, kann er diese auch auf Anschaffungskosten bei der Personengesellschaft übertragen, aber jedoch nur insoweit, als ihm das angeschaffte Wirtschaftsgut zuzurechnen ist.

631   Hat ein Steuerpflichtiger bei einem Sonder-BV durch Veräußerung stille Reserven aufgedeckt, kann er diese unter den dort genannten Voraussetzungen in eine Rücklage nach § 6b EStG einstellen und diese auf ein anderes Wirtschaftsgut in einem anderen Betrieb oder ein angeschafftes Wirtschaftsgut der Personengesellschaft übertragen, allerdings nur, soweit ihm das Wirtschaftsgut anteilsmäßig zuzurechnen ist.

ii) Spätere Auflösung der Rücklage als Sonderbetriebseinnahme

632   Ist in einer Ergänzungsbilanz ein Minderwert der Rücklage nach § 6b EStG enthalten, so führt die Auflösung zu Sonderbetriebsausgaben. Gleiches ist der Fall, wenn auf Grund einer Rückgängigmachung einer Rücklage in der Ergänzungsbilanz ein Mehrwert eines Wirtschaftsgutes ausgewiesen ist. Wird der Mehrwert infolge Abgang ausgebucht, ergibt sich eine Sonderbetriebsausgabe. Scheidet ein Gesellschafter aus einer Personengesellschaft aus, ist dieser berechtigt, die auf ihn entfallene Rücklage nach § 6b EStG aufzulösen. Die Auflösung der Rücklage erhält den begünstigten Veräußerungsgewinn. Er kann aber auch die anteilige Rücklage nach § 6b EStG fortführen und auf Wirtschaftsgüter eines anderen Betriebes übertragen. Zu beachten ist jedoch, dass eine spätere gewinnerhöhende Auflösung laufenden Gewinn und keinen Veräußerungsgewinn darstellt (BFH v. 04.02.1982, BStBl II 1982 S. 348). Gleiches gilt, wenn er seinen Anteil veräußert.

633   Eine Rücklage nach § 6b EStG kann auch mit dem Ziel gebildet werden, den beim Ausscheiden eines Gesellschafters (Mitunternehmers) aus einer Personengesellschaft (Mitunternehmerschaft) anfallenden Veräußerungsgewinn zu neutralisieren, allerdings kann hinsichtlich des Restgewinns § 34 Nr. 1 EStG nicht gewährt werden, es sei denn, die Wirtschaftsgüter, für die § 6b EStG in Anspruch genommen wird, gehören nicht zu den wesentlichen Grundlagen. Ferner ist Voraussetzung, dass für die einzelnen im Zusammenhang mit dem Ausscheiden übertragenen Anteile an den Wirtschaftsgütern die Voraussetzungen des § 6b EStG vorliegen. Es ist jedoch hier zu beachten, dass im Falle einer späteren Auflösung der Rücklage der hierbei entstandene Gewinn nicht mehr tarifbegünstigt ist (vgl. BFH v. 25.07.1979, BStBl II 1980, S. 43).

2. AfA-Fragen

a) Höhere Anschaffungskosten der Beteiligung und AfA

Soweit ein Gesellschafter höhere Anschaffungskosten gehabt hat, als sie seiner buchmäßigen Beteiligung entsprechen, sind die höheren Anschaffungskosten entsprechend den Teilwerten auf die übernommenen Bruchteile des Betriebsvermögens zu verteilen. Soweit die Aktivierungen auf Wirtschaftsgüter des abnutzbaren Anlagevermögens entfallen, hat der Gesellschafter in der Ergänzungsbilanz eine entsprechende AfA vorzunehmen. Er ist jedoch in seiner AfA nicht frei. Da ein Wirtschaftsgut grundsätzlich nur einheitlich abgeschrieben werden kann, hat er die AfA-Methode der Gesellschaft zu übernehmen. Die auf die einzelnen Wirtschaftsgüter entfallenden Anschaffungskosten hat er hierbei auf die Restnutzungsdauer zu verteilen, so dass das Wirtschaftsgut in der Haupt- und den Ergänzungsbilanzen gleichzeitig voll abgeschrieben ist. 634

Ausnahmen ergeben sich jedoch bei Gebäuden. Werden diese mit 3 v.H. in der Gesamthandsbilanz angesetzt, kann der Gesellschafter in einer Ergänzungsbilanz ebenfalls nur 3 v.H. zugrunde legen; die Nutzungsdauer verlängert sich hierdurch. Es ist nicht möglich, nach § 7 Abs. 4 Satz 2 EStG, die tatsächliche Nutzungsdauer zugrunde zu legen, wenn die Gesellschaft die gesetzliche Nutzungsdauer zugrunde gelegt hat. Anders ist es jedoch, wenn die Gesellschaft die tatsächliche Nutzungsdauer zugrunde gelegt hat. In diesem Falle hat der Gesellschafter die höheren Anschaffungskosten auf die Restnutzungsdauer zu verteilen. 635

Beispiel: Die A GmbH & Co. KG hat für ein Geschäftsgebäude eine Nutzungsdauer von 30 Jahren zugrunde gelegt, sie setzt deshalb jährlich 3,3 v. H. AfA an. C, der nach fünf Jahren in die Gesellschaft eintritt, kann bei seinen höheren Anschaffungskosten eine Nutzungsdauer von 25 Jahren = 4 v.H. AfA zugrunde legen. 636

b) Afa-Volumen bei Nichterfüllung der Voraussetzungen für Bildung einer Rücklage

Ein höheres AfA-Volumen ergibt sich auch für einen Gesellschafter, wenn die Gesellschaft eine Rücklage nach § 6b EStG auf ein Wirtschaftsgut übertragen hat, ein Gesellschafter jedoch die Voraussetzungen für die Bildung einer Rücklage nach § 6b nicht erfüllt hat; in diesem Falle hat er höhere Anschaffungskosten als die Gesellschaft. 637

3. Behandlung der Geschäftsführergehälter bei der GmbH & Co. KG

Es ist hier zu unterscheiden zwischen der Vergütung, die die Komplementär-GmbH für ihre Geschäftsführung erhält, und den Vergütungen, die den Geschäftsführern der Komplementär-GmbH sowohl für die Geschäftsführung der GmbH als auch der GmbH & Co. KG gezahlt werden. Für die steuerliche Behandlung der Gehälter der Geschäftsführer kommt es darauf an, ob es sich bei den Geschäftsführern um gesellschaftsfremde handelt oder um solche, die Kommanditisten der GmbH & Co. KG oder an beiden Gesellschaften gleichzeitig beteiligt sind. 638

a) Vergütung der Komplementär-GmbH für die Geschäftsführung und persönliche Haftung

639 Die Vergütung für die Geschäftsführung der Komplementär-GmbH kann in der Weise geregelt sein, dass sie bei der Festsetzung des allgemeinen Gewinnverteilungsschlüssels mit berücksichtigt wird. Die GmbH kann neben der Gewinnverteilung noch einen Gewinn vorab für die Geschäftsführung und Haftungsvergütung erhalten. Möglich ist auch, dass mit der Komplementär-GmbH neben dem Gesellschaftsvertrag ein besonderer Vertrag geschlossen wird.

Ist im Gesellschaftsvertrag vereinbart worden, dass die Komplementär-GmbH für die Geschäftsführung neben der Gewinnbeteiligung eine besondere Vergütung für die Geschäftsführung erhält, ist diese Vergütung bei dieser gem. § 15 Abs. 1 Nr. 2 EStG als Sonderbetriebseinnahme zu behandeln. Das gilt auch dann, wenn die Geschäftsführervergütungen nicht an die GmbH gezahlt werden, sondern unmittelbar an den Geschäftsführer selbst. Ist im Gesellschaftsvertrag vereinbart worden, dass die GmbH für ihre Geschäftsführertätigkeit einen Auslagenersatz erhält, so sind die Kostenerstattungen, insbesondere die Zahlung der Gehälter, als Sonderbetriebseinnahme bei der GmbH & Co. KG zu behandeln. Das gilt auch dann, wenn das Geschäftsführergehalt unmittelbar an die Geschäftsführer gezahlt worden ist. Geschäftsführergehälter sind jedoch nicht als Sonderbetriebseinnahmen der GmbH zu behandeln, wenn der Geschäftsführungsvertrag unmittelbar mit den Geschäftsführern seitens der GmbH & Co. KG abgeschlossen worden ist und der Gehaltsanspruch der Geschäftsführer unmittelbar gegen die GmbH & Co. KG besteht. Das gilt insbesondere dann, wenn die GmbH von der Geschäftsführung ausgeschlossen worden ist und Kommanditisten mit der Verpflichtung zur Geschäftsführung Prokura erteilt worden ist. Die Zahlungen der Geschäftsführergehälter an die Geschäftsführer selbst sind bei der GmbH als eine Betriebsausgabe zu behandeln, unabhängig von der Behandlung bei den Geschäftsführern selbst.

640 Die Vereinbarung über die Vergütung für die Geschäftsführung kommt dann besondere Bedeutung zu, wenn die Komplementär-GmbH nicht am Vermögen der KG und auch nicht am Gewinn beteiligt ist. Hier ist darauf zu achten, dass die Komplementär-GmbH eine für ihre Tätigkeit angemessene Vergütung erhält, insbesondere auch für die Übernahme der persönlichen Haftung. Auch an eine einem nicht beherrschenden Gesellschafter nahe stehenden Person kann dies vorliegen, wenn diese nicht angemessen ist.

Beispiel 1: Die X-Verwaltungs-GmbH ist an der X-GmbH & Co. KG als Komplementärin mit einer Gewinnbeteiligung von 20 v. H. beteiligt. Eine weitere Vergütung erhält sie nicht. Sie erhält für das Jahr 2004 eine Gewinnbeteiligung von € 200.000. An ihren Geschäftsführer, der gleichzeitig die Geschäfte der GmbH & Co. KG führt, hat sie insgesamt ein Gehalt von € 120.000 gezahlt. Die Gehaltszahlung von € 120.000 ist bei der GmbH als Betriebsausgabe zu behandeln. Der körperschaftsteuerliche Gewinn beträgt daher vor Abzug der Körperschaftsteuer € 80.000.

Beispiel 2: Die X-Verwaltungs-GmbH ist an der X GmbH & Co. KG als Komplementärin mit 10 v.H. am Gewinn beteiligt. Für ihre Geschäftsführertätigkeit erhält sie eine Sondervergütung von € 100.000,00. An den Geschäftsführer A zahlt die X-GmbH ein Gehalt von € 90.000,00. Die Gewinnbeteiligung betrug im Jahre 2004 € 80.000,00.

Die Einnahmen der GmbH aus der Beteiligung betragen insgesamt: 641

Gewinnbeteiligung	€	80.000,00
Sondervergütungen	€	100.000,00
Zusammen	€	180.000,00
abzüglich :		
Sonderbetriebsausgabe (Geschäftsführergehalt)	€	-90.000,00
Körperschaftsteuerliches Einkommen (aus KG)	€	90.000,00

Beispiel: Die X-GmbH erhält als Komplementär-GmbH der X-GmbH & Co. KG lediglich eine Risikovergütung von € 20.000,00 und Auslagenersatz. Die GmbH & Co. KG hat auf Grund dieser Verpflichtung zur Zahlung des Auslagenersatzes an den Geschäftsführer der GmbH & Co. KG eine Tätigkeitsvergütung von € 80.000,00 gezahlt. Die Zahlung von € 80.000,00 durch die GmbH & Co. KG stellt gleichzeitig eine Sonderbetriebseinnahme bei der Komplementär-GmbH dar, die wiederum als Betriebsausgabe das körperschaftsteuerpflichtige Einkommen der GmbH mindert. Die Sonderbetriebseinnahmen und die Sonderbetriebsausgaben der Komplementär-GmbH sind gesondert in der gesonderten Gewinnfeststellung der GmbH & Co. KG auch für die Komplementär-GmbH verbindlich festzustellen (§ 180 AO i. V. m. § 15 Abs. 1 Nr. 2 EStG).

b) Vergütung der Geschäftsführer

Die Geschäftsführung der Gesellschafter einer Komplementär-GmbH umfasst, sofern die Komplementär-GmbH nicht von der Geschäftsführung ausgeschlossen ist, gleichzeitig die Geschäftsführung der KG. Ist die Komplementär-GmbH von der Geschäftsführung ausgeschlossen, werden die Geschäftsführer der KG von dieser unmittelbar bestellt. Es kann sich hierbei um fremde Personen, in der Regel wird es sich hier um Kommanditisten handeln. Die steuerliche Behandlung der Geschäftsführergehälter hängt im wesentlichen davon ab, ob es sich bei den Geschäftsführern um Gesellschaftsfremde Personen handelt, die weder an der GmbH noch an der KG beteiligt sind. Ob die Geschäftsführer nur an der Komplementär-GmbH an beiden Gesellschaften oder nur an der KG beteiligt sind. Was die Geschäftsführerverträge angeht, sind folgende Fälle zu unterscheiden: 642

- Das Geschäftsführergehalt wird von der Komplementär-GmbH geschuldet und gezahlt.
- Die Vereinbarung ist mit der GmbH getroffen worden, es wird jedoch von der KG gezahlt.
- Der Geschäftsführervertrag ist unmittelbar mit der KG geschlossen worden und diese zahlt.

aa) Behandlung bei gesellschaftsfremden Geschäftsführern

643 Werden gesellschaftsfremden Geschäftsführern Vergütungen für die Geschäftsführung aufgrund eines Anstellungsvertrages gezahlt, so stellen diese Geschäftsführervergütungen bei der GmbH Betriebsausgaben und beim Geschäftsführer Einkünfte aus nichtselbständiger Arbeit im Sinne des § 19 EStG dar. Gem. §§ 38 ff. EStG hat die GmbH vom Bruttogehalt die Lohnsteuer einzubehalten und an das Finanzamt abzuführen. Für die Einbehaltung und Abführung haften die Geschäftsführer persönlich, wenn sie hierbei steuerliche Pflichten schuldhaft verletzt haben (§ 69 AO). Sie unterliegen, was die Höhe angeht, nur dann dem Fremdvergleich, wenn es sich bei diesem um einem der beherrschenden Gesellschafter nahe stehende Person handelt.

bb) Geschäftsführer ist lediglich Gesellschafter der GmbH

644 Ist der Geschäftsführer der GmbH, der gleichzeitig Geschäftsführer der GmbH & Co. KG ist, lediglich Gesellschafter der GmbH, so stellt auch bei ihm das Geschäftsführergehalt Einkünfte aus nichtselbständiger Arbeit dar. Ist jedoch der Geschäftsführer mehrheitlich an der GmbH beteiligt, ist darauf zu achten, dass Verträge zwischen der Gesellschaft und ihm eindeutig von vornherein bestimmt und nichtmanipulierbar sind. Die Vereinbarungen müssen daher grundsätzlich schriftlich festgelegt worden sein, und auch tatsächlich wie vereinbart durchgeführt werden. Insbesondere ist darauf zu achten, dass bei diesem Personenkreis Vereinbarungen nur für die Zukunft geändert werden können. So wird steuerlich eine nachträgliche Tantiemevereinbarung nicht anerkannt, soweit sie das abgelaufene Wirtschaftsjahr betrifft. Nicht erforderlich ist es jedoch, dass die Tantieme von vornherein der Höhe nach genau festgelegt wird. Es reicht aus, dass die Bemessungsgrundlage für die Tantieme von vornherein festgelegt wird und auch nach objektiven Maßstäben nachprüfbar ist. Nicht genügend nachprüfbar ist eine Tantiemevereinbarung, die die Höhe der Tantieme nach dem ausgeschütteten Gewinn bemisst (BFH v. 30. 1. 1985 BB 1985, 982). Das gilt nicht nur hinsichtlich des Grundgehaltes, sondern insbesondere hinsichtlich der Nebenleistungen, Weihnachtsgratifikation, Tantieme, Sachbezüge, insbesondere private PKW-Nutzung. Auch bei einer einem nicht beherrschenden Gesellschafter nahe stehenden Person kann eine vGA vorliegen, wenn das Gehalt nicht angemessen ist.

645 Fehlt es an einer eindeutigen Tantiemevereinbarung, so ist steuerlich die betriebliche Veranlassung der Zahlung im vollen Umfang zu verneinen. Die Bemessungsgrundlage für die Tantieme muss klar und eindeutig sein (BFH v. 01.07.1992, BStBl II 1992, 975; v. 29.04.1992, BStBl II 1992, 851). Das gilt insbesondere für den Gewinnbegriff (BFH v. 01.07.1992, a.a.O.). Umsatzbeteiligungen sind im Zweifel unüblich und steuerlich nicht anzuerkennen, wenn nicht besondere Umstände vorliegen (BFH v. 20.08.1997, BFH/NV 1998, 353; Rohgewinn und USt-Tantieme: BFH v. 10.11.1998, BFH/NV 1999, 829; zur spartenbezogenen USt-Tantieme: BFH v. 09.09.1998, BFH/NV 1999, 519; v. 19.02.1999, BStBl II 1999, 321). Im Allgemeinen ist von einer vGA auszugehen, wenn die Kapitalgesellschaft und ihr beherrschender Gesellschafter die Bemessungsgrundlage für eine zu zahlende Vergütung nicht dergestalt festlegen, dass diese allein durch Rechenvorgänge ermittelt werden kann (BFH v. 17.12.1997, BStBl II 1998, 545). Nur-Tantiemen werden im Zweifel steuerlich nicht anerkannt (BFH v. 02.12.1992, BStBl II 1993, 311; v. 26.01.1999, BStBl II 1999, 241). Bei Freiberuflern

und stillen Gesellschaftern bestand eine Nichtaufgriffsgrenze von 300.000 DM (OFD Stuttgart, im Mai 1995, BB 1997, 247; siehe auch OFD Karlsruhe v. 17.04.2001 – S. 2742 A St 331, letztmals für VZ 2000, BB 2001, 1339). Eine Tantiemevereinbarung mit einem Gesellschafter-Geschäftsführer kann steuerlich auch dann anzuerkennen sein, wenn nach dem Zeitpunkt des Vertragsabschlusses erkennbare Umstände darauf hinweisen, dass die Tantieme zwar voraussichtlich in einzelnen Jahres 25 v. H. der Jahresgesamtbezüge deutlich übersteigen wird, der bezeichnete v. H.-Satz aber bezogen auf die durchschnittlich zu erwartenden Tantiemebezüge nicht überschritten wird (BFH v. 19.02.1999, BFH/NV 1999, 974; im Einzelnen BMF, 05.01.1998, BStBl. II 1998, 90).

Überstundenvergütungen sind i. d. R. nicht anzuerkennen, weil sich mit dem Aufgabenbild eines Geschäftsführers keine Vereinbarung über die Vergütung von Überstunden verträgt (BFH v. 19.03.1997, BStBl II 1997, 577; v. 08.04.1997, BFH/NV 1997, 804; v. 30.07.1997, BStBl II 1998, 402). Gleiches gilt für die Vereinbarung von Zuschlägen für Nachtarbeit. Darüber hinaus liegt keine betrieblich veranlasste Gehaltszahlung vor, soweit sie nicht angemessen ist. Ist der Geschäftsführer der GmbH gleichzeitig Gesellschafter der GmbH und Kommanditist, so ist zwischen einem beherrschenden und nicht beherrschenden Gesellschafter zu unterscheiden, wobei sich bei gleichem Interesse mehrerer Gesellschafter-Geschäftsführer durch Zusammenrechnung derer Anteile nur für die Gehaltsvereinbarung eine beherrschende Stellung ergeben kann. 646

Liegt der Geschäftsführung keine eindeutige und klare Vereinbarung zu Grunde, so werden die Zahlungen insgesamt nicht als betrieblich veranlasst angesehen. Ein Gesellschafter kann auch für seine Gesellschaft unentgeltlich tätig werden; soll jedoch die Tätigkeit entgeltlich sein, bedarf es einer klaren Vereinbarung. Auch müssen Zusatzleistungen klar und von vornherein vereinbart sein, wie Tantiemen, Weihnachtsgratifikation. Bei Tantiemen muss der Modus, der rein rechnerisch nachprüfbar sein muss, von vornherein vorliegen. Er darf nicht von Berechnungsgrößen abhängig gemacht werden, die manipulierbar sind, wie z. B. die Gewinnausschüttung (BFH v. 24.01.1990, BStBl II 1990, 640). 647

Soll der Geschäftsführer für bestimmte Tätigkeiten eine Sondervergütung erhalten, wie z. B. Provisionen für vermittelte Geschäfte, so muss in diesem Fall nicht nur der Berechnungsmodus, die Leistungen, die für eine Provision gewährt werden soll, sondern auch das Umfeld der Geschäftsführung klar abgegrenzt sein, weil im Zweifel die Geschäftsführung alle Tätigkeiten der Geschäftsführung mitumfasst. Das Geschäftsführergehalt muss auch tatsächlich wie vereinbart ausgezahlt werden; es reicht nicht aus, dass dieses jeweils am Jahresende als Verbindlichkeit ausgewiesen wird. Hier muss eine Darlehensvereinbarung zu Grunde liegen. Das Verbot des Selbstkontrahierens muss hierbei beachtet werden (BFH v. 12.06.1997, BFH/NV 1997, 805; v. 23.10.1996, BFHE 181, 328). Darüber hinaus wird eine Gehaltszahlung nur anerkannt, soweit diese unter Berücksichtigung der Tätigkeit, der Größe und des Ertrags des Betriebes angemessen ist. In die Angemessenheitsprüfung sind alle Vergütungen einschließlich Pensionszusagen einzubeziehen. Nach der Rechtsprechung des BFH (v. 28.06.1989, BStBl II 1989, 854) liegt eine vGA vor, wenn eine Toleranzgrenze von 20 v. H. des Marktüblichen überschritten worden ist. Die Ausschüttungen sind beim Gesellschafter als Sonderbetriebseinnahmen dem Gewinnanteil an der KG hinzuzurechnen. 648

cc) Kommanditist als Geschäftsführer der GmbH

649 Ist ein Kommanditist gleichzeitig Geschäftsführer der GmbH, so wird unabhängig davon, wer das Gehalt gezahlt hat, die GmbH oder die GmbH & Co. KG, das Gehalt als eine Vergütung für eine Tätigkeit im Dienste der GmbH & Co. KG behandelt. Nach Ansicht der Rechtsprechung ist Tätigkeit als Geschäftsführer durch das Gesellschaftsverhältnis zu der GmbH & Co. KG veranlasst und daher als ein Gesellschafterbeitrag anzusehen. Die Geschäftsführung der GmbH stellt gleichzeitig die Geschäftsführung der GmbH & Co. KG dar. Die Tätigkeit muss daher als eine solche im Dienste der GmbH & Co. KG behandelt werden. Das Gehalt des Kommanditisten, der gleichzeitig Geschäftsführer der GmbH ist, ist somit seinem Gewinnanteil aus der Beteiligung als Sonderbetriebseinnahme hinzuzurechnen (vgl. BFH vom 2. 8. 1960 BStBl. III 1960, 408; vom 15. 11. 1967 BStBl. II 1968, 369; vom 21. 3. 1968 BStBl. II 1968, 579; vom 21. 4. 1971 BStBl. II 1971, 816; vom 11. 3. 1970 BStBl. II 1970, 588). Es ist hierbei gleichgültig, ob das Gehalt von der GmbH gezahlt wird oder von der Kommanditgesellschaft. Das gilt jedoch auch, wenn die GmbH neben der Geschäftsführung für die KG eine eigene gewerbliche Tätigkeit von nicht erheblichem Umfang ausübt (BFH vom 15. 10. 1975 BStBl. II 1976, 188). Übt demnach eine GmbH neben der Geschäftsführertätigkeit eine eigene gewerbliche Tätigkeit aus, ist unabhängig vom Umfang dieser eigenen gewerblichen Tätigkeit das Geschäftsführergehalt eines gleichzeitigen Kommanditisten nicht als Einkünfte aus nichtselbständiger Arbeit, sondern als solche aus Gewerbebetrieb im Sinne des § 15 Abs. 1 Nr. 2 EStG (Sonderbetriebseinnahme) zu behandeln. Die Behandlung des Geschäftsführergehaltes bei der Komplementär-GmbH als Betriebsausgabe bleibt hiervon unberührt. Das gilt auch dann, wenn der Geschäftsführer schon Geschäftsführer war, bevor er als Kommanditist in die GmbH & Co. KG eintrat. Rückständige Gehaltsforderungen vor seinem Eintritt als Kommanditist werden beim Gesellschafter weiterhin als private Forderung und bei der Gesellschaft als Verbindlichkeit behandelt. Die Gehaltszahlungen nach Eintritt in die Gesellschaft als Kommanditist werden jedoch dem gewerblichen Gewinn als Sonderbetriebseinnahme hinzugerechnet.

650 Schuldet die GmbH das Geschäftsführergehalt, ist es bei ihr, soweit es steuerlich anzuerkennen ist, als Betriebsausgabe KSt-mindernd zu behandeln, beim Gesellschafter hingegen als Sonderbetriebseinnahme als Einkünfte aus Gewerbebetrieb (§ 15 Abs. 1 Satz 1 Nr. 2 Satz 1, 2. Halbsatz EStG). Dies gilt auch dann, wenn der Kommanditist Geschäftsführer der Komplementär-GmbH, der GmbH & Co. KG ist sowie einer Schwesterkapitalgesellschaft der GmbH & Co. KG und über die zwischengeschaltete Schwesterkapitalgesellschaft Verwaltungs- und Managementleistungen an die KG erbracht werden (BFH vom 06.07.1999, BStBl. II 1999, 720).

651 Wird das Geschäftsführergehalt mit der Komplementär-GmbH vereinbart, die Leistung jedoch von der KG übernommen, so ist das Einkommen der Komplementär-GmbH zu erhöhen, wenn die Gehaltszahlungen nicht auf eindeutigen Vereinbarungen mit dem beherrschenden Gesellschafter beruhen. Gleiches gilt, soweit die Vergütungen unangemessen sind. Ebenfalls liegen in dieser Höhe Sonderbetriebseinnahmen beim Gesellschafter vor. Die Ausführungen hinsichtlich der steuerlichen Nichtanerkennung (4.3.3.3.1) gelten auch, wenn der Geschäftsführer Kommanditist ist.

dd) Gehaltsvereinbarungen mit der KG

652 Liegen Gehaltsvereinbarungen zwischen einem Kommanditisten über die Geschäftsführung der GmbH & Co. KG vor, sei es, dass er gleichzeitig Geschäftsführer der GmbH ist oder nur zur KG in einem Anstellungsverhältnis steht, sind diese Tätigkeitsvergütungen zunächst einmal bei der Gewinnermittlung der KG zu beurteilen. Das gilt insbesondere dann, wenn der Geschäftsführer der KG nicht gleichzeitig Geschäftsführer der GmbH ist, weil diese von der Geschäftsführung ausgeschlossen ist. Die Geschäftsführervergütungen sind bei der Personengesellschaft als Betriebsausgaben zu behandeln, soweit sie steuerlich dem Grunde nach anzuerkennen sind, dem zwischen fremden Dritten Vereinbarten entsprechen und soweit die Vergütung angemessen ist. Soweit die Vergütungen nicht betrieblich veranlasst sind, werden sie dem Gewinn der Personengesellschaft wieder hinzugerechnet; im Verhältnis zum Gewinnanteil der Komplementär-GmbH werden sie als vGA behandelt, soweit der Gewinnanteil dem Gesellschafter zusteht, als verdeckte Entnahme dem Gesellschafter zugerechnet. Soweit die Geschäftsführervergütung angemessen ist, ist sie bei der KG als Betriebsausgabe, beim Empfänger der Vergütung jedoch als Sonderbetriebseinnahme zu behandeln.

Beispiel: An der X-GmbH & Co. KG sind die X-GmbH mit 10 v. H. als Komplementärin, A, B und C jeweils mit 30 v. H. als Kommanditisten beteiligt.
Das Geschäftsführergehalt des A beträgt 180.000 €, nur 100.000 € sind jedoch angemessen. Dies führt zu einer Gewinnerhöhung bei der GmbH & Co. KG um 80.000 €.

Gewinnerhöhung bei der GmbH & Co. KG	80.000 €
Verteilung des Mehrgewinns:	
Gewinnbeteiligung GmbH	8.000 €
Gewinnbeteiligung A	24.000 €
Gewinnbeteiligung B	24.000 €
Gewinnbeteiligung C	24.000 €
vGA bei GmbH & Co. KG an A	8.000 €
verdeckte Entnahme A	72.000 €
Gewinnauswirkung bei A insgesamt	24.000 €
Erhöhung Gewinnanteil	./. 80.000 €
Minderung Sonderbetriebseinnahme (Tätigkeitsvergütung)	
vGA der GmbH als Sonder-BE (Halbeinkünfte)	4.000 €
Veränderung der Gewinnbeteiligung A	./. 52.000 €

c) Pensionszusagen

aa) Grundsätze

653 Pensionszusagen stellen Teile des Arbeitsentgelts dar. Sie werden bei den Arbeitnehmern i. S. d. § 19 EStG erst mit Zahlung, § 19 Abs. 1 und 2 EStG, also bei Zufluss, erfasst. Der Arbeitgeber kann bereits unter den Voraussetzungen des § 6a EStG für die Zusage Rückstellungen bilden.

654 Pensionszusagen können auch Gesellschaftern im Rahmen eine Arbeitsverhältnisses von einer Personengesellschaft gegeben werden. Sie sind betrieblich veranlasst, wenn diese Zusagen einem Fremdvergleich standhalten, also unter Bedingungen stehen, wie sie zwischen fremden Dritten auch vereinbart worden wären. D. h., der Gesellschafter muss eine Position bekleidet haben, in der einem fremden Dritten auch eine derartige Zusage erteilt worden wäre. Erhöhte Anforderungen gelten für beherrschende Gesellschafter. Die Zusage muss angemessen sein, d. h., sie muss in einem angemessenen Verhältnis zu den Aktivbezügen stehen und die Gesamtbezüge, d. h., die Aktivbezüge und Zusage müssen angemessen sein. Betrieblich veranlasst sind die Bezüge nur insoweit, als sie angemessen sind und dem entsprechen, was mit einem fremden Dritten in gleicher Position auch vereinbart worden wäre. Soweit die Zusage den angemessenen Rahmen übersteigt, ist sie nicht betrieblich, sondern privat veranlasst. Unter den Voraussetzungen des § 6a EStG kann für die Zusage einer Pension an Geschäftsführer und auch Gesellschafter Geschäftsführer eine den Gewinn mindernde Pensionsrückstellung gebildet werden. Die Pensionsrückstellung mindert bei der Personengesellschaft den Gewinn, der der Gewinnverteilung unterliegt. Er beeinflusst die Gewinnverteilung innerhalb der Gesellschaft.

655 Als Vergütung für eine Tätigkeit im Dienste der Gesellschaft i. S. d. § 15 Abs. 1 Satz 1 Nr. 2 Satz 1 Halbs. 2 EStG ist sie jedoch dem gewerblichen Gewinn der Personengesellschaft im Sonderbereich dem begünstigten Gesellschafter wieder hinzuzurechnen. Sie darf den gewerblichen Gewinn des pensionsberechtigten Gesellschafters nicht mindern. Die Zusage steht jedoch unter der Bedingung, dass der Gesellschafter den Pensionszeitpunkt erreicht und die Voraussetzungen für die Pensionszahlung im Zeitpunkt der Erreichung der Altersvoraussetzung noch gegeben sind. Aus Gründen der korrespondierenden Betrachtungsweise ist der bedingte Pensionsanspruch dem anspruchsberechtigten Gesellschafter mit Bildung bzw. Erhöhung der Rückstellung als Betriebseinnahme zuzurechnen. Allerdings muss die Pensionsvereinbarung nicht nur einem Fremdvergleich standhalten, sie muss auch auf klaren, eindeutigen und von vornherein bestimmten Vereinbarungen beruhen. Wird sie steuerlich nicht anerkannt, ist sie weder bei der Personengesellschaft als Betriebsausgaben noch beim Gesellschafter als Sonderbetriebseinnahme anzusetzen. Ist die Pensionszusage nicht angemessen, kann nur der angemessene Teil als Betriebsausgabe bei der Personengesellschaft und beim Gesellschafter als Sonderbetriebseinnahme angesetzt werden.

656 Daraus ergibt sich:
- Unabhängig vom Rechtsanspruch des Gesellschafters ist der Anspruch bereits in dem Zeitpunkt zu erfassen, zu dem sich die Pensionszusage durch Bildung einer Rückstellung als Betriebsausgabe auf den Gewinn der Personengesellschaft ausgewirkt hat.
- Er ist nur in der Höhe als Sonderbetriebseinnahme dem Gesellschafter hinzuzurechnen, als sie sich als Betriebsausgabe ausgewirkt hat.

(Mahlow, Pensionszusagen an Gesellschafter-Geschäftsführer, DB 1999 S. 2590)

bb) Pensionszusagen an Gesellschaftsfremde und solche Personen, die nur Gesellschafter der GmbH sind

Gewährt ein Unternehmen einem Arbeitnehmer, der nicht Mitunternehmer ist, eine Pensionszusage, so sind entweder die Zuführungen zur Pensionsrückstellung (§ 249 HGB) oder, wenn eine solche Rückstellung entsprechend dem für „Altzusagen" geltenden Wahlrecht (R 41 Abs. 1 EStR) nicht gebildet worden ist, die Pensionszahlungen bei dem Unternehmen Betriebsausgaben (BFH v. 28.06.2001, GmbHR 2001, 1181). Sagt die Komplementär-GmbH einer GmbH & Co. KG ihrem gesellschaftsfremden Geschäftsführer eine Pension zu und kann sie nach dem Gesellschaftsvertrag von der KG Ersatz der Versorgungsleistungen verlangen, so ist die bei der GmbH zu bildende Pensionsrückstellung durch einen Aufwendungsersatzanspruch zu neutralisieren. Bei der KG ist eine Rückstellung für ungewisse Verbindlichkeiten zu bilden, deren Höhe sich nach § 6 a EStG bestimmt (BFH v. 07.02.2002, GmbHR 2002, 656). 657

Hat das Unternehmen eine derartige Pensionszusage durch Abschluss eines Versicherungsvertrages rückgedeckt, so ist der Versicherungsanspruch (Rückdeckungsanspruch) in der Steuerbilanz zu bilanzieren. Die Prämien für die Rückdeckungsversicherung stellen Betriebsausgaben dar (Reuter, GmbHR 1997, 1125). Der Rückdeckungsanspruch ist regelmäßig mit dem geschäftsplanmäßigen Deckungskapital der Versicherungsgesellschaft zuzüglich eines etwa vorhandenen Guthabens aus Beitragsrückerstattungen zu aktivieren (R 41 Abs. 26 EStR; Reuter, GmbHR 1997, 1126; vgl. auch BFH v. 28.11.1961 – BStBl. III 1962, 101). Eine Saldierung des Rückdeckungsanspruchs mit der Pensionsrückstellung ist gemäß § 246 Abs. 2 HGB nicht zulässig. Eine tatsächliche wirtschaftliche Verflechtung der Versorgungsverpflichtung mit dem zu ihrer Deckung abgeschlossenen Versicherungsvertrag bestünde nur dann, wenn der Versicherungsvertrag als Vertrag zugunsten Dritter (Direktversicherung) abgeschlossen würde (BFH v. 01.02.1966 = BStBl. III 1966, 251). Daraus folgt zugleich, dass der Rückdeckungsanspruch auch dann zu aktivieren ist, wenn das Unternehmen keine Pensionsrückstellung gebildet hat (Reuter, GmbHR 1997, 1126). 558

Der Rückdeckungsanspruch einerseits und die Pensionsverpflichtung andererseits stellen unabhängig voneinander zu bilanzierende Wirtschaftsgüter dar. Eine Saldierung beider ist daher gemäß § 246 Abs. 2 HGB auch bei Rückdeckung in voller Höhe (kongruente Rückdeckung) nicht zulässig (BFH v. 01.02.1966, BStBl. III 1966, 251; v. 28.06.2001, BStBl. II 2002, 724; v. 28.02.1996, BStBl. II 1996, 348, zur Einheitsbewertung des Betriebsvermögens; vgl. auch Ahrend/Förster/Rößler, Steuerrecht der betrieblichen Altersversorgung, 4. Aufl. 2. Teil Rdnr. 374; Beck´scher Bilanzkommentar, 5. Aufl., § 249 HGB Rdnr. 248, BFH v. 25.02.2004, BStBl. II 2004, 654). Zwar ist in der Rechtsprechung des BFH die Berücksichtigung von Rückgriffsmöglichkeiten bei der Bilanzierung von Verbindlichkeiten und Forderungen bejaht worden (BFH-Urteile v. 17.02.1993, BStBl. II 1993, 437; v. 08.11.2000, BStBl. II 2001, 349, BFH v. 28.06.2001, GmbHR, 2001,1181). Der Abzug nach § 6a EStG setzt voraus, dass die Versorgungszusage als betrieblich veranlasst zum Betriebsausgabenabzug zugelassen wird. 659

Handelt es sich um einen beherrschenden Gesellschafter oder um eine dem beherrschenden Gesellschafter nahe stehende Person (BFH v. 07.02.2002 GmbHR 2002, S. 656), ist eine betriebliche Veranlassung nur gegeben, wenn die Vereinbarung klar 660 von vornherein bestimmt ist und dem entspricht, was mit einem fremden Dritten auch vereinbart worden wäre und sie muss finanzierbar sein (BFH v. 31.03.2004, GmbHR 2004, S. 1034). Sind diese Voraussetzungen gegeben, kann unter den Voraussetzungen des § 6a EStG eine Rücklage gebildet werden. Die Voraussetzungen für eine Pensionsrückstellung ergeben sich aus § 6a EStG. Hier ist zwischenzeitlich eine Rechtsprechungsänderung eingetreten (BFH v. 28.04.1982 BStBl II 1982, 612). Hiernach sind Pensionsrückstellungen steuerlich nur anzuerkennen, wenn die Pensionszusage schriftlich erteilt worden ist (§ 6a Abs. 1 Nr. 3 EStG, BFH v. 22.10.2003, BStBl II 2004, 121).

cc) Pensionszusagen an Gesellschaftergeschäftsführer

661 Verspricht die an einer GmbH & Co. KG beteiligte Komplementär-GmbH, die lediglich die Geschäfte der KG führt, ihrem Geschäftsführer, der zugleich Kommanditist der KG ist, eine Pension, so entsteht eine ungewisse Verbindlichkeit, die in der Steuerbilanz der GmbH & Co. KG nach allgemeinen Grundsätzen zu behandeln ist. Bildet die GmbH & Co. KG eine Pensionsrückstellung, dann ergibt sich ein Aufwand der GmbH, der innerhalb der Gewinnermittlung der KG zu berücksichtigen ist. Die dadurch eintretende Minderung des Gewinns der KG ist durch einen gleich hohen Ansatz des Anspruchs auf die Sondervergütung entweder nur in der Sonderbilanz des Kommanditisten-Geschäftsführers oder anteilig in den Sonderbilanzen aller Kommanditisten unter Beachtung des Grundsatzes korrespondierender Beziehungen auszugleichen (s. zur Behandlung dieser Pensions-RST. BFH v. 28.06.2001, BStBl II 2002, 724; v. 02.12.1997, BFHE 184, S. 571 und zuletzt Urt. des FG Baden-Württemberg v. 22.04.2004, EFG 2004, S. 1511).

662 Erfüllt die GmbH später ihre Ruhegehaltsverbindlichkeit, so sind die Zahlungen mit den in der Sonderbilanz bzw. in den Sonderbilanzen aktivierenden Ansprüchen zu verrechnen. Verzichtet dagegen die GmbH auf die Bildung einer Rückstellung, dann kann auch innerhalb der Gewinnermittlung der KG ein Sonderaufwand der GmbH mit der Folge anfallen, dass die Aktivierung von Ansprüchen in der Sonderbilanz des Kommanditisten entfällt. Erfüllt die GmbH in diesem Fall später ihre Ruhegehaltsverbindlichkeit, so entsteht Sonderaufwand der GmbH im Zeitpunkt der Zahlung. Gleichzeitig fallen aber auch gleich hohe Sondervergütungen i. S. d. § 15 Abs. 1 Satz 1 Nr. 2 Satz 1 Halbs. 2 EStG beim Kommanditisten-Geschäftsführer an (BFH v. 16.12.1993, BStBl 1993, S. 792; 13.07.1993, BB 1994, S. 486). Unerheblich ist hierbei, mit wem der Anstellungsvertrag geschlossen ist. Ist der Anstellungsvertrag mit der Komplementär-GmbH geschlossen worden, so kann die KG dem bei ihrer Komplementär-GmbH angestellten Geschäftsführer eine Pensionszusage erteilen, die die KG berechtigt nach § 6a EStG eine gewinnmindernde Pensionsrückstellung zu bilden (FG Köln v. 11.03.1999, EFG 1999, 596, BFH v. 07.02.2002, GmbHR 2002, 656).

663 Hat hingegen die Komplementär-GmbH für den angestellten Gesellschaftergeschäftsführer eine Pensionsrückstellung gebildet, wirkt sich diese bei der KG gewinnmindernd aus. Diese führt zu einem Sonderaufwand, der bei der Ermittlung des Gesamtgewinns der Mitunternehmerschaft zu berücksichtigen ist (BFH v. 13.07.1993, BStBl II 1994, 282). Mithin ist der innerhalb der Gewinnermittlung der KG zu berücksichtigende Sonderaufwand der Komplementär-GmbH durch Aktivierung eines Anspruchs auf Sondervergütung in der Sonderbilanz eines oder aller Gesellschafter zu neutralisieren (BFH v. 06.05.1965, BStBl III 1965, 502).

Die Vereinbarung eines Aufwendungsersatzes dient generell dazu, dass mit den Aufwendungen nicht der vorleistende Gesellschafter, sondern alle Gesellschafter nach dem Gewinnverteilungsschlüssel belastet werden sollen (BFH v. 07.02.2002, GmbHR 2002, 656). Denkbar ist auch, dass sich Aufwendungsersatz, der mit der Beschäftigung eines Geschäftsführers, der ihrerseits aufgrund des Gesellschaftsverhältnisses zur Geschäftsführung verpflichteten GmbH zusammenhängt, als Gewinn vorab darstellt (BFH v. 13.07.1993, BStBl II 1994, 282) Der BFH (v. 13.10.1998, BStBl II 1999, 284) hat jedoch klargestellt, dass nicht alle Vergütungen für gesellschaftsvertraglich vereinbarte oder gesellschaftsrechtlich geschuldete Beiträge des Gesellschafters notwendigerweise zu einem Gewinnvorab führen. Auch bei einem Aufwendungsersatzanspruch ist stets zu prüfen, ob eine Gewinnverteilungsregelung vorliegt oder ob der Aufwand entsprechend dem Gewinnverteilungsschlüssel auf alle Gesellschafter aufzuteilen ist. 664

Letzteres trifft zu, wenn der Aufwandsersatzanspruch auch in Verlustjahren zu zahlen ist (BFH v. 07.02.2002 GmbHR 2002, 656). In der Regel ist davon auszugehen, dass es sich bei dem Aufwandsersatz nicht um eine Gewinnverteilungsabrede handelt und der Aufwand auf alle Gesellschafter zu verteilen ist. Auf der anderen Seite ist jedoch die Gewinnminderung bei der KG dadurch rückgängig zu machen, das nach den Grundsätzen der korrespondierenden Bilanzierung, diese durch eine entsprechende Sonderbetriebseinnahme bei dem begünstigten Gesellschafter wieder rückgängig gemacht wird. 665

dd) Voraussetzung für die steuerliche Anerkennung

Die Komplementär-GmbH bzw. die KG kann die auf diese Zusage gebildeten Rückstellungen zu Lasten ihres Einkommens nur als Betriebsausgaben abziehen, soweit diese betrieblich veranlasst sind. Keine betriebliche Veranlassung ist dem Grunde nach gegeben, wenn die Zusage nicht auf einer eindeutigen, klaren und von vornherein bestimmten Vereinbarung beruht, außerdem muss sie unter Bedingungen stehen, wie sie zwischen fremden Dritten auch vereinbart worden wären. Die Zuführung zu einer Rückstellung wegen einer Pensionszusage kann vGA sein, wenn die Zusage auf einer Vereinbarung beruht, die Bedingungen enthält, die fremde Dritte bei im Übrigen vergleichbaren oder ähnlichen Verhältnissen nicht abgeschlossen hätten (BFH v. 15.10.1997, BStBl II 1999, 316). 666

Die Erfüllung einer Pensionszusage unmittelbar nach der Anstellung und ohne die unter Fremden übliche Wartezeit ist i. d. R. nicht betrieblich, sondern durch das Gesellschaftsverhältnis veranlasst (BMF v. 14.05.1999 – IV C 6 – S 2742 – 9/99, BStBl I 1999, 512). Eine Anpassung der Rente an die gestiegenen Lebenshaltungskosten bzw. die gestiegenen Einkommen verstößt nicht gegen das Rückwirkungsverbot. Es ist bei beherrschenden Gesellschaftern jedoch nicht zulässig, wenn eine Zusage im Laufe eines Beschäftigungsverhältnisses erteilt worden ist, dieses auf den Beginn des Beschäftigungsverhältnisses zurückzubeziehen. 667

Unabhängig davon, ob der Gesellschafter-Geschäftsführer beherrschender Gesellschafter ist, muss die Höhe der Zusage angemessen sein. Die zugesagte Pension muss während der Dienstzeit ab dem Zeitraum zwischen der Vereinbarung und dem voraus- 668 sichtlichen Pensionseintritt noch erdient werden können (BMF, a.a.O., RdNr. 2) Sagt eine Kapitalgesellschaft ihrem Gesellschafter-Geschäftsführer eine Pension zu, so hält diese Zusage dem Fremdvergleich im Allgemeinen stand, wenn aus der Sicht des Zusagezeitpunktes

- die Pension noch erdient werden kann,
- die Qualifikation des Geschäftsführers, insbesondere aufgrund einer Probezeit feststeht,
- die voraussichtliche Ertragsentwicklung die Zusage erlaubt und
- keine anderen betrieblichen Besonderheiten der Zusage entgegenstehen (z. B. Wahrung des sozialen Friedens) (BHF v. 29.10.1997, BStBl II 1999, 318).

669 Erdient werden kann eine Pension von einem beherrschenden Gesellschafter, wenn zwischen Zusagezeitpunkt und dem vorgesehenen Zeitpunkt des Eintritts in den Ruhestand mindestens 10 Jahre liegen, und von einem nicht beherrschenden Gesellschafter, wenn im vorgesehenen Zeitpunkt des Eintritts in den Ruhestand der Beginn der Betriebszugehörigkeit mindestens 12 Jahre zurückliegt und die Zusage für mindestens 3 Jahre bestanden hat (BFH v. 24.01.1996, BStBl II 1997, 440; v. 29.10.1997, a.a.O.) Die Anerkennung einer Pensionszusage ist grundsätzlich zu verneinen, sobald der Geschäftsführer das 60. Lebensjahr überschritten hat (BFH v. 29.10.1997, a.a.O., BFH v. 19.05.1998, BStBl II 1998, 689).

670 Wird ein Einzelunternehmen in eine Kapitalgesellschaft umgewandelt o. ä. und führt der bisherige, bereits erprobte Geschäftsleiter des Einzelunternehmens als Geschäftsführer der Kapitalgesellschaft das Unternehmen fort, so bedarf es vor Erteilung einer Pensionszusage keiner (erneuten) Probezeit für den Geschäftsführer (BFH v. 29.10.1997, a.a.O.). Aus den Fehlen einer Rückdeckungsversicherung für eine Pensionszusage allein ergibt sich noch nicht, dass die Zusage eine vGA ist (BFH v. 29.10.1997, a.a.O.).

671 Für die Angemessenheitsprüfung ist jährlich ein Betrag in Höhe der Versicherungsjahresprämie anzusetzen, die hätte entrichtet werden müssen, damit die Pension gezahlt würde. Die Angemessenheitsprüfung ist unter Einbeziehung der Aktivbezüge durchzuführen. Ob auch hier auf ein bestimmtes Verhältnis durch die Aktivbezüge (30 v. H.) abzustellen ist, ist umstritten, jedenfalls für die vGA noch nicht geklärt. Soweit die Pensionsrückstellungen das Einkommen gemindert haben, sind sie als vGA dem körperschaftsteuerlichen Einkommen wieder hinzuzurechnen.

672 Beim Gesellschafter-Geschäftsführer, der gleichzeitig Kommanditist ist, handelt es sich um eine Vergütung i. S. d. § 15 Abs. 1 Satz 1 Nr. 2 Halbs. 2 EStG. Soweit die Pensionszusage anerkannt wurde, liegt eine Tätigkeitsvergütung vor; soweit jedoch eine vGA gegeben ist, handelt es sich um Beteiligungserträge, die dem Sonder-BV II hinzuzurechnen sind. Da es sich hier nicht um Vergütungen und Beteiligungserträge im Privatvermögen, sondern um (Sonder-) Betriebsvermögen handelt, kommt es hier grundsätzlich nicht auf den Zufluss, sondern auf die Entstehung des Anspruchs an. Der zivilrechtliche Anspruch entsteht jedoch erst, wenn nach der Zusage der Versorgungsfall eingetreten ist. Bis zu diesem Zeitpunkt sind lediglich Anwartschaften entstanden. M. E. ist jedoch bereits im Zeitpunkt der Zusage ein vermögenswerter bilanzierungsfähiger Vorteil entstanden, so dass in Höhe der jährlichen Zuführung zu den Rückstellungen beim Gesellschafter ein Ertrag im Sonder-BV anzunehmen ist.

Wird die Pensionszusage dem Gesellschafter-Geschäftsführer von der KG erteilt, weil mit ihr der Anstellungsvertrag abgeschlossen worden ist, so ist der Vertrag nach dem Grundsatz der Anerkennung von Verträgen zwischen Gesellschaft und ihren Gesellschaftern zu würdigen, d. h. die abgeschlossenen Verträge müssen grundsätzlich einem Fremdvergleich standhalten. Sie wären steuerlich nicht anzuerkennen, wenn sie mit fremden Dritten in vergleichbarer Position unüblich wären. Der Gewinn der Personengesellschaft wäre um die Zuführung zu den Rückstellungen zu erhöhen; soweit die Erhöhung auf den Gewinnanteil der Komplementär-GmbH fällt, ist diese als vGA zu behandeln. Gleiches gilt, wenn die Pensionszusage der Höhe nach nicht anerkannt wird, soweit der unangemessene Teil der Zuführung zur Pensionsrücklage auf den Gewinnanteil der Komplementär-GmbH entfällt, ist sie als vGA zu behandeln.

673

Sind Versorgungsbezüge in Höhe eines festen Betrages zugesagt, der wegen der Annahme eines ansteigenden säkularen Einkommenstrends im Verhältnis zu den Aktivbezügen am Bilanzstichtag überhöht ist (sog. Überversorgung), so ist die nach § 6a EStG zulässige Rückstellung für Pensionsanwartschaften nach Maßgabe von § 6a Abs. 3 S. 2 Nr. 1 S. 4 EStG unter Zugrundelegung eines angemessenen Vomhundertsatzes der jeweiligen letzten Aktivbezüge zu ermitteln (Bestätigung der st. Rspr. des BFH seit dem Urteil des BFH v. 13.11.1975 – IV R 170/73, BFHE 117, 367 = BStBl II 1976, 142).

674

Eine Überversorgung ist regelmäßig anzunehmen, wenn die Versorgungsanwartschaft zusammen mit der Rentenanwartschaft aus der gesetzlichen Rentenversicherung 75 v. H. der am Bilanzstichtag bezogenen Aktivbezüge übersteigt (ebenfalls Bestätigung der st. Rspr. des BFH). Bei der Prüfung, ob eine Überversorgung vorliegt, sind in die Versorgungsbezüge jene Sozialversicherungsrenten einzubeziehen, die der Begünstigte aus Sicht des Zeitpunkts der Zusage der betrieblichen Altersversorgung aufgrund der bis dahin geleisteten Beiträge in die (nicht freiwillig fortgeführte) gesetzliche Rentenversicherung bei Eintritt in den Ruhestand voraussichtlich zu erwarten hat. In die letzten Aktivbezüge sind die fiktiven Jahresnettoprämien für die Versorgungszusage nicht einzubeziehen.

675

Fest zugesagte prozentuale Rentenerhöhungen sind keine ungewisse Erhöhung i. S. d. § 6a Abs. 3 S. 2 Nr. 1 S. 4 EStG (Bestätigung der Sen.Urt. BFH v. 17.05.1995 – I R 16/94, BFHE 178, 134 = BStBl II 1996, 420 = GmbHR 1995, 830; v. 25.10.1995 – I R 34/95, BFHE 179, 274 = BStBl II 1996, 403 = GmbHR 1996, 385). Solange solche Rentenerhöhungen im Rahmen angemessener jährlicher Steigerungsraten von regelmäßig max. 3 v. H. bleiben, nehmen sie auch keinen Einfluss auf das Vorliegen einer Überversorgung (BFH Urt. v. 31.03.2004 – I R 79/03, GmbHR 2004, 1227). Ist jedoch die GmbH & Co. KG aus einer GmbH hervorgegangen, brauchen die aufgrund der Zusage bis zum Zeitpunkt der Umwandlung erfolgten Rückstellungen nicht aufgelöst zu werden; weitere können jedoch nicht gebildet werden (BFH vom 8. 1. 1975 GmbHRdsch. 1975, 117; BFH vom 22. 6. 1977 BStBl. II 1977, 798). Gleiches gilt, wenn der Geschäftsführer der GmbH und auch der GmbH & Co. KG erst später als Kommanditist in die Gesellschaft eingetreten ist. Soweit aufgrund einer früheren Zusage Pensionsrückstellungen bis zu seinem Eintritt als Kommanditist gebildet worden sind, brauchen diese nicht aufgelöst zu werden. Grundsätzlich sind jedoch Versicherungen, die den privaten Bereich eines Gesellschafters abdecken (insbesondere Risiken, die in der Person des Betriebsinhabers begründet sind), nicht betrieblich veranlasst. Sie können daher steuerlich nicht als Betriebsausgaben anerkannt werden. Eine Ausnah-

676

me gilt nur dann, wenn mit der Ausübung des Berufs ein erhöhtes Risiko verbunden ist. Den Privatbereich eines Gesellschafters betreffende Rechtsverhältnisse sind bei der Gewinnermittlung der Personengesellschaft außer Betracht zu lassen (BFH v. 11. 5. 1989 DB 1989, 1902).

d) Behandlung von Sozialversicherungsbeiträgen

677 Sind Geschäftsführer Gesellschaftsfremde oder solche Personen, die lediglich Gesellschafter der GmbH sind, so sind diese Soziallasten, die von der GmbH an den Sozialversicherungsträger abgeführt werden, bei der GmbH Betriebsausgabe. Hat die Komplementär-GmbH gegen die KG einen Ersatzanspruch, so wird der Aufwand durch einen Aufwendungsersatzanspruch neutralisiert (BFH v. 07.02.2002, GmbHR 2002, S. 656). Die Rentenzahlungen an die Witwe eines verstorbenen Gesellschafters stellen dann eine Betriebsausgabe der KG dar, wenn die Rentenzahlungen betrieblich veranlasst sind und nicht im privaten Bereich ihre Ursache haben. Kennzeichnend für eine betriebliche Versorgungsrente ist, dass der Gedanke der Entlohnung der früher für den Betrieb geleisteten Dienste im Vordergrund steht (BFH vom 7. 12. 1977, BStBl. II 1978, 269; vom 25. 10. 1984, BStBl. II 1985, 212). Das ist der Fall, wenn zwischen der Gesellschaft und dem Gesellschafter wie zwischen fremden Dritten ein Anstellungsvertrag mit einer Versorgungsvereinbarung geschlossen worden ist und somit die Rente im wirtschaftlichen Zusammenhang mit der Arbeitsentschädigung, also mit der Tätigkeit des verstorbenen Gesellschafters im Dienst der KG steht (vgl. Reuter, Direktversicherung für den Geschäftsführer, GmbHR 1992, 140).

678 Ist die Rente Ausfluss der früheren Tätigkeit des Ehemannes und sind die Rentenzahlungen von vornherein im Vertrag als eine Entschädigung für die geleistete Arbeit vereinbart worden, steht bei den Rentenzahlungen der Gedanke der Entlohnung der früher von dem Verstorbenen für den Betrieb geleisteten Dienste im Vordergrund. Familiäre Motive stehen daher im Hintergrund, auch wenn im Zusammenhang mit der Vereinbarung die Kinder als jetzige Gesellschafter in die Gesellschaft aufgenommen worden sind.

679 Der betrieblichen Veranlassung des Arbeitsverhältnisses zwischen dem A und der KG steht nicht entgegen, dass es sich bei der aufgrund dieses Verhältnisses an A gezahlten Tätigkeitsvergütung um eine solche i. S. des § 15 Abs. 1 Nr. 2 EStG handelte, denn die Anwendung des § 15 Abs. 1 Nr. 2 zerstörte nicht die betriebliche Veranlassung einer Vergütungszahlung bei der Personengesellschaft. Die gezahlte Vergütung bleibt für das Gesellschaftsvermögen und damit für die Personengesellschaft zunächst eine Betriebsausgabe. Sie verliert diesen Charakter erst dadurch, dass sie aufgrund des § 15 Abs. 1 Nr. 2 im Sonderbetriebsvermögen des die Vergütung empfangenden Gesellschafters als Sonderbetriebseinnahmen zu behandeln ist (vgl. BFH v. 27. 6. 1989, DB 1989, 2000).

4. Behandlung von Patentüberlassungen

680 Erhält ein Gesellschafter eine Vergütung dafür, dass er der GmbH & Co. KG ein Patent zur Nutzung überlassen hat, handelt es sich bei den Nutzungsvergütungen grundsätzlich um Einkünfte aus Gewerbebetrieb im Sinne des § 15 Abs. 1 Nr. 2, wonach auch die Vergütungen für Nutzungsüberlassungen Einkünfte aus Gewerbebetrieb darstellen.

Das Patent gehört zum Sonderbetriebsvermögen des Gesellschafters. Die Lizenzeinnahmen sind daher grundsätzlich als Sonderbetriebseinnahmen des Gesellschafters zu behandeln und dem gewerblichen Gewinn des Gesellschafters hinzuzurechnen. Handelt es sich jedoch um die Angehörigen eines beherrschenden Gesellschafters, ist jeweils zu prüfen, ob die vereinbarten Vertragsbedingungen im Betrieb ihre Ursache haben oder durch außerbetriebliche Erwägungen beeinflusst sind. Eine betriebliche Veranlassung ist insoweit gegeben, als die Bedingungen angemessen sind. Soweit jedoch die Bedingungen den angemessenen Rahmen übersteigen, sind sie dem Gesellschafter als Entnahme zuzurechnen. Es ist jedoch hierbei zu berücksichtigen, dass es eine der verdeckten Gewinnausschüttung entsprechende Vorschrift im Zusammenhang mit Vorteilsgewährung im Rahmen von Personengesellschaften nicht gibt und somit Leistungen an die Gesellschafter bzw. deren Angehörige, soweit sie unangemessen sind, als Entnahmen zu qualifizieren sind, die nur mit den Aufwendungen (Teilwert i. S. des § 6 Abs. 1 Nr. 4) zu bewerten sind (vgl. auch BFH v. 24. 3. 1983 – IV R 123/80 DB 1983, 1685).

IV. Rechtsgeschäfte mit Gesellschaftern oder mit Angehörigen eines Gesellschafters

1. Grundsätze

Rechtsgeschäfte mit Gesellschaftern werden grundsätzlich steuerlich anerkannt, wenn sie einem Fremdvergleich standhalten, also unter Bedingungen abgeschlossen werden, wie sie unter fremden Dritten auch vereinbart worden wären. Das gilt nicht nur für Rechtsgeschäfte mit Gesellschaftern, sondern auch für Rechtsgeschäfte mit deren Angehörigen. In der neuesten Rechtsprechung hat der BFH insofern eine Einschränkung gemacht, als Rechtsgeschäfte mit Angehörigen nur insofern dem Fremdvergleich unterliegen, als es sich um Angehörige eines beherrschenden Gesellschafters handelt (BFH v. 15. 12. 88, BStBl. II 1989, 500; siehe auch BFH v. 13. 6. 1989, BStBl. II 1989). Dies gilt jedoch nur hinsichtlich des Fremdvergleichs und des tatsächlichen Vollzugs, nicht jedoch hinsichtlich der Angemessenheit der vereinbarten Bedingungen. Wird Gesellschaftsvermögen auf einen Gesellschafter im Rahmen eines nichtausgeglichenen Rechtsgeschäftes übertragen, liegt grundsätzlich insoweit eine verdeckte Entnahme vor. Soweit eine verdeckte Entnahme zu einer Gewinnminderung führt, ist der Gewinn der Personengesellschaft entsprechend zu berichtigen, was gleichzeitig zu einer Gewinnverlagerung zugunsten einzelner Gesellschafter führt. Soweit jedoch die Kapitalgesellschaft persönlich haftender Gesellschafter ist, führt eine verdeckte Entnahme zu Gunsten eines Gesellschafters zu einer Schmälerung des körperschaftsteuerlichen Einkommens der Kapitalgesellschaft. Daher ist nach der Rechtsprechung (v. 6. 8. 1985 BStBl. II 1986, 17) die Gewinnschmälerung der Komplementäre in Höhe ihres Anteils am Gewinn als verdeckte Gewinnausschüttung zu behandeln.

681

Das trifft auch für den Geschäftsführer zu, der gleichzeitig Kommanditist der GmbH & Co. KG ist. Soweit es sich hierbei um den Arbeitgeberanteil handelt, ist dieser bei gesellschaftsfremden Geschäftsführern und solchen, die nicht gleichzeitig Kommanditisten sind, nach § 3 Nr. 62 EStG steuerfrei. Der so genannte Arbeitnehmerteil ist den Einkünften aus nichtselbständiger Arbeit hinzuzurechnen. Sie sind aber im Rahmen der Höchstbeträge als Sonderausgaben abzugsfähig. Ist jedoch ein Geschäftsführer gleichzeitig Kommanditist, so stellen die Leistungen des Arbeitgebers (der GmbH)

682

zur Sozialversicherung, gleichgültig, ob es sich hierbei um den Arbeitgeber- oder um den Arbeitnehmeranteil handelt, Sonderbetriebseinnahmen dar, die im Rahmen des Gesellschaftsverhältnisses gezahlt werden dürfen (vgl. hierzu BFH vom 27. 11. 1969 IV 273/65 BStBl. II 1970, 183).

2. Teilentgeltliche Rechtsgeschäfte als verdeckte Entnahme

683 Soweit ein Rechtsgeschäft mit einem Gesellschafter der Personengesellschaft nicht ausgeglichen ist, hat dies bei der GmbH & Co. KG eine Doppelwirkung, in Höhe des Anteils der Komplementär-GmbH am Entnahmegewinn liegt eine verdeckte Gewinnausschüttung der Kapitalgesellschaft an ihre Gesellschafter vor, darüber hinaus ist der Entnahmegewinn beim entnehmenden Gesellschafter zu erfassen.

Beispiel: Die X-GmbH & Co. KG hat an den Gesellschafter A, der Gesellschafter der GmbH & Co. KG ist, Waren für 300.000 € anstelle von 400.000 € verkauft. Die X-GmbH ist als Komplementärin mit 10 v. H. am Gewinn beteiligt. In Höhe von 10 v. H. von 100.000 € = 10.000 € liegt eine vGA der Komplementär-GmbH an den Gesellschafter A vor, in Höhe von 90.000 € eine verdeckte Entnahme des A (vgl. BFH v. 6. 8. 1985, BStBl. I 1986, 17).

684 Das gilt grundsätzlich für Vereinbarungen jeder Art mit der Kapitalgesellschaft, die einen nicht ausgeglichenen Leistungsaustausch zum Gegenstand haben, auch für Rechtsgeschäfte, die in den Sonderbereich des Gesellschafters entfallen.

Beispiel: A ist Kommanditist der X-GmbH & Co. KG und Architekt. Er hat der Gesellschaft gegenüber Architektenleistungen erbracht, die einen Wert von € 80.000,00 haben, für die er jedoch € 100.000,00 in Rechnung stellte. Betrieblich veranlasst ist lediglich eine Vergütung von € 80.000,00, die bei der Personengesellschaft als Betriebsausgabe, jedoch im Sonderbereich des Gesellschafters als Sonderbetriebseinnahme zu behandeln sind.
Der unangemessene Teil der Vergütung ist aufzuteilen, er stellt im Verhältnis der Gewinnbeteiligung der Komplementär-GmbH eine vGA an A dar, hinsichtlich des übersteigenden Teils eine verdeckte Entnahme des A, die ihm ertragsteuerlich zuzurechnen ist.

685 Gleiches gilt für Darlehensüberlassung seitens des Gesellschafters zu unangemessen hohen Zinsen oder Nutzungsüberlassungen seitens des Gesellschafters gegen eine unangemessen hohe Pacht. Überlässt die Personengesellschaft dem Gesellschafter ein Darlehen zu unangemessen niedrigen Zinsen oder bestellt die Personengesellschaft an einem Grundstück der Gesellschaft ein Erbbaurecht zu unangemessen niedrigen Erbbauzinsen, ist der Differenzbetrag zum ortsüblichen Erbbauzins als vGA bzw. verdeckte Entnahme zu behandeln.

3. Rechtsgeschäfte mit Angehörigen eines Gesellschafters

686 Rechtsgeschäfte mit Angehörigen eines Gesellschafters unterliegen den gleichen Grundsätzen wie Rechtsgeschäfte mit Gesellschaftern, wenn es sich um den Angehörigen eines beherrschenden Gesellschafters handelt (BFH v. 15.12.1988, BB 1989,

1602). D. h., Rechtsgeschäfte mit Angehörigen eines beherrschenden Gesellschafters werden nur dann anerkannt, wenn die Vereinbarungen eindeutig sind, von vornherein vereinbart sind, tatsächlich durchgeführt und einem Fremdvergleich standhalten (BFH v. 15.12.1988, BStBl II 1989, 500, 20.09.1990, BStBl II 1991, 18). Wird das Rechtsgeschäft mit einem Angehörigen eines beherrschenden Gesellschafters nicht anerkannt, so können die sich aus diesem Rechtsverhältnis ergebenden Leistungen an den Angehörigen nicht als Betriebsausgaben der Gesellschaft anerkannt werden.

Beispiel: Das Arbeitsverhältnis mit dem Sohn (S) des beherrschenden Gesellschafters (A) – der X-GmbH & Co. KG wird steuerlich nicht anerkannt. Dieser erhält ein Gehalt von mtl. € 2.500 ausgezahlt. Der Gesellschafter A ist mit 60 v.H. an der KG beteiligt. Die Komplementär-GmbH (X-GmbH), an der A wiederum mit 60 v.H. beteiligt ist, ist mit 10 v.H. an der KG beteiligt.
Die Zahlung der KG an S ist privat veranlasst. Der Gewinn der KG ist daher um € 30.000 zu erhöhen. Die Zahlungen sind in Höhe des Gewinnanteils der X-GmbH v. 10 v. H. als vGA der X-GmbH an A zu behandeln, hinsichtlich des Restbetrages von 90 v.H. als verdeckte Entnahme des A zu behandeln.

Eine tatsächliche Beherrschung durch einen Gesellschafter kann sich im Einzelfall insbesondere bei Interessengleichlauf aus der Zusammenrechnung von Anteilen ergeben (R 31 Abs. 6 Satz 7 KStR) (Vgl. BFH v. 29.7.1992, BStBl. II 1992, 247). Dies gilt aber nicht bereits dann, wenn es sich bei den Gesellschaftern um Angehörige i.S.d. § 15 AO handelt (R 31 Abs. 6 Satz 10 KStR) (Vgl. BVerfG v. 12.3.1985, BStBl. II 1985, 475; BFH v. 1.2.1989, BStBl. II 1989, 522. Vgl. zur vGA an nahestehende Person des Gesellschafters Schulze zur Wiesche/Ottersbach, Verdeckte Gewinnausschüttung und verdeckte Einlage, Berlin 2004, S. 255ff.; Ottersbach, NWB, F.4, S. 4435ff.). Maßgeblich ist das tatsächliche interessengleiche Zusammenwirken. Gleiches trifft daher zu, wenn ein Rechtsgeschäft mit einem Minderheitsgesellschafter, der zusammen mit einem fremden Mitgesellschafter mehrheitlich beteiligt ist, abgeschlossen wird und dieser mit dem Mehrheitsgesellschafter interessengleich zusammenwirkt. Auch in diesem Falle liegt ein Rechtsgeschäft mit einem beherrschenden Gesellschafter vor. Wird das Rechtsgeschäft insgesamt steuerlich nicht anerkannt, wird man auch hier im Verhältnis der Beteiligung der Komplementär-GmbH eine verdeckte Gewinnausschüttung dieser an ihren Gesellschafter in Form von Sonderbetriebseinnahmen annehmen müssen. Der übersteigende Betrag ist gewinnerhöhend als verdeckte Entnahme dem beherrschenden Gesellschafter zuzurechnen.

a) Teilentgeltliche Rechtsgeschäfte mit Angehörigen eines Gesellschafters

Entspricht ein Rechtsgeschäft mit einem Angehörigen eines Gesellschafters nicht den marktüblichen Bedingungen, liegt insoweit keine betriebliche Veranlassung vor. Der Unterschiedsbetrag zu den marktüblichen Bedingungen ist dem Gesellschafter als verdeckte Entnahme zuzurechnen (Unterschiedsbetrag zum Teilwert bzw. Selbstkosten der Gesellschaft). Entnahmen sind grundsätzlich mit dem Teilwert i. S. des § 6 Abs. 1 Nr. 4 EStG zu bewerten. Außerbetriebliche Erwägungen dürfen den Gewinn der Personengesellschaft nicht beeinträchtigen.

Beispiel: Die Ehefrau des Gesellschafters A vermietet an die GmbH & Co. KG Geschäftsräume. Die monatliche Miete beträgt € 3.000, € 2.000 wären jedoch angemessen. Die Miete ist nur mit € 2.000 als Betriebsausgaben anzusetzen. Die darüber hinausgehenden Zahlungen in Höhe von € 1.000 sind als Entnahmen des Gesellschafters A zu behandeln.

b) Arbeitsverträge zwischen einer Personengesellschaft und dem Ehegatten eines Gesellschafters

689 Die Grundsätze der Rechtsprechung hinsichtlich der steuerlichen Anerkennung von Arbeitsverhältnissen zwischen Ehegatten finden auch dann Anwendung, wenn zwischen einer Personengesellschaft und dem Ehegatten eines beherrschenden Gesellschafters ein Arbeitsverhältnis abgeschlossen wird (BFH v. 12. 4. 1979 IV R 14/76 BStBl. 1979 II, 622; v. 24. 3. 1983 IV R 240/80 BB 1983, 1707). So hat der BFH in ständiger Rechtsprechung die steuerliche Anerkennung von Verträgen zwischen Ehegatten und anderen nahen Angehörigen wegen des möglichen Einflusses familiärer Motive davon abhängig gemacht, dass nachweislich vor dem Beginn des Leistungsaustausches klare und eindeutige Vereinbarungen getroffen sind und dass die tatsächliche Durchführung dem Vereinbarten entspricht. Die Vereinbarungen müssen auch zwischen Fremden üblich sein. Arbeitsverträge müssen hinsichtlich der Vertragsgestaltung und Durchführung dem entsprechen, was zwischen Fremden üblich ist (BFH v. 28. 7. 1983, BStBl. II1984, 60; v. 26. 2. 1988, FR 1988, 281).

690 Liegt ein Arbeitsvertrag vor, aber wird das Arbeitsverhältnis nicht durchgeführt, wird es steuerlich nicht anerkannt, mit der Folge, dass die GmbH & Co. KG die Gehaltsüberweisungen nicht als Betriebsausgaben absetzen kann. Das gilt insbesondere dann, wenn der Ehegatte des Gesellschafters die vereinbarte Leistung nicht erbringt (BFH v. 5. 12. 1963 BStBl. III 1964, 131; v. 26. 9. 1968 BStBl. II 1969, 102). Zur Durchführung des Vertrages gehört es grundsätzlich auch, dass das Gehalt auch tatsächlich ausgezahlt wird (BFH v. 26. 9. 1968 BStBl. II 1969, 102) und in die Verfügungsgewalt des Berechtigten gelangt (BFH v. 16. 1. 1974 BStBl. II 1974, 294). Bei unregelmäßigen Zahlungen wird die Ernsthaftigkeit des Arbeitsverhältnisses in Frage gestellt (BFH v. 5. 7. 1960 BStBl. III 1960, 422; v. 26. 9. 1968 BStBl. II 1969, 102; v. 5. 12. 1963 BStBl. III 1964, 131). Es muss unter Bedingungen stehen, wie sie auch mit fremden Dritten vereinbart worden wären (BFH v. 12. 4. 1979 BStBl. II 1979, 622; v. 14. 10. 1981, BStBl. II 1982, 119). Jedoch ergeben sich gegenüber dem Einzelunternehmer Abweichungen. So werden Ehegattenarbeitsverhältnisse nur anerkannt, wenn das Gehalt auf ein Konto überwiesen wird, über das der Arbeitnehmerehegatte das alleinige Verfügungsrecht hat.

691 Das Arbeitsverhältnis gilt daher nicht als tatsächlich durchgeführt, wenn das Gehalt auf ein Konto fließt, über das beide Ehegatte Verfügungsmacht haben (BFH v. 15. 1. 1980 VIII R 154/78 BStBl. II 1980, 350). Die Löhne müssen sich in der alleinigen Verfügungsmacht des Arbeitnehmerehegatten befinden, BFH v. 4. 11. 1986, DB 1987, 817.

692 Ist jedoch eine Personengesellschaft Arbeitgeberin, bedeutet die Gehaltsüberweisung an den Ehegatten des Gesellschafters einen Vermögensabfluss bei der Personengesellschaft und einen Vermögenszugang bei der Arbeitnehmerin, auch wenn die Überwei-

sung der Personengesellschaft auf das Konto der Eheleute erfolgt (BFH v. 24. 3. 1983 IV R 240/80, BB 1983, 1707). Nach dem Beschluss des Großen Senats v. 27. 11. 1989, BStBl. II 1990/60 ist ein Ehegattenverhältnis anzuerkennen, wenn der Arbeitgeberehegatte oder Mieterehegatte das Gehalt an den Arbeitnehmerehegatten oder die Miete an den Vermieterehegatten auf ein Bankkonto überweist, über das jeder der beiden Ehegatten allein verfügungsberechtigt ist. Diese Grundsätze gelten jedoch nicht, wenn der Arbeitgeber eine OHG ist, an der der andere Ehegatte beteiligt ist. Steuerlich zulässig sind Gehaltsüberweisungen der OHG auf ein Gemeinschaftskonto der Eheleute. Eine andere Beurteilung greift eventuell dann Platz, wenn der andere Ehegatte beherrschender Gesellschafter ist.

Das Gehalt gilt grundsätzlich auch als ausgezahlt, wenn der andere Ehegatte sein Gehalt oder einen Teilbetrag im Unternehmen als Darlehen belässt (BFH v. 9. 4. 1968 BStBl. II 1968, 524; v. 22. 2. 1972, BStBl. II 1972, 614). Hier ist allerdings die Voraussetzung, dass der Geldbetrag in die Verfügungsgewalt des anderen Ehegatten gelangt ist, d. h. der andere Ehegatte einen durchsetzbaren Anspruch auf Rückzahlung entweder bei Kündigung oder vereinbarter Laufzeit haben muss. Der Arbeitnehmerehegatte muss grundsätzlich eine freie Verfügungsgewalt zu jedem Zeitpunkt über sein Aktivgehalt haben. Ein Darlehen, das der Arbeitnehmerehegatte dem Arbeitgeberehegatten ohne Rechtspflicht aus freien Stücken gewährt hat, nachdem das Arbeitsentgelt an den Arbeitnehmer ausgezahlt wurde, kann die Qualität des Arbeitsverhältnisses nicht mehr rückwirkend ändern. Ein Ehegattenarbeitsverhältnis ist dann tatsächlich wie unter Fremden üblich vollzogen, wenn Leistung und Gegenleistung erbracht sind. Das ist der Fall, wenn die Arbeitnehmerin durch Unterschreibung der Abrechnung anerkannt und Betrag richtig erhalten, zu erkennen gegeben hat, dass durch die gleichzeitige Begründung einer Darlehensforderung gegen den Arbeitgeber der Anspruch auf Gehalt erloschen sein soll (BFH v. 17. 7. 1984 BB 1984, 314).

693

Gehaltszahlungen an den Ehegatten eines Gesellschafters sind auch bei Anerkennung des Arbeitsverhältnisses nur insoweit Betriebsausgaben, als sie betrieblich veranlasst sind (BFH v. 28. 7. 1983, DB 1984, 167). Soweit die Entlohnung unangemessen hoch ist, liegt insoweit eine Entnahme des Gesellschafters vor, zu dem das Verwandtschaftsverhältnis besteht. Umgekehrt kann der Ehegatte des Gesellschafters auch zu unangemessen niedrigen Bedingungen arbeiten; in diesem Fall ist die Arbeitsleistung aufzuteilen in einen entgeltlichen Teil und einen unentgeltlichen Teil. Eine betriebliche Veranlassung besteht nur, soweit es dem entgeltlichen Teil der Arbeitsleistung entspricht, was für Pensionszusagen und Direktversicherungen von Bedeutung sein kann.

694

c) Pensionszusagen und Direktversicherungen zugunsten des Arbeitnehmerehegatten eines Gesellschafters

Versicherungen zugunsten von Arbeitnehmern sind als Betriebsausgaben abzugsfähig, wenn ein betrieblicher Anlass zur Zahlung besteht. Soweit der Arbeitnehmer einen unmittelbaren Anspruch erhält, ist der Versicherungsanspruch nicht dem Betriebsvermögen zuzuordnen. Die Beiträge sind daher Betriebsausgaben. Inwieweit jedoch Beiträge zur Direktversicherung an Arbeitnehmerehegatten betrieblich veranlasst sind, hängt von folgenden Voraussetzungen ab:

695

a) Es muss ein steuerrechtlich anerkanntes Arbeitsverhältnis vorliegen.
b) Auch familienfremden Arbeitnehmern mit vergleichbaren Tätigkeiten und Leistungsmerkmalen muss eine entsprechende betriebliche Altersversorgung eingeräumt oder zumindest ernsthaft angeboten sein.
c) Gleichstellung der familienfremden Arbeitnehmer muss gegeben sein, wenn dem Arbeitnehmerehegatten eine Direktversicherung als zusätzliche Entlohnung gewährt wird. Eine Gleichstellung ist jedoch nicht gegeben, wenn den familienfremden Arbeitnehmern anstelle einer Direktversicherung eine Lohnerhöhung angeboten wird.
d) Ist die Direktversicherung im Verhältnis zu den Aktivbezügen unangemessen hoch, kann für den internen Vergleich nur die entlohnte, nicht die unentgeltlich geleistete Tätigkeit des Arbeitnehmerehegatten berücksichtigt werden.
e) Die Versorgungsbezüge müssen zu den Aktivbezügen in einem angemessenen Verhältnis stehen. Begnügt sich ein Ehegatte mit unangemessen niedrigen Bezügen, erbringt er seine Arbeit teilweise unentgeltlich. Insoweit gilt die betriebliche Veranlassung auch für die Direktversicherung.
f) Ein Arbeitsverhältnis muss auch dahin überprüft werden, ob die einzelnen Lohnbestandteile Aktiv-Bezüge zueinander in der gleichen Relation stehen, wie dies bei familienfremden Arbeitnehmern üblich ist (vgl. BFH v. 21. 8. 1984, BStBl II 1985, 78).

696 Schließt eine Personengesellschaft zugunsten des Ehegatten eines Gesellschafters eine Betriebsversicherung ab, können die Aufwendungen unter den gleichen Voraussetzungen wie bei Arbeitnehmerehegatten von Einzelunternehmern als Betriebsausgaben abgezogen werden (BFH v. 24. 11. 1982 – IR 42/80 DB 1987). Voraussetzung ist u. a., dass die gleiche Versorgung auch anderen Arbeitnehmern gewährt worden wäre. Nicht entscheidend ist, ob solche Regelungen in vergleichbaren Betrieben üblich sind (vgl. auch BFH v. 10. 11. 1982 IR 135/80 BStBl. II 1983, 173). In eine Angemessenheitsprüfung der Versorgungsregelung sind auch die Ansprüche aus der gesetzlichen Rentenversicherung mit einzubeziehen (vgl. BFH v. 07.04.1994, BStBl II 1994, 740, v. 27.10.1993, BStBl II 1994, 111 v. 21.04.1988, BStBl II 1988, 833, v. 10.12.1992, BStBl II 1994, 381, v. 25.07.1995, DB 1995, 2247).

697 Hat der Ehegatte eines Gesellschafters auf ein angemessenes Gehalt verzichtet, weil sich das Unternehmen in der Aufbauphase befand, wird u. U. eine zum tatsächlichen Gehalt nicht angemessene Pensionszusage anerkannt, wenn diese als Ausgleich des zu niedrig bemessenen Gehalts dienen soll und die Pensionszusage im Vergleich zum angemessenen Gehalt angemessen wäre (BFH v. 18. 5. 1983 IR 20/77 FR 1983, 461).
Eine betriebliche Veranlassung von Versorgungszusagen an den Arbeitnehmerehegatten des eine KG beherrschenden Gesellschafters ist gegeben, wenn und soweit sie an die Stelle einer fehlenden Anwartschaft auf Bezüge aus der gesetzlichen Rentenversicherung tritt (BFH v. 30. 3. 1983 IR 80/80 BB 1983, 1323). Gleiche Grundsätze gelten, wenn die GmbH & Co. KG einem Arbeitnehmer, der Ehegatte oder Angehöriger eines Gesellschafters ist, im Rahmen eines Arbeitsverhältnisses eine Pensionszusage erteilt. Bei der Bemessung der vergleichbaren Ansprüche aus der Sozialversicherung kann nicht das zuletzt bezogene Aktivgehalt zugrunde gelegt werden. Vielmehr ist zu prüfen, welche Ansprüche sich aufgrund der Bezüge ergeben würden, die der Arbeit-

nehmer-Ehegatte zu erwarten hätte, wenn seine während der Ganztagsbeschäftigung bezogenen Vergütungen der Rentenbemessung zugrunde gelegt würden.
In dem vorstehend bezeichneten Rahmen können die Zuführungen zu der Pensionsrückstellung indes nur insoweit als betrieblicher Aufwand abgezogen werden, als es sich rechnerisch um die Ansammlung der Beträge handelt, die bei der gesetzlichen Rentenversicherung die Funktion der Arbeitgeberbeiträge erfüllen. Soweit die Aufwendungen die wirtschaftliche Funktion der Arbeitnehmerbeiträge haben, können sich die Rückstellungsbeträge grundsätzlich nicht gewinnmindernd auswirken (v. 15. 7. 1976, BStBl. II 1977, 112). Dem Ehegatten eines Gesellschafters kann dann als einzigem Arbeitnehmer eine Pensionszusage erteilt werden, wenn er als einziger Arbeitnehmer eine leitende Funktion ausübt (vgl. BFH-Urteil vom 20. 3. 1980, BStBl. II 1980, 450 = BFH-Urteil vom 30. 3. 1983, DB 1983, 1686).

698

Die Pensionszusage muss in einem angemessenen Verhältnis zu den Aktivbezügen stehen (vgl. BFH v. 13. 11. 1975, BStBl. II 1976, 142, v. 26. 12. 1982 BStBl. II 1983, 209. Ausnahme BFH v. 18. 5. 1983, FR 83, 401; v. 8. 10. 1986, FR 1987, 38; v. 5. 2. 1987, FR 1987, 336; vgl. auch BMF v. 9. 1. 1986, DB 1986, 201). Auch für den Fall, dass der gewerbetreibende Ehemann anderen Arbeitnehmern in vergleichbaren Stellungen eine Versorgungszusage nicht gewährt, kann dennoch eine solche insoweit als betrieblich angesehen werden, als sie an die Stelle einer fehlenden Anwartschaft auf die Bezüge aus der gesetzlichen Rentenversicherung tritt (BFH v. 30. 3. 1983 IR 80/80 BB 1983, 1323). Die Rückstellungen für Pensionszusagen und die Leistungen an Direktversicherungen sind, soweit sie angemessen sind, grundsätzlich abzugsfähig. Sie dürfen auch nicht zu einer Überversorgung führen (BFH v. 16.05.1995, DB 1995, 2249). Nicht steuerlich anerkannt werden Nur-Pensionen (BFH v. 25.07.1995, GmbHR 1995, 911). Soweit sie ein Entgelt sind für die eigenen Arbeitsleistungen des Ehegatten, werden sie auch dem Gewinn nicht als Sonderbetriebseinnahmen des Gesellschafters wieder hinzugerechnet.

699

d) Darlehensgewährungen an die Gesellschaft

Darlehensgewährungen von Angehörigen eines Gesellschafters an die Gesellschaft sind nur dann betrieblich veranlasst, wenn die Vereinbarung in der gesetzlich vorgeschriebenen Form zustande gekommen ist und diese sowohl in Gestaltung als auch hinsichtlich der Durchführung dem zwischen Fremden Üblichen entspricht(BFH v. 18.12.1990, DB 1991, 1096, 18.02.1990, DB 1991, 1097, 18.12.1990, DB 1991, 1099). Werden z. B. unter fremden Dritten Darlehen mit einer Laufzeit bis zu 25 Jahren vereinbart, werden Modalitäten ausgehandelt, dass zumindest der Rückfluss des Darlehens gesichert erscheint. Ein Darlehensverhältnis setzt voraus, dass auch die Interessen des Darlehensgebers berücksichtigt werden. Das ist nicht der Fall, wenn nach dem Willen der Vertragsparteien die Art und Weise der Darlehensrückzahlung an den Bedürfnissen und Möglichkeiten des Darlehensnehmers ausgerichtet werden soll. Ist der Darlehensvertrag allein auf die Interessen der Personengesellschaft ausgerichtet, entspricht der Darlehensvertrag nicht den Bedingungen, wie sie unter fremden Dritten ausgehandelt worden wären. Bei langer Laufzeit ist u. U. auch die Gewährung von Sicherheiten üblich (vgl. BFH v. 19. 12. 1979, BStBl. II1980, 242). Nach dem Urteil des BFH v. 14. 4. 1983 DB 1983, 1691 liegt daher in folgendem Falle keine Darlehensgewährung an die Gesellschaft vor:

700

A war Gesellschafter der A KG. Er hatte seinen Enkelkindern Geldbeträge geschenkt, jeweils mit der Auflage, diese Beträge der A KG als Darlehen mit einer Laufzeit von 25 Jahren wieder zurückzugeben. Sicherheiten wurden jedoch von der KG nicht gestellt (vgl. insbesondere BFH v. 15.04.1999 DStR 1999, 1221). Diese Darlehensgewährungen der Enkelkinder waren nicht anzuerkennen und die von der Gesellschaft an die Enkelkinder gezahlten Zinsen nicht als Betriebsausgaben abzugsfähig.

701 Grundlage für die betriebliche Veranlassung eines Darlehens kann auch ein Vertrag mit Familienangehörigen eines Gesellschafters sein. Überträgt ein Gesellschafter seine Darlehenskonten auf seine Kinder, so erhalten sie den Charakter von Darlehen, auch wenn diese Konten beim Gesellschafter als Eigenkapital (§ 15 Abs. 1 Nr. 2 EStG) behandelt wurden. Diese Umwandlung des Darlehens in Eigenkapital ist beendet, wenn der Anspruch auf Rückgewähr an eine Person schenkweise abgetreten wird, die an der Gesellschaft nicht beteiligt ist (BFH v. 13. 10. 1972 BStBl. II 1973, 116). Das gilt auch dann, wenn das Darlehen seine Grundlage zwar im Gesellschaftsverhältnis hat, aber ein selbständiger Darlehensvertrag geschlossen ist, der unmittelbar den gesetzlichen Bestimmungen über das Darlehen unterliegt (BFH v. 22. 5. 1984 DB 1984, 2490).

V. Die steuerliche Behandlung der Gewinnverteilung

1. Grundsätze der Gewinnverteilung

702 Die steuerliche Gewinnverteilung richtet sich grundsätzlich nach den Regeln des Handelsrechts und daher nach dem Gesellschaftsvertrag. Grundsätzlich ist der im Gesellschaftsvertrag vereinbarte Gewinnverteilungsschlüssel auch bei der steuerlichen Gewinnermittlung und Gewinnverteilung zu berücksichtigen (BFH v. 10.11.1980, BStBl II 1981, 164, 238, 1990, DB 1991, 630). Spätere Änderungen der Gewinnverteilung können steuerlich nur Wirkung für die Zukunft haben (BFH vom 12. 6. 1980 BStBl. II 1980, 723). Besonderheiten können sich jedoch bei der GmbH & Co. KG im Hinblick auf die Komplementär-GmbH, soweit deren Gewinnbeteiligung nicht angemessen ist, oder es sich bei den Kommanditisten um Familienangehörige handelt, ergeben. Das liegt daran, dass bei der Komplementär-GmbH, wenn die Kommanditisten gleichzeitig Gesellschafter der Komplementär-GmbH sind, ein Interessenkonflikt innerhalb der Gesellschafter ausgeschlossen ist, weil sich die Gewinnverteilung hier nach den Interessen der Gesellschafter richtet. Hat ein Vater seine Kinder als Kommanditisten in die Gesellschaft aufgenommen, so sind vielfach auch private Gesichtspunkte für die Gewinnverteilung maßgebend und nicht betriebliche. Steuerlich wird eine Gewinnverteilung jedoch nur insoweit anerkannt, als auch diese betrieblich veranlasst ist. Es müssen für den Gewinnverteilungsschlüssel betriebliche Gründe maßgebend sein. Das ist der Fall, wenn die Gewinnverteilung beitragsbezogen ist. Zu den Gesellschafterbeiträgen gehören nicht nur die Kapitaleinlagen, sondern auch die Beiträge im weiteren Sinne, wie Dienstleistungen, sonstigen Leistungen. Letztere können vorabvergütet werden, aber auch im Gewinnverteilungsschlüssel Mitberücksichtigung finden.

703 Es sind daher grundsätzlich die Bedingungen, die mit der GmbH als Komplementär-GmbH und Familienangehörigen ausgehandelt worden sind, mit den Bedingungen, die mit fremden Dritten unter sonst gleichen Verhältnissen vereinbart worden wären, zu vergleichen. Soweit die Bedingungen hinsichtlich der GmbH als Komplementär-

GmbH nicht angemessen sind, findet insoweit eine Korrektur des körperschaftsteuerpflichtigen Einkommens der GmbH statt, als die Gewinnverzichte den Gesellschaftern als verdeckte Gewinnausschüttungen hinzugerechnet werden. Soweit es sich um unangemessene Gewinnbeteiligungen von Familienangehörigen handelt, so ist der Gewinn zugunsten dessen zu korrigieren, der aus außerbetrieblichen Gründen auf einen Teil seines Gewinnanspruchs zugunsten anderer Gesellschafter verzichtet hat. Soweit für einzelne Gesellschafter aus steuerlichen Gründen eine Korrekturbilanz (Ergänzungsbilanz) geführt werden, sind die Ergebnisse der Ergänzungsbilanz der Handelsbilanz hinzuzurechnen. Gleiches gilt für die Sonderergebnisberechnung (§ 15 Abs. 1 Satz 1 Nr. 2 Satz 1, 2. Halbsatz EStG). Es ist jedoch hierbei zu berücksichtigen, dass der Steuerbilanzgewinn nicht mit dem Gewinn der Handelsbilanz übereinstimmt. Soweit der Gewinnanteil der Komplementär-GmbH durch Vereinbarungen mit Familienangehörigen beeinträchtigt wird, liegt anteilig entsprechend dem Gewinnverteilungsschlüssel eine vGA vor.

Wie bereits ausgeführt, gehört zum Steuerbilanzgewinn auch der Gewinn des so genannten Sonderbereichs, daher nämlich der Gewinn, der sich aus den einzelnen für bestimmte Gesellschafter aufgestellten Sonderbilanzen ergibt. Hinzu kommen noch die Tätigkeitsvergütungen für solche im Dienste der Gesellschaft und Zinsen für Darlehensüberlassungen.

2. Vorabgewinn

Vor der Gewinnverteilung sind den Gesellschaftern zunächst einmal die Vorwegvergütungen zuzurechnen. Das sind solche, die einzelnen Gesellschaftern vorab für bestimmte Leistungen gewährt werden. Diese Vorwegvergütungen vermindern grundsätzlich den verteilungsfähigen Gewinn. Zu den Vorwegvergütungen gehören insbesondere die Tätigkeitsvergütungen für Gesellschafter-Geschäftsführer, die sonstigen Tätigkeitsvergütungen für Steuerberatung, Architektenleistungen bei Bauträgergesellschaften, Vergütungen für Buchführung und Steuerberatung, Aufstellung der Bilanz. Hierzu zählen auch die besonderen Risikovergütungen, die einzelnen Gesellschaftern für besondere Risiken gezahlt werden. Zum Bereich der Vorwegvergütungen gehören auch die Verzinsung der Darlehens- und der verschiedenen Kapitalkonten, sofern eine solche Verzinsung im Gesellschaftsvertrag vorgesehen ist. Der Gewinnvorab ist von den Sondervergütungen abzugrenzen. Die Sondervergütungen unterscheiden sich dadurch vom Gewinnvorab, als es sich hierbei um eine echte Verbindlichkeit handelt, die unabhängig vom Ergebnis gezahlt werden muss. Vielfach ist Grundlage ein Darlehensvertrag, Miet- oder Pachtvertrag oder ein Anstellungsverhältnis. Der Gewinnvorab ist nur aus Gewinnen zu leisten (vgl. BFH v. 13.10.1998, GmbHR 1999, 198).

3. Verteilung des Restgewinns

Der nach Verrechnung der Vorwegvergütung verbleibende Restgewinn ist auch steuerlich grundsätzlich nach dem im Gesellschaftsvertrag vereinbarten Gewinnverteilungsschlüssel auf die einzelnen Gesellschafter zu verteilen.

4. Gewinnbeteiligung der GmbH

707 Die Gewinnbeteiligung der GmbH richtet sich auch hier grundsätzlich nach dem Gesellschaftsvertrag. Der Gewinn der Beteiligung der GmbH wird entscheidend davon abhängen, ob die GmbH am Vermögen beteiligt ist oder nicht oder ob sie die Geschäfte der GmbH & Co. KG führt.

a) Beteiligung der GmbH am Gewinn

708 Ist die GmbH am Vermögen der GmbH & Co. KG durch eine Einlage beteiligt, wird sie in der Regel auch am Gewinn beteiligt sein. Die Gewinnbeteiligung kann die Gesamtvergütung für alle Tätigkeiten der GmbH darstellen. In der Regel wird sich jedoch die Gewinnbeteiligung auf die vermögensmäßige Beteiligung beschränken, während hinsichtlich der anderen Dienstleistungen der GmbH, die Übernahme der Geschäftsführung, Haftung und Risiko, die Komplementär-GmbH neben der Gewinnbeteiligung noch eine Sondervergütung erhält (Haftungsvergütung). Die Komplementär-GmbH ist unter Berücksichtigung aller von ihr geleisteten Beiträge zur Erreichung des Gesellschaftszweckes angemessen am Gewinn zu beteiligen (BFH v. 28.06.1989, BStBl II 854, BFH/NV, 1990, 130). U. E. sind bei der Betrachtung, ob eine Gewinnbeteiligung angemessen ist, auch die Sondervergütungen in die Angemessenheitsprüfung mit einzubeziehen. Geklärt jedoch ist diese Frage nicht. Der BFH vom 14. 2. 1978 BStBl. II 1978, 427 hat in einem anderen Zusammenhang bei der Prüfung der Frage, ob die Gewinnbeteiligung eines stillen Gesellschafters angemessen ist, unangemessene Geschäftsführervergütungen nicht berücksichtigt. Der BFH hat hierbei die Rechtsansicht vertreten, dass die Sondervergütungen nur dann berücksichtigt werden könnten, wenn in der Gewinnverteilungsabrede hierauf Bezug genommen worden ist. Die Situation ist hier jedoch eine andere als bei der stillen Gesellschaft, weil die Beitragsverpflichtung im Rahmen des Gesellschaftsverhältnisses als einheitliches Ganzes anzusehen ist, und auch die Vergütungen, die hierfür gezahlt werden, einschließlich der Gewinnbeteiligung als einheitliche gewerbliche Einkünfte angesehen werden.

709 Nicht erforderlich ist es jedoch, die Komplementäre im gleichen Verhältnis zum Anteil zu beteiligen wie die Kommanditisten (natürliche Personen). Es ist nach Ansicht des BFH vom 15. 11. 1967, BStBl. II 1968, 152 hierbei zu berücksichtigen, dass das Haftungsrisiko von Komplementären als natürliche Person ein erheblich größeres ist als das einer Kapitalgesellschaft. Die natürliche Person haftet das ganze Leben, eine GmbH hingegen wird nach Abwicklung des Konkursverfahrens gelöscht werden. Insofern ist es gerechtfertigt, natürliche Personen als Komplementäre anders zu behandeln als juristische Personen, die lediglich zu dem Zweck begründet worden sind, persönlich haftende Gesellschafter einer Kommanditgesellschaft zu sein. Allerdings ist die Gewinnbeteiligung unter Bedingungen einzuräumen, wie sie mit einer Komplementär-GmbH mit fremden Gesellschaftern, die nicht gleichzeitig Kommanditisten sind, vereinbart worden wären. Die Gewinnbeteiligung der GmbH muss so bemessen sein, dass sich für die GmbH für ihre Tätigkeit eine angemessene Kapitalverzinsung ergibt (vgl. BFH vom 15. 11. 1967, BStBl. II 1968, 152). Die Vergütung für die Geschäftsführung kann in der Weise geregelt sein, dass sie bei der Festsetzung des allgemeinen Gewinnverteilungsschlüssels mit berücksichtigt wird. Neben dem Gewinnvorab für die

Geschäftsführung und einer Haftungsvergütung ist es zulässig, dass die KG alle Aufwendungen, die der GmbH im Zusammenhang mit der Geschäftsführung entstehen, übernimmt, z.B. Geschäftsführergehalt (Auslagenersatz) (vgl. ausf. Schulze zur Wiesche/Ottersbach, Verdeckte Gewinnausschüttung und verdeckte Einlage, Berlin 2004, S. 287f.).

b) Vergütung bei nicht vermögensmäßiger Beteiligung

Ist eine Komplementär-GmbH nicht am Vermögen der Kommanditgesellschaft beteiligt, ist eine Gewinnbeteiligung nicht notwendigerweise erforderlich. Es wird als ausreichend erachtet, wenn ihre Leistungen angemessen vergütet werden. Der BFH hat es als ausreichend angesehen, wenn der Komplementär Auslagenersatz (Geschäftsführervergütung) und eine Vergütung für die Übernahme des Haftungsrisikos in Höhe der üblichen Avalprovision erhält (BFH v. 24.07.1990, BB 1990, 2026). Diese dürfte je nach Höhe des Risikos zwischen 2 und 3 v. H. des Haftungsrisikos betragen. Das Haftungsrisiko wird in der Regel vom Umfang des Vermögens der GmbH (BFH vom 3. 2. 1977 BStBl. II 1977, 346) bestimmt.

710

c) Gewinnverteilung an die Kommanditisten

Wie bereits ausgeführt, gehören zum gewerblichen Gewinn der Gesellschafter nicht nur der Gewinnanteil am Steuerbilanzgewinn der PersG zzgl. evtl. vorhandener Ergänzungsbilanzen, sondern auch alle Sonderbetriebseinnahmen, die im Zusammenhang mit diesem Gesellschaftsverhältnis stehen. Ist ein Kommanditist gleichzeitig zum Geschäftsführer der GmbH & Co. KG bestellt worden, ist die Geschäftsführervergütung als so genannter Vorweggewinn zu behandeln und dem gewerblichen Gewinn hinzuzurechnen und bei der Gewinnverteilung dem Gesellschafter vorab zuzurechnen. Gleiches gilt für Darlehens- und Kapitalverzinsung. Hat der Kommanditist der Gesellschaft Sonderbetriebsvermögen zur Nutzung zur Verfügung gestellt, gehören zum Gewinn aus der Mitunternehmerschaft auch die Einkünfte aus Vermietung und Verpachtung, die dem Gesellschafter vorab zuzurechnen sind. Es muss hierbei jedoch bemerkt werden, dass die Sonderbetriebseinnahmen in gleicher Weise ermittelt werden wie der Gewinn der Personengesellschaft. Bei den Einkünften aus Vermietung und Verpachtung kommt es somit nicht auf den Zufluss, sondern auf die Entstehung der Forderung an. Es ist hierbei zu berücksichtigen, dass auch die Gewinnausschüttungen der GmbH, wenn die Anteile sich im Sonderbetriebsvermögen von Gesellschaftern befinden, Sonderbetriebseinnahmen des betreffenden Gesellschafters darstellen. Darüber hinaus gebührt dem Kommanditisten der Anteil am Restgewinn der Gesellschaft. Dieser ist im Zweifel entsprechend dem Gewinnverteilungsschlüssel auf ihn zu verteilen.

711

Beispiel: Der Gesellschafter A ist als Kommanditist an der GmbH & Co. KG beteiligt. Seine Gewinnbeteiligung beträgt 20 v.H. Die Kapitalkonten werden vorab mit 5 v.H. verzinst. Er erhält eine Tätigkeitsvergütung € 60.000,00 im Jahr. Der Gesamtgewinn (Handelsbilanzgewinn) der GmbH & Co. KG betrug € 400.000,00. Letzter Kapitalkontostand € 200.000,00. Das Geschäftsführergehalt i.H.v. € 60.000,00 und die Kapitalkontenverzinsung in Höhe von € 10.000,00 sind dem Gesellschafter A vorab zuzurechnen. Am Restgewinn ist der Gesellschafter mit 20 v.H. beteiligt. Die Ergänzungsbilanz enthält ein Mehrkapital von urspr. € 150.000, das nur einen Firmenwert (ND = 15 Jahre) ausweist.

712   Das dem Gesellschafter A zuzurechnende Einkommen beträgt:

Anteil am Gesamtgewinn	€ 80.000,00
Ergebnis Ergänzungsbilanz	€ - 10.000,00
Ergebnis 1. Stufe	€ 70.000,00
Sonderbetriebseinnahmen	€ 70.000,00
Ergebnis 2. Stufe (zuzurechnendes Einkommen)	€ 140.000,00

VI. Nicht ausgeglichene Leistungsbeziehungen als verdeckte Gewinnausschüttungen der Komplementär-GmbH

1. Allgemeines

713   Nach § 8 Abs. 3 Satz 2 KStG dürfen verdeckte Gewinnausschüttungen das Einkommen einer Körperschaft nicht mindern. Das Gesetz enthält jedoch keine Begriffsbestimmung. Das Wesen einer verdeckten Gewinnausschüttung besteht darin, dass eine Ausschüttung an den Gesellschafter oder eine diesem nahe stehende Person zu Lasten des Vermögens bzw. des Gewinns nicht offen in Erscheinung tritt, sondern in ein anderes Rechtsgeschäft gekleidet wird, d. h. in verdeckter Form erfolgt (z. B. im Rahmen eines Kaufvertrages, Miet- und Pachtvertrages, Darlehensvertrages, Dienstvertrages insb. Anstellungsvertrages erfolgt; vgl. auch BFH v. 23. 5. 1984 BStBl. II 1984, 673; v. 7. 12. 1988, DB 1989, 458). Eine verdeckte Gewinnausschüttung i. S. v. § 8 Abs. 3 KStG ist bei einer Kapitalgesellschaft eine Vermögensminderung oder verhinderte Vermögensmehrung, die durch das Gesellschaftsverhältnis veranlasst ist, sich auf die Höhe des Einkommens auswirkt und in keinem Zusammenhang mit einer offenen Ausschüttung steht. Bei einem beherrschenden Gesellschafter ist eine Veranlassung durch das Gesellschaftsverhältnis auch dann anzunehmen, wenn es an einer klaren und von vornherein abgeschlossenen Vereinbarung darüber fehlt, ob und in welcher Höhe ein Entgelt von der Kapitalgesellschaft gezahlt werden soll. Es handelt sich hier in erster Linie um nicht ausgeglichene Leistungsbeziehungen zwischen Gesellschaft und Gesellschafter, die sich zu Lasten der Kapitalgesellschaft auswirken (unangemessen niedriges Entgelt für Leistungen der Gesellschaft an einen Gesellschafter bzw. unangemessen hohes Entgelt für Leistungen des Gesellschafters an die Gesellschaft (Schulze zur Wiesche/Ottersbach, a.a.O., S. 279).

714   Die unangemessenen Bedingungen müssen mit Rücksicht auf das Gesellschaftsverhältnis ausgehandelt worden sein. Die Veranlassung durch das Gesellschaftsverhältnis steht im Gegensatz zur betrieblichen Veranlassung. Ist eine Vermögensminderung bzw. ein Verzicht auf Vermögensmehrung betrieblich veranlasst, scheidet eine verdeckte Gewinnausschüttung aus. Motiv für die Vermögensminderung bzw. den Verzicht auf Vermögensmehrung muss das Gesellschaftsverhältnis sein. Eine verdeckte Gewinnausschüttung scheidet daher aus, wenn die Gesellschaft ein eigenes innerbetriebliches

Interesse an dem Rechtsgeschäft hat und aus innerbetrieblichen Gründen hierbei eine Vermögensminderung in Kauf nimmt (Schulze zur Wiesche/Ottersbach S. 30 f.).
Bei der GmbH & Co. KG sind folgende verdeckte Gewinnausschüttungen zu unterscheiden:
1. unausgeglichene Rechtsgeschäfte mit Gesellschaftern der GmbH, die nicht gleichzeitig Gesellschafter der KG sind.
In diesem Falle bleiben die Gewinnauswirkungen auf die Komplementär-GmbH beschränkt. Die Einkommenskorrektur bei der Komplementär-GmbH hat keine Auswirkung auf den Gewinn der KG.
2. Rechtsgeschäfte mit Gesellschaftern der Komplementär-GmbH, die gleichzeitig Kommanditisten sind.
Sie berühren das Einkommen der Komplementär-GmbH. Als verdeckte Ausschüttungen an die Gesellschafter berühren sie den Sonderbereich der Mitunternehmerschaft, haben damit auch Einfluss auf den Gesamtgewinn der KG.
3. Rechtsgeschäfte der Komplementär-GmbH mit der Personengesellschaft, bei gleichzeitiger Beteiligung der Gesellschafter an beiden Gesellschaften.
In diesem Falle erhöht sich das körperschaftsteuerliche Einkommen der Komplementär-GmbH und wird der Gewinn der Personengesellschaft (Gesamthand) bewirkt. Gleichzeitig verändert sich über die verdeckte Ausschüttung an den Gesellschafter der Gewinn im Sonderbereich des Gesellschafters.
4. Nicht ausgeglichene Rechtsgeschäfte zwischen der GmbH & Co. KG und ihren Gesellschaftern.

Nicht ausgeglichene Rechtsgeschäfte führen zu einer Erhöhung des Gesamthandsgewinns, damit, soweit die Komplementär-GmbH am Gewinn beteiligt ist, auch zu einer Erhöhung des Gewinnanteils der Komplementär-GmbH und somit zur entsprechenden Erhöhung deren körperschaftsteuerlichen Einkommens, was jedoch insoweit wiederum eine Ausschüttung an den begünstigten Gesellschafter zur Folge hat, und insoweit zu einer Veränderung der Sonderbetriebseinnahmen des Gesellschafters führt.

Behandlung der Komplementär-GmbH
Bei der verdeckten Gewinnausschüttung sind die Einkommenserhöhung bei der Kapitalgesellschaft (§ 8 Abs. 3 Satz 2) und die Ausschüttung getrennt zu behandeln. Die vGA i. S. des § 8 Abs. 3 S. 2 KStG setzt lediglich eine Vermögensminderung bzw. eine verhinderte Vermögensmehrung voraus, die allerdings Auswirkungen auf das Einkommen der Kapitalgesellschaft hat. Nicht jedoch ist für die vGA nach § 8 Abs. 3 KStG der Zufluss und damit die Ausschüttung an den Gesellschafter erforderlich.
Die Einkommenserhöhung infolge vGA führt zu einer Tarifbelastung von 25 v.H. Körperschaftsteuer plus SolZ (insgesamt 26,375 %). Es muss jedoch bei der Einkommenserhöhung noch berücksichtigt werden, dass sich entsprechend die Gewerbesteuer erhöht, was wiederum zu einer entsprechenden Einkommensminderung führt.

Behandlung beim Gesellschafter
Die Gewinnverzichte der Komplementäre werden als Ausschüttung an den jeweiligen Gesellschafter behandelt, dem ein Gewinnverzicht zugute kommt. Als Ausschüttung einer Kapitalgesellschaft unterliegen sie nach § 3 Nr. 40a EStG dem Halbeinkünftever-

fahren mit der Folge, dass die vGA beim Gesellschafter nur zur Hälfte als Sonderbetriebseinnahmen anzusetzen sind.

Beispiel:
A ist Kommanditist der X-GmbH & Co. KG und Gesellschaftergeschäftsführer der Komplementär der X-GmbH.
A hat für die Geschäftsführung ein Gehalt von 200.000 € erhalten. 120.000 € sind lediglich angemessen.
Das Geschäftsführergehalt hat sich bei der GmbH voll als BA ausgewirkt und ist beim Gesellschafter voll als Sonderbetriebseinnahme erfasst.
Die GmbH erhält neben der Gewinnbeteiligung keinen Aufwendungsersatz.

719 Auswirkungen bei der GmbH
Erhöhung des körperschaftlichen Einkommens (vGA)   + 80 000 €

Auswirkungen beim Gesellschafter
Sonder-BE Beteiligungserträge (vGA)
80 000 € halber Ansatz § 3 Nr. 40a   + 40 000 €

Minderung Geschäftsführergehalt
§ 15 Abs. 1 Satz 1 Nr. 2 Satz 1 Halbs. 2   ./. 80 000 €
Sonder-BE   ./. 40 000 €

720 Ist der Gesellschafter gleichzeitig Kommanditist der GmbH & Co. KG, erhöhen sich dessen Sonderbetriebseinnahmen um die sog. vGA.
Berührt jedoch die vGA den Gesamtgewinn der Personengesellschaft, so kommt die vGA allen Gesellschaftern der Komplementär-GmbH zugute.

Beispiel: Wie zuvor, lediglich mit dem Unterschied, dass die Komplementär-GmbH von der KG Auslagenersatz erhält. Gesellschafter der GmbH & Co. KG und der Komplementär-GmbH sind zu gleichen Teilen A und B. Die Komplementär-GmbH ist mit 10 v. H. am Gewinn beteiligt.

721 Bei der Komplementär-GmbH wirkt sich die Gehaltszahlung nicht als Aufwand aus, weil sie einen Auslagenersatzanspruch in gleicher Höhe hat.
Bei der KG
Gewinnerhöhung   + 80 000 €
Änderung Gewinnverteilung
Komplementär-GmbH   + 8 000 €
A   36 000 €
B   36 000 €

Sonderbetriebseinnahmen
A
S. § 15 Abs. 1 Satz 1 Nr. 2 Satz 1, 2. Halbsatz ./. 80 000 €
Beteiligungserträge SBV II 4 000 €
Halbeinkünfteverfahren + 2 000 €

B
Beteiligungserträge SBV II 4 000 €
Halbeinkünfteverfahren + 2 000 €

Eine vGA liegt u. a. vor, wenn ein Kommanditist für seine Leistung von der KG eine unangemessene Vergütung erhält, die den verteilungsfähigen Gewinn mindert. In Höhe der Gewinnbeteiligung der Komplementär-GmbH liegt in diesen Fällen eine vGA der Komplementär-GmbH an ihre Gesellschafter vor, in Höhe des Restbetrages der unangemessenen Vergütung eine verdeckte Gesellschafterentnahme. Die vGA der Komplementär-GmbH sind in der gesonderten Gewinnfeststellung der KG festzustellen. Hier sind zu unterscheiden: 722

- Gewinnanspruch der Komplementär-GmbH aufgrund gesellschaftlicher Gewinnvereinbarungen;
- An einzelne Gesellschafter der GmbH, die gleichzeitig Kommanditisten sind, gezahlte Vergütungen;
- Von der oder an die Personengesellschaft gezahlte Vergütungen aufgrund eines Leistungsverhältnisses;
- Vergütungen der KG an ihre Gesellschafter, soweit sie den Gewinnanspruch der Komplementär-GmbH schmälern.

2. Bei beherrschenden Gesellschaftern betriebliche Veranlassung nur bei klarer und von vornherein abgeschlossener Vereinbarung

Bei einem beherrschenden Gesellschafter ist eine Veranlassung durch das Gesellschaftsverhältnis auch dann anzunehmen, wenn es an einer klaren und von vornherein abgeschlossenen Vereinbarung darüber fehlt, ob und in welcher Höhe ein Entgelt von der Kapitalgesellschaft gezahlt wird (BFH v. 22. 2. 1988 I R 9/85 BB 1989, 1535). Jedoch bedarf die Vereinbarung nicht notwendigerweise der Schriftform (BFH v. 24. 1. 1990, BStBl. II 1990, 645). So kann eine mündlich abgeschlossene Vereinbarung über monatlich wiederkehrende Leistungen aufgrund ihrer tatsächlichen Durchführung als klar angesehen werden. Das Erfordernis der Klarheit von Vereinbarungen zwischen einer Kapitalgesellschaft und ihren beherrschenden Gesellschaftern schließt die Auslegung dieser Vereinbarungen nicht aus. Das Erfordernis der Klarheit ist erfüllt, wenn die Auslegung der Vereinbarung eindeutig möglich ist (BFH v. 24. 7. 1990, BB 1990, 2027). 723

a) Beherrschender Gesellschafter der GmbH

Ein Gesellschafter, der mehr als 50% der Stimmrechte innehat, ist ein beherrschender. Anteile von Angehörigen und Ehegatten können grundsätzlich nicht zusammengerechnet werden. Soweit bei mehreren Gesellschaftern gleichgelagerte Interessen gegeben sind, ist insoweit eine beherrschende Stellung durch diese gegeben. 724

> Beispiel: A und B sind zu jeweils 50 v. H. an der X-GmbH beteiligt und deren Geschäftsführer; wegen des guten Verlaufs des abgelaufenen Geschäftsjahres beschließen sie rückwirkend für das Geschäftsjahr eine zusätzliche Tantieme. Wegen des Interessengleichklangs sind A und B im Hinblick auf den Tantiemebeschluss als beherrschende Gesellschafter anzusehen, daher sind die rückwirkenden Tantiemevereinbarungen steuerlich nicht anzuerkennen, mit der Folge, dass es sich bei den tatsächlich erfolgten Tantiemezahlungen um eine verdeckte Gewinnausschüttung handelt.

725 Die Vereinbarungen müssen klar und eindeutig sein und müssen von vornherein festliegen. Daher dürfen die Vereinbarungen insbesondere keine Rückwirkung haben. Änderungen können sich daher nur für die Zukunft auswirken. Ist ein Gesellschafter ein beherrschender, werden insbesondere Gehaltsvereinbarungen nur dann anerkannt, wenn von vornherein ein schriftlicher Anstellungsvertrag vorliegt. Dienstleistungen kann gerade ein beherrschender Gesellschafter der Gesellschaft gegenüber unentgeltlich kraft Auftrags erbringen. Schriftliche Form der Vereinbarungen sind jedoch nach BFH v. 24. 1. 1990 (BStBl. 1990, 649) nicht erforderlich, aus Nachweisgründen aber ratsam.

726 Insbesondere müssen hinsichtlich Weihnachtsgeld und Tantieme von vornherein klare Vereinbarungen vorliegen (sonst vGA). Auch hinsichtlich von Sachbezügen müssen klare Vereinbarungen vorliegen, sonst vGA. Stellt die Kapitalgesellschaft ihrem beherrschenden Gesellschafter einen Pkw mit Fahrer auch für Privatfahrten zur Verfügung oder lässt er seinen Privatgarten durch einen Angestellten des Betriebs pflegen, hat er diese Leistungen im Zweifel als Gesellschafter empfangen, wenn nicht klare Vereinbarungen hierüber vorliegen. Ein Gesellschafter beherrscht eine Kapitalgesellschaft, wenn er den Abschluss des zu beurteilenden Rechtsgeschäftes erzwingen kann (BFH v. 1. 2. 1989, FR 1989, 340).

b) Beherrschender Gesellschafter einer GmbH & Co. KG

727 Ein Gesellschafter ist beherrschender Gesellschafter der Komplementär-GmbH, wenn er die Mehrheit der Anteile und damit die Stimmenmehrheit hat. Schließt die Komplementär-GmbH mit dem Gesellschafter unmittelbar ein Rechtsgeschäft ab, so wird eine betriebliche Veranlassung durch die Rechtsprechung verneint, wenn die Verträge nicht eindeutig sind und von vornherein bestimmt sind. Wird ein Anstellungsvertrag mit dem Gesellschafter abgeschlossen, müssen die Bedingungen von vornherein genau festgelegt sein. Ist das Tätigkeitsfeld nicht genau umschrieben, ist davon auszugehen, dass die Vergütungen für alle Tätigkeiten, die im Zusammenhang mit der GmbH & Co. KG stehen, gewährt werden. Sollen einzelne Bereiche herausgenommen werden, muss dieser Bereich genau umschrieben werden. Das gilt insbesondere dann, wenn bestimmte Leistungen besonders vergütet werden sollen. Nach BFH v. 12. 4. 1989, DB 1989, 1703, ist eine Sonderregelung mit einem Gesellschaftergeschäftsführer eine vGA, wenn die Aufgaben nicht klar von der übrigen Geschäftsführertätigkeitsvergütung abgegrenzt werden. Für die steuerliche Anerkennung ist es erforderlich, dass dieser Bereich klar und eindeutig von der üblichen Geschäftsführertätigkeit abgegrenzt wird (BFH v. 12. 4. 1989 a. a. O.).

728 Werden dem Gesellschafter-Geschäftsführer neben dem Gehalt Sachbezüge wie Gestellung eines Pkws mit Fahrer auch für Privatfahrten, Gestellung eines Gärtners usw.

gewährt, so muss aus den Vereinbarungen klar hervorgehen, dass diese Leistungen eine Tätigkeitsvergütung sein sollen. Liegt hinsichtlich dieser Sachleistungen keine klare Vereinbarung vor, aus der hervorgeht, dass es sich hierbei um Tätigkeitsvergütungen handeln soll, ist anzunehmen, dass er diese Leistungen als Gesellschafter erhalten hat. Tantiemevereinbarungen müssen von vornherein getroffen sein und klar und eindeutig die Bemessungsgrundlage für ihre Berechnung festlegen. Es reicht für einen beherrschenden Gesellschafter nicht aus, dass sie in das Belieben der Gesellschafterversammlung, in der der Leistungsempfänger die Mehrheit der Stimmrechte hat, gestellt wird. Die Grundlagen wie v.H.-Satz vom Gewinn müssen festliegen und nach objektiven Maßstäben nachprüfbar sein. Auch eine Weihnachtsgratifikation muss von vornherein vereinbart sein.

Wird ein Weihnachtsgeld oder eine Tantieme während eines laufenden Geschäftsjahres vereinbart, kann die Vereinbarung nicht auf den Beginn des Geschäftsjahres zurückwirken, sondern wirkt steuerlich lediglich vom Abschluss der Vereinbarung an, d. h. die Tantieme für die Weihnachtsgratifikation muss noch während des Restes des Geschäftsjahres verdient werden können, ohne dass die Gesamtbezüge bezogen auf diesen Zeitraum (Restgeschäftsjahr) unangemessen sind. Diese Grundsätze gelten auch hinsichtlich der Rechtsgeschäfte zwischen Komplementär-GmbH und der KG, wenn die Komplementär-GmbH einen beherrschenden Gesellschafter hat, der wiederum Kommanditist der GmbH & Co. KG ist. Eine beherrschende Stellung in diesem Sinne ist auch dann gegeben, wenn die Gesellschafter der Komplementär-GmbH gleichzeitig Gesellschafter der KG sind, und somit ein Interessengleichauf in beiden Gesellschaften besteht.

Auch in diesen Fällen werden Rechtsgeschäfte zwischen der Komplementär-GmbH und der KG nur dann steuerlich anerkannt, wenn sie klar und eindeutig und vollständig sind und die Vereinbarungen von vornherein getroffen worden sind. Hiervon betroffen sind insbesondere Geschäftsführungsverträge mit der Komplementär-GmbH, Miet- und Pachtverträge der Komplementär-GmbH, wenn die Komplementär-GmbH eigene Grundstücke besitzt und sie der KG zur Nutzung überlässt. Wird ein Miet- und Pachtverhältnis steuerlich nicht anerkannt, führt das dazu, dass die Mietzahlungen auch bei Angemessenheit zu verdeckten Gesellschaftereinlagen führen. Vergütungen an die KG werden nicht als Betriebsausgaben anerkannt, sondern als verdeckte Gewinnausschüttungen behandelt, auch soweit die Zahlungen angemessen sind.

c) Vereinbarungen mit Angehörigen eines beherrschenden Gesellschafters

Klare und eindeutige Vereinbarungen verlangt die Rechtsprechung auch bei Rechtsgeschäften mit Personen, die einem beherrschenden Gesellschafter nahe stehen. Der Begriff nahe stehend ist aber weit gezogen, er umfasst nicht nur die Angehörigen eines Gesellschafters, sondern alle natürlichen oder juristischen Personen, mit denen sich ein beherrschender Gesellschafter im Interessengleichauf verbindet, Leistungen an diesen Personenkreis gelten als an den beherrschenden Gesellschafter erfolgt, wenn dieser ein Interesse an der Leistung hat, die Leistung an den Angehörigen gilt als Ausschüttung an den Gesellschafter (vgl. Schulze zur Wiesche/Ottersbach S. 282).

Wird mit dem Sohn eines beherrschenden Gesellschafters ein Anstellungsvertrag geschlossen, der in sich widersprüchlich ist, so wird der Anstellungsvertrag steuerlich nicht anerkannt. Die Gehaltszahlungen an den Sohn aufgrund des steuerrechtlich unwirksamen Vertrages sind mit der Auszahlung als verdeckte Gewinnausschüttung an den beherrschenden Gesellschafter zu behandeln, auch insoweit, als sie einem Fremdvergleich standhalten. Wie bereits ausgeführt, gelten diese Grundsätze auch im Verhältnis der GmbH & Co. KG zu ihren Gesellschaftern. Auch hier werden Vergütungen, wenn ein Rechtsgrund hierfür nicht klar und eindeutig ist, nicht als Betriebsausgaben anerkannt, sondern bei den Empfängern als vorhandene Entnahme und in Höhe der Beteiligung der Komplementär-GmbH als verdeckte Gewinnausschüttung, obwohl es sich bei den Gesellschaftern ohnehin um Sonderbetriebe handelt. In diesem Falle erhöht sich entsprechend dem Gewinnanteil der Komplementär-GmbH und damit auch deren körperschaftsteuerlich zu versteuerndes Einkommen, das wiederum eine verdeckte Gewinnausschüttung an den Gesellschafter darstellt.

Beispiel: An der X-GmbH & Co. KG sind die X-GmbH als Komplementär mit 10 v. H. und die Geschwister S und T (Kinder des A) als Kommanditisten beteiligt. Die Ehefrau E ist alleinige Gesellschafterin der GmbH. A ist alleiniger Geschäftsführer der X-GmbH. A erhält als Vergütungen einschließlich Tantiemen 400.000 €. Das Grundgehalt beträgt 100.000 €, die Tantieme 300.000 €. A ist nicht Gesellschafter der X-GmbH, auch wenn er wegen der hohen Tantieme als verdeckter Mitunternehmer anzusehen wäre. Da die Ehefrau Mehrheitsgesellschafterin ist, ist ihr eine vGA zuzurechnen, da die Vorteilsgewährung an eine nahe stehende Person des Gesellschafters erfolgt. Die vGA ist dem körperschaftsteuerlichen Einkommen der GmbH zuzurechnen. Da die Ehefrau nicht Mitunternehmerin ist, hat sie keine gewerblichen Einkünfte aus der Mitunternehmerschaft, sondern Einkünfte aus Kapitalvermögen. Die fingierte Vorteilsgewährung der Ehefrau an ihren Ehemann ist ein schenkungssteuerlich relevanter Vorgang.

3. Unangemessene Leistungen als verdeckte Gewinnausschüttung

733 Die Unangemessenheit einer Leistung beurteilt sich in der Regel danach, was am Markt, also im freien Wettbewerb, für diese Leistung bezahlt worden wäre. Für die Beurteilung der Angemessenheit einer Leistung ist daher in der Regel ein Fremdvergleich durchzuführen. Im Falle der Veräußerung von Wirtschaftsgütern an Gesellschafter und umgekehrt ist der gemeine Wert des Wirtschaftsgutes zugrunde zu legen.
Ist Gegenstand der vGA eine Leistung, ist das Entgelt zugrunde zu legen, welches hierfür üblicherweise gezahlt worden wäre. Für den Gesellschafter ergibt sich dies aus dem Einnahmebegriff (Zufluss von Gütern in Geld und Geldeswert) und aus der Bewertungsvorschrift des § 8 Abs. 2 EStG, wonach Sachleistungen mit dem ortsüblichen Mittelpreis zu bewerten sind. Der Wert entspricht dem gemeinen Wert des Bewertungsgesetzes (§ 9 BewG). Somit ist bei Sach- und Nutzungs- und Dienstleistungen grundsätzlich ein Fremdvergleich durchzuführen. Soweit möglich, ist der Vergleich im Betrieb durchzuführen. Sofern Nichtgesellschafter nicht gleiche Arbeitsleistungen erbringen, ist ein innerer Betriebsvergleich nicht möglich. Im Hinblick auf die Angemessenheit der Bezüge ist daher mit einem fremden Geschäftsführer in einem vergleichbar großen Betrieb und möglichst der gleichen Branche ein Vergleich durchzuführen. Eine Unterpreisveräußerung ist dann gegeben, wenn der vereinbarte Kaufpreis unter dem Verkehrswert liegt (BFH v. 30. 3. 1989, DB 1989, 1116).

Bei Dauerschuldverhältnissen ist zwar grundsätzlich von den Verhältnissen bei Vertragsschluss auszugehen. Hat es jedoch die Gesellschaft mit Rücksicht auf das Gesellschaftsverhältnis unterlassen, eine sonst übliche Abänderungsklausel bei Änderung des Verhältnisses vorzunehmen, kann dies bei beherrschenden Gesellschaftern u. U. dazu führen, dass das Rechtsverhältnis überhaupt nicht anerkannt wird. Im übrigen wird man das Gesellschaftsverhältnis steuerlich so behandeln müssen, als sei eine solche Abänderungsklausel vereinbart worden. Der Unterschiedsbetrag zwischen der tatsächlich vereinbarten Vergütung und dem unter Berücksichtigung dieser Abänderungsklausel zu zahlenden Entgelt ist als verdeckte Gewinnausschüttung zu behandeln.

734

Ist zwar keine Abänderungsklausel vereinbart worden, haben sich jedoch die Verhältnisse so einschneidend verändert, dass ein fremder Dritter erfolgreich die Änderung der Vertragsbedingungen erreichen könnte, und verabsäumt es die Gesellschaft gegenüber dem Gesellschafter oder umgekehrt, auf die Änderung der Rechtsverhältnisse zu dringen, so liegt hinsichtlich des Unterschiedsbetrages zu den Leistungen nach Vertragsänderung eine verdeckte Gewinnausschüttung vor. Unterlässt es eine Kapitalgesellschaft, trotz geänderten Mietpreisniveaus durch Änderungskündigung einen erhöhten Mietzins gegenüber dem beherrschenden Gesellschafter durchzusetzen, so liegt nach Ansicht des BFH v. 7. 12. 1988 DB 1989, 458 hierin der Verzicht auf eine Vermögenswerte Rechtsposition und somit eine vGA an den Gesellschafter vor.

735

4. Feststellung der verdeckten Gewinnausschüttung in der einheitlichen und gesonderten Gewinnfeststellung

Verdeckte Gewinnausschüttungen der Komplementär-GmbH an Gesellschafter, die gleichzeitig Kommanditisten sind, werden in der einheitlichen und gesonderten Feststellung der GmbH & Co. KG verbindlich auch für die Komplementär-GmbH festgestellt (BFH v. 24.03.1998, BStBl II 1998, 578). Wie bereits ausgeführt, wird der Gewinnanteil der Komplementär-GmbH einschließlich der Sonderbetriebsausgaben gesondert im Feststellungsverfahren der GmbH & Co. KG festgestellt. Werden im Zusammenhang mit der Beteiligung an der GmbH & Co. KG verdeckte Gewinnausschüttungen an Gesellschafter, die gleichzeitig Kommanditisten sind, gewährt, so ist der Gewinnanteil der GmbH entsprechend der verdeckten Gewinnausschüttung zu erhöhen. Gleichzeitig wird sich der Anteil der Gesellschafter am Restgewinn entsprechend ermäßigen. Diese Ermäßigung wird jedoch in der Regel wieder ausgeglichen durch eine entsprechende Erhöhung des Sondergewinns durch die verdeckte Ausschüttung (Schulze zur Wiesche/Ottersbach S. 279).

736

Beispiel: Die X Verwaltungs-GmbH ist an der X-GmbH & Co. KG mit 5 v.H. am Gewinn beteiligt, die Kommanditisten A und B mit jeweils 47,5 v.H. Der Gesamtgewinn der Gesellschaft betrug € 400.000,00. Eine Gewinnbeteiligung der GmbH in Höhe von 15 v.H. wäre angemessen gewesen. Die Gesellschaft hat entsprechend der Gewinnverteilungsvereinbarung den Gesamtgewinn in Höhe von € 400.000,00 wie folgt auf die Gesellschafter verteilt: X-Verwaltungs-GmbH € 20.000,00 Gesellschafter A € 190.000,00 Gesellschafter B € 190.000,00.

737 Da die X-Verwaltungs-GmbH 15 v.H. = € 60.000,00 hätte beanspruchen können, liegt in dem Gewinnverzicht in Höhe von € 40.000,00 eine verdeckte Gewinnausschüttung an die Gesellschafter A und B vor.
In der gesonderten Gewinnfeststellung ist der Gewinn der GmbH um € 40 000,00 zu erhöhen. Der Gewinnanteil der Gesellschafter A und B ermäßigt sich entsprechend um € 20 000,00. Gleichzeitig erhöhen sich aber auf Grund der verdeckten Gewinnausschüttung die Sonderbetriebseinnahmen der Gesellschafter um jeweils € 20 000,00, so dass der gewerbliche Gewinn der Gesellschafter A und B unverändert bleibt. Es erhöht sich lediglich der Gewinnanteil der Komplementär-GmbH um € 40.000,00, der als körperschaftsteuerpflichtiges Einkommen der Körperschaftsteuer unterliegt. Allerdings kommt die Besteuerung der Ausschüttung bei den Gesellschaftern je nach Rechtsform nach Halbeinkünfteverfahren oder Freistellungsmethode noch hinzu, so dass die voll steuerpflichtigen gewerblichen Sonderbetriebseinnahmen entsprechend niedriger sind. Dafür wird die vGA mit 26,375 % KSt + SolZ bei der GmbH zusätzlich belastet.

738 Ist der Gesamtgewinn der Personengesellschaft berührt, insbesondere bei Leistungsbeziehung mit der Personengesellschaft, ergibt sich folgende Reihenfolge
   aa) Korrektur des Bilanzgewinnes der Personengesellschaft u. U. auch der Sonderbilanz
   bb) Änderung der Gewinnverteilung
   cc) Korrektur des körperschaftsteuerlichen Einkommens
   dd) Erfassung der vGA der Komplementär-GmbH an die Gesellschafter
So ergibt sich lediglich eine Korrektur des körperschaftsteuerlichen Einkommens und bei den Sonderbetriebseinnahmen der Gesellschafter. Als Sonderbetriebseinnahme wird jedoch nur der Sonderbereich einzelner Gesellschafter berührt.

5. Einzelfälle der verdeckten Gewinnausschüttung

a) Unangemessene Gewinnbeteiligung

739 Ist die Gewinnbeteiligung der Komplementär-GmbH an einer GmbH & Co. KG unangemessen niedrig, so ist der Differenzbetrag zum angemessenen Betrag als verdeckte Gewinnausschüttung der GmbH an ihre Gesellschafter zu betrachten. Wie bereits ausgeführt, ist der Gewinnanteil der GmbH entsprechend zu erhöhen und dieser Erhöhungsbetrag gleichzeitig bei den Gesellschaftern entsprechend deren Gewinnanteil als Sonderbetriebseinnahme (verdeckte Gewinnausschüttung) zu behandeln. Allerdings ist eine Beteiligung am Restgewinn nicht notwendig, wenn die Komplementär-GmbH neben Auslagenersatz eine angemessene Vergütung für die Übernahme der persönlichen Haftung erhält. Voraussetzung ist jedoch, dass die Komplementär-GmbH nicht am Vermögen beteiligt ist.

b) Unangemessene Vergütung für die Geschäftsführung

740 Hier sind zu unterscheiden die Vergütung, die die Komplementär-GmbH von der KG für die Geschäftsführung erhält, die Vergütung, die die Geschäftsführer der GmbH erhalten. Hier ist zu unterscheiden, ob der Vergütungsanspruch gegenüber der GmbH besteht, die KG als Erfüllungsgehilfe der GmbH das Gehalt zahlt oder ob der Anstel-

lungsvertrag mit dem GmbH-Gesellschafter unmittelbar mit der GmbH & Co. KG abgeschlossen worden ist. Im letzten Fall bezieht sich die verdeckte Gewinnausschüttung nur auf den Anteil an der Gewinnerhöhung, die dem Gewinnanteil der Komplementär-GmbH am Gewinn der KG entspricht. Erhält die GmbH für ihre Geschäftsführertätigkeit eine unangemessen niedrige Vergütung, so ist der Differenzbetrag zur angemessenen Vergütung bei ihr als verdeckte Gewinnausschüttung zu behandeln. In der Regel wird jedoch die Vereinbarung von Auslagenersatz ausreichen. Das gilt insbesondere dann, wenn die GmbH bei Vermögensbeteiligung am Gewinn beteiligt ist oder im Falle nicht vermögensmäßiger Beteiligung eine unangemessene Haftungsvergütung erhält.

Gewährt die Komplementär-GmbH ihrem Geschäftsführer oder ihren Geschäftsführern, der oder die gleichzeitig Kommanditisten der GmbH & Co. KG sind, eine unangemessen hohe Vergütung für die Geschäftsführung, so wird bei der Komplementär-GmbH jedoch das Geschäftsführergehalt nur insoweit als Betriebsausgabe behandelt, als es angemessen ist. Der unangemessene Teil wird bei ihr als verdeckte Gewinnausschüttung behandelt, mit der Folge, dass sich der körperschaftsteuerliche Gewinn erhöht, der einer KSt Belastung von 25 v. H. unterliegt. Diese ist endgültig. 741

Beispiel: Der Gesellschafter-Geschäftsführer A, der gleichzeitig Kommanditist ist, erhält von der X Verwaltungs-GmbH für die Geschäftsführertätigkeit der X GmbH & Co. KG ein Geschäftsführergehalt von 100.000 €.
60.000 € sind jedoch lediglich angemessen. Behandlung bei der X Verwaltungs-GmbH: Minderung der Betriebsausgaben um 40.000 €.
Dadurch Erhöhung des körperschaftsteuerpflichtigen Einkommens um 40.000 €.
(Körperschaftsteuerliche Auswirkungen).
Bei Gesellschaftern hingegen wird nur der angemessene Teil der Vergütung als Sondervergütung i. S. d. § 15 Abs. 1 Satz 1 Nr. 2 Satz 2 Halbsatz EStG behandelt, der unangemessene als Beteiligungserträge (vGA), die aufgrund des Halbeinkünfteverfahrens § 3 Nr. 40 EStG nur mit dem halben Betrag anzusetzen sind.

Behandlung beim Gesellschafter:
Sonderbetriebseinnahme nach § 15 Abs. 1 Satz 1 Nr. 2 Satz 1 2. Halbs. EStG 60.000 €. 742
Beteiligungserträge (vGA) (§ 20 Abs. 1 Nr. 1) 20.000 €.
Halbeinkünfteverfahren
Die Betriebseinnahmen ermäßigen sich bei ihm um insgesamt 20.000 € auf 80.000 €.

Angemessen und damit auch steuerlich anzuerkennen ist bei einer auf die Geschäftsführung der KG beschränkten GmbH ein Gewinnanteil, der ihr auf Dauer Ersatz ihrer Auslagen sowie eine dem Kapitaleinsatz und das Haftungsrisiko gebührend berücksichtigende Beteiligung am Gewinn einräumt; dabei dürfen weder die einzelnen Firmen der Gewinnbeteiligung (z. B. Vorwegvergütung) noch die die Gewinnbeteiligung bestimmenden Faktoren isoliert beurteilt werden. Daraus ergibt sich, dass zumindest die Tätigkeitsvergütungen und die Gewinnanteile zusammengerechnet dem Personalaufwand gegenübergestellt werden müssen und alsdann der verbleibende Gewinnanteil auf seine Angemessenheit zu beurteilen ist. Hierbei sind das Haftungsrisiko und 743 eine angemessene Verzinsung des Kapitals der GmbH zu berücksichtigen (BFH v. 24. 7. 1990, BB 1990, 2026). In die Beurteilung ist nicht ein Veranlagungszeitraum, sondern ein längerer Zeitraum einzubeziehen.

c) Vergütung der GmbH an ihre Geschäftsführer für die Geschäftsführung der GmbH & Co. KG

aa) Beherrschender Gesellschaftergeschäftsführer

744 Ein beherrschender Gesellschafter-Geschäftsführer kann für die GmbH auch unentgeltlich tätig sein. Deshalb bedarf es, wenn die Tätigkeit entgeltlich sein soll, eindeutiger, klarer und von vornherein festliegender Vereinbarungen. In der Regel ist davon auszugehen, dass die vereinbarte Vergütung die gesamte Tätigkeit für die Komplementär-GmbH und auch die für die GmbH & Co. KG umfasst (Schulze zur Wiesche/Ottersbach S. 288). Sollten einzelne Tätigkeiten wie z. B. Vermittlungen von Aufträgen ausgenommen sein, und hinsichtlich dieser eine besondere Provisionsvereinbarung getroffen werden, so bedarf dies einer klaren Abgrenzung der Tätigkeit. Zu klaren Vereinbarungen gehört auch, dass die Bemessungsgrundlage für eine Tantieme von vornherein festliegt. Der Maßstab für die Tantieme darf nicht manipulierbar sein, d. h., die Tantieme darf nicht von der Höhe der jeweiligen Ausschüttung abhängig gemacht werden. Bei unklaren Tantiemevereinbarungen ist eine solche nicht steuerlich anzuerkennen (BFH v. 24. 5. 1989, FR 1989, 757).

bb) Geschäftsführer der GmbH

745 Ist der Geschäftsführer an der KG nicht beteiligt, bleibt der Gewinn der KG grundsätzlich unberührt. Das körperschaftsteuerliche Einkommen ist zu erhöhen und der Unterschiedsbetrag zum angemessenen Gehalt dem Gesellschafter-Geschäftsführer als verdeckte Gewinnausschüttung zuzurechnen. Für die Angemessenheit der Bezüge eines Gesellschafter-Geschäftsführers gibt es keine festen Regeln (BFH vom 5. 10. 1977, BStBl. VIII 1978, 234). Die obere Grenze ist im einzelnen Fall durch Schätzung zu ermitteln. Innerbetriebliche und außerbetriebliche Merkmale können einen Anhaltspunkt für die Schätzung bieten. Beurteilungskriterien sind Art und Umfang der Tätigkeit, die künftigen Ertragsaussichten des Unternehmens, das Verhältnis des Geschäftsführergehaltes zum Gesamtgewinn und zur verbleibenden Kapitalverzinsung sowie Art und Höhe der Vergütungen, die gleichartige Betriebe ihren Geschäftsführern für entsprechende Leistungen gewähren.

746 Tantiemevereinbarungen sind dann nicht betrieblich veranlasst, daher im Gesellschafterinteresse, wenn sie dazu geeignet sind, den Gewinn des Unternehmens abzusaugen und ihn nicht über ein Mindestmaß hinaus zu steigern. Die Tantiemen sind insoweit unüblich, als nicht nur auf den von dem einzelnen Geschäftsführer unmittelbar erwirtschafteten Umsatz abgestellt wird. Schließlich kann nicht unbeachtet bleiben, dass Umsatztantiemen nur in Ausnahmefällen versprochen zu werden pflegen. Im Regelfalle ist gerade die Geschäftsführertantieme gewinnabhängig.

747 Von einem krassen Missverhältnis der Gesamtvergütung eines Gesellschafter-Geschäftsführers muss jedenfalls dann gesprochen werden, wenn die Angemessenheitsgrenze um mehr als 20 v. H. überschritten wird. Es kann dahinstehen, ob es möglich

ist, einzelne Vergütungsbestandteile aus der Gesamtvergütung herauszulösen und sie den Vergütungsbestandteilen anderer Mitarbeiter der Kapitalgesellschaft gegenüberzustellen. Üblicherweise besteht eine einem Gesellschafter-Geschäftsführer zugesagte Tantieme aus einem Anteil am Jahresgewinn. Umsatzabhängige Tantiemen können steuerrechtlich nur ausnahmsweise berücksichtigt werden. Dies setzt besondere Gründe voraus, weshalb angestrebte Ziele mit einer gewinnabhängigen Vergütung nicht zu erreichen sind. Die besonderen Gründe sind von demjenigen darzulegen, der die steuerrechtliche Anerkennung der üblichen Gestaltung begehrt. Die Angemessenheit von Vergütungsvereinbarungen ist grundsätzlich nach den Verhältnissen im Zeitpunkt des Vertragsabschlusses zu beurteilen. Gerade deshalb wird jedoch ein ordentlicher und gewissenhafter Geschäftsleiter äußerste Zurückhaltung bei dem Versprechen einer Umsatztantieme üben (BFH v. 28. 6. 1989 DB 1989, 2049).

cc) bei gleichzeitiger Beteiligung als Kommanditist

Ist der GmbH-Gesellschafter Geschäftsführer gleichzeitig Kommanditist, hängt die steuerliche Behandlung des Geschäftsführergehaltes davon ab, ob das Gehalt von der GmbH auf deren eigene Rechnung aus ihrer Gewinnbeteiligung gezahlt wird, oder für Rechnung der KG, weil im Gesellschaftsvertrag Auslagenersatz vereinbart worden ist. Im ersten Fall ist wie bereits ausgeführt der Gewinn der KG nicht berührt, lediglich die Sonderbetriebseinnahmen des Gesellschaftergeschäftsführers. Im letzten Falle ist jedoch auch der Bilanzgewinn der KG berührt, vGA ist dann lediglich der Teil, der der GmbH über den Gewinnverteilungsschlüssel zustehen würde. Im Einzelnen wird auf die Ausführungen Rdnrn. 652 ff. verwiesen.

748

dd) Verdeckte Gewinnausschüttung bei einer Einheits-GmbH & Co. KG im Zusammenhang einer Anteilsveräußerung

Rechtlich und wirtschaftlich kennzeichnend für eine Einheits-GmbH & Co. KG ist, dass die Komplementär-GmbH mittelbar auch an sich selbst beteiligt ist, weil ihre Geschäftsanteile zum Gesamthandsvermögen der KG gehören, an denen sie als Gesellschafterin der KG nach Maßgabe des Gewinnverteilungs- und Liquidationsschlüssels der KG selbst teilhat, und dass der Komplementär-Anteil der GmbH im Hinblick darauf, dass die Geschäftsanteile der GmbH Gesellschaftsvermögen der KG sind, für die GmbH nur insoweit einen eigenen Wert hat, als die GmbH nach Maßgabe des Gewinnverteilungs- und Liquidationsschlüssels der KG am übrigen Gesellschaftsvermögen der KG, z. B. an Grundstücken der KG, teilhat, sowie umgekehrt die Anteile der KG an der Komplementär-GmbH für die Kommanditisten insoweit ohne zusätzlichen Wert sind (vgl. § 172 Abs. 6 S. 1 HGB).

749

Beispiel: Gesellschafter der X-GmbH & Co. KG waren A mit einem Gewinnanteil von 96,5 v. H. und B mit einem Gewinnanteil von 0,2 v. H. als Kommanditisten und die X-GmbH als Komplementärin mit einem Gewinnanteil von 3,3 v. H. Geschäftsanteile der GmbH waren Gesamthandsvermögen der KG (sog. Einheits-GmbH & Co. KG). Das Vermögen der GmbH bestand nur aus ihrem Komplementär-Anteil an der KG. Mit Wirkung vom 1. 10. 04 verkauften A und B ihre Kommanditanteile an die Y-AG für 1.495 000 € (A) und 2500 € (B). Gleichzeitig verkaufte die GmbH ihren Komplementär-Anteil an die AG. Der Kaufpreis wurde hier später aufgrund einer gutachterlichen Stellungnahme auf 1.815 € festgesetzt. Der Kaufpreis der GmbH wurde wie folgt errechnet: Basis des Kaufpreises für die Kommanditbeteiligung etwa 500% des Nominalbetrages, somit errechnet sich der Wert für die Beteiligung der Komplementär-GmbH von nominal 11.000 € ein Preis von 55.000 €, zu vergüten ist jedoch nur der wirtschaftliche Wert von 3,3 v. H. von 55.000 € = 1.815 €.

750 Die Zuwendung eines Vermögensvorteils kann darin bestehen,
a) dass die Kapitalgesellschaft Wirtschaftsgüter, die ihr als Alleineigentümerin gehören oder an denen sie zu Bruchteilen oder gesamthänderisch beteiligt ist, auf Gesellschafter oder diesen nahe stehende Personen überträgt, ohne dafür eine angemessene Gegenleistung zu erhalten, oder
b) dass die Kapitalgesellschaft darauf verzichtet, für eine Leistung, z. B. die Veräußerung von Wirtschaftsgütern an einen Dritten, eine angemessene Gegenleistung zu fordern, sofern dieser Verzicht ihrem Gesellschafter oder einer diesem nahe stehenden Person ermöglicht, von dem Dritten eine Gegenleistung zu erhalten, die er ohne den Verzicht der Kapitalgesellschaft in dieser Höhe nicht erhalten hätte.

751 Hinsichtlich der Berechnung der verdeckten Gewinnausschüttung ist von folgendem auszugehen:
Die GmbH war mit 3,3 v. H. am Gesellschaftsvermögen der KG und damit nicht nur zu 3,3 v. H. an sich selbst (eigene Anteile), sondern auch zu 3,3 v. H. am übrigen Gesellschaftsvermögen der KG, insbesondere dem Grundbesitz der KG, beteiligt. Hätte die GmbH ihren Komplementär-Anteil nicht an die AG, die Erwerberin der Kommanditanteile des A und des B, sondern bei ansonsten unverändertem Gesellschafterbestand innerhalb der KG an einen fremden Dritten veräußert, so hätte ein ordentlicher und gewissenhafter Geschäftsleiter der GmbH für diesen Komplementär-Anteil einen Kaufpreis gefordert und erhalten, der mindestens der 3,3%igen Beteiligung der GmbH am übrigen Gesellschaftsvermögen der KG, also am Gesellschaftsvermögen ohne die dazu gehörigen GmbH-Anteile, und damit insbesondere ohne den Grundbesitz der KG, entsprochen hätte. Für die GmbH und ihre Gesellschafter hätte kein wirtschaftlich vernünftiger Grund bestanden, die 3,3%ige Beteiligung der GmbH am übrigen Gesellschaftsvermögen, insbesondere am Grundbesitz der KG, ohne angemessene Gegenleistung preiszugeben. Nach BFH vom 9. 5. 1985, FR 1985, 591, errechnet sich die verdeckte Gewinnausschüttung wie folgt:

Erzielter Kaufpreis	1.495.000 €	(A)
	+ 2.500 €	(B)
	+ 1.815 €	(X-GmbH)
	1.499.315 €	
hiervon 3,3% =	49.477 €	
./. vereinbarter Kaufpreis	1 815 €	
Verdeckte Gewinnausschüttung	47 662 €	

d) Unangemessene Vergütung für Nutzungsüberlassung an die KG

Ist die GmbH & Co.. KG aus einer GmbH hervorgegangen, ist es nicht selten, dass die GmbH Eigentümerin des Betriebsvermögens ist, das sie der GmbH & Co.. KG gegen Entgelt zur Nutzung überlässt. Erhält die GmbH für die Nutzungsüberlassung ein unangemessen niedriges Entgelt, um ihren körperschaftsteuerpflichtigen Gewinn niedrig zu halten, liegt hinsichtlich der Differenz zur angemessenen Miet- und Pachtzahlung eine verdeckte Gewinnausschüttung vor (vgl. auch BFH v. 7. 12. 1988, DB 1989, 458).

752

Beispiel: Die X Verwaltungs-GmbH hat der X GmbH & Co. KG, deren Komplementärin sie ist, ein Betriebsgrundstück zur Nutzung überlassen. Sie erhält hierfür eine Nutzungsentschädigung von 36.000 € im Jahr, 60.000 € wären jedoch angemessen gewesen. Der Gewinn der X Verwaltungs-GmbH ist um 24.000 €, nämlich um den Betrag der verdeckten Gewinnausschüttung zu erhöhen. Der Gewinn der GmbH & Co. KG und damit der Kommanditisten erhöht sich an sich jedoch nicht, weil der verdeckten Gewinnausschüttung eine höhere Pachtzahlung an die GmbH gegenübersteht.

Gewinnminderung	
In Folge Erhöhung der Pachtzahlungen	
Um 24.000 €	./. 24.000 €
Sonderbetriebseinnahmen	
bei den Kommanditisten 24 000 €	
Halbeinkünfteverfahren § 3 Nr. 40	+ 12.000 €
Gesamtgewinn	./. 12.000 €

(vgl. Schulze zur Wiesche/Ottersbach S. 284)

e) Verzicht auf Teilnahme an einer Kapitalerhöhung

Wird das Kapital der Gesellschaft durch Aufstockung der Kommanditeinlage erhöht, kann u. U. eine verdeckte Gewinnausschüttung vorliegen, wenn die Einlage der Komplementär-GmbH nicht entsprechend mit erhöht wird (vgl. BFH vom 25.11.1976 BStBl. II 1977, 477 Schulze zur Wiesche/Ottersbach S. 293).

753

Beispiel: An der X GmbH & Co. KG sind folgende Gesellschafter beteiligt:

X GmbH als Komplementärin	40.000 €
A Kommanditist	180.000 €
B Kommanditist	180.000 €

Die Gesellschaft beschließt, dass das Kapital der Kommanditisten A und B jeweils um 100.000 € erhöht werden soll.
Im Gesellschaftsvermögen sind 200.000 € stille Reserven vorhanden.
Die Gewinnverteilung entspricht den Kapitalkonten und soll auch entsprechend geändert werden.
Die Beteiligung der X GmbH von 40.000 € = 10 v. H. ist infolge der Kapitalerhöhung auf 6,666 v. H. gesunken.
Was die stillen Reserven anbetrifft, war die X GmbH vorher mit 20.000 € an diesen beteiligt, nach der Kapitalerhöhung nur noch mit 13.333 €.
Hinsichtlich der Differenz von 6.666 € liegt eine verdeckte Gewinnausschüttung vor.

f) Änderung der Gewinnverteilung zuungunsten der GmbH

754 Wird eine Gewinnverteilung zuungunsten der Komplementär-GmbH geändert, wird im allgemeinen eine verdeckte Gewinnausschüttung vorliegen, wenn für die Änderung der Gewinnverteilung zuungunsten der GmbH nicht sachlich gerechtfertigte Gründe vorliegen. Keine verdeckte Gewinnausschüttung liegt jedoch vor, wenn die Gewinnverteilung einem Kommanditisten Anlass gegeben hätte, das Gesellschaftsverhältnis zu kündigen (vgl. BFH vom 3. 2. 1977 BStBl. II 1977, 504). Die Änderung der Gewinnverteilung ist auch dann nicht als verdeckte Gewinnausschüttung anzusehen, wenn ein ordentlicher und gewissenhafter Geschäftsführer, der nicht gleichzeitig Kommanditist ist, der Änderung zugestimmt hätte, weil sich der der GmbH verbleibende Gewinnanteil immer noch als hochwertig darstellt (vgl. BFH vom 25. 11. 1976 BStBl. II 1977, 477). Voraussetzung jedoch hierfür ist, dass der Gesellschaftsvertrag eine derartige Vertragsänderung zulässt (vgl. Hesselmann, S. 142, Lange, a. a. O. S. 2236, Herrmann-Heuer/Raupach § 15 EStG Anm. 29 e). Eine Gewinnverteilung kann jedoch nicht für die Vergangenheit, sondern lediglich für die Zukunft geändert werden. Zwar können bürgerlich-rechtlich die Vertragschließenden so gestellt werden, als hätten sie die Bedingungen schon zu Beginn des Jahres vereinbart, steuerlich ist jedoch zu berücksichtigen, dass im Zeitpunkt der Vereinbarung schon der steuerliche Tatbestand insoweit verwirklicht worden ist und dieser damit nicht mehr der Disposition der Vertragschließenden unterliegt.

755 Nach Abschluss eines Geschäftsjahres kann daher eine Gewinnverteilung für das abgelaufene Geschäftsjahr mit steuerlicher Wirkung nicht mehr geändert werden (vgl. im einzelnen BFH vom 12. 6. 1980 BStBl. II 1980, 723). Wird eine Gewinnverteilung in der Weise geändert, dass sie sich für die GmbH & Co. KG als eine verdeckte Gewinnausschüttung an die Gesellschafter darstellt, liegt lediglich für die Zukunft, nicht für die Vergangenheit eine verdeckte Gewinnausschüttung vor, weil die Änderung der Gewinnverteilung selbst steuerlich im abgelaufenen Wirtschaftsjahr nicht anerkannt wird (vgl. BFH vom 12. 6. 1980, a. a. O.).

g) Verdeckte Gewinnausschüttung durch Errichtung eines Gebäudes auf Gesellschaftergrundstück

756 Baut eine GmbH auf einem Grundstück im Eigentum der Gesellschafter ein Gebäude, das in das Eigentum des Gesellschafters als Grundstückseigentum übergeht, so ist bei diesem Vorgang grundsätzlich eine verdeckte Gewinnausschüttung in Höhe des Betrages anzunehmen, die ein ordentlicher und gewissenhafter Geschäftsleiter von einem Auftraggeber für die schlüsselfertige Errichtung verlangt haben würde, es sei denn, dass zwischen Kapitalgesellschaft und dem Gesellschafter ein angemessenes Entgelt in anderer Weise vereinbart wurde.

757 Als ein in anderer Weise vereinbartes Entgelt kommt in Betracht, dass der Gesellschafter sich verpflichtet, das Gebäude dem Wert nach für eine Kapitalgesellschaft zu halten und es ihr „quoad sortem" zu überlassen (hierzu BFH v. 20. 1. 1988 BStBl. II 1988, 453; v. 9. 8. 1989 BB 1989, 2174; v. 8. 11. 1989, BB 1990, 620). Baut eine GmbH & Co. KG (Personengesellschaft) auf dem Grundstück eines Gesellschafters ein Gebäude und geht das Gebäude in das Eigentum des Grundstückseigentümers, so liegt eine verdeckte Entnahme vor, wenn die Gesellschaft nicht ein den Herstellungskosten

gleichwertiges Wirtschaftsgut erworben hat (Nutzungsrecht). Ist das nicht der Fall, hat auch die am Vermögen der KG beteiligte Komplementär-GmbH im Verhältnis ihrer Beteiligung entsprechende Gewinnminderung erfahren, die ihr als Gewinnverzicht als vGA zuzurechnen ist. Handelt es sich um einen beherrschenden Gesellschafter, müssen die Nutzungsüberlassungsverträge klar und eindeutig sein (vgl. BFH v. 24.7.1990, BB 1990, 2027). Insbesondere muss aus den Vereinbarungen klar hervorgehen, dass die Nutzungsüberlassung durch den Gesellschafter ein Entgelt für die durch die Gesellschaft durchgeführten Erweiterungsbauten sein soll (vgl. Schulze zur Wiesche/Ottersbach S. 283).

h) Wettbewerbsverbot

Der Gesellschafter-Geschäftsführer einer GmbH unterliegt zivilrechtlich einem Wettbewerbsverbot. Aufgrund des Wettbewerbsverbotes ist dem Geschäftsführer jede Teilnahme am allgemeinen wirtschaftlichen Verkehr im eigenen Namen und für eigene Rechnung im Geschäftsbereich der von ihm vertretenen GmbH versagt. Die GmbH kann jedoch eine Befreiung vom Wettbewerbsverbot erteilen. Das setzt in der Regel sowohl einen förmlichen Gesellschafterbeschluss als auch eine Vereinbarung mit dem Geschäftsführer voraus (BFH 12. 4. 1989, DB 1989, 1702). Beim beherrschenden Gesellschafter muss klargestellt werden, welche Tätigkeiten der Geschäftsführer der GmbH als „Geschäftsführer" schuldet und welche Tätigkeiten er als Selbständiger erbringen kann. Fehlt eine klare Vereinbarung, wird der Betrag, den die GmbH von ihrem Geschäftsführer herausverlangen konnte, aber mit Rücksicht auf das Gesellschaftsverhältnis solches unterlassen hat, als verdeckte Gewinnausschüttung behandelt (siehe BFH v. 26. 4. 1989 v. 14. 3. 1989, BB 1989, 1390). Diese Grundsätze sind auf die GmbH & Co. KG nicht so ohne weiteres anzuwenden. Da die GmbH selbst keinen eigenen Geschäftsbetrieb hat, sondern die KG den Betrieb führt, kann der Gesellschafter-Geschäftsführer mit einer eigenen Tätigkeit nicht zur GmbH, sondern nur zur KG in Wettbewerb treten.

758

Zwar enthält § 112 HGB ein besonderes Wettbewerbsverbot für die Personengesellschaft, von dem jede Befreiung von allen übrigen Gesellschaftern erteilt werden kann. Befreiung gilt als erteilt, wenn die übrigen Gesellschafter Kenntnis erlangt haben und keine Einwendungen erhoben haben. Zwar gelten § 112, 113 nicht für Kommanditisten § 165 HGB. Ein Wettbewerbsverbot der GmbH-Gesellschafter und GmbH-Geschäftsführer gegenüber der KG und der KG-Geschäftsführerin besteht unmittelbar nicht. Doch kann es je nach den Umständen mittelbar aus der Treuepflicht gegenüber der GmbH folgen (vgl. Baumbach/Duden/Hopf HGB Komm. Anh. § 177 a III 1 HGB). Eine Komplementär-GmbH, die am Gewinn der KG beteiligt ist, würde sich gegen Wettbewerbshandlungen von Gesellschaftern wenden, wenn hierdurch ihr Gewinnanteil beeinträchtigt würde. Unterlässt sie es jedoch mit Rücksicht auf die Gesellschafterstellung, gegen Verstöße gegen das Wettbewerbsverbot anzugehen, liegt in dem Rechtsverzicht eine verdeckte Gewinnausschüttung.

759

VII. Die nicht angemessene Gewinnbeteiligung von Familienangehörigen als Gesellschafter der KG

1. Grundsätze bei geschenkten Beteiligungen

760 Gewinnverteilungen zwischen Familienangehörigen werden steuerlich nur anerkannt, wenn sie unter gleichen Bedingungen abgeschlossen worden sind, wie sie auch unter fremden Dritten abgeschlossen worden wären. Bei Familienangehörigen, insbesondere bei geschenkten Beteiligungen, besteht immer die Gefahr, dass außerbetriebliche Gründe für die Vereinbarung der Gewinnbeteiligung maßgebend waren. Für die Gewinnbeteiligung ist die Gesamtleistung des Gesellschafters maßgebend. Hat ein Gesellschafter, u. U. auch ein Kommanditist, neben seiner Einlage noch andere Leistungen gegenüber der Gesellschaft erbracht, so sind grundsätzlich auch diese Leistungen bei der Gewinnverteilung zu berücksichtigen, es sei denn, hinsichtlich dieser Leistungen sind Sondervergütungen vereinbart worden. Die von der Rechtsprechung geprägten Grundsätze gelten nur für den lediglich kapitalmäßig beteiligten Gesellschafter bei einer Beteiligungsschenkung. Besteht mit dem Gesellschafter gleichzeitig noch ein Arbeitsverhältnis, sind diese vom BFH geprägten Grundsätze nicht anzuwenden (vgl. Entscheidung des Großen Senats vom 29. 5. 1972 BStBl. II 1973, 5).

761 Der Begriff der Schenkung ist hier wirtschaftlich zu verstehen. Hat eine GmbH, deren Hauptgesellschafter Vater der Kommanditisten ist, diesen ein Darlehen gewährt, um die Kommanditbeteiligung zu erwerben, und sind die Kreditzinsen für das gewährte Darlehen und auch die Laufzeit mit den Bedingungen der Kommanditbeteiligung so aufeinander abgestimmt, dass der Erwerb der Beteiligung kein Risiko für die Gesellschafter bedeutet, so liegt wirtschaftlich gesehen eine Anteilsschenkung vor (BFH vom 5. 7. 1979, BB 1979, 1483). Die Angemessenheit der Gewinnbeteiligung wird auch dann zu prüfen sein, wenn die Beteiligung zwar entgeltlich, aber nicht zum vollen Entgelt erworben wurde. Das wäre der Fall, wenn der Sohn für eine 20%ige Beteiligung am Gewinn 100.000 € eingezahlt hat, die Beteiligung jedoch einen Wert von 200.000 € ausweist. Die Grundsätze der geschenkten Beteiligung finden auch dann Anwendung, wenn der Schenker seine Beteiligung unentgeltlich auf seine Angehörigen überträgt, und zwar zu den gleichen Bedingungen, wie er die Beteiligung gehalten hat und der Schenker selbst aus der Gesellschaft ausscheidet (vgl. BFH vom 13. 3. 1980 DB 1980, 1722). Grundsätzlich sind Kriterien für die Gewinnverteilung Kapital-, Risiko- und Arbeitseinsatz (BFH vom 15. 11. 1967 BStBl. II 1968, 152). Lange Zeit war umstritten, ob im Falle eines angehörigen Kommanditisten, der im wesentlichen nur sein Kapital zur Verfügung gestellt hat, 20 v. H. oder 25 v. H. als angemessen anzusehen seien. Man ging hierbei von der nominellen Beteiligung aus (BFH vom 26. 5. 1971 BStBl. II 1971, 557). Der Große Senat, der mit dieser Frage befasst wurde, hat in seinem Beschluss vom 29. 5. 1972 BStBl. II 1973, 5 die Rechtsansicht vertreten, dass eine Gewinnbeteiligung bis zu 15 v. H., berechnet vom Wert des Anteils, als angemessen angesehen werden könne. Dieses Urteil wird sowohl auf die Kommanditgesellschaft als auch auf die stille Gesellschaft angewandt (BFH vom 29. 3. 1973 BStBl. II1973, 650; vom 26. 6. 1974 BStBl. II1974 616). Grundlage ist somit der gemeine Wert des Anteils, der allerdings die Ertragsaussichten nicht unberücksichtigt lässt. Ist jedoch im Gesellschaftsvertrag eine Buchwertklausel vorgesehen, wonach der Beschenkte im Fal-

le seines Ausscheidens lediglich sein Buchkapital ausgezahlt erhält, richtet sich die Angemessenheit der Gewinnbeteiligung nicht nach dem gemeinen Wert des Anteils, sondern nach dem Nominalwert dieses Anteils (BFH vom 13. 3. 1980 DB 1980, 1722).
Für die Frage, ob eine Gewinnbeteiligung angemessen ist, kommt es nicht auf den Zeitpunkt des Gewinnanfalls, sondern auf den Zeitpunkt des Vertragsabschlusses an (BFH vom 27. 9. 1973 BStBl. II 1974, 51). Der Gewinnverteilungsschlüssel muss sich schon im Zeitpunkt der Schenkung und dem Abschluss des Gesellschaftsvertrags als unangemessen erweisen. Allerdings ist hierbei die künftige Entwicklung der Ertragsaussichten, soweit vorhersehbar, zu berücksichtigen. Sind keine Anhaltspunkte für die künftige Gewinnentwicklung vorhanden, ist hierbei vom durchschnittlichen Gewinn der letzten drei Jahre auszugehen.

762

Beispiel: A schenkt seinen Söhnen X und Y eine Beteiligung von jeweils 100.000 €. Gemeiner Wert dieser Beteiligung ist 200.000 €. Sie sollen mit jeweils 20 v. H. am Gewinn beteiligt sein. Der Gesamtgewinn des Unternehmens betrug in den letzten drei Jahren vor Vertragsabschluß 240.000 €.
Angemessene Kapitalverzinsung
15 v. H. von 200.000 € = 30.000 €
30.000 € von 240.000 € = 12,5 v. H.
Gewinnanteil 20 v. H. = 12,5 v. H.
unangemessen 7,5 v. H.
Soweit der Gewinnanteil 12,5 v. H. des Gesamtgewinns übersteigt, ist eine betriebliche Veranlassung nicht gegeben.
Grundsätzlich ist die Gewinnverteilung nicht der Entwicklung anzupassen. Nur in den Fällen, in denen unter Fremden eine Anpassung an die tatsächliche Entwicklung erfolgen würde und der Dritte einen Anspruch auf Änderung des Gesellschaftsverhältnisses insoweit hätte, wird man einer Familiengesellschaft eine Anpassung der Bedingungen zumuten können.

2. Steuerliche Konsequenzen einer nicht angemessenen Gewinnbeteiligung

Ist bei einer geschenkten Beteiligung eine Gewinnbeteiligung als nicht angemessen anzusehen, wird insoweit der Gewinn dem Schenker zugerechnet. Unangemessene Gewinnverteilung von Familienangehörigen führt somit nicht zu einer Erhöhung des Gewinns der Gesellschaft, sondern nur zu einer anderen Gewinnverteilung. Soweit der Gewinnanteil des beschenkten Familienangehörigen im Betriebsvermögen verbleibt, ist der unangemessene Gewinnanteil erfolgsneutral auf das Konto des Beschenkten jeweils umzubuchen. Sie ist beim Schenker als Entnahme, beim begünstigten Familienangehörigen als Einlage zu behandeln. Es handelt sich hier jeweils um eine Zuwendung im privaten Bereich. Die Behandlung der unangemessenen Gewinnbeteiligung als dauernde Last im Sinne des § 10 Abs. 1 Nr. 1 a ist nicht möglich, da es sich hierbei in der Regel um eine Zuwendung im Sinne des § 12 Nr. 2 handeln wird. Soweit der Gewinnanteil der Komplementär-GmbH hierdurch berührt wird, ist eine vGA gegeben.

763

VIII. Gewinnverteilung als formelles Verfahren

764 Die Gewinnverteilung auf die Gesellschafter, einschließlich der Komplementär-GmbH, vollzieht sich in einem formellen Verfahren im Sinne des § 180 AO. Dieses formelle Verfahren endet mit einem Feststellungsbescheid, der die Besteuerungsgrundlagen für die Einkommensteuer bindend feststellt. Der Feststellungsbescheid trifft nicht nur Feststellungen hinsichtlich des laufenden Gewinnes, sondern auch über begünstigte Veräußerungsgewinne, Vorliegen einer Mitunternehmerschaft, Gültigkeit von sonstigen Vereinbarungen. Im Rahmen dieses Gewinnfeststellungsverfahrens werden den Gesellschaftern die Sondervergütungen und Sondererträge aus den Ergänzungsbilanzen vor Verteilung des Handelsbilanzgewinnes zugerechnet. Das gilt insbesondere für das Geschäftsführergehalt, Honorare für Beraterverträge, Zinsen für Darlehen, Miet- und Pachtzinsen für überlassene Wirtschaftsgüter, Lizenzgebühren und sonstige Erträge der Sonderbetriebsvermögen. Auch die Sonderbetriebseinnahmen eines Gesellschafters werden hier erfasst. Das gilt insbesondere für die Ausschüttungen der Komplementär-GmbH, einschließlich der verdeckten Gewinnausschüttung. Hiernach erfolgt die Verteilung des Restgewinnes nach dem handelsrechtlichen Gewinnverteilungsschlüssel. Darüber hinaus wird die verdeckte Gewinnausschüttung auch für die ausschüttende Körperschaft in diesem Verfahren für die Körperschaftsteuer verbindlich festgestellt. Gleiches gilt für die Korrektur bei überhöhter Gewinnbeteiligung bei Familienangehörigen. Familienangehörigen wird bei der Gewinnverteilung nur der angemessene Teil zugerechnet, der unangemessene Teil erhöht den Gewinn des Schenkers.

765 Gewinnermittlung und Gewinnfeststellung GmbH & Co. KG

HB-Gewinn

Komplementär-GmbH Gewinnanteil + Sonderbetriebseinnahmen + VGA = Körperschaftsteuerliches Einkommen Körperschaftsteuer Offene Ausschüttungen, vGA -----	Kommanditist Gewinnanteil + Sonderbetriebseinnahmen Vergütungen i. S. d. § 15 Abs. 1 Satz 1 Nr. 2 Satz 1, Halbs. 2 + Sonderbetriebseinnahmen Aus SBV II Halbeinkünfteverfahren (§ 3 Nr. 40a) Gesellschafter Einkommensteuer

Beispiel: An der X GmbH & Co. KG bestehen folgende Beteiligungsverhältnisse:

	Einlage	Gewinnverteilung
A-Verwaltungs-GmbH	10 v. H.	10 v. H.
A 200.000	45 v. H.	45 v. H.
B 200.000	45 v. H.	45 v. H.

A und B sind am Kapital der X-Verwaltungs-GmbH (Stammkapital 50.000 €) mit je

50 v. H. beteiligt. Die X-Verwaltungs-GmbH ist als Komplementärin vertraglich zur Geschäftsführung verpflichtet. Für die Geschäftsführung ist die Erstattung der Unkosten vereinbart. Insbesondere soll das Gehalt an den Geschäftsführer A direkt von der Kommanditgesellschaft gezahlt werden. Dieser erhält ein Jahresgehalt von 90.000 €, das auch gezahlt worden ist. Die X-Verwaltungs-GmbH hat der Kommanditgesellschaft ein Grundstück unentgeltlich zur Nutzung überlassen. Ein Dritter hätte jährlich eine Pacht in Höhe von 36.000 € gezahlt. Der Handelsbilanzgewinn der Kommanditgesellschaft betrug im Jahre 1980 180.000 €. Die GmbH hat an ihre Gesellschafter 6 v. H. Dividende auf das Stammkapital von 50.000 € ausgezahlt. Der Gewinnverteilungsbeschluss ist im Juli gefasst worden. Es ist davon auszugehen, dass die Gewinnbeteiligung der GmbH von 10 v. H., als angemessen angesehen werden kann.

Der steuerliche Gesamtgewinn beträgt:
StB-Gewinn 1)	180.000 €	144.000 €	766
Geschäftsführergehalt 2)	·/· 36.000 €	90.000 €	
offene Gewinnausschüttung 3)		1.500 €	
verdeckte Gewinnausschüttung an A u. B 4)			
= 90 v. H. 5) Halbeinkünfteverfahren § 3 Nr. 40		18.000 €	
Gesamtgewinn der Mitunternehmerschaft		253.500 €	

Dieser Gewinn ist wie folgt auf die Gesellschafter aufzuteilen: 767

Gesellschafter	Gewinn Restgewinn	Tätigkeitsvergütung	Sondervergütung	Sonder-BA	Gesamt-Gewinn
GmbH	14.400	90.000²		·/· 90.000²	14.400
A	64.800	90.000²	750³ 9.000⁴		164.550
B	64.800		750³ 9.000⁴		74.550
berichtigter Restgewinn	144.000¹	180.000	19.500	·/· 90.000	253.500

E. Ertragsteuerliche Behandlung der GmbH & Co. KG

I. Die GmbH & Co. KG als Steuersubjekt

768 Die Gesellschafter einer Personengesellschaft haben nur dann gemeinschaftliche Einkünfte, wenn sie gemeinsam das Gewerbe betreiben. Das setzt voraus, dass jeder einzelne von Ihnen steuerlich als Mitunternehmer im Sinne des § 15 Abs. 1 Nr. 2 EStG anzusehen ist. Eine Mitunternehmerschaft der Gesellschafter ist dann zu verneinen, wenn bürgerlich-rechtlich kein Gesellschaftsverhältnis gegeben ist, weil die Verträge nicht anzuerkennen sind, d.h. die Vermögensverfügung zwar anzuerkennen ist, aber die rechtlichen Verhältnisse innerhalb der Gesellschafter so gestaltet wurden, dass eine Mitunternehmerschaft des Gesellschafters im Sinne des Steuerrechts zu verneinen ist. Aus steuerlicher Sicht müssen die Mitunternehmer Mitunternehmerinitiative und –risiko entfalten. Nach H 138 Abs. 1 EStH bedeutet die Mitunternehmerinitiative vor allem die Teilhabe an den unternehmerischen Entscheidungen, wie sie Gesellschaftern oder diesen vergleichbaren Personen als Geschäftsführer, Prokuristen oder anderen leitenden Angestellten obliegen. Es reicht allerdings aus, wenn die Gesellschafter zumindest die Möglichkeit zur Ausübung von Gesellschafterrechten, die wenigstens den Stimm-, Kontroll- und Widerspruchsrechten angenähert sind, die einen Kommanditisten nach dem HGB zustehen oder den gesellschaftsrechtlichen Kontrollrechten nach § 716 Abs. 1 BGB entsprechen (BFH vom 25. Juni 1984, BStBl II 1984, 751, 769). Die Mitunternehmerschaft eines Kommanditisten wird mangels Mitunternehmerinitiative dann ausgeschlossen sein, wenn sowohl sein Stimmrecht als auch sein Widerspruchsrecht durch Gesellschaftsvertrag faktisch ausgeschlossen ist (BFH vom 11. Oktober 1988, BStBl II 1989, 762). Ein Mitunternehmerrisiko trägt ein Gesellschafter im Regelfall dann, wenn er am Gewinn und Verlust des Unternehmens und an den stillen Reserven einschließlich eines etwaigen Geschäftswertes beteiligt ist (BFH vom 25. Juni 1984, BStBl II 1984, 751). Daneben können aber auch andere Umstände hinzutreten, die bei der Gesamtschau des Einzelfalles zu der Feststellung führen, dass ein Mitunternehmerrisiko vorliegt. Hierzu zählt eine besonders ausgeprägte unternehmerische Initiative, verbunden mit einem bedeutsamen Beitrag zur Kapitalausstattung des Unternehmens (BFH vom 27. Februar 1980, BStBl II 1981, 210). Zwar muss der Gesellschafter grundsätzlich an den stillen Reserven beteiligt sein. Dies ist aber dann nicht zwingend erforderlich, wenn die stillen Reserven keine besondere wirtschaftliche Bedeutung haben (BFH vom 5. Juni 1986, BStBl II 1986 802). Die Beteiligung an den stillen Reserven ist auch maßgebliches Unterscheidungskriterium, ob bei einer stillen Gesellschaft steuerlich eine Mitunternehmerschaft vorliegt. Bei einer typischen stillen Gesellschaft mangelt es am Mitunternehmerrisiko, da eine Beteiligung an den stillen Reserven gerade ausgeschlossen ist. Bei der atypisch stillen Gesellschaft ist der Gesellschafter am Gewinn und Verlust sowie an der Realisierung der stillen Reserven beteiligt, so dass hier aus steuerlicher Sicht eine Mitunternehmerschaft vorliegt, soweit der stille Gesellschafter auch eine Mitunternehmerinitiative entfalten kann, also zumindest die einem Kommanditisten vergleichbaren Kontrollrechte ausüben kann.

769 Liegt eine Mitunternehmerschaft im steuerlichen Sinne vor und ist die Personengesellschaft gewerblich tätig, so werden die Gewinnanteile der Gesellschafter einer OHG, einer KG oder einer anderen Gesellschaft, bei der der Gesellschafter als Mitunterneh-

mer des Betriebs anzusehen ist, als Einkünfte aus Gewerbebetrieb nach § 15 Abs. 1 Satz 2 Nr. 2 EStG behandelt. Rein vermögensverwaltende Personengesellschaften erwirtschaften Gewinne oder Überschüsse aus Vermietung und Verpachtung oder selbstständiger Arbeit. Gewinnanteile aus einer GmbH & Co. KG werden dagegen grundsätzlich immer als Einkünfte aus Gewerbebetrieb nach § 15 Abs. 1 Satz 1 Nr. 2 EStG behandelt, da nach § 15 Abs. 3 Nr. 2 EStG selbst bei rein vermögensverwaltender Tätigkeit immer dann eine gewerbliche Betätigung vorliegt, wenn eine Kapitalgesellschaft als persönlich haftender Gesellschafter beteiligt ist und dieser die Geschäftsführung obliegt (gewerbliche Prägung). Diese Möglichkeit auch eine vermögensverwaltende Personengesellschaft kraft gewerblicher Prägung als Gewerbebetrieb steuerlich tätig werden zu lassen, eröffnet insbesondere im Rahmen der Vermögensnachfolge Möglichkeiten, die Betriebsvermögenserleichterungen, d.h. Freibetrag und Bewertungsabschlag, des § 13a ErbStG, nutzen zu können.

Die Personengesellschaft selbst ist nur Steuerpflichtiger hinsichtlich der Gewerbe- und Umsatzsteuer. Für Zwecke der Einkommen- und Körperschaftsteuer, je nach Beteiligten, wird die Personengesellschaft nur zum Zwecke der einheitlichen und gesonderten Gewinnfeststellung benötigt (§ 180 Ao). Ertragsteuerlich wird daher fiktiv angenommen, dass die Gesellschafter nicht an der Personengesellschaft selbst beteiligt sind, sondern anteilig an allen Wirtschaftsgütern der Personengesellschaft. Dies hat auch Einfluss auf eine etwaige Steuerbilanz eines Gesellschafters, denn hier werden nicht wie bei der GmbH die Anschaffungskosten bis zu einem Verkauf oder einer Teilwertabschreibung unverändert gelassen, sondern das anteilige steuerliche Kapitalkonto des jeweiligen Gesellschafters wird in der Steuerbilanz, abweichend von der Handelsbilanz, bei dem Bilanzansatz der Personengesellschaftsbeteiligung variabel angepasst. Insofern werden die Gewinne und Verluste der Personengesellschaft auch zeitgleich bei Personengesellschaft und Gesellschafter berücksichtigt, während bei der GmbH erst bei Ausschüttung eine Ergebnisauswirkung bei dem Gesellschafter erfolgt. Da die phasengleiche Bilanzierung, d.h. die Ausschüttungsberücksichtigung in dem Jahr, für das die Ausschüttung vorgenommen wird, nicht mehr möglich ist, besteht ein Hauptunterschied zwischen Personen- und Kapitalgesellschaft, das bei ersterer zeitgleich die Ergebnisberücksichtigung beim Gesellschafter erfolgt, während bei der GmbH dies durch spätere Ausschüttungen zeitlich verlagert werden kann. Ein weiterer Unterschied besteht darin, dass der Gesellschafter keine Steuerlast bei der GmbH zu tragen hat, solange die GmbH nicht ausschüttet, während die Personengesellschaft im Gewinnfall grundsätzlich immer zu einer Erhöhung des zu versteuernden Einkommens des Gesellschafters (bei Verlusten zu einer Verminderung) führt, ohne dass dieser möglicherweise Liquidität durch Entnahmen zugeflossen ist. Deshalb wird in Gesellschaftsverträgen häufig geregelt, dass die Gesellschafter in Höhe ihrer einkommensteuerlichen Belastung Mindestentnahmerechte eingeräumt erhalten.

II. Gewerbesteuer

1. Ermittlung des Gewerbeertrags

Eine PersG ist gewerbesteuerpflichtig, wenn sie eine gewerbliche Tätigkeit i.S.d. § 15 Abs. 1 EStG ausübt (§ 2 Abs. 1 Satz 2 GewStG). Damit ist eine rein vermögensverwaltende PersG, beispielsweise eine GbR, nicht gewerbesteuerpflichtig. Etwas anderes ergibt sich, wenn die PersG in Rechtsform der GmbH & Co. KG gekleidet ist. Nach § 15 Abs. 3 Nr. 2 EStG gilt deren Tätigkeit immer in vollem Umfang als gewerblich (gewerblich geprägte Personengesellschaft).

Beispiel: Die A-B-GbR vermietet zwei Mehrfamilienhäuser. Da es sich um eine reine Vermögensverwaltung handelt, erzielt die GbR Einkünfte aus Vermietung und Verpachtung.

Abwandlung: Die A-B-GmbH & Co. KG vermietet zwei Mehrfamilienhäuser. Obwohl es sich um eine reine Vermögensverwaltung handelt, erzielt die GmbH & Co. KG gewerbliche Einkünfte (§ 15 Abs. 3 Nr. 2) und ist somit gewerbesteuerpflichtig (§ 2 Abs. 1 Satz 2 GewStG). Selbst eine Teilnahme am allgemeinen wirtschaftlichen Verkehr ist für diese Beurteilung unerheblich (BFH v. 20.11.2003, BStBl. II 2004, 464).

772 Das Ergebnis der handelsrechtlichen Gewinn- und Verlustrechnung wird durch Aufstellung einer steuerlichen Gewinn- und Verlustrechnung in einen steuerlichen Gewinn oder Verlust transformiert. Hierbei handelt es sich insbesondere um Ergebnisveränderungen auf Grund von Abweichungen zwischen der Handels- und Steuerbilanz. Anschließend sind die außerbilanziellen Hinzu- oder Abrechnungen zu berücksichtigen, wie Einlagen und Entnahmen oder nicht abzugsfähige Betriebsausgaben. Das Ergebnis aus stl. Kapitalkonto bei der Gesamthand, Ergänzungs- und Sonderbilanzen ist die Ausgangsgröße für den Gewerbeertrag (§ 7 Abs. 1 GewStG). Zur Ermittlung des Gewerbeertrags werden gesonderte Hinzurechnungen und Kürzungen nach §§ 8, 9 GewStG vorgenommen. Bei den Hinzurechnungen handelt es sich insbesondere um die Hinzurechnung der hälftigen Dauerschuldentgelte nach § 8 Nr. 1 GewStG. Handelt es sich um Zinsen, die an den Gesellschafter für ein von ihm überlassenes Darlehen gezahlt werden, so ist eine derartige Hinzurechnung aber nicht vorzunehmen. Dieses Ergebnis resultiert aus dem Gedanken, dass Voraussetzung für eine Hinzurechnung ist, dass diese bei der Ermittlung des Gewinns abgesetzt worden sind. Zwar wurden die Zinsaufwendungen als Betriebsausgaben bei der Ermittlung des handelsrechtlichen Ergebnisses der Personengesellschaft abgezogen. Das Darlehen ist aber, da es ein Gesellschafter seiner Personengesellschaft übernimmt, bei ihm Teil des Sonderbetriebsvermögens und die Zinseinnahmen somit Sonderbetriebseinnahmen. Diese sind bei der Ermittlung des steuerlichen Ergebnisses wieder hinzuzurechnen, so dass sich im Ergebnis der Gewinn der Personengesellschaft nicht verringert hat (§ 15 Abs. 1 Nr. 2 EStG, Tätigkeitsvergütungen). Daher sind Zinszahlungen an die Gesellschafter nicht wieder als Dauerschuldentgelt hälftig hinzuzurechnen.

2. Gewinnsituation

773 Handelt es sich um einen positiven Gewerbeertrag, so hat die Personengesellschaft unabhängig von der Rechtsform ihrer Gesellschafter, wie natürliche Personen, einen besonderen gewerbesteuerlichen Freibetrag von € 24.500 (§ 11 Abs. 1 Satz 3 Nr. 1 GewStG). Während auf den Gewerbeertrag bei Kapitalgesellschaften eine Steuermesszahl von 5 % anzuwenden ist, ist die Steuermesszahl für die Ermittlung des Gewerbe-

ertrags einer Personengesellschaft gestaffelt (§ 11 Abs. 2 Nr. 1 GewStG). Für die ersten € 12.000 des Gewerbeertrags beträgt die Steuermesszahl 1 %. Bei Überschreitung von jeweils weiteren € 12.000 steigt die Steuermesszahl um 1 %, bis sie bei einem Gewerbeertrag von über € 48.000 mit 5 % anzuwenden ist. Berücksichtigt man hierzu noch den zuvor abgezogenen Freibetrag, so kommt die Steuermesszahl von 5 % erst dann zur Anwendung, wenn der Gewerbeertrag vor Freibetrag über € 72.500 liegt. Die gestaffelte Steuermesszahl führt im Ergebnis dazu, dass der Freibetrag um € 24.000 erhöht wird und damit € 48.500 beträgt.

Beispiel: Die H-GmbH & Co. KG erzielt einen Gewerbeertrag vor Freibetrag von € 100.000. Nach Abzug des Freibetrages in Höhe von € 24.500 ergibt sich ein Gewerbeertrag, auf den die Steuermesszahl anzuwenden ist, von € 75.500. Der Steuermessbetrag errechnet sich wie folgt:

Gewerbeertragsanteil		Steuermesszahl	Steuermessbetrag	
Freibetrag	€ 24.500,00			0,00
erste	€ 12.000,00	1 %	€	120,00
zweite	€ 12.000,00	2 %	€	240,00
dritte	€ 12.000,00	3 %	€	360,00
vierte	€ 12.000,00	4 %	€	480,00
übrig:	€ 27.500,00	5 %	€	1.375,00
Gesamt			€	2.575,00

Soweit der Gewerbeertrag vor Anwendung des Freibetrages € 72.500 übersteigt, kann nachfolgende vereinfachende Rechnung angestellt werden:

Gewebeertrag vor FB	€	100.000,00
abzgl. Freibetrag	€	24.500,00
abzgl. fiktiver zweiter FB wegen Staffelmesszahl	€	24.000,00
Gewerbeertrag vor Steuermesszahl	€	51.500,00
Steuermesszahl		5 %
Steuermessbetrag	€	2.575,00

Der so ermittelte Steuermessbetrag ist nun mit dem Hebesatz der jeweiligen Gemeinde zu multiplizieren. Hierbei ist allerdings als Besonderheit festzustellen, dass die Gewerbeertragsteuer nicht nur eine abzugsfähige Betriebsausgabe bei der Einkommen- oder Körperschaftsteuer darstellt, sondern auch bei der Ermittlung des Gewerbeertrags abzugsfähig ist. Diese Abzugsfähigkeit von sich selbst (In-Sich-Abzugsfähigkeit), führt zu einer inversen Berechnung. In der Praxis wird hierzu häufig die 5/6-Methode angewendet.

774

Beispiel: (vor Berücksichtigung der Gewerbesteuer aber nach Berücksichtigung des doppelten Freibetrags).

Gewebeertrag vor FB	€ 5.000.000,00
5/6	€ 4.166.667,00
abgerundet	€ 4.150.000,00
abgerundet incl. doppelter Freibetrag	€ 4.101.000,00
Steuermesszahl 5 %	€ 205.050,00
Hebesatz 400 %	€ 820.200,00
Unter Berücksichtigung der Rückstellung ergibt sich ein Gewinn von (€ 5.000.000,00 minus € 820.200,00 =)	€ 4.179.800,00

775 Liegt der Hebesatz über oder unter 400 %, so führt die 5/6-Methode zu ungenauen Ergebnissen. Gleichwohl hat der Steuerpflichtige auch dann einen Rechtsanspruch auf Ansatz der Gewerbesteuerrückstellung nach der 5/6-Methode, wenn exakte mathematische Berechnungen zu größeren Abweichungen führen. Zwar kann nach der so genannten Devisormethode mathematisch genauer ermittelt werden, wie hoch die Rückstellung bzw. Gewerbesteuerzahllast sein wird. In der Praxis ist aber noch zu wenig bekannt, dass die so genannte Rose-Formel, entwickelt von Prof. Dr. Gerd Rose, trotz ihrer bestechenden Einfachheit zu einem exakten Ergebnis führt. Hierbei wird die Gewerbesteuer unter Berücksichtigung der Abzugsfähigkeit bei sich selber wie folgt ermittelt:

$$\text{GewSt} = \frac{H}{2000 + H} \cdot \text{GewE}^*$$

GewSt = Gewerbesteuer, H = Hebesatz, Gewe* = Gewerbeertrag vor Gewerbesteuer (nach Freibetrag und fiktivem Freibetrag)

776 Wichtig hierbei ist, dass die Rose-Formel dann zu richtigen Ergebnissen führt, wenn die Gewerbesteuermesszahl 5 % beträgt. Sie ist bei Kapitalgesellschaften, die immer eine Steuermesszahl von 5 % haben, grundsätzlich anwendbar. Bei natürlichen Personen und Personengesellschaften ist sie daher nur auf den Gewerbeertrag nach Abzug des Freibetrags und ggf. des fiktiven Gewerbeertrags anzuwenden. Liegt der Gewerbeertrag vor Freibetrag unterhalb der Grenze von € 72.500,00, so führt die Rose-Formel zu nicht exakten Ergebnissen, und es ist die 5/6-Methode anzuwenden (vgl. zur mathematischen Herleitung der Rose-Formel: Rose, Ertragsteuern, 18. Aufl., Berlin 2004, S. 236f.).

777 Bei Vorliegen eines Verlustvortrags nach § 10 a GewStG ist zu unterscheiden, ob der Verlust voll in dem jeweiligen Veranlagungszeitraum genutzt werden kann (bis € 1 Mio.) oder ob es sich um einen Fall der Mindestbesteuerung (60 % des € 1 Mio. übersteigenden Gewerbeertrags) handelt (vgl. Plambeck, DB 2005, S. 61). Auch hier kann dann die Berechnung mit Hilfe des fiktiven Freibetrags erfolgen, wenn der Gewerbeertrag, nach Berücksichtigung des Verlustvortrags, € 72.500 übersteigt. Liegt der so ermittelte Gewerbeertrag innerhalb dieser Grenze, so muss nach der 5/6-Methode gerechnet werden (Ein diesbezüglicher formelmäßiger Ansatz (auch für den Fall der Gewerbesteuerzerlegung) findet sich bei Plambeck, DB 2005, S. 64f.).

3. Verlustsituation

So wie das Einkommensteuergesetz in § 10d EStG regelt, der auch für die Körperschaftsteuer über § 8 Abs. 1 Satz 1 KStG gilt, sind auch gewerbesteuerliche Verluste vortragsfähig. Hierzu enthält § 10a GewStG eine gesonderte Vorschrift. Ab 1. Januar 2004 kann ein gewerbesteuerlicher Verlustvortrag bis zu einer Höhe von € 1,0 Mio. von einem positiven Gewerbeertrag eines folgenden Jahres abgezogen werden. Übersteigt der Gewerbeertrag die Grenze von € 1,0 Mio., so ist ein gewerbesteuerlicher Verlustvortrag nur bis zu einer Höhe von 60 % des übersteigenden Teils abzugsfähig. Der Gewerbesteuerverlustvortrag ist grundsätzlich zeitlich unbegrenzt nutzbar. Anders als bei der Einkommen- und Körperschaftsteuer, ist der gewerbesteuerliche Verlust aber nur vortrags- und nicht rücktragsfähig.

778

Beispiel: Die X-GmbH & Co. KG hat im Jahre 2004 einen Gewerbeverlust von € 2,0 Mio. erwirtschaftet. Im Folgejahr 2003 erwirtschaftete sie einen positiven Gewerbeertrag von ebenfalls € 2,0 Mio.. Vor dem 1. Januar 2005, konnte der Gewerbesteuerverlust in voller Höhe im Vorjahr abgezogen werden, so dass der Gewerbeertrag in 2005 € 0,00 beträgt. Mit der Neuregelung beträgt der Gewerbeertrag 2005 nach Berücksichtigung des Verlustvortrags € 400.000,00 (€ 2.000.000,00 minus € 1.000.000,00 = € 1.000.000,00 minus (60 % x € 1.000.000,00) = € 400.000,00). Die Gewerbesteuer errechnet sich für das Jahr 2005 wie folgt:

Vorläufiger Gewerbeertrag	€ 400.000,00
Freibetrag	€ 24.500,00
Fiktiver FB wegen Staffelmesszahl	€ 24.000,00
Gewerbeertrag für Rose-Formel	€ 351.500,00
Gewerbesteuer mit Hebesatz 450 % (450/2.000+450)	€ 64.561,22

Die Höhe der gewerbesteuerlichen Verlustvorträge werden nach § 10a Satz 4 GewStG in einem separaten Bescheid gesondert festgestellt. Nach § 2 Abs. 5 GewStG gilt ein Gewerbebetrieb als durch den bisherigen Unternehmer eingestellt und durch den anderen Unternehmer neu gegründet, wenn der Gewerbebetrieb im Ganzen auf einen anderen Unternehmer übergeht. Nach § 10a Satz 5 GewStG geht der gewerbesteuerliche Verlustvortrag bei einer Übertragung des Betriebes im Ganzen vollständig unter. Bei Personengesellschaften führt auch das Ausscheiden einzelner Gesellschafter zu einem Verbrauch der Verlustvorträge in Höhe ihrer Beteiligungsquote (Abschn. 66 Abs. 5 Satz 2 GewStR). Maßgeblich für den Verbrauch ist, dass für den Erhalt des Verlustabzugspotentials Unternehmensidentität und Unternehmeridentität vorliegt. Für die Unternehmensidentität muss ein wirtschaftlicher, organisatorischer und finanzieller Zusammenhang zwischen den Betätigungen bestehen (Abschn. 67 Abs. 1 Satz 4 GewStR). Allerdings stehen betriebsbedingte und strukturelle Anpassungen der gewerblichen Betätigung an veränderte wirtschaftliche Verhältnisse der Annahme einer identischen Tätigkeit nicht entgegen (BFH-Urteil vom 12. Januar 1983, BStBl II 1983, 425). Kriterien der Unternehmensidentität (BFH-Urteil vom 14. September 1993, BStBl II 1994, 764):

779

- Die Art der gewerblichen Betätigung,
- der Kunden- und Lieferantenkreis,
- die Geschäftsleitung,
- die Arbeitnehmerschaft,
- die Betriebsstätten sowie
- die Zusammensetzung und der Umfang des Anlagevermögens.

780 Werden bei Personengesellschaften mehrere Tätigkeiten nebeneinander ausgeführt, so führt dies nicht dazu, dass mehrere Gewerbebetriebe nebeneinander vorliegen. Gleichwohl betrifft die Regelung zur Unternehmensidentität jedoch den Umfang des jeweiligen Gewerbebetriebes, nicht die Frage nach seiner Identität im Zeitablauf. Daher entfällt der Verlustabzug nach § 10a GewStG nicht, wenn neben einer verlustbringenden Tätigkeit eine zu Gewinnen führende Betätigung aufgenommen wird (vgl. Blümich, § 10a GewStG, Rz. 73).

781 Die Unternehmeridentität stellt bei Personengesellschaften auf die Gesellschafteridentität ab. Dabei stellt sich die Frage, warum bei einem Gesellschafterwechsel der gewerbesteuerliche Verlustvortrag entfallen soll, wenn die Personengesellschaft die betriebliche Tätigkeit in unveränderter Form und Intensität fortführt. Die Begründung hierfür hat der BFH (Großer Senat des BFH vom 3. Mai 1993, BStBl II 1993, 616) darin gesehen, dass Träger des Rechts auf den Verlustabzug der einzelne Gesellschafter einer Personengesellschaft und nicht die Gesellschaft selbst ist. Ein Gesellschafterwechsel wirkt sich daher grundsätzlich immer auf einen bestehenden Verlustvortrag aus, allerdings gibt es in der Literatur ernst zu nehmende Stimmen, die diese Sichtweise kritisieren (vgl. stellvertretend Blümich, § 10a GewStG, Rz. 81). Der Gesellschafterwechsel führt zwar zu einem anteiligen Verlust des gewerbesteuerlichen Verlustvortrags, hat aber keinen Einfluss auf den angefallenen Verlust im Erhebungszeitraum, der bis zum Wechsel des Gesellschafters angefallen ist.

Beispiel: Die Dagobert Duck-GmbH & Co. KG hat drei Gesellschafter, nämlich Dagobert Duck mit 60 %, Klaas Klever mit 40 % und die Dagobert Duck Verw.GmbH mit 0 %. Nach den üblichen Streitigkeiten veräußert Klaas Klever seine Beteiligung an Mac Moneysack im Laufe des Jahres 2003. Der gewerbesteuerliche Verlustvortrag zum 31. Dezember 2002 beträgt € 500.000 und im Jahre 2003 entsteht ein gewerbesteuerlicher Verlust i.H.v. € 100.000. Die Veräußerung findet statt zum 1. Juli 2003. Der Verlust dieses Jahres fällt hälftig im ersten und in der zweiten Jahreshälfte an. Zum 31. Dezember 2003 ergibt sich folgender Verlustvortrag:

Verlustvortrag 31. Dezember 2002	€ 500.000,00
Wegfall Verlustvortrag 40 % wg. Gesellschafterwechsel	€ -200.000,00
Verlust 2003	€ 100.000,00
Verlustvortrag 31. Dezember 2003	€ 300.000,00

782 Nach dem Ausscheiden des Gesellschafters ist der verringerte Verlustvortrag nur noch in der Höhe zu nutzen, als es den Anteil am Gewinn der Personengesellschaft der verbleibenden Gesellschafter bestimmt.

Beispiel: – wie oben –. Im Jahre 2005 macht die Dagobert Duck GmbH & Co. KG einen Gewinn von € 200.000. Der Messbetrag (vor Freibetrag) ergibt sich wie folgt:

Gewerbeertrag vor Verlustabzug	€ 200.000,00
Verlustabzug - von dem Gewerbeertrag entfallen auf DD 60 % von € 200.000,00 - Verlustabzug somit	€ - 120.000,00
Gewerbertrag 2005	€ 80.000,00

Der auf den neu eintretenden Gesellschafter entfallende Teil des Gewerbeertrags darf also nicht um den Verlustabzug gemindert werden. Der gesondert festzustellende Fehlbetrag zum 31. Dezember 2005 beträgt € 180.000 (€ 300.000 minus € 120.000).

Handelt es sich um eine Personengesellschaft, aus der sämtliche Gesellschafter bis auf einen ausscheiden und wächst diesem das Vermögen der Personengesellschaft an, so dass er anschließend den Geschäftsbetrieb als Einzelunternehmen fortführt, so kann er im Rahmen seines Einzelunternehmens den Verlustvortrag entsprechend seiner Beteiligungsquote zum Zeitpunkt der Verlustentstehung berücksichtigen (Abschn. 68 Abs. 3 Nr. 4 GewStR). Im Falle der Einbringung des Betriebes einer Personengesellschaft in eine andere Personengesellschaft, bleibt der Verlustvortrag dann erhalten, wenn die Unternehmensidentität gesichert ist und soweit die Gesellschafter der eingebrachten Gesellschaft auch Gesellschafter der aufnehmenden Gesellschaft sind (Abschn. 68 Abs. 3 Nr. 5 GewStR). Dies gilt auch für die Verschmelzung zweier Personengesellschaften. Die Unternehmeridentität bleibt auch gewahrt, wenn einer an der Personengesellschaft beteiligte Kapitalgesellschaft auf eine andere Kapitalgesellschaft verschmolzen wird (Abschn. 68 Abs. 3 Nr. 6 GewStR). In den Fällen der Realteilung, wenn die Voraussetzungen der Unternehmensidentität vorliegen, d.h. Teilbetriebe geteilt werden (Abschn. 67 Abs. 2 Satz 8 GewStR), bleiben die gewerbesteuerlichen Verlustvorträge ebenfalls in der Höhe enthalten, als es der Quote des von der Realteilung begünstigten Unternehmers zum Zeitpunkt der Verlustentstehung am Verlustvortrag entspricht. Im Falle der Umwandlung einer Körperschaft auf eine Personengesellschaft gehen die gewerbesteuerlichen Verlustvorträge verloren (§ 18 Abs.1 Satz 2 UmwStG).

Im Falle der gewerbesteuerlichen Organschaft kann die Personengesellschaft nur als Organträger, nicht aber als Organgesellschaft fungieren. Wird die Organschaft beendet und sind im Organschaftszeitraum Verluste der Organgesellschaft entstanden, die zu einem Verlustvortrag beim Organträger geführt haben, so sind sie nach Beendigung der Organschaft nur beim Organträger selbst abzugsfähig und werden nicht durch die Beendigung der Organschaft auf die Organgesellschaft rücktransferiert (BFH-Urteil vom 27. Juni 1990, BStBl. II 1990, 916). Die vor der Gründung des Organschaftsverhältnisses beim Organ entstandenen Gewerbeverluste konnten bis 31.12.2003 zwar, anders als bei der körperschaftsteuerlichen Organschaft, bei einem positiven Gewerbeertrag der Organgesellschaft selbst abgezogen werden. Ein weitergehender Ausgleich mit dem Gewerbeertrag des Organträgers war aber nicht zulässig (Abschn. 68 Abs. 5 Sätze 1 und 2 GewStR; BFH-Urteil vom 23. Januar 1992, BStBl. II 1992, 630). Ab 1.1.2004 werden die gewerbesteuerlichen Verlustvorträge, soweit sie vor dem Organschaftszeitraum entstanden sind wie bei der Körperschaftsteuer für die Dauer des Organschaftszeitraumes „eingefroren". Sie können bei der Organgesellschaft erst nach Beendigung der Organschaft bei dieser genutzt werden, keinesfalls aber bei dem Organträger.

Beispiel: Die X-GmbH & Co. KG ist zu 100 % beteiligt an der Y-GmbH. Zwischen beiden besteht eine körperschaftliche und gewerbesteuerliche Organschaft seit dem 1. Januar 2004. Zum 31. Dezember 2003 betrug der körperschaftsteuerliche und gewerbesteuerliche Verlustvortrag der Y-GmbH € 100.000. Im Jahre 2004 erzielt die Y-GmbH einen Gewinn von € 100.000 und die X-GmbH & Co. KG ein Ergebnis von € 0. Hieraus ergibt sich:

Körperschaftsteuer:	
Gewinn X-OHG	€ 0,00
zzgl. Gewinn Y-GmbH	€ 100.000,00
zvE KSt/Gewerbeertrag	€ 100.000,00

786 Vor dem 1.1.2004 ergab sich also ein schwer nachvollziehbares asymmetrisches Ergebnis in der Organschaft zwischen körperschaft- und gewerbesteuerlichen Verlustabzügen, da körperschaftsteuerlich die vororganschaftlichen Verlustvorträge eingefroren wurden, während gewerbesteuerlich vororganschaftliche Verluste der Organgesellschaft bei dieser selbst in organschaftlicher Zeit genutzt werden konnten, nicht aber auf einen erweiterten positiven Gewerbeertrag des Organträgers.

III. Einlagen

787 Bei Personengesellschaften werden verdeckte Einlagen wie offene Einlagen behandelt. Liegt eine offene/verdeckte Einlage in das Gesamthandsvermögen der Personengesellschaft vor, so erhöht sich das positive bzw. mindert sich das negative Kapitalkonto (vgl. Heißenberg, KÖSDI 2001, S. 12948, 12949ff.). Das Kapitalkonto des Kommanditisten bei einer GmbH & Co. KG umfasst bei der Ermittlung nach § 15a EStG nur das steuerbilanzielle Kapitalkonto zzgl. Mehr- oder Minderkapital von Ergänzungsbilanzen, nicht aber positives oder negatives Sonderbetriebsvermögen (BFH v. 14.05.1991, BB 1991, S. 1899; v. BStBl. II 1992, 167; v. BStBl. II 1993, 706, zu II.2; v. BStBl. II 1999, 163, zu II.2.b; v. BStBl. II 2000, 347, zu II.1. Vgl. Brandt, in: Bordewin/Brandt, Kommentar zum Einkommensteuergesetz, Loseblatts., § 15a,Rz. 26c; Schmidt, EStG, 23. Aufl., München 2004, § 15a, Rz. 83). Einlagen im laufenden oder vorangegangenen Wirtschaftsjahren in das Gesamthandsvermögen, erhöhen das Kapitalkonto und damit das Verlustausgleichsvolumen des Gesellschafters (vgl. Brandt, in: Bordewin/Brandt, Kommentar zum Einkommensteuergesetz, Loseblatts., § 15a,Rz. 36).

788 Da Einlagen ebenso wie Entnahmen vorrangig zu berücksichtigen sind, erhöht sich somit das Verlustausgleichspotential (vgl. Helmreich, Verluste bei beschränkter Haftung §15a EStG, Stuttgart 1998, S. 24). Diese nachträglichen Einlagen lassen zwar in früheren Jahren festgestellte verrechenbare Verluste unberührt, bewirken aber den Ausgleich laufender Verluste trotz negativem Kapitalkontos im Wirtschaftsjahr der Einla-

E. Ertragsteuerliche Behandlung der GmbH & Co. KG § 3

ge (BFH v. 14.12.1995, BStBl II 1996, 226. Dies wird begrenzt durch die Regelung des Abschn. 138d Abs. 3 Satz 8 EStR; s. auch H 138d EStH „nachträgliche Einlagen".). Tragen die Gesellschafter Verluste durch spätere verdeckte/offene Einlagen, so können sie die in der Vergangenheit liegenden Verluste nur durch entgeltliche Veräußerung der Mitunternehmeranteile, Ausscheiden oder im Falle der Liquidation der Gesellschaft geltend machen (vgl. Korn/Strahl, KÖSDI 2002, S. 13504f., m.w.N.).

Übernimmt der Gesellschafter einer Personengesellschaft Darlehen unter Entlastung der Gesellschaft gegenüber einem Dritten, beispielsweise einer Bank, so liegt eine verdeckte Einlage in das Gesamthandsvermögen vor, mit der Folge, dass sich das Verlustausgleichspotential i.S.d. § 15a EStG erhöht. Gleichzeitig werden diese Darlehen zu negativem Sonderbetriebsvermögen, so dass die Zinsen als Sonderbetriebsausgaben steuerlich abzugsfähig bleiben (vgl. Korn/Strahl, KÖSDI 2002, S. 13504). Erfolgt eine offene/verdeckte Einlage in das Sonderbetriebsvermögen der Personengesellschaft, so erhöht dies hingegen nicht das Verlustausgleichspotential des § 15a EStG. Dies geschieht nur dann, wenn die Einlage in das Gesamthandsvermögen geleistet wird (BFH v. 14.5.1991, BStBl. II 1992, 167). 789

Legt ein Mitunternehmer einer Mitunternehmerschaft in diese ein Wirtschaftsgut ein, so ist es aus steuerrechtlicher Sicht zu unterscheiden, ob eine Einlage aus dem Privat- oder Betriebsvermögen des Gesellschafters erfolgt. 790

1. Einlage aus dem Privatvermögen

Für eine Einlage aus dem Privatvermögen eines Mitunternehmers in seine Mitunternehmerschaft ist die offene oder verdeckte Einlage nach § 6 Abs. 1 Nr. 5 EStG mit dem Teilwert anzusetzen (Gl. A. zur verdeckten Einlage Schmidt, EStG, 23. Aufl., München 2004, § 6, Rz. 440, „Verdeckte Einlage", Anm. 5.). Hiervon gibt es zwei Ausnahmen, nach denen der Teilwert, maximal jedoch die Anschaffungs- oder Herstellungskosten anzusetzen sind. Nach § 6 Abs. 1 Nr. 5 Buchst. a EStG gilt dies in den Fällen, in denen das zugeführte Wirtschaftsgut innerhalb der letzten drei Jahre vor dem Zeitpunkt der Zuführung angeschafft oder hergestellt worden ist. Nach § 6 Abs. 1 Nr. 5 Buchst. b EStG gilt dies ebenfalls in den Fällen, in denen ein Anteil an einer Kapitalgesellschaft eingebracht wird, an dem der Einbringende im Sinne des § 17 Abs. 1 EStG, d.h. mit mindestens 1 vom Hundert am Kapital der Gesellschaft unmittelbar oder mittelbar innerhalb der letzten 5 Jahre beteiligt war oder bei Einbringung ist. (Zur Entstehung eines Veräußerungsverlustes nach § 17 Abs. 2 Satz 4 EStG bei Einbringung einer wertgeminderten Beteiligung i.S.d. § 17 EStG vgl. BMF-Schreiben, BStBl. II 2000, 462, unter Pkt. III.). 791

2. Einlage aus dem Betriebsvermögen

Nach § 6 Abs. 5 Satz 3 EStG hat die Einlage zum Buchwert zu erfolgen, soweit ein Wirtschaftsgut unentgeltlich oder gegen Gewährung oder Minderung von Gesellschaftsrechten aus einem Betriebsvermögen des Mitunternehmers in das Gesamthandsvermögen der Mitunternehmerschaft übertragen wird (gl. A. Pyszka, BB 1998, S. 1557). Eine Übertragung erfolgt ebenfalls zum Buchwert, wenn das Wirtschaftsgut aus dem Sonderbetriebsvermögen eines Mitunternehmers in das Gesamthandsvermögen der Mitunternehmerschaft übertragen wird (§ 6 Abs. 5 Satz 3 Nr. 2 EStG) sowie 792

309

bei Übertragungen zwischen den jeweiligen Sonderbetriebsvermögen verschiedener Mitunternehmer bei derselben Mitunternehmerschaft (§ 6 Abs. 5 Satz 3 Nr. 3 EStG). Gleiches gilt auch jeweils bei Einlage in umgekehrter Richtung. Dies gilt aber nur in den Fällen, in denen nicht eine Körperschaft an der Mitunternehmerschaft beteiligt ist und durch die Übertragung deren Beteiligung an dem Wirtschaftsgut unmittelbar oder mittelbar begründet wird oder sich erhöht (§ 6 Abs. 5 Satz 5 EStG). In diesen Fällen ist der Teilwert anzusetzen. Darüber hinaus besteht eine Sperrfrist von 3 Jahren, in denen das in das Gesamthandsvermögen überführte Wirtschaftsgut weder veräußert noch entnommen werden kann, anderenfalls rückwirkend auf den Zeitpunkt der Übertragung der Teilwert anzusetzen ist.

3. Erhöhung des Kapitalkontos bei mittelbarer verdeckter Einlage

793 Handelt es sich um eine mittelbare verdeckte Einlage, so ist zu fragen, ob hierdurch nachträgliche Anschaffungskosten und damit eine Erhöhung des Beteiligungsansatzes des unmittelbar Beteiligten durch die verdeckte Einlage einer nahestehenden Person entstehen können. Der BFH hat in seinem Urteil vom 12. Dezember 2000 (BB 2001 S. 504) entschieden, dass eine mittelbare verdeckte Einlage in eine GmbH die Anschaffungskosten des unmittelbar Beteiligten erhöhen können. In dem zu entscheidenden Fall hatte der Ehemann der Mehrheitsgesellschafterin durch eine von ihm beherrschte A-GmbH der S-GmbH seiner Ehefrau ein Darlehen gewähren lassen, das nach Ansicht des Finanzamtes, aufgrund der fehlenden Wahrscheinlichkeit einer Rückzahlung des Darlehens, nicht betrieblich, sondern durch die verwandtschaftliche Beziehung des Ehemanns zu seiner Ehefrau als Gesellschafterin der S-GmbH veranlasst gewesen sei. Es wertete die Zuwendung der Darlehensvaluta an die S-GmbH als verdeckte Gewinnausschüttung der A-GmbH an den Ehemann und als verdeckte Einlage der Ehefrau in die S-GmbH. In seiner Begründung ist der BFH ebenfalls davon ausgegangen, dass die als „Darlehen" bezeichneten Beträge der Ehefrau und dem anderen Beteiligten an der S-GmbH, seinem Sohn, unentgeltlich mit der Bestimmung zugewendet wurde, dass die Beträge in die S-GmbH einzulegen seien. Dies gelte insbesondere deshalb, da dem buchmäßigen Ausweis als „Darlehen" keine Rückzahlungsverpflichtung der S-GmbH verbunden war und somit deren Aktivvermögen vermehrt wurde. Er stellte hierbei fest, dass die Veranlassung hierzu nicht aus eigenen wirtschaftlichen Interessen der A-GmbH erfolgte, sondern gesellschaftsrechtlich veranlasst war. Der BFH hat hierauf aufbauend festgestellt, dass die verdeckte Einlage, soweit sie auf die klagende Ehefrau entfiel, in Höhe ihrer Beteiligungsquote die Anschaffungskosten ihrer Beteiligung erhöht. Stein des Anstoßes des Finanzamtes war hier allerdings, dass es eine verdeckte Einlage deshalb verneinen wollte, weil es sich um eine unentgeltliche Nutzungsüberlassung gehandelt hätte und damit für eine verdeckte Einlage kein Raum gewesen wäre. Der BFH hat in diesem Sachverhalt festgestellt, dass es aber nicht um eine unentgeltliche Nutzungsüberlassung, sondern schon um die verdeckte Einlage des Geldbetrages gegangen sein, da kein Darlehen vorliege.

794 Der BFH führt in seiner Begründung weiter aus, dass die Berücksichtigung nachträglicher Anschaffungskosten auch nicht im Gegensatz zu dem für das Einkommensteuerrecht maßgeblichen Grundsatz stehe, dass ein Steuerpflichtiger nur solchen Aufwand gewinnmindernd geltend machen könne, den er selbst getragen hätte (vgl. BFH-Be-

schluss v. 23.08.1999 GrS II 1997, BStBl II 1999 782, unter C.IV. 1d). In den Fällen der mittelbar verdeckten Einlage sei der eingelegte Vermögensvorteil vielmehr eine logische Sekunde vorher auf den Gesellschafter übertragen worden und dieser erbringe die Einlage deshalb aus seinem eigenen Vermögen. Für den Wertansatz der mittleren verdeckten Einlage beim unmittelbar Beteiligten ergibt sich somit, dass bei diesem nachträgliche Anschaffungskosten auf die Beteiligung entstehen und seinen Beteiligungsansatz erhöhen. Die Höhe der nachträglichen Anschaffungskosten richten sich nach den allgemeinen Regelungen. Nicht vergessen werden darf dabei aber, dass es sich letztlich in der Übertragung des Vermögensvorteils innerhalb der logischen Sekunde von dem mittelbar verdeckt Einlegenden auf den unmittelbar Beteiligten um einen potentiell schenkungsteuerpflichtigen Vorgang handelt. Übertragen auf die mittelbare verdeckte Einlage in eine PersG bedeutet dies, dass sich durch die mittelbare verdeckte Einlage eine Erhöhung des Kapitalkontos des unmittelbar beteiligten Gesellschafters ergeben kann.

IV. Gesellschafterfremdfinanzierung (§ 8a KStG)

Ab 1. Januar 2004 gilt § 8a KStG in geänderter Fassung, nunmehr nicht nur bei ausländischen Anteilseignern, sondern generell für alle Anteilseigner, d.h. unabhängig ob diese im Inland oder Ausland ansässig sind und unabhängig davon, wo der Sitz der Kapitalgesellschaft ist. Die Fassung des § 8a KStG bis zum 31. Dezember 2003 verstößt nach einer Entscheidung des EuGH vom 12. Dezember 2002 in seiner Entscheidung Langhorst-Hohhorst (IStR 2003, S. 55) gegen die Niederlassungsfreiheit des Artikel 43 EGV. Nach alter Rechtslage war § 8a KStG nur auf ausländische Anteilseigner anwendbar. Auf diese Entscheidung wurde zunächst im Erlasswege reagiert, wonach § 8a KStG nur in den Fällen noch angewendet werden durfte, in denen der Anteilseigner zwar ausländischer Anteilseigner, nicht aber in einem Mitgliedsstaat der EU ansässig war (vgl. FinMin NRW v. 26.5.2003-S. 2742a, NWB EN-Nr.709/2003). Statt hierauf mit einer Abschaffung des § 8a KStG zu reagieren, hat der Gesetzgeber mit der Gleichbehandlung von EU-Ausländern und deutschen Steuerpflichtigen durch eine Erweiterung des Anwendungsbereiches des § 8a KStG reagiert. Nunmehr ist § 8a KStG unabhängig davon anwendbar, wo der Anteilseigner ansässig ist (Zu „thin capitalization rules" in der EU vgl. *Kessler/Obser*, IStR 2004, S. 187ff.; *Mayr/Frei*, IWB, F. 5, Gr. 2, S. 539ff.).

795

Nach § 8a Abs. 1 KStG n.F. betrifft die Regelung Anteilseigner, die wesentlich am Grund- oder Stammkapital der Kapitalgesellschaft beteiligt sind. Wesentlich beteiligt im Sinne dieser Vorschrift ist ein Gesellschafter, wenn seine Beteiligung mehr als 25 % beträgt. Somit können Vergütungen für Fremdkapital von bis zu 3 Anteilseignern der Kapitalgesellschaft von dieser Vorschrift betroffen sein. Erhält der Anteilseigner Vergütungen für Fremdkapital, die nicht auf eine in einem Bruchteil des Kapitals bemessene Vereinbarung beruhen oder wenn es sich zwar um eine Vereinbarung über eine in einem Bruchteil des Kapitals bemessene Vergütung handelt, aber der so genannte Safe-Haven überschritten wird, so handelt es sich hierbei um verdeckte Gewinnausschüttungen. Der Gesetzgeber hat hierzu eine Freigrenze von € 250.000 eingeführt. Es handelt sich insbesondere nicht um einen Freibetrag. Betragen also die Vergütungen für Fremdkapital mehr als € 250.000, so liegt in Gänze eine verdeckte Gewinnausschüt-

796

tung vor. Betragen die Vergütungen weniger als € 250.000, so liegt keine verdeckte Gewinnausschüttung vor. Die Kaphes kann sich exkulpieren wenn sie nachweist, dass sie das Daslehen unter sonst gleichen Bedingungen von einem fremden Dritten erhalten hätte. Dieser Nachweis, bestenfalls ein Darlehensangebot zu gleichen Konditionen einer Bank, dürfte nur sehr schwer zu führen sein. Weitere Sonderregelungen gibt es für Holdinggesellschaften (§ 8a Abs. 4 KStG), für nachgeschaltete Personengesellschaften (§ 8a Abs. 6 KStG) und für konzernintern fremd finanzierte Beteiligungserwerbe (§ 8a Abs. 6 KStG). Hatte der alte § 8a KStG noch die unter bestimmten Voraussetzungen entstehenden Fremdkapitalvergütungen an ihre Gesellschafter als fiktive verdeckte Gewinnausschüttungen behandelt, so handelt es sich hierbei im Lichte des § 8a KStG n.F. um „echte" verdeckte Gewinnausschüttung mit der Konsequenz der Zuflussfiktion beim Gesellschafter und der Pflicht zum Kapitalertragsteuerabzug.

797 Ebenfalls betroffen sind Vergütungen für Fremdkapital von nahestehenden Personen des Anteilseigners. Hierbei rekurriert der Gesetzgeber nach § 8a Abs. 1 Satz 2 KStG auf den Begriff der nahestehenden Personen i.S. des § 1 Abs. 2 AStG. Zudem betrifft dies Vergütungen für Fremdkapital, das von Dritten zur Verfügung gestellt wurde, wenn der Dritte auf den Gesellschafter zugreifen kann. Dies betrifft die Besicherung von Darlehen an die Kapitalgesellschaft durch den Gesellschafter im Wege von so genannten Back-to-Back-Finanzierung, d.h. eine Finanzierung eines Kreditinstitutes mit Blick auf eine in gleicher Höhe bestehende Einlage des Gesellschafters bei demselben Kreditinstitut (vgl. Prinz, FR 2004, S. 334).

798 Die Missbrauchsklausel des § 8a Abs. 5 KStG soll die Umgehung der Regelungen zur Gesellschafter-Fremdfinanzierung des § 8a KStG durch das Einschalten von Personengesellschaften verhindern. Nach § 8a Abs. 5 KStG gelten § 8a Abs. 1 bis 4 KStG entsprechend, wenn das Fremdkapital einer Personengesellschaft überlassen wird, an der die Kapitalgesellschaft alleine oder zusammen mit ihr nahestehenden Personen im Sinne des § 1 Abs. 2 AStG unmittelbar oder mittelbar zu mehr als einem Viertel beteiligt ist. In diesen Fällen gilt das der Personengesellschaft gewährte Fremdkapital als der Kapitalgesellschaft überlassen (§ 8a Abs. 5 Satz 2 KStG). Maßgeblich für die Ermittlung der wesentlichen beteiligten Anteilseigner, nahestehenden Personen, der Rückgriffsverpflichtung bei Darlehen, des Safe-Haven, des anteiligen Eigenkapitals und für die Prüfung der Holdinggesellschafts-Voraussetzungen im Sinne von § 8a Abs. 4 KStG sind die Verhältnisse der Kapitalgesellschaft und nicht der fremdfinanzierten KG (vgl. *Behrens*, DStR 2004, S. 399).

Beispiel: Die M-GmbH ist 100 %ige Anteilseignerin der T-GmbH. Diese ist wiederum an der E-KG mit 50 % beteiligt. Die M-GmbH hat der E-KG ein Darlehen in Höhe von € 600.000 zu einem Zinssatz von 5 % begeben, so dass jährliche Zinszahlungen in Höhe von € 300.000 von der E-KG an die M-GmbH gezahlt werden. Der Safe haven und die Freigrenze sind auf Ebene der M-GmbH zu überprüfen. Sie seien im Beispielsfall überschritten. Das Darlehen gilt als der T-GmbH überlassen.

799 Offen ist, auf welcher Ebene der Fremdvergleich durchzuführen ist. Nach Behrens hat die Kapitalgesellschaft ein Wahlrecht, ob die KG oder die GmbH belegt, dass ein fremder Dritter das Fremdkapital zu gleichen Bedingungen gegeben hätte *(vgl. Behrens,*

DStR 2004, S. 399). Nach anderer Auffassung ist der Fremdvergleich auf Ebene der KG vorzunehmen (vgl. *Prinz zu Hohenlohe/Heurung,* DB 2003, S. 2568). U.E. muss zumindest der Drittvergleich auf Ebene der Kapitalgesellschaft ausreichend sein, denn wenn diese Empfängerin der verdeckten Gewinnausschüttung i.S. des § 8a KStG mit Blick auf ihre Gesellschafterstellung bei der KG ist, so wird steuerrechtlich fingiert, dass die Zinszahlung auf die mittelbare gesellschaftsrechtliche Beziehung zwischen Kapitalgesellschaft und nachgeschalteter Personengesellschaft fußt. Dementsprechend muss sich die Kapitalgesellschaft exkulpieren können. Die Kapitalgesellschaft erhält das Darlehen wie ein eigenes zugerechnet. Diese Fiktion führt dann aber auch dazu, dass der Drittvergleich bei dieser vorgenommen werden muss. Andererseits ist die KG die eigentliche Darlehensnehmerin, so dass, wenn diese von fremden Dritten unter gleichen Bedingungen das Darlehen erhalten hätte, auch dann diese Gesellschafter-Fremdfinanzierung dem Fremdvergleich standhalten würde. Daher ist u.E. Behrens insoweit zuzustimmen, dass für den Nachweis des Drittvergleichs sowohl die Kapitalgesellschaft, als auch die KG in Betracht kommt.

Unterschiedlich wird auch beurteilt, wie sich die Beteiligung zu mehr als einem Viertel an der fremdfinanzierten KG bemisst. Unstreitig ist wohl, dass der Begriff nicht deckungsgleich mit der „wesentlichen Beteiligung", wie es in § 8a Abs. 3 KStG definiert wird, ist, da diese ausschließlich die Beteiligung an der Kapitalgesellschaft betrifft (vgl. *Behrens,* DStR 2004, S. 399). Nach anderer Auffassung findet § 8a Abs. 3 KStG über die Vorschrift des § 8a Abs. 5 Satz 1 Abs. 1 KStG ebenfalls Anwendung (vgl. *Prinz/ Ley,* FR 2003, S. 937). Ebenfalls noch offen ist die Frage, ob bei der Bemessung der Beteiligung auf die Beteiligung am Vermögen der KG oder an deren Gewinn abzustellen ist. Zumindest der Wortlaut spricht dafür, dass hierbei die Beteiligung am Vermögen maßgeblich sein wird. Behrens präferiert die Beteiligung am Gewinn auszurichten und geht zudem davon aus, dass bei einer Beteiligung an der KG von weniger als 100 % das Darlehen der Kapitalgesellschaft in Höhe der Beteiligungsquote zuzurechnen ist und ebenfalls nur der anteilige Zinsaufwand der KG betroffen sein kann (vgl. *Behrens,* DStR 2004, S. 399f.). 800

Fraglich ist auf der Ebene der Personengesellschaft, wie die bisher als abzugsfähige Betriebsausgaben behandelten Gesellschafter-Fremdkapital-Zinsen steuerlich zu behandeln sind, da § 8a Abs. 5 Satz 2 KStG fiktiv davon ausgeht, dass das Darlehen der Kapitalgesellschaft überlassen wird. Mithin ist zu fragen, ob die gezahlten Zinsen, die das handelsrechtliche Ergebnis gemindert haben, steuerlich, gegebenenfalls anteilig, unbeachtlich sind. Hierzu wird in der Literatur die Ansicht vertreten, dass der Betriebsausgabenabzug auf Ebene der Personengesellschaft voll erhalten bleibt (vgl. *Mensching/Bauer,* BB 2003, S. 2435; *Dötsch/Pung,* DB 2004, S. 99). Dagegen ging die Finanzverwaltung noch zum alten § 8a KStG davon aus, dass diese auch bei der Gewinnfeststellung der KG zu berücksichtigen sei (vgl. OFD-Hanover v.7.10.1996, DB 1996, S. 2259). Interessant ist, dass eines der beiden Autorenteams, die für die Erhaltung des Betriebsausgabenabzugs plädieren, ebenfalls aus der Finanzverwaltung kommt (Dötsch/Pung von der OFD-Koblenz), so dass diese Frage wohl völlig offen sein dürfte. U.E. muss, wie bei allen steuerlichen Fiktionen, auch bei der Fiktion des § 8a Abs. 5 Satz 2 KStG die Konsequenzen systematisch und folgerichtig nachvollzogen werden. Wenn aus steuerlicher Sicht das Darlehen fiktiv als der Kapitalgesellschaft ge- 801 währt gilt, so kann es nicht gleichzeitig der KG gewährt sein. Dementsprechend müsste die KG eine abweichende Steuerbilanz ohne das gewährte Darlehen aufstellen und die Sonderbilanz des Gesellschafters ebenfalls dieses Darlehen nicht enthalten.

802 Wenn die KG steuerlich gesehen, nicht Darlehensnehmerin ist, so kann sie den Betriebsausgabenabzug hierfür nicht in Anspruch nehmen und wenn das Darlehen dann auch in der Steuerbilanz unbeachtlich bleibt, so sind Darlehenszinsen ebenfalls bereits steuerbilanziell ohne Auswirkung. Dementsprechend müsste das Darlehen in der Steuerbilanz der Kapitalgesellschaft aktiviert werden, während die Zinsen sich auf das steuerliche Einkommen der Kapitalgesellschaft nur deshalb nicht auswirken, weil sie zunächst bei dieser in der steuerlichen Gewinn- und Verlustrechnung als Aufwand berücksichtigt werden und anschließend aufgrund der verdeckten Gewinnausschüttung im Sinne des § 8a Abs. 5 Satz 1 KStG als verdeckte Gewinnausschüttung wieder hinzugerechnet werden.

803 Nach dem BMF-Schreiben vom 15.7.2004 (BStBl. I 2004, 593, Tz. 32) treten für die Ermittlung des anteiligen Eigenkapitals der vorgeschalteten Kapitalgesellschaft an die Stelle des Buchwerts der Beteiligung an der Personengesellschaft die anteiligen Buchwerte der Vermögensgegenstände der Personengesellschaft (§ 8a Abs. 2 Satz 3 KStG). Bei der Übernahme der Buchwerte einer nachgeordneten Personengesellschaft in die Safe-Haven-Berechnung der vorgeschalteten Kapitalgesellschaft sind positive Ergänzungsbilanzen nicht in die Betrachtung mit einzubeziehen (so aber BMF v. 15.7.2004, BStBl. I 2004, 593; a.A. Cordes, FR 2004, S. 1316ff.).

804 Im Übrigen bleiben nach dieser Betrachtungsweise die von der KG gezahlten Zinsen auch für die Anwendung des § 4 Abs. 4a EStG außer Betracht, denn wenn steuerlich fiktiv die KG kein Darlehen erhalten hat und dementsprechend auch keine Zinsaufwendungen gehabt haben kann, so kann es sich auch nicht um Zinszahlungen im Sinne des § 4 Abs. 4a EStG handeln. Bei der Kapitalgesellschaft kommt es nach der hier vertretenen Auffassung zu keiner Gewinnauswirkung, da die Kapitalgesellschaft nun steuerlich fiktiv eigenen Zinsaufwand hat, der durch die außerbilanzielle Zurechnung der verdeckten Gewinnausschüttung wieder neutralisiert wird. Allerdings hat die Kapitalgesellschaft den Kapitalertragsteuerabzug nach § 38 KStG vorzunehmen. Bei dem Gesellschafter kommt es zu einer Umqualifizierung der Zinseinnahmen aus der KG in eine Dividendeneinnahme nach § 20 Abs. 1 Nr. 1 EStG von der Kapitalgesellschaft mit den bekannten steuerlichen Konsequenzen.

805 Nach der oben genannten anderen Auffassung, wonach bei der KG der Betriebsausgabenabzug erhalten bleibt, kommt es bei der Kapitalgesellschaft zu einer isoliert betrachtenden Hinzurechnung der verdeckten Gewinnausschüttung, wobei dies je nach Sichtweite dann anteilig zu erfolgen hat, wenn die Beteiligung an der KG mit Blick auf die Gewinnbeteiligung betrachtet wird. Aus körperschaftsteuerlicher Sicht führt diese Betrachtungsweise zum gleichen Ergebnis wie die hier vertretene Auffassung, da die gegebenenfalls anteiligen Betriebsausgaben der KG über die einheitliche und gesonderte Gewinnfeststellung der Kapitalgesellschaft zuzurechnen sind und dem die Hinzurechnung der verdeckten Gewinnausschüttung gegenüber steht, so dass sich keine Gewinnauswirkung ergibt. Gleichwohl ergeben sich Verschiebungen in der Gewerbesteuer, da die Personengesellschaft aus gewerbesteuerlicher Sicht zumindest den halben Betriebsausgabenabzug, aufgrund der hälftigen Zinszurechnung der Dauerschuldzin-

sen nach § 8 Nr. 1 GewStG behält, während die Hinzurechnung der verdeckten Gewinnausschüttung bei der Kapitalgesellschaft vollumfänglich auf die Gewerbesteuer durchschlägt, so dass im Ergebnis die Hälfte der Gewinnausschüttung bei Gesamtbetrachtung der KG und Kapitalgesellschaft zusätzlich mit Gewerbesteuer belastet wird und sich zudem eine Verschiebung der Gewerbesteuerlast von der KG auf die Kapitalgesellschaft ergibt. Zu beachten ist ebenfalls bei der Anwendung des § 8a Abs. 5 KStG, dass auch die Regelungen zu den rückgriffsberechtigten Dritten (ausschließlich back-to-back) hier Anwendung finden. Bezüglich der Sonderbetriebseinnahmen und -ausgaben besteht das Problem der doppelten Fassung, da zum einen diese bei der Ermittlung des den Gesellschaftern zuzurechnenden Ergebnisses bei der Personengesellschaft erfolgt und auch Bestandteil der Ermittlung des Gewerbeertrages ist und andererseits diese bereits bei den Personengesellschaften berücksichtigt wurde.

Beispiel: Der Gesellschafter der X-GmbH & Co. KG hat dieser ein Darlehen in Höhe von € 100.000 gegeben, das mit 6 % p.a. verzinst wird. Im Jahre 2003 hat er somit Zinseinnahmen in Höhe von € 6.000 erzielt, die Betriebseinnahmen darstellen. Bei der X-GmbH & Co. KG stellen diese handelsrechtlich Aufwand dar, sind aber nach § 15 Abs. 1 Nr. 2 EStG wieder hinzuzurechnen und haben sich somit im Ergebnis nicht ausgewirkt. Die Vergütungen der Gesellschafter sind also bereits im Rahmen seiner Gewinnanteile bei der Personengesellschaft gewerbesteuerlich erfasst und werden ihm gesondert im Rahmen der einheitlichen und gesonderten Gewinnfeststellung zugerechnet. Hiernach würde er diese Sonderbetriebseinnahmen zweifach besteuern, d.h. einmal als Einkünfte aus Gewerbebetrieb und zum zweiten als Einkünfte aus Kapitalvermögen. Hält der Gesellschafter die Beteiligung im Privatvermögen, so sind diese Zinsen nicht als Einkünfte aus Kapitalvermögen zu erfassen, sondern sie sind nach § 20 Abs. 3 EStG unberücksichtigt zu lassen. Wird die Beteiligung im Betriebsvermögen gehalten, so sind die Sonderbetriebseinnahmen –ausgaben, die in der Handelsbilanz als Ertrag und Aufwand erfasst werden, in der steuerlichen Gewinn- und Verlustrechnung bei der jeweiligen Position zu kürzen, beispielsweise Zinserträge und im Rahmen der Spiegelbildmethode beim Ansatz der Personengesellschaftsbeteiligung zu aktivieren. Wurden die Zahlungen tatsächlich geleistet, handelt es sich insoweit um zu buchende Einlagen oder Entnahmen aus dem Sonderbetriebsvermögen.

F. Ertragsteuerliche Behandlung der Gesellschafter (Gesellschafterebene)

I. Behandlung der Komplementäre

Die Einkünfte aus einer gewerblich tätigen (§ 15 Abs. 1 Satz 1 Nr. 2 EStG) bzw. einer gewerblich geprägten (§ 15 Abs. Nr. 2 EStG) PersG zählen zu den Einkünften aus Gewerbebetrieb. Anders als bei der Besteuerung der Kapitalgesellschaften, wo zunächst eine Besteuerung mit 25 % KSt plus SolZ auf Ebene der Kapitalgesellschaft erfolgt und eine Besteuerung bei den Gesellschaftern erst im Falle der Ausschüttung an diese vorgenommen wird (Abschirmwirkung), werden die Einkünfte der PersG ihren Gesellschaftern unabhängig ihrer Entnahmen zugerechnet. Diese Zurechnung erfolgt im Rahmen der einheitlichen und gesonderten Gewinnfeststellung (§§ 179 Abs. 1, 180 Abs. 1 Nr. 2a AO). Es erfolgt also eine Berücksichtigung dieser Einkünfte unabhängig

806

von einem tatsächlichen Zufluss von Liquidität. Dies kann bei einer zu geringen bzw. unterlassenen Entnahme dazu führen, dass der Gesellschafter im Gewinnfall auf diese Einkünfte Einkommen- bzw. Körperschaftsteuer zu entrichten hat, ohne dass diesem eine entsprechende zusätzliche Liquidität gegenübersteht. Häufig wird daher in Gesellschaftsverträgen geregelt, dass den Gesellschaftern grundsätzlich ein Entnahmerecht in Höhe der aus den Einkünften entstehenden Steuerbelastungen zusteht.

807 Im Verlustfall kann der Vollhafter (insb. OHG) bzw. der Komplementär (GmbH & Co. KG) auch die ihm zugerechneten Verluste aus seiner Beteiligung ohne Einschränkung als negative Einkünfte aus Gewerbebetrieb mit gleichartigen oder anderen Einkunftsarten uneingeschränkt verrechnen. Die Verlustverrechnungsbeschränkung zwischen einzelnen Einkunftsarten des § 2 Abs. 3 Sätze 2ff. EStG wurde mit Wirkung ab 1.1.2004 abgeschafft. Allerdings ist die Höchstbetragsregelung des § 10d Abs. 1 EStG (ab 1.1.2004) zu beachten, wonach ein Verlustrücktrag nur bis zu einem Betrag von T€ 511,5 (Einzelveranlagung) bzw. T€ 1.023 (Zusammenveranlagung) in voller Höhe abziehbar ist. Im Falle des Verlustvortrags ist ab 1.1.2004 nach § 10d Abs. 2 EStG nur noch ein Betrag von € 1 Mio. (Einzelveranlagung) bzw. € 2 Mio. (Zusammenveranlagung) in voller Höhe abziehbar, während ein darüber hinausgehender Betrag nur zu 60 % abziehbar und im Übrigen weiter vorzutragen ist. Da sowohl der OHG-Gesellschafter, als auch der Komplementär mit ihrem gesamten Vermögen für die Schulden ihrer Gesellschaft haften und damit einen Verlust auch tatsächlich tragen (Minderung der Leistungsfähigkeit), wird der Verlust der PersG bei Ihnen auch, in den Grenzen des § 10d EStG, unmittelbar verwertbar.

II. Behandlung der Kommanditisten einer GmbH & Co. KG

1. Gewinnsituation

808 Die Behandlung der Gewinne eines Kommanditisten erfolgt grundsätzlich wie die bei einem Komplementär. Allerdings können bestimmte Gewinne nicht zu einer Besteuerung führen, soweit in Vorjahren Verluste entstanden sind, die aufgrund der Verlustnutzungseinschränkung des § 15a EStG (s.u.) nicht sofort ausgleichsfähig, sondern nur verrechenbar, d.h. nur mit evtl. folgenden Gewinnen derselben PersG zu verrechnen sind (§ 15a Abs. 2 EStG).

2. Verlustsituation

a) Sofort ausgleichsfähige oder nur verrechenbare Verluste

809 Erwirtschaftet die PersG steuerliche Verluste, so ist zunächst zu unterscheiden, ob es sich bei dem Gesellschafter um eine Vollhafter (OHG, GbR, Komplementär) oder Teilhafter (Kommanditist, atypisch stille Gesellschafter) handelt. Der Vollhafter kann grundsätzlich die Verluste im Rahmen des § 10d EStG zur Minderung seines zu versteuernden Einkommens nutzen (s.o.). Für Teilhafter kommt die Regelung des § 15a EStG zur Anwendung. Hiernach kann ein Verlust insb. durch den Kommanditisten einer GmbH & Co. KG dann nicht unmittelbar im gleichen Veranlagungszeitraum genutzt werden, wenn hierdurch ein negatives Kapitalkonto entsteht oder sich erhöht. Aufgrund der nur begrenzten Haftung des Kommanditisten für Verluste seiner Gesell-

schaft, maximal bis zur Höhe seiner Einlage, bleibt auch die Verlustnutzung auf dieses Maß beschränkt.

Maßgeblich ist hierbei festzustellen, was mit dem Begriff des steuerlichen Kapitalkontos gemeint ist. Grundsätzlich umfasst der Begriff des steuerlichen Kapitalkontos eine Zusammenrechnung des steuerlichen Werts seines Kapitalkontos der Gesamthandsbilanz sowie den zusätzlichen Wert des Kapitals aus Ergänzungs- und Sonderbilanzen. Die Tatbestandsvoraussetzung des § 15a Abs. 1 EStG klammert aber, trotz ihres Wortlauts, die Berücksichtigung von (negativen oder positiven) Sonderbilanzen aus, so dass sich das steuerliche Kapitalkonto des § 15a Abs. 1 EStG ausschließlich aus den Werten der Kapitalkonten bei der Gesamthand und aus Ergänzungsbilanzen ergibt (sog. Saldierungsverbot) (Aufgabe der sog. additiven Gewinnermittlung mit Abkehr vom Wortlaut des § 15a EStG und Verweis auf den Systemzusammenhang und den Zweck der Vorschrift durch: BFH v. 14.5.1991 – VIII-R-31/88, BStBl. II 1992, 167; v. 13.10.1998 – VIII-R-78/97, BStBl. II 1999, 163. BMF-Schreiben v. 24.11.1993, BStBl. I 1993, 934. Vgl. Groh, DB 1990, S. 13; Littmann/Bitz/Pust, Das Einkommensteuerrecht, § 15a, Rz. 18a f.; Helmreich, Verluste bei beschränkter Haftung und § 15a EStG, Stuttgart 1998, S. 21ff., m.w.N. Die Gesetzesbegründung sah noch eine Einbeziehung des Sonderbetriebsvermögens in den Anwendungsbereich des § 15a EStG vor (BTDrs. 8/3648, S. 16), wie auch der Bericht des Finanzausschusses des Deutschen Bundestags, BTDrs. 8/1457, S. 2 rechte Spalte).

810

Verluste, die noch ein positives Kapitalkonto mindern sind insoweit nach den allgemeinen Regeln der Verlustberücksichtigung nutzbar und werden als **ausgleichsfähige Verluste** bezeichnet. Verluste die unter die Einschränkung des § 15a EStG fallen, sind insoweit nicht nutzbar und dürfen nur mit zukünftigen Gewinnen aus derselben Beteiligung verrechnet werden. Daher werden derartige nur vorgetragene Verluste als **verrechenbare Verluste** bezeichnet. Die verrechenbaren Verluste sind nach § 15a Abs. 4 EStG gesondert festzustellen. Der Ausgleich von Gewinnen im Sonderbetriebsvermögen mit Verlusten aus der KG-Beteiligung i.S.d. § 15a EStG ist nicht möglich, da es sich um andere Einkünfte i.S.d. § 15a Abs. 1 Satz 1 EStG handelt. Verluste aus dem Gesamthandsvermögen, einschl. dem Ergebnis einer Ergänzungsbilanz, können nur Gewinne aus dem Sonderbetriebsvermögen bzw. Sonderbetriebseinnahmen i.S.d. § 15 Abs. 1 Nr. 2 Satz 2 EStG mindern, wenn es sich um sofort ausgleichs- und abzugsfähige Verluste handelt. Mithin sind nur die allgemeinen Regeln des § 15a EStG auch auf Gewinne im Sonderbetriebsbereich des Kommanditisten bei derselben Mitunternehmerschaft anwendbar.

811

Verluste im Sonderbetriebsvermögensbereich sind, da der SBV-Bereich grundsätzlich nicht von § 15a EStG erfasst wird, immer sofort ausgleichs- und abzugsfähig (Helmreich, Verluste bei beschränkter Haftung und § 15a EStG, Stuttgart 1998, S. 31). Ein Problem besteht darin, dass häufig mit der FinVerw streitig ist, ob ein Kapitalkonto als ein solches i.S.d. § 15a EStG zu beurteilen ist oder ob es sich um ein Gesellschafter- (Darlehens-) konto handelt. Soweit auf dem Konto keine Verluste, sondern ausschließlich Gewinne, Einlagen und Entnahmen (auch tatsächlich, vgl. FG Berlin, Urt. v. 28.02.2001, rkr., EFG 2001, S. 844) gebucht werden und dies durch den Gesellschaftsvertrag gedeckt ist, handelt es sich um „echte" Gesellschafterkonten, die nicht in die Betrachtung des § 15a EStG mit einzubeziehen sind, sondern Sonderbetriebsvermögen I darstellen (Nds. FG v. 05.10.2004, LexInform Dok.-Nr. 0818848). Dies gilt

812

selbst dann, wenn es sich um eigenkapitalersetzende Darlehen handelt. Diese erfüllen auch nicht die Voraussetzungen des erweiterten Verlustausgleichs nach § 15a Abs. 1 Sätze 2 und 3 EStG (begründet keine Haftung i.S.d. § 171 Abs. 1 HGB) (BFH v. 28.03.2000 –VIII-R-28/98, BStBl. II 2000, 347).

Beispiel: DD ist Kommanditist der Entenhausen-KG. Seine Einlage beträgt € 20.000. Eine Ergänzungsbilanz besteht nicht. Der Wert des Sonderbetriebsvermögens, eines an die KG vermieteten Grundstücks, beträgt € 100.000. Im Jahre 04 entfällt auf DD ein steuerlicher Verlust von € 120.000, der ihm einheitlich und gesondert zugerechnet wird. In der persönlichen ESt-Erklärung kann DD nur € 20.000 einkommensmindernd berücksichtigen, da nur insoweit direkt ausgleichsfähige Verluste vorliegen. Bei dem Betrag von € 100.000 handelt es sich um lediglich verrechenbare Verluste, auch wenn das „allgemeine" steuerliche Kapitalkonto nach dem Verlust € 0 beträgt und nicht negativ geworden ist. Da für die Verlustausgleichsbeschränkung des § 15 a EStG das vorhandene Sonderbetriebsvermögen unbeachtlich ist, beträgt das steuerliche Kapitalkonto i.S.d. § 15a Abs. 1 EStG nach Verlust ./. € 100.000.

813 Erhöht der Gesellschafter sein Kapitalkonto durch eine nachträgliche Einlage in das Gesamthandsvermögen, so erweitert sich auch folgerichtig der mögliche Verlustausgleichsspielraum. Allerdings bezieht sich dies nicht auf bereits bestehende nur verrechenbare Verluste der Vorjahre, d.h. diese werden durch die Einlage nicht in ausgleichsfähige „umgepolt", sondern nur auf im Jahr der Einlage anfallende Gewinne (H 138d EStH „nachträgliche Einlagen"). Für die der Einlage folgenden Wirtschaftsjahre wird für die Einlage insoweit ein Korrekturposten gebildet, als die Einlage noch nicht im Wirtschaftsjahr der Zuwendung zu ausgleichsfähigen Verlusten geführt hat (Schmidt, EStG, 23. Aufl., München 2004, § 15a, Rz. 183). Besteht ein solcher Korrekturposten und wird die KG vor dessen Ausschöpfung vollständig beendet, entstehen in diesem Jahr entsprechend sofort ausgleichsfähige Verluste (BFH, BStBl. II 2000, 347 zu 4; R 138 d Abs. 4 EStR). Dies rührt aus der Überlegung, dass der Kommanditist die Verluste in diesem Augenblick auch letztendlich getragen hat.

Beispiel: DD legt im Wirtschaftsjahr 06 € 150.000, im Wirtschaftsjahr 07 wird die KG vollbeendet. Das steuerliche Ergebnis beträgt in den Jahren 05 und 07 € Null. Im Wj. 06 beträgt der stl. Verlust € 50.000.
Im Wj. 06 kann DD den Verlust in voller Höhe (€ 50.000) nutzen. Das steuerliche Kapitalkonto beträgt nunmehr € 100.000. Durch die Vollbeendigung der KG in 07, kann DD in diesem Jahr weitere € 100.000 einkommensmindernd geltend machen.

814 Das Potential zur Geltendmachung sofort ausgleichsfähiger Verluste kann sich unabhängig von dem Wert des steuerlichen Kapitalkontos dadurch erhöhen, dass der Kommanditist gegenüber den Gläubigern der KG unmittelbar persönlich in einem bestimmten Umfang haftet. Diese **„überschießende" Außenhaftung** (§ 15a Abs. 1 Sätze 2 und 3 EStG) führt dann zu einem erweiterten Verlustausgleich, wenn
1. der Kommanditist den Gläubigern gegenüber nach § 171 HGB haftet,
2. derjenige, dem der Verlust zugerechnet wird, ins Handelsregister eingetragen ist,

3. die Haftung nachgewiesen wird,
4. eine Vermögensminderung aufgrund der Haftung weder durch Vertrag ausgeschlossen, noch nach Art und Weise des Geschäftsbetriebs unwahrscheinlich ist (Schmidt, EStG, 23. Aufl., München 2004, § 15a, Rz. 120) und
5. die erhöhte Haftsumme bis zum Ablauf des Wirtschaftsjahrs der GmbH & Co. KG im Handelsregister eingetragen ist (Kraft/Pflüger/Herold, GStB, Sonderdruck Checkliste Steueränderungen 2004/2005, S. 66).

Beispiel: DD ist an der Entenhausen KG als Kommanditist beteiligt. Seine geleistete Einlage beträgt T€ 50, seine Pflichteinlage T€ 100. Im Handelsregister ist eine Haftsumme von T€ 80 eingetragen. In 04 entsteht ein auf DD entfallender stl. Verlust von T€ 100. Der Verlust ist in Höhe von T€ 50 sofort ausgleichsfähig (§ 15a Abs. 1 Satz 1 EStG). Wegen „überschießender" Außenhaftung ist ein weiterer Betrag in Höhe von T€ 30 sofort ausgleichsfähig (§ 15a Abs. 1 Sätze 2 und 3 EStG). Der übrige Verlust in Höhe von T€ 20 ist nur mit zukünftigen Gewinnen aus der KG verrechenbar und wird gesondert nach § 15a Abs. 4 EStG festgestellt.

Wechselt ein **Kommanditist in eine Komplementärstellung,** so können im Laufe des Wirtschaftsjahres entstehende Verluste aus der vormaligen Kommanditbeteiligung in voller Höhe genutzt werden, da § 15 a EStG zum Ende des Jahres nicht anwendbar ist. Entscheidend ist somit zu welchem Zeitpunkt der Wechsel der Kommanditistenin eine Komplementärstellung erfolgt und für welches Jahr dies Wirkung entfaltet. Der BFH hat in seinem Urteil vom 12.02.2004 (vgl. Ottersbach, KfR 2004, Fach 3, § 15a, 6/04) zunächst festgehalten, dass § 15a EStG keine ausdrückliche Aussage dazu enthält, zu welchem Zeitpunkt die Tatbestandsmerkmale des Entstehens oder der Erhöhung eines negativen Kapitalkontos des Kommanditisten durch die ihm zuzurechnenden Anteile am Verlust der KG zu prüfen sind. Maßgeblich hierfür seien die Verhältnisse am Ende eines Wirtschaftsjahres (BFH v. 14.10.2003 FR 2004, S. 153). Daher greift die Verlustausgleichsbeschränkung des § 15a EStG für einen Gesellschafter dann nicht ein, wenn er am Bilanzstichtag nicht die Stellung eines Kommanditisten oder eine vergleichbare Stellung innehat. Für den umgekehrten Fall des Wechsels einer Komplementär- in eine Kommanditistenstellung hatte der BFH in seinem Urteil vom 14.10.2003 daher entschieden, dass die Regelung des § 15a EStG unabhängig von einer eventuellen handelsrechtlichen Nachhaftung gem. § 160 Abs. 3 HGB und damit die Verlustausgleichsbeschränkung zur Anwendung gelangt. Diese Sichtweise gelte vice versa auch für den Fall des Wechsels einer Kommanditisten- in eine Komplementärstellung, wenn sie vor dem Bilanzstichtag erfolgt. Im Übrigen gelte die Aufhebung der Verlustausgleichsbeschränkung nur für die Verluste des Wirtschaftsjahres, bis zu dessen Ende der Wechsel der Gesellschafterstellung erfolge, so dass eine „Umpolung" bereits früher entstandener verrechenbarer Verluste in ausgleichsfähige Verluste nicht erfolge. 815

Der BFH geht insbesondere nicht davon aus, dass ein Wechsel in die Stellung als persönlich haftender Gesellschafter mit steuerrechtlicher Wirkung deshalb nicht stattfände, weil der Wechsel nicht vor dem Bilanzstichtag nach außen erkennbar gemacht worden sei. Vielmehr gebe es keine spezielle steuerrechtliche Wirksamkeitsvorausset- 816 zung für den Beteiligungswechsel. Handelsrechtlich werde der Beteiligungswechsel mit dem Gesellschafterbeschluss wirksam und nicht erst durch die nach §§ 107, 143, 162 HGB erforderliche Eintragung. Daher ist als maßgeblicher Zeitpunkt der Tag des Gesellschafterbeschlusses auch für die Anwendung des § 15a EStG entscheidend. Diese neue Entscheidung des BFH ermöglicht dem Stpfl. bis kurz vor dem Bilanzstichtag mit der Entscheidung abzuwarten, ob ein Wechsel von der Kommanditisten- in die Komplementärstellung vorgenommen werden soll. Da weder ein Bekunden nach außen, noch die Eintragung in das Handelsregister für die steuerrechtliche Wirksamkeit im Lichte des § 15a Abs.1 EStG vorausgesetzt wird, kommt es allein auf die Nachweisbarkeit des tatsächlich gefassten Beschlusses an. Zu empfehlen ist in diesen Fällen, bis zum Bilanzstichtag das Protokoll des Gesellschafterbeschlusses an das Finanzamt zu versenden, wobei sich aus der Art der Versendung entnehmen lassen sollte, dass diese und damit auch der Gesellschafterbeschluss vor dem Bilanzstichtag erfolgt ist (Fax, Einschreiben etc.). Alternativ müsste auch ein Zeugenbeweis ausreichen, wie der des bei der Gesellschafterversammlung anwesenden Steuerberaters/Rechtsanwalts o.ä. oder einer anderen, bestenfalls nicht nahestehenden, Person. Um Diskussionen mit dem Finanzamt vorzubeugen, sollte der anwesende Zeuge im Protokoll der Gesellschafterversammlung unter den anwesenden Personen aufgeführt und dies durch Unterschrift des Zeugen unter dem Gesellschafterprotokoll dokumentiert sein. Im Übrigen ist darauf zu achten, dass bei einer Ein-Mann-Gesellschaft der Gesellschafter-Geschäftsführer wirksam von den Beschränkungen des § 181 BGB befreit ist. Dies ist erforderlichenfalls vor Fassung des Gesellschafterbeschlusses durch Satzungsänderung sicherzustellen.

817 Für den Wechsel des Komplementärs in die Kommanditistenstellung wendet der BFH das so genannte Stichtagsprinzip an (BStBl II 2004, 118; s. auch BFH v. 14.10.2003, FR 2004, S. 156). In diesem Falle ist der Gesellschafter am Ende des Wirtschaftsjahres als Kommanditist beteiligt, so das grundsätzlich die Verlustausgleichsbeschränkung des § 15a EStG, selbst in Anbetracht der unbeschränkten Nachhaftung des Alt-Komplementärs im Sinne des § 160 Abs. 3 HGB, zur Anwendung gelangt. Der BFH begründet dies mit der Nichtbenennung der unbeschränkten Nachhaftung in § 15a Abs. 1 Satz 2 EStG, der ausschließlich auf § 171 Abs. 1 HGB Bezug nimmt. Um bei unterjährigem Wechsel des Komplementärs in die Kommanditistenstellung zumindest quotal die volle Verlustausgleichsmöglichkeit zu erhalten und damit zumindest quotal die Verluste nutzen zu können, kann einerseits daran gedacht werden, dass der Vollhafter zunächst aus der Gesellschaft ausscheidet und anschließend als Teilhafter wieder eintritt. Durch das Ausscheiden des Vollhafters würde der Verlust des laufendes Jahres bis zu seinem Austritt realisiert. Lediglich die Verluste ab dem späteren Wiedereintritt unterlägen dann den Beschränkungen des § 15a EStG. Eine andere Möglichkeit wäre, durch Bildung eines Rumpfwirtschaftsjahres und damit Erstellung einer Zwischenbilanz auf den Zeitpunkt des Wechsels des Komplementärs in die Kommanditistenstellung, bei Zustimmung durch das Finanzamt, eine steuerlich wirksame Verlustfeststellung für den Komplementär zu erzielen. Dies würde auch die Problemfälle umgehen, bei denen durch das zuvor erfolgte Ausscheiden als Vollhafter gegebenenfalls erhebliche stille Reserven steuerwirksam aufgelöst werden müssten.

Wird die Kommanditbeteiligung verkauft berechnet sich ein Gewinn grundsätzlich nach:

    Verkaufspreis
./. Veräußerungskosten
./. stl. Kapitalkonto
    Veräußerungsgewinn/-Verlust

818

Hat der Gesellschafter noch verrechenbare Verluste, d.h. noch ein negatives Kapitalkonto, so führt der Wegfall des negativen Kapitalkontos zu einer Gewinnerhöhung. Im Gegenzug kann der Kommanditist aber nun seine verbliebenen verrechenbaren Verluste nutzen und den aus dem Wegfall des negativen Kapitalkontos ergebniserhöhenden Betrag neutralisieren. Da die Ergebnisse der Sonderbilanz bei der Feststellung des verrechenbaren Verlustes nach § 15a Abs. 4 EStG außer Betracht bleiben und unbegrenzt bzw. unmittelbar genutzt werden konnten, ergibt sich allein hieraus keine Ergebnisauswirkung. Dies kann nur im Falle nachträglicher Einlagen erfolgen, die zu verrechenbaren Verlusten geführt haben. Wenn das wegfallende negative Kapitalkonto geringer ist als der festgestellte verrechenbare Verlust, d.h. es besteht lediglich der Korrekturposten, entsteht in Höhe der Differenz ein sofort ausgleichs- und abzugsfähiger Veräußerungsverlust (vgl. Kempf/Hillringhaus, DB 1996, S. 12).

819

b) Wirkung von Einlagen

Finden im laufenden Wirtschaftsjahr vor dem Bilanzstichtag Kapitalbewegungen, d.h. insbesondere Einlagen, Entnahmen oder Berichtigungen statt, so müssen diese vor der Verlustzuweisung berücksichtigt werden (§15a Abs. 1 Satz 1 EStG).

820

Beispiel: DD ist Kommanditist der Entenhausen-KG. Zum 01.01.2003 beträgt sein anteiliges steuerliches Kapitalkonto i.S.d. des § 15a EStG € 50.000. Im Jahr 03 entfällt auf DD ein steuerlicher Verlust von € 70.000. Im Jahre 04 leistet DD eine Einlage in Höhe von € 30.000. Gleichzeitig entsteht in diesem Jahr ein Verlust von € 40.000.

Im Jahre 03 handelt es sich in Höhe von € 50.000 um ein sofort ausgleichsfähigen und abzugsfähigen Verlust im Sinne des § 15a Abs. 1 Satz 1 EStG. In Höhe von € 20.000 handelt es sich um einen verrechenbaren Verlust im Sinne des § 15a Abs. 2 EStG, der nach § 15a Abs. 4 EStG gesondert und einheitlich festzustellen ist. Im Jahre 04 erhöht sich das negative Kapitalkonto nach Verlustberücksichtigung von € -20.000 auf € -30.000 und somit nur um € -10.000. Da nach § 15a Abs. 1 Satz 1 EStG ein Verlustausgleich insoweit nur verrechenbar ist, als ein negatives Kapitalkonto entsteht bzw. sich erhöht, können im Jahr 04 Verluste in Höhe von € 30.000 berücksichtigt werden. Dies ist auch gerechtfertigt, da DD diesen Verlust wirtschaftlich durch den Verlust seiner in 04 geleisteten Einlage auch wirtschaftlich trägt. Die verrechenbaren Verluste erhöhen sich somit um € 10.000 auf € 30.000. Wird die Einlage in dem, dem Verlustjahr folgenden, Wirtschaftsjahr geleistet, so führt dies nicht dazu, dass die im Vorjahr entstandenen verrechenbaren Verluste in ausgleichsfähige „umgepolt" werden. Wird die Einlage in dem, dem Verlust folgenden Wirtschaftsjahr geleistet und hierdurch ein negatives Kapitalkonto vermindert, so besteht ein Problem darin, dass,

821

wenn in Folgejahren weitere Verluste anfallen, sich durch diese wiederum negatives Kapitalkonto entsteht bzw. sich erhöht, obwohl in einer bestimmten Höhe Einlagen geleistet wurden.

Beispiel: Wie oben, der Verlust im Jahr 04 beträgt allerdings € 10.000,00. Damit beträgt das Kapitalkonto zum 31.12.04 € 0. Im Jahre 05 entfällt auf DD ein steuerlicher Verlust von € 30.000,00.

Einlagen können bestehen in Geld, Waren, Grundstücke, Wertpapiere, Forderungen, Patenten (Vgl. Kraft/Pflüger/Herold, GStB 2004, Sonderdruck Checkliste Steuergestaltung 2004/2005, S. 66; sowie zu Gestaltungen Butz-Seidel, GStB 5/98, S. 15 und Natschke, GStB 4/98, S. 9).

822 Der BFH (Urt. v. 14.10.2003, BStBl. II 2004, 359; vgl. Wacker, DB 2004, S. 11ff.) ist zwar ebenso wie die Finanzbehörde (OFD, NWB, Fach 3, S. 11909) der Auffassung, dass die „vorgezogene Einlage" aus 04 nach der gesetzlichen Regelung keine Auswirkung in 05 habe, da das Gesetz stichtagsbezogen formuliert sei. Er plädiert allerdings für eine teleologische Reduktion mit Rücksicht auf diese Fallkonstellation für die Schaffung eines Korrekturpostens in Höhe der nicht durch ausgleichsfähige Verluste (hier im Wirtschaftjahr 04) verbrauchten Einlage. Somit können Verlustanteile des Kommanditisten in den Folgejahren in Höhe dieses Korrrekturpostens auf Grund der zwischenzeitlich geleisteten Einlage als ausgleichsfähig und sofort abzugsfähig behandelt werden. Obwohl also durch spätere Verluste wiederum ein negatives Kapitalkonto entsteht oder sich erhöht, müssen diese nicht als verrechenbare Verluste behandelt werden. Dies gilt allerdings nur für solche Einlagen, die negative Kapitalkonten (teilweise) ausgleichen, die zu verrechenbaren Verlusten geführt haben und nicht als ausgleichsfähig auf Grund einer erweiterten Außenhaftung (§ 15a Abs. 1 Satz 2 EStG i.V.m. §§ 171, 172 HGB) zu behandeln waren. Die Bildung eines Korrekturpostens ist dann nicht notwendig, wenn die Einlage in dem Wirtschaftsjahr geleistet wird, in dem der Verlust entsteht. Zur Lösung des BFH, dessen Urteil zwar im BStBl. (II 2004, 359) veröffentlicht wurde, hat das BMF einen Nicht- Anwendungserlass herausgegeben (FR 2004, S. 608). Da es sich um ein für den Steuerpflichtigen nicht vorteilhafte Lösung handelt, sollte in der Praxis die Lösung des BFH angewandt werden, wenn gleich für Gestaltungen hier Zurückhaltung geboten ist.

c) Wirkung von Entnahmen

823 Der Korrekturposten verringert sich durch einerseits wie gezeigt später entstehende Verluste und andererseits durch Entnahmen, d.h. durch Einlageminderungen i.S.d. § 15a Abs.3 Satz 1 EStG. Solche Entnahmen, soweit durch diese ein negatives Kapitalkonto entsteht oder sich erhöht, führt zu einer Gewinnhinzurechnung im Jahr der Entnahme, soweit nicht durch eine überschießende Außenhaftung nach § 15a Abs. 3 Satz 2 EStG die Gewinnhinzurechnung gesperrt ist (s. auch Vfg. OFD München/Nürnberg, FR 2004, S. 731). Diese Gewinnhinzurechnung stellt allerdings keinen originären Gewinn aus der KG dar, sondern es handelt sich um einen Rechnungsposten, der zum Zwecke der „Umpolung" vormals ausgleichsfähiger in verrechenbare Verluste dem

Kommanditisten wie ein Gewinn zugerechnet wird (vgl. BFH v. BStBl. II 2002, 458, Tz. 2a). Es ist allerdings zu berücksichtigen, dass das Gesetz eine Grenze von 10 Jahren berücksichtigt, für die nur eine Gewinnhinzurechnung vorzunehmen ist. Weiterhin ist die Gewinnhinzurechnung um die Gewinnanteile zu kürzen, die zwischen der Entstehung des ausgleichsfähigen Verlustes und der Entnahme zugerechnet worden sind (BFH, BStBl II 2003, 798). Auch hierbei vertreten der BFH und die Finanzbehörde unterschiedliche Auffassungen zu folgendem Sachverhalt:

Beispiel:

Jahr	Sachverhalt	Betrag
	Kapitalkonto 1.1.	100
	Einlage	200
02	Kapitalkonto nach Einlage	300
	Verlust (ausgleichsfähig)	-300
03	Kapitalkonto 1.1.	0
	Gewinn	300
	Kapitalkonto 1.1.	300
	Entnahme	-400
	= Einlagenminderung	100

Die im Streitfall durch die Finanzbehörde vertretene Auffassung führt zu einer Gewinnzurechnung in Höhe von € 100, so dass es zu einer Umqualifikation des Verlustes aus 01 in Höhe von € 100 in einen verrechenbaren Verlust kommt. In Höhe von € 200 bliebe der Verlust auch nach Auffassung der Finanzbehörde ausgleichsfähig. Nach Auffassung des BFH ist der Verlust aus dem Jahr 01 mit dem Gewinn aus dem Jahre 02 zu saldieren. Dem entsprechend beträgt der Höchstbetrag für die Gewinnzurechnung nach § 15a Abs. 3 Satz 2 EStG € 0. Die unterschiedlichen Auffassungen führen nur dann zu differierenden Ergebnissen, wenn die Entnahme höher ist als der vorher erzielte Gewinn. Vergleicht man die Auffassung des BFH mit dem abgewandelten Fall, dass im Jahre 01 keine Einlage geleistet worden ist, so ergibt sich folgende Übersicht:

824

Jahr	Sachverhalt	Betrag
01	Kapitalkonto 1.1.	300
	-Entnahme	400
	Kapitalkonto nach Einlage	-100
	Verlust (nur verrechenbar)	300
02	Kapitalkonto 1.1.	-400
	Gewinn	300
03	Kapitalkonto 1.1.	-100

Durch die Abwandlung des Sachverhaltes ergibt sich, dass in diesem Fall die Finanzbehörden und der BFH zu einem gleichen Ergebnis kämen. Zum 01.01.03 bestünde ein verrechenbarer Verlust von € 100 und eine Gewinnhinzurechnung hätte nicht stattgefunden.

825

826 Wird eine Kommanditbeteiligung unentgeltlich übertragen, also geschenkt oder vererbt, ist zu fragen, wie die beim Schenker/Erblasser entstandenen verrechenbaren Verluste beim Erwerber zu behandeln sind, ob diese also nutzbar sind. Nach § 15a Abs. 2 oder Abs. 3 Satz 4 EStG geht der verrechenbare auf den Erwerber über. Dieser braucht also zukünftige Gewinne bis zur Höhe der beim Übertragenden entstandenen verrechenbaren Verluste nicht zu versteuern (BFH, BStBl. II 1999, 269). Da der BFH (BFH, BStBl. II 2002, 487) auch die Vererblichkeit eines Verlustvortrags nach § 10d EStG ausdrücklich bestätigt hat, gilt diese Auffassung als gesichert (Zweifel könnten bestehen mit Blick auf den Anfragebeschluss des 11. Senats des BFH, BFH/NV 2003, 1364).

III. Gewerbesteueranrechnung des § 35 EStG

1. Grundlage

827 Die Gewerbesteueranrechnung nach § 35 EStG in der Fassung des Steuersenkungsgesetzes ersetzt die Tarifkappung für gewerbliche Einkünfte nach § 32c EStG a.F. Sie wird für gewerblich tätige Einzelunternehmer und Mitunternehmer im Sinne des § 15 Abs. 1 EStG gewährt. Auf Ebene der Einzelunternehmen bzw. Personengesellschaften ergeben sich für die Gewerbesteuer hieraus keine weiteren Konsequenzen. Hier wirkt daher weiterhin die erste Entlastungsstufe der Gewerbesteuer, indem die Gewerbesteuer weiterhin abzugsfähige Betriebsausgabe bleibt und damit die eigene Bemessungsgrundlage (In-Sich-Abzugsfähigkeit) sowie gleichzeitig die Bemessungsgrundlage der Einkommensteuer des Einzelunternehmers bzw. Mitunternehmers mindert.

828 Eine weitere Entlastung von der Gewerbesteuer wird durch § 35 EStG erreicht werden. Hintergrund dieser Regelung ist, dass eine Doppelbelastung mit Gewerbesteuer und Einkommensteuer im Vergleich mit anderen Einkünften, wie Einkünfte aus selbständiger Arbeit (§ 2 Abs. 1 Satz 1 Nr. 3 i.V.m. § 18 EStG) vermieden werden soll. Die effektivste Lösung, nämlich die Abschaffung der Gewerbesteuer, war hingegen nicht durchsetzbar war. Dies hätte einen Eingriff in die Finanzautonomie der Kommunen bedeutet. Finanzverfassungsrechtlich (Artikel 28 Abs. 2 Satz 3 HS 2 GG) hätte es hierzu einer Verfassungsänderung bedurft. Auch politisch war eine Abschaffung der Gewerbesteuer nicht durchsetzbar. Ohnehin war die Tarifkappung des § 32c EStG a.F. nicht haltbar, da der BFH in seinem Urteil vom 24.02.1999 (BStBl. II 1999, S. 450) hierin einen Verstoß gegen den allgemeinen Gleichheitssatz (Artikel 3 Abs. 1 GG) gesehen hat. Der Gesetzgeber hat eine Entscheidung des Bundesverfassungsgerichts nicht mehr abgewartet, sondern hierauf und auf die Kritik der Literatur durch die Einführung des § 35 EStG reagiert. Bei § 35 EStG handelt es sich um eine typisierende Entlastung von der Gewerbesteuer, da nicht von den tatsächlichen Gewerbesteuerzahlungen ausgegangen wird, sondern eine Entlastung von der Einkommensteuer in Höhe des 1,8fachen des Gewerbesteuer-Messbetrages erfolgt. Hierin wird in der Literatur weit überwiegend die Kritik an § 32c EStG a.F. als obsolet angesehen, da die von § 35 EStG ausgehende gesetzgeberische Wertung auf der Grundlage einer integrierten Betrachtung auf die Gesamtbelastung von Einkommensteuer und Gewerbesteuer abstellt. Die dem § 32c EStG a.F. immanente isolierte Betrachtungsweise wird damit aufgegeben, und unter diesem Gesichtspunkt ist eine gegen Artikel 3 Abs. 1 GG verstoßende Benachteiligung von Beziehern anderer Einkünfte nicht mehr gegeben (vgl. *Schaumburg/Rödder, Unternehmenssteuerreform 2001, München 2000, S. 349*).

Durch die Einführung des Halbeinkünfteverfahrens ergibt sich zudem auch für die Bezieher von Dividenden eine nahezu gleich hohe Steuerbelastung (entweder Körperschaftsteuer, Gewerbesteuer und Einkommensteuer bei Dividenden oder Gewerbesteuer und Einkommensteuer bei gewerblichen Einkünften), soweit eine Vollausschüttung unterstellt wird. Bei Thesaurierung bleibt die Kapitalgesellschaft, aufgrund des ab 01.01.2001 geltenden Körperschaftsteuersatzes plus GewSt von rund 40 %, in all den Fällen vorteilhaft, in denen der persönliche Steuersatz des Anteilseigners eben diese 40 % übersteigt. Außerdem vermeidet § 35 EStG eine inkongruente Berücksichtigung der Tarifentlastung, da auch bei einem niedrigen Grenzsteuersatz die Berechnung der Entlastung auf Basis des Gewerbesteuermessbetrages erfolgt. 829

2. Sachlicher und zeitlicher Anwendungsbereich

Die Gewerbesteueranrechnung nach § 35 EStG kann nur von natürlichen Personen, unabhängig von ihrer persönlichen Einkommensteuerpflicht, in Anspruch genommen werden. Sie betrifft die am zu versteuernden Einkommen anteiligen gewerblichen Einkünfte. Diese gewerblichen Einkünfte können sein: 830
- Einkünfte aus gewerblichen Unternehmen im Sinne des § 15 Abs. 1 Satz 1 Nr. 1 EStG,
- Gewinnanteile und Sondervergütungen (d. h. mit Ergebnissen der Ergänzungs- und Sonderbilanzen) eines unmittelbar oder mittelbar beteiligten Mitunternehmers (natürliche Person) im Sinne des § 15 Abs. 1 Satz 1 Nr. 2 EStG. Dies gilt auch für gewerblich infizierte bzw. gewerblich geprägte Personengesellschaften im Sinne des § 15 Abs. 1 Nr. 1 und 2 EStG, also auch für die GmbH & Co. KG.
- Gewinnanteile und Sondervergütungen der Komplementäre einer KGaA im Sinne des § 15 Abs. 1 Satz 1 Nr. 3 EStG.

Die Gewerbesteueranrechnung nach § 35 EStG ist erstmals im Jahr 2001 anzuwenden, sofern das Wirtschaftsjahr dem Kalenderjahr entspricht. Bei abweichendem Wirtschaftsjahr erfolgt die erstmalige Anwendung in 2002 (§ 52 Abs. 50a EStG). 831

3. Wirkung der Gewerbesteueranrechnung

a) Steuerermäßigung

Die Gewerbesteueranrechnung erfolgt nach § 35 Abs. 1 Satz 1 Nr. 1 EStG in Höhe des 1,8fachen Gewerbesteuer-Messbetrages für Einzelunternehmer und nach § 35 Abs. 1 Satz 1 Nr. 2 EStG mit dem 1,8fachen des einheitlich und gesondert festgestellten anteiligen Gewerbesteuer-Messbetrages für den einzelnen Mitunternehmer. Hier lohnt ein Vergleich mit der Tarifkappung nach § 32c EStG a.F. Die Tarifkappung hatte eine Steuersatzermäßigung zum Inhalt, während § 35 EStG eine Steuerbetragsermäßigung kodifiziert. Dies hat zwar den Vorteil, dass die verfassungsrechtlichen Bedenken nunmehr ausgeräumt scheinen, aber aufgrund der typisierenden Betrachtungsweise je nach anzuwendendem Hebesatz, persönlichem Steuersatz und der Höhe der anderen Einkünfte kommt es zu einer unterschiedlichen Auswirkung der Gewerbesteueranrechnung. Je nach anzuwendendem Hebesatz kann es zu einer vollen Kompensation der Gewerbesteuerzahlung kommen, die Gewerbesteuerzahlung nur teilweise kompensiert werden oder es sogar zu einer Überkompensation kommen. Der idealtypische Fall der 832

Vollkompensation wird bei einem Hebesatz von ca. 350 unter Anwendung des Spitzensteuersatzes erreicht (*Daragan/Ley/Strahl*, DStR 2000, S. 1979).

833 Es zeigt sich, dass sich durch die Gewerbesteueranrechnung die Einkommensteuer als Bemessungsgrundlage für den Solidaritätszuschlag mindert und hieraus eine weiter verminderte Steuerlast resultiert. Dies gelingt allerdings nicht für die Kirchensteuer, obwohl die Einkommensteuer auch hierfür die Bemessungsgrundlage bildet. Im Dezember 2000 hat der Gesetzgeber das Gesetz über die Änderung der Zuschlagsteuern erlassen, wonach die Gewerbesteueranrechnung nach § 35 EStG keine Auswirkungen auf die Bemessung der Kirchensteuer hat (§ 51a Abs. 2 Satz 3 EStG).

b) Höchstbetragsberechnung

834 Nach § 35 Abs. 1 Satz 1 EStG erfolgt eine Ermäßigung der tariflichen Einkommensteuer nur, soweit sie anteilig auf im zu versteuernden Einkommen enthaltene gewerbliche Einkünfte entfällt. Hierdurch ergibt sich die Notwendigkeit einer Höchstbetragsrechnung (ähnlich § 34c Abs. 1 EStG). Es werden folgende Berechnungsschritte vorgenommen:
1. Auf Ebene des Einzelunternehmens bzw. der Personengesellschaft wird der Gewerbesteuer-Messbetrag ermittelt.
2. Im 2. Schritt erfolgt die Ermittlung des zu versteuernden Einkommens auf Ebene des Einzelunternehmers bzw. der Mitunternehmer.
3. Es werden die auf das in Schritt 2 ermittelte zu versteuernde Einkommen entfallende Einkommensteuer, der Solidaritätszuschlag und die Kirchensteuer ermittelt. Die Kirchensteuer wird auf dieser Ebene bereits als definitiv festgelegt.
4. Es wird eine Vergleichsrechnung vorgenommen: Das 1,8fache des Gewerbesteuer-Messbetrages und die anteilige Einkommensteuer bezogen auf die gewerblichen Einkünfte werden nach der folgenden Formel gegenübergestellt.

Formel:

$$\text{Höchstbetrag} = \frac{\text{gewerbliche Einkünfte}}{\text{zu versteuerndes Einkommen}} \cdot \text{Einkommensteuer}$$

835 Nur der niedrigere Betrag beider Betrachtungsweisen kann von der Einkommensteuer abgezogen werden.

c) Ermittlung der zu berücksichtigenden gewerblichen Einkünfte

836 Zu den gewerblichen Einkünften im Sinne des § 35 EStG zählen auch die Einkünfte i.S.d. § 16 EStG (Betriebsveräußerung, Betriebsaufgabe) und des § 17 EStG (Veräußerung von Anteilen an Kapitalgesellschaften, wenn die Beteiligung mehr als 1 % des Nennkapitals beträgt) (vgl. *Koretzkij*, BB 2001, S. 337). Diese unterliegen zwar nicht der Gewerbesteuer, erhöhen aber gleichwohl den Anteil der gewerblichen Einkünfte am zu versteuernden Einkommen und damit den abziehbaren Höchstbetrag der Gewerbesteueranrechnung, ohne eine tatsächliche Gewerbesteuerzahlung ausgelöst zu haben. Gewinnanteile eines typisch stillen Gesellschafters, der seine Beteiligung am Privatvermögen hält, sind von der Begünstigung ausgeschlossen, da sie zwar gewerbesteuerpflichtig aufgrund der Hinzurechnung nach § 8 Nr. 3 GewStG sind, aber gemäß

§ 20 Abs. 1 Nr. 4 EStG als Einkünfte aus Kapitalvermögen und nicht als gewerbliche Einkünfte im Rahmen des Einkommensteuergesetzes gelten. Einkünfte aus § 16 und 17 EStG sowie Dividenden, soweit für sie das Halbeinkünfteverfahren anwendbar ist (§ 3 Nr. 40 EStG), gehen nur zur Hälfte in den Gewerbesteuermessbetrag ein und sind auch nur in dieser Höhe Teil der gewerblichen Einkünfte im Sinne des § 35 EStG. Nach DBA freigestellte Betriebsstättengewinne (Betriebsstättenprinzip) sind im zu versteuernden Einkommen nicht enthalten und dürfen daher bei der Berechnung des Höchstbetrages nicht berücksichtigt werden (*Catteleans, WPG 2000, S. 1184*).

Problematisch ist insbesondere die Berücksichtigung von Verlusten sowohl anderer Gewerbebetriebe als auch in anderen Einkunftsarten. Zunächst erfolgt innerhalb einer Einkunftsart ein interner (horizontaler) Verlustausgleich, d. h. bei Gewinn eines Gewerbebetriebes und Verlust eines zweiten Gewerbebetriebes ergeben sich verminderte gewerbliche Einkünfte, und es sinkt der Anteil am zu versteuernden Einkommen, so dass der Höchstbetrag der Steuerermäßigung sinkt. Darüber hinaus sind nach § 2 Abs. 3 EStG im Rahmen des externen (vertikalen) Verlustausgleichs Verluste aus anderen Einkunftsarten mit gegebenenfalls verbleibenden positiven gewerblichen Einkünften zu verrechnen. Zudem kann der gesondert nach Einkunftsart festgestellte Verlustabzug nach § 10d EStG (Verlustvortrag, Verlustrücktrag) die Höhe der gegebenenfalls noch verbleibenden gewerblichen Einkünfte mindern. Sowohl der interne Verlustabzug als auch der externe Verlustabzug erfolgt ab 1.1.2004 unbegrenzt. Das zu versteuernde Einkommen zur Ermittlung des Höchstbetrages wird nach den allgemeinen Vorschriften ermittelt. In der Literatur sollen beispielsweise die nach Ermittlung des Gesamtbetrages der Einkünfte abzuziehende Sonderausgaben, außergewöhnliche Belastungen und tarifliche Freibeträge anteilig den gewerblichen Einkünften zugerechnet werden. Dies deckt sich allerdings nicht mit dem Gesetzestext und führt ohnedies zu einer verminderten Gewerbesteueranrechnung (*Förster, U., FR 2000, S. 867 f.*).

837

Problematisch an der Höchstbetragsrechnung ist, dass sachfremde Elemente, wie Verlustabzug, Verlustausgleich, Sonderausgaben oder außergewöhnliche Belastungen, dazu führen können, dass keine anteilige tarifliche Einkommensteuer zur Steuerermäßigung bei Einkünften aus Gewerbebetrieb führt, obwohl Gewerbesteuer gezahlt wurde. Ein weiterer Kritikpunkt ist, dass im Falle eines negativen zu versteuernden Einkommens des Einzelunternehmers bzw. Mitunternehmers die Gewerbesteueranrechnung leerläuft, da es nicht zu einer Erstattung auf Basis des § 35 EStG, sondern lediglich zu einer Ermäßigung der festzusetzenden Einkommensteuer kommen kann. Ist keine zu zahlende Einkommensteuer vorhanden, kann auch nichts ermäßigt werden. Insbesondere in Zeiten geminderter Leistungsfähigkeit des Steuerpflichtigen, kommt es so zu einer Definitivbelastung mit Gewerbesteuer, während bei hohem zu versteuerndem Einkommen sich die Gewerbesteueranrechnung als besonders günstig erweist.

838

4. Anrechnungsüberhänge

Ist die entstehende Einkommensteuer kleiner als der potentielle Ermäßigungsbetrag in Höhe des 1,8 fachen Gewerbesteuermessbetrags kann die Ermäßigung nicht in vollem Umfang zum Tragen kommen, denn ein Abzug ist nur bis zu einer Einkommensteuer von Null möglich. In keinem Fall kommt es zu einer Erstattung aus § 35 EStG. Da der nicht abziehbare verbleibende potentielle Ermäßigungsbetrag weder vor- noch rück-

839

getragen werden kann, geht dieser Teil verloren. Der aufgrund geringer Einkommensteuerbleastung nicht abziehbare Ermäßigungsbetrag wird als Anrechnungsüberhang bezeichnet. Dieses Resultat der typisierenden Betrachtungsweise widerspricht dem Ziel der Gleichbehandlung der verschiedenen Einkunftsarten eklatant und ist daher zu kritisieren.

5. Personengesellschaften

840

Nach § 35 Abs. 1 Nr. 2 EStG ist die Steuerermäßigung auch bei Einkünften als Mitunternehmer in Höhe des 1,8 fachen anteiligen Gewerbesteuer-Messbetrages zu gewähren. Da aber eine anteilige Festsetzung unterbleibt müsste eher von einem Gewerbesteuer-Messbetrag gesprochen werden, soweit er anteilig auf den Mitunternehmer entfällt. Maßgeblich für die Ermittlung des Anteils des Gewerbesteuermessbetrages für einen Mitunternehmer ist sein Anteil am Gewinn der Mitunternehmerschaft nach Maßgabe des Gewinnverteilungsschlüssels des Gesellschaftsvertrages (dort im allgemeinen geregelt, ansonsten sind die allg. Regeln des HGB anzuwenden). Vorabgewinne sind ebensowenig zu berücksichtigen wie Ergebnisse der Sonder- und Ergänzungsbilanzen. Anteilig mit einzubeziehen ist der Gewerbesteuer-Messbetrag, der sich aus der Beteiligung an einer anderen Mitunternehmerschaft ergibt (Stichwort: Doppelstöckige Personengesellschaft). Der einkommensteuerlich z.Bsp. im Bereich des Sonderbetriebsvermögens mehrbelastete Mitunternehmer erhält keinen entsprechenden Anteil am GewSt-Messbetrag zugewiesen. Dies wird in der Literatur kritisiert. Diese Folge der Typisierung ließe sich nur umgehen, wenn die Forderungen der Literatur nach Änderung des Gesetzes umgesetzt werden. Allerdings bieten sich folgende Gestaltungsansätze an (*Daragan/Ley/Strahl, DStR 2000, S. 1979*):

- Einbeziehung der unterschiedlichen Gesellschafterleistungen in den vertraglichen Gewinnverteilungsschlüssel, so dass ein Auseinanderfallen zwischen der allgemeinen handelsrechtlichen und der steuerlichen Gewinnverteilung vermieden wird (*Ley* sieht Umsetzungsprobleme in der Praxis. Vgl. *Daragan/Ley/Strahl*, DStR 2000, S. 1979),
- Vermeidung von SBV durch Gründung einer Schwesterpersonengesellschaft.

6. Organschaft (Regelung bis 31.12.2003)

841

Ähnlich dem § 32 c Abs. 2 Nr. 1 EStG a.F. sollte § 35 Abs. 2 S. 1-3 EStG a.F. sicherstellen, dass bei einer rein gewerbesteuerlichen Organschaft (§ 2 Abs. 2 S. 2 u. 3 GewStG) nur der originär vom Organträger, nicht aber der von der Organgesellschaft, erzielte Gewerbeertrag zu einem kürzungsfähigen anteiligen Gewerbesteuermessbetrag führt. Ziel des § 35 EStG ist es die Doppelbelastung mit GewSt und ESt abzumildern. Da Organgesellschaft nur eine Kapitalgesellschaft sein kann, hingegen Organträger eine Personengesellschaft sein kann, wurde diese Mißbrauchsvorschrift benötigt um zu vermeiden, dass durch Bildung einer gewerbesteuerlichen Organschaft Gewinnanteile an einer Kapitalgesellschaft in den Anwendungsbereich des § 35 EStG gelangen können. Hierzu würde folgende Formel angewendet:

$$\text{Anteil OT} = \frac{\text{Originärer Gewerbeertrag OT (vor Freibetrag und Staffel)}}{\text{Summe Gewerbeertrag OT (vor Freibetrag und Staffel)}}$$

Bei Vorliegen einer körperschaftsteuerlichen Organschaft unterlagen die Einkünfte der 842
Tochterkapitalgesellschaft nach Zurechnung zum Organträger (Personengesellschaft)
auch der Einkommensteuer, so dass eine Berechnung des Anteils unterbleiben kann und
auch für die Einkünfte der Organgesellschaft die Steuerermäßigung nach § 35 EStG erfolgt (§ 35 Abs. 2 Satz 4 EStG a.F.). Die Regelung wurde zum 1.1.2004 aufgehoben.

7. Zusammenfassung § 35 EStG

Die wichtigsten Eckpunkte der Regelung des § 35 EStG lassen sich folgendermaßen 843
zusammenfassen: Statt einer Steuersatzermäßigung nach § 32 c EStG a.f., gewährt
§ 35 EStG eine Steuerbetragsermäßigung. Nur bei einem Hebesatz von ca. 350 unter Anwendung des Spitzensteuersatzes gelingt eine vollständige Kompensation (vgl.
Wendt, FR 2000, S. 1176). Liegt der Hebesatz oberhalb von 350 erfolgt keine vollständige Entlastung von der Gewerbesteuer, liegt er darunter ist die Steuerermäßigung
größer als die gezahlte Gewerbesteuer. Die Kirchensteuerbelastung bleibt durch die
Steuerbetragsermäßigung unberührt. Probleme können durch die Höchstbetragsrechnnung der anteiligen gewerblichen Einkünfte entstehen. Zu kritisieren ist insbsondere
die fehlende Vor- und Rücktragsfähigkeit der Gewerbesteuermessbeträge im Verlustfall. U.E. muss man sich fragen, warum nicht die Gewerbesteuer abgeschafft werden
kann, indem die Kommunen adäquat durch Verschiebung der Anteile an der Einkommensteuer der jetzigen Einnahmesituation gleichgestellt werden, und so die verunglückte Regelung des § 35 EStG überflüssig wird.

8. Folgen für die Gesellschaftsverträge von Personengesellschaften

Die Gewerbesteueranrechnung des § 35 EStG und die hierbei im Zusammenhang 844
mit Personengesellschaftsbeteiligungen bestehende Problematik der „Anrechnungsüberhänge" führt zu der Frage, wie sich dies auf die Gestaltung von (Gewerbe-)
Steuerklauseln in Gesellschaftsverträgen auswirkt (vgl. Ottersbach, DStR 2002,
S. 2023ff.). Der Personengesellschaft als Gewerbesteuerobjekt ist aufgrund der Ermittlungsform des Gewerbeertrags immanent, dass sich die Ergebnisse aus Sonder- und Ergänzungsbilanzen sowie aus Tätigkeitsvergütungen u.ä. auf die Gewerbesteuer
auswirken. Im Rahmen der Gewinnverteilung geht diese Belastung mit Gewerbesteuer aber nicht zu Lasten (bei SBV-, Erg.Bil.-Gewinnen) oder zu Gunsten (bei SBV-,
Erg.Bil.-Verlusten) des Verursachers, also beispielsweise zu Gunsten desjenigen, der
einen Verlust aus Ergänzungsbilanz gewerbeertragmindernd „beisteuert". Sondern
es werden die beteiligten Gesellschafter quotal nach dem Gewinnverteilungsschlüssel
be- oder entlastet. Dieser Effekt wird in der Praxis über die Regelung eines Vorabgewinns im Gesellschaftsvertrag bereits häufig berücksichtigt (vgl. Neu, DStR 2000,
1933, 1936f.).

Thematisiert wird in diesem Zusammenhang auch die Notwendigkeit die hieraus resultierenden Effekte aus der Gewerbesteueranrechnung des § 35 EStG (Anrechnungsüberhänge) zu berücksichtigen (vgl. Köplin/Niggemeier, NWB, F. 3, 11479, 11484 845
und allg. zur Problematik der Anrechnungsüberhänge Ottersbach, StB 2001, 242,
244.). Offen bleibt aber bisher, wie eine diesbezügliche Regelung gefasst werden muss,
so dass sie Eingang in den Gesellschaftsvertrag finden kann. Letztlich kann dies nur
durch eine Formel geschehen, die sowohl den Effekt aus der Gewerbesteuer selbst und

(gegenläufig) den aus der Gewerbesteueranrechnung berücksichtigt. Dies bedarf zweier grundlegender Annahmen:
1. Da der persönliche Einkommensteuersatz des Gesellschafters aufgrund der Progression variiert, wird ein pauschalierter anzuwendender Einkommensteuersatz von 40 % angenommen. Es ist aber auch ein anderer Einkommensteuersatz problemlos in die Formel einsetzbar, also z. B. die Annahme des Spitzensteuersatzes.
2. Grundsätzlich müsste auf die realisierte Gewerbesteueranrechnung des § 35 EStG beim Gesellschafter abgehoben werden. Es wird aber unterstellt, dass die übrigen steuerlichen Verhältnisse des Gesellschafters, wie Anteil der gewerblichen Einkünfte, Verluste oder andere gewerbliche Einkünfte unberücksichtigt bleiben (vgl. die Variante b) der kombiniert unternehmens-/mitunternehmerbezogenen Sichtweise bei Neu, DStR 2000, 1933, 1937).

Ermittlung einer Berechnungsformel

846 Im ersten Teil der Formel zur Ermittlung des Vorabgewinns wird der Effekt aus der Gewerbesteuerverschiebung ermittelt. Hierzu wird die Größe EA_A eingeführt. Diese Größe bezeichnet die gesellschafterbezogene Ergebnisauswirkung, indexiert nach dem jeweiligen verursachenden Gesellschafter (hier: A). Allgemein berücksichtigt er folgende Effekte:

(1) $\quad EA = (SBV\text{-Gewinn} - SBV\text{-Verlust}) + (Erg.Bil.\text{-Gewinn} - Erg.Bil.\text{-Verlust})$

847 Durch den zweiten Teil der Formel wird die Minderung des Gewerbesteuereffektes des § 35 EStG, resultierend aus der Gewerbesteuerverschiebung in Abzug gebracht. Es ergibt sich folgende Formel für den nicht-verursachenden Gesellschafter (hier: B):

(2) $\quad VAG_B = \dfrac{(EA_A * s_{ge} * Q_B) - 1{,}8 * s_{ge} * EA_A * 5\% * Q_B}{(1 - s_{ESt,B})}$

mit (Rose-Formel): $\quad s_{ge} = H/2000 + H$

VAG_B	Vorabgewinn des B
VAG_A	Vorabgewinn des A
EA_A	Ergebnisauswirkung A
s_{ge}	Steuersatz Gewerbesteuer (incl. In-Sich-Abzugsfähigkeit)
Q_B	Beteiligungsquote des B
$s_{ESt,B}$	Einkommensteuersatz des B
H	Gewerbesteuerhebesatz

848 Der Vorabgewinn des verursachenden Gesellschafters wird genau mit umgekehrten Vorzeichen berücksichtigt, um quotale Verschiebungen durch Bevorteilung des Vorabgewinns nur eines Gesellschafters zu vermeiden (vgl. Neu, DStR 2000, 1933, 1937):

(3) $\quad VAG_A = - VAG_B$

F. Ertragsteuerliche Behandlung der Gesellschafter §3

Für die praktische Anwendung müssen allerdings noch folgende zwei Punkte beachtet werden:

849

1. Liegt bei der Gesellschaft ein Verlust (negativer Gewerbeertrag) vor, so kommt es zwar faktisch in der Zukunft durch die Berücksichtigung der Verlustvorträge und deren Minderung/Erhöhung, verursacht durch einzelne Gesellschafter. Die Gewerbesteueranrechnung des § 35 EStG bleibt aber dann ohne Auswirkung. Daher besteht in diesen Fällen nur die Möglichkeit, entweder den zweiten Teil der Formel (Bruch) gleich Null zu setzen und somit zukünftige Gewerbesteuermehr-/ Minderbelastungen sofort durch Vorabgewinne auszugleichen oder auf die Anwendung der Gewerbesteuerklausel gänzlich zu verzichten. U.E. ist letzterem der Vorzug zu geben und dies im Gesellschaftsvertrag derart festzuhalten, dass im Falle eines negativen Gewerbeertrags ein (GewSt-) Vorabgewinn nicht gewährt wird.

2. Die Steuermesszahl wurde mit 5% angenommen. Liegt der Gewerbeertrag innerhalb der Staffelung des § 11 Abs. 2 Nr. 1 GewStG, kann eine durchschnittliche Steuermesszahl auf den Gewerbeertrag berechnet und in die Formel eingesetzt werden. Aufgrund der geringen Auswirkungen kann hierauf aber u.E. aus Praktikabilitätsgründen durchaus verzichtet werden.

Die Anwendbarkeit der ermittelten Formel für Gewerbesteuerklauseln wird im folgenden Beispielsfall mittels Veranlagungssimulation vorgestellt.

850

Beispielsfall: An einer Personengesellschaft sind die Gesellschafter A mit 90 % und B mit 10 % beteiligt. Diese macht in dem zu untersuchenden Wirtschaftsjahr einen Gewinn von € 900.000. Gesellschafter A erzielt durch Abschreibungen einen Ergänzungsbilanzverlust von € 100.000. Die benötigten Größen betragen:

EA_A	-100.000
H	405
s_{ge}	16,84%
Q_B	10%
$s_{ESt,B}$	40%

851 Ohne Gewerbesteuerklausel entsteht folgendes Ergebnis:

Ermittlung ohne VAG

			A	B
Gewinn		- 1.000.000	- 900.000	- 100.000
Ergebnis ErgBil.		- 100.000	- 100.000	-
GewE*		900.000		
GewSt		- 151.561	- 136.405	- 15.156
GewE		748.439	663.595	84.844
Entnahmefähig		748.439		
	100.000			
	848.439		763.595	84.844
ESt (40%)			- 265.438	- 33.938
Anrechnung § 35 EStG			60.624	6.736
Nettobetrag			558.781	57.642

852 Ohne Einfluss der Ergebnisauswirkung (Erg.Bil.-Verlust) des A zu Gunsten des B, ergibt sich für B folgendes Ergebnis:

	B
Gewinn	100.000
Ergebnis ErgBil.	–
GewE*	100.000
GewSt	- 16.840
entnahmefähig	83.160
ESt (40%)	- 33.264
Anrechnung § 35 EStG	7.484
Nettobetrag	57.380

853 Nun werden die Parameter in die Formel zur Ermittlung des Vorabgewinns eingesetzt und so der erforderliche Vorabgewinn ermittelt:

(4) $VAG_B = \dfrac{(-100.000 * 16{,}84\% * 10\%) - 1{,}8 * 16{,}84\% * -100.000 * 5\% * 10\%}{0{,}6}$

(5) $VAG_B = -437$

(6) $VAG_A = -VAG_B = 437$

Durch Berücksichtigung des Vorabgewinns entsteht folgendes Ergebnis: 854

Ermittlung mit VAG

		A	B
Gewinn	1.000.000	900.000	100.000
Ergebnis ErgBil.	- 100.000	- 100.000	-
GewE*	900.000		
GewSt	- 151.560	- 136.404	- 15.156
GewE	748.440	663.596	84.844
Vorabgewinn	-	437	- 437
Gewinnverteilung	748.440	663.596	84.844
Einkommenszurechnung		664.033	84.407
Entnahmefähig	748.440		
	100.000		
	848.440	764.033	84.407
ESt (40%)		- 265.613	- 33.763
Anrechnung § 35 EStG		60.624	6.736
Nettobetrag		559.043	57.380

Es zeigt sich, dass Gesellschafter B bei Zuweisung eines Vorabgewinns (hier negativ 855
da A eine Gewerbesteuerminderzahlung verursacht) einen gleich hohen Nettobetrag
(57.380) erzielt, wie ohne die Effekte aus der Ergebnisauswirkung des A. Die entwickelte Formel ermittelt den Vorabgewinn also derart, dass die Gewerbesteuerverschiebungen und gegenläufige Auswirkungen aus § 35 EStG verursachungsgerecht zugewiesen werden können.

Fazit
Der Vergleich der Veranlagungssituation mit Vorabgewinn und der ohne gewerbesteu- 856
erliche Einflüsse für den nicht-verursachenden Gesellschafter der PersG zeigt, dass mit
Hilfe der Formel die erforderliche Höhe des Vorabgewinns korrekt ermittelt werden
kann. Aufgrund der Gegenläufigkeit der Effekte, d.h. auf der einen Seite die durch die
Gewinnverteilung zu tragende Gewerbesteuer und auf der anderen Seite die Gewerbesteueranrechnung des § 35 EStG bei Anrechnungsüberhängen, wird aber deutlich,
dass sich nur eine relativ moderate Mehrbelastung ergibt (vgl. Neu, DStR 2000, 1933,
1937 mit einem Verweis auf Herzig/Lochmann, DB 2000, 1728, 1734). Gleichwohl
zeigt sich aber auch, dass bestehende Gewerbesteuerklauseln ohne Berücksichtigung
des § 35 EStG eine fehlerhafte Zuordnung von Vorabgewinnen auslösen, die beispielsweise bei (SBV-) Gewinn des Gesellschafters A sogar zu einer Überbevorteilung des
Gesellschafters B führen. Er erhält in diesem Fall den vollen Gewerbesteuernachteil,
ohne seine Gewerbesteueranrechnungsvorteile gegenrechnen zu müssen. Derartige bestehende Gewerbesteuerklauseln sollten daher entweder aufgrund der Geringfügigkeit
des Effekts gänzlich gestrichen oder in die oben ermittelte Formel abgeändert werden.

857 Im übrigen ist es für die Beurteilung, ob eine Gewerbesteuerklausel vertraglich in der obigen Form fixiert werden soll eines selbstverständlich: Je höher der Gewerbeertrag ist, um so größer sind Mehr- oder Minderbelastungen und um so größer ist die Notwendigkeit, diese mit einer kombinierten Gewerbesteuerklausel zu vermeiden.

G. Behandlung des Gesellschafterwechsels bei einer GmbH & Co. KG

I. Ausscheiden eines Gesellschafters

858 Scheidet ein Gesellschafter entgeltlich aus einer Personengesellschaft aus, liegt eine Veräußerung eines Mitunternehmeranteils i. S. des § 16 Abs. 1 Nr. 2 EStG vor. Die Veräußerung des Mitunternehmeranteils ist nur gegeben, wenn ein Gesellschafter die wesentlichen Teile seines Mitunternehmeranteils veräußert. Gegenstand des Mitunternehmeranteils ist jedoch nicht nur der Anteil am Gesamthandsvermögen, sondern auch das Sonderbetriebsvermögen. Hierzu gehört auch der GmbH-Anteil. Wird das Sonderbetriebsvermögen nicht mit veräußert, sondern in das Privatvermögen überführt, liegt insgesamt ein betriebsaufgabeähnlicher Vorgang vor (BFH v. 18. 5. 1983, DB 1983, S. 2397). Scheidet ein Gesellschafter aus einer Personengesellschaft aus, so wächst der Anteil den übrigen Gesellschaftern entsprechend ihrem Beteiligungsverhältnis an. Soweit der Gesellschafter mehr erhalten hat, als es dem Buchwert entspricht, haben die verbleibenden Gesellschafter Anschaffungskosten. Ist die Komplementär-GmbH am Vermögen der GmbH beteiligt, wächst auch ihr Anteil entsprechend der bisherigen Beteiligung an, wenn ein Kommanditist gegen Abfindung aus der Gesellschaft ausscheidet.

Beispiel:
An der X-GmbH & Co. KG sind beteiligt :
X-Verwaltungs-GmbH als Komplementär   mit   10 v.H.
A als Kommanditist   mit   40 v.H.
B als Kommanditist   mit   30 v.H.
C als Kommanditist   mit   20 v.H.
C scheidet zum Jahresende gegen Abfindung aus.

Die Beteiligungsverhältnisse verändern sich wie folgt :
X-Verwaltungs GmbH   mit 12,5 v.H.
A   mit   50 v.H.
B   mit 37,5 v.H.

Dementsprechend wird sich grds. die Gewinnverteilung des Restgewinnes verändern.

859 Eine Nichtbeteiligung der Komplementär-GmbH an dem Erwerb des Anteils des Ausscheidenden würde in Höhe der Beteiligungsminderung zu einer vGA bei den übrigen verbleibenden Gesellschaftern führen. Ist die Komplementär-GmbH nicht am Vermögen der GmbH & Co. KG beteiligt, hat ein Gesellschafterwechsel keinen Einfluss auf die Kapitalbeteiligung der Komplementär-GmbH.

Beispiel:
An der X-GmbH & Co. KG sind die Komplementär-GmbH
X-Verwaltungs GmbH   mit   0 v.H.
A   mit   50 v.H.
B   mit   25 v.H.
C   mit   25 v.H.
beteiligt.
C scheidet aus der Gesellschaft aus. Es ergeben sich folgende Beteiligungsverhältnisse:
A   mit   66 v.H.
B   mit   33 v.H.

Ist der Ausgeschiedene an der Komplementär-GmbH ebenfalls beteiligt, so liegt eine Anteilsveräußerung nur vor, wenn er gleichzeitig diesen Anteil entweder an die KG veräußert, oder an die verbleibenden Gesellschafter im Verhältnis ihrer Beteiligung am Gesamthandsvermögen. Eine Anteilsveräußerung setzt die Übertragung der wesentlichen Grundlagen des Mitunternehmeranteils voraus, ob der Komplementär-Anteil eine wesentliche Grundlage des Mitunternehmeranteils darstellt, ist höchstrichterlich nicht geklärt (Brandenberg DB 2003, S. 2503). Im Regelfall ist wohl davon auszugehen, dass sog. Sonderbetriebsvermögen II nicht zu den wesentlichen Grundlagen des Mitunternehmeranteils gehört (Brandenberg, DB 2003, S. 2503). 860

Der Fall hat jedoch insofern keine praktische Bedeutung, da im Falle der Nichtveräußerung die Voraussetzungen einer Aufgabe eines Mitunternehmeranteils gegeben wären, der eine Anteilsveräußerung gleichbehandelt wird. Dies hat zur Folge, dass auch eventuell im Komplementäranteil vorhandene anteilige stille Reserven durch den Wertansatz zum gemeinen Wert aufzulösen wären. Im Falle der Veräußerung an einen einzelnen Gesellschafter oder einen Dritten, wäre dies der Veräußerungspreis, der deren Abfindung hinzuzurechnen wäre. 861

Bei kalendergleichem Wirtschaftsjahr der GmbH & Co. KG ist der Veräußerungsgewinn zweifelsohne im selben Veranlagungszeitraum durch den Gesellschafter bezogen. Ein Problem kann aber bei einem vom Kalenderjahr abweichenden Wirtschaftsjahr entstehen, wenn der Veräußerungstermin in den Veranlagungszeitraum zu Beginn des Wirtschaftsjahres fällt, die einheitliche und gesonderte Gewinnfeststellung aber erst in dem folgenden Veranlagungszeitraum, also am Ende des Wirtschaftsjahres, getroffen wird. 862

Nach Auffassung der Finanzverwaltung ist der Gewinn im Jahr der Anteilsveräußerung bei dem Gesellschafter zu erfassen (R 25 Abs. 5 EStR). Die Gewinnzurechnung richtet sich bei abweichenden Wirtschaftsjahren nach § 4a Abs. 2 Nr. 2 EStG. Hiernach erfolgt die Gewinnzurechnung in dem Veranlagungszeitraum, in dem das abweichende Wirtschaftsjahr endet. In der Literatur (insb. Heinicke/Heuser, DB 2004, S. 2655ff.; Korn, EStG, § 4a, Rz. 51) wird bestritten, dass das Ausscheiden eines Gesellschafters die gesetzliche Fiktion des Gewinnbezugs am Ende des Wirtschaftsjahres nicht anwendbar ist. Da weder zum Zeitpunkt des Ausscheidens zwingend ein Rumpfwirtschaftsjahr nach § 8b EStDV zu bilden ist (Gürsching, KFR, Fach 2, § 180, 1/89), noch eine Zwischenbilanz aufzustellen ist und der Gesellschafter am Gesamtgewinn der Gesellschaft partizipiert, wird nach dieser Auffassung der Gewinn aus dem Aus- 863 scheiden ebenfalls erst am Ende des Wirtschaftsjahres und damit bei abweichendem Wirtschaftsjahr entsprechend erst in dem, dem Ausscheiden folgenden, Veranlagungszeitraum bezogen (s. schon Fichtelmann, DStR 1972, S. 399).

Beispiel: Das Wirtschaftsjahr der X-GmbH & Co. KG geht vom 1.7. bis 30.6. Im Wirtschaftsjahr 2004/2005 veräußert der Gesellschafter A seine Beteiligung am 15.11.2004. Fraglich ist, ob der Gewinn bei dem Gesellschafter im Jahre 2004 oder 2005 zu erfassen ist. Nach Auffassung der Finanzverwaltung hat der Gesellschafter A einen Veräußerungsgewinn im Jahre 2004 zu versteuern, nach Auffassung der herrschenden Literaturmeinung erst im Jahre 2005.

1. Abfindung über Buchwert

864   Erhält der ausscheidende Gesellschafter mehr als seiner buchmäßigen Beteiligung entspricht, wird der Unterschiedsbetrag zwischen der Abfindungssumme und dem letzten Stand des Buchkapitals als Veräußerungsgewinn behandelt. Die verbleibenden Gesellschafter haben in Höhe der Abfindung Anschaffungskosten. Soweit diese Abfindung den Buchwert des übernommenen Kapitalkontos übersteigt, haben die übernehmenden Gesellschafter hinsichtlich des Anteils des Ausgeschiedenen am Betriebsvermögen Anschaffungskosten. Soweit also die Abfindung den Buchwert des übernommenen anteiligen Betriebsvermögens übersteigt, sind entsprechende stille Reserven, soweit vorhanden, aufzulösen.

Beispiel:
An der X-GmbH & Co. KG sind die
X-Verwaltungs-GmbH mit 10 v.H.
A als Kommanditist mit 40 v.H.
B als Kommanditist mit 30 v.H.
C als Kommanditist mit 20 v.H.
beteiligt.
C scheidet zum 31. Dezember 2004 aus der Gesellschaft aus.

AKTIVA		PASSIVA	
Grund und Boden	€ 50.000,00	X-Verwaltungs-GmbH	€ 60.000,00
Gebäude	€ 200.000,00	Kommanditanteil A	€ 240.000,00
Maschinen	€ 400.000,00	Kommanditanteil B	€ 180.000,00
Fuhrpark	€ 60.000,00	Kommanditanteil C	€ 120.000,00
Waren	€ 290.000,00	Verbindlichkeiten	€ 630.000,00
Außenstände	€ 200.000,00		
Kasse, Bank	€ 30.000,00		
Bilanzsumme	€ 1.230.000,00	Bilanzsumme	€ 1.230.000,00

Stille Reserven	
Grund und Boden	€ 200.000,00
Gebäude	€ 200.000,00
insgesamt	€ 400.000,00

G. Behandlung des Gesellschafterwechsels bei einer GmbH & Co. KG §3

C erhält als Abfindung	€ 240.000,00
Buchkapital	€ 120.000,00
	€ 120.000,00
anteilige stille Reserven 20 v.H. von € 400.000,00 =	€ 80.000,00
	€ 200.000,00
übersteigender anteiliger Firmenwert € 40.000,00	

Sofern die Abfindung noch nicht gezahlt ist, haben die verbleibenden Gesellschafter folgende Bilanz zu erstellen: 865

AKTIVA		PASSIVA	
Grund und Boden	€ 90.000,00	X-Verwaltungs-GmbH	€ 60.000,00
Gebäude	€ 240.000,00	Kommanditanteil A	€ 240.000,00
Maschinen	€ 400.000,00	Kommanditanteil B	€ 180.000,00
Fuhrpark	€ 60.000,00	S. Verbindlichkeiten	€ 630.000,00
Waren	€ 290.000,00	Abfindung	€ 240.000,00
Außenstände	€ 200.000,00		
Kasse, Bank	€ 30.000,00		
Firmenwert	€ 40.000,00		
Bilanzsumme	€ 1.350.000,00	Bilanzsumme	€ 1.350.000,00

Sofern es sich um die Abfindung eines lästigen Gesellschafters handelt, ist der die Teilwerte, einschl. anteiligen Firmenwert, übersteigende Betrag bei den übrigen Gesellschaftern als sofort abzugsfähige Betriebsausgabe zu behandeln. Wird der Ausscheidende mit einer Rente abgefunden, ist der Rentenbarwert als Verpflichtung zu bilanzieren. Gleichzeitig stellt der Rentenbarwert die Anschaffungskosten der anteiligen Wirtschaftsgüter dar, mit der Folge, dass anteilige stille Reserven, soweit vorhanden, aufzulösen sind, soweit der Rentenbarwert den Buchwert der übernommenen Wirtschaftsgüter übersteigt. 866

Hat der Ausscheidende das 55. Lebensjahr noch nicht vollendet, oder ist er nicht im sozialversicherungsrechtlichen Sinne dauernd berufsunfähig, steht ihm ein Freibetrag nach § 16 Abs. 4 EStG nicht zu. Das gleiche gilt, wenn er den Freibetrag schon einmal in Anspruch genommen hat. In diesem Falle beträgt nach § 34 Abs. 1 Sätzen 2 – 4 EStG die Steuer für den Veräußerungsgewinn das Fünffache des Unterschiedsbetrages zwischen der Einkommensteuer für das um diese Einkünfte verminderte zu versteuernde Einkommen (verbleibendes zu versteuerndes Einkommen) und der Einkommensteuer für das verbleibende zu versteuernde Einkommen zuzüglich eines Fünftels dieser Einkünfte (Fünftel-Regelung). Ist das verbleibende zu versteuernde Einkommen negativ und das zu versteuernde Einkommen positiv, so beträgt die Einkommensteuer das Fünffache des auf ein Fünftel des zu versteuernden entfallender Einkommensteuer (hinsichtlich der Berechnung vgl. Schulze zur Wiesche, WPG 2001, 1380). Ist in dem Gegenstand der Veräußerung ein Anteil an einer Kapitalgesellschaft enthalten, so liegt insoweit ein steuerbegünstigter Veräußerungsgewinn nicht vor. Dieser unterliegt nach § 3 Nr. 40b EStG dem Halbeinkünfteverfahren. 867

868 Hat die Ausscheidende das 55. Lebensjahr vollendet oder ist er im sozialversicherungspflichtigen Sinne dauernd berufsunfähig, so wird der Veräußerungsgewinn auf Antrag zur Einkommensteuer nur herangezogen, soweit er 45.000 € übersteigt. Er ermäßigt sich um den Betrag um dem der Veräußerungsgewinn 136.000 € übersteigt, im vorliegenden Beispiel beträgt der

Veräußerungsgewinn	
Abfindung	240.000 €
Abzüglich Buchwert	120.000 €
Veräußerungsgewinn	120.000 €
Dieser liegt unter dem Grenzbetrag von	136.000 €
Freibetrag	45.000 €
Steuerpfl. Veräußerungsgewinn	75.000 €

869 A kann für diesen Veräußerungsgewinn den 56%-igen Steuersatz nach § 34 Abs. 3 EStG in Anspruch nehmen. Der ermäßigte Steuersatz beträgt 56 % des durchschnittlichen Steuersatzes, der sich ergäbe, wenn die tarifliche Einkommensteuer nach dem gesamten zu versteuernden Einkommen zuzüglich der dem Progressionsvorbehalt unterliegenden Einkünfte zu bemessen wäre, mindestens jedoch dem Eingangsteuersatz (für 2003, 2004, 17 % und ab 2005 15 %). Er ist begrenzt auf Veräußerungsgewinne von 5 Mio. €. Er wird nur einmal im Leben gewährt und ist auf einen Veräußerungs- oder Aufgabefall im Kalenderjahr begrenzt. Auf das verbleibende zu versteuernde Resteinkommen sind die allgemeinen Tarifvorschriften anzuwenden.

Beispiel:
An der X-GmbH & Co. KG sind die

X-Verwaltungs-GmbH	mit 10 v.H.
A als Kommanditist	mit 40 v.H.
B als Kommanditist	mit 30 v.H.
C als Kommanditist	mit 20 v.H.

beteiligt.
C scheidet zum 31. Dezember 2004 aus der Gesellschaft aus.

AKTIVA		PASSIVA	
Grund und Boden	€ 50.000,00	X-Verwaltungs-GmbH	€ 60.000,00
Gebäude	€ 200.000,00	Kommanditanteil A	€ 240.000,00
Maschinen	€ 400.000,00	Kommanditanteil B	€ 180.000,00
Fuhrpark	€ 60.000,00	Kommanditanteil C	€ 120.000,00
Waren	€ 290.000,00	Verbindlichkeiten	€ 630.000,00
Außenstände	€ 200.000,00		
Kasse, Bank	€ 30.000,00		
Bilanzsumme	€ 1.230.000,00	Bilanzsumme	€ 1.230.000,00

Stille Reserven		
Grund und Boden	€	200.000,00
Gebäude	€	200.000,00
insgesamt	€	400.000,00

C erhält als Abfindung	€	240.000,00
Buchkapital	€	120.000,00
	€	120.000,00
anteilige stille Reserven 20 v.H. von € 400.000,00 =	€	80.000,00
übersteigender anteiliger Firmenwert € 40.000,00	€	200.000,00

Es wird unterstellt, dass C an der GmbH ebenfalls mit 20 v.H. beteiligt ist und er diesen Anteil an die verbleibenden Gesellschafter veräußert, und zwar für € 30.000,00 C ist 60 Jahre alt. **870**

Ermittlung des Veräußerungsgewinnes		
Abfindung	€	240.000,00
Veräußerungspreis	€	30.000,00
Gesamtveräußerungspreis	€	270.000,00
abzüglich : stl. Kapital	€ ./.	120.000,00
Buchwert GmbH-Anteil	€ ./.	10.000,00
Veräußerungsgewinn	€	140.000,00
Freibetrag	€	45.000,00
Grenzbetrag von	€	136.000,00
um € 6.000 überschritten, daher Freibetrag	€ ./.	41.000,00
steuerpflichtiger Veräußerungsgewinn	€	99.000,00

tarifbegünstigt nach § 34 Abs. 3 EStG mit 56 % des durchschn. Steuersatzes

2. Abfindung zum Buchwert

Wird der ausscheidende Gesellschafter zum Buchwert abgefunden, so wird die Beteiligung von den verbleibenden Gesellschaftern zum Buchwert übernommen. Stille Reserven werden daher nicht aufgelöst. Beim Ausscheidenden entsteht kein Veräußerungsgewinn. Dies kommt in Betracht, wenn im Gesellschaftsvertrag die so genannte Buchwertklausel für den Fall des Ausscheidens vereinbart worden ist oder im Gesellschaftsvermögen keine nennenswerten stillen Reserven vorhanden sind. Bei Vereinbarung einer Buchwertklausel und einer Abfindung zum Buchwert sind jedoch die Schenkungsteuerfolgen zu beachten, § 7 Abs. 5 ErbStG. Soweit der verbleibende Gesellschafter mit dem ausscheidenden nicht verwandt ist, kann die erbschaftsteuerliche Belastung höher sein als ein tarifbegünstigter Veräußerungsgewinn nach § 16 Abs. 4 i.V. m. § 34 Abs. 1 EStG. **871**

3. Abfindung unter dem Buchwert

Wird ein Gesellschafter unter dem Buchwert seiner Beteiligung abgefunden, richtet sich die steuerliche Behandlung danach, ob dieses aus betrieblichen Gründen oder aus privaten Gründen geschieht. **872**

873 Keine Abfindung unter Buchwert liegt vor, wenn ein Ausscheidender deshalb weniger als seinen Buchwert erhält, weil der Wert der Beteiligung nicht mehr dem Buchwert entspricht, z.B. wegen unterlassener Teilwertabschreibung. In diesem Falle wäre zumindest bei den übernommenen Teilen am Betriebsvermögen eine Teilwertabschreibung vorzunehmen.

Beispiel: Der ausscheidende C ist mit € 200.000 an der X-GmbH & Co. KG beteiligt. C möchte ausscheiden. Die Gesellschafter sind jedoch wegen der längeren schlechten Ertragslage nur bereit, eine Abfindung von 80 v.H. des Anteils = € 160.000 zu zahlen. In diesem Falle haben die verbleibenden Gesellschafter das anteilige Betriebsvermögen mit 160.000 € zu übernehmen. Der Ausscheidende C hat einen Veräußerungsverlust von € 40.000 der ausgleichsfähig ist.

874 Eine Abfindung unter dem Buchwert aus betrieblichen Gründen könnte gegeben sein, wenn C sein Ausscheiden zu einem vorzeitigen Termin nur dadurch bei den übrigen Gesellschaftern erwirken kann, dass er unter dem Buchwert abgefunden wird. In diesem Falle haben die verbleibenden Gesellschafter das Betriebsvermögen zum Buchwert zu übernehmen. In der Höhe der Differenz zur vereinbarten Abfindung haben sie einen Gewinn.

Beispiel:
C ist mit € 400.000 an der GmbH & Co. KG beteiligt. Dieser Wert entspricht auch dem Teilwert.
C ist für ein vorzeitiges Ausscheiden mit einem Abschlag von 10 v.H. = € 40.000 einverstanden.
Die verbleibenden Gesellschafter übernehmen das BV wie folgt :

AKTIVA				PASSIVA	
Anteil BV	€	400.000,00	Abfindung	€	360.000,00
			Gewinn	€	40.000,00
	€	400.000,00		€	400.000,00

875 Der Ausscheidende hat einen Veräußerungsverlust von € 40.000,00 der bei den anderen Einkünften ausgleichsfähig ist. Die verbleibenden Gesellschafter bilden eine negative Ergänzungsbilanz und neutralisieren so den handelsrechtlichen Gewinn:

Ergänzungsbilanz verbleibende Gesellschafter

AKTIVA				PASSIVA	
Minderkapital	€	40.000,00	Anteil BV	€	40.000,00
	€	40.000,00		€	40.000,00

II. Ausscheiden bei negativem Kapitalkonto

Scheidet ein Kommanditist mit negativem Kapitalkonto aus, so besteht bürgerlich- 876
rechtlich keine Verpflichtung des Ausscheidenden, den negativen Betrag auszugleichen.
Der Anteil des Ausgeschiedenen wächst den übrigen Gesellschaftern an. Die verbleibenden Gesellschafter haben zunächst einmal, soweit vorhanden, die anteiligen stillen Reserven aufzudecken und, soweit ein Ausgleich noch nicht erfolgt ist, den nicht ausgeglichenen Betrag als Aufwand zu behandeln.

Beispiel:
An der X-GmbH & Co. KG sind die X-Verwaltungs-GmbH
als Komplementärin   mit 10 v.H.
A als Kommanditist   mit 40 v.H.
B als Kommanditist   mit 30 v.H.
C als Kommanditist   mit 20 v.H.
beteiligt.
C scheidet zum Jahresende aus der Gesellschaft aus.

AKTIVA		PASSIVA		
Grund und Boden	€ 40.000,00	Komplementär	€ 40.000,00	
Gebäude	€ 160.000,00	Kommanditist A	€ 160.000,00	
Maschinen	€ 200.000,00	Kommanditist B	€ 120.000,00	
Umlaufvermögen	€ 400.000,00	Kommanditist C	€ -80.000,00	
		Kapital		€ 240.000,00
		Verbindlichkeiten		€ 560.000,00
Bilanzsumme	€ 800.000,00	Bilanzsumme		€ 800.000,00

Stille Reserven
Grund und Boden   € 60.000,00
Gebäude   € 40.000,00
Firmenwert   €   0,00
insgesamt   € 100.000,00

Es sind zunächst einmal die anteiligen stillen Reserven aufzulösen.
Grund und Boden   € 12.000,00
Gebäude   €   8.000,00
insgesamt   € 20.000,00

877 Der nicht ausgeglichene Fehlbetrag von € 60.000,00 ist entsprechend der Gewinn- und Verlustbeteiligung auf die Gesellschafter zu verteilen und mindert entsprechend deren Kapitalkonto.

AKTIVA		PASSIVA	
Grund und Boden	€ 52.000,00	Komplementär X-Verwaltungs-GmbH	€ 40.000,00
Gebäude	€ 168.000,00	Verlust	€ -7.500,00
Maschinen	€ 200.000,00	Kommanditist A	€ 160.000,00
Umlaufvermögen	€ 400.000,00	Verlust	€ -30.000,00
		Kommanditist B	€ 120.000,00
		Verlust	€ -22.500,00
		Kapital	€ 260.000,00
		Verbindlichkeiten	€ 560.000,00
Bilanzsumme	€ 820.000,00	Bilanzsumme	€ 820.000,00

878 Beim Ausscheidenden ist der Unterschiedsbetrag zwischen der Abfindung und dem negativen Kapitalkontostand als Veräußerungsgewinn zu behandeln, der sich jedoch i.d.R. um nach § 15 a EStG noch nicht verrechnete Verluste in gleicher Höhe mindert.

III. Ausscheiden eines Gesellschafters ohne Abfindung

879 Scheidet ein Gesellschafter ohne Abfindung aus der Gesellschaft aus, geht sein Anteil auf die verbleibenden Gesellschafter im Verhältnis ihrer Beteiligung über. Dies gilt auch hinsichtlich der Komplementär-GmbH, wenn sie am Vermögen der KG beteiligt ist. Steuerlich liegt eine unentgeltliche Übertragung i. S. d. § 6 Abs. 3 EStG vor. § 6 Abs. 3 EStG gestattet auch die unentgeltliche Übertragung von Bruchteilen. Nach § 6 Abs. 3 EStG hat der Gesellschafter bzw. haben die verbleibenden Gesellschafter als Rechtsnachfolger die Buchwerte fortzuführen. Da steuerlich zu den wesentlichen Grundlagen eines Mitunternehmeranteils auch das Sonderbetriebsvermögen gehört, liegt eine unentgeltliche Übertragung nur vor, wenn auch das Sonderbetriebsvermögen mit übertragen wird. Dass dieses zivilrechtliche nicht in einen Rechtsakt (Anteil am Gesamthandsvermögen geht durch Anwachsung das Sonderbetriebsvermögen durch Einzelrechtsübertragung über) erfolgen kann, ist für eine unentgeltliche Anteilsübertragung i. S. d. § 6 Abs. 3 EStG) unschädlich. Wird das Sonderbetriebsvermögen zurückbehalten, liegt eine Aufgabe eines Anteils im Sinne des § 16 Abs. 3 Satz 1 EStG vor, wenn damit die Mitunternehmerstellung des Ausscheidenden beendet ist. Bleibt jedoch der Überträger mit einem Bruchteil seines Anteils Mitunternehmer, ist es unschädlich, wenn er das Sonderbetriebsvermögen zurückbehält. Die Buchwertfortführung gilt jedoch nur für natürliche Personen als Rechtsnachfolge § 6 Abs. 3 Satz 2 EStG. Ist eine Komplementär-GmbH hinsichtlich des von ihr im Wege der Anwachsung erworbenen Bruchteils Rechtsnachfolger, hat diese den Teilwert anzusetzen, so dass insoweit ein Übertragungsgewinn entsteht.

IV. Veräußerung eines Kommanditanteils

Veräußert ein Gesellschafter seinen Gesellschaftsanteil an einen Gesellschafter oder an einen Dritten, so liegt auf Seiten des Erwerbers ein Anschaffungsvorgang, auf Seiten des Veräußerers ein Veräußerungsvorgang vor. 880

Der Erwerber hat in Höhe des Kaufpreises Anschaffungskosten. Sofern der Kaufpreis dem Buchwert des übernommenen Anteils entspricht, übernimmt der Erwerber das Kapitalkonto des Ausgeschiedenen; soweit der Kaufpreis über dem Buchwert des übernommenen Anteils liegt, hat er die gesamten Anschaffungskosten zu bilanzieren. Den Differenzbetrag zum übernommenen Handelsbilanzkapital in der Gesellschaftsbilanz hat er in einer besonderen Ergänzungsbilanz zur Hauptbilanz festzuhalten. 881

Beispiel:
An der X-GmbH & Co. KG sind die
X-Verwaltungs-GmbH   mit 10 v.H.
A   mit 50 v.H.
B   mit 40 v.H.
beteiligt.
B veräußert seinen Anteil für € 300.000,00 an C.

Grund und Boden	€	50.000,00	X-Verwaltungs-GmbH	€ 50.000,00
Gebäude	€	240.000,00	A	€ 250.000,00
Maschinen	€	210.000,00	B	€ 200.000,00
Umlaufvermögen	€	400.000,00	Verbindlichkeiten	€ 400.000,00
Bilanzsumme	€	900.000,00	Bilanzsumme	€ 900.000,00

Stille Reserven
Grund und Boden	€ 100.000,00
Gebäude	€ 50.000,00
Firmenwert	€ 100.000,00
insgesamt	€ 250.000,00

Ergänzungsbilanz

AKTIVA				PASSIVA	
Mehrwert Grund und Boden	€	40.000,00	Mehrkapital	€	100.000,00
Mehrwert Gebäude	€	20.000,00		€	
anteiliger Firmenwert	€	40.000,00		€	
Summe	€	100.000,00	Summe	€	100.000,00

V. Behandlung des Neueintritts von Gesellschaftern

882 Tritt ein Gesellschafter neu in eine bereits bestehende GmbH & Co. KG ein, ermäßigt sich entsprechend der Anteil der ursprünglichen Gesellschafter am Gesellschaftsvermögen.

Beispiel:
An der X-GmbH & Co. KG sind beteiligt

die X-Verwaltungs-GmbH	mit 20 v.H. =	€	20.000,00
A	mit 80 v.H. =	€	80.000,00.

In die Gesellschaft tritt B mit einer Einlage von € 100.000,00 ein und soll am Gesellschaftsvermögen mit 50 v.H. beteiligt sein.

Die Beteiligungsverhältnisse sehen danach wie folgt aus :
An der X-GmbH & Co. KG sind die

X-Verwaltungs-GmbH	€	20.000,00	= mit 10 v.H.
A	€	80.000,00	= mit 40 v.H.
B	€	100.000,00	= mit 50 v.H.

883 Leistet der Eintretende mehr, als es seiner Nominalbeteiligung entspricht, hat er, sofern die Anschaffungskosten nicht seiner Nominalbeteiligung entsprechen, den Mehrwert in einer Ergänzungsbilanz festzuhalten.
Steuerlich gesehen, bringen die X-Verwaltungs-GmbH und A ihre Mitunternehmeranteile in die neue Gesellschaft mit B ein. Sie erfüllen somit die Voraussetzungen des § 24 UmwStG. Hiernach hat die Gesellschaft ein Wahlrecht, ob sie das übernommene Betriebsvermögen mit dem Buchwert, dem Teilwert oder einem Zwischenwert ansetzt.

Beispiel wie zuvor: Die X-GmbH & Co. KG weist folgende Bilanz aus:

AKTIVA			PASSIVA		
Grund und Boden	€	20.000,00	Kapital X Verwaltungs GmbH	€	20.000,00
Gebäude	€	80.000,00	Kommanditist	€	80.000,00
Geschäftseinrichtung	€	20.000,00	Verbindlichkeiten	€	140.000,00
Umlaufvermögen	€	120.000,00			
Bilanzsumme	€	240.000,00	Bilanzsumme	€	240.000,00
Grund und Boden				€	20.000,00
Gebäude				€	30.000,00
Firmenwert				€	50.000,00
stille Reserven				€	100.000,00

884 B zahlt für seine Beteiligung von 50 v.H. € 200.000,00. Es ist vereinbart worden, dass zur Abgeltung der Übernahme der Hälfte der stillen Reserven von seiner Einlage von ³200.000,00 € 40.000,00 auf das Kapitalkonto des A und € 10.000,00 auf das der X-GmbH umgebucht werden.

G. Behandlung des Gesellschafterwechsels bei einer GmbH & Co. KG §3

Stille Reserven

AKTIVA			PASSIVA		
Grund und Boden	€	20.000,00	Kapital X Verwaltungs GmbH	€	30.000,00
Gebäude	€	80.000,00	Kommanditist A	€	120.000,00
Geschäftseinrichtung	€	20.000,00	Kommanditist B	€	150.000,00
			Verbindlichkeiten		140.000,00
Umlaufvermögen	€	220.000,00			
Bilanzsumme	€	340.000,00	Bilanzsumme	€	340.000,00

B ist verpflichtet, eine Ergänzungsbilanz zu erstellen, um sein Mehrkapital auszuweisen.

Ergänzungsbilanz B

Mehrwert			Mehrkapital	€	50.000,00
Grund und Boden	€	10.000,00			
Mehrwert Gebäude	€	15.000,00			
anteiliger Firmenwert	€	25.000,00			
Summe	€	50.000,00	Summe	€	50.000,00

Die X-Verwaltungs-GmbH und A können ihre Buchgewinne dadurch neutralisieren, 885
dass sie eine negative Ergänzungsbilanz aufzustellen.

Ergänzungsbilanz X-Verwaltungs-GmbH

AKTIVA			PASSIVA		
Minderkapital	€	10.000,00	Minderwert Grund und Boden	€	2.000,00
			Minderwert Gebäude	€	3.000,00
			Minderwert Firmenwert	€	5.000,00
Summe	€	10.000,00		€	10.000,00

Ergänzungsbilanz Gesellschafter A

AKTIVA			PASSIVA		
Minderkapital	€	40.000,00	Minderwert Grund und Boden	€	8.000,00
			Minderwert Gebäude	€	12.000,00
			Minderwert Firmenwert	€	20.000,00
Summe	€	40.000,00		€	40.000,00

VI. Steuerliche Behandlung des Erbfalls

886 Bei der Personengesellschaft richtet sich die Rechtsnachfolge grundsätzlich nach Gesellschaftsrecht (insbes. Gesellschaftsvertrag); der Übergang des Sonderbetriebsvermögens und daher auch der Anteil des Verstorbenen an der Komplementär-GmbH vollzieht sich hingegen nach Erbrecht. Sieht der Gesellschaftsvertrag eine Nachfolgeklausel vor, fällt der Anteil des Verstorbenen unmittelbar den einzelnen Erben zu, während das Sonderbetriebsvermögen in den allgemeinen Nachlass fällt. Bei der qualifizierten Nachfolgeklausel fällt der Anteil in der Regel einer Person zu. Der Große Senat (BStBl. II 1990, 837) folgt dem Zivilrecht, wonach Erbanfall und Erbauseinandersetzung auch steuerrechtlich zwei selbständig zu beurteilende Tatbestände sind. Die Auseinandersetzung kann je nach Gestaltung entgeltlich oder unentgeltlich (Realteilung) ohne Spitzenausgleich erfolgen.

Einfache Nachfolgeklausel

887 Bei der einfachen Nachfolgeklausel werden die Erben entsprechend ihrer Erbquote Gesellschafter und daher mit dem Erbfall bereits Mitunternehmer. Geht der Anteil des Erblassers an der Komplementär-GmbH entsprechend der Quote im Rahmen der Nachlassteilung auf die einzelnen Erben über, bleibt auch der Erbanteil Sonderbetriebsvermögen ohne Realisierung der stillen Reserven. Einkommensteuerlich liegt daher ein unentgeltlicher Übergang ohne Aufdeckung der stillen Reserven vor.

Nehmen die Erben im Rahmen der Erbauseinandersetzung, u.U. aufgrund einer Teilungsanordnung des Erblassers, eine andere Aufteilung des Anteils des Erblassers an der Personengesellschaft vor, so liegt die Veräußerung einer Beteiligung bzw. eines Bruchteils einer Beteiligung vor, wenn an die Erben, die eine Minderung ihres Anteils erfahren, eine Abfindung gezahlt wird (BStBl. II 2002, 850). Erfolgt jedoch der Ausgleich im Rahmen der übrigen Nachlassteilung (ohne Spitzenausgleich), liegt insoweit eine unentgeltlich Übertragung vor, die nicht zu einer Auflösung der stillen Reserven, sondern zur Buchwertfortführung führt (BStBl. II 2002, 850).

Qualifizierte Nachfolgeklausel

888 Im Falle einer qualifizierten Nachfolgeklausel liegt kein entgeltlicher Erwerb vor. Wird die Gesellschaft nur mit einem oder mehreren der Miterben fortgeführt, geht der Ges.-Anteil zivilrechtlich unverändert auf den qualifizierten Nachfolger unverändert über. Die anderen Miterben erlangen keinen Anfindungsanspruch, sondern nur einen auf Erbrecht basierenden schuldrechtlichen Wertausgleichsanspruch (die Klausel wirkt wie eine dingliche Teilungsanordnung). Einkommensteuerlich erwirbt daher der Qualifizierte Nachfolger den Gesellschaftsanteil unentgeltlich. Geht das Sonderbetriebsvermögen entsprechend der Erbquote auf alle Erben über, haben diese zwar unentgeltlich erworben (vgl. Schmidt, EStG, 23. Aufl., München 2004, § 16, Rz. 673, m.w.N.). Es liegt jedoch insoweit eine Entnahme vor, als die Erben nicht Nachfolger des Gesellschaftsanteils geworden sind. Übernimmt jedoch der Anteilsübernehmer auch das Sonderbetriebsvermögen im Rahmen der Erbteilung ohne Spitzenausgleich, so liegt ein unentgeltlicher Erwerb vor mit gleichzeitigem Verbleib im Betriebsvermögen. Soweit jedoch ein Ausgleich nicht aus dem Nachlass erfolgt, ist eine entgeltliche Auseinandersetzung gegeben, die zu einer Realisierung stiller Reserven führt. Diese gilt insbeson-

dere hinsichtlich des Anteils an der Komplementär-GmbH, der zum Sonderbetriebsvermögen gehört.

H. Beendigung der GmbH & Co. KG

Bei Beendigung bzw. Liquidation der Personengesellschaft müssen die sich im Unternehmen noch befindlichen stillen Reserven der Besteuerung unterworfen werden. Rechtsnorm ist hier § 16 EStG. Die Beendigung der Personengesellschaft kann dabei auf drei Wegen erfolgen:

- entweder durch Veräußerung des ganzen Betriebes,
- durch Aufgabe des Betriebes gemäß § 16 EStG oder
- durch allmähliche Liquidation.

889

I. Veräußerung der Personengesellschaft

Eine Veräußerung der Personengesellschaft im steuerlichen Sinne ist bei Übertragung der wesentlichen Betriebsgrundlagen gegen Entgelt auf einen Erwerber, der den Betrieb als geschäftlichen Organismus fortführt, gegeben (R139 Abs. 1 EStR 2003). Alle veräußernden Gesellschafter der Personengesellschaft können dabei die bereits unter Rdnr. 867 beschriebenen steuerlichen Vergünstigungen nach §§ 16, 34 EStG geltend machen. Dies gilt auch dann, wenn einzelne unwesentliche Betriebsgrundlagen nicht mit veräußert werden, sondern in das Privatvermögen überführt werden. Es gelten hier ferner die selben Grundsätze wie bei dem Ausscheiden eines einzelnen Gesellschafters aus der Personengesellschaft. Besonderheiten sind dann zu beachten, wenn die zu veräußernde Personengesellschaft auch über Sonder- und Ergänzungsbilanzen verfügt.

890

Beispiel: Die GmbH & Co. KG ABC veräußert ihren Gewerbebetrieb einschließlich des Sonderbetriebsvermögens des C an K mit Wirkung zum 31.12.05 aufgrund eines notariell beurkundeten Vertrags vom 13.7.05. K übernimmt nicht sämtliche Wirtschaftsgüter. Die VerwaltungsGmbH ist am Vermögen nicht beteiligt. Die drei Kommanditoren behalten den betrieblich genutzten PKW (Buchwert 10.000 €, gemeiner Wert 15.000 € und Teilwert 13.000 €) und auch 50 % des Bankdarlehens zurück. K übernimmt daher von den Schulden des Gesamthandsvermögens 50 % des Bankdarlehens und die Warenverbindlichkeiten. Der Kaufpreis beträgt für das Gesamthandsvermögen 810.000 € und für das Sonderbetriebsvermögen 75.000 €, wobei K das Darlehen des Sonderbetriebsvermögens übernimmt. Die Veräußerungskosten beim Gesamthandsvermögen in Höhe von 5.000 € übernehmen A, B und C, die beim Sonderbetriebsvermögen in Höhe von 2.000 € übernimmt K. Die gesamte Grunderwerbsteuer übernimmt ebenfalls K. A, B und C sind zu je 1/3 an Gewinn, Verlust und den stillen Reserven beteiligt. Sie sind alle älter als 55 Jahre.

891 Die Schlussbilanzen sind nicht zu beanstanden und haben folgendes Bild:

Aktiva	Bilanz GmbH & Co. KG zum 31.12.05		Passiva
Grund und Boden	200.000 €	Warenverbind-	
Gebäude	300.000 €	lichkeiten	100.000 €
Inventar	50.000 €	Bankdarlehen	200.000 €
PKW	10.000 €	Kapital Verwaltungs-GmbH	0 €
Maschinen	70.000 €	Kapital A	200.000 €
Waren	30.000 €	Kapital B	200.000 €
Forderungen	200.000 €	Kapital C	200.000 €
Bank/Kasse	40.000 €		
	900.000 €		900.000 €

Aktiva	Sonderbilanz C zum 31.12.05		Passiva
Parkplatz	100.000 €	Darlehen	65.000 €
		Kapital	35.000 €
	100.000 €		100.000 €

Der Veräußerungsgewinn aus dem Gesamthandsvermögen errechnet sich wie folgt:

Veräußerungspreis	810.000 €	
+ gemeiner Wert PKW (§ 16 Abs. 3 Satz 7 EStG)	15.000 €	825.000 €
./. gemeiner Wert des Bankdarlehens	100.000 €	
./. Veräußerungskosten	5.000 €	
./. Wert des Betriebs (= Kapital)	600.000 €	705.000 €
Veräußerungsgewinn aus dem Gesamthandsvermögen		120.000 €

Der Veräußerungsgewinn aus dem Sonderbetriebsvermögen beträgt:

Veräußerungspreis	75.000 €
./. Kapital	35.000 €
Veräußerungsgewinn	40.000 €

892 Der Gesamtveräußerungsgewinn beträgt daher 160.000 €. Er verteilt sich auf A mit 40.000 € (1/3 von 120.000 €) = ¼, auf B mit 40.000 € = ¼ und auf C mit 80.000 € (1/3 von 120.000 € + 40.000 € aus dem Sonderbetriebsvermögen) = ½. A, B und C erhalten auf Antrag jeweils einen Freibetrag von 45.000 € (§ 16 Abs. 4 Satz 1 EStG). Stellen sie den Antrag, haben A und B nichts zu versteuern (40.000 € ./. 45.000 € = 0). Der nicht ausgenutzte Betrag von 5.000 € geht verloren. A und B erhalten bei späteren Veräußerungen keinen Freibetrag mehr (§ 16 Abs. 4 Satz 2 EStG). C hat 35.000 € gem. §§ 16, 34 EStG zu versteuern, wenn er den Antrag auf den Freibetrag stellt (Veräußerungsgewinn 80.000 € ./. Freibetrag 45.000 €).

Beispiel 2: Gesellschafter M hat zur Erlangung einer Gesellschafterstellung seiner GmbH & Co. KG ein Grundstück mit dem Teilwert von 150.000 € in das Gesamthandsvermögen übertragen, die KG hat aber in der KG-Bilanz für diesen Gesellschafter zulässig nur ein Kapital von 100.000 € angesetzt. M musste also eine **Ergänzungsbilanz** erstellen. Der Betrieb wird veräußert.

Es ergeben sich folgende Bilanzen:

Aktiva	KG-Bilanz		Passiva
Grundstück	100.000 €	Kapital M	100.000 €
		Kapital übrige	
	....	Gesellschafter	....
	100.000 €		100.000 €

Aktiva	Ergänzungsbilanz M		Passiva
Grundstück	50.000 €	Kapital	50.000 €
	50.000 €		50.000 €

Vom Veräußerungsgewinn, der auf M entfällt, sind die Mehranschaffungskosten bzw. der Mehrteilwert (gegenüber dem Buchwert in der Bilanz der OHG) in Höhe von 50.000 € abzuziehen.

893

II. Aufgabe der Personengesellschaft

Eine Aufgabe der Personengesellschaft liegt dann vor, wenn in einem einheitlichen Vorgang innerhalb eines kurzen Zeitraumes alle wesentlichen Betriebsgrundlagen der Personengesellschaft entweder in das Privatvermögen der Gesellschafter gelangen oder an verschiedene Erwerber veräußert werden. In diesem Fall endet der Betrieb der Personengesellschaft als selbständiger Organismus. BFH v. 24.6.1976, BStBl. II 1976, 670; BFH v. 29.10.1981, BStBl. II 1982, 381; R139 Abs. 2 EStR 2003. Hier ist insbesondere die Zuordnung des Veräußerungsgewinns auf die einzelnen Gesellschafter mit Schwierigkeiten behaftet, insbesondere dann, wenn auch Ergänzungs- und/oder Sonderbilanzen vorhanden sind.

894

Beispiel: Im obigen Beispiel 1 zur Betriebsveräußerung ist der gesamte Betrieb nicht an K veräußert worden, sondern A, B und C haben sich geeinigt, mit Wirkung vom 31.12.05 den Betrieb wie folgt aufzugeben:
- A, B und C veräußern die Maschinen für 100.000 € an X und die Waren für 30.000 € an Y.
- Mit dem erhaltenen Geld erfüllen sie die Warenverbindlichkeiten und zahlen die Kosten in Höhe von 5.000 € im Bereich des Gesamthandsvermögens. Im Bereich des Sonderbetriebsvermögens entstehen keine Kosten.
- Zur Ablösung des Bankdarlehens treten A, B und C die Forderungen an die Bank ab und bürgen zur Sicherheit zusätzlich.
- A übernimmt den betrieblichen PKW zum gemeinen Wert von 15.000 € und das betriebliche Inventar zum gemeinen Wert von 70.000 €.
- B übernimmt Grund und Boden und Gebäude zum gemeinen Wert von 570.000 €.
- C übernimmt das übrig gebliebene Geldvermögen.
- Sämtliche nicht veräußerten Wirtschaftsgüter werden in das Privatvermögen übernommen, d.h., auch C überführt die Wirtschaftsgüter aus seiner Sonderbilanz in das Privatvermögen, den Parkplatz mit dem gemeinen Wert von 140.000 €.

895 Wenn wie hier die Gesellschafter sich einig sind, wer welches Wirtschaftsgut zu welchem Wert übernimmt und was verkauft werden soll, ist an sich die Erstellung einer Auseinandersetzungsbilanz nicht erforderlich, zu Kontrollzwecken für die Berechnungen jedoch meistens zu empfehlen. Sie sähe hier wie folgt aus:

Aktiva	Auseinandersetzungsbilanz GmbH & Co. KG zum 31.12.05		Passiva
Grund und Boden		Warenverbindlichkeiten	100.000 €
und Gebäude	570.000 €	Bankdarlehen	200.000 €
Inventar	70.000 €	Rückstellung	
PKW	15.000 €	Aufgabekosten	5.000 €
Maschinen	100.000 €	Kapital GmbH	0 €
Waren	30.000 €	Kapital A	240.000 €
Forderungen	200.000 €	Kapital B	240.000 €
Bank/Kasse	40.000 €	Kapital C	240.000 €
	1.025.00 €		1.025.00 €

896 Der Aufgabegewinn aus dem Gesamthandsvermögen errechnet sich wie folgt (auch ohne Erstellung einer Auseinandersetzungsbilanz):

Veräußerungspreis (Maschinen und Waren)	130.000 €	
+ gemeiner Wert Grund und Boden und Gebäude	570.000 €	
+ gemeiner Wert PKW	15.000 €	
+ gemeiner Wert Inventar	70.000 €	
+ Forderungen	200.000 €	
+ Bank/Kasse-Guthaben	40.000 €	1.025.000 €
./. Warenverbindlichkeiten	100.000 €	
./. Bankdarlehen	200.000 €	
./. Veräußerungskosten	5.000 €	
./. Wert des Betriebs (= Kapital)	600.000 €	905.000 €
Aufgabegewinn aus dem Gesamthandsvermögen		120.000 €

897 Bei der Berechnung könnte man als Veräußerungspreis auch nur 30.000 € als Überschuss über die bezahlten Verbindlichkeiten ansetzen, müsste die Verbindlichkeiten dann jedoch herausnehmen. Auch könnte man bei der Berechnung die Forderungen und das Bankdarlehen weglassen, weil diese Posten verrechnet wurden.

Der Aufgabegewinn ließe sich auch folgendermaßen ermitteln:

Stille Reserven Maschinen	30.000 €
Stille Reserven für Grund und Boden und Gebäude	70.000 €
Stille Reserven PKW	5.000 €
Stille Reserven Inventar	20.000 €
	125.000 €
./. Kosten	5.000 €
Aufgabegewinn aus dem Gesamthandsvermögen	120.000 €

Aus der Sonderbilanz ergibt sich folgender Aufgabegewinn (auch hier wäre die Erstellung einer „Auseinandersetzungsbilanz" zu Kontrollzwecken denkbar):

Parkplatz gemeiner Wert	140.000 €
./. Darlehen	65.000 €
./. Kapital	35.000 €
Aufgabegewinn aus dem Sonderbetriebsvermögen	40.000 €

Das Beispiel zeigt, dass eine Betriebsveräußerung und eine Betriebsaufgabe dann zum selben Ergebnis führen, wenn bei der Betriebsveräußerung genau die stillen Reserven vom Erwerber mitbezahlt werden, die die Differenz zwischen den gemeinen Werten und Buchwerten der einzelnen Wirtschaftsgüter ausmachen.

Im vorliegenden Beispiel zur Betriebsaufgabe haben A, B und C gemeinsam genauso viel gem. §§ 15, 16, 34 EStG zu versteuern wie beim Beispiel 1 oben zur Betriebsveräußerung.

Wenn einzelne Gesellschafter verschiedene Wirtschaftsgüter übernehmen, werden sie sich im Normalfall durch Ausgleichszahlungen ausgleichen, wobei das Sonderbetriebsvermögen außer Betracht zu bleiben hat.

Der Gesamtwert der Aktivgüter betrug	1.025.000 €
Schulden und Kosten	./. 305.000 €
Verbleiben (= Kapital 600.000 € + stille Reserven 120.000 €)	720.000 €

A, B und C stehen daher jeweils (1/3 =) 240.000 € zu. Da C das übrig gebliebene Geldvermögen erhält, ergibt sich folgende Rechnung:

A erhielt	15.000 €	(PKW)		
	+ 70.000 €	(Inventar)		
	= 85.000 €,	also zu wenig		155.000 €
C erhielt	30.000 €			
	+ 40.000 €			
	./. 5.000 €			
	65.000 €,	also zu wenig		175.000 €
		zusammen		330.000 €
B erhielt	570.000 €,	also zu viel		330.000 €

Also hat B seine beiden Mitgesellschafter A und C auszuzahlen.

900 Insgesamt haben A, B und C als Aufgabegewinn aus dem Gesamthandsvermögen 120.000 € zu versteuern. Wie viel entfällt auf jeden Einzelnen?

Bei Aufgabe eines Gewerbebetriebs, an dem mehrere Personen beteiligt waren, ist gem. § 16 Abs. 3 Satz 8 EStG für jeden einzelnen Beteiligten der gemeine Wert der Wirtschaftsgüter anzusetzen, die er bei der Auseinandersetzung erhalten hat. Damit ist bei jedem Gesellschafter wie folgt vorzugehen:

>   Gemeiner Wert der erhaltenen Güter
>   + Ausgleichszahlungen von anderen Gesellschaftern
>   ./. Ausgleichszahlungen an andere Gesellschafter
>   ./. Buchwert des Gesellschaftsanteils (= Kapitalkonto)
>   = Anteiliger Aufgabegewinn

Daraus ergibt sich nun für die einzelnen Gesellschafter:

A	Gemeiner Wert PKW	15.000 €	
	+ Gemeiner Wert Inventar	70.000 €	
	+ Ausgleich von B	155.000 €	
	./. Buchwert Kapitalkonto	200.000 €	40.000 €
B	Gemeiner Wert Gebäude-Grundstück	570.000 €	
	./. Ausgleich an A + C	330.000 €	
	./. Buchwert Kapitalkonto	200.000 €	40.000 €
C	Geld	65.000 €	
	+ Ausgleich von B	175.000 €	
	./. Buchwert Kapitalkonto	200.000 €	40.000 €
	insgesamt		120.000 €

Wie im Betriebsveräußerungsfall versteuern daher die Gesellschafter gleich viel; A 40.000 €, B 40.000 € und C mit dem Sonderbetriebsvermögen 80.000 €.

901 Aus diesen Berechnungen lässt sich erkennen, dass die anteiligen Aufgabegewinne gleich hoch sind, wie wenn man den allgemeinen Gewinnverteilungsschlüssel anwendet (120.000 € : 3 = 40.000 €), vorausgesetzt, die Gesellschafter gleichen sich aus. Gleichen sie sich nicht aus, werden die anteiligen Aufgabegewinne verschieden hoch ausfallen.

902 Im vorliegenden Fall könnte man auf den Gedanken kommen, vor Berechnung der anteiligen Aufgabegewinne die jeweiligen Kapitalkonten aufgrund des gemeinsamen Gewinns von 25.000 € (Verkauf der Maschinen ./. Kosten) um je 1/3 von 25.000 € zu erhöhen. Durch die höheren Kapitalkosten ergäben sich dann zwar jeweils geringere anteilige Aufgabegewinne (40.000 € ./. 1/3 von 25.000 €). Da aber der gemeinsam erzielte Gewinn von 25.000 € den drei Gesellschaftern wieder anteilig hinzugerechnet werden muss, kann man sich die Berechnung mit den Kapitalkonten ersparen. Beides führt zum selben Ergebnis.

III. Forderungen bei Veräußerung oder Aufgabe der Personengesellschaft

1. Forderung aus der Betriebsveräußerung

Beispiel: A und B sind die Gesellschafter der AB-GmbH & Co. KG. Die GmbH ist am Vermögen der KG nicht beteiligt. Sie veräußern ihre gesamten Geschäftsanteile an C. Der von ihnen erzielte Gewinn wird nach §§ 16, 34 EStG ordnungsgemäß versteuert. Trotz mehrfacher Mahnung zahlt C den vereinbarten Kaufpreis nicht. A und B müssen später feststellen, dass C tatsächlich nicht in der Lage ist, den Kaufpreis zu zahlen. Sie wollen daher den Forderungsausfall steuerlich geltend machen.

Die frühere Rechtsprechung hat die steuerliche Berücksichtigung des Ausfalls der Kaufpreisforderung nicht zugelassen, da es sich bei der Realisierung um einen Vorgang handele, der alleine der privaten Vermögenssphäre zuzuordnen sei. Erst mit Beschluss vom 19.7.1993 hat der große Senat des BFH (BStBl. II 1993, 897) entschieden, dass es sich bei dem Ausfall der Kaufpreisforderung um ein Ereignis mit steuerlicher Rückwirkung auf den Zeitpunkt der Veräußerung handelt (§ 175 Abs. 1 Nr. 2 AO). Der Veräußerungsgewinn ist somit rückwirkend steuerlich zu berichtigen (Hierzu auch BFH v. 10.2.1994, BStBl. II 1994, 564; BFH v. 28.7.1994, BStBl. II 1995, 112; BFH v. 19.8.1999, BStBl. II 2000, 179).Hiervon zu unterscheiden sind die Fälle, in denen der Veräußerungspreis nachträglich geändert wurde (etwa aufgrund eines Vergleichs oder Urteils) oder die Betriebsveräußerung rückgängig gemacht wurde. Hier wurde stets die bereits vorgenommene Veranlagung rückwirkend berichtigt (BFH v. 7.9.1972, BStBl. II 1973, 11; BFH v. 14.2.1982, BStBl. II 1983, 315).

Handelt es sich um die Veräußerung eines Teilbetriebes und fällt der Kaufpreis für diesen Teilbetrieb aus, geht die herrschende Meinung davon aus, dass es sich im Jahr des Ausfalls um einen betrieblichen Aufwand in der Personengesellschaft handelt. Ursache hiervon sei, dass die Veräußerung des Teilbetriebes bilanziell wie die Veräußerung einzelner Wirtschaftsgüter aus der Personengesellschaft zu behandeln sei. Diese Auffassung ist allerdings nicht unumstritten. Der BHF hat sich hierzu zwar noch nicht geäußert. Es ist allerdings denkbar, dass er auch in diesem Fall davon ausgeht, dass die Forderung nicht im Betriebs-, sondern vielmehr im Privatvermögen der Gesellschafter sich befindet und dementsprechend ein rückwirkendes Ereignis vorliegt, das zur Änderung der Veranlagung nach § 175 Abs. 1 S. 1 Nr. 2 AO führt.

2. Forderung des Sonderbetriebsvermögens

Beispiel: A ist Kommanditist einer GmbH & Co. KG. Er hat seiner KG ein Grundstück und ein Patent zur Nutzung zur Verfügung gestellt. Außerdem hält er 20 % des GmbH-Anteils. Damit führt er im Jahr 05 folgende

Aktiva	Sonderbilanz A 31.12.05		Passiva
Grundstück	200.000 €	Kapital	390.000 €
Patent	120.000 €		
GmbH-Anteil	70.000 €		
	390.000 €		390.000 €

906 Im Jahr 07 veräußert er die Wirtschaftsgüter des Sonderbetriebsvermögens an B für 500.000 €. Sämtliche Gesellschafter der KG veräußern im Jahre 09 das KG-Vermögen und geben den Betrieb auf.

Bei Veräußerung der Wirtschaftsgüter des Sonderbetriebsvermögens im Jahr 07 entsteht bei A ein laufender Gewinn gem. § 15 EStG in Höhe von 110.000 € (500.000 € ./. 390.000 €). Die dabei entstehende Forderung von 500.000 € kann A privat oder betrieblich behandeln.

907 Der ausscheidende Gesellschafter kann frei bestimmen, ob er die Forderung in seinem Privatvermögen hält oder als gewillkürtes Betriebsvermögen behandelt. Gehört die Forderung zum Privatvermögen und fällt sie später aus, ist eine rückwirkende Berichtigung nach § 175 Abs. 1 S. 1 Nr. 2 AO wohl nicht möglich, da die Forderung nicht aufgrund einer Betriebsaufgabe oder einer Betriebsveräußerung entstanden ist. Nur dann, wenn die Forderung als gewillkürtes Betriebsvermögen behandelt wird, kann der Ausfall später steuerlich als Aufwand geltend gemacht werden.

908 Wird die Forderung noch bei Veräußerung bzw. Aufgabe des Gesamthandsvermögens als gewillkürtes Betriebsvermögen behandelt, muss die Forderung in das Privatvermögen überführt werden, da die Beziehung zum Betriebsvermögen der KG wegfällt. Es entsteht ein nach §§ 16, 34 EStG begünstigter Veräußerungsgewinn, da ein unmittelbarer Zusammenhang zwischen der Entnahme und der Betriebsveräußerung bzw. Betriebsaufgabe vorliegt. Kommt es nunmehr zum Wegfall der Forderung, liegt aufgrund der Betriebsveräußerung bzw. Betriebsaufgabe ein rückwirkendes Ereignis nach § 175 Abs. 1 S. 1 Nr. 2 AO vor, so dass die Veranlagung entsprechend geändert werden kann.

IV. Schulden und Zinsen bei Veräußerung oder Aufgabe der Personengesellschaft

1. Schulden bei Betriebsaufgabe bzw. Betriebsveräußerung

909 Wird eine überschuldete Personengesellschaft veräußert, können von den veräußernden Gesellschaftern nur die Schulden weiterhin als Betriebsverbindlichkeiten fortgeführt werden, die nach Saldierung mit dem Aktivvermögen noch übrig bleiben. Werden hingegen Schulden der Personengesellschaft nicht mit dem erzielten Kaufpreis beglichen, werden sie zwingend in das Privatvermögen der veräußernden Gesellschafter übernommen mit der Folge, dass die für die Verbindlichkeiten anfallenden Zinsen nicht als (nachträgliche) Betriebsausgaben steuerlich geltend gemacht werden können. Gegebenenfalls müssen dabei die Schulden aufgeteilt werden in betriebliche und private Verbindlichkeiten. Hierzu sind durch den BFH eine Reihe von Urteilen ergangen. So heißt es etwa in der Entscheidung vom 27.1.1984 (BFH v. 8.12.1982, BStBl. II 1983, 570):

„1. Auch bei der Veräußerung eines Mitunternehmeranteils sind Schuldzinsen für betrieblich begründete zurückgehaltene Verbindlichkeiten nachträgliche Betriebsausgaben, soweit der Veräußerungserlös und der Verwertungserlös aus zurückbehaltenen Aktivwerten nicht zur Schuldentilgung ausreichen.

2. Die Schuldzinsen sind – darüber hinausgehend – auch noch dann und so lange nachträgliche Betriebsausgaben, als der Schuldentilgung Auszahlungshindernisse hinsichtlich des Veräußerungserlöses, Verwertungshindernisse hinsichtlich der zurückbe-

haltenen Aktivwerte oder Rückzahlungshindernisse hinsichtlich der früheren Betriebsschulden entgegenstehen."
In der Entscheidung vom 13.2.1996 hat der BFH entschieden(BStBl. II 1996, 291): 910
„1. Zahlt der Gesellschafter einer Personengesellschaft Zinsen für Verbindlichkeiten, die die Gesellschaft bei Aufgabe ihres Betriebes nicht getilgt hat, obwohl ihr bei ordnungsgemäßer Abwicklung ausreichende Mittel zur Verfügung gestanden hätten, kann er die Zinsen nicht als (nachträgliche) Betriebsausgaben abziehen."

Beispiel: Die ABC-GmbH & Co. KG gibt ihren Betrieb zum 31.12.10 auf. Sie erstellt folgende

Aktiva		Schlussbilanz zum 31.12.10	Passiva
Aktiva	120.000 €	Schulden	450.000 €
Kapital A	300.000 €	Kapital GmbH	0 €
Kapital B	100.000 €	Kapital C	70.000 €
	520.000 €		520.000 €

Die GmbH & Co. KG macht einen Veräußerungsverlust von 30.000 € geltend. Nach 911
langen Verhandlungen einigen sich A, B und C, dass A von den Schulden 300.000 €, B 100.000 € und C 50.000 € übernimmt.
Der Veräußerungsverlust ist durch Verkauf der Aktiva der Gesellschaft entstanden, so dass jedenfalls ein Veräußerungserlös von 90.000,00 € erzielt werden konnte. Dieser Veräußerungserlös muss durch die Gesellschafter zur teilweisen Tilgung der Schulden der Personengesellschaft genutzt werden. Die danach verbleibenden Schulden bleiben Betriebsschulden und die auf sie entfallenden Zinsen können von den Gesellschaftern als nachträgliche Betriebsausgaben abgezogen werden. Nimmt man an, dass der Verkaufserlös gleichmäßig auf die drei Gesellschafter A, B und C verteilt wird, verbleiben damit betriebliche Verbindlichkeiten für A in Höhe von 270.000 €, für B in Höhe von 70.000 € und für C von 20.000 €. Dies gilt selbst dann, wenn der erzielte Veräußerungserlös nicht zur Schuldentilgung verwendet wurde. Die gleichen Grundsätze gelten bei Teilbetriebsaufgabe bzw. Teilbetriebsveräußerung.

2. Schulden im Sonderbetriebsvermögen

Notwendiges Sonderbetriebsvermögen II sind alle Wirtschaftsgüter, die nicht unmittelbar für betriebliche Zwecke der Personengesellschaft genutzt werden, die jedoch in einem unmittelbaren wirtschaftlichen Zusammenhang mit der Beteiligung des Gesellschafters an der Personengesellschaft stehen. Hierzu gehören auch Schulden, die zur Finanzierung der Beteiligung an der Personengesellschaft aufgenommen werden. Die hierauf zu zahlenden Zinsen stellen Sonderbetriebsausgaben dar, solange die Mitunternehmerstellung des Gesellschafters besteht. Bei Beendigung der Gesellschaft sind diese zur Erfüllung der Einlagepflicht aufgenommen Schulden des Gesellschafters den Gesamtschulden der Personengesellschaft gleichzustellen (BFH v. 13.2.1996, BStBl. II 1996, 291). Auch hier gilt mithin das Tilgungsgebot. Die bei Veräußerung bzw. Aufgabe des Mitunternehmeranteils verbleibenden Schulden des Gesellschafters müssen zunächst mit dem Veräußerungserlös getilgt werden. Reicht der Erlös zur vollständigen

Tilgung nicht aus, sind die weiterhin zu zahlenden Zinsen nachträgliche Betriebsausgaben des ehemaligen Gesellschafters und können von diesem steuerlich abgesetzt werden.

Beispiel: Der Betrieb der ABC-GmbH & Co. KG wird zum 31.12.10 aufgegeben. Gesellschafter A erhält vom Aufgabegewinn 100.000 € überwiesen. Seine Beteiligung hat A ursprünglich mit einem Bankdarlehen von 200.000 € finanziert. Seine Sonderbilanz zum 31.12.10 hat folgendes Bild:

Aktiva	Sonderbilanz A zum 31.12.10		Passiva
Kapital	170.000 €	Schulden	170.000 €

913 Nutzt A den auf ihn entfallenden Anteil des Veräußerungserlöses zur teilweisen Tilgung des von ihm aufgenommenen Darlehens, stellt das Restdarlehen in Höhe von 70.000,00 € weiterhin Betriebsvermögen dar und die Zinsen sind nachträgliche Betriebsausgaben nach §§ 24, 15 EStG. Tilgt A das Darlehen nicht, wird dieses in Höhe von 100.000,00 € Privatvermögen und die Zinsen sind insoweit nicht abzugsfähig. Überlässt der Gesellschafter ihm zivilrechtlich gehörende Wirtschaftsgüter seiner Personengesellschaft zu betrieblichen Zwecken, handelt es sich um Sonderbetriebsvermögen I. Auch dieses Sonderbetriebsvermögen kann fremdfinanziert werden, was dazu führt, dass die aufgenommenen Schulden ebenfalls Sonderbetriebsvermögen I darstellen. Die Schulden dienen dann unmittelbar dem Betrieb der Personengesellschaft, sind jedoch mit dem aktiven Sonderbetriebsvermögen I unmittelbar verbunden. Kommt es zur Auflösung der Personengesellschaft, richtet sich die Frage der Zulässigkeit des Zinsabzuges nach der zukünftigen Verwendung des aktiven Sonderbetriebsvermögens I. Hier besteht keine Verpflichtung des Gesellschafters, den Liquidationserlös aus der Mitunternehmerschaft zur Tilgung der Schulden aus dem Sonderbetriebsvermögen zu verwenden. Das Tilgungsgebot besteht hier somit nicht.

Beispiel:
Der Betrieb der ABC-GmbH & Co. KG wird zum 31.12.10 aufgegeben. Gesellschafter A erhält vom Aufgabegewinn 100.000 € überwiesen. A hat seit Jahren der GmbH & Co. KG ein Grundstück zur Nutzung überlassen, das er mit einem Kredit erworben hat. Die Sonderbilanz hat folgendes Bild:

Aktiva	Sonderbilanz A 31.12.10		Passiva
Grundstück	200.000 €	Darlehen	160.000 €
		Kapital	40.000 €
	200.000 €		200.000 €

914 Sofern der Gesellschafter hier das Grundstück nicht veräußert, kann er das Darlehen weiterhin steuerlich behandeln, wenn er das Grundstück im Rahmen der Einkunftserzielung nutzt. So sind die Zinsen etwa Werbungskosten aus Vermietung und Ver-

pachtung, wenn er das Grundstück privat vermietet oder Betriebsausgaben, sofern die Vermietung aus dem Betriebsvermögen erfolgt. Eine Tilgung des Darlehens mit dem Verkaufserlös aus den Anteilen an der OHG ist hier nicht erforderlich (BFH v. 13.2.1996, BStBl. II 1996, 291).

Veräußert der Gesellschafter hingegen das Grundstück entweder zeitgleich bei der Veräußerung des Mitunternehmeranteils oder später, gilt das Tilgungsgebot nur innerhalb des Sonderbetriebsvermögens I. Dies bedeutet, dass der Veräußerungserlös für das Grundstück mit dem aufgenommenen Darlehen saldiert werden muss. Nur für den Fall, dass die Verbindlichkeit in diesem Fall nicht vollständig getilgt werden kann, stellen die weiter zu leistenden Zinsen für den Restbetrag nachträgliche Betriebsausgaben dar. 915

V. Liquidation der Personengesellschaft

Die Liquidation der Personengesellschaft kann auf drei Wegen erfolgen: 916
- Die Gesellschafter der Personengesellschaft beschließen gemeinsam, eine neue werbende Personengesellschaft zu gründen. Zivilrechtlich wird hierfür ein neuer Gesellschaftsvertrag abgeschlossen. Steuerlich wird dies jedoch als Weiterführung der ursprünglichen Personengesellschaft behandelt.
- Aufgrund des Liquidationsbeschlusses wandelt sich die werbende Personengesellschaft in eine Abwicklungsgesellschaft um und wickelt im Rahmen eines einheitlichen wirtschaftlichen Vorgangs den Gewerbebetrieb vollständig ab. In diesem Fall handelt es sich um eine Betriebsaufgabe gemäß §§ 16, 34 EStG.
- Die Gesellschafter fassen einen Liquidationsbeschluss und es entsteht wiederum eine Abwicklungsgesellschaft, die sich jedoch nicht im Rahmen eines einheitlichen Vorgangs, sondern nur allmählich durch Veräußerung von Wirtschaftsgütern an Dritte bzw. Überführung dieser Wirtschaftsgüter in das Privatvermögen der Gesellschafter auflöst. In diesem Fall können die Vergünstigungen des § 16 EStG nicht durch die Gesellschafter in Anspruch genommen werden. Die Liquidation der Gesellschaft nach und nach führt vielmehr zum steuerlichen Fortbestehen der Personengesellschaft, zumindest solange, wie sie nach außen auftritt. Der dabei erzielte Gewinn durch Veräußerung bzw. Entnahme der Wirtschaftsgüter der Personengesellschaft stellt laufenden Gewinn i.S.d. § 15 EStG dar (BFH v. 26.9.1961, BStBl. II 1961, 517).

Die Liquidation der Personengesellschaft durch einen einheitlichen wirtschaftlichen Vorgang und damit eine steuerlich begünstigte Betriebsaufgabe nach §§ 16, 34 EStG ist nach herrschender Meinung noch dann gegeben, wenn die Abwicklung innerhalb eines Zeitraumes von 3-6 Monaten, im Ausnahmefall bis zu einem Jahr erfolgt (Hierzu BFH v. 8.9.1976, BStBl. II 1977, 66 sowie H139 Abs. 2 (Allgemeines) EStR 2003). Abzustellen ist hier stets auf die Besonderheiten des Einzelfalles. Handelt es sich jedoch um ein kleineres Unternehmen, das grundsätzlich ohne größere Schwierigkeiten abgewickelt werden kann, ist der Liquidationszeitraum von einem Jahr nicht mehr als steuerbegünstigte Betriebsausgabe anzuerkennen. 917

Erfolgt die Liquidation der Personengesellschaft, weil in der Vergangenheit erhebliche Verluste aufgelaufen sind, bestehen typischerweise negative Kapitalkonten der Gesellschafter. 918

Beispiel: Eine GmbH & Co. KG, mit den Gesellschaftern A und B (beteiligt zu je ½), macht im Jahre 08 einen Verlust von 60.000 €, beendet ihren Betrieb zum 31.12.08 und erstellt zum 31.12.08 folgende steuerliche Liquidationsbilanz:

Aktiva		KG-Bilanz 31.12.08	Passiva
Grundstück	200.000 €	Verbindlichkeiten	80.000 €
Gebäude	300.000 €	Sonstige Verbindlichkeiten	220.000 €
Waren	20.00 €	Bankdarlehen	500.000 €
Forderungen	80.000 €		
Kapital A	100.000 €		
Kapital B	100.000 €		
	800.000 €		800.000 €

919–921 Handelt es sich bei der Personengesellschaft um eine KG und führt die Liquidation zu einem negativen Kapitalkonto des Kommanditisten, fällt dieses bei der Liquidationsschlussbilanz der KG weg, da der Kommanditist an einem aus dieser Schlussbilanz sich ergebenden Verlust nur bis zu dem Betrag seines Kapitalanteils und seiner noch rückständigen Einlagen nach § 167 Abs. 3 HGB teilnimmt. Sofern der Kommanditist – wie in der Regel – seiner Einlageverpflichtung vollständig nachgekommen ist, muss dieses negative Kapitalkonto auf die persönlich haftenden Gesellschafter der KG (und die übrigen Kommanditisten bis zum Betrag ihrer Kapitalanteile und ihrer noch rückständigen Einlagen) verteilt werden. Diese Verteilung erfolgt nach dem Verhältnis, das dem für die Verteilung eines Jahresverlustes geltenden Schlüssel entspricht (BFH v. 10.11.1980, BStBl. II 1981, 164).

922 Durch den Wegfall des negativen Kapitalkontos entsteht bei dem Kommanditisten in dessen Höhe ein steuerpflichtiger Gewinn. Dieser steuerpflichtige Gewinn ist notwendige Folge aus der früheren Verlustzurechnung an den Kommanditisten. Umgekehrt bedeutet die Verteilung des negativen Kapitalkontos auf die übrigen Gesellschafter eine steuerlich zu berücksichtigende Verlustzuweisung.

923 Diese Grundsätze gelten nicht nur bei Auflösung der Personengesellschaft, sondern auch bei Einstellung der werbenden Tätigkeit.

H. Beendigung der GmbH & Co. KG §3

Beispiel: Bei einer KG sind der Komplementär A-GmbH und die Kommanditisten B, C und D jeweils mit 25 % am Gewinn, Verlust und den stillen Reserven beteiligt. Die KG macht im Jahre 08 einen laufenden Verlust von 200.000 €, will sich auflösen und erstellt zum 31.12.08 folgende steuerliche Liquidationsbilanz:

Aktiva		KG-Bilanz 31.12.08	Passiva
Grundstück	200.000 €	Verbindlichkeiten	220.000 €
Gebäude	300.000 €	Sonstige Verbindlich-	
Waren	20.000 €	keiten	220.000 €
Forderungen	80.000 €	Bankdarlehen	440.000 €
Kapital C	100.000 €	Kapital A-GmbH	20.000 €
Kapital B	60.000 €	Kapital D	80.000 €
Verlust	200.000 €		
	960.000 €		960.000 €

Die negativen Kapitalkonten von B und C sind nicht durch Entnahmen entstanden.

An sich wären auf jeden Gesellschafter 50.000 Euro Verlust zu verteilen. Für den Komplementär A-GmbH und den Kommanditisten D ist dies möglich. Auf die Kommanditisten B und C kann nichts verteilt werden, weil sie schon ein negatives Kapitalkonto haben.
Bis zu dieser Entscheidung stellen sich die Kapitalkonten wie folgt dar:

924

Aktiva		KG-Bilanz 31.12.08	Passiva
...		...	
Kapital A-GmbH	130.000 €	...	
Kapital C	150.000 €	...	
Kapital B	60.000 €	Kapital D	30.000 €
Rest-Verlust	100.000 €		
	... €		... €

Der Restverlust von 100.000 Euro müsste wieder anteilig, d. h. jetzt ½ auf die A-GmbH und ½ auf D, verteilt werden. Da dies bei D wieder nicht ausreicht, muss der Rest auf A verteilt werden:

925

Aktiva		KG-Bilanz 31.12.08	Passiva
...		...	
A-GmbH	130.000 €	...	
Kapital C	100.000 €	...	
Kapital B	60.000 €	Kapital D	0€
	... €		... €

Da aber auch das Kapitalkonto B wegfällt, sieht die Bilanz endgültig wie folgt aus:

Aktiva		KG-Bilanz 31.12.08	Passiva
...		...	
...		...	
Kapital A-GmbH	290.000 €	Kapital B	0 €
		Kapital C	0 €
		Kapital D	0 €
	... €		... €

VI. Gesellschafterforderungen bei Insolvenz oder Liquidation

926 **Beispiel:** G ist Gesellschafter der G-OHG. Sein Kapitalkonto beträgt 50.000 €. Außerdem betreibt er daneben ein gewerbliches Einzelunternehmen. Im Jahr 01 gewährt er der OHG, mit der sein Einzelunternehmen in Geschäftsbeziehungen steht und die sich in Zahlungsschwierigkeiten befindet, aus Mitteln seines Einzelunternehmens ein Darlehen in Höhe von 100.000 €, das mit 10 % verzinst werden muss. Außerdem übernimmt er für seine Schuld der OHG gegenüber der B-Bank in Höhe von 100.000 € eine selbstschuldnerische Bürgschaft nach den §§ 765, 773 Abs. 1 Nr. 1 BGB. Im Jahr 04 wird die OHG insolvent. G wird aus der Bürgschaft in Anspruch genommen, ohne Ersatz von der OHG zu erhalten. Bei der Liquidation der OHG fällt seine Darlehensforderung und eine zusätzliche Forderung aus Warenlieferungen seines Einzelunternehmens an die OHG von 20.000 € aus. Da die Darlehenshingabe des G betrieblich veranlasst war, stellt das Darlehen Eigenkapital dar. Zwar dient das Darlehen gleichzeitig auch der Beteiligung an der OHG und könnte damit Sonderbetriebsvermögen des G sein. Bei einer solchen Bilanzierungskonkurrenz gibt der BFH jedoch stets der Mitunternehmerschaft den Vorrang. Das Darlehen ist somit in der Steuerbilanz der OHG auszuweisen und als Einlage einzubuchen (BFH v. 8.12.1982, BStBl. II 1983, 570). Die Zinsen stellen allerdings Sonderbetriebseinnahmen des G aus der OHG dar. Das Darlehen kann im Einzelunternehmen des Gesellschafters nicht abgeschrieben werden, weil es dort nicht bilanziert werden durfte. Kommt es zur Liquidation der Personengesellschaft, entsteht allerdings ein entsprechender steuerlich anzuerkennender Verlust des G. Danach stellt sich sein Kapitalkonto wie folgt dar:

Kapitalkonto:	50.000,00 Euro
Darlehenskonto:	100.000,00 Euro
Steuerliches Kapitalkonto:	150.000,00 Euro
Liquidationserlös:	0,00 Euro
Sonderverlust G:	150.000,00 Euro

Durch Erfüllung der Bürgschaftsverpflichtung wird der Gesellschafter Forderungsinhaber nach § 774 BGB gegenüber der Personengesellschaft. Die Tilgung der Schuld der Personengesellschaft durch den Gesellschafter stellt für diesen eine Einlage dar. Die übergegangene Forderung ist entsprechend in seiner Sonderbilanz auszuweisen und führt zu einem steuerlichen Mehrkapital von 100.000,00 Euro. Die Personengesellschaft ist von der bisherigen Schuld gegenüber der Bank befreit worden, muss jedoch die Ausgleichsverpflichtung gegenüber dem Gesellschafter passivieren. Kann aufgrund der Insolvenz der Personengesellschaft die Forderung durch den Gesellschafter nicht mehr realisiert werden, entsteht bei ihm ein steuerlich anzuerkennender Sonderverlust auf der Ebene der Sonderbilanz. Bei der Personengesellschaft entsteht demgegenüber ein Gewinn, da sie die Verbindlichkeit gegenüber dem Gesellschafter nicht mehr erfüllen muß. Dieser Gewinn ist im Rahmen des allgemeinen Gewinnverteilungsschlüssels auf alle Gesellschafter und damit auch auf den ausfallenden Gesellschafter zu verteilen. Hierdurch vermindert sich der steuerliche Sonderverlust des Gesellschafters.

927

Da die Forderung aus der Warenlieferung nicht aus dem Gesellschaftsverhältnis, sondern aufgrund der Lieferbeziehung des Einzelunternehmens zur Personengesellschaft beruhte, war diese Forderung im Einzelunternehmen des Gesellschafters zu aktivieren. Der Ausfall der Forderung führt zu einer Gewinnminderung im Einzelunternehmen des Gesellschafters. Gleichzeitig entsteht jedoch wiederum ein entsprechender Gewinn auf der Ebene der Personengesellschaft, der wiederum auf alle Gesellschafter zu verteilen ist.

928

VII. Realteilung

Eine Realteilung und keine Aufgabe ist jedoch gegeben, wenn die gewerbliche Tätigkeit der Personengesellschaft zwar eingestellt wird, dieser von den Gesellschaftern nach Aufteilung aber fortgeführt wird. Es ist nicht Voraussetzung, dass die Realteiler jeweils einen Teilbetrieb oder Mitunternehmeranteil übernehmen, sondern es reicht aus, dass die Realteiler die einzelnen Wirtschaftsgüter in das Betriebsvermögen eines anderen eigenen Betriebes überführen. Die Überführung der Wirtschaftsgüter erfolgt zum Buchwert (bei Realteilung von Teilbetrieben zum Buchwert und ohne Teilbetriebseigenschaft als Wirtschaftsgüter, ebenfalls zum Buchwert, nach § 16 Abs. 3 Satz 4 EStG und § 6 Abs. 5 EStG). Die An der Realteilung nimmt daher grundsätzlich auch die GmbH als Gesellschafter teil, wenn sie am Vermögen beteiligt ist und ihr ein Auseinandersetzungsguthaben zusteht. Übernimmt jedoch die Komplementär-GmbH einzelne Wirtschaftsgüter, so sind die Wirtschaftsgüter in die Schlussbilanz der Personengesellschaft insoweit mit dem gemeinen Wert anzusetzen. Es entsteht in diesem Falle insoweit ein laufender Gewinn (§ 16 Abs. 3 Satz 4 EStG). Ein Buchwert ist für das von der Komplementär-GmbH übernommene Betriebsvermögen nur anzusetzen, wenn die Komplementär-GmbH einen Teilbetrieb übernimmt oder einen Mitunternehmeranteil übernimmt.

929

VIII. Umwandlung durch Anwachsung

Scheidet die GmbH aus einer Einpersonen-GmbH aus, entsteht durch Anwachsung ein Einzelunternehmen oder im Falle einer Mehrpersonen-GmbH& Co.KG wächst der Anteil der Komplementär-GmbH dem verbleibenden Gesellschafter oder den verblei-

930

benden Gesellschaftern zu. Soweit eine am Vermögen beteiligte Komplementär-GmbH ihre Einlage zurückerhält, liegt eine Anteilsveräußerung i. S. d. § 16 Abs. Nr. 2 EStG vor. Soweit die Abfindung den Buchwert übersteigt, entsteht ein Veräußerungsgewinn, der bei Kapitalgesellschaften nicht begünstigt ist. Scheidet jedoch die Kapitalgesellschaft unentgeltlich ohne Abfindung aus, liegt eine unentgeltliche Anteilsübertragung vor, die zum Buchwert zu erfolgen hat. Die Einschränkungen für Kapitalgesellschaften § 6 Abs. 3 Satz 2 EStG gelten nicht für die Übertragung von Mitunternehmeranteilen. Ist die Komplementär-GmbH nicht am Vermögen beteiligt, fehlt es beim Ausscheiden der Komplementär-GmbH aus der Personengesellschaft an einer Anteilsübertragung. Gesellschafter einer GmbH & Co. KG sind im Falle des Anwachsungsmodells eine GmbH als Komplementärin sowie Kommanditisten, die gleichzeitig Gesellschafter der Komplementär-GmbH sind. Scheiden sämtliche Kommanditisten aus der GmbH & Co. KG aus, so wächst das Vermögen der Gesellschaft der Komplementär GmbH an (§ 738 BGB). (Sauter, in: Beck'sches Handbuch der Personengesellschaften, 2. Aufl., München 2002, § 7, Rz. 201ff. Zur Anwendung des § 6 Abs. 3 EStG in Fällen der Anwachsung bei Vorliegen und Nicht-Vorliegen einer zweigliedrigen Personengesellschaft s. die Vfg. der OFD Berlin v. 19.07.2002 St 122 – S 2241 – 2/02, FR 2002, S. 1151.) Die GmbH führt das Unternehmen alleine fort. Erhalten die Kommanditisten kein Auseinandersetzungsguthaben bzw. eine Abfindung oder hat diese nicht eine angemessene Höhe, d.h. entspricht sie nicht dem Verkehrswert der KG-Anteile, liegt eine verdeckte Einlage der Kommanditisten in die GmbH vor (vgl. Schmidt, EStG 23. Aufl., München 2004, § 16, Rz. 513). Da den Kommanditisten keine neuen Gesellschaftsrechte an der GmbH gewährt werden, liegt im Übrigen kein Anwendungsfall des §§ 20ff. UmwStG vor. (Vgl. BFH, BStBl II 1989, 271; v. 24.03.1987, BStBl. II 1987, 705; BStBl. II 1991, 512; BFH/NV 1993, 525/527; BMF-Schreiben BStBl. I 1998, 268 (UmwStG), Tz. 20.04; OFD Düsseldorf v. 22.06.1988, DB 1988, S. 1524; Merkert, in: Bordewin/Brandt, § 20 UmwStG, Rz. 79. Wächst das Vermögen einer Mitunternehmerschaft an, so ist § 20 UmwStG und somit dessen Bewertungswahlrecht anwendbar, wenn die Teilanteilsübertragung als Sacheinlage gestaltet ist. Dieses wird als „erweitertes Anwachsungsmodell" bezeichnet. Vgl. Korn/Strahl, KÖSDI 2003, S. 13686f.) Die verdeckte Einlage wird sogleich als Aufgabe des Mitunternehmeranteils beurteilt (OFD Düsseldorf, DB 1988, S. 1524; Wacker, BB 1998, Beil. 8/98, S. 17). Sie ist nach § 6 Abs. 6 EStG mit dem Teilwert zu bewerten (vgl. Korn/Strahl, KÖSDI 2003, S. 13.686). Die Ermittlung des Aufgabepreises umfasst im Übrigen auch den gemeinen Wert der GmbH-Anteile, da diese als Sonderbetriebsvermögen mit einzubeziehen sind (a.A. Knobbe-Keuk, a.a.O., § 22 VIII 3f.).

931 Nach dem sogenannten erweiterten Anwachsungsmodell bringen die Kommanditisten ihre KG-Anteile im Wege der Kapitalerhöhung in die Komplementär-GmbH ein. Dies hat zur Folge, dass die Regelungen des §§ 20ff. UmwStG anwendbar sind, d.h., die Einbringung zu Buchwerten möglich ist und somit keine Gewinnrealisierung eintritt. Allerdings gelten in diesem Fall nicht nur die neu gewährten Anteile, sondern auch die ursprünglichen GmbH-Anteile als einbringungsgeboren (vgl. BMF-Schreiben BStBl I 1998, 268 (UmwStG) Tz. 20.11; BFH v. , BStBl. II 2001, 321).

IX. Umwandlung einer GmbH & Co. KG in eine GmbH

Eine GmbH & Co. KG kann auf verschiedene Weise auf eine GmbH übertragen werden: 932
1. Die GmbH & Co. KG wird durch Formwechsel in eine GmbH umgewandelt
2. Die Kommanditisten übertragen ihre KG-Anteile auf die Komplementär-GmbH und erhalten in diesem Zusammenhang neue Gesellschaftsrechte der GmbH, die KG erlischt durch Anwachsung.
3. Die Kommanditisten der GmbH & Co. KG scheiden aus dieser unentgeltlich aus, so dass das gesamte Vermögen der GmbH anwächst.

Letzteres dürfte aus steuerlichen Gründen nicht zu empfehlen sein, weil dieser Vorgang 933
nicht unter § 20 Abs. 1 UmwStG fällt und daher dieser Vorgang für die ausscheidenden Kommanditisten als Betriebsaufgabe angesehen werden muss, der zwar tarifbegünstigt ist, aber zur sofortigen Versteuerung der stillen Reserven führt.

Wird das gesamte Vermögen einer Personengesellschaft durch Formwechsel auf eine 934
neu gegründete GmbH übertragen (BFH v. 26.10.1977, BStBl II 1978, S. 144), wobei die Gesellschafter der GmbH & Co. KG Gesellschaftsrechte an dieser erhalten, liegt ertragsteuerlich eine Vermögensübertragung vor.

Die Übertragung des Betriebsvermögens auf eine Kapitalgesellschaft fällt unter den 935
Einbringungstatbestand des § 20 Abs. 1 UmwStG. Voraussetzung des § 20 UmwStG ist, dass die Einbringenden Gesellschafter werden. In diesem Falle bringen die Gesellschafter der KG (Kommanditisten) jeweils ihre Mitunternehmeranteile ein. Voraussetzung ist, dass alle wesentlichen Grundlagen des Mitunternehmeranteils einschließlich des Sonderbetriebsvermögens, soweit es sich bei diesem um eine wesentliche Betriebsgrundlage handelt, Gesellschaftsvermögen der übernehmenden Kapitalgesellschaft werden und der Einbringende neue Gesellschaftsrechte an der aufnehmenden GmbH erwirbt. Die aufnehmende Komplementär-GmbH muss also vorher ihr Kapital erhöhen.

Beispiel: An der X-GmbH & Co. KG sind die X-Verwaltungs-GmbH als Komplementärin und A und B als Kommanditisten beteiligt. Die Anteile an der X-Verwaltungs-GmbH werden jeweils von A und B gehalten.

Bilanz der X-Verwaltungs-GmbH

Aktiva		Passiva	
Anteil an X-Ver-		Stammkapital	50.000 €
waltungs-GmbH	50.000 €	Gewinnvortrag	5.000 €
Bankkonto	6.000 €	KSt-Schuld	1.000 €
Bilanzsumme	56.000 €		56.000 €

Bilanz der X-GmbH & Co. KG

Grund und Boden	50.000 €	Kap. X-Verwal-	
Gebäude	160.000 €	tungs-GmbH	50.000 €
Maschinen	190.000 €	Kommanditist A	175.000 €
Fuhrpark	20.000 €	Kommanditist B	175.000 €
Umlaufvermögen	380.000 €	Verbindlichkeiten	400.000 €
Summe	800.000 €	Summe	800.000 €

Ergänzungsbilanz A

GmbH-Anteil	25.000 €	Mehrkapital	25.000 €

Ergänzungsbilanz B

Aktiva		Passiva	
GmbH-Anteil	25.000 €	Mehrkapital	25.000 €

Stille Reserven

Grund und Boden	120.000 €
Gebäude	80.000 €
insgesamt	200.000 €

936 Die Gesellschafter beschließen, die GmbH & Co. KG durch Formwechsel in eine GmbH umzuwandeln. Die X-Verwaltungs-GmbH beschließt gleichzeitig, ihr Kapital von 50.000 DM auf 400.000 DM zu erhöhen. Die Gesellschafter A und B verpflichten sich, die neuen Anteile gegen Einbringung ihrer Kommanditanteile zu übernehmen. Der Vorgang fällt unter § 20 Abs. 1 UmwStG. Die GmbH hat die Wahl, das Betriebsvermögen mit dem Buchwert, dem Teilwert oder einem Zwischenwert zu bilanzieren.

Bilanz der GmbH (bei Übernahme zum Buchwert)

Grund und Boden	50.000 €	Stammkapital	400.000 €
Gebäude	160.000 €	Verbindlichkeiten	400.000 €
Maschinen	190.000 €	KSt-Rückst.	1.000 €
Fuhrpark	20.000 €		
Umlaufvermögen	386.000 €	Gewinnvortrag	5.000 €
Bilanzsumme	806.000 €		806.000 €

§ 4 Steuerliche Sonderfragen

A. Die steuerliche Behandlung von GmbH & Co. KG, deren Gesellschafter nicht als Mitunternehmer anzusehen sind

I. Grundsätze

Sind die Kommanditisten einer GmbH & Co. KG nicht als Mitunternehmer anzusehen, weil sie nicht die Voraussetzungen einer Mitunternehmerschaft erfüllen, sind diese als stille Gesellschafter zu behandeln, mit der Folge, dass die Gewinnansprüche der nicht mitunternehmerischen Kommanditisten bei der Gewinnfeststellung der Gesellschaft als Betriebsausgaben zu behandeln sind und bei den Gesellschaftern als Einkünfte aus Kapitalvermögen (§ 20 Abs. 1 Nr. 4 EStG). Das bedeutet, dass die Einkünfte bei den Gesellschaftern durch Zufluss und Abfluss (§ 11 EStG) als Überschuss der Einnahmen über die Werbungskosten, anstelle einer Gewinnermittlung nach Betriebsvermögensvergleich nach §§ 4 Abs. 1, 5 EStG bzw. nach Einnahme-Überschussrechnung nach § 4 Abs. 3 EStG zu ermitteln sind. Schwierigkeiten tauchen auch hinsichtlich des Betriebsvermögens auf. Der stille Gesellschafter ist zivilrechtlich nicht am Vermögen der Gesellschaft beteiligt. Seine Einlage wird Eigentum des Handelsgewerbetreibenden. Der nicht mitunternehmerische Kommanditist ist jedoch Gesamthänder, mit der Folge, dass er gesamthänderischer Eigentümer des Betriebsvermögens ist.

937

II. Gewinnermittlung bei der Personengesellschaft

Eine Gewinnermittlung nach § 15 Abs. 2 Nr. 2 i. V. m. § 5 EStG setzt voraus, dass die Gesellschafter in ihrer gesamthänderischen Gebundenheit als Mitunternehmer anzusehen sind (Beschl. GrS v. 25. 6. 1984 BStBl. II 1984, 752). § 15 Abs. 1 Nr. 2 EStG ist eine Spezialvorschrift gegenüber § 39 AO. Im Falle von Mitunternehmerschaften wird der Gewinn einheitlich für alle Gesellschafter ermittelt. Die Personengesellschaft ist Subjekt der Gewinnermittlung. Die Vorschrift ist u. E. jedoch nicht anwendbar, soweit am Gesellschaftsvermögen Gesellschafter beteiligt sind, die nicht als Mitunternehmer anzusehen sind. Gesellschafter, die nicht die Voraussetzungen einer Mitunternehmerschaft erfüllen, dürfen in die Gewinnermittlung nicht einbezogen werden. Betreibt nur die GmbH in diesem Sinne ein Gewerbe, weil alle Kommanditisten als stille Gesellschafter anzusehen sind, so hat nur die GmbH gewerbliche Einkünfte. Das bedeutet, dass ertragsteuerlich das körperschaftsteuerliche Einkommen der GmbH zu ermitteln ist, wobei die Gewinnansprüche der „Kommanditisten" als Betriebsausgaben der GmbH zu behandeln sind. Sind nur einige Gesellschafter nicht als Mitunternehmer anzusehen, ist der Gewinn hinsichtlich der Gesellschafter, die die Voraussetzungen einer Mitunternehmerschaft erfüllen, gesondert nach §§ 15 Abs. 1 Nr. 2, 5 EStG i. V. m. § 179 AO festzustellen. Dies gilt auch dann, wenn z. B. der Vater nicht selbst Kommanditist, sondern nur Gesellschafter-Geschäftsführer der Komplementär-GmbH ist. Diesem sind nicht die Anteile der Kinder als wirtschaftlicher Eigentümer zuzurechnen, selbst wenn die Einräumung der Gesellschaftsanteile ernsthaft gewollt war, die Kinder aber keine Unternehmerinitiative entfalten können. Wirtschaftlicher Eigentümer ist der Vater nur, wenn er die Anteile jederzeit den Kindern wieder entziehen kann.

938

III. Betriebsvermögen

939 Grundlage der handelsrechtlichen Gewinnermittlung ist das Gesamthandsvermögen. Ist jedoch die Mitunternehmerschaft nicht mit den Gesellschaftern der Kommanditgesellschaft identisch, weil die Kommanditisten oder ein Teil der Kommanditisten nicht als Mitunternehmer anzusehen sind, kann nicht das gesamte Vermögen der Personengesellschaft als Betriebsvermögen angesehen werden. Das Modell der typischen stillen Gesellschaft, wonach das Betriebsvermögen auch bürgerlich-rechtlich dem Handelsgewerbetreibenden gehört, kann nicht übernommen werden, weil der nicht mitunternehmerische Kommanditist im Gegensatz zum stillen Gesellschafter Miteigentümer des Gesellschaftsvermögens ist. Der Umstand, dass ein Gesellschafter steuerlich nicht als Mitunternehmer zu qualifizieren ist, weil seine Gesellschafterstellung nicht dem Regelstatus des HGB über die KG entspricht, berechtigt nicht, das Gesamthandsvermögen unabhängig von den bürgerlich-rechtlichen Eigentumsverhältnissen nur dem Mitunternehmer zuzurechnen. Die Kapitalkosten der Nichtmitunternehmerkommanditisten sind in diesem Falle ertragsteuerlich als Fremdverbindlichkeiten auszuweisen. Eine Ausnahme gilt jedoch, wenn die Mitunternehmer oder der Unternehmer als wirtschaftliche Eigentümer des Betriebsvermögens anzusehen sind. Wirtschaftliches Eigentum liegt nach § 39 AO dann vor, wenn ein anderer als der Eigentümer die tatsächliche Herrschaft über ein Wirtschaftsgut in der Weise ausübt, dass er den Eigentümer im Regelfall für die gewöhnliche Nutzungsdauer von der Einwirkung auf das Wirtschaftsgut wirtschaftlich ausschließen kann. In diesem Falle ist ihm das Wirtschaftsgut zuzurechnen.

940 Es fragt sich, inwieweit Gesellschafter, die die Voraussetzungen einer Mitunternehmerschaft erfüllen, als wirtschaftliche Eigentümer des Betriebsvermögens anzusehen sind. Nach ständiger Rechtsprechung des BFH ist die Personengesellschaft gegenüber ihren Mitgesellschaftern völlig verselbständigt und eigenständiges Subjekt der Gewinnermittlung. Auch bürgerlich-rechtlich hat der einzelne Gesellschafter keinen Zugriff hinsichtlich des Betriebsvermögens, so dass m. E. der Begriff des wirtschaftlichen Eigentums auf die Gesamthand nicht anwendbar ist. Der einzelne Gesellschafter ist nicht als wirtschaftlicher Eigentümer, auch nicht im Hinblick auf einen Bruchteil, anzusehen. Bruchteilseigentum wird nur fingiert, weil das Steuerrecht kein Bruchteilseigentum kennt. Dennoch ist es bedenklich, das Gesamthandseigentum einer Personengesellschaft steuerlich nur den Gesellschaftern bruchteilsmäßig zuzurechnen, die als Mitunternehmer anzusehen sind, insbesondere dann, wenn eine vermögensmäßige Beteiligung der übrigen Gesellschafter besteht, jedoch nur die Initiativrechte eingeschränkt oder aufgehoben sind, d. h. der Gesellschafter im Falle seines Ausscheidens oder im Falle der Liquidation an den stillen Reserven einschließlich eines Firmenwertes beteiligt ist. In diesem Falle ist auch der Mitunternehmer wirtschaftlich am Unternehmen beteiligt.

941 Anders ist der Fall, wenn der Gesellschafter im Falle des Ausscheidens oder der Liquidation lediglich sein Buchkapital zurückerhält, daher der Gesellschaft lediglich Kapital gegen Gewinnbeteiligung zur Verfügung gestellt hat, mit der Folge, dass alle Wertschöpfungen des Unternehmens tatsächlich nur den Mitunternehmern zugute kommen. Hier scheint es gerechtfertigt, den Gesellschafter wie einen typischen stillen Gesellschafter zu behandeln, dem die Gesellschaft lediglich die Rückerstattung seiner Einlage schuldet. Das gilt insbesondere dann, wenn der Vater seinen Kindern Anteile geschenkt hat,

mit dem Vorbehalt, jederzeit das Gesellschaftsverhältnis zu kündigen und das Betriebsvermögen zum Buchwert zu übernehmen. Im letzteren Falle ist der Vater in der Lage, jederzeit seine Kinder bis zu seinem Lebensende von der tatsächlichen Sachherrschaft auszuschließen. Somit ist in einem solchen Falle ihm das ganze Betriebsvermögen zuzurechnen, und die Kinder sind lediglich als Kapitalgeber in der Form einer stillen Beteiligung zu behandeln. Gleiches gilt, wenn Gegenstand einer Gesellschaft die Verwertung von zeitlich begrenzten Rechten ist und die Kommanditisten im Rahmen der Beendigung des Gesellschaftsverhältnisses lediglich ihre Einlage zurückerhalten.

Ist die GmbH als der alleinige Unternehmer anzusehen, wird ihr in diesem Falle das gesamte Betriebsvermögen zuzurechnen sein, mit der Folge, dass lediglich eine körperschaftsteuerliche Gewinnermittlung bei der GmbH erfolgt. Es ist nicht gerechtfertigt, den Vater als Hauptgesellschafter der GmbH bei Familiengesellschaften als wirtschaftlichen Eigentümer der Kommanditanteile anzusehen. Jedoch bereitet die Zurechnung des Betriebsvermögens der Komplementär-GmbH Schwierigkeiten, wenn diese am Betriebsvermögen der GmbH & Co. KG nicht beteiligt ist, die Gesellschafter (Kommanditisten) nicht die Stellung von Mitunternehmern haben, ihnen das Betriebsvermögen nicht zuzurechnen ist, weil die Buchwertklausel vereinbart ist. Sind jedoch neben der GmbH noch weitere Kommanditisten Mitunternehmer, sind diese als Mitunternehmerschaft zu behandeln und ist diesen das Betriebsvermögen zuzurechnen. 942

Sind jedoch die Kommanditisten vermögensmäßig beteiligt, aber nicht als Mitunternehmer anzusehen, weil ihnen jede Unternehmerinitiative fehlt, kann u. E. nicht der Mitunternehmerschaft das gesamte Betriebsvermögen der Personenhandelsgesellschaft zugerechnet werden. Die Anteile der Nichtmitunternehmer müssen außer Ansatz bleiben. Der Fall ist ähnlich zu behandeln wie bei einem Grundstück, das im Miteigentum mehrerer steht, aber von einem der Miteigentümer betrieblich genutzt wird; nur der Bruchteil des gewerbetreibenden Miteigentümers ist Betriebsvermögen. Die Literaturmeinung tendiert jedoch wohl dahin, dass den verbleibenden Mitunternehmern das ganze Betriebsvermögen zuzurechnen ist. 943

Die Einlage eines stillen Gesellschafters braucht nicht in einer Geldleistung zu bestehen, sie kann auch in einer Dienstleistung, Sacheinlage oder Nutzungseinlage bestehen. Stellt ein Grundstückseigentümer einem Gewerbetreibenden ein Grundstück zur Nutzung zur Verfügung, ohne dass es Eigentum des Gewerbetreibenden wird, kann dies in der Form eines Miet- oder Pachtverhältnisses geschehen, oder aber in der Form einer stillen Beteiligung. Wird ein Grundstück im Rahmen eines stillen Beteiligungsvertrages einem Handelsgewerbetreibenden lediglich zur Nutzung überlassen, bleibt das Grundstück Eigentum des stillen Gesellschafters. Das Grundstück selbst darf daher nicht in der Handelsbilanz des Gewerbetreibenden ausgewiesen werden. Inwieweit das Nutzungsrecht ein einlagefähiges Wirtschaftsgut ist, ist strittig. 944

Ist ein Kommanditist, der zwar am Vermögen der Gesellschaft beteiligt ist, nicht Mitunternehmer, darf die Gesellschaft die Anteile dieses Gesellschafters am Gesamthandsvermögen nicht bilanzieren. Der Ausweis in der Bilanz muss sich auf das Betriebsvermögen beschränken, das den Mitunternehmern gehört. Die Aufteilung des Betriebsvermögens bezieht sich nur auf Wirtschaftsgüter mit längerer Nutzungsdauer, nicht auf solche des Umlaufvermögens und solche, deren Nutzungsdauer kürzer ist als die voraussichtliche Dauer des Beteiligungsverhältnisses. 945

IV. Behandlung der Gewinnbeteiligung als Betriebsausgabe

946 Die GmbH & Co. KG hat die Gewinnanteile des stillen Gesellschafter bei der Gewinnfeststellung als Betriebsausgaben zu behandeln. Die Gewinnermittlung hat sich nur auf das Betriebsvermögen zu beziehen, das ihr gehört.

V. Behandlung der Gewinnbeteiligung beim Anteilseigner als Kapitaleinkünfte

947 Dem Kommanditisten, der als stiller Gesellschafter zu behandeln ist, ist der Gewinnanteil erst mit Zufluss (im Zweifel Gutschrift oder Auszahlung) zuzurechnen (§ 11 EStG) soweit die Bruchteile der überlassenen Wirtschaftsgüter der AfA unterliegen, kann er AfA als Werbungskosten geltend machen. Das gleiche gilt hinsichtlich der Kreditzinsen, wenn die Beteiligung mit Krediten erworben worden ist.

B. Die vermögensverwaltende GmbH & Co. KG (Private Equity)

I. Voraussetzung einer vermögensverwaltenden GmbH & Co. KG

948 Die GmbH & Co. KG ist jedoch nicht kraft Geprägtes gewerblich tätig, wenn nicht ausschließlich eine oder mehrere Kapitalgesellschaften persönlich haftende Gesellschafter sind und nur diese Gesellschafter sind und nur diese oder Personen, die nicht Gesellschafter sind, zur Geschäftsführung befugt sind. Das wäre der Fall, wenn die persönlich haftende GmbH ganz von der Geschäftsführung ausgeschlossen ist, und Kommanditisten zur Geschäftsführung bestellt sind, oder eine andere Kapitalgesellschaft, die nicht persönlich haftet, zur Geschäftsführung bestellt ist oder Kommanditisten neben der Komplementär-GmbH mit der Geschäftsführung betraut sind. Voraussetzung ist jedoch, dass die GmbH & Co. KG nicht selbst gewerblich i. S. d. § 15 Abs. 2 EStG tätig ist. Gewerblich tätig i. S. d. § 15 Abs. 2 EStG wäre die GmbH & Co. KG, wenn sie selbst die Voraussetzungen eines gewerblichen Grundstückshandels erfüllt (vgl. Schreiben BMF v. 26.03.2004 BStBl I 2004, 434).

949 Veräußert die vermögensverwaltende GmbH & Co. KG mehr als 3 Objekte, die sie innerhalb von 5 Jahren angeschafft oder errichtet oder unabhängig von Anschaffung saniert hat, so liegt ein gewerblicher Grundstückshandel vor. Gleiches gilt hinsichtlich der Beteiligung an Grundstücksgesellschaften (Schr. BMF Tz. 14). Unter Umständen kann auch ein gewerblicher Grundstückshandel gegeben sein (vgl. hierzu Schr. BMF Tz. 28), wenn es sich bei der Veräußerung um ein gewerbliches Großobjekt handelt, z. B. Supermarkt (BFH v. 24.01.1996, BStBl II 303, 14.01.1998, BStBl 1998, S. 346).

950 Die Tätigkeit einer Personengesellschaft, das gilt auch für eine nicht gewerblich geprägte GmbH & Co. KG, ist in vollem Umfange gewerblich, wenn sie eine gewerbliche Tätigkeit ausübt. Hält eine vermögensverwaltende GmbH & Co. KG neben Beteiligungen an Kapitalgesellschaften eine Beteiligung an einer Personengesellschaft, bei der sie als Mitunternehmer anzusehen ist, ist sie insgesamt gewerblich tätig, das gilt auch dann, wenn es sich bei der Beteiligung lediglich um eine solche an einer gewerblich geprägten Personengesellschaft handelt (R 138, Abs. 5, Satz 4 EStR). Nach dem Urteil des BFH v. 06.10.2004 IX R 53/01 färben gewerbliche Beteiligungseinkünfte einer vermögensverwaltenden Personengesellschaft nicht auf ihre Einkünfte aus Vermietung und Verpachtung ab.

II. Steuerliche Behandlung der vermögensverwaltenden Personengesellschaft

Ist die GmbH & Co. KG nicht gewerblich tätig, so sind die Einkünfte gesondert nach §§ 180 ff. AO für alle Gesellschafter festzustellen. Allerdings sind die Voraussetzungen, ob die Voraussetzungen für eine Einkunftsart erfüllt sind, für jeden Gesellschafter gesondert zu ermitteln. Hat ein Gesellschafter eine Beteiligung, an der vermögensverwaltenden GmbH & Co. KG in sein Betriebsvermögen oder erfüllt er bei Zusammenrechnung aller Aktivitäten die Voraussetzungen eines gewerblichen Grundstückshandels (Schr. BMF Tz. 17), so hat er gewerbliche Einkünfte (Zebragesellschaft). Befinden sich die Anteile im Privatvermögen, kann der Gesellschafter Einkünfte aus

Kapitalvermögen	§ 20 EStG
aus Vermietung und Verpachtung	§ 21 EStG
Veräußerung von Anteilen i. S.v. § 17 Abs. 1	§ 17 EStG
Einkünften des Veräußerung von Gegenständen des Privatvermögens	§ 23 EStG

haben.

Hierbei sind die Voraussetzungen sowohl auf der Ebene der Gesellschafter, als auch auf der Ebene des Gesellschafters zu berücksichtigen. Wirtschaftsgüter des Gesellschaftsvermögens werden hierbei dem Gesellschafter in Höhe ihrer Beteiligung zugerechnet.

Beispiel: Die X-GmbH & Co. KG (vermögensverwaltend tätig) hat in ihrem Beteiligungsvermögen eine Beteiligung von der Y-GmbH in Höhe von 15 v. H. des Nennkapitals. An der X-GmbH & Co. KG sind 30 Gesellschafter zu gleichen Teilen beteiligt. Die X-GmbH & Co. KG veräußert diesen Anteil nach einer Behaltensfrist von mehr als einem Jahr. Jeder Gesellschafter ist bruchteilsmäßig mit jeweils 0,5 v. H. am Nennkapital beteiligt. Die Voraussetzungen des § 17 EStG sind somit nicht gegeben.
Bei Grundstücken beträgt die Frist 10 Jahre. Veräußert eine vermögensverwaltende Personengesellschaft ein Grundstück innerhalb von 10 Jahren nach Erwerb, liegt ein privates Veräußerungsgeschäft i. S. v. § 23 EStG vor. Als Veräußerungsgeschäft in diesem Sinne gilt auch die Anschaffung und Veräußerung einer unmittelbaren oder mittelbaren Beteiligung an einer Personengesellschaft. Veräußert ein Gesellschafter diesen Anteil an einer vermögensverwaltenden Personengesellschaft, so gilt hierfür die 10 Jahresfrist, wenn sich im Gesellschaftsvermögen Grundstücke befinden. Befinden sich im Gesellschaftsvermögen andere Wirtschaftsgüter, beträgt die Frist ein Jahr, das gilt insbesondere, wenn das Gesellschaftsvermögen in der Form von Wertpapieren, Versicherungspolicen, Rechten besteht. Veräußert eine Personengesellschaft Wertpapiere innerhalb einer Jahresfrist nach Erwerb wieder, so liegt für alle Gesellschafter entsprechend ihren Beteiligungen ein Veräußerungsgeschäft i. S. v. § 23 EStG vor.
Dies gilt für einzelne Gesellschafter, wenn sie ihre Beteiligung an dem Fond in der Rechtsform der GmbH & Co. KG innerhalb eines Jahres nach Erwerb wieder veräußert haben oder die Gesellschaft das Wirtschaftsgut nach Ablauf der Jahresfrist veräußert hat, der Gesellschafter jedoch die Beteiligung an dem Fond innerhalb der Jahresfrist erworben hat. Soweit es sich bei dem veräußerten Gegenstand von Beteiligungen an Kapitalgesellschaften handelt, ist das Halbeinkünfteverfahren anzuwenden. Die Veräußerungsgewinne hieraus sind lediglich zur Hälfte anzusetzen, § 3 Nr. 40 a EStG. Im Übrigen ist der Veräußerungsgewinn i. S. d. § 23 EStG voll anzusetzen.

C. Die ertragsteuerliche Behandlung von Publikums-GmbH & Co. KGs

I. Die Publikums-GmbH & Co. KG als Personengesellschaft

953 Die Publikums-GmbH & Co. KG ist eine Personengesellschaft, keine Kapitalgesellschaft, obwohl sie sich wie eine Kapitalgesellschaft auf die Mitgliedschaft einer unbestimmten Vielzahl in der Öffentlichkeit geworbener und nur als Kapitalanleger beteiligter Gesellschafter zugeschnitten ist (vgl. Bälz, ZGR 1980, S. 1/3). Gesellschaftsrechtlich ist sie allerdings aufgrund der Rechtsprechung des BGH der Kapitalgesellschaft stark angenähert (vgl. Schmidt, K., Gesellschaftsrecht, 4. Aufl., 2002, § 57). In der Praxis anzutreffen sind u.a. Private-Equity-Fonds-GmbH & Co. KG's (BMF, DStR 2004, S. 181; Rodin et al., DB 2004, S. 103), Leasing-Fonds GmbH & Co. KG's (Eisgruber, DStR 1995, S. 1569; Henkel/Jakobs, DStR 1995, S. 1573) und Medien-Fonds GmbH & Co. KG's (BMF, BStBl. I 2001, 175, BStBl. I 2003, 406; Zacher/Müller, DStR 2001, S. 1185; Graf/Rosner, INF 2001, S. 454 und 695).

II. Die gewerbliche Tätigkeit

954 Nach § 15 Abs. 3 Nr. 2 EStG hat eine GmbH & Co. KG, deren alleinige Komplementärin eine Kapitalgesellschaft ist und die Geschäftsführung ausübt, stets einen Gewerbebetrieb. Voraussetzung ist jedoch, dass die Personengesellschaft mit Gewinnerzielungsabsicht tätig wird. Eine GmbH & Co. KG, die zu dem Zweck gegründet wird, lediglich Vorteile durch Sonderabschreibungen an die Gesellschafter zu vermitteln, betreibt somit keine gewerbliche Tätigkeit. Das gilt insbesondere dann, wenn die Gesellschaft zeitlich begrenzt ist, das Betriebsvermögen nach Auslaufen der Sonderabschreibungen aufgelöst und das Betriebsvermögen auf den Komplementär oder einen Dritten übertragen werden soll. Für Finanzierungsgesellschaften, die für begrenzte Zeit durch Beteiligung Kapital beschaffen und das Kapital nur für den Zeitraum der steuerlichen Abschreibungsvergünstigungen überlassen wird, gilt dies entsprechend. § 15 Abs. 2 Satz 2 EStG stellt klar, dass die Steuerersparnis allein keinen solchen Gewinn darstellt (mangelnde Einkünfteerzielungsabsicht).

III. Mitunternehmerschaft

955 Die Mitunternehmerschaft, die voraussetzt, dass ein Gesellschafter nicht nur am Risiko (Gewinn und Verlust) beteiligt ist (Mitunternehmerrisiko), sondern auch gewisse Unternehmerinitiative entfalten kann, ist bei großen Publikumsgesellschaften in der Form der GmbH & Co. KG in Frage gestellt (vgl. Blümich, § 15a EStG, Rz. 22).
Eine Gewinnbeteiligung liegt nicht vor, wenn die Beteiligungsdauer lediglich auf den Zeitraum der gewährten Steuervergünstigung abstellt und der Gesellschafter mit dem Zeitpunkt, in dem die Gesellschaft nach Auslaufen der Sonderabschreibungen wieder in die Gewinnzone gerät, ausscheidet. Das gilt insbesondere dann, wenn die Beteiligung von vornherein im Gesellschaftsvertrag vertraglich begrenzt ist. In diesem Falle liegt keine Mitunternehmerschaft vor. Die Geschäftsführer sind daher nicht hinsichtlich der Verlustzuweisungen zum Ausgleich mit den übrigen Steuerarten und zum Verlustabzug nach § 10 d EStG berechtigt.

956 Eine Mitunternehmerschaft ist auch dann zu verneinen, wenn ein Kommanditist an den Wertsteigerungen (Wertveränderungen) des Unternehmens nicht teilnimmt, weil er

C. Die ertragsteuerliche Behandlung von Publikums-GmbH & Co. KGs § 4

in jedem Falle der Beendigung des Gesellschaftsverhältnisses nur den Buchwert erhält (eingeschränktes Mitunternehmerrisiko).
Bei einer Massengesellschaft wie der Publikums-GmbH & Co. KG ist es insbesondere fraglich, inwieweit der Gesellschafter überhaupt eine Mitunternehmerinitiative entwickeln kann.

Er ist nicht als Mitunternehmer anzusehen, wenn er aufgrund eines formularmäßig vorbereiteten Gesellschaftsvertrages eine Einlage leistet und die Wahrnehmung der Rechte aus dem Eintritt in die Gesellschaft einem Treuhänder, der von der Gesellschaft bestimmt wird, überlässt, indem dieser sofort den Anteil übernimmt. Der Treugeber ist nur dann als Mitunternehmer anzusehen, wenn er im Innenverhältnis die Stellung eines Kommanditisten hat, insbesondere dem Treuhänder Weisungen erteilen kann. 957

Ist das Widerspruchsrecht des § 164 HGB ausgeschlossen, ist dem Kommanditisten ein letztes Stück Unternehmerinitiative genommen, so dass u. E. eine Mitunternehmerschaft i. S. des § 15 Abs. 1 Nr. 2 EStG nicht mehr gegeben ist; insbesondere auch dann, wenn die Kontrollrechte des § 166 HGB bis auf die Abschrift der Bilanz eingeschränkt sind. Das gilt vor allem, wenn die Gesellschafter die Geschäftsführung oder die Komplementär-GmbH ermächtigen, weitere Gesellschafter aufzunehmen und diese somit die vorherige Zustimmung zur Aufnahme von Gesellschaftern erteilen. Da die Eigenkapitalbildung ein wichtiges Instrument der Unternehmensführung ist, hat der Kommanditist auf die Mitbestimmung in wichtigen Finanzierungsfragen des Unternehmens verzichtet und ist somit zum einfachen Kapitalgeber degradiert. 958

Es fragt sich, ob die Mitunternehmerstellung eines Kommanditisten dadurch beeinträchtigt wird, dass wesentliche Zustimmungsrechte der Gesellschafterversammlung auf einen Aufsichtsrat oder Beirat übertragen worden sind. 959
Eine Mitunternehmerinitiative der Kommanditisten ist zu verneinen, wenn die Rechte, die einem Kommanditisten nach dem HGB zustehen, weitgehend einem Beirat übertragen worden sind, in dem die Vertreter der Kommanditisten keine Mehrheit haben und die Beiratsmitglieder nicht an Weisungen ihrer Entsender gebunden sind.

Die Gesellschafterstellung eines Kommanditisten ist so schwach ausgebildet, dass man für das Vorliegen einer Mitunternehmerschaft verlangen muss, dass er grundsätzlich die ihm verbleibenden Rechte persönlich wahrnimmt. Diese Mitunternehmerinitiative wird nicht in Frage gestellt, wenn der Gesellschafter einem Dritten Vollmacht erteilt, ihn zu vertreten. Eine persönliche Wahrnehmung ist nicht erforderlich. Nur muss der Gesellschafter Einfluss auf das Geschehen der Gesellschaft behalten und muss in der Lage sein, die Gesellschaftsrechte selbst auszuüben, zumindest muss er dem Bevollmächtigten Weisungen erteilen können. Das ist jedoch nicht der Fall, wenn die Vertretung der Kommanditisten institutionalisiert ist und die Rechte, die einem einzelnen Kommanditisten zustehen, auf ein Gremium übertragen werden, auf das der einzelne Kommanditist keinen Einfluss hat. 960

Ist der Beirat der GmbH & Co. KG ein Organ der Komplementär-GmbH, dessen Zusammensetzung die Gesellschafter der Komplementär-GmbH bestimmen, so handelt es sich hier nicht um ein Organ der Kommanditisten. Gleiches gilt, wenn der Beirat bei der GmbH & Co. KG bestellt ist, die Zusammensetzung des Beirats bereits in der Satzung festgelegt ist, insbesondere den Gründungsmitgliedern und deren Rechtsnachfolgern weitgehende Bestellungsrechte garantiert werden. Setzt sich der Beirat z. B. 961

371

zu einem Drittel aus den Gesellschaftern der Komplementär-GmbH, zu einem Drittel aus den Treuhändern, zu einem Drittel aus Treugebern (Kommanditisten) zusammen, sind die Kommanditistenvertreter stets in der Minderheit, mit der Folge, dass sie auch im Rahmen des Beirats keine Mitunternehmerinitiative entfalten können (vgl. Niedersächs. FG v. 30. 3. 1984 EFG 1984, 549).

962 Übt der Beirat die ihm durch Gesellschaftsvertrag zugewiesenen Aufgaben aus eigenem Recht aus, so wird man die durch ihn vertretenen Kommanditisten nicht als Mitunternehmer ansehen können. Anders ist es eventuell, wenn die einzelnen Beiratsmitglieder an Weisungen derjenigen gebunden sind, die sie in den Beirat entsandt haben und diese Mitglieder auch jederzeit abberufen werden können, wenn sie das Vertrauen der zu vertretenden Gruppe nicht mehr haben.

963 Erfüllt ein Kommanditist nicht die an einen Mitunternehmer gestellten Voraussetzungen, ist er steuerlich wie ein stiller Gesellschafter zu behandeln mit der Folge, dass er aus der Beteiligung an dieser Publikums-GmbH & Co. KG Einkünfte aus Kapitalvermögen erzielt. Im Rahmen der Einkunftsart Einkünfte aus Kapitalvermögen (§ 20 Abs. 1 Nr. 4) werden grundsätzlich auch Ausgaben im Zusammenhang mit der stillen Beteiligung als Werbungskosten anerkannt. Auch stille Gesellschafter können Sonderwerbungskosten haben. Hat ein Kommanditist eine Beteiligung mit einem Darlehen finanziert, so sind die Schuldzinsen grundsätzlich auch als Werbungskosten zu behandeln, wenn sie zu Verlusten in der Einkunftsart führen. Allerdings ist zu beachten, dass diese nach der Rechtsprechung nur dann im Zusammenhang mit den Einkünften stehen, wenn insgesamt für die Dauer der Beteiligung mit einem Überschuss zu rechnen ist, wobei steuerfreie Einnahmen nicht in die Betrachtung mit einbezogen werden dürfen.

IV. Beschränkung des Verlustabzugs

964 Die Verlustzuweisungsgesellschaft in der Form der Publikums-GmbH & Co. KG hatte auch durch die Begrenzung des Verlustausgleichs nach § 15 a EStG an Attraktivität verloren. Verluste, soweit sie zu einem negativen Kapitalkonto führen oder ein solches erhöhen, sind weder ausgleichsfähig noch abzugsfähig. Sie können nur mit künftigen Gewinnen der gleichen Gesellschaft verrechnet werden (verrechenbare Verluste). Die Vorschrift des § 15 a EStG gilt auch sinngemäß bei typischen stillen Beteiligungen (§ 20 Abs. 1 Nr. 4 Satz 2 EStG) und somit bei den Publikums-GmbH & Co. KG's, bei denen die Beteiligung aufgrund mangelnder Mitunternehmerinitiative und/oder –risiko wie eine typische stille Gesellschaft zu behandeln ist.

D. Die GmbH & Co. KG als Obergesellschaft

I. Allgemeines

965 Eine GmbH & Co. KG kann als Obergesellschaft, d.h. als Muttergesellschaft, beteiligt sein an den unterschiedlichsten Rechtsformen. Im folgenden sollen steuerliche Fragen hinsichtlich der Beteiligung einer GmbH & Co. KG an Kapitalgesellschaften und an anderen PersG erörtert werden.

II. Die Beteiligung an Kapitalgesellschaften

In der Steuerbilanz der GmbH & Co. KG wird die Beteiligung an einer Kapitalgesellschaft im Anlagevermögen grundsätzlich mit den Anschaffungskosten, ggf. erhöht um nachträgliche Anschaffungskosten aus verdeckten Einlagen (Schulze zur Wiesche/Ottersbach, Verdeckte Gewinnausschüttungen und verdeckte Einlagen, Berlin 2004, S. 380f., m.w.N.), aktiviert. Eine Gewinnsituation bei der KapG führt zu keinem über die Anschaffungskosten hinausgehenden Bilanzansatz (Anschaffungskostenprinzp der Handelsbilanz gilt über das Maßgeblichkeitsprinzip des § 5 Abs. 1 EStG auch für die Steuerbilanz).Im Verlustfall (voraussichtlich dauernde Wertminderung als Ausfluss des gemilderten Niederstwertprinzips im Anlagevermögen) ist eine Teilwertabschreibung möglich (§ 6 Abs. 1 Nr. 2 Satz 2 EStG). Liegen die Voraussetzungen für eine Teilwertabschreibung nicht mehr vor, ist nach § 6 Abs. 1 Nr. 2 Satz 3 EStG der Beteiligungsansatz gewinnerhöhend auf die ursprünglichen Anschaffungskosten wieder zuzuschreiben. Die Zuschreibung wirkt sich in der Steuerbilanz spiegelbildlich zur Wirkung der ursprünglichen Teilwertabschreibung aus. Untergrenze des Wertansatzes ist der gemeine Wert der Anteile, der in der Praxis mit Hilfe des sog. Stuttgarter Verfahrens (§ 11 Abs. 2 BewG) ermittelt wird.

966

Die Auswirkung einer Teilwertabschreibung auf Kapitalgesellschaftsanteile richtet sich danach, ob und inwieweit es sich bei den Gesellschaftern um natürliche Personen oder Körperschaften handelt. Ist Gesellschafter der GmbH & Co. KG eine natürliche Person oder eine andere PersG, soweit an ihr natürliche Personen beteiligt sind, wirkt sich eine Teilwertabschreibung auf Kapitalgesellschaftsanteile nur zur Hälfte aus (§ 3c Abs. 2 EStG). Ist Gesellschafter der GmbH & Co. KG eine Kapitalgesellschaft oder eine andere PersG, soweit an ihr KapG beteiligt sind, ist eine Teilwertabschreibung insoweit steuerlich nicht gewinnmindernd zu berücksichtigen (§ 8b Abs. 3 Satz 3 und Abs. 6 KStG).

967

Schüttet die Kapitalgesellschaft an die GmbH & Co. KG als unmittelbar beteiligten Anteilseigner aus, so richtet sich die Zurechnung des Einkommens und deren Behandlung bei ihren Gesellschaftern nach deren Rechtsform. Soweit es sich um natürliche Personen als Gesellschafter oder eine andere PersG, soweit an ihr natürliche Personen beteiligt sind, handelt, kommt das Halbeinkünfteverfahren des § 3 Nr. 40 EStG zur Anwendung. Soweit es sich um KapG als Gesellschafter oder eine andere PersG, soweit an ihr KapG beteiligt sind, handelt, kommt die Freistellungsmethode des § 8 b Abs. 1, 5 KStG zur Anwendung. Gleiches gilt für Gewinne aus der Veräußerung der Beteiligung an der KapG durch die GmbH & Co. KG.

968

Da nach § 8 Nr. 5 GewStG § 3 Nr. 40 EStG und § 8b Abs. 1 KStG bei der Ermittlung des Gewerbeertrags unberücksichtigt bleiben, sind Gewinnausschüttungen bei der PersG grundsätzlich der Gewerbesteuer zu unterwerfen. Ist die GmbH & Co. KG aber zu mindestens 10 % an der ausschüttenden KapG beteiligt, kommt das gewerbesteuerliche Schachtelprivileg (§ 9 Nr. 2a GewStG) zur Anwendung, so dass die Ausschüttungen bei der GmbH & Co. KG in Gänze gewerbesteuerfrei bleiben.

969

III. Die Beteiligung an anderen Personengesellschaften

970 In der Steuerbilanz der GmbH & Co. KG wird die Beteiligung an einer Personengesellschaft im Anlagevermögen grundsätzlich nach der sog. Spiegelbildmethode bilanziert. Hierbei wird das anteilige steuerliche Kapitalkonto in der Gesamthandsbilanz und ggf. in Ergänzungsbilanzen sowie Sonderbilanzen, in der Steuerbilanz der Obergesellschaft als Beteiligungsansatz abgebildet. Wird beispielsweise durch die Obergesellschaft ein Darlehen an die Untergesellschaft begeben, so handelt es sich um positives Sonderbetriebsvermögen mit der Folge, dass eine Umgliederung dieses Betrages von den Ausleihungen weg, hin zu dem Beteiligungsansatz für Zwecke der Ermittlung der Steuerbilanz zu erfolgen hat. Die Entwicklung des Bilanzansatzes stellt die bilanzielle steuerliche Gewinnzurechnung der Tochter- an die Mutterpersonengesellschaft dar. Daneben werden noch die außerbilanziellen Hinzurechnungen und Kürzungen, insbesondere die nichtabzugsfähigen Betriebsausgaben des § 4 Abs. 5 EStG zugerechnet. So wie die Unterpersonengesellschaft ihren Gewinn der Mutterpersonengesellschaft zurechnet, so rechnet letztere ihren Gesellschaftern wiederum diese Ergebnisbeteiligung zu.

971 Bei der Ermittlung des Gewerbeertrags der Oberpersonengesellschaft bleiben Gewinne (§ 9 Nr. 2 GewStG) und Verluste (§ 8 Nr. 8 GewStG) der Unterpersonengesellschaft unabhängig von der Beteiligungsquote (Unterschied zum gewstl. Schachtelprivileg des § 9 Nr. 2a GewStG mit 10%) außer Ansatz. Hierdurch wird eine gewerbesteuerliche Doppelerfassung desselben Steuersubstrats vermieden.

IV. Die GmbH & Co. KG als Organträger (Organschaft)

1. Voraussetzungen

972 In Deutschland gibt es kein gesondertes Konzernsteuerrecht. Lediglich die Organschaftsregelungen sind dazu geeignet Saldierungen zwischen Ober- und Untergesellschaften vorzunehmen. Hierbei wird die Obergesellschaft als Organträger und die Untergesellschaft als Organgesellschaft bezeichnet. Während Organgesellschaft grundsätzlich nur eine Kapitalgesellschaft sein kann (§ 14 Abs. 1 Satz 1 KStG, § 2 Abs. 2 Satz 2 GewStG, § 2 Abs. 2 Nr. 2 UStG), können auch Personengesellschaften Organträger sein (insb. § 14 Abs. 1 Nr. 2 KStG), soweit die an ihnen beteiligten Gesellschafter für den auf sie entfallenden Anteil unbeschränkt oder beschränkt steuerpflichtig sind und sich der Sitz oder die Geschäftsleitung des Organträgers im Inland befindet (vgl. ausf. Ottersbach, NWB, F. 4, S. 4269ff. und Ottersbach, NWB, F. 4627ff.). Die Personengesellschaft muss ein gewerbliches Unternehmen i.S.d. § 15 Abs. 3 Nr. 1 EStG sein, wonach als Gewerbebetrieb in vollem Umfang die mit Einkünfteerzielungsabsicht unternommene Tätigkeit einer OHG, einer KG oder einer anderen Personengesellschaft gilt, wenn die Gesellschaft auch eine Tätigkeit i. S. d. § 15 Abs. 1 Nr. 1 EStG ausübt. Dies ist immer dann der Fall, wenn die Personengesellschaft einen Gewerbebetrieb i. S. d. § 2 Abs. 1 GewStG betreibt. Daher werden im Ergebnis an den Betrieb einer Personengesellschaft die gleichen Anforderungen gestellt, wie an den gewerblichen Betrieb einer natürlichen Person (vgl. Dötsch/Eversberg/Jost/Witt, § 14 KStG, RZ. 28). Dagegen kann eine rein vermögensverwaltende GmbH & Co. KG, die einen Gewerbebetrieb nur aufgrund ihrer gewerblichen Prägung betreibt (§ 15 Abs. 3

Nr. 2 EStG) seit 2003 nicht mehr Organträgerin sein (vgl. zur originär gewerblichen Tätigkeit der Obergesellschaft Blumers/Goerg, DStR 2005, S. 397ff. sowie Schmidt/Müller/Stöcker, Die Organschaft, 6. Aufl., Herne 2003, Rz. 67). Die gewerbliche Tätigkeit der Gesellschafter der Personengesellschaft allein reicht also nicht aus. Nach Blumers/Goerg (DStR 2005, S. 398ff.) soll es bereits ausreichen, wenn die Obergesellschaft neben der Beteiligung an einer Kapitalgesellschaft, mit der die Organschaft gebildet werden soll, an einer originär gewerblich Personengesellschaft (gl.A. Schmidt/Hageböke, Der Konzern, 2003, S. 601; Neu/Lühn, DStR 2003, S. 61, 63; Förster, DB 2003, S. 899, 903) oder an einer gewerblich geprägten PersG (GmbH & Co. KG) beteiligt ist (so Stellungnahme der Centrale für die GmbH 9 v. Otto Schmidt, GmbHR 2005, S. 473). Nach dem Entwurf vom BMF-Schreiben Organschaft (bei Drucklegung noch im Entwurfstadium) kann eine GmbH & Co. KG, die ausschließlich gewerblich Einkünfte aufgrund ihrer gewerblichen Prägung nach § 15 Abs. 3 Nr. 2 EStG erzielt, nicht mehr Organträger sein. Es muss also eine originäre, eigene gewerbliche Tätigkeit der GmbH & Co. KG hinzukommen (vgl. Walter, GmbHR 2005, S. 458; Entwurf BMF-Schreiben Organschaft, Tz. 15 f.). Der Umfang der gewerblichen Tätigkeit darf nicht nur geringfügig sein (Tz. 17). Was unter nicht nur geringfügig zu verstehen ist, lässt der Entwurf des BMF-Schreibens aber offen und nennt nur einige Einzelfälle, wie die Besitzgesellschaft als Organträger bei der Betriebsaufspaltung (Tz. 16, 18-20; kritisch Walter, GmbHR 2005, S. 458 sowie Stellungnahme der Centrale für die GmbH Dr. Otto Schmidt, GmbHR 2005, S. 472 f.). Eine PersG als geschäftsleitende Holding kann ebenfalls Organträger sein (BFH v. 17.12.1969, BStBl II 1970, 257; v. 12.08.2002, BFH/NV 2002, S. 1579; so noch Abschn. 50 Abs. 2 Nr. 2 KStR 1995, aber insofern irritierend Entwurf BMF-Schreiben Organschaft, Tz. 18, kritisch Stellungnahme der Centrale für die GmbH Dr. Otto Schmidt, GmbHR 2005, S. 473). Eine eigene gewerbliche Tätigkeit einer PersG-Holding und damit die Organträgerfähigkeit wird aber nur dann bejaht, wenn mindestens zwei Untergesellschaften beherrscht werden (s. Abschn. 50 Abs. 2 Nr. 3 KStR 1995, aber nicht in R 58 KStR 2004; vgl. Orth, DB 2005, S. 741).

Bei den Personengesellschaften muss es sich um Gesellschaften i. S. d. § 15 Abs. 1 Nr. 2 EStG handeln, also um steuerliche Mitunternehmerschaften (OHG, KG, GmbH & Co. KG, GbR, Partenreederei, Erbengemeinschaften unter Fortführung eines Gewerbebetriebes durch Miterben). Nach § 14 Nr. 2 S. 2 EStG dürfen an einer Personengesellschaft nur Gesellschafter beteiligt sein, die mit dem auf sie entfallenden Teil des zuzurechnenden Einkommens der deutschen Einkommensteuer oder Körperschaftsteuer unterliegen. Daher kann beispielsweise eine Ltd. & Co.KG nicht Organträgerin sein. Handelt es sich bei einem Gesellschafter um eine unbeschränkt steuerpflichtige Körperschaft und ist diese steuerfrei nach § 5 EStG, so kann die Personengesellschaft nicht als Organträger fungieren. 973

Eine ertragsteuerliche Organschaft (KSt, GewSt) setzt voraus, dass die Organgesellschaft in das Unternehmen des Organträgers finanziell eingegliedert ist. Dies liegt dann vor, wenn dem Organträger die Mehrheit der Stimmrechte an der Organgesellschaft bereits bei Beginn des Wirtschaftsjahres, ab dem die Organschaft bestehen soll, zusteht. Nach § 14 Abs. 1 Nr. 2 Satz 3 KStG mit Wirkung ab 1.1.2003 muss im Übrigen die finanzielle Eingliederung im Verhältnis zur Personengesellschaft selbst erfüllt sein 974

(Abschaffung der sog. Mehrmütterorganschaft). Nur wenn die Personengesellschaft eine gewerbliche Tätigkeit (s.o.) ausübt und die Beteiligung im Gesamthandsvermögen hält, kann sie als Organträger fungieren (R 58 KStR 2004). Selbst ein vollständiger Wechsel ihrer Gesellschafter tangiert in diesem Fall nicht das Organschaftsverhältnis (Dötsch/Pinkos, DB 2005, S. 130). Der Personengesellschaft wird in ihrer Eigenschaft als Organträger eine rechtliche Eigenständigkeit zugestanden.

975 Zudem muss zwischen beiden ein Ergebnisabführungsvertrag (EAV) auf mindestens 5 Jahre bis zum Ende des Wirtschaftsjahres, ab dem die Organschaft gelten soll, abgeschlossen worden sein und während der gesamten Geltungsdauer tatsächlich durchgeführt werden. Die kstl. und gewstl. Zurechnung des Ergebnisses der Organgesellschaft kann erst in dem Wirtschaftsjahr der Organgesellschaft erfolgen, in dem von Beginn an die finanzielle Eingliederung vorgelegen hat und in dem der EAV wirksam abgeschlossen wurde (§ 14 Abs. 1 Satz 2 KStG). Wirksam ist der EAV abgeschlossen, wenn er im Handelsregister eingetragen wurde (R 60 Abs. 1 KStR 2004).

976 Eine vor Ablauf des Fünfjahreszeitraums erfolgende Beendigung des EAV führt grundsätzlich zu einem Wegfall der Organschaft von Anfang an (verunglückte Organschaft) mit der Folge, dass Gewinnabführungen als verdeckte Gewinnausschüttungen und Verlustübernahmen als verdeckte Einlagen zu werten sind (BFH v. 13.09.1989, BStBl. I 1990, 24; v. 30.01.1974, BStBl. II 1974, 323, Schulze zur Wiesche/Ottersbach, Verdeckte Gewinnausschüttungen und verdeckte Einlagen, Berlin 2004, S. 275f.). Die Bescheide sind dementsprechend zu ändern (§ 175 Nr. 2 AO: rückwirkendes Ereignis). Nur im Falle einer Kündigung aus wichtigem Grund, insbesondere bei (einem bei Abschluss des EAV noch nicht intendierten) Verkaufs der Organgesellschaftsbeteiligung fällt die Organschaft nur ab dem Jahr der vorzeitigen Beendigung des EAV weg. Ist der Fünf-Jahreszeitraum abgelaufen und in diesem Zeitraum der EAV tatsächlich durchgeführt worden, so führt eine spätere Kündigung des EAV zu einem Wegfall der Organschaft ab dem Jahr der Kündigung (ohne Rückwirkung). Nach Abschnitt 60 Abs. 6 S. 2 KStR 2004 liegt eine Kündigung aus wichtigem Grund insbesondere in den Fällen der Veräußerung, Einbringung der Organbeteiligung durch den Organträger, Verschmelzung, Spaltung oder Liquidation des Organträgers oder der Organgesellschaft vor.

977 Für das Vorliegen einer umsatzsteuerlichen Organschaft muss neben der finanziellen Eingliederung auch eine wirtschaftliche und organisatorische Eingliederung gegeben sein, ohne dass gleichzeitig ein Gewinnabführungsvertrag abgeschlossen worden sein muss. Der Begriff der wirtschaftlichen Eingliederung setzt voraus, dass sich der Geschäftsbetrieb von Organträger und -gesellschaft sinnvoll ergänzen. Bei einer Betriebsaufspaltung liegt dies in der Regel immer vor. Die organisatorische Eingliederung liegt dann, vor, wenn durch organisatorische Maßnahmen sichergestellt ist, dass der Wille des Organträgers bei der Organgesellschaft auch tatsächlich ausgeführt wird (Abschn. 21 Abs. 6 Satz 1 UStR). Liegt eine Geschäftsführeridentität vor, d.h. ist der Geschäftsführer des Organträgers auch Geschäftsführer der Organgesellschaft, liegt eine organisatorische Eingliederung regelmäßig vor (stärkste Form der organisatorischen Eingliederung). Entgegen der kstl. und gewstl. Organschaft, die stets für ein volles Wirtschaftsjahr beginnt, kann eine umsatzsteuerliche Organschaft auch unterjährig beginnen, d.h. mit dem Zeitpunkt, zu dem die drei Eingliederungsvoraussetzungen vorliegen.

2. Ertragsteuerliche Rechtsfolgen für die GmbH & Co. KG als Organträger

Bei der Organgesellschaft wird der steuerliche Gewinn bzw. das dem Organträger zuzurechnende Ergebnis zunächst grundsätzlich nach den steuerlichen Gewinnermittlungsvorschriften gem. § 8 Abs. 1 KStG ermittelt. Es sind dann Änderungen zur steuerlichen Gewinnermittlung vorzunehmen. Zunächst ist auf Ebene der Organgesellschaft ein Verlustabzug nach § 10 d EStG nicht zugelassen, da vororganschaftliche Gesellschaftsverluste nicht zum Ausgleich gebracht werden sollen und steuerlich während des Bestehens der Organschaft keine Verlust- oder Rückträge entstehen können (§ 15 Nr. 1 KStG). Weiterhin sind Steuerfreistellungen eines DBA, also insbesondere die Anwendung des internationalen Schachtelprivilegs, nur dann anwendbar, wenn und soweit der Organträger bei unmittelbarer Beteiligung ebenfalls steuerfreie Einkünfte erzielt hätte. Ist daher eine Personengesellschaft an einer ausländischen Kapitalgesellschaft mit mehr als 10 % beteiligt, so kommt eine Steuerfreistellung nur insoweit in Betracht, als an der Personengesellschaft ebenfalls inländische Kapitalgesellschaften beteiligt sind. Die gleiche Regelung gilt nach § 15 Nr. 3 KStG für Einkünfte der Organgesellschaft, die unter die Freistellungsmethode des § 8 b Abs. 1 KStG fallen. Ist also eine Organgesellschaft an einer inländischen Kapitalgesellschaft beteiligt, so kann sie nur insoweit die Erträge steuerfrei vereinnahmen, als die Organträgerin (mittelbar) ebenfalls eine inländische Kapitalgesellschaft ist.

978

Aus dem so ermittelten Ergebnis ist des weiteren der handelsrechtliche Aufwand, der sich aus einer Gewinnabführung an den Organträger ergibt, hinzuzurechnen und der Ertrag, der sich aus einer Verlustübernahme des Organträgers gegenüber der Organgesellschaft ergibt, abzuziehen. Das Ergebnis nach diesen Umrechnungen ist das dem Organträger nach § 14 S. 1 KStG (phasengleich) zuzurechnende Einkommen (H 62 KStH 2004). Durch die phasengleiche Zurechnung besteht derzeit keine gesicherte Auffassung, wem, bei unterjährigem Wechsel des Organträgers, das Einkommen zuzurechnen ist (Dötsch, Der Konzern, 2003, S. 531 (533); Dötsch/Pinkos, DB 2005, S. 131).

979

Auf Ebene des Organträgers wird zunächst der Ertrag aus der handelsrechtlichen Gewinnabführung bzw. der Aufwand aus der handelsrechtlichen Verlustübernahme gegenüber der Organgesellschaft bei der Einkommensermittlung steuerlich eliminiert (BFH v. 20.09.1986, BStBl. II 1987, S. 455; v. 29.10.1974, BStBl. II 1975, S. 126). Die Korrektur des Einkommens des Organträgers erfolgt außerbilanziell, wobei der Ertrag aus der handelsrechtlichen Gewinnabführung wie eine steuerfreie Einnahme gekürzt wird, während der Aufwand aus der Verlustübernahme entweder durch einen Passivposten bilanztechnisch neutralisiert oder in der Bilanz überhaupt nicht berücksichtigt wird (Schuhmann, Die Organschaft, 2. Aufl., Bielefeld 1997, S. 65). Mit Ausnahme der Anwendung des § 10 d EStG erfolgen somit die Hinzurechnungen und Kürzungen aufgrund der Ermittlung des zuzurechnenden Einkommens der Organgesellschaft spiegelbildlich denen des Organträgers und dessen Gewinnmodifikation.

980

Handelt es sich bei dem Organträger um eine Personengesellschaft, so ist das Einkommen der Organgesellschaft der Personengesellschaft zuzurechnen und nicht unmittelbar dem einzelnen Gesellschafter. Dies begründet sich darin, dass die Gesellschafter der Organträger-Personengesellschaft nicht zum Organkreis gehören (vgl. Schuhmann, a. a. O., S. 69).

981

982 In der Literatur wird bezweifelt, ob das Halbeinkünfteverfahren für Dividendeneinkünfte bei den Gesellschaftern einer Organträger-Personengesellschaft ohne weiteres anwendbar ist oder ob dies mit Blick auf § 3 Nr. 40 EStG deshalb nicht möglich ist, weil dieser von Einkünften aus § 20 Abs. 1 Nr. 1 EStG spricht (Walter/Stümper, GmbHR 2001, 805). Es wird empfohlen die Anwendung durch teleologische Extension/erweiterte Auslegung des § 3 Nr. 40 EStG zu erreichen. U.E. kann an der Anwendung des Halbeinkünfteverfahrens kein Zweifel bestehen, denn für Zwecke der Einkommensteuer ist eine Personengesellschaft, wie die GmbH & Co. KG, anders als für die Gewerbesteuer, nur „Hilfsmittel" zur Einkommensermittlung (im Ergebnis gl. A. Freshfields Bruckhaus Deringer, NJW, Beil. zu Heft 51/2000, 20). Die Gesellschafter einer gewerblich tätigen Personengesellschaft erzielen Einkünfte aus § 15 Abs. 1 Nr. 2 EStG, für die das Halbeinkünfteverfahren anwendbar ist (Schmidt, EStG, 23. Aufl., München 2004, § 3, ABC „Halbeinkünfteverfahren", Anm. 1.b.2).

983 Grundsätzlich erfolgt für den Fall, dass das Wirtschaftsjahr der Organgesellschaft mit dem des Organträgers übereinstimmt die Ergebniszurechnung zeitlich kongruent, d. h. ein zum 31.12.05 entstehendes zuzurechnendes Einkommen erhöht den Gewinn des Organträgers ebenfalls zum 31.12.05. Weichen die Wirtschaftsjahre beider voneinander ab, so ist das zum Ende des Wirtschaftsjahres der Organgesellschaft entstandene zuzurechnende Einkommen, in dem zu diesem Zeitpunkt laufenden Wirtschaftsjahr des Organträgers zu berücksichtigen. Selbst die Bildung von zwei Rumpfwirtschaftsjahren ändert an dieser Sichtweise des Zurechnungszeitpunktes nichts (BMF-Schreiben vom 18.06.1990, DStR 1990, S. 641). Solange Umstellungen von Wirtschaftsjahren handelsrechtlich wirksam erfolgen (Änderung des Wirtschaftsjahres notariell beurkundet und bis zum Ablauf des Wirtschaftsjahres der Organgesellschaft in das Handelsregister eingetragen), sind sie steuerlich maßgeblich hinsichtlich der Ermittlung und der Zurechnung des dem Organträger zuzurechnenden Einkommens der Organgesellschaft.

3. Vor- und Nachteile der ertragsteuerlichen Organschaft

984 Vorteile der ertragsteuerlichen Organschaft
- Hochschleusung von kstl. Verlusten der KapG (ohne Organschaft bei KapG eingeschlossen, sog. lock-in-Effekt) unmittelbar auf die Ebene des Gesellschafters der GmbH & Co. KG
- Saldierung gewerbe- und körperschaftsteuerlicher Verluste und Gewinne der OG und des OT (Vorteile in beiden Richtungen)
- Ausnutzung des gewerbesteuerlichen Freibetrags und des Staffeltarifs, da die KapG als Organgesellschaft sonst hiervon nicht profitiert.
- Sicherstellung der phasengleichen Berücksichtigung der Erträge der Tochtergesellschaft nach Versagung der phasengleichen Bilanzierung (BFH-Beschl. v. 07.08.2000, FR 2000, 1126; BMF-Schreiben v. 01.11.2000, FR 2000, 1296).
- Vermeidung der Dauerschuldproblematik zwischen OT und OG.

Nachteile der ertragsteuerlichen Organschaft
- Haftungsrisiko des Ergebnisabführungsvertrages.
- Haftungsrisiko des § 73 AO in der Krise.
- Missglückte Organschaft, insbesondere bei fehlender Durchführung des EAV (vGA, verdeckte Einlage).

4. Umsatzsteuerliche Rechtsfolgen für die GmbH & Co. KG als Organträger

Liegt eine umsatzsteuerliche Organschaft vor, werden Organträger und Organgesellschaft wie ein Unternehmen behandelt (einheitlicher Unternehmerbegriff). Die GmbH & Co. KG als Organträger hat sowohl die Umsatzsteuervoranmeldungen, als auch die Umsatzjahreserklärung abzugeben, indem die Umsätze, Entgelte und Vorsteuerabzugsbeträge beider Gesellschaften additiv ermittelt werden.

Wichtigste materielle Rechtsfolge ist, dass Lieferungen und sonstige Leistungen zwischen Organträger und Organgesellschaft nicht umsatzsteuerbar sind (sog. Innenumsätze). Abrechnungen für diese Leistungen sind daher auch keine Rechnungen i.S.d. § 14 UStG (Völkel/Karg, Umsatzsteuer, 5. Aufl., Stuttgart 2000, S. 251). Dies beschränkt sich aber nur auf das Inland. Werden Umsätze zwischen verschiedenen Unternehmensteilen, die im In- und Ausland ihren Sitz haben getätigt, so werden diese Umsätze der Umsatzsteuer nach den allgemeinen Grundsätzen unterworfen (vgl. Abschn. 21a UStR).

Eine Komplementär-GmbH kann nicht zugleich Organgesellschaft der KG sein, da es an der wirtschaftlichen Eingliederung fehlt und die Geschäftsführung der KG durch die Komplementär-GmbH nur den Tatbestand der organisatorischen Eingliederung erfüllt. Daher ist eine Einheits-KG nicht für sich organschaftsfähig (OFD Nürnberg, Vfg. v. 28.10.2004, DB 2005, S. 156).

E. Die doppelstöckige Personengesellschaft

I. Grundlagen

Die Besteuerung der Personengesellschaften bietet für kleine und mittelständische Unternehmen wegen der Gewerbesteueranrechnung des § 35 EStG erhebliche steuerliche Vorteile gegenüber einer Beteiligung an einer Kapitalgesellschaft. Auf Grund dieser Vorteile bevorzugen auch größere Unternehmen diese Rechtsform. In Deutschland gibt es ganze Personengesellschaftskonzerne. In diesen werden Tätigkeiten entweder in geordneten Schwestergesellschaften oder auch in so genannten doppelstöckigen Personengesellschaften ausgeübt. Bei einer doppelstöckigen Personengesellschaft sind die Gesellschafter an einer Personengesellschaft beteiligt, die ihrerseits an einer anderen Personengesellschaft beteiligt ist. Der Personengesellschaftskonzern hat in der Regel sowohl doppelstöckige als auch Schwester-Personengesellschaften.

Bei doppelstöckigen Personengesellschaften wird die Personengesellschaften, an der die Gesellschafter beteiligt sind, als Obergesellschaft und die Personengesellschaft, an der die Obergesellschaft beteiligt ist als Untergesellschaft bezeichnet. In der Regel handelt es sich hierbei um Personengesellschaften in der Rechtsform einer GmbH & Co. KG, um hauptsächlich die gewünschte Haftungsbeschränkung und damit möglichst eine insolvenzrechtliche Abschottung von Untergesellschaften zu erreichen. Sind an der Untergesellschaft noch andere Gesellschafter außer der Obergesellschaft beteiligt, so ergeben sich hier hinsichtlich der Gewinnermittlung und -verteilung keine Besonderheiten, so dass diese im Nachfolgenden außer Betracht gelassen werden können.

Nach § 15 Abs. 1 Nr. 2 Satz 2 EStG steht ein mittelbar bei einer oder mehreren Personengesellschaften beteiligter Gesellschafter dem unmittelbar beteiligten Gesellschafter gleich. Insoweit ist er auch als Mitunternehmer der Personengesellschaft anzusehen, an der er mittelbar beteiligt ist. Voraussetzung ist hierfür, dass er Mitunternehmer der

Obergesellschaft und die Obergesellschaft Mitunternehmerin der Untergesellschaft ist (vgl. Schmidt, EStG, § 15, Rz. 612). Dies gilt im Übrigen auch für den atypisch still an einem Personengesellschaftsanteil Unterbeteiligten. Auch seine Tätigkeitsvergütungen sind als Sonderbetriebseinnahmen anzusehen (vgl. Ottersbach, FR 1999, S. 201ff.). Beteiligt sich eine rein vermögensverwaltende Personengesellschaft an einer gewerblich tätigen Untergesellschaft so führt die Zurechnung des gewerblichen Einkommens der Untergesellschaft zur Obergesellschaft nicht zu einer gewerblichen Infizierung der Einkünfte der Obergesellschaft (BFH v. 6.10.2004, DB 2004, S. 2560; gegen R 138 Abs. 5 Satz 4 EStR 2003).

II. Gewinnermittlung

991 Zunächst wird der Gewinn der Untergesellschaft im Wege der additiven Gewinnermittlung, d.h. durch Addition des Ergebnisses der Steuerbilanz der Personengesellschaft, der Ergänzungs- und Sonderbilanzen ermittelt. Deren Ergebnis wird, unter Berücksichtigung der Vorabgewinnzuteilungen aus Sonder- und Ergänzungsbilanzen sowie vereinbarten Vorabgewinnen entsprechend der handelsrechtlichen Gewinnverteilungsquote zugerechnet (BFH, BStBl II 1984, 751,762; BStBl II 1991, 691, 698). So wie das Ergebnis der Steuerbilanz den einzelnen Gesellschaftern nach Quote zuzurechnen ist, sind auch die außerbilanziellen hinzugerechneten abzugsfähigen Betriebsausgaben nach Quote zuzurechnen. Dies gilt auch für Spenden.

992 Nach § 15 Abs. 1 Satz 1 Nr. 2 Satz 2 EStG ist eine Sondervergütung, die die Untergesellschaft einem Gesellschafter der Obergesellschaft für unmittelbare Leistungen gewährt, im Gesamtgewinn der Untergesellschaft zu erfassen. Dies berührt ausdrücklich nicht Sonderbilanzen, die beispielsweise durch Vermietung eines Grundstücks an die Obergesellschaft und Weitervermietung dieser an die Untergesellschaft bestehen. In diesem Fall sind zwei Sonderbilanzen zu erfassen und ebenfalls die Sonderbetriebseinnahmen zunächst der Obergesellschaft anschließend von dieser an den Mitgesellschafter zuzurechnen. Anteile an der Verwaltungs-GmbH der Untergesellschaft in Rechtsform einer GmbH & Co. KG, die der Gesellschafter selber hält, sind Sonderbetriebsvermögen II des Gesellschafters der Obergesellschaft. Diese hat wiederum eine Sonderbilanz hinsichtlich dieser Verwaltungs-GmbH bei der Untergesellschaft.

993 Soweit die Obergesellschaft der Untergesellschaft einzelne Wirtschaftsgüter zur Verfügung stellt, werden sie Sonderbetriebsvermögen und dem entsprechend in der Steuerbilanz auf der Aktivseite aus dem Anlage- oder Umlagevermögen umgebucht in den Ansatz der Beteiligung an der Untergesellschaft (Spiegelbildmethode). Diese Überführung erfolgt grundsätzlich im Rahmen der Buchwertfortführung gemäß § 6 Abs. 5 Sätze 3-6 EStG. Zwar ist es grundsätzlich möglich, Wirtschaftsgüter aus dem Sonderbetriebsvermögen eines Gesellschafters in das Sonderbetriebsvermögen eines anderen Gesellschafters der selben Mitunternehmerschaft zu Buchwerten zu übertragen (§ 6 Abs. 5 Satz 3 Nr. 3 EStG). Dies gilt aber nicht für die Übertragung aus dem Sonderbetriebsvermögen der Obergesellschaft eines Gesellschafters in das Sonderbetriebsvermögen der Untergesellschaft eines anderen (außenstehenden) Gesellschafters, da es sich nicht um dieselbe Mitunternehmerschaft handelt.

994 Der Gesamtgewinn der Untergesellschaft nach den obigen Grundsätzen verteilt, geht, soweit er auf die Obergesellschaft entfällt, in deren steuerliches Ergebnis ein (BFH,

BStBl II 1995, 467 zu IV.3; FinVerw, DB 1998, 903). Im Rahmen der Gewinnverteilung der Obergesellschaft wird dieser Gewinn oder Verlust den Gesellschaftern der Obergesellschaft zugewiesen und unterliegt dort der Besteuerung. Gewerbesteuerlich gilt, dass die Untergesellschaft gewerbesteuerpflichtig ist und im Rahmen ihrer Gewinnermittlung auch den Gewerbeertrag ermittelt. Die Zurechnung zur Obergesellschaft erfolgt auf Grund der besonderen Kürzungsvorschrift des § 9 Nr. 2 GewStG gewerbesteuerfrei und ist auch bei den Gesellschaften der Obergesellschaft, soweit diese ihre Beteiligung im Betriebvermögen handeln, auf Grund der selben Kürzungsvorschrift gewerbesteuerfrei. Verluste können gewerbesteuerlich nur auf Ebene der Untergesellschaft genutzt werden, da diese gewstl. insoweit dem Gewerbeertrag der Obergesellschaft wieder hinzuzurechnen sind (§ 8 Nr. 8 GewStG).

Gesamtgewinn der Personengesellschaft (PersG) als Obergesellschaft
(1) Ergebnis der Steuerbilanz der PersG einschließlich außerbilanzieller Hinzurechnungen (z.B. § 4 Abs. 5 EStG)
(2) + Ergebnisse der bei der PersG zu führenden Ergänzungsbilanzen

Ergebnis erste Stufe (§ 15 Abs. 1 Nr. 2 Satz 1, 1. Halbsatz EStG)
(3) + Ergebnisse der Sonderbilanzen der Gesellschafter der PersG
(4) + Ergebnisse der Sonderbilanzen der mittelbaren Gesellschafter (= Obergesellschafter)
Ergebnis zweite Stufe (§ 15 Abs. 1 Nr. 2 Satz 1, 2. Halbsatz EStG)

Hinsichtlich der Gewerbesteuerbefreiung nach § 35 EStG ergibt sich bei doppelstöckigen Personengesellschaften das Problem, dass bei der Untergesellschaft ein anteiliger Gewerbesteuermessbetrag für den mittelbar beteiligten Gesellschafter nicht festgestellt wird, sondern nur für die unmittelbar beteiligte Personengesellschaft (§ 35 Abs. 2 EStG). Daher regelt § 35 Abs. 2 Satz 4 EStG, dass bei der Feststellung des anteiligen Gewerbesteuermessbetrages bei der Obergesellschaft auch anteilige Gewerbesteuermessbeträge, die aus einer Beteiligung an einer anderen Mitunternehmerschaft stammen, einzubeziehen sind, obwohl sie zuvor für die Ermittlung des Gewerbeertrages bei der Obergesellschaft auf Grund der Kürzungsvorschrift des § 9 Nr. 2 GewStG rechnerisch ausgeschieden sind. Insofern sorgt die Regelung des § 35 Abs. 2 Satz 4 EStG dafür, dass auch bei doppelstöckigen Personengesellschaften alle Gewerbesteuermessbeträge den Gesellschaftern zum Zwecke der Gewerbesteueranrechnung zugute kommen. Dies hat vor allen Dingen den Vorteil, dass im Verlustfalle der Obergesellschaft im Gewinnfall der Untergesellschaft dem Gesellschafter gleichwohl der Gewerbemessbetrag der Untergesellschaft zugerechnet wird, obwohl der Gewerbeertrag der Obergesellschaft Null ist, da insoweit eine Saldierung nicht vorgenommen wird.

III. Verlustrechnung des § 15a EStG bei doppelstöckigen Personengesellschaften

Die Verlustverrechnungsbeschränkung des § 15a EStG ist nach allg. Auffassung auch auf der Ebene von Untergesellschaften einer doppelstöckigen Personengesellschaft anwendbar (BFH v. 18.12.2003, BFH/NV 2004, 424; Ley, KÖSDI 2005, S. 14486, m.w.N.). Bei doppelstöckigen Personengesellschaften ergeben sich aber häufig Probleme hinsichtlich der Aufteilung des § 15a EStG zwischen ausgleichsfähigen und nur verrechenbaren Verlusten. Wie oben gezeigt, ist maßgeblich für die Ermittlung des § 15a EStG, dass durch einen Verlust kein negatives Kapitalkonto entsteht oder sich erhöht (vgl. Schmidt, EStG, § 15a Rz. 71; Ausnahme: Überschießende Außenhaftung gemäß § 15a Abs. 1 Satz 2 EStG). Das steuerliche Kapitalkonto im Sinne des § 15a EStG weist insofern Unterschiede zum eigentlichen steuerlichen Kapitalkonto aus, als das Sonderbetriebsvermögen nicht berücksichtigt wird (BFH, BStBl II 1992, 167,169; BStBl II 1993, 706, 708ff.). Nach Ley (KÖSDI 1996, S.10.931) gehört auch das Ergänzungskapital eines Gesellschafters der Obergesellschaft, was für ihn bei der Untergesellschaft geführt wird, zum steuerlichen Kapitalkonto des Obergesellschafters. (vgl. aktuell Ley, KÖSDI 2005, S. 14488ff.) Zunächst ist das Ergebnis, und sei es ein Verlust, der Untergesellschaft der Obergesellschaft zuzurechnen. Bei dieser kommt dann die Regelung des § 15a EStG zur Anwendung, so dass zunächst das steuerliche Kapitalkonto der Obergesellschaft zu ermitteln ist. Hierbei folgt aus der Berechnungsmethode des steuerlichen Kapitalkontos, dass durch den Ansatz der Untergesellschaftsbeteiligung bei der Obergesellschaft im Rahmen der Spiegelbildmethode deren steuerliches Kapitalkonto in der Steuerbilanz der Obergesellschaft seinen Niederschlag findet. Auf Basis dieses steuerbilanziellen Ansatzes und unter Hinzuziehung der Ergänzungsbilanzen bei der Obergesellschaft wird dann das steuerliche Kapitalkonto ermittelt und unter Anwendung des § 15a EStG als Verlust bei dem Gesellschafter der Obergesellschaft nur dann zum direkten Verlustausgleich hinzugenommen, wenn hierdurch ein negatives Kapitalkonto nicht entsteht oder sich erhöht.

997 Hierdurch entsteht das Problem, dass durch die Spiegelbildmethode die steuerlichen Kapitalkonten der Gesellschafter der Obergesellschaft gemindert werden. Handelt es sich bei den Verlusten der Untergesellschaft nun sowohl um verrechenbare und ausgleichsfähige Verluste und erwirtschaftet die Obergesellschaft ebenfalls einen teils nur verrechenbaren Verlust, so wirkt sich der verrechenbare Verlust der Untergesellschaft doppelt aus. Einerseits kann der verrechenbare Verlust der Untergesellschaft nicht genutzt werden. Andererseits erhöht sich der verrechenbare Verlust der Obergesellschaft durch Ansatz eines negativen Beteiligungswertes an der Untergesellschaft im Rahmen der Spiegelbildmethode, so dass sich auch bei ihr ein negatives Kapitalkonto bilden oder erhöhen kann. Dieses Dilemma lässt sich praktisch nur dadurch lösen, dass in Höhe des nur verrechenbaren Verlustes der Untergesellschaft ein außerbilanzieller Merkposten bei der Obergesellschaft gebildet wird (OFD Frankfurt v. 17.6.1998, LEX Inform Dok. Nr. 0165788; sowie das Beispiel zur bilanziellen Behandlung bei Ley, KÖSDI 2005, S. 14487, m.w.N.).

F. GmbH & Co. KG und Betriebsaufspaltung

I. Einführung

998 Die Betriebsaufspaltung hat keine gesetzliche Grundlage. Die Verpachtung von Wirtschaftsgütern an ein Unternehmen ist dann eine gewerbliche, wenn die Voraussetzungen einer Betriebsaufspaltung gegeben sind. Eine Betriebsaufspaltung ist also immer dann gegeben, wenn ein wirtschaftlich einheitliches Unternehmen rechtlich in zwei verschiedene Betriebe gegliedert ist (BFH v. 8. 11. 1971 BStBl. II 1972, 63). Die in der Praxis am häufigsten gewählte Form ist die Aufspaltung eines Unternehmens in ein Besitzunternehmen – als Personenunternehmen sei es in der Form einer Personengesellschaft oder eines Einzelunternehmens – und in ein Betriebsunternehmen, das in der Rechtsform einer Kapitalgesellschaft betrieben wird. Dabei verpachtet das Besitzunternehmen Wirtschaftsgüter, die zu den wesentlichen Betriebsgrundlagen gehören, bspw. Grundstücke und Maschinen, an das von ihm beherrschte Betriebsunternehmen.

Grundfall: A betreibt bisher ein Einzelunternehmen und will seine gewerbliche Tätigkeit einstellen, ohne jedoch eine Betriebsaufgabe zu erklären. Er verpachtet dazu sein gesamtes Betriebsvermögen an die zuvor von ihm bar gegründete A-GmbH, deren alleiniger Gesellschafter er ist.
Vorliegend ist eine Betriebsaufspaltung gegeben, da ein Besitzunternehmen – hier das Einzelunternehmen – wesentliche Betriebsgrundlagen, in diesem Fall das gesamte Betriebsvermögen, pachtweise an ein von ihm beherrschtes Unternehmen – hier die A-GmbH als Betriebsgesellschaft – für betriebliche Zwecke überlässt.

Für die Bejahung der Betriebsaufspaltung ist nicht erforderlich, das das Betriebsunternehmen für die Überlassung der wesentlichen Betriebsgrundlagen ein angemessenes Entgelt zahlt. Auch im Falle der Zahlung eines unangemessen niedrigen Entgelts oder der unentgeltlichen Nutzung der überlassenen Wirtschaftsgüter durch die Betriebsgesellschaft ist die Gewinnerzielungsabsicht des Besitzunternehmens gegeben. Dies begründet sich darin, dass die im Betriebsvermögen der Besitzgesellschaft gehaltenen Anteile an der Betriebskapitalgesellschaft der Erzielung gewerblicher Beteiligungserträge und damit der Realisierung eines Totalgewinnes dienen (BFH v. 24.4.1991, BStBl. II 1991, 713). Daraus folgt aber auch, dass die unentgeltliche Überlassung von Wirtschaftsgütern zwischen Schwesterpersonengesellschaften keine mitunternehmerische Betriebsaufspaltung begründen kann. 999

Eine Betriebsaufspaltung liegt dann vor, wenn zwischen einem Besitzunternehmen und einer Betriebsgesellschaft sowohl eine sachliche als auch eine personelle Verflechtung besteht (BFH v. 24. 2. 2000, BStBl. II 2000, S. 417). Voraussetzung einer Betriebsaufspaltung ist also eine sachliche Verflechtung zwischen dem Besitz- und dem Betriebsunternehmen und eine personelle Verflechtung zwischen dem Träger des Besitz- und dem Träger des Betriebsunternehmens. Durch die Verflechtung in sachlicher und personeller Hinsicht wird nach Auffassung der Rspr. offenbar, dass der hinter Besitz- und Betriebsunternehmen stehende Betätigungswille auf die Ausübung eines Gewerbebetriebs gerichtet sei und durch die Verpachtung zumindest einer wesentlichen Betriebsgrundlage an das Betriebsunternehmen verwirklicht werde (einheitlicher geschäftlicher Betätigungswille). 1000

Eine sachliche und personelle Verflechtung kann auch zwischen mehreren Besitzunternehmen einerseits und jeweils derselben Betriebsgesellschaft andererseits oder zwischen mehreren Betriebsgesellschaften und demselben Besitzunternehmen vorliegen. Dabei handelt es sich allerdings nicht um Sonderformen der Betriebsaufspaltung, sondern um jeweils gesonderte Betriebsaufspaltungen. 1001

II. Sachliche Verflechtung

1002 Sachliche Verflechtung zwischen einem Besitzunternehmen und einer Betriebsgesellschaft liegt vor, wenn das Besitzunternehmen der Betriebsgesellschaft zumindest eine für diese wesentliche Betriebsgrundlage zur Nutzung überlässt. Die Voraussetzung der sachlichen Verflechtung besteht demgemäß wiederum aus zwei Untervoraussetzungen, und zwar zum einen im Merkmal der wesentlichen Betriebsgrundlage und zum anderen im Merkmal der Nutzungsüberlassung.

1. Wesentliche Betriebsgrundlage

1003 Beim gesetzlich nicht definierten Begriff der wesentlichen Betriebsgrundlage handelt es sich um eine Schöpfung der Rspr., die aber keine klaren Linien erkennen lässt, sondern durch zahlreiche Einzelfallentscheidungen und ständig wechselnde Tendenzen geprägt ist. Außerhalb der Betriebsaufspaltung kommt dem Merkmal der wesentlichen Betriebsgrundlage bei der Verpachtung von Betrieben, der Einbringung von Betrieben oder Teilbetrieben in Kap- oder PersGes, der Veräußerung und schließlich bei der Aufgabe von Betrieben Bedeutung zu. Allerdings ist stets darauf zu achten, in welchem Zusammenhang die Voraussetzungen der wesentlichen Betriebsgrundlage zu prüfen sind, da eine einheitliche Auslegung des Begriffs in den unterschiedlichen Zusammenhängen nicht erfolgt.

1004 Auch nach derzeitiger Rspr. kann nicht von einer feststehenden Definition der wesentlichen Betriebsgrundlage gesprochen werden, wobei in der Vergangenheit die Unterschiede auch zwischen den einzelnen BFH-Senaten bei der Frage am deutlichsten zutage traten, unter welchen Voraussetzungen ein Grundstück mit oder ohne Gebäude als wesentliche Betriebsgrundlage anzusehen ist. Die als wesentliche Betriebsgrundlagen in Betracht kommenden Fallgruppen der Grundstücke mit oder ohne Gebäude, der beweglichen Anlagegüter und der immateriellen WG werden daher im Folgenden gesondert dargestellt.

a) Überlassung von Grundstücken und Gebäuden

1005 Die Rspr. zur Einordnung von Gebäuden als wesentliche Betriebsgrundlagen im Rahmen einer Betriebsaufspaltung hat in den vergangenen Jahren eine Ausdehnung zu Lasten der Stpfl. erfahren. Danach soll ein Gebäude für die Betriebsgesellschaft von wesentlicher Bedeutung sein (BFH v. 23. 5. 2000, BStBl. II 2000, 621 ; v. 16. 10. 2000, BFH/NV 2001, S. 438 ; v. 23. 1. 2001, BFH/NV 2001 S. 894), wenn

- die Betriebsgesellschaft ihre gewerbliche Tätigkeit ohne wesentliche Änderung der Organisation des Unternehmens nur mit einem Gebäude der überlassenen Art fortführen kann,
- das Gebäude alle Anforderungen an ein für den Betrieb der Betriebsgesellschaft geeignetes Gebäude erfüllt und
- das Gebäude für diesen Zweck hergerichtet worden ist.

1006 Aufgrund dieser Kriterien kann die sachliche Verflechtung im Rahmen einer Betriebsaufspaltung auch durch die Überlassung eines bloßen – also nicht aufwendig gestalteten – Büro- oder Verwaltungsgebäudes begründet werden. Dies ist vor Ergehen des BFH-Urt. III R 11/99 vielfach – auch verwaltungsseitig – anders gesehen worden (vgl. z. B. Erl. Bayern v. 7. 12. 1994, StEK EStG § 15 Nr. 226 ; Vfg. OFD Cottbus v.

30. 1. 1995, StEK EStG § 15 Nr. 226). Aus diesem Grunde werden in Fällen, in denen nur deswegen eine Betriebsaufspaltung vorliegt, weil die Anwendung der Grundsätze des BFH-Urt. VIII R 11/99 , zu einer Änderung gegenüber der bisherigen Verwaltungspraxis geführt hat, die steuerlichen Konsequenzen aus der Betriebsaufspaltung auf Antrag erst nach dem 30. 6. 2002 gezogen (vgl. BMF v. 20. 12. 2001, BStBl 2002 I S. 88 (diese Übergangsfrist lief urspr. nach BMF v. 18. 9. 2001, BStBl I 2001, S. 634 , nur bis zum 31. 12. 2001). Überhaupt nicht zur Anwendung gelangen die für die Betriebsaufspaltung geltenden Rechtsgrundsätze auf Antrag, wenn die Voraussetzungen für eine Betriebsaufspaltung, die sich allein aus der Anwendung der Grundsätze des BFH-Urt. VIII R 11/99 ergibt, vor dem 1. 7. 2002 wieder entfallen. Daraus ergibt sich, dass zum einen Alt-Fälle, bei denen die sachliche oder personelle Entflechtung mittlerweile entfallen ist, nicht mehr aufgegriffen werden dürfen oder (etwa bei laufenden Betriebsprüfungen) i. S. des BMF-Schr. abzuschließen sind. Zum anderen wird in den Fällen, in denen die Voraussetzungen der Betriebsaufspaltung noch nicht beseitigt sind, die Möglichkeit eingeräumt, eine (steuerneutrale) Beendigung bis zum 30. 6. 2002 herbeizuführen.

Als wesentliche Betriebsgrundlagen im Rahmen einer Betriebsaufspaltung sind nach Maßgabe gefestigter Rspr. Gebäude einzuordnen, wenn sie für den Betrieb von besonderer Bedeutung sind und ein besonderes wirtschaftliches Gewicht für die Betriebsführung des Betriebsunternehmens haben (vgl. z. B. BFH v. 24. 8. 1989, BStBl II 1989, 1014). Ein besonderes wirtschaftliches Gewicht für die Betriebsführung ist anzunehmen, wenn die Betriebsführung durch die Lage des Grundstücks bestimmt wird, das Grundstück auf die Bedürfnisse des Betriebs zugeschnitten ist (vor allem, wenn die aufstehenden Baulichkeiten für die Zwecke des Betriebsunternehmens hergerichtet oder gestaltet worden sind) oder wenn (Auffangkriterium) das Betriebsunternehmen aus anderen innerbetrieblichen Gründen seine Tätigkeit ohne ein Grundstück entsprechender Art nicht fortsetzen könnte, vgl. BFH v. 26. 5. 1993, BStBl. II 1993, 718 („Dachdecker-Urt."). Nach demselben Urt., (a. a. O., S. 720, unter Tz. 2 Buchst. c der Urt.-Gründe), ist von einer sachlichen Verflechtung aber erst dann auszugehen, wenn auch über die Überlassung des WG selbst auf das Betriebsunternehmen ein beherrschender Einfluss ausgeübt werden kann.

Als wesentliche Betriebsgrundlagen gelten nach diesen Maßgaben etwa:
(a) Fabrikations- oder Werkstattgebäude, da diese durch ihre Gliederung oder sonstige Bauart i. d. R. dauernd für den Betrieb eingerichtet oder nach Lage, Größe und Grundriss auf den Betrieb zugeschnitten sind(BFH v. 17. 9. 1992, BFH/NV 1993 S. 95, 96).
(b) Lagerhallen (BFH v. 26. 5. 1993, BStBl. II 1993, 718 ; v. 19. 7. 1994, BFH/NV 1995, S. 597).
(c) Ladengeschäfte, weil die Betriebsgesellschaft das von ihr betriebene Geschäft dieser Art nicht ohne Verkaufsraum führen kann (vgl. z. B. BFH v. 12. 2. 1992, BStBl. II 1992, 723).
(d) Unbebaute Grundstücke sind wesentliche Betriebsgrundlagen, wenn sie etwa als Lagerflächen betriebsnotwendig sind (BFH v. 15. 1. 1998, BStBl. II 1998, 478), oder von der Betriebsgesellschaft mit Zustimmung des Besitzunternehmens für betriebliche Zwecke bebaut werden.

1009 Ein wirtschaftliches Gewicht für die Betriebsführung wird abgelehnt, wenn dem angemieteten Grundstück (etwaig mit aufstehendem Gebäude) wegen seiner geringen Größe (in Relation zu der insgesamt genutzten Fläche) nur wenig Bedeutung zukommt. Fraglich ist nach wie vor, ob auch bloße Allerweltsgebäude, die nicht eigens zu Bürozwecken hergerichtet sind, als wesentliche Betriebsgrundlage einzustufen sind, wenn sie für Bürozwecke genutzt werden.

b) Bewegliche Anlagegüter

1010 Bewegliche Anlagegüter, wie z. B. Maschinen, sind unter den allgemeinen Voraussetzungen als wesentliche Betriebsgrundlagen anzusehen, wenn die Anlagegüter im Vergleich zu dem übrigen Anlagevermögen der Betriebsgesellschaft nicht von völlig untergeordneter Bedeutung sind, ohne dass es darauf ankommt, ob es sich bei ihnen um eine Sonderanfertigung handelt (BFH v. 24. 1. 1968, BStBl. II 1968; 354).

c) Immaterielle Wirtschaftsgüter

1011 Immaterielle WG sind als wesentliche Betriebsgrundlage anzusehen, wenn die unternehmerische Tätigkeit der Betriebsgesellschaft maßgeblich auf ihnen aufbaut. Solche immateriellen WG können z. B. Patente (BFH v. 26. 1. 1989, BStBl. II 1989, 455 ; v. 22. 1. 1988, BStBl. II 1988, 537), Gebrauchsmuster (BFH v. 26.1.1989, BStBl. II 1989, 455), Marken oder auch ungeschützte Erfindungen (BFH v. 26. 8. 1993, BStBl. II 1994, 168) sein. Eine „erhebliche," Grundlage der Produktion der Betriebsgesellschaft in der Überlassung des immateriellen WG wurde vom BFH etwa darin gesehen, dass der auf der Überlassung des immateriellen WG beruhende Umsatz zwischen 61 und 82 v. H. (BFH v. 26.1.1989, BStBl. II 1989, 455) bzw. etwa 75 v. H. (BFH v. 6. 11. 1991, BStBl. II 1992, 415) des Gesamtumsatzes betragen hat. In einem anderen Fall hatte der BFH bereits einen Umsatzanteil von 25 v. H. zur Annahme einer wesentlichen Betriebsgrundlage für ausreichend gehalten (BFH v. 20. 9. 1973, BStBl. II 1973, 869). Eine starre Grenze darf in diesem 25-v. H.-Anteil jedoch nicht gesehen werden. So differenzierte der BFH im Urt. v. 17. 11. 1989 (BFH/NV 1990, S. 99) wie folgt: Beruhen die Umsätze der GmbH zu mehr als 50 v. H. auf überlassenen Patenten des Gesellschafters, ist eine Betriebsaufspaltung auf jeden Fall gegeben; liegt der Umsatzanteil deutlich unter dieser Grenze, ist ein anderes Ergebnis denkbar. Entscheidend sind die Gesamtumstände des Einzelfalls. Wendt (FR 1999 S. 29, 30) ist der Auffassung, der 25-v. H.-Anteil am Gesamtumsatz aufgrund der Überlassung des Patents dürfe insoweit nicht als starre Grenze angesehen werden, als ihr einmaliges Überschreiten zur Begründung einer Betriebsaufspaltung, ein späteres Absinken aber zur Beendigung der Betriebsaufspaltung führe. Stattdessen soll die Begründung einer Betriebsaufspaltung nur angenommen werden, wenn – entsprechend der Regelung zum Strukturwandel vom land- und forstwirtschaftlichen zum Gewerbebetrieb (R 135 Abs. 2 EStR 2003) – drei Jahre hintereinander der maßgebliche Grenzwert überschritten wird. Die Beendigung der Betriebsaufspaltung (mit der Rechtsfolge der Realisierung der stillen Reserven) setzt nach *Wendt* ein aktives Tun voraus, also etwa eine Umstrukturierungsmaßnahme. Sinkt der Umsatzanteil demgegenüber ohne Zutun der beherrschenden Person oder Personengruppe, soll eine Betriebsunterbrechung im weiteren Sinne anzunehmen sein, die nicht mit der Aufdeckung der stillen Reserven verbunden ist.

d) Kein Eigentum an der wesentlichen Betriebsgrundlage erforderlich

Die Überlassung einer wesentlichen Betriebsgrundlage setzt nicht voraus, dass der Überlassende Eigentümer des Gegenstandes ist. Es reicht aus, wenn der Gegenstand dem überlassenden Besitzunternehmen von einem Dritten entgeltlich oder unentgeltlich zur Nutzung überlassen wurde (z. B. auch im Wege des Nießbrauchs) (BFH v. 5.2.2002, BFH/NV 2002, S. 781); BFH v. 28. 3. 2000, BFHE 191, S. 505; v. 24. 8. 1989, BStBl. II 1989, 1014). 1012

2. Nutzungsüberlassung durch Besitzunternehmen

Die Überlassung der wesentlichen Betriebsgrundlage durch das Besitzunternehmen zur Nutzung durch die Betriebsgesellschaft kann auf schuldrechtlicher oder dinglicher Grundlage erfolgen. Als schuldrechtliche Grundlage sind ein Miet- oder Pachtvertrag oder ein einfacher Lizenzvertrag denkbar (BFH v. 26. 8. 1993, BStBl. II 1994, 168). Als dingliche Grundlage kommen in Betracht: Nießbrauch, Erbbaurecht, ausschließlicher Lizenzvertrag (BFH v. 22. 1. 1988, BStBl. II 1988, 537, 538). 1013

III. Personelle Verflechtung

1. Personengruppentheorie

Personelle Verflechtung zwischen einem Besitzunternehmen und einer Betriebsgesellschaft ist gegeben, „wenn eine Person oder mehrere Personen zusammen (Personengruppe) sowohl das Besitzunternehmen als auch die Betriebsgesellschaft in dem Sinn beherrschen, dass sie in der Lage sind, in beiden Unternehmen einen einheitlichen geschäftlichen Betätigungswillen durchzusetzen" (BFH v. 17. 3. 1987, BStBl. II 1987, 858). Das Vorliegen einer personellen Verflechtung setzt nicht voraus, dass zwischen den beiden Gesellschaften bzw. Unternehmen Beteiligungsidentität besteht. Vielmehr reicht die Beherrschung der beiden Gesellschaften durch dieselben Personen aus (Personengruppentheorie) (BFH v. 8. 11. 1971, BStBl. II 1972, 63). Die Personengruppentheorie beruht nach der Rspr. auf der Vorstellung, dass die Mitglieder der Personengruppe sich nicht gegenseitig „blockieren„, sondern einheitlich entscheiden. Es wird von einem „vermuteten Interessensgleichklang„ ausgegangen (BFH v. 21. 8. 1996, BStBl. II 1997, 44). Die Voraussetzungen der personellen Verflechtung sind unter Berücksichtigung der Verhältnisse des Einzelfalles für den jeweiligen VZ zu ermitteln (BFH v. 21. 8. 1996, BStBl. II 1997, 44). 1014

Maßgeblich für die Frage, ob ein einheitlicher geschäftlicher Betätigungswille durchgesetzt werden kann, ist nicht die vermögensmäßige Beteiligung der betreffenden Personen, sondern der Umfang der ihnen zustehenden Stimmrechte. Die Stimmrechte der beteiligten Personen ergeben sich aus dem Gesellschaftsvertrag der jeweiligen Gesellschaft, oder, sofern keine oder keine wirksame Vereinbarung über die Stimmrechte vorliegt, aus dem Gesetz. Verfügt eine GmbH über eigene Anteile oder eine AG über eigene Aktien, sind diese mangels Stimmberechtigung nicht zu berücksichtigen (BFH v. 13. 12. 1983, BStBl. II 1984, 474). 1015

Stehen die den einzelnen Personen zustehenden Stimmrechte fest, ist zu prüfen, wie sich die Willensbildung in der Gesellschaft vollzieht. Maßgeblich ist dabei, dass sich das Beherrschungsverhältnis insbesondere auch auf das Nutzungsverhältnis und seine 1016

Auflösung beziehen muss. Bedarf ein dahingehender Beschluss der Gesellschaft nach dem Gesellschaftsvertrag oder mangels (wirksamer) gesellschaftsvertraglicher Regelung nach dem Gesetz (z. B. § 709 BGB) der Zustimmung aller Gesellschafter, wird die Gesellschaft nur dann von einer Personengruppe beherrscht, wenn diese über sämtliche Stimmen verfügt (BFH v. 15. 3. 2000, BFH/NV 2000, S. 1304). Sieht der Gesellschaftsvertrag oder das Gesetz (z. B. § 745 Abs. 1 BGB oder § 47 Abs. 1 GmbHG) hingegen eine Willensbildung nach dem Mehrheitsprinzip vor, liegt eine Beherrschung durch die über die Mehrheit der Stimmrechte verfügende Personengruppe selbst dann vor, wenn in besonderen Fällen eine qualifizierte Mehrheit (z. B. § 53 Abs. 2 Satz 1 GmbHG) oder Einstimmigkeit (z. B. § 745 Abs. 3 BGB) erforderlich ist. Es reicht aus, wenn die Personengruppe über eine Mehrheit der Stimmen verfügt, die es erlaubt, über die „Geschäfte des täglichen Lebens„, d. h. über die laufenden Geschäfte der Gesellschaft allein zu bestimmen (BFH v. 21. 8. 1996, BStBl. II 1997, 44). Die Nutzungsüberlassung eines Grundstücks durch eine GbR rechnet bei dieser zu den Geschäften des täglichen Lebens. (Etwas anderes gilt für eine überlassende Personenhandelsgesellschaft wie die GmbH & Co. KG).

1017 Gilt in beiden Gesellschaften das Mehrheitsprinzip, setzt die Beherrschung des Besitzunternehmens und der Betriebsgesellschaft in diesem Sinne nicht voraus, dass die beherrschende Personengruppe in beiden Fällen über mehr als 75 v. H. der Stimmen verfügt. Es reicht aus, wenn der Personengruppe im Besitzunternehmen und in der Betriebsgesellschaft jeweils mehr als 50 v. H. der Stimmen zuzurechnen sind. Über eine Mehrheit für qualifizierte Beschlüsse, z. B. für eine Satzungsänderung oder auch für außergewöhnliche Geschäfte (z. B. Grundstücksgeschäfte, vgl. BFH v. 21. 8. 1996, BStBl. II 1997, 44), braucht die Personengruppe – wie gezeigt – nicht zu verfügen, sofern die Nutzungsüberlassung nicht diesen außergewöhnlichen Geschäften zuzurechnen ist (z.B. Grundstücksüberlassung durch eine Personenhandelsgesellschaft). Sieht allerdings der Gesellschaftsvertrag für allgemeine Beschlüsse „des täglichen Lebens„ eine vom Mehrheitsprinzip abweichende Mehrheit vor (z. B. 75 v. H.), beherrscht eine Personengruppe diese Gesellschaft nur dann, wenn sie über die entsprechende Mehrheit der Stimmen verfügt (BFH v. 10. 4. 1997, BStBl. II 1997, 569).

Bei einer KG ist der Komplementär nicht bereits kraft seiner alleinigen Geschäftsführungsbefugnis nach § 164 HGB beherrschender Gesellschafter. Sofern das Mitwirkungsrecht der Kommanditisten nicht schon von vornherein ausgeschlossen ist, gilt auch hier, dass derjenige die Gesellschaft beherrscht, der über die Mehrheit der Stimmen in der Gesellschafterversammlung der KG verfügt (BFH v. 27. 8. 1992, BStBl. II 1993, 134).

2. Mittelbare Beherrschung

1018 Den für das Vorliegen einer personellen Verflechtung maßgeblichen Einfluss auf das Besitzunternehmen oder die Betriebsgesellschaft kann auch eine mittelbare Beteiligung begründen (BFH v. 10. 11. 1982, BStBl. II 1983, 136).

Beispiel: A ist alleiniger Inhaber des Besitzunternehmens. Er ist als Kommanditist mit 70 v. H. an der A GmbH & Co. KG und zu 100 v. H. an deren Komplementärin beteiligt. Die A GmbH & Co. KG ist ihrerseits alleinige Gesellschafterin der Betriebsgesellschaft B GmbH. Unter Berufung auf das Durchgriffsverbot hat der BFH im Urt. v. 27. 8. 1992 (BStBl. II 1993, 134) im nachfolgenden Fall das Vorliegen einer personellen Verflechtung verneint.

Beispiel: An der A GmbH & Co. KG ist A als alleiniger Kommanditist beteiligt. Die Komplementärin (A GmbH) wird ebenfalls von A beherrscht. Die B GmbH & Co. KG überlässt der A GmbH & Co. KG eine wesentliche Betriebsgrundlage zur Nutzung. Kommanditistin der B GmbH & Co. KG ist die C GmbH, deren alleiniger Anteilseigner A ist. Komplementärin der B GmbH & Co. KG ist die B GmbH, die von der C GmbH beherrscht wird. – Der BFH hielt im Beispielsfall zwar A für den beherrschenden Gesellschafter der A GmbH & Co. KG, da er als alleiniger Kommanditist und beherrschender Gesellschafter der Komplementärin in der Lage sei, in der Gesellschaft seinen geschäftlichen Betätigungswillen durchzusetzen. Im Gegensatz dazu sei A aber nicht Gesellschafter der B GmbH & Co. KG. Vielmehr sei die C GmbH Gesellschafterin und daher Mitunternehmerin der B GmbH & Co. KG. Die Beteiligung des A an der A GmbH & Co. KG könne der B GmbH & Co. KG ebenso wenig zugerechnet werden wie dessen beherrschende Funktion in der C GmbH. Dies ergebe sich aus dem für KapGes geltenden Durchgriffsverbot.

In einer anderen Entscheidung sah der BFH (Urt. v. 28. 11. 2001, DStR 2002, S. 260) die personelle Verflechtung aber in dem Fall als gegeben an, dass der beherrschende Gesellschafter einer GmbH ein Grundstück (es handelte sich um eine wesentliche Betriebsgrundlage) an eine andere GmbH vermietete, deren alleinige Gesellschafterin die in der Schweiz wohnhafte Schwester des Grundstückseigentümers war. Diese GmbH vermietete das Grundstück – ohne weitere Geschäfte zu tätigen – an die Betriebsgesellschaft. Die personelle Verflechtung war nach Rechtsauffassung des BFH gegeben, weil der Eigentümer der wesentlichen Betriebsgrundlage und beherrschende Gesellschafter der Betriebsgesellschaft durch die Zwischenvermietung über die von der Schwester beherrschte Gesellschaft jederzeit sicherstellen konnte, dass die für die Betriebsgesellschaft notwendige Immobilie dieser dauerhaft zur Verfügung steht. Auch ohne ausdrückliche dahingehende Vereinbarung nahm der BFH eine treuhandähnliche Gestaltung an. 1019

3. Faktische Beherrschung

Eine faktische Beherrschung, an deren Vorliegen strenge Anforderungen zu stellen sind, kommt nur in seltenen Ausnahmefällen in Betracht (BFH v. 12. 10. 1988, BStBl. II 1989, 152; v. 15. 3. 2000, BFH/NV 2000, S. 1304). Sie liegt vor, wenn die Unterordnung des das Vorliegen einer personellen Verflechtung verhindernden Gesellschafters durch die übrigen Gesellschafter aus wirtschaftlichen oder anderen Gründen erzwungen werden kann (BFH v. 15. 3. 2000, BFH/NV 2000, S. 1304). Ein allein auf schuldrechtlichen Rechtsbeziehungen beruhender wirtschaftlicher Druck reicht für die Annahme einer faktischen Beherrschung ebenso wenig aus (BFH v. 15. 3. 2000, BFH/NV 2000, S. 1304), wie eine maßgebliche Einflussnahme auf die kaufmännische oder technische Betriebsführung – wie sie etwa dem Geschäftsführer einer GmbH oder dem Vorstand einer AG zusteht – (BFH v. 29. 8. 2001, BFH/NV 2002, S. 185). Erforderlich 1020 ist vielmehr eine faktische Einwirkung auf die zur Beherrschung führenden Stimmrechte (BFH v. 15. 3. 2000, BFH/NV 2000, S. 1304).

1021 Keine personelle Verflechtung nahm der BFH in dem Fall an, dass Gesellschafter des Besitzunternehmens die Ehemänner waren, die bei der Betriebsgesellschaft angestellt waren, während die Ehefrauen Anteilseignerinnen der Betriebsgesellschaft waren und im Gesellschaftsvertrag der Betriebsgesellschaft bestimmt war, dass bei Beendigung des Anstellungsvertrages des jeweiligen Ehemannes der Geschäftsanteil seiner Ehefrau eingezogen werden konnte (BFH v. 15. 10. 1998, BStBl. II 1999, 445). Ebenso wenig liegt eine faktische Beherrschung vor, wenn Trägerin des Besitzunternehmens eine GbR ist, deren zu jeweils 50 v. H. beteiligten Gesellschafter bindende Übertragungsangebote der Gesellschafter der Betriebsgesellschaft (GmbH) vorliegen und nur einer der beiden Besitzgesellschafter Geschäftsführer der Betriebsgesellschaft ist. Das FG Münster führte hierzu im Urt. v. 22. 5. 2001 (EFG 2001, S. 1035, NZB unter Az. IX B 117/01 anhängig), aus, dass die Übertragungsangebote für sich genommen nicht zur Annahme einer faktischen Beherrschung ausreichen. Auch wenn mittels seiner Geschäftsführerstellung eine beherrschende Stellung des einen Besitzgesellschafters in der Betriebsgesellschaft denkbar sei, könne er in der Besitzgesellschaft infolge seiner lediglich hälftigen Beteiligung seinen geschäftlichen Betätigungswillen nicht durchsetzen.

1022 Hingegen wird nach wie vor von einer faktischen Beherrschung auszugehen sein, wenn dem alleinigen Inhaber des Besitzunternehmens, der gleichzeitig Geschäftsführer der Betriebsgesellschaft ist, eine Option zusteht, jederzeit die Mehrheit der Anteile an der Betriebsgesellschaft (GmbH) erwerben zu können (FG Rheinland-Pfalz, Urt. v. 6. 10. 1995, EFG 1996 S. 330 (Rev. durch BFH-Beschl. v. 17. 8. 1999 als unbegründet zurückgewiesen). Gleiches gilt, wenn die beherrschenden Gesellschafter des Besitzunternehmens mittels einer Vollmacht unter Befreiung von den Beschränkungen des § 181 BGB die Möglichkeit haben, zu ihrer Beteiligung von 49 v. H. an der Betriebsgesellschaft (GmbH) jederzeit eine weitere Beteiligung von 49 v. H. zu erwerben und die Stimmrechte aus der Beteiligung des Vollmachtgebers auszuüben, selbst wenn die erteilte Vollmacht widerruflich ist (BFH v. 29. 1. 1997, BStBl 1997 II S. 437 , 439). Gleiches gilt, wenn die Gesellschafter des Besitzunternehmens jederzeit die entschädigungslose Übertragung der Anteile an der Betriebs-GmbH von ihren Ehegatten verlangen können (BFH v. 15. 11. 2001, BFH/NV 2002, S. 345). Ebenso ist nach dem nrkr. Urt. des FG Baden-Württemberg v. 11. 5. 2001, EFG 2001, S. 1274 (Rev. unter Az. VIII R 24/91 anhängig), eine faktische Beherrschung gegeben, wenn die alleinigen Gesellschafter der Betriebsgesellschaft (GmbH) über eine umfassende Generalvollmacht ihrer Ehefrauen verfügen, die als Nur-Besitzgesellschafterinnen zusammen mit ihren Ehemännern an der das Besitzunternehmen führenden GbR beteiligt sind. Schließlich ist eine faktische Beherrschung denkbar, wenn entgegen der gesellschaftsvertraglichen Bestimmungen infolge eines Rechtsirrtums oder durch dauernde Übung ein die erforderliche Mehrheit vermittelndes Stimmrecht zugestanden wird.

4. Ehegatten

1023 Für Ehegatten gelten neben den Grundsätzen der faktischen Beherrschung keine weiteren Besonderheiten. Insbesondere dürfen die Anteile von Ehegatten am Besitzunternehmen und an der Betriebsgesellschaft im Hinblick auf Art. 3 Abs. 1 und Art. 6

Abs. 1 GG bei der Prüfung der Frage, ob eine personelle Verflechtung vorliegt, nicht zusammengerechnet werden. Es liegt außerdem keine Betriebsaufspaltung vor, wenn das Besitzunternehmen allein dem einen Ehegatten gehört und die Anteile am Betriebsunternehmen ausschließlich dem anderen Ehegatten zuzurechnen sind (Wiesbadener Modell, BFH v. 30. 7. 1985, BStBl. II 1986, 359; v. 9. 9. 1986, BStBl. II 1987, 28). Nach dem Beschluss des BVerfG v. 12. 3. 1985 (BStBl. II 1985, 475) besteht keine Vermutung dafür, dass Ehegatten gleichgerichtete wirtschaftliche Interessen verfolgen (anders noch BFH v. 10. 11. 1982, BStBl. II 1983, 136). Die Annahme „gleichgerichteter Interessen„ von Ehegatten muss wie auch sonst durch besondere Beweisanzeichen unterlegt werden, die nicht allein aus dem Bestehen einer ehelichen Lebensgemeinschaft hergeleitet werden können. Solche Beweisanzeichen sind nach Auffassung des BFH z. B. zwischen den Ehegatten bestehende Stimmrechtsbindungsverträge oder eine mehrere Unternehmen umfassende planmäßige Gestaltung (BFH v. 26. 10. 1988, BStBl. II 1989; 155; v. 24. 7. 1986, BStBl. II 1986, 913). Im Zweifelsfalle wird nur der Anteil der Gesellschafter am Grundstück zum Sonderbetriebsvermögen der Mitunternehmerschaft. Der BFH (v. 25. 4. 1985 IV R 36/82, DB 1985, 117) räumt dem Sonderbetriebsvermögen den Vorrang ein, wenn die Voraussetzungen einer Sonderbetriebseinnahme und Betriebsaufspaltung gleichzeitig vorliegen.

Keine Beweisanzeichen für gleichgerichtete Interessen sind demgegenüber jahrelanges konfliktfreies Zusammenwirken innerhalb der Gesellschaft, Herkunft der Mittel für die Beteiligung der Ehefrau aus der Betriebsgesellschaft des Ehemannes, „Gepräge„ der Betriebsgesellschaft durch den Ehemann, Erbeinsetzung der Ehefrau durch den Ehemann als Alleinerbin, gesetzlicher Güterstand der Zugewinngemeinschaft, beabsichtigte Alterssicherung der Ehefrau, Geschäftsführung des Ehemannes in der Gesellschaft der Ehefrau (BFH v. 26. 10. 1988, BStBl. II 1989; 155).

5. Abkömmlinge

Auch für Beteiligungen von Abkömmlingen gelten keine weiteren Besonderheiten. Beteiligungen von Eltern und volljährigen Kindern sind nicht zusammenzurechnen (BFH v. 14. 12. 1993, BStBl. II 1994, 922; v. 7. 11. 1985, BStBl. II 1986, 364). Bei der Beteiligung minderjähriger Kinder gilt dann etwas anderes, wenn Beweisanzeichen dafür vorliegen, dass die Rechte aus den Anteilen in Gleichklang mit den Rechten aus den elterlichen Anteilen ausgeübt werden. Davon soll nach Auffassung der FinVerw (R 137 Abs. 8 EStR 2001) ausgegangen werden können, wenn einem Elternteil oder beiden Elternteilen und einem minderjährigen Kind an beiden Unternehmen jeweils zusammen die Mehrheit der Stimmrechte zuzurechnen sind. Beherrschen die Eltern eine Gesellschaft allein, die andere aber nur zusammen mit dem minderjährigen Kind, liegt ebenfalls eine personelle Verflechtung vor, wenn das Vermögenssorgerecht beiden Elternteilen zusteht. Grundsätzlich keine personelle Verflechtung liegt vor, wenn nur ein Elternteil an dem einen Unternehmen die Mehrheit der Stimmrechte, am anderen Unternehmen aber nur zusammen mit dem minderjährigen Kind hält. Eine personelle Verflechtung soll in diesem Fall anzunehmen sein, wenn entweder das Vermögenssorgerecht allein beim beteiligten Elternteil oder aber bei beiden Elternteilen liegt und zusätzlich zur ehelichen Lebensgemeinschaft gleichgerichtete wirtschaftliche Interessen verfolgt werden. Davon ist in der Praxis regelmäßig auszugehen.

IV. Beginn der Betriebsaufspaltung

1. Zeitpunkt der Begründung der Betriebsaufspaltung

1026 Die Betriebsaufspaltung beginnt ab dem Zeitpunkt, in dem die sachliche und personelle Verflechtung vorliegt (Urt. FG Niedersachsen v. 19.5.1999, EFG 1999 S. 900 (rkr.). Fällt dieser Zeitpunkt nicht mit dem Beginn eines Wj zusammen, sind die Einkünfte des Besitzunternehmens erst ab dem Zeitpunkt des Vorliegens der sachlichen und personellen Verflechtung als Einkünfte aus Gewerbebetrieb zu qualifizieren. Davor liegen gegebenenfalls Einkünfte aus Vermietung und Verpachtung nach § 21 EStG vor.

Beispiel: An der B und C GbR sind B zu 60 v. H. und C zu 40 v. H. beteiligt (gesellschaftsvertraglich ist das Mehrheitsprinzip verabredet). Die B und C GbR verpachtet ein Grundstück mit aufstehendem Fabrikationsgebäude an die A GmbH, deren alleiniger Gesellschafter A ist. B erwirbt mit Wirkung ab 1. 7. mehr als 50 v. H. der Geschäftsanteile und der Stimmrechte an der A GmbH.

Lösung: Die Gesellschafter B und C erzielen bis zum 30. 6. Einkünfte aus Vermietung und Verpachtung nach § 21 Abs. 1 Nr. 1 EStG und erst ab 1. 7. Einkünfte aus Gewerbebetrieb.

Infolge des Abschnittsprinzips sind die Voraussetzungen der Betriebsaufspaltung für jeden VZ gesondert zu prüfen (BFH v. 12.11.1985, BStBl. II 1986, 296).

2. Ertragsteuerliche Folgen der Begründung der Betriebsaufspaltung

1027 Soll eine Betriebsaufspaltung willentlich in der Gestalt begründet werden, dass eine ursprünglich einheitliche Unternehmung in ein Besitzunternehmen und eine Betriebsgesellschaft aufgespalten wird (sog. echte Betriebsaufspaltung), sind folgende Wege denkbar, wenn das einheitliche gewerbliche Unternehmen in der Rechtsform einer Personenunternehmung betrieben wird:
(a) Es wird eine Betriebs-KapGes gegründet, der einzelne WG zur Nutzung überlassen, im Übrigen aber übertragen werden. Dieser Weg ist steuerlich nachteilig, weil die Übertragung von WG auf die Betriebs-KapGes nach dem 31.12.1998 gem. § 6 Abs. 6 Satz 2 EStG nur unter Aufdeckung der stillen Reserven zulässig ist. – Bereits für Übertragungen nach dem 31.12.1997 kam es nach den Grundsätzen des BMF-Schr. v. 27.3.1998 (DStR 1998, S. 766) unter Anwendung der Trennungstheorie insoweit zur Gewinnrealisation, als mit den WG auch Verbindlichkeiten übertragen wurden (a. A. FG Münster v. 28.9.1998, EFG 1999 S. 1170 (rkr.).
(b) Der Betriebs-KapGes werden nur WG des Umlaufvermögens übertragen (die keine stillen Reserven ausweisen). Im Übrigen wird an sie der bisherige Betrieb der originär gewerblich tätigen PersGes verpachtet. – Die Begründung der Betriebsaufspaltung ist in diesem Falle nicht mit ertragsteuerlichen Folgen verbunden, doch ist zu beachten, dass eine derart geschaffene Konstellation regelmäßig nachteilig ist, wenn der Pachtzins für nicht in Grundbesitz bestehende WG mehr als 125 000 € jährlich beträgt. In diesem Falle ist auf Seiten der Betriebs-KapGes gem. § 8 Nr. 7 GewStG die Hälfte der Pachtzinsen bei der Ermittlung des Gewer-

beertrags hinzuzurechnen, während es beim (Besitz-) Personenunternehmen aufgrund des nach Abzug der AfA geringeren Gewinns häufig nicht zu einer in gleichem Maße wirksamen Kürzung gem. § 9 Nr. 4 GewStG kommt. Die Kürzung des GewSt-Messbetrags auf Seiten des Besitzpersonenunternehmens führt zudem dazu, dass sich die GewSt-Anrechnung gem. § 35 EStG vermindert. Eine Gestaltungsmöglichkeit besteht insofern in der Umsetzung des sog. Schrumpfmodells, das die Vornahme von Reinvestitionen durch die Betriebs-KapGes vorsieht. Hier kommt es im Zeitablauf dazu, dass von der Überlassung eines Betriebs nicht mehr ausgegangen werden kann, so dass weder die Hinzurechnung nach § 8 Nr. 7 GewStG noch die Kürzung gem. § 9 Nr. 4 GewStG vorzunehmen sind.

(c) Letztlich ist denkbar, den Betrieb gem. § 20 Abs. 1 Satz 1 UmwStG zu Buchwerten gegen Gewährung von Gesellschaftsrechten in die Betriebs-KapGes einzubringen und im Anschluss durch Nutzungsüberlassung eines neu angeschafften oder hergestellten WG die Betriebsaufspaltung zu begründen. Dieser Weg ist ertragsteuerneutral möglich.

Ertragsteuerlich neutral vollzieht sich die Begründung einer unechten Betriebsaufspaltung. Sie liegt vor, wenn nicht ein zuvor einheitliches Unternehmen in ein Besitzunternehmen und eine Betriebsgesellschaft aufgespalten wird, sondern wenn zu einem bereits bestehenden Betriebsunternehmen ein Besitzunternehmen hinzutritt (vgl. z. B. BFH v. 3. 11. 1959, BStBl. III 1960, 50 ; v. 15. 12. 1988, BStBl. II 1989, 363 ; v. 6. 3. 1997, BStBl. II 1997, 460). 1028

VI. Beendigung der Betriebsaufspaltung – Vermeidung der Gewinnrealisation

Die Beendigung einer Betriebsaufspaltung tritt durch sachliche oder personelle Entflechtung ein. Zur Vermeidung der damit regelmäßig einhergehenden Gewinnrealisation sind mehrere Gestaltungsvarianten denkbar. 1029

1. Sachliche Entflechtung

Die sachlichen Voraussetzungen einer Betriebsaufspaltung entfallen (sachliche Entflechtung), wenn das Besitzunternehmen der Betriebsgesellschaft keine wesentliche Betriebsgrundlage mehr zur Nutzung überlässt. Dies ist denkbar z. B. durch Untergang der zur Nutzung überlassenen wesentlichen Betriebsgrundlage, durch Beendigung der Nutzungsüberlassung (BFH v. 24. 10. 2000, BStBl. II 2001, 321) oder auch durch Aufgabe oder Einstellung der gewerblichen Tätigkeit der Betriebsgesellschaft. 1030

2. Personelle Entflechtung

Die Voraussetzungen der personellen Verflechtung entfallen, wenn sich durch Ausscheiden eines Gesellschafters, Veräußerung der Beteiligung, Beendigung von Stimmrechtsbindungsverträgen, Zwangsvollstreckung oder Erbnachfolge die Stimmrechtsverhältnisse am Träger des Besitzunternehmens oder der Betriebsgesellschaft derart ändern, dass keine der beteiligten Personen oder Personengruppen mehr in der Lage ist, in beiden Unternehmensträgern ihren geschäftlichen Betätigungswillen durchzusetzen. Kommt es zur personellen Entflechtung durch Eintritt der Volljährigkeit bisher minderjähriger Kinder, wird das Wahlrecht zur Fortführung der gewerblichen Tätigkeit aus Billigkeitsgründen auch dann eingeräumt, wenn die Voraussetzungen einer (zuvor 1031 durch die Betriebsaufspaltung überlagerten) Betriebsverpachtung nicht gegeben sind, weil im Zeitpunkt der Betriebsaufgabe nicht sämtliche wesentlichen Betriebsgrundlagen an die Betriebsgesellschaft verpachtet sind (R 139 Abs. 2 Satz 3 EStR 2003).

1032 Die personelle Verflechtung zwischen Besitzunternehmen und Betriebsgesellschaft entfällt insbesondere durch Eröffnung des Insolvenzverfahrens über das Vermögen der Betriebsgesellschaft (BFH v. 6. 3. 1997, BStBl. II 1997, 460). Zur Begründung wird angeführt, dass die Gesellschafter der Betriebsgesellschaft nach Eröffnung des Insolvenzverfahrens nicht mehr in der Lage seien, in der Gesellschaft ihren geschäftlichen Betätigungswillen durchzusetzen. Die Verwaltungs- und Verfügungsbefugnisse bezüglich des Gesellschaftsvermögens lägen ab diesem Zeitpunkt nach § 80 InsO allein in der Person des Insolvenzverwalters. Gleiches dürfte auch dann gelten, wenn das Insolvenzverfahren nicht über das Vermögen der Betriebsgesellschaft, sondern über das Vermögen des Besitzunternehmens eröffnet wird, und auch dann, wenn vor Eröffnung des Insolvenzverfahrens zur Sicherung der Masse ein vorläufiger Insolvenzverwalter bestellt und dem Schuldner nach § 22 Abs. 1 Nr. 2 1. Alternative InsO ein allgemeines Verfügungsverbot auferlegt wird mit der Folge, dass die Verfügungsbefugnisse bereits zu diesem Zeitpunkt auf den vorläufigen Insolvenzverwalter übergehen.

1033 Werden dem Schuldner allerdings weder im Rahmen von Sicherungsmaßnahmen nach § 21 InsO noch – durch die Anordnung der Eigenverwaltung nach § 270 InsO – nach Eröffnung des Insolvenzverfahrens die Verwaltungs- und Verfügungsbefugnisse entzogen, tritt keine personelle Entflechtung ein. Die in § 270 Abs. 1 InsO vorgesehene Aufsicht eines Sachwalters steht dem nicht entgegen. Der Sachwalter hat lediglich die Aufgabe, die wirtschaftliche Lage des Schuldners zu prüfen und die Geschäftsführung sowie die Ausgaben für die Lebensführung nach Maßgabe der §§ 274, 275 InsO zu überwachen. Wird zunächst ein Insolvenzverwalter bestellt und nachträglich nach § 271 InsO Eigenverwaltung angeordnet, liegt nach den Grundsätzen des BFH-Urt. v. 6. 3. 1997 (BStBl. II 1997, 460) lediglich eine – für die Zwecke der Besteuerung unbeachtliche – Unterbrechung der Betriebsaufspaltung vor. Gleiches gilt danach im Fall der Aufhebung oder Einstellung des Insolvenzverfahrens und anschließender Fortsetzung der Gesellschaft (z. B. nach § 60 Abs. 1 Nr. 4 2. Halbsatz GmbHG) oder bei einer erfolgreichen Beschwerde gegen die Eröffnung des Insolvenzverfahrens.

3. Folgen der Beendigung der Betriebsaufspaltung

1034 Die Beendigung der Betriebsaufspaltung führt im Regelfall zur Betriebsaufgabe des Besitzunternehmens mit der Folge, dass nach § 16 Abs. 3 Satz 1 EStG die im Betriebsvermögen des Besitzunternehmens enthaltenen stillen Reserven aufzulösen und zu versteuern sind. Aufwendungen nach Aufgabe des Besitzunternehmens sind als nachträgliche Betriebsausgaben nach §§ 4 Abs. 4, 24 Nr. 2 EStG oder als Werbungskosten bei den Einkünften aus Vermietung und Verpachtung abzugsfähig (BFH v. 19. 6. 2001, HFR 2002 S. 10). Zum notwendigen BV des Besitzunternehmens gehören insbesondere auch die Anteile an der Betriebsgesellschaft (BFH v. 21. 6. 2001, GmbHR 2001, S. 1174; v. 28. 3. 2000, BFH/NV 2000, S. 1278). Auch insoweit kommt es mithin zur Gewinnrealisierung (BFH v. 23. 6. 1999, BFH/NV 2000, S. 30).

1035 Diese Konsequenzen gelten mit der Begründung, dass andernfalls die Erfassung der stillen Reserven nicht gewährleistet sei, unabhängig davon, ob der Wegfall der tatbestandlichen Voraussetzungen der Betriebsaufspaltung auf eine Handlung der beteiligten Personen oder ein sonstiges Ereignis (z. B. Erbfall) zurückzuführen ist (BFH v. 6. 3. 1997, BStBl. II 1997, 460; v. 26. 5. 1993, BStBl. II 1993, 718).

Vermieden wird eine Betriebsaufgabe aber, wenn im Zeitpunkt der Beendigung der Betriebsaufspaltung die Tätigkeit des Besitzunternehmens aus anderen Gründen als gewerbliche i. S. des § 15 EStG zu qualifizieren ist. Dies ist – bei entsprechender Ausübung des Wahlrechts – der Fall, wenn zu diesem Zeitpunkt die Voraussetzungen der Betriebsverpachtung vorliegen (BFH v. 6. 3. 1997, BStBl. II 1997, 460) oder das Besitzunternehmen als ruhender Gewerbebetrieb anzusehen ist (BFH v. 11. 5. 1999, BFH/NV 1999 S. 1422). Weiterhin ist denkbar, dass das Besitzunternehmen als Einzelunternehmen geführt wird und der Einzelunternehmer einen weiteren Gewerbebetrieb i. S. des § 15 Abs. 1 Nr. 1 EStG unterhält, in dessen BV die ursprünglich im Rahmen der Betriebsaufspaltung zur Nutzung überlassenen WG übergehen. Schließlich sind die Einkünfte des Besitzunternehmens trotz Wegfalls der Voraussetzungen der Betriebsaufspaltung als Einkünfte aus Gewerbebetrieb zu qualifizieren, wenn es sich beim Besitzunternehmen um einen Gewerbebetrieb kraft Rechtsform nach § 8 Abs. 2 KStG handelt oder Trägerin des Besitzunternehmens eine gewerblich geprägte PersGes i. S. des § 15 Abs. 3 Nr. 2 EStG ist. 1036

VI. Besitzunternehmen in Rechtsform der GmbH & Co. KG

Als Trägerin des Besitzunternehmens kommt neben der GbR auch jede Personenhandelsgesellschaft einschließlich der GmbH & Co. KG in Betracht. Daneben kann aber auch eine natürliche Person Inhaber des Besitzunternehmens sein. Neben der Mitunternehmerschaft in der „Rechtsform„ einer Miteigentümergemeinschaft (§ 1008 BGB) können schließlich auch die Erbengemeinschaft, die Gütergemeinschaft, die Wohnungseigentümergemeinschaft nach § 10 WEG – ohne dass es darauf ankommt, ob diese zivilrechtlich als Bruchteilsgemeinschaft oder als vereinsähnliches Gebilde einzuordnen ist -, eine gemeinnützige Körperschaft durch einen wirtschaftlichen Geschäftsbetrieb und auch jede KapGes Besitzunternehmen sein. Zusammenfassend kann jede natürliche bzw. juristische Person oder jeder Personenzusammenschluss, der Träger eines Unternehmens sein kann, auch Träger eines Besitzunternehmens im Rahmen einer Betriebsaufspaltung sein. Im Falle der WG überlassenden Bruchteilsgemeinschaft gilt dabei jedoch die Besonderheit, dass die überlassenen WG nicht dieser, sondern gem. § 15 Abs. 1 Satz 2 EStG den Bruchteilseigentümern zuzurechnen sind, weil jene über kein Vermögen zur gesamten Hand verfügt. 1037

Überlässt die Besitz-GmbH & Co. KG der Betriebs-GmbH Betriebsvermögen zur Nutzung, so ist die vermietende bzw. verpachtende Tätigkeit der GmbH & Co. KG kraft Rechtsform stets eine gewerbliche (§ 15 Abs. 3 Nr. 2 EStG), ohne dass die Voraussetzungen der Betriebsaufspaltung oder der gewerblichen Betriebsverpachtung im einzelnen vorliegen müssen. Die Wahl der Rechtsform der GmbH & Co. KG für das Besitzunternehmen garantiert somit, dass es nicht zur Versteuerung der stillen Reserven kommt, wenn die Voraussetzungen der Betriebsaufspaltung, personelle und/oder sachliche Verflechtung, nicht mehr gegeben sind. 1038

Eine personelle Verflechtung kann durch Erbauseinandersetzung, Ehescheidung und der damit verbundenen Vermögensauseinandersetzung beendet werden. Eine sachliche Verflechtung wird durch Veräußerung der Wirtschaftsgüter, Beendigung des Pachtver- 1039 hältnisses, aber auch dadurch beendet, dass das Wirtschaftsgut für das Betriebsunternehmen an Gewicht verliert.

1040 Die Rechtsprechung nimmt für die Fälle, dass die personellen und sachlichen Voraussetzungen für die Betriebsaufspaltung entfallen sind, eine Betriebsaufgabe an. Diese Folgerungen können dadurch vermieden werden, dass die Besitzgesellschaft in der Form der GmbH & Co. KG geführt wird.

1041 Handelt es sich beim Träger des Besitzunternehmens um einen Einzelunternehmer, eine GbR, eine OHG oder eine (nicht gewerblich geprägte) KG und soll eine Betriebsaufgabe im Fall der Beendigung der Betriebsaufspaltung vermieden werden, bestehen verschiedene Gestaltungsmöglichkeiten.

1042 Denkbar ist zum einen, dass der Einzelunternehmer das Besitzunternehmen nach § 24 Abs. 1, Abs. 2 Satz 1 1. Alternative UmwStG in eine gewerblich geprägte PersGes oder nach § 20 Abs. 2 Satz 1 1. Alternative UmwStG in eine KapGes (z. B. auch in die Betriebs-KapGes) jeweils zu Buchwerten einbringt. Die Buchwertfortführung wird eröffnet, weil das Betriebsunternehmen im Rahmen einer Betriebsaufspaltung einen Betrieb i. S. der §§ 20 Abs. 1, 24 Abs. 1 UmwStG darstellt (vgl. Rundvfg. OFD Frankfurt/Main v. 2. 11. 2001, Tz. 4.2, NWB DokSt Erl. F. 3 § 15 EStG Rz. 1/02). Dies gilt auch dann, wenn die Besitzunternehmung nur einzelne, für die Betriebs-KapGes wesentliche Betriebsgrundlagen zur Nutzung überlassen hat (etwa nur das Betriebsgrundstück; vgl. insbesondere BFH v. 12. 11. 1997, BFH/NV 1998 S. 690, 691: „Eine Grundstücksüberlassung kann in Gestalt eines Teilbetriebs ausgeübt werden, wenn sie (wie im Fall der Betriebsaufspaltung) für sich gesehen die Voraussetzungen eines Gewerbebetriebs erfüllt und wenn sie sich als gesonderter Verwaltungskomplex aus dem Gesamtbetrieb des Besitzunternehmens hervorhebt.". Nicht notwendig ist in diesem Zusammenhang, dass auch die Anteile an der aufnehmenden KapGes mit eingebracht werden. Dies ergibt sich auch daraus, dass der BFH mit Urt. v. 24. 10. 2000 (BStBl. II 2001, 321), ausführt, bei der Einbringung des Einzelunternehmens unter Rückbehalt der Anteile sei davon auszugehen, sie hätten sich – ohne Realisation der stillen Reserven – in einbringungsgeborene Anteile gewandelt. Die Einbringung der Grundstücke und der etwaigen anderen zur Nutzung überlassenen WG führt mithin nicht zu einer Entstrickung der Anteile an der Betriebsgesellschaft, sondern allein dazu, dass diese zu dauerhaft steuerverstrickten einbringungsgeborenen Anteilen werden (BMF v. 25. 3. 1998 (UmwSt-Erlass), BStBl. I 1998, 268, Tz. 20.11).

1043 Ebenso denkbar ist, dass die GbR, die OHG oder die KG ihr Besitzunternehmen gegen Gewährung von Gesellschaftsrechten in eine gewerblich geprägte PersGes einbringt. Auch eine GbR kann sich nach dem BGH-Beschl. v. 16. 7. 2001, DB 2001, S. 1983, als Kommanditistin an einer KG beteiligen. Der einfachere Weg wird insoweit aber regelmäßig darin bestehen, dass in die GbR bzw. in die OHG eine GmbH als weitere Gesellschafterin aufgenommen und die Gesellschaft sodann durch Neufassung des Gesellschaftsvertrages und Anmeldung zur Eintragung in das Handelsregister „formwechselnd„ in eine (gewerblich geprägte) KG umgewandelt wird. Bei dieser Variante handelt es sich nicht um einen „echten„ – im Fall der OHG oder KG ebenso zulässigen – Formwechsel i. S. der §§ 190 ff. UmwG, sondern um eine daneben zulässige sonstige Art des Rechtsformwechsels. Ein Vermögensübergang und damit eine Gewinnrealisierung tritt nicht ein. Ebensowenig kann Grunderwerbsteuer anfallen.

Darüber hinaus kann das Besitzunternehmen formwechselnd in eine KapGes umgewandelt werden, sofern Rechtsträger des Besitzunternehmens eine OHG oder KG ist, vgl. § 191 UmwG . Auch dieser Umwandlungsvorgang kann – bzw. nach Auffassung der FinVerw (vgl. Tz. 20.30 des BMF-Schr. v. 25. 3. 1998, BStBl. I 1998, 268 Tz. 20.30; a. A. FG München, Beschl. v. 5. 10. 2000, GmbHR 2001 S. 160 [rkr.]) muss – nach §§ 25 Satz 1, 20 Abs. 1, Abs. 2 1. Alternative UmwStG unter Fortführung der steuerlichen Buchwerte erfolgen. 1044

Ein Besitzunternehmen, das von einer OHG oder von einer KG geführt wird, kann auf eine gewerblich geprägte KG oder auf eine KapGes zur Neugründung oder zur Aufnahme (z. B. auch durch die Betriebs-KapGes) verschmolzen werden (§ 3 UmwG, §§ 11-13 UmwStG). Sofern insoweit Grundstücke auf eine KapGes übergehen, fällt indes GrESt an, da eine analoge Regelung zu § 5 GesEStG fehlt. 1045

Letztlich ist denkbar, dass die Betriebs-KapGes auf das Besitzunternehmen verschmolzen wird. Soll die Verschmelzung mit dem Vermögen eines Gesellschafters erfolgen, ist Voraussetzung, dass sich alle Geschäftsanteile oder alle Aktien der Gesellschaft in der Hand des betreffenden Gesellschafters oder Aktionärs befinden (§ 120 Abs. 1 UmwG). Ist die Verschmelzung mit einem Übernahmeverlust verbunden (weil die Anschaffungskosten der Anteile an der Betriebsgesellschaft die Buchwerte der WG der übertragenden KapGes überschreiten), ist dieser Gestaltungsweg indes nicht empfehlenswert, weil der Übernahmeverlust gem. § 4 Abs. 6 UmwStG außer Ansatz bleibt. 1046

Voraussetzung ist aber jeweils, dass die Gestaltungsmaßnahme vor Beendigung der Betriebsaufspaltung durchgeführt wird. Endet die Betriebsaufspaltung zuvor, tritt allenfalls eine erneute steuerliche Verstrickung der WG des Besitzunternehmens ein. Die eingetretene Gewinnrealisierung kann dadurch nicht verhindert werden. 1047

VII. Betriebsgesellschaft in Rechtsform der GmbH & Co. KG

Als Betriebsgesellschaft kommen zunächst alle Körperschaften in Betracht, sofern und soweit sie nicht von der KSt befreit sind (§§ 1, 5 KStG). Ebenso können im Rahmen einer mitunternehmerischen Betriebsaufspaltung PersGes mit Einkünften aus Gewerbebetrieb (§ 15 Abs. 3 Nr. 1 EStG), insbesondere eine GmbH & Co. KG, als gewerblich geprägte PersGes nach § 15 Abs. 3 Nr. 2 Satz 1 EStG Betriebsgesellschaft im Rahmen einer Betriebsaufspaltung sein. 1048

Selbst wenn Einkünfte aus Gewerbebetrieb erzielt werden, kann hingegen ein Einzelunternehmen nicht „Betriebsgesellschaft" im Rahmen einer Betriebsaufspaltung sein. Soweit die überlassenen wesentlichen Betriebsgrundlagen dem Einzelunternehmer zuzurechnen sind, handelt es sich um notwendiges Betriebsvermögen. Eine „Aufspaltung" des Gewerbebetriebs in Besitzunternehmen und Betriebsunternehmen scheidet nach h. A. auch aus, wenn ein Einzelgewerbetreibender eine wesentliche Betriebsgrundlage an eine PersGes überlässt, an der er beherrschend beteiligt ist. Insoweit geht das Sonderbetriebsvermögen dem steuerlichen Konstrukt der Betriebsaufspaltung vor, zumal auch im Bereich des Sonderbetriebsvermögens ein Gewerbebetrieb qua Rechtsform der GmbH & Co. KG vorliegt und es einer steuerlich fiktiven gewerblichen Tätigkeit vermittels einer Betriebsaufspaltung nicht bedarf (vgl. BFH v. 3. 2. 1994, BStBl. II 1994, 709). 1049

Verallgemeinernd kann wiederum konstatiert werden, dass als Betriebsgesellschaft jeder Personenzusammenschluss in Frage kommt, der gewerbliche Einkünfte erzielt. 1050

Zwar rechnet die Rspr. zur Betriebsaufspaltung nicht die gewerbliche Tätigkeit der Betriebsgesellschaft dem Besitzunternehmen zu, sondern sie beruht darauf, dass die Tätigkeit des Besitzunternehmens infolge der sachlichen und personellen Verflechtung mit der Betriebsgesellschaft nicht mehr als Vermögensverwaltung anzusehen ist, demnach fiktiv als gewerblich qualifiziert wird (BFH v. 21. 6. 2001, GmbHR 2001 S. 1174,). Ist der Personenzusammenschluss, mit dem eine sachliche und personelle Verflechtung vorliegt, indes nicht gewerblich tätig, liegen gleichwohl keine besonderen Umstände vor, die es gerechtfertigt erscheinen lassen, die Vermögensverwaltung steuerlich als gewerbliche Tätigkeit zu qualifizieren, so dass für eine „Abfärbung" kein Grund besteht.

1051 Agiert die Betriebsgesellschaft in Rechtsform der GmbH & Co. KG, so ist der vermietete Geschäftsbetrieb o.ä. ohnehin Bestandteil des Sonderbetriebsvermögens, so dass hieraus resultierende Einkünfte als solche aus der Mitunternehmerschaft bei dieser der Gewerbesteuer und durch die Zurechnung deren Einkommens zum Gesellschafter bei diesen der Einkommensteuer als Einkünfte aus Gewerbebetrieb (§ 15 abs. 1 Nr. 2 EStG) unterliegen.

Beispiel: Die A-GmbH & Co. KG betreibt ein Handelsgewerbe. Kommanditist der A-GmbH & Co. KG ist B mit einer Beteiligung am Gewinn und Vermögen in Höhe von 60 %. B vermietet ein Grundstück an seine Gesellschaft. Das Grundstück ist Bestandteil des Sonderbetriebsvermögens, so dass die Mieteinnahmen als Sonderbetriebseinnahmen und die „Ausgaben" wie Abschreibung, Grundsteuer u.ä. als Sonderbetriebsausgaben zu behandeln sind. Sie sind damit Teil des zu ermittelnden Einkommens der GmbH & Co. KG und beeinflussen dementsprechend den Gewerbeertrag und damit die Gewerbesteuer und werden einkommensteuerlich dem Kommanditist B als Einkünfte aus Gewerbebetrieb i.S.d. § 15 Abs. 1 Nr. 2 EStG zugerechnet. Somit handelt es sich bereits um (Sonder-) Betriebsvermögen, so dass eine Umqualifikation der Einkünfte aus Vermietung und Verpachtung in gewerbliche Einkünfte qua Betriebsaufspaltung zu keiner anderen ertragsteuerlichen Konsequenz führen würde.

VIII. Sonderformen der Betriebsaufspaltung

1. Umgekehrte Betriebsaufspaltung

1052 Als umgekehrte Betriebsaufspaltung wird die Nutzungsüberlassung durch eine Besitz-KapGes an eine Betriebs-PersGes bezeichnet. Die umgekehrte Betriebsaufspaltung eröffnet vor dem Hintergrund der durch das StSenkG eingetretenen Rechtsänderungen Chancen: Die Ergebnisse der originären Gewerbetätigkeit fallen nämlich auf der Ebene des Personenunternehmens an. Diesem (Betriebs-)Personenunternehmen resp. seinen Gesellschaftern steht anders als einer Betriebs-KapGes die pauschalierte GewSt-Anrechnung gem. § 35 EStG zu. Geht die Betriebsaufspaltung so weit, dass sie sich zugleich als Betriebsverpachtung darstellt, wird – bei einem Pachtzins für nicht in Grundbesitz bestehende WG von mehr als 125.000 € – die hälftige Hinzurechnung der geleisteten Pachtzinsen gem. § 8 Nr. 7 GewStG – je nach Höhe des Hebesatzes partiell – dadurch gemindert, dass auch insoweit die pauschalierte GewSt-Anrechnung gem. § 35 EStG wirkt. Der umgekehrten Betriebsaufspaltung kommt besondere Vorteilhaftigkeit dann zu, wenn der Gewinn aus der Verpachtung der WG bei der überlassenden Besitz-Kap-

Ges thesauriert wird. Der aus der Anwendung des niedrigeren KSt-Satzes resultierende Vorteil kann dadurch ausgebaut werden, dass die Besitz-KapGes als Holding gestaltet wird, die etwa Grundstücke nicht unmittelbar, sondern über eine Tochtergesellschaft zur Nutzung überlässt. Wird das Grundstück nicht mehr benötigt, können an seiner Stelle die Anteile an der Tochter-KapGes übertragen werden. Der dann entstehende Veräußerungsgewinn ist gem. § 8b Abs. 2 KStG steuerfrei (er dürfte allerdings gegenüber der unmittelbaren Grundstücksveräußerung eine gewisse Ermäßigung erfahren).

2. Mitunternehmerische Betriebsaufspaltung

Im Grundfall einer mitunternehmerischen Betriebsaufspaltung ist Trägerin sowohl des Besitz- als auch des Betriebsunternehmens eine PersGes. Denkbar ist indes auch, dass die Nutzungsüberlassung durch eine Bruchteilsgemeinschaft erfolgt. Die Besonderheit der mitunternehmerischen Betriebsaufspaltung besteht darin, dass bei Schwester-PersGes nach dem BFH-Urt. v. 23. 4. 1996 (BStBl. II 1998, 325) die Grundsätze der mitunternehmerischen Betriebsaufspaltung Vorrang vor § 15 Abs. 1 Nr. 2 EStG genießen. Die der Betriebs-PersGes zur Nutzung überlassenen WG gehören demnach zum Betriebsvermögen der Besitz-PersGes und nicht zum Sonder-BV der Gesellschafter bei der Betriebs-PersGes (H 138 Abs. 1 EStH „Vermietung zwischen Schwester-Personengesellschaften"). Dies gilt auch dann, wenn sich die Tätigkeit der Besitz-PersGes ausschließlich auf die Vermögensverwaltung beschränkt (BFH v. 24. 11. 1998, BStBl. II 1999, 483) oder es sich bei dieser um eine gewerblich geprägte, atypisch stille Gesellschaft handelt (BFH v. 26.11.1996, BStBl. II 1996, 328; BMF v. 28.4.1998, BStBl. I 1998, 583, mit Übergangsregelung). 1053

Nach Auffassung der FinVerw besteht eine weitere Besonderheit der mitunternehmerischen Betriebsaufspaltung darin, dass zu den allgemeinen Voraussetzungen der Betriebsaufspaltung die Gewinnerzielungsabsicht des Besitzunternehmens hinzukommen muss, die bei einer unentgeltlichen oder teilentgeltlichen Überlassung der wesentlichen Betriebsgrundlage(n) an die Betriebs-PersGes fehlt (BMF-Schr. v. 28. 4. 1998, BStBl 1998 I S. 583 Tz. 1). 1054

3. Mitunternehmerische Einheitsbetriebsaufspaltung

Eine mitunternehmerischen Einheitsbetriebsaufspaltung (Variante der mehrstöckigen PersGes) liegt vor, wenn eine gewerblich geprägte GmbH & Co. KG mit einer weiteren oder ihrer Komplementär-GmbH eine zusätzliche GmbH & Co. KG gründet und dieser zusätzlichen (Tochter-) Mitunternehmerschaft wesentliche Betriebsgrundlagen zur Nutzung überlässt. Dies hat den Vorteil, dass die Buchwertübertragungsmöglichkeiten nach § 6 Abs. 5 Satz 3 EStG genutzt werden können, indem die Betriebsaufspaltung z. B. dadurch begründet wird, dass die Muttergesellschaft nach § 6 Abs. 5 Satz 3 Nr. 1 EStG nur einzelne WG gegen Gewährung von Gesellschaftsrechten in das Gesamthandsvermögen der Tochtergesellschaft, deren Mitunternehmerin sie ist, unter Fortführung der Buchwerte überträgt. – Die Grundsätze des § 15 Abs. 1 Satz 1 Nr. 2 Satz 2 EStG gehen im Übrigen jener der mitunternehmerischen Betriebsaufspaltung vor, so dass durch die Obergesellschaft(er) der Tochtergesellschaft zur Nutzung überlassene WG zum Sonder-BV der Obergesellschaft(er) bei der Tochtergesellschaft rechnen (BFH v. 24. 3. 1999, BStBl. II 2000, 399 ; v. 7. 12. 2000, BStBl. II 2001, 316). 1055

IX. Unterschiede zwischen Sonderbetriebsvermögen und Betriebsaufspaltung

1056 Sonderbetriebsvermögenseigenschaft hat nur der Teil eines Wirtschaftsgutes, der einer Personengesellschaft dient. Bei der Betriebsaufspaltung wird grundsätzlich das gesamte Wirtschaftsgut, auch soweit es anteilig auf die Minderheitsgesellschafter entfällt, Betriebsvermögen der Besitzgesellschaft. Auch die Miteigentümer, die nicht Gesellschafter des nutzenden Unternehmens sind, werden durch die Überlassung zu Gewerbetreibenden.

1057 Wird die Betriebs-GmbH in eine GmbH & Co. KG umgewandelt und ist die Besitzgesellschaft eine solche nicht kraft Prägung, ist grundsätzlich die Betriebsaufspaltung beendet, da die Anteile am Betriebsvermögen des Mehrheitsgesellschafters mit der Umwandlung Sonderbetriebsvermögen der Betriebs-GmbH & Co. KG werden. Das hat zur Folge, dass die Anteile der Minderheitsgesellschafter der Besitz-KG, die nicht gleichzeitig Gesellschafter der Betriebs-GmbH & Co. KG sind, Privatvermögen werden. Es handelt sich für diese jedoch um eine (ggf. steuerbegünstigte) Betriebsaufgabe, da die Minderheitsgesellschafter insoweit ihre gewerbliche Tätigkeit beenden. Für die Mehrheitsgesellschafter der Besitz-KG, die gleichzeitig Gesellschafter der Betriebs-GmbH & Co. KG sind, erfolgt die Übertragung der Wirtschaftsgüter aus einem Betriebsvermögen in das Sonderbetriebsvermögen zu Buchwerten gem. § 6 Abs. 5 Satz 2 EStG.

1058 Diese Besteuerung der Minderheitsgesellschafter aufgrund der Betriebsaufgabe kann allerdings dadurch vermieden werden, dass die Besitzgesellschaft durch Aufnahme einer GmbH als Komplementärin eine gewerbliche Tätigkeit kraft Prägung ausübt, mit der Folge, dass die Verpachtung durch die Besitzgesellschaft, auch soweit sie nicht zum Sondervermögen gehört, gewerblich bleibt.

1059 Das Sonderbetriebsvermögen bildet bei der Personengesellschaft, die dieses nutzt, einen einheitlichen Betrieb mit der Folge, dass im Falle der Veräußerung des ganzen Betriebes ein Freibetrag gewährt wird, der das Sonderbetriebsvermögen mit einschließt. Auch hinsichtlich der Gewerbesteuer liegt nur ein Betrieb vor.

1060 Daher ergeben sich hinsichtlich der Gewerbesteuer Steuervorteile bei der mitunternehmerischen Betriebsaufspaltung, weil für jeden Betrieb jeweils ein Freibetrag nach dem Gewerbeertrag in Höhe von € 24.500 (§ 11 Abs. 1 Satz 3 Nr. 1 GewStG) gewährt wird und die Auswirkung des Staffeltarifs (§ 11 Abs. 2 Nr. 1 GewStG) doppelt genutzt werden kann.

G. Umsatzsteuer

I. Unternehmereinheit bei der GmbH & Co. KG

1061 Sowohl hinsichtlich der GmbH als auch der Kommanditgesellschaft liegen bürgerlich-rechtlich zwei selbständige Unternehmen vor. Das trifft auch umsatzsteuerlich grundsätzlich zu. Nach der früheren Rechtsprechung des BFH (BStBl. II 1955, 113) konnte zwischen zwei und mehreren Gesellschaften eine Unternehmenseinheit bestehen, mit der Folge, dass Umsätze zwischen diesen Gesellschaften nichtsteuerbare Innenumsätze darstellten. In mehreren Urteilen hatte jedoch der BFH (BStBl. 1979 II, 347) die Rechtsprechung zur Unternehmenseinheit und zum organschaftsähnlichen Verhältnis aufgegeben (Schreiben BMF v. 17. 12. 1979 IV A 2 S. 7104, 37/79 UStR 1980, 19). Es handelt sich hier um zwei selbständige Unternehmen.

II. Umsatzsteuer bei Neugesellschaftern

1. Umsatzsteuer bei Gründung einer GmbH & Co. KG

Bei der Gründung einer GmbH & Co. KG werden zwar Einlage und Gewährung von Gesellschaftsrechten zwischen der Gesellschaft und ihren Gesellschaftern ausgetauscht. Es handelt sich aber gerade nicht um einen tauschähnlichen Umsatz, da die Gesellschaftsrechte durch Abschluss und Erfüllung des Gesellschaftsvertrages unmittelbar in der Person des jew. Gesellschafters entstehen (vgl. Rau/Dürrwächter, § 4 Nr. 8, Rz. 377). Dieser Vorgang wird als Leistungsvereinigung bezeichnet und als nicht umsatzsteuerbar behandelt. 1062

2. Umsatzsteuer bei Eingehen einer stillen Gesellschaft

Seit 1.1.1987 war in § 4 Nr. 8 Buchst. j UStG geregelt, dass die Eingehung einer stillen Gesellschaft von der Umsatzsteuer befreit ist. Diese Regelung war vielfach, zu Recht, als überflüssig angesehen worden, da es sich hierbei bereits um eine nicht steuerbare Leistung handelte (stellv. Plückebaum/Maltizky,/Widmann, Komm. zum UStG, Loseblatts., § 4 UStG, Rz. 189). Dies hat nun auch der Gesetzgeber eingesehen und die Regelung ab 1.1.2005 abgeschafft (vgl. Widmann, DB 2005, S. 184 mit Verweis auf EuGH-Urt. v. 26.6.2003, EuGHE 2003, S. I-6851=UR 2003, S. 443 sowie Küffner/Zugmaier, DStR 2005, S. 313). 1063

III. Leistungen zwischen Gesellschafter und PersG

1. Rechnungslegung

Die Personengesellschaft rechnet steuerpflichtige Leistungen an ihre Gesellschafter oder diesen nahestehende Personen mit Rechnung i. S. d. § 14 Abs. 1 UStG ab, wobei die allgemeinen Vorschriften, wie gesonderter Ausweis der USt, Angabe der Steuernummer des Leistenden, Rechnungsnummer etc., gelten. Handelt es sich um teilentgeltliche Leistungen, bei denen die Bemessungsgrundlage für Entnahmen und unentgeltliche sonstige Leistungen anzusetzen ist, kann lediglich in der Rechnung die Umsatzsteuer ausgewiesen werden, die auf das vereinbarte Entgelt entfällt. 1064

2. Vorsteuerabzug beim Gesellschafter

Bei Leistungen der Personengesellschaft an ihre Gesellschafter kommt ein Vorsteuerabzug beim Gesellschafter nur in Betracht, wenn der Gesellschafter Unternehmer ist, die Leistung für sein Unternehmen bezogen wird und eine Rechnung, insbesondere nach den Grundsätzen des § 14 Abs. 4 UStG, vorliegt. 1065

Die Vorsteuer kann nur abgezogen werden, wenn die Leistung der Personengesellschaft entgeltlich erfolgte und auch nur insoweit, als ein Entgelt tatsächlich geschuldet wird. Bei teilentgeltlichen Leistung an einen Gesellschafter oder eine diesem nahestehende Person fällt somit Umsatzsteuer zwar in Höhe der (Ersatz-) Bemessungsgrundlage an. Der Vorsteuerabzug des Gesellschafters erfolgt aber nur in Höhe der in der Rechnung i.S.d. § 14 Abs.1 UStG ausgewiesenen Umsatzsteuer und nicht darüber hinausgehend bis zur Höhe der Umsatzsteuer auf die Bemessungsgrundlage i.S.d § 10 Abs. 4 UStG (daher in Höhe der Differenz Definitivbelastung mit Umsatzsteuer in der Unternehmerkette). 1066

3. Umsatzsteuer bei unentgeltlichen Lieferungen und Leistungen

1067 Bei unentgeltlichen Lieferungen ist nach § 10 Abs. 4 Nr. 1 UStG grundsätzlich der Einkaufspreis zzgl. Erwerbsnebenkosten als Bemessungsgrundlage anzusetzen, bei fehlendem Einkaufspreis die Selbstkosten (jeweils zum Zeitpunkt des Umsatzes). Ausgangspunkt sind also regelmäßig die Wiederbeschaffungskosten zum Zeitpunkt der Ausführung der Lieferung entsprechen (BFH v. 17. 9. 1987, BStBl. II 1988, 488). Dies gilt auch bei Werklieferungen. Diese liegen vor, wenn die Personengesellschaft den Gegenstand der Lieferung hergestellt hat. Die Bemessungsgrundlage bei Werklieferungen umfasst sämtliche Kosten, mit denen aus Anlass der Werkherstellung durch Materialbeschaffung, Einsatz der betrieblichen Organisation und Aufwand für Fremdleistungen die Kostenrechnung belastet wurde (BFH v. 3. 11. 1983, BStBl. II 1984, S. 169). Nicht in die Ermittlung einzubeziehen sind anteilige Verwaltungs- und Vertriebskosten, kalkulatorischer Unternehmerlohn und ein Gewinnaufschlag (hierzu Reiß StuW 1984, 175, 179, ders. UR 1986, S 83; vgl. auch BFH v. 21. 4. 1988, BStBl. II 1988, 746). Als Bemessungsgrundlage bei Lieferungen/Entnahmen (§ 3 Abs. 2a Nr. 1 UStG) sind nach § 10 Abs. 4 Nr. 1 die Kosten anzusetzen, soweit sie zum vollen oder teilweisen Vorsteuerabzug geführt haben.

1068 Leistungen der Gesellschaft an ihre Gesellschafter zu außerunternehmerischen Zwecken sind grundsätzlich der Umsatzsteuer zu unterwerfen, wobei Entnahmen nach § 3 Abs. 1b Nr. 1 UStG und unentgeltliche sonstige Leistung nach § 3 Abs. 9a Nr. 2 UStG der Umsatzsteuer unterliegen.

1069 Neben der privaten Nutzung eines zum Unternehmen der Personengesellschaft gehörenden Pkw (BFH v. 5. 4. 1984 V R 51/82, BStBl. II 1984, 499) handelt es sich insbesondere um folgende unentgeltliche sonstige Leistungen: private Nutzung eines Teils eines Grundstücks (EuGH v. 08.05.2003, C-269/00, „Seering", BStBl. II 2004, 378), Baumaßnahmen auf dem Grundstück eines Gesellschafters, private Telefonnutzung (2. 11. 1986 VR 68/78 BStBl. II 1987, 42), private Nutzung einer der Gesellschaft gehörenden Yacht (BFH v. 24.08.2000, BStBl. II 2001, 76) bzw. von Gäste- und Ferienhäusern, Einsatz von Arbeitnehmern für Zwecke der Gesellschafter (Fahrer, Reinigungskräfte, Gärtner, Schreibkraft für Doktorarbeit eines Sohnes eines Gesellschafters usw.), wobei es sich vielfach bereits um nichtabzugsfähige Betriebsausgaben handelt (§ 4 Abs. 5 EStG), so dass der Gewinn nicht durch diese Aufwendungen gemindert wird, gleichwohl hierauf aber Umsatzsteuer anfällt.

1070 Bei unentgeltlichen sonstigen Leistungen (§ 3 Abs. 9a Nr. 2 UStG) sind als Mindestbemessungsgrundlage zwar nach der 6. EG-Richtlinie die Kosten, also die Aufwendungen des Unternehmers für die Erbringung der sonstigen Leistung (Art. 11 Teil A Abs. 1 Buchst. c der 6. EG-Richtlinie), jedoch seit 1.7.2004 gem. § 10 Abs. Nr. 2 UStG die Ausgaben anzusetzen, soweit sie zum vollen oder teilweisen Vorsteuerabzug berechtigt haben (kritisch Küffner/Zugmaier, DStR 2005, S. 314). Soweit die Anschaffungs- oder Herstellungskosten mindestens 500 € betragen, sind diese gleichmäßig auf einen Zeitraum zu verteilen, der dem für das Wirtschaftsgut maßgeblichen Berichtigungszeitraum nach § 15a UStG entspricht. Dieser beträgt grundsätzlich 5 Jahre (§ 15a Abs. 1 Satz 1 UStG), jedoch bei Gebäuden 10 Jahre (§ 15a Abs. 1 Satz 2 UStG).

4. Umsatzsteuerliche Behandlung von verbilligten Lieferungen und Leistungen

Erbringt die Personengesellschaft gegenüber ihrem Gesellschafter eine verbilligte Leistung, ist das vereinbarte Entgelt die Bemessungsgrundlage für die USt, wenn es über den (Selbst-) Kosten bei Lieferungen bzw. Ausgaben bei sonstigen Leistungen liegt. Ist das vereinbarte Entgelt niedriger als dieser Wert, so greift insoweit die Mindestbemessungsgrundlage nach § 10 Abs. 5 UStG. Rückwirkend zum 1.7.2004 hat der Gesetzgeber den Begriff (Selbst-) „Kosten" mit dem EURLUmsG (BGBl. I 2004, 3310) durch den Begriff „Ausgaben" ersetzt. Dies führt in der Konsequenz dazu, dass beispielsweise die Umsatzbesteuerung auf einen selbst genutzten Gebäudeteil, bei dessen Anschaffung oder Herstellung zur Umsatzsteuerpflicht optiert wurde, nicht mehr über einen Zeitraum von 50 Jahren erfolgt (USt auf den AfA-Satz von 2%), sondern über den Berichtigungszeitraum des § 15a UStG, d.h. über 10 Jahre (s. auch BMF-Schreiben v. 13.04.2004, DStR 2004, S. 775). Dies könnte allerdings gegen Art. 11 Teil A Abs. 1 Buchst. c der 6. EG-Richtlinie verstoßen. (So Küffner/Zugmaier, DStR 2005, S. 314 mit einem Verweis auf die in diese Richtung erfolgte Entscheidung des Niedersächs. FG v. 28.10.2004, DStRE 2004, S. 1471 (Rev. eingelegt, Az. des BFH: V R 56/04)).

1071

Die Mindestbemessungsgrundlage nach § 10 Abs. 5 Nr. 1 UStG hat die Aufgabe, bei entgeltlichen Leistungen der Personengesellschaft an ihre Gesellschafter und diesen nahestehende Personen eine Versteuerung herbeizuführen, die der Besteuerung bei Umsätzen mit Nichtgesellschaftern entspricht. Der Begriff der nahestehenden Personen umfasst nicht nur die Angehörigen i.S.d. § 15 AO, sondern auch andere Personen, zu denen ein Gesellschafter/Anteilseigner enge rechtliche, wirtschaftliche oder persönliche Beziehungen hat (Abschn. 158 Abs. 1 Satz 2 UStR).

1072

Zunächst wird also geprüft, ob das vereinbarte Entgelt die Bemessungsgrundlage nach § 10 Abs. 4 UStG erreicht oder überschreitet. Liegt das vereinbarte Entgelt unter dieser Bemessungsgrundlage, greift §10 Abs. 5 UStG mit der Konsequenz, dass eine Umsatzsteuer auf die Bemessungsgrundlage i.S.d. § 10 Abs. 4 UStG anfällt, d.h. über das vereinbarte Entgelt hinaus. (Abschn. 158 Abs. 1 Satz 3 UStR).

1073

Beispiel: Gesellschafter A der B-GmbH & Co. KG nutzt einen firmeneigenen Pkw auch privat. In der Buchführung der B-GmbH & Co. KG wird diese Pkw-Nutzung dem Kapitalkonto des Gesellschafters A im Kalenderjahr mit € 3.000 belastet. Dieser Privatnutzung wäre aber nach § 10 Abs. 4 Nr. 2 UStG eine Bemessungsgrundlage in Höhe von € 4.000 („Ausgaben") zu Grunde zu legen. Das durch den Gesellschafter, aufgrund der Belastung seines Privatkontos, entrichtete Entgelt in Höhe von € 3.000 ist aber niedriger als die Bemessungsgrundlage des § 10 Abs. 4 Nr. 2 UStG. Die Pkw-Überlassung der B-GmbH & Co. KG an den Gesellschafter A ist daher nach § 10 Abs. 5 Nr. 1 UStG mit € 4.000 der Umsatzsteuer zu unterwerfen.

5. Leistungen der Gesellschafter an eine GmbH & Co. KG

a) Allgemeines

Eine Personengesellschaft und ihre Gesellschafter sind umsatzsteuerrechtlich verschiedene Personen. Daraus folgt, dass der Gesellschafter neben der Personengesellschaft Unternehmer sein kann. Soweit der Gesellschafter an die Personengesellschaft eine

1074

Lieferung oder sonstige Leistung im Rahmen seines Unternehmens erbringt, liegt eine umsatzsteuerbare Leistung vor.

b) Geschäftsführung

1075 Für die Erbringung der Geschäftsführung einer Personengesellschaft wird häufig ein gesondertes Entgelt, meist eine Pauschale, gezahlt. In vielen Fällen fungiert der Komplementär einer GmbH & Co. KG als Geschäftsführer. Der BFH hat in seiner bisherigen Rechtsprechung (BFH-Urteil vom 17. Juli 1980 VR 5/72 BStBl. II 1980, 622) die Geschäftsführungs- und Vertretungsleistungen eines Gesellschafters an die Gesellschaft gegen Entgelt umsatzsteuerlich nicht als Leistung eines Gesellschafters an die Gesellschaft beurteilt, da die Ausübung der Mitgliedschaftsrechte im Vordergrund stünden. In seinem Urteil vom 19. Juli 1973 (BStBl. II 1973, 764) hatte der BFH zunächst entschieden, dass derartige Geschäftsführungsentgelte einen Leistungsaustausch darstellen und damit umsatzsteuerbar seien. Diese Auffassung hat er in seinem Urteil vom 17. Juli 1980 (BStBl. II 1980, 622) wieder aufgegeben. In diesem Urteil hat er festgehalten, dass ein gewinnabhängiges Sonderentgelt einer GmbH & Co. KG an die Komplementär GmbH für die Geschäftsführung keinen Leistungsaustausch darstelle und somit nicht umsatzsteuerbar sei. Die Finanzverwaltung hat diese Rechtsprechung zum Anlass genommen, ebenfalls einen Leistungsaustausch für derartige Sonderentgelte nicht anzunehmen (Abschn. 1 Abs. 8 Satz 1, 17 Abs. 1 Satz 1 und 11 sowie 18 Abs. 4 Satz 1 UStR 2000). Auf Basis des BFH-Urteils vom 6. Juni 2002 (DB 2002, 1757) wurden die hierfür maßgeblichen Umsatzsteuerrichtlinien durch das BMF-Schreiben vom 13. Dezember 2002 (IV B 7-S 7100-315/02, DB 2003, 19) bzw. vom 23.12.2003 (BStBl. I 2004, 240) außer Kraft gesetzt und das BFH-Urteil für voll anwendbar erklärt. Im folgenden soll nun das BFH-Urteil in seinen wesentlichen Wertungen dargestellt und anschließend die Folgerungen für die Praxis nebst Gestaltungsmöglichkeiten dargestellt werden (vgl. ausf. Ottersbach/Breithaupt, NZG 2003, S. 614ff.).

BFH-Urteil vom 6. Juni 2002 und BMF-Schreiben vom 13. Dezember 2002 bzw. 23.12.2003

1076 Der BFH geht in seinem Urteil vom 6. Juni 2002 (V R 43/01, DB 2002, 1757) davon aus, dass die Leistungen eines Gesellschafters an seine Gesellschaft ihren Ursache entweder im gesellschaftsrechtlichen Beitragsverhältnis oder in einem gesonderten schuldrechtlichen Austauschverhältnis haben kann. Maßgebliche Unterscheidung hierfür ist, dass die Leistung eines Gesellschafters auf Grund eines gesellschaftsrechtlichen Beitragsverhältnisses durch die Beteiligung am Gewinn und Verlust der Gesellschaft abgegolten wird. Daneben können aber Leistungen auf Grund eines gesonderten schuldrechtlichen Austauschverhältnisses erbracht werden, die gegen ein gewinnunabhängiges (Sonder-)Entgelt ausgeführt werden. Umsatzsteuerbare Sonderentgelte können auch gewinnabhängige Vergütungen darstellen, wenn sie sich nicht nach den vermuteten, sondern nach den tatsächlich erbrachten Gesellschafterleistungen bemessen. So zum Beispiel für Gesellschafterbeiträge gegenüber Arbeitsgemeinschaften des Baugewerbes (vgl. Weimann, DB 2003, S. 239). Derartige Leistungen seien auf einen Leistungsaustausch gerichtet. In diesen Fällen läge umsatzsteuerlich eine Steuerbarkeit vor. Der BFH sieht sich im übrigen in Übereinstimmung mit der Rechtsprechung des

EuGH (EuGH-Urteil vom 27. Januar 2000 – RsC-2398-Heerma, UR 2000, 121). Diese hat im übrigen in seinem Urteil vom 27. September 2001("Cibo Participations SA", UR 2001, 500; Heinder, DStR 2002, S. 1892, m.w.N.) die Erbringung von administrativen, finanziellen, kaufmännischen oder technischen Dienstleistungen einer Holding gegenüber ihren Beteiligungsgesellschaften dann als wirtschaftliche Tätigkeit im Sinne von Artikel 4 Abs. 2 der 6. EG-Richtlinie gewertet, wenn hierfür ein *gesondertes* Entgelt gezahlt werde.

Der BFH gibt durch sein Urteil vom 6. Juni 2002 ausdrücklich seine bisher zu diesem Sachverhalt geltende Auffassung auf (vgl. II. 1.c aus den Entscheidungsgründen, DB 2002, 1757). Die Annahme, dass die Ausübung der Mitgliedschaftsrechte nicht als Leistung an die Gesellschaft angesehen werden können, weil der Gesellschafter im Rahmen seiner Geschäftsführung auch seine Rechte als Gesellschafter ausübe, stehe mit den mittlerweile – auch gemeinschaftsrechtlich – anerkannten Voraussetzungen für die Annahme eines Leistungsaustausches nicht mehr im Einklang. Er führt hierzu aus: „Ob der Gesellschafter bei der Führung der Geschäfte einer Personengesellschaft zugleich auch Mitgliedsrechte ausübt, ist mithin nicht erheblich, wenn er dafür ein Entgelt erhält". 1077

Maßgeblich für die Annahme eines Leistungsaustausches und damit für die Umsatzsteuerbarkeit ist nach dem, das BFH-Urteil für anwendbar erklärenden, BMF-Schreiben vom 13. Dezember 2002 und 23.12.2003 (a.a.O.), dass die Geschäftsführungs- und Vertretungsleistungen für eine Personengesellschaft durch einen Gesellschafter auf Grund eines Geschäftsbesorgungsvertrages gegen Vergütung erfolgt. 1078

Wesentlich für die Annahme der Umsatzsteuerbarkeit ist daneben aber, dass die übrigen Voraussetzungen des § 2 UStG – Unternehmereigenschaft – erfüllt sind. Demnach muss der Gesellschafter selbstständig tätig sein (§ 2 Abs. 2 Satz 1 UStG). Während Kapitalgesellschaften, so die Komplementär-GmbH, grundsätzlich durch den BFH als selbstständig angesehen werden (Ausnahme: Organschaft), ist bei natürlichen Personen als Gesellschafter, die derartige Leistungen erbringen, entscheidend, ob die Leistung auf Grund eines Arbeitsvertrages oder eines Geschäftsbesorgungsvertrages erbracht werden. Im Falle eines Arbeitsvertrages unterliegt der Gesellschafter für seine Geschäftsführung dem Weisungsrecht der Personengesellschaft und ist demnach nicht selbstständig tätig. Für diese Fälle liegt keine Umsatzsteuerbarkeit vor. Handelt er auf Grund eines Geschäftsbesorgungsvertrages und ist gegenüber der Personengesellschaft nicht weisungsgebunden, so ist er selbstständig tätig, somit steuerlicher Unternehmer nach § 2 UStG und eine umsatzsteuerbare Leistung liegt bei Geschäftsführungsleistungen gegen (Sonder-)Entgelt vor. 1079

Das BMF hatte in seinem Schreiben vom 13. Dezember 2002 (a.a.O.) eine Übergangsregelung geschaffen. Danach sind die maßgeblichen o.g. Umsatzsteuerrichtlinien nicht mehr ab dem 1. Juli 2003 anzuwenden, so dass bis dahin die bisherige umsatzsteuerliche Handhabung weiter fortbestand. Allerdings konnten sich Steuerpflichtige auf die Rechtsprechung des BFH berufen und für offene Veranlagungszeiträume diese für sich in Anspruch nehmen. Dies wurde nur dann umgesetzt, wenn dies vorteilhaft war, also die in Rechnung gestellte Umsatzsteuer als Vorsteuer abzugsfähig war und somit keine Zusatzbelastung entstand, aber gleichzeitig zusätzliches Vorsteuerabzugspotential generiert werden konnte (vgl. Weimann, DB 2003, S. 239). 1080

1081 Die Umsatzsteuerbarkeit und die in der Regel vorliegende Umsatzsteuerpflicht der (Sonder)-Entgelte für Vertretungs- und Geschäftsführungsleistungen des Gesellschafters hat zur Folge, dass derartige Leistungen mit Umsatzsteuer einerseits zu belegen sind. Andererseits kommt der betreffende Gesellschafter aber in den Genuss des Vorsteuerabzugs nach § 15 UStG, da er in der Regel entweder kein umsatzsteuerlicher Unternehmer ist oder auf Grund der nicht umsatzsteuerbaren Leistung ihm zumindest teilweise der Vorsteuerabzug auf Grund der Regelung des § 15 Abs. 2 Nr. 1 UStG versagt wurde. Die Personengesellschaft als Leistungsempfängerin hat bei Vorliegen der Voraussetzungen des § 15 UStG die Möglichkeit, die Vorsteuer hieraus geltend zu machen. Problematisch ist dies allerdings für Personengesellschaften, die einen Vorsteuerabzug auf Grund ihrer getätigten Umsätze nicht oder nur teilweise geltend machen können. Die Ansicht des BFH stellt in der Regel bei Gesamtbetrachtung des Gesellschafters und der Personengesellschaft ein „Nullsummenspiel" hinsichtlich der umsatzsteuerlichen Behandlung der Tätigkeitsvergütungen dar und eröffnet daneben für den Leistenden zusätzliches Vorsteuerabzugspotential. Es kann allerdings bei Einschränkung des Vorsteuerabzugs bei der Personengesellschaft zu einer Definitivbelastung mit Umsatzsteuer kommen. Dies kann aber in einigen Fällen durch Gestaltungsmöglichkeiten vermieden werden.

Verfügung der OFD Nürnberg v. 28.10.2004 (DB 2005, S. 156)

1082 Die OFD Nürnberg thematisiert in ihrer Verfügung vom 28.10.2004 die Frage, ob die Umqualifikation des Gehaltes eines Gesellschafter-Geschäftsführers einer Komplementär-GmbH (gleichzeitig Kommanditist) in Sonderbetriebseinnahmen bei der GmbH & Co. KG auch mit Blick auf die Umsatzbesteuerung der Geschäftsführungsleistungen als selbständige Tätigkeit anzusehen ist. Die OFD Nürnberg stellt hierzu fest, dass die ertragsteuerliche Umqualifikation der Geschäftsführungsleistungen eines Kommanditisten für die Komplementär-GmbH von nichtselbständiger Tätigkeit (§ 19 EStG) in gewerbliche Einkünfte (§ 15 EStG, H 138 Abs. 3 Tätigkeitsvergütungen EStH 2003) nicht dazu führt, dass der Kommanditist diese selbständig erbringt, da u.a. die Geschäftsführungsleistungen gegenüber einer Kapital- und nicht gegenüber einer Personengesellschaft erbracht werden. Diese Beurteilung berührt ausdrücklich aber nicht die Weiterberechnung der Geschäftsführungsleistungen der Komplementär-GmbH an die GmbH & Co. KG, so dass hier eine selbständige Tätigkeit vorliegt und bei Vereinbarung eines Sonderentgelts sehr wohl ein umsatzsteuerbarer und -pflichtiger Leistungsaustausch vorliegen kann.

1083 Ausdrücklich festgehalten wird, dass sowohl eine Organschaft zwischen GmbH & Co. KG als Organgesellschaft und Komplementär-GmbH als Organträger nicht möglich ist, da eine Personengesellschaft nicht Organgesellschaft sein kann und umgekehrt, selbst im Falle einer sog. Einheits-KG (GmbH & Co. KG ist 100 %-ige Anteilseignerin ihrer Komplementär-GmbH), da hinsichtlich der Willensbildung keine Unterordnung vorliegt, sondern vielmehr eine Nebenordnung. Eine umsatzsteuerliche Organschaft sei damit ausgeschlossen. Nach der OFD Nürnberg scheidet daher die Organschaft als Ausnahme zur selbständigen Erbringung der Geschäftsführungsleistungen als Ausnahme zur selbständigen Tätigkeit aufgrund der rechtlich nicht darstellbaren Organschaft, entgegen dem BMF-Schreiben v. 23.12.2003 (a.a.O.), als Beurteilungsmaßstab aus.

Praxishinweise
Geschäftsführende GmbH
Kapitalgesellschaften sind grundsätzlich selbstständig im Sinne von § 2 Abs. 1 Satz 1   1084
UStG tätig. Wird diese Geschäftsführungstätigkeit auf Grund eines Geschäftsbesorgungsvertrages durch ein gewinnabhängiges (Sonder-)Entgelt vergütet, so liegt grundsätzlich ein umsatzsteuerbarer Leistungsaustausch vor. Hiervon gibt es allerdings eine Ausnahme. Ist die GmbH finanziell, wirtschaftlich und organisatorisch in die Personengesellschaft eingegliedert und liegt somit eine umsatzsteuerliche Organschaft vor (§ 2 Abs. 2 Nr. 2 UStG), so ist die juristische Person nicht selbständig tätig (so auch das BMF-Schreiben vom 13. Dezember 2002, a.a.O.).
Allerdings wird für Komplementär-GmbH's bisher verneint, dass eine Eingliederung in   1085
die KG selbst abgeleitet werden könne. In seinem Urteil vom 14. Dezember 1978 (BStBl. II 1979, 288) hat der BFH die Eingliederung einer Komplementär-GmbH in eine KG als Organgesellschaft verneint. Maßgeblicher Entscheidungsgrund war, dass allein die Komplementär-GmbH als Gesellschafterin der KG befähigt gewesen sei, an deren Willensbildung mitzuwirken und die KG an der GmbH und nicht umgekehrt beteiligt gewesen sei. Selbst wenn die Komplementär-GmbH ihren Willen in der KG nicht hätte durchsetzen können, könne dies nicht dazu führen, dass eine organschaftliche Eingliederung vorliegen könne (so auch Abschn. 21 Abs. 2 Satz 4 UStR). Auf Basis des vorliegenden Urteils werden zu dieser Auffassung aber mittlerweile Zweifel geäußert (vgl. Heidner, DStR 2002, S. 1890; Robisch, UR 2002, S. 361. Ablehnend Serafini, Gestaltende Steuerberatung 4/2003, S. 142). Zumindest zweifelhaft dürfte die Verneinung der Eingliederung bei der so genannten Einheits-KG, d.h. die Anteile der Komplementär-GmbH befinden sich im Eigentum der GmbH & Co. KG, sein.
Hat eine Kapitalgesellschaft die Kommanditistenstellung bei einer GmbH & Co. KG inne, so ist sie grundsätzlich selbstständig tätig und somit eine Umsatzsteuerbarkeit der in Rede stehenden Leistungen anzunehmen.
Auch wenn nicht die Personengesellschaft selber, sondern nur ihre Gesellschafter an   1086
der GmbH beteiligt sind, kann eine finanzielle Eingliederung vorliegen, da ihr insoweit die Beteiligung zugerechnet wird (BFH-Urteil vom 20. 1. 1999, BFH/NV 1999, 1136). Bei der Einheits-KG ist aber fraglich, ob die Willensbildung der Organgesellschaft vom Organträger fremd bestimmt ist, denn auf Grund des Geschäftsbesorgungsvertrages bestimmt vielmehr die GmbH die Willensbildung der KG, so dass eine organisatorische Eingliederung fraglich ist. Im Ergebnis wird eine Organschaft verneint (insb. organisatorische Eingliederung), so dass hieraus keine fehlende Selbständigkeit abgeleitet werden kann.

Natürliche Personen
Bisher wurde immer davon ausgegangen, dass die Leistungen einer natürlichen Person   1087
als Geschäftsführer der Personengesellschaft nicht als selbstständig erbracht anzusehen sind, da er dem Weisungsrecht der Gesellschafterversammlung unterliegt (BFH-Urteil vom 7. 5. 1997, VR 28/96, BFH-NV 1997, 911; vom 9. 10. 1996 XI R 47/96 BStBl. II 1997, 255; Klenk, in: Sölch/Ringleb, UStG § 2, Rz. 180; Birkenfeld, USt-Handbuch I Rz. 39.3; Stadie, in : Rau/Dürrwächter, UStG, § 2 Rz. 149; Heidner, DStR 2002, S. 1892). Auf Basis des o.g. Urteils wird von einer Nichtselbständigkeit wohl nur

noch dann gesprochen werden können, wenn ein Anstellungsverhältnis vorliegt und nicht, wenn die Tätigkeit als Geschäftsführer auf Grund der Gesellschafterstellung des Geschäftsführers erfolgt (vgl. Wagner, UR 1994, S. 422). Wird der Geschäftsführer auf Basis eines Anstellungsverhältnisses tätig, so ist er gegenüber dem Unternehmen weisungsgebunden. In diesem Fall liegt eine selbstständige Tätigkeit nicht vor. Soweit natürliche Personen selbstständig als Geschäftsführer der Personengesellschaft gegen Entgelt tätig sind, handelt es sich um eine umsatzsteuerbare Leistung.

Fehlende Vorsteuerabzugsmöglichkeit der Personengesellschaft

1088 Handelt es sich unter den oben genannten Voraussetzungen um eine umsatzsteuerbare Leistung, ergibt sich, wie gezeigt, grundsätzlich ein umsatzsteuerlicher Vorteil, wenn man eine Gesamtbetrachtung der Personengesellschaft und des Geschäftsführenden vornimmt. Die in Rechnung zu stellende Umsatzsteuer – bezogen auf die Geschäftsführungsleistungen – ist von dem Geschäftsführenden abzuführen, kann aber nach § 15 UStG als Vorsteuer bei der Personengesellschaft abgezogen werden, so dass es sich hierbei im Ergebnis um ein „Nullsummenspiel" handelt. Zusätzlich kann aber nun der Geschäftsführende die Vorsteuer aus Eingangsrechnungen nach § 15 UStG in Abzug bringen, so dass zusätzliches Vorsteuerabzugpotential erschlossen wird. In den Fällen, in denen die Personengesellschaft auf Grund auf Grund der von ihr getätigten Umsätze allerdings nach § 15 Abs. 2 UStG einen Vorsteuerabzug nicht geltend machen kann, kann sich eine zusätzliche Belastung ergeben, wenn die in Rechnung zu stellende Umsatzsteuer größer ist, als die bei dem Geschäftsführenden nun abziehbare Vorsteuer aus den Eingangsrechnungen. In diesen Fällen kann daran gedacht werden, die Anwendbarkeit der neuen BFH-Rechtssprechung durch folgende Gestaltungen zu vermeiden:

Juristische Personen

1089 Die Geschäftsführungsbefugnis könnte auf einen Gesellschafter, der natürliche Person ist, übertragen werden und unter Abschluss eines Arbeitsvertrages die Selbstständigkeit vermieden werden. Handelt es sich um eine nach § 15 Abs. 3 Nr. 2 EStG gewerblich geprägte Personengesellschaft, führt dies aber u.U. zu einer Aufgabe der gewerblichen Prägung und kann eine Betriebsaufgabe nach § 16 Abs. 3 EStG auslösen.

1090 Weiterhin könnte durch strukturelle Veränderungen eine Eingliederung der juristischen Person in die Personengesellschaft hergestellt werden, so dass es sich um eine Organschaft handelt. Auf Grund der fehlenden Selbstständigkeit in diesem Falle entfällt auch die Umsatzsteuerbarkeit der Leistung. Allerdings ist in diesen Fällen auch der Vorsteuerabzug aus Eingangsrechnungen der geschäftsführenden juristischen Person nicht möglich, da es sich auf Grund der umsatzsteuerlichen Organschaft um ein einheitliches Unternehmen handelt und die Eingangsrechnungen der geschäftsführenden juristischen Person im Zusammenhang stehen mit den umsatzsteuerfreien Umsätzen der Personengesellschaft. In diesen Fällen bleibt ein Vorsteuerabzug auf Grund § 15 Abs. 2 Nr. 1 UStG versagt.

Natürliche Personen

1091 Erbringt eine natürliche Person Geschäftsführungsleistungen gegen Entgelt für seine Personengesellschaft und ist er hierbei unter den oben genannten Voraussetzungen selbstständig tätig, so kann ein Arbeitsvertrag zwischen Personengesellschaft und Geschäftsführendem geschlossen werden. Durch die Weisungsgebundenheit im Rahmen des Arbeitnehmerstatus entfällt die Selbstständigkeit und somit die Umsatzsteuerbarkeit des Leistungsentgeltes.

c) Andere Dienstleistungen

Dienstleistungen, die der Gesellschafter aufgrund eines Anstellungsvertrages der Gesellschaft gegenüber erbringt, unterliegen auch dann nicht der Umsatzsteuer, wenn sie gewinnunabhängig ist, weil er nicht Unternehmer ist. 1092

Erbringt jedoch der Gesellschafter Dienstleistungen im Rahmen einer eigenen unternehmerischen Tätigkeit, z. B. als Architekt, Rechtsanwalt, Steuerberater, Designer usw., so unterliegen diese Leistungen der Umsatzsteuer, sofern sie nicht im Rahmen eines Gesellschafterbeitrags erfolgen, sondern im Rahmen eines Leistungsaustausches (Sondervergütung).

d) Nutzungsüberlassung

Die Nutzungsüberlassung von Wirtschaftsgütern an die Gesellschaft kann eine eigene unternehmerische Tätigkeit des Gesellschafters begründen, auch dann, wenn das der Gesellschaft entgeltlich zur Nutzung überlassene Wirtschaftsgut zu seinem Sonderbetriebsvermögen gehört. Überlässt der Gesellschafter seine Gesellschaft eine Erfindung gegen Lizenzvergütungen zur Nutzung, so übt der Gesellschafter eine eigene gewerbliche Tätigkeit aus. Auch die Nutzung des gesellschaftereigenen Pkws kann eine eigene unternehmerische Tätigkeit des Gesellschafters begründen, wenn sie entgeltlich erfolgt. Das Entgelt kann in der Vereinbarung einer festen Vergütung (Mietzahlung), aber auch in der Übernahme der Kosten bestehen. 1093

Überlässt der Gesellschafter der Personengesellschaft ein Grundstück gegen Entgelt zur Nutzung, so liegt eine umsatzsteuerpflichtige Leistung vor, wenn der Gesellschafter auf die Steuerbefreiung verzichtet.

Der Gesellschafter ist in diesem Fall zur Zahlung der Umsatzsteuer verpflichtet, die Gesellschaft kann die in Rechnung gestellte Umsatzsteuer als Vorsteuer abziehen. Beträgt das umsatzsteuerpflichtige Entgelt (einschließlich USt) im vorangegangenen Kalenderjahr nicht mehr als € 17.500 und im laufenden Kalenderjahr voraussichtlich nicht mehr als € 50.000, wird die Umsatzsteuer nicht erhoben (Kleinunternehmerregel i.S.d § 19 UStG). Der Gesellschafter ist in diesem Falle zum gesonderten Ausweis der Umsatzsteuer in der Rechnung nach § 14 Abs. 4 UStG nicht berechtigt und kann auf die Steuerbefreiung nicht verzichten. Der Leistungsempfänger (die Personengesellschaft) ist zum Vorsteuerabzug selbst dann nicht berechtigt, wenn die Umsatzsteuer widerrechtlich ausgewiesen und durch den Gesellschafter tatsächlich an das Finanzamt abgeführt wurde (§ 14c Abs. 2 UStG 2004). 1094

6. Sonstige umsatzsteuerliche Vorgänge

a) Eintritt eines Gesellschafters

Bei dem Eintritt eines Gesellschafters durch Neueinlage in das Gesellschaftsvermögen einer bestehenden PersG handelt es sich wie bei der Gründung um einen nichtsteu- 1095 erbaren Umsatz in Form der Leistungsvereinigung, da auch in diesem Fall die neuen Gesellschaftsanteile in der Person des neuen Gesellschafters entstehen. Es handelt sich gerade nicht um einen tauschähnlichen Umsatz zwischen dem Neugesellschafter, der die Einlage gewährt und der PersG, die neue Anteile gewährt. Nicht die PersG als solche gewährt dem Neugesellschafter Gesellschaftsrechte, sondern der nicht steuerbare Vorgang der Leistungsvereinigung vollzieht sich zwischen Alt- und Neugesellschafter (vgl. Rau/Dürrwächter, § 4 Nr. 8, Rz. 377).

1096 Wird jedoch im Rahmen eines bestehenden Betriebes eine Sacheinlage gewährt, handelt es sich um einen tauschähnlichen Umsatz. Die Leistung der Sacheinlage in die Personengesellschaft ist steuerpflichtig. Das eingebrachte Wirtschaftsgut ist im Zweifel mit dem gemeinen Wert bzw. auch Teilwert anzusetzen.

1097 Die übernehmende Personengesellschaft ist unter den Voraussetzungen des § 15 UStG zwar zum Vorsteuerabzug berechtigt. Häufig scheitert aber dessen Anwendung an einer fehlenden Rechnung i.S.d § 14 UStG. Ein Problem besteht darin, dass eine Rechnung über die Umsatzsteuer mangels Entgeltes nicht erteilt werden kann (§ 14 Abs. 1 Nr. 5 UStG). Widmann (UR 1999, S. 22f.) führt hierzu aus, dass nach § 14 Abs. 1 UStG grundsätzlich eine Rechnungserteilung zulässig wäre, da mit der Gleichstellungstechnik in § 3 Abs. 1b und Abs. 9a UStG eigentlich erreicht werde, dass das, was für einen entgeltlichen Umsatz gilt, auch für die gleichgestellten entgeltlichen Umsätze Anwendung findet. Die Angabe der Bemessungsgrundlage gemäß § 10 Abs. 4 UStG sei aber in derartigen Fällen eben nicht vorgesehen. Mangels Rechnung käme es daher zu einer Belastung in der vorsteuerabzugsberechtigten Unternehmerkette, da die PersG mangels Rechnung den Vorsteuerabzug nach § 15 Abs. 1 Satz 1 UStG nicht geltend machen kann.

1098 § 3 Abs. 1b Nr. 3 UStG dient nach der Gesetzesbegründung (BT Drucks. 14/23, BR Drucks. 910/98) der Vermeidung eines unbelasteten Endverbrauchs. Dieser ist aber bei der verdeckten Einlage überhaupt nicht gegeben. Vielmehr kommt es zu einer Definitivbelastung mit Umsatzsteuer aufgrund der fehlenden Vorsteuerabzugsmöglichkeiten der den Vorteil empfangenden PersG. Dies lässt sich nur durch eine teleologische Reduktion des § 3 Abs. 1b Satz 1 Nr. 3 UStG lösen, denn der Fall der Einlage in eine PersG, die Unternehmerin i.S.d. § 2 Abs. 1 UStG ist, stellt keinen unbelasteten Endverbrauch dar. In der Literatur wird, soweit ersichtlich, diese Problematik auch nicht thematisiert. U.E. kommt daher § 3 Abs. 1b Satz 3 Nr. 1 UStG im Zusammenhang mit einer Sacheinlage nicht zur Anwendung, soweit die Einlage in eine PersG folgt, die umsatzsteuerpflichtiger Unternehmer ist. Handelt es sich bei der PersG um einen nicht zum Vorsteuerabzug berechtigten Unternehmer, der ausschließlich steuerfreie Umsätze ausführt, beispielsweise bei ausschließlicher Vermietung von Grundstücken und nicht ausgeübter Option des § 9 Abs. 2 UStG oder Finanzdienstleistungsgesellschaften, so erscheint die Anwendung des § 3 Abs. 1 Satz 1 Nr. 3 UStG dagegen sachgerecht. Gleiches gilt im Übrigen auch für die verdeckte Einlage in KapG.

b) Ausscheiden eines Gesellschafters aus einer mehrgliedrigen GmbH & Co. KG gegen Barabfindung

1099 Scheidet ein Gesellschafter aus einer fortbestehenden, mehrgliedrigen OHG in der Weise aus, dass der Anteil des Ausgeschiedenen den Verbleibenden anwächst, liegt kein umsatzsteuerpflichtiger Vorgang vor. Die Barabfindung als dem Ausscheidenden erwachsenden schuldrechtlichen Ausgleichsanspruch (§ 738 Abs. 1 Satz 2 BGB), ist daher umsatzsteuerfrei. Das gilt auch dann, wenn eine Komplementär-GmbH aus einer GmbH & Co. KG ausscheidet (vgl. Rau/Dürrwächter, § 4 Nr. 8, Rz. 396).

c) Ausscheiden des vorletzten Gesellschafters aus einer zweigliedrigen Personengesellschaft

Geht das Betriebsvermögen bei einer zweigliedrigen OHG oder KG infolge des Ausscheidens auf den verbleibenden Gesellschafter als Gesamtrechtsnachfolger über, der das Unternehmen dann als Einzelkaufmann fortführt, liegt keine Betriebsveräußerung im Ganzen vor (i. S. des § 10 Abs. 4 UStG; BFH v. 12.03.1964, BStBl. III 1964, 290), wenn das Unternehmen im Wesentlichen unverändert fortgeführt wird (BFH v. 26. 10. 1967, BStBl. II 1968, 247). 1100

d) Ausscheiden eines Gesellschafters mit Sachwertabfindungen

Scheidet ein Gesellschafter aus einer Personengesellschaft aus und erhält der Ausscheidende anstelle einer Barabfindung eine Sachabfindung, liegt umsatzsteuerlich ein Leistungsaustausch vor (vgl. BFH v. 17. 11. 1960, BStBl. III 1961, 86 f.; v. 9. 2. 1961, BStBl. III 1961, 174; v. 12. 3. 1964, BStBl. III 1964, 290), es sei denn, der Ausscheidende wird mit Leistungen abgefunden, die umsatzsteuerbefreit sind. 1101

e) Veräußerung eines Anteils

Veräußert ein Gesellschafter mit Zustimmung der übrigen seinen Anteil an einen Dritten oder einen Gesellschafter, so stellt die Anteilsveräußerung keinen umsatzsteuerpflichtigen Vorgang dar (§ 4 Nr. 8f UStG; Abschn. 66 Abs. 1 und 2 UStR). Das gilt auch dann, wenn sich der Anteil in seinem Betriebsvermögen befindet und der Gesellschafter den Anteil im Rahmen seines Unternehmens veräußert. 1102

f) Betriebsveräußerung

Wird ein Unternehmen oder ein in der Gliederung eines Unternehmens gesondert geführter Betrieb (Teilbetrieb) im ganzen übereignet (Geschäftsveräußerung im Ganzen), so liegt zwar grundsätzlich ein steuerpflichtiger Umsatz in der Form der Lieferung vor (§ 1 Abs. 1 UStG), der aber auf Grund der Sonderregelung des § 1 Abs. 1a UStG nicht steuerbar ist (vgl. ausf. zu den Tatbestandsvoraussetzungen: Hartmann/Metzenmacher, § 1 Abs. 1a UStG, Rz. 51ff.). Der einheitliche Vorgang der Betriebsveräußerung setzt sich jedoch, wenn es sich nicht um einen Teilbetrieb handelt, aus so vielen Lieferungen zusammen, wie Besitzposten vorhanden sind. Daher sind hierbei auch die Steuerbefreiungen des § 4 zu berücksichtigen. Werden jedoch sämtliche Anteile an einer PersG veräußert und scheiden sämtliche Altgesellschafter aus, so liegt keine Geschäftsveräußerung im Ganzen vor (§ 1 Abs. 1a UStG), so dass es sich um einen steuerbaren Umsatz von Gesellschaftsanteilen an einer PersG (OHG, KG, GbR, GmbH & Co. KG) handelt, der aber steuerfreigestellt ist. 1103

Beispiel: Die X-GmbH mit Sitz in Leipzig ist an der Y-GmbH & Co. KG beteiligt, die als einziges eine Betriebsstätte in Halle unterhält. Auf dem Gelände wurde eine Werkhalle errichtet und zur Erstellung der durch die Y-GmbH & Co. KG umsatzsteuerpflichtig vertriebenen Produkte betrieben. Auf der anderen Hälfte des Grundstücks wurde ein Mehrfamilienhaus errichtet, dass ausschließlich an Privatpersonen zu Wohnzwecken vermietet wurde. Werkhalle und Mehrfamilienhaus sind wertgleich. Im Jahre 04 hat die X-GmbH ihre 100-%ige Beteiligung an der Y-GmbH & Co. KG zu einen Nettopreis von € 1 Mio. veräußert. Fällt auf diesen Umsatz USt an? Es handelt sich um einen steuerfreien Umsatz von Gesellschaftsanteilen i.S.d. § 4 Nr. 8f UStG.

Abwandlung: Es handelt sich um einen Einzelunternehmer aus Leipzig, der in Halle eine Betriebsstätte unterhält. Es handelt sich um eine Geschäftsveräußerung im Ganzen i.S.d. § 1 Abs. 1a UStG, die nicht umsatzsteuerbar ist.

g) Umsatzsteuerliche Behandlung der Betriebsaufgabe

1104 Werden im Rahmen der Betriebsaufgabe Wirtschaftsgüter einzeln veräußert, so unterliegen diese Umsätze der Umsatzsteuer, sofern nicht die Befreiungsvorschriften des § 4 UStG eingreifen. Die Umsatzsteuer bemisst sich hier nach dem vereinbarten Veräußerungspreis. Sofern der Erwerber Unternehmer ist, ist dieser zum Vorsteuerabzug berechtigt. Werden im Zusammenhang mit der Betriebsaufgabe Wirtschaftsgüter in das Privatvermögen überführt, unterliegt diese Überführung der Entnahmebesteuerung (§ 3 Abs. 1b Nr. 1 EStG) der Umsatzsteuer. Bemessungsgrundlage ist hier der gemeine Wert des Wirtschaftsgutes. Da im gemeinen Wert die Umsatzsteuer enthalten ist, ist die Umsatzsteuer vom gemeinen Wert für die Bemessung der Umsatzsteuer abzuziehen. USt = gemeiner Wert $\cdot \frac{16}{116}$. Im Falle der Überführung von Wirtschaftsgütern in das Privatvermögen stellt die Umsatzsteuer eine echte Belastung dar, da für den Übernehmer ein Vorsteuerabzug nicht möglich ist.

H. Grunderwerbsteuer

I. Grundsätze

1105 Der Grundstückserwerb durch eine Personengesellschaft unterliegt nach § 1 Abs. 1 GrESt der Grunderwerbsteuer (Tarif: 3,5 %). Die GmbH & Co. KG, wie auch die OHG und die GbR, ist als Personengesellschaft selbst grunderwerbsteuerpflichtig, nicht deren Gesellschafter.

1106 Der Grunderwerbsteuer unterliegen daher grundsätzlich nicht nur alle Grundstückserwerbe durch die GmbH & Co. KG, sei es von einem fremden Dritten, sei es von ihrem Gesellschafter, sondern auch alle Einbringungsvorgänge. Grunderwerbsteuer kann auch bei der Verschmelzung und Spaltung entstehen, nicht aber bei einem reinen Formwechsel (lediglich Änderung des Rechtskleids; vgl. gleichl. Erl. FinMin BaWü v. 19.12.1997, DB 1998, S. 166, i.d.F. v. 31.01.2000, StEK GrEStG 1983, § 8 Nr. 23). Ein Grunderwerbsteuervorgang liegt grundsätzlich auch dann vor, wenn mindestens 95 % der Mitunternehmeranteile innerhalb eines 5-Jahreszeitraums auf <u>neue</u> Gesellschafter übergehen (§ 1 Abs. 2a GrEStG). Ebenfalls auf PersG sind die Regelungen des § 1 Abs. 3 GrEStG anwendbar (s. Pkt. 8.5).

Da nicht nur reine Grundstückskäufe der Grunderwerbsteuer unterliegen, sondern diese häufig auch bei gesellschaftsrechtlichen Vorgängen, Umstrukturierungsmaßnahmen usw. entstehen, droht hier ein hohes Haftungsrisiko für den jeweiligen Rechtsanwalt/Steuerberater.

II. Grunderwerbsteuerbefreiungen

Von der Grunderwerbsteuer sind grundsätzlich alle Vorgänge ausgenommen, die unter das Erbschaft- und Schenkungsteuergesetz fallen (§ 3 Nr. 2 GrEStG). Steuerbefreit ist der Erwerb durch Verwandte in gerader Linie, d.h. sowohl von Eltern auf Kinder oder Großeltern auf Enkel, als auch umgekehrt (§ 3 Nr. 6 GrEStG) und auch der Erwerb durch den anderen Ehegatten (§ 3 Nr. 4 GrEStG). Steuerbefreit ist auch der Erwerb durch Stiefkinder. In die Befreiung sind auch die Ehegatten der genannten Personen einbezogen (vgl. § 3 Nr. 6 GrEStG).

1107

III. Erwerb eines Grundstücks durch eine Personengesellschaft

1. Grundsätze

Unter die grunderwerbsteuerpflichtigen Rechtsgeschäfte fallen grundsätzlich alle Grundstückserwerbe und Grundstücksveräußerungen durch die Personengesellschaft. Nach Ansicht der Rechtsprechung sind die personenbezogenen Befreiungen soweit auf eine Personengesellschaft anwendbar, als diese auf ihre Gesellschafter zutreffen (vgl. BFH v. 21. 11. 1979 BStBl. II 1980, 217; v. 18. 9. 1974 BStBl. II 1975, 360). Sie gelten jedoch nicht für die GmbH, unabhängig davon, ob beispielsweise die Ehefrau des Mitunternehmers 100 %-ige A. Ist die GmbH am Vermögen der GmbH & Co. KG beteiligt, tritt insoweit keine Befreiung ein, als die GmbH am Vermögen der KG beteiligt ist.

1108

2. Übertragung auf eine Personengesellschaft, an der der Einbringende beteiligt ist

Geht ein Grundstück von einem Alleineigentümer auf eine Gesamthand über, so wird die Steuer in der Höhe des Anteils nicht erhoben, an dem der Veräußerer am Vermögen der Gesamthand beteiligt ist, § 5 Abs. 2 GrEStG. Die grunderwerbsteuerliche Befreiung bezogen auf die anderen Mitunternehmer, soweit es sich beispielsweise um den Ehegatten und die Kinder handelt, kann daneben zur Anwendung kommen.

1109

Beispiel 1: A, bisheriger Einzelunternehmer, überträgt sein Unternehmen, in dem sich ein Grundstück befindet, auf eine GmbH & Co. KG, an der er eine Beteiligung von 95 % hält. Mitgesellschafter B ist mit 5 v. H. am Vermögen der GmbH & Co. KG beteiligt.
Der Grunderwerbsteuer unterliegen 5 v. H. der Grundstücksübertragung, 95 v. H. sind grunderwerbsteuerbefreit.

Beispiel 2: A, der bisher Einzelunternehmer war, bringt sein Unternehmen in eine GmbH & Co. KG ein, deren Kommanditisten seine Ehefrau und sein Sohn mit jeweils 30 v. H. sind. Die Komplementär-GmbH ist mit 10 v. H. am Betriebsvermögen beteiligt. Das eingebrachte Betriebsgrundstück hat einen Verkehrswert von 800.000 €.

§ 4 STEUERLICHE SONDERFRAGEN

1110 Der Grunderwerb durch die GmbH & Co. KG ist in Höhe seiner Betätigung, der Beteiligung der Ehefrau und des Sohnes (3 x 30 v. H. = 90 v. H.) grunderwerbsteuerbefreit, §§ 3 Nr. 6, 5 Abs. 2 GrEStG. In Höhe von 10 % ist er grunderwerbsteuerpflichtig.

	800.000 €
90v. H.	720.000 €
GrESt-pflichtig	80.000 €
GrESt 3,5 v. H. =	2.800 €

Beispiel 3: A und B, die jeweils ein Einzelunternehmen betreiben, vereinbaren, eine GmbH & Co. KG zu gründen, deren GmbH-Gesellschafter und einzige Kommanditisten sie sind. Im Betriebsvermögen befinden sich jeweils Grundstücke, deren Alleineigentümer sie sind. A soll mit 40 v. H., B mit 55 v. H. am Betriebsvermögen beteiligt sein. Die Komplementär-GmbH ist mit 5 % beteiligt. Das Grundstück des A hat einen Verkehrswert von 600 000 €, das des B von 1.000.000 €.

Wert der Grundstücke		1.600.000 €
Grundstück A 600.000 befreit 40 v. H.	·/·	240.000 €
Grundstück B 1.000.000 befreit 55 v. H.	·/·	550.000 €
steuerpflichtig		810.000 €
GrESt 3,5 v.H.	=	28.350 €

Beispiel 4: A bringt seinen Betrieb in eine mit A, B und C gegründete GmbH & Co. KG ein. A ist mit 40 v. H. beteiligt. Es ist vereinbart worden, dass das Betriebsgrundstück nicht mit eingebracht werden soll, sondern an die GmbH & Co. KG verpachtet werden soll. Ertragsteuerlich erfolgt eine Einlage in das Sondervermögen, unter der, ggf. steuerpflichtigen, Aufdeckung der stillen Reserven. A ist aber zivilrechtlich weiterhin Eigentümer des Betriebsgrundstücks geblieben. Der ertragsteuerliche Einlagefiktion ins Sonderbetriebsvermögen hat keinen Einfluss auf die grunderwerbsteuerliche Beurteilung, denn hier kommt es auf den unmittelbaren (oder bei Gesellschafterwechsel den mittelbaren) zivilrechtlichen Übergang an. Es liegt daher kein grunderwerbsteuerbarer Vorgang vor.

Beispiel 5: A bringt seinen Betrieb in eine GmbH & Co. KG ein, deren Gesellschafter A, seine Ehefrau und seine Kinder sind. Die GmbH ist nicht am Vermögen der GmbH & Co. KG beteiligt. Der Vorgang ist für die Beteiligungsquote der Ehefrau und der Kinder nach § 3 Nr. 6 GrEStG und für die Beteiligungsquote des A nach § 5 Abs. 2 GrEStG grunderwerbsteuerbefreit (s. Beispiel 2).

Beispiel 6: Der Gesellschafter A hält 100 v.H. der Anteile an der X-GmbH, die ein Grundstück besitzt. Er bringt seine GmbH-Beteiligung in die Y-GmbH & Co. KG ein. Auch hier wird in Höhe der Beteiligungsquote des A an der X-GmbH & Co. KG die Grunderwerbsteuer nach § 5 Abs. 2 GrEStG nicht erhoben.

3. Einbringung von Grundstücken durch mehrere Gesellschafter

Geht ein Grundstück von mehreren Miteigentümern auf eine Gesamthandsgemeinschaft über, so wird die Steuer nicht erhoben, soweit der Anteil des einzelnen am Vermögen der Gesamthand Beteiligten seinem Bruchteil am Vermögen entspricht (§ 5 Abs. 1 GrEStG). 1111

Beispiel 7: A und B sind je zur Hälfte Eigentümer einer Kaufhausimmobilie. Sie gründen eine GmbH & Co. KG und bringen das Grundstück in die GmbH & Co. KG ein. An der GmbH & Co. KG sind beide zu je 50 % beteiligt. Der Vorgang ist grunderwerbsteuerbar, aber grunderwerbsteuerbefreit, da die (über die GmbH & Co. KG) mittelbare Beteiligungsquote an dem Grundstück, der vorherigen unmittelbaren entspricht.

Beispiel 8: A bringt seinen Betrieb in eine GmbH & Co. KG ein, deren Kommanditisten A mit 60 v. H., seine Ehefrau mit 20 v. H. und B, der eine Geldeinlage leistet, mit 20 v. H. sind. Die GmbH ist am Vermögen der KG nicht beteiligt. Gleichzeitig bringen die Eheleute A das Grundstück ein, das hälftig im Miteigentum der Eheleute stand und bereits bisher dem Betrieb diente. Das Grundstück hat einen Verkehrswert von 600.000 €.

Die Einbringung unterliegt der Grunderwerbsteuer. Sie ist jedoch grunderwerbsteuerbefreit, soweit die Einbringenden an der Personengesellschaft beteiligt sind.

Da der Ehemann nur zur Hälfte Miteigentümer war, kommt auch nur in dieser Quote eine Grunderwerbsteuerbefreiung zur Anwendung, auch wenn er zu 60 v. H. an der Personengesellschaft beteiligt ist. Da die Ehefrau nur zu 20 v.H. an der KG beteiligt ist, kann auf sie bezogen auch nur in dieser Höhe eine Grunderwerbsteuerbefreiung eintreten.

Wert des Grungstücks			600.000 €
Ehemann	50 v. H. v. 600.000	./.	300.000 €
Ehefrau	20 v. H. v. 600.000	./.	120.000 €
Steuerpflichtig	30 v. H. v. 600.000	=	180.000 €
GrESt	3,5. H. v. 180.000	=	6.300 €

4. Änderung im Anschluss an eine (partielle) Befreiung nach § 5 GrEStG

Nach § 5 Abs. 3 GrEStG sind die Befreiungsvorschriften des § 5 Abs. 1 und 2 GrEStG insoweit nicht anzuwenden, als sich innerhalb eines Zeitraums von 5 Jahren der Anteil des Veräußerers am Vermögen der Gesamthand ändert (rückwirkendes Ereignis i.S.d. § 175 Abs. 1 Nr. 2 AO). 1112

Beispiel 9: A ist an der X-GmbH & Co. KG mit 90 % beteiligt. Er bringt sein Grundstück im Jahre 03 in die X-GmbH & Co. KG ein. Das Grundstück hat einen Verkehrswert von € 1.000.000. Die Grundsteuer beträgt daher € 3.500. In 05 veräußert A die Hälfte seiner Beteiligung, also eine Beteiligung von 45 % an der Gesamthand an einen fremden Dritten. Nach § 5 Abs. 3 GrEStG erhöht sich die GrESt um weitere € 15.750.

IV. Erwerb eines Grundstücks von einer Personengesellschaft durch den Gesellschafter

1113 Die umgekehrte Fallgestaltung zu Rz. 1110, nach der das Grundstück von der Personengesellschaft auf ihren Gesellschafter übergeht, erfährt einen analogen Befreiungstatbestand durch die Regelung des § 6 GrEStG. Nach § 6 Abs. 2 GrEStG tritt bei einem Übergang eines Grundstücks von einer Gesamthand in das Alleineigentum eines Gesellschafters in Höhe der Beteiligungsquote dieses Gesellschafters insoweit. eine Grunderwerbsteuerbefreiung ein.

1114 Geht das Grundstück von einer Gesamthand in das Miteigentum mehrerer Gesellschafter über, so erfolgt eine Grunderwerbsteuerbefreiung nach § 6 Abs. 1 GrEStG. Entsprechendes gilt für die Übertragung von einer Gesamthand auf eine andere Gesamthand, § 6 Abs. 3 GrEStG.

1115 Die quotale Steuerbefreiung des § 6 GrEStG wird dann und insoweit versagt, als ein Gesamthänder innerhalb eines Zeitraums von 5 Jahren vor dem Erwerbsvorgang seinen Anteil an der Gesamthand durch Rechtsgeschäfte unter Lebenden erworben hat (rückwirkendes Ereignis i.Sd. § 175 Abs. 1 Nr. 2 AO).

1116 Erwirbt ein Gesellschafter ein Grundstück von seiner Personengesellschaft, deren Anteile er grunderwerbsteuerpflichtig nach § 1 Abs. 3 Nr. 1 GrEStG in seiner Hand vereinigt hat, wird die GrESt ohnehin nur insoweit erhoben, als die neuerliche GrESt die zuvor entstandene GrESt übersteigt (§ 1 Abs. 6 GrEStG).

V. Grunderwerbsteuerliche Behandlung des Gesellschafterwechsels

1117 Ein Gesellschafterwechsel bei einer Personengesellschaft ist grundsätzlich für die Grunderwerbsteuerpflicht ohne Bedeutung, da die Personengesellschaft selbst Steuersubjekt der Grunderwerbsteuer ist. Dies betrifft bei einer GmbH & Co. KG nicht nur den Wechsel von Kommanditisten, sondern trifft auch auf den Wechsel von Komplementären zu. Tritt eine GmbH als eine persönlich haftende Gesellschafterin in eine bereits bestehende OHG oder Kommanditgesellschaft ein, so wird dies ebenfalls wie ein Gesellschafterwechsel behandelt.

1118 Der Gesellschafterwechsel bei einer Personengesellschaft bleibt allerdings grunderwerbsteuerlich nur so lange ohne Konsequenzen, bis mindestens 95 % der Anteile innerhalb eines Zeitraums von 5 Jahren (Zeitjahre nicht Kalenderjahre) übertragen wurden. Geht die Übertragung über diese Grenze hinaus, wird grundsätzlich eine grunderwerbsteuerpflichtige Übertragung auch des Grundstücks fingiert (§§ 5 und 6 GrEStG sind anwendbar). Dies gilt allerdings nur dann, wenn die Anteile auf neue Gesellschafter übergehen. Eine Verschiebung der Beteiligungsquoten innerhalb der Altgesellschafter ist bei der Bemessung des quotalen Gesellschafterwechsels nicht zu berücksichtigen (gleichl. Erl. v. 24.06.1998, BStBl. I 1998, 925, Tz. 4, Satz 3).

1119 Ziel dieser Regelung ist es in erster Linie zu vermeiden, dass durch mittelbare Grundstücksübertragungen die grunderwerbsteuerlichen Regeln umgangen werden. Die Regelung trifft aber nicht nur Missbrauchsfälle. Da die selbe Regelung auch für die Anteile an einer GmbH gelten, besteht bei Gesellschafterwechseln, Umstrukturierungen im Konzern u.ä. immer die Gefahr der Grunderwerbsteuer, die auch zu Doppel- und Mehrfachbelastungen führen kann. Die GrESt entsteht mit dem letzten Akt der gesellschaftsrechtlichen Verfügung, der die vollständige oder wesentliche Änderung des

Gesellschafterbestandes abschließt (vgl. Boruttau, Grunderwerbsteuer, 15. Aufl., München 2002, § 1, Rz. 824).

Beispiel 10: A und B sind Miteigentümer eines Grundstücks, das C erwerben will. A und B bringen ihr Grundstück in eine GmbH & Co. KG ein (komplementär mit 0 % beteiligt) und verkaufen anschließend ihre Anteile an D. Die Einbringung ist aufgrund der gleichen Beteiligungsquote vor und nach Einbringung grunderwerbsteuerfrei. Ohne die Regelung des § 1 Abs. 2a GrEStG wäre die Veräußerung der GmbH & Co. KG-Anteile nicht grunderwerbsteuerbar, da ein Mitunternehmeranteil und ein Grundstück nur mittelbar übertragen wird. Da A und B mindestens 95 % der Anteile an der grundstücksbesitzenden GmbH & Co. KG innerhalb von 5 Jahren veräußert haben, fällt hier GrESt an.

Trotz der unmittelbaren Anwendbarkeit des § 1 Abs. 2a GrEStG kommt bei PersG auch die Regelung des § 1 Abs. 3 Nr. 1 GrEStG für die Fälle der Vereinigung von mindestens 95 % der Anteile in einer Hand zur Anwendung, da dessen Begriff des „Anteils der Gesellschaft" im Falle der Personengesellschaft die gesamthänderische Mitberechtigung (mittelbare und unmittelbare Anteilsvereinigung) maßgeblich ist (vgl. Erl. v. 07.02.2000, BStBl. I 2000, 344, Bsp. unter Tz. 7.1.2; Salzmann/Loose, DStR 2004, S. 1945; dies., DStR 2005, S. 53; krit. Teiche, DStR 2005, S. 49; a.A.Boruttau, Grunderwerbsteuer, 15. Aufl., München 2002, § 1 Rz. 896). Eine unmittelbare und mittelbare Beteiligung wird zusammengerechnet. Allerdings reicht auch eine ausschließlich mittelbare Anteilsvereinigung aus (BMF-Schreiben, v. 02.12.1999, BStBl. I 1999, 991, Tz. 2, Bsp. 2; OFD Erfurt, Vfg. v. 03.11.1998, StEK KrESt 1983, § 1 Nr. 132). 1120

In der Praxis werden zur Umgehung der Regelung des § 1 Abs. 2a GrEStG (bzw. § 1 Abs. 3 Nr. 3 GrEStG) häufig nur 94 % der Anteile an einer grundstücksbesitzenden Personengesellschaft (bzw. GmbH) übertragen. Die übrigen 6 % der Anteile können dagegen erst nach dem Ablauf der 5-Jahresfrist übertragen werden (vgl. zu Modellen der grunderwerbsteuerneutralen Umstrukturierung im Konzern Salzmann/Loose, DStR 2004. S. 1941ff.). Sofern es sich aber nur um einen Erwerber der Anteile handelt, kann dieser auch nach Ablauf von 5 Jahren die restlichen Anteile nicht hinzu erwerben, da ansonsten eine Vereinigung von mindestens 95 % der Gesellschaftsanteile (PersG oder GmbH) in einer Hand vorliegt und dies volle Grunderwerbsteuer – nicht quotal auf die zuletzt hinzu erworbenen Anteile – auslöst (§ 1 Abs. 3 Nr. 1 GrEStG). Im Übrigen kann auch eine Personengesellschaft die Anteile in einer Hand vereinigt (doppelstöckige Personengesellschaft, vgl. BFH v. 13.11.1974, BStBl. II 1975, 249), wobei auch ein Organkreis als eine Hand angesehen wird (vgl. Boruttau, Grunderwerbsteuer, 15. Aufl., München 2002, § 1 Rz. 896). 1121

VI. Ausscheiden eines Gesellschafters aus einer Personengesellschaft

Bei einem Gesellschafterwechsel wird grundsätzlich keine Grunderwerbsteuerpflicht ausgelöst, wenn sich im Gesamthandsvermögen ein Grundstück befindet (Ausnahme >95 % innert 5 Jahren). Das gilt auch für das Ausscheiden eines Gesellschafters aus einer GmbH & Co. KG. 1122

Lediglich, wenn infolge des Ausscheidens die Gesellschaft aufgelöst wird, ist der Vorgang grunderwerbsteuerpflichtig.

1123 Vielfach werden jedoch ausscheidende Gesellschafter mit einem Grundstück abgefunden. Der Vorgang ist von der Grunderwerbsteuer befreit, soweit der Gesellschafter an der PersG beteiligt war (§ 6 Abs. 2 GrESt), hinsichtlich des Restes fällt GrESt an. Es handelt sich um die spiegelbildliche Regelung zur Einbringung. Derjenige der mittelbar in gleicher Quote an dem Grundstück beteiligt war soll in dieser Höhe auch keine Grunderwerbsteuer auf „seinen" Grundstücksanteil zahlen, sondern nur in Höhe des ihm neu zuwachsenden Grundstücksteils.

Beispiel 11: C ist als Kommanditist der X-GmbH & Co. KG mit 20 v. H. am Gesellschaftsvermögen beteiligt. Er scheidet zum 31. 12. 05 aus der Gesellschaft aus und erhält ein Grundstück im Wert von 200.000 €.

BMG	200.000 €
steuerfrei 20 v. H., § 6 Abs. 2 GrEStG	40.000 €
steuerpflichtiger Erwerb	160.000 €
3,5 v.H. GrESt	5.600 €

VII. Mittelbarer Übergang der Anteile (§ 1 Abs. 2a und Abs. 3 GrEStG)

1124 Nicht nur die unmittelbare Änderung des Gesellschafterbestandes von mindestens 95 % der Anteile an einer Personengesellschaft gilt als grunderwerbsteuerbarer Vorgang i.S.d. § 1 Abs. 2a GrEStG (fiktiver Übergang des Grundstücks), sondern auch eine mittelbare Änderung, d.h. der Gesellschafterwechsel bei einer an der Personengesellschaft beteiligten GmbH oder Personengesellschaft (doppelstöckige Personengesellschaft). Allerdings können einem Gesellschafter einer GmbH & Co. KG selbst dann nicht die mittelbaren Anteile einer Unter-Kapitalgesellschaft mittelbar zugerechnet, wenn die Komplementär-GmbH nicht am Vermögen beteiligt ist, da unter Beteiligung die gesamthänderische Mitberechtigung zu verstehen ist (BFH v. 08.08.2001, BFH/NV 2001, S. 1672, m.w.N.; v. 26.07.1995, BStBl. I 1995, 736). Die gleiche Problematik stellt sich bei einer mittelbaren Anteilsvereinigung i.S.d. § 1 Abs. 3 Nr. 1 GrEStG.

Beispiel 12: A und B sind mit je 50 % Gesellschafter der T-GmbH. Diese ist alleinige Kommanditistin der T-GmbH & Co. KG, die ein Grundstück besitzt. Die V-Verw. GmbH ist Komplementärin der T-GmbH & Co. KG, aber nicht an deren Vermögen beteiligt (reine Haftungsfunktion). A und B veräußern ihre Anteile an der M-GmbH an neue Gesellschafter. Mittelbar sind als 95 % der Anteile an der T-GmbH & Co. KG auf neue Gesellschafter übertragen worden. Der Vorgang unterliegt der Grunderwerbsteuer nach § 1 Abs. 2a Satz 1 GrEStG.

1125 Die Verstärkung einer bestehenden Beteiligung, d.h. der Wechsel einer mittelbaren in eine unmittelbare Beteiligung führt nicht zu einer Anteilsvereinigung i.S.d. § 1 Abs. 1 GrEStG. Allerdings ergeben sich bei Konzerngesellschaften hierzu Ausnahmen, wie das folgende Beispiel zeigt (aus BMF-Schreiben vom 2. 12. 1999, BStBl I 1999, 991, Beispiel 4):

Beispiel 13: Die Organmutter A ist zu 90 % an der Organtochter B beteiligt. Die restlichen 10 % sind Fremdanteile. B ist in A i.S.d. § 1 Abs. 4 Nr. 2 GrEStG finanziell, wirtschaftlich und organisatorisch eingegliedert. Außerdem ist A zu 40 % und B zu 60 % an der grundbesitzenden Gesellschaft C beteiligt. Es liegt somit hinsichtlich der Grundstücke der C eine Anteilsvereinigung im Konzern vor.

A erwirbt sodann die Anteile der B an der C. Es liegt ein Erwerbsvorgang gemäß § 1 Abs. 3 Nr. 1 oder 2 GrEStG vor (BFH-Urteil v. 30. 3. 1988, BStBl II 1988, 682). Die Anteilsvereinigung in der Hand der Organmutter A geht keine mittelbare Vereinigung in ihrer Hand voraus. Der Grundbesitz der Gesellschaft C war nicht ihr, sondern dem Organkreis zuzurechnen. Durch den Erwerb der restlichen Anteile an der C vereinigen sich alle Anteile dieser Gesellschaft erstmals in der Hand der Organmutter. Die geänderte Zurechnung löst also Grunderwerbsteuer nach § 1 Abs. 3 Nr. 1 oder 2 GrEStG aus.

VIII. Übersicht über die Grunderwerbsteuerbefreiungen bei Personengesellschaften

Der Vorgang ist in grunderwerbsteuerbefreit,   1126
- soweit der Einbringende an der PersGes beteiligt ist   nach § 5 Abs. 2 GrEStG
- soweit der Ehegatte beteiligt ist   nach § 3 Nr. 4 GrEStG
- soweit die Kinder beteiligt sind   nach § 3 Nr. 6 GrEStG
- soweit der Entnehmende an der PersG beteiligt ist   nach § 6 Abs. 2 GrEStG

Werden auf dem Grundstück des anderen Ehegatten aufgrund einer gesicherten Rechtsposition Bauwerke errichtet, so unterliegt die Einbringung dieser Wirtschaftsgüter auch der GrESt.

Vorsicht: Die Regelung des § 5 Abs. 2 GrEStG gilt nur für Personengesellschaft. Die   1127
Einbringung eines Grundstücks in eine Kapitalgesellschaft löst immer GrESt aus. In Fällen der Beendigung einer Betriebsaufspaltung mit einer Besitz-KG und einer Betriebs-GmbH würde daher die Übertragung des Grundstücks auf die GmbH auch dann GrESt auslösen, wenn die Beteiligungsverhältnisse identisch sind.

IX. Bemessungsgrundlage

Grundsätzlich ist Bemessungsgrundlage für die Grunderwerbsteuer der Wert der Gegenleistung (§ 8 Abs. 1 GrEStG), d.h. der Kaufpreis ohne Erwerbsnebenkosten, wie Notar oder Maklercourtage.   1128

In Fällen der Umwandlung (Verschmelzung, Spaltung oder Vermögensübertragungen i.S.d. § 1 Nrn. 1 bis 3 UmwG sowie der Einbringung eines Grundstücks, sowohl unentgeltlich, als auch gegen Gewährung von Gesellschaftsrechten) ist Bemessungsgrundlage der Bedarfswert des Grundstücks (§ 8 Abs. 2 Nr. 2 GrEStG). Dieser errechnet sich nach den allgemeinen bewertungsrechtlichen Grundsätzen, d.h. 12,5-fache Jahresmiete, abzgl. Alterswertabschlag, ggf. zzgl. Zuschlag bei max. 2 Wohneinheiten (§ 138 Abs. 3 BewG), für Grundstücke mit Sondernutzung (Supermärkte, Parkhäuser etc., Abschn. 178 Abs. 1 ErbStR) nach dem Steuerbilanzwertverfahren gem. § 147 Abs. 1 BewG (70 % des Bodenrichtwerts plus Buchwert des Gebäudes) und für Grundstücke der Land- und Forstwirtschaft nach der Sonderregelung des § 138 Abs. 2 BewG.

Im Falle der entgeltlichen Übertragung von mindestens 95 % der Anteile an einer Personengesellschaft oder Vereinigung von mindestens 95 % der Anteile in einer Hand   1129 ist Bemessungsgrundlage der Bedarfswert des Grundstücks (§ 8 Abs. 2 Nr. 3 GrEStG). Weder nur die letzten übertragenen Anteile oder beispielsweise bei einer Übertragung von 98 % der Anteile dieser Quote reichen als Bemessungsgrundlage aus (kein anteiliger Bedarfswert).

I. Übertragung der Personengesellschaft durch Erbschaft oder Schenkung
1. Erbschaft- und Schenkungsteuer

1130 Geht ein Anteil aufgrund gesetzlicher Erbfolge oder testamentarischer Anordnung vom Erblasser auf den Erben oder Vermächtnisnehmer über, unterliegt dieser Vorgang nach § 3 Abs. 1 Nr. 1 ErbStG der Erbschaftsteuer. Wird ein Anteil an einer GmbH & Co. KG unentgeltlich übertragen, so unterliegt diese Schenkung der Schenkungsteuer (§ 7 Abs. 1 Nr. 1 ErbStG). Die Schenkung ist mit dem Abschluss des Gesellschaftsvertrages vollzogen. Somit unterliegt grundsätzlich die unentgeltliche Übertragung des Anteils an einer GmbH & Co. KG der Erbschaft- bzw. Schenkungsteuer.

1131 Ausgangspunkt für die Ermittlung des steuerpflichtigen Erwerbs stellt der nach bewertungsrechtlichen Grundsätzen ermittelte Wert des Betriebsvermögens dar (§ 12 Abs. 5 ErbStG, § 97 Abs. 1 Nr. 5 BewG). Der Wert des Betriebsvermögens umfasst – in Anlehnung an die für die Einkommensteuer geltende Besteuerungskonzeption – zusätzlich zu dem Gesamthandsvermögen auch das Sonderbetriebsvermögen des Gesellschafters (§ 95 Abs. 1 BewG, § 15 Abs. 1 Satz 1 Nr. 2 EStG). Der auf den einzelnen Gesellschafter entfallende Anteil am Wert des Betriebsvermögens ergibt sich durch die Aufteilung des Werts des Betriebsvermögens gemäß § 97 Abs. 1 a BewG.

1132 Im Ergebnis umfasst der Anteil eines Gesellschafters am Wert des Betriebsvermögens
1. sein nach bewertungsrechtlichen Grundsätzen bewertetes Sonderbetriebsvermögen (vorab zugerechnet nach § 97 Abs. 1 Satz 1 Nr. 5 Satz 2 BewG),
2. die Summe der Kapitalkonten aus der Steuerbilanz (mit Ausnahme des Sonderbilanzkontos) sowie
3. den auf den Gesellschafter entfallenden Anteil (Gewinnverteilungsschlüssel nach § 97 Abs. 1a Nr. 3 BewG)) an den stillen Reserven im Gesamthandsvermögen, soweit sie im Zuge der erbschaftsteuerlichen Wertermittlung aufgedeckt worden sind (insb. Grundstücke und Anteile an KapG).

Beispiel: An der AB-GmbH & Co. KG sind der Gesellschafter A und der Gesellschafter B beteiligt. Die in der Steuerbilanz der GmbH & Co. KG ausgewiesenen Kapitalkonten betragen 500.000 € (Gesellschafter A) bzw. 300.000 € (Gesellschafter B). Die Gewinn- und Verlustverteilung erfolgt nach dem Verhältnis der Kapitalkonten. Der nach bewertungsrechtlichen Grundsätzen ermittelte Wert des Betriebsvermögens der GmbH & Co. KG beläuft sich auf 1.500.000 €. Darin ist ein in der Sonderbilanz des Gesellschafters B ausgewiesenes Grundstück mit einem erbschaftsteuerlichen Grundbesitzwert von 300.000 € enthalten.

I. Übertragung der Personengesellschaft durch Erbschaft §4

Aufteilung des Werts des Betriebsvermögens der AB-GmbH & Co. KG (§ 97 Abs. 1 a BewG):   1133

		Gesellschafter A	Gesellschafter B
Wert des Betriebsvermögens der AB-GmbH & Co. KG	1 500.000 €		
- Vorwegzurechnung des Sonderbetriebsvermögens	300.000 €		300.000 €
- Vorwegzurechnung der Kapitalkonten aus der Steuerbilanz mit Ausnahme der Sonderbilanzkonten	800.000 €	500.000 €	300.000 €
= verbleibender Betrag	400.000 €		
- zu verteilen nach dem Gewinn- und Verlustverteilungsschlüssel (3 : 1)	400.000 €	300.000 €	100.000 €
= verbleibender Betrag	0 €		
Anteil der Gesellschafter am Wert des Betriebsvermögens der AB-GmbH & Co. KG		800.000 €	700.000 €

Zunächst wird das Sonderbetriebsvermögen und der in der Gesamthandsbilanz der GmbH & Co. KG ausgewiesenen Kapitalkonten der Gesellschafter jeweils vorab zugerechnet. Ein hiernach verbleibender Betrag in Höhe von 400.000 € wird nach dem Gewinn- und Verlustverteilungsschlüssel dem jeweiligen Gesellschafter zugerechnet. Dabei handelt es sich um stille Reserven im Gesellschaftsvermögen der GmbH & Co. KG, die im Zuge des erbschaftsteuerlichen Bewertungsverfahrens aufgedeckt werden (Durchbrechungen des Grundsatzes der Bestands- und Bewertungsidentität zwischen Steuerbilanz und Vermögensaufstellung, insbesondere bei Betriebsgrundstücken, Wertpapieren und Anteilen an Kapitalgesellschaften). Die aufgedeckten stillen Reserven werden nach dem allgemeinen Gewinn- und Verlustverteilungsschlüssel auf die Gesellschafter A und B verteilt. Der auf den einzelnen Gesellschafter entfallende Anteil am Wert des Betriebsvermögens ergibt sich schließlich aus der Summe der Vorwegzurechnungen und dem anteiligen Unterschiedsbetrag (s. auch die Beispiele in H 116 ErbStH).   1134

Anders als bei der Kapitalgesellschaft, bei der, soweit kein Börsenpreis oder zeitnah (>1 Jahr) zu ermittelnder Marktpreis aus anderen Beteiligungseinkünften, der erbschaftsteuerliche Wert nach dem sog. Stuttgarter-Verfahren (Ertrags- und Vermögenskomponenten), wird bei der GmbH & Co. KG deren erbschaft- bzw. schenkungsteuerlicher Wert durch das sog. Steuerbilanzwertverfahren ermittelt. Hierbei kommt es allein auf die Vermögenspositionen der GmbH & Co. KG an und nicht auf deren Erträge. Ausgegangen von dem anteiligen steuerlichen Kapitalkonto des zuwendenden Gesellschafters (Kapitalkonto+Ergänzungsbilanz+Sonderbilanz) werden Wertansätze gesondert ermittelt und deren Differenz zum steuerbilanziellen Ansatz in Höhe der Differenz je-   1135 weils quotal den Gesellschaftern zugerechnet. Bei diesen Wertansätzen handelt es sich in erster Linie um Anteile der GmbH & Co. KG an einer Kapitalgesellschaft (Stuttgarter Verfahren anstelle des stl. Buchwerts der GmbH & Co. KG), Grundstücke (Bedarfswertverfahren nach §§ 138 f., 146 BewG bzw. Sonderbewertung nach § 147 BewG) und anderen PersG.

Der auf den Gesellschafter entfallende Anteil am Wert des Betriebsvermögens stellt die Ausgangsgröße für die erbschafts- bzw. schenkungsteuerliche Bemessungsgrundlage dar.

Zur weiteren Ermittlung des steuerpflichtigen Erwerbs sind bestimmte Modifikationen vorzunehmen, die sich danach richten, ob die Anteilsübertragung durch eine Schenkung im Rahmen der vorweggenommenen Erbfolge oder durch Erbschaft erfolgt.

1. Vorweggenommene Erbfolge

1136 Wird der Beschenkte durch die Übernahme des Anteils an der Personengesellschaft verpflichtet, Leistungen zu erbringen oder Nutzungen zu erdulden, muss für die Ermittlung des Steuerwerts der freigebigen Zuwendung der Wert des Betriebsvermögens korrigiert werden. Dafür ist wie beim Einzelunternehmen die zivilrechtliche Art der Schenkung entscheidend, d.h. ob eine gemischte Schenkung, eine Schenkung unter Leistungsauflage oder eine Schenkung unter Nutzungs- oder Duldungsauflage vorliegt.

1137 Gegenüber Einzelunternehmen bestehen bei Übertragung einer GmbH & Co. KG im Wege der vorweggenommenen Erbfolge drei Besonderheiten: Schenkungen mit einer Buchwertklausel, Schenkungen mit einer überhöhten Gewinnbeteiligung sowie der Übergang eines Gesellschaftsanteils auf andere Gesellschafter. Wird bei der Schenkung des Anteils an der Personengesellschaft vereinbart, dass der Beschenkte bei Auflösung der Gesellschaft oder bei seinem Ausscheiden nur den Buchwert seines Kapitalanteils erhält (Buchwertklausel), gelten die das Kapitalkonto übersteigenden stillen Reserven als auflösend bedingt erworben (§ 7 Abs. 5 ErbStG i.V.m. § 5 BewG). Nach dem im Erbschaftsteuer- und Schenkungsteuergesetz geltenden Stichtagsprinzip wird der Anteil im Zeitpunkt des Erwerbs mit dem vollen Wert besteuert, d.h. mit dem anteiligen Wert am Betriebsvermögen der Personengesellschaft und nicht mit dem Kapitalkonto. Übersteigt im Zeitpunkt des Ausscheidens des Gesellschafters oder Auflösung der Personengesellschaft der anteilige Wert des Betriebsvermögens des Gesellschafters sein Kapitalkonto, kann der Erwerber einen Antrag auf Berichtigung der früheren Schenkungsteuerveranlagung stellen (vgl. gleichlautende Ländererlasse vom 20.12.1974, BStBl 1975 I, S. 42, zu § 7 Abs. 5 ErbStG).

1138 Bei einer unentgeltlichen Übertragung des Anteils an einer Personengesellschaft gilt eine unangemessen hohe Gewinnbeteiligung als selbständige Schenkung (§ 7 Abs. 6 ErbStG). In diesen Fällen liegen nebeneinander zwei selbständige Schenkungen vor: Schenkung der Beteiligung an der Personengesellschaft mit einer angemessenen Gewinnbeteiligung und Schenkung des Gewinnübermaßes (so bereits RFH vom 19.6.1935, RStBl 1935, 1155). Demgegenüber ging der BFH von einer Schenkung aus, berücksichtigte allerdings das Gewinnübermaß als werterhöhende Tatsache. Bemessungsgrundlage bildete deshalb nicht der anteilige Wert des Betriebsvermögens, sondern der gemeine Wert des Gesellschaftsanteils, (vgl. BFH vom 25.6.1969, BStBl 1969 II, S. 653). Nach der gesetzlichen Regelung liegt ein Gewinnübermaß vor, wenn die Beteiligung an der Personengesellschaft mit einer Gewinnbeteiligung ausgestattet ist, die insbesondere der Kapitalanlage, dem Arbeitseinsatz und den sonstigen Leistungen des Gesellschafters für die Gesellschaft nicht entspricht oder die einem fremden Dritten üblicherweise nicht eingeräumt wird (s.u.).

Zur Beurteilung der Unangemessenheit der Gewinnverteilungsabrede ist von den ertragsteuerlichen Beurteilungsmaßstäben auszugehen (vgl. gleichlautende Ländererlasse vom 20.12.1974, BStBl 1975 I, 42, zu § 7 Abs. 6 ErbStG). Eine Gewinnverteilungsabrede zwischen Familienangehörigen wird demnach grundsätzlich nicht anerkannt, wenn diese zu einer Verzinsung des gemeinen Wertes der Beteiligung von mehr als 15% führt. Die Bindung an die ertragsteuerliche Wertung führt allerdings zu einem Widerspruch, da die Vorschrift auf fremde Dritte Bezug nimmt, die jedoch eine absolute Obergrenze nicht akzeptieren. Das Gewinnübermaß ist mit dem Kapitalwert zu bewerten. Das Bewertungsgesetz regelt jedoch nicht, wie der Kapitalwert ermittelt wird, insbesondere nicht, welche Laufzeit der Berechnung zugrunde gelegt werden soll. Nach Ansicht der Finanzverwaltung ist davon auszugehen, dass der überhöhte Gewinnanteil dem Erwerber auf unbestimmte Zeit zufließt; der Kapitalwert beträgt demnach das 9,3fache des Jahreswerts (R 21 Abs. 1 Satz 4 ErbStR). 1139

Als Schenkung gilt auch der auf dem Gesellschaftsvertrag beruhende Übergang eines Gesellschaftsanteils auf die verbleibenden Gesellschafter, wenn bei Ausscheiden des bisherigen Gesellschafters der Wert des Anteils den Abfindungsanspruch des ausscheidenden Gesellschafters übersteigt (§ 7 Abs. 7 ErbStG). Diese Vorschrift greift im Fall des Ausscheidens zu Lebzeiten ein und ergänzt somit die Regelung des § 3 Abs. 1 Nr. 2 Satz 2 ErbStG, der eine Regelung für den Übergang eines Anteils auf die Mitgesellschafter im Todesfall trifft. Nicht unter diese Vorschrift fallen solche Anteilsübertragungen, die separat vereinbart wurden bzw. Übertragungen auf Nichtgesellschafter, da diese Übertragungen freigebige Zuwendungen nach § 7 Abs. 1 Nr. 1 ErbStG darstellen (BFH vom 1.7.1992, BStBl 1992 II, S. 921). Die Ermittlung der steuerpflichtigen Bereicherung berechnet sich aus dem Saldo von anteiligem Wert des Betriebsvermögens und Abfindungszahlung (= Buchwert). 1140

2. Erbfall und Erbauseinandersetzung

Der Tod eines Gesellschafters führt grundsätzlich nicht zur Auflösung der Gesellschaft. Wird die Gesellschaft nach der gesetzlichen Regelung mit den verbleibenden Gesellschaftern fortgeführt, wächst der Anteil des ausscheidenden Gesellschafters den übrigen Gesellschaftern zu. In diesem Fall ist für die Erbschaftsbesteuerung der Erben nicht der Steuerwert des Anteils, sondern der Wert der Abfindung maßgebend. Auf Seiten der übernehmenden Gesellschafter liegt, wenn der Steuerwert des Anteils (Wert des Betriebsvermögens) größer als die Abfindungszahlung ist, eine Schenkung auf den Todesfall vor (§ 3 Abs. 1 Nr. 2 Satz 2 ErbStG), die in Höhe der Differenz zwischen dem Wert des Betriebsvermögens und der Abfindungszahlung steuerpflichtig ist. Als Erwerber sind die verbleibenden Gesellschafter anzusehen, auf die die Anteile durch Anwachsung übergehen (BFH vom 14.9.1994, BStBl 1995 II, S. 81). 1141

Im Gesellschaftsvertrag kann jedoch eine von der gesetzlichen Regelung abweichende Vereinbarung getroffen werden. Wird im Gesellschaftsvertrag festgelegt, dass die Gesellschaft mit allen Erben fortgesetzt wird (einfache Nachfolgeklausel), wird jeder Erbe durch Erwerb von Todes wegen, gemäß seiner Erbquote, unmittelbar durch Son- 1142 derrechtsnachfolge Gesellschafter der Personengesellschaft und mit dem jeweiligen Anteil am Wert des Betriebsvermögens zur Besteuerung herangezogen. Die Erbengemeinschaft wird zu keinem Zeitpunkt Gesellschafterin der Personengesellschaft, da der Anteil nicht zum gesamthänderisch gebundenen Nachlassvermögen gehört. Durch eine qualifizierte Nachfolgeklausel geht der Anteil unter Ausschluss der übrigen Miterben direkt auf den oder die Erben über, die laut Gesellschaftsvertrag in die Gesellschaft nachfolgen sollen. Weichende Miterben erlangen lediglich einen auf Erbrecht beruhenden schuldrechtlichen Ausgleichsanspruch gegen den qualifizierten Nachfolger. Der Gesellschaftsanteil gehört zwar nicht zum gesamthänderisch gebundenen Nachlassvermögen, ist aber dennoch Bestandteil des Nachlasses, da die qualifizierte Nachfolgeregelung als ein gesellschaftsrechtlich besonders ausgestalteter Unterfall einer Teilungsanordnung anzusehen ist, der für die Erbschaftsbesteuerung keine Bedeutung zukommt (BFH vom 10.11.1982, BStBl 1983 II, S. 329). Die Sondernachfolge ist in diesem Fall schon beim Erbfall wirksam geworden. Ausgleichsberechtigte Miterben versteuern demnach den entsprechenden Wert des Betriebsvermögens und nicht die erhaltenen Abfindungszahlungen. Damit wird vermieden, dass die unterschiedliche Bewertung verschiedener Vermögensarten auf die Erben durchschlägt bzw. dass weichende Erben benachteiligt werden, sofern die Höhe der Abfindung den entsprechenden Teil des Wertes des Betriebsvermögens überschreitet.

Beispiel: Erben des Vaters V sind Sohn S und Tochter T je zur Hälfte. Zum Nachlaß gehört ein GmbH & Co. KG-Anteil (Steuerwert 300.000 €, Verkehrswert 800.000 €) und Kapitalvermögen mit einem Steuer- und Verkehrswert von 1 Mio. €. Im Gesellschaftsvertrag ist geregelt, dass S in die Nachfolge des V eintreten soll. S erhält demgemäß den GmbH & Co. KG-Anteil und Kapitalvermögen im Wert von 100.000 €, was einem Erbschaftsteuerwert von 400.000 € (= 300.000 € + 100.000 €) entspricht. Dennoch muss jeder Erbe für die Hälfte der Summe der Steuerwerte (650.000 € = (300.000 € + 1.000.000 €) / 2) Erbschaftsteuer bezahlen, da der Anteil zum Nachlass im weiteren Sinne gehört, unabhängig davon, ob er Bestandteil des gesamthänderisch gebundenen Nachlasses war.

Abwandlung: Wäre kein Kapitalvermögen vorhanden, hätte T einen Wertausgleichsanspruch in Höhe von 400.000 €, müsste aber nur 150.000 € versteuern, da die Nachfolgeregelung und somit die Ausgleichsleistung für die Bemessung der Erbschaftsteuer ohne Belang ist.

1143 Die betriebsbezogenen Begünstigungen nach § 13a Abs. 1, 2 ErbStG (Freibetrag in Höhe von 225.000 € und Bewertungsabschlag von 35%) und der Entlastungsbetrag nach § 19a ErbStG sind sowohl für die vorweggenommene Erbfolge als auch für den Erbfall anwendbar. Der Freibetrag steht jedem Gesellschafter der GmbH & Co. KG zu und wird nicht entsprechend der Beteiligungsquote des übertragenden Gesellschafters gekürzt. Dem Gesellschafter steht es frei, wie er den Freibetrag auf die Beschenkten bzw. Erben aufteilt. Ohne eine spezielle Aufteilung ist beim Erbfall zu beachten, dass im Falle einer qualifizierten Nachfolgeregelung der Freibetrag allen Erben nach ihrer Erbquote zuzurechnen ist, auch wenn die nicht qualifizierten Miterben zu keiner Zeit Gesellschafter der Personengesellschaft waren und der Anteil direkt an den Gesellschafter-Nachfolger übergegangen ist. Die auf den Anteil an der Personengesellschaft berechnete Erbschaftsteuer wird auf Antrag bis zu zehn Jahre gestundet (§ 28 ErbStG).

3. Überhöhte Gewinnbeteiligung

Wird ein Anteil mit überhöhter Gewinnbeteiligung verschenkt, gilt die überhöhte Gewinnbeteiligung als selbständige Schenkung (§ 7 Abs. 6 ErbStG). Hierbei sind die Grundsätze des Großen Senates zur Angemessenheit der Gewinnbeteiligung bei der Einkommensteuer entsprechend anzuwenden. 1144

Die unangemessene Gewinnbeteiligung errechnet sich aus dem 5-fachen des Jahreswertes der unangemessenen Gewinnbeteiligung.

4. Buchwertklausel

Wird ein Anteil mit Buchwertklausel (d. h., dass der Beschenkte im Falle seines Ausscheidens nur sein Buchkapital erhält) übertragen, bleibt diese Klausel bei der Bewertung der Schenkung zunächst unbeachtet. Soweit gilt die Beteiligung als auflösend bedingt erworben (§ 7 Abs. 5 ErbStG). 1145

5. Buchwertklausel für Ausscheidende aus einer Gesellschaft

Ist im Gesellschaftsvertrag vereinbart, dass derjenige, der durch Kündigung aus der Gesellschaft ausscheidet, lediglich sein Buchkapital erhält, so haben die verbleibenden Gesellschafter die Differenz zwischen dem Buchwert und dem Steuerwert des Anteils als Zuwendung zu versteuern (§ 7 Abs. 7 ErbStG). 1146

Sind die verbleibenden Gesellschafter nicht mit dem Ausscheidenden in direkter Linie verwandt (Steuerklasse II oder III), wird die erbschaftsteuerliche Belastung, aufgrund der Regelung des § 19a Abs. 4 ErbStG, um 88 % der Differenz zwischen Anwendung der Steuerklasse I und der Steuerklasse II oder III ermäßigt. Einzige Ausnahme zur Unterscheidung der Verwandtschaft in gerader Linie bilden Eltern oder Voreltern (Großeltern). Bei Erwerben von Todes wegen, gehören diese zur Steuerklasse I; in allen anderen Erwerben (Schenkung) zur Steuerklasse II. 1147

II. Einkommensteuer

1. Vorweggenommene Erbfolge

Die un- oder teilentgeltliche Übertragung von Personengesellschaftsanteilen im Weg der vorweggenommenen Erbfolge wird nach den für die Übertragung von Betriebsvermögen geltenden einkommensteuerlichen Grundsätzen behandelt (BMF-Schreiben vom 13.1.1993, BStBl 1993 I, S. 80 Tz. 24-41). 1148

a) Unentgeltliche Übertragung

Wird der Anteil an der Personengesellschaft unentgeltlich übertragen, folgen daraus keine einkommensteuerlichen Konsequenzen. Unentgeltlich ist der Vorgang, wenn der Begünstigte keine Leistungen zu erbringen hat oder solche, die einkommensteuerlich nicht als Entgelt gewertet werden. Dazu zählen insbesondere private Versorgungsleis- 1149 tungen, Sachleistungsverpflichtungen, die Übernahme von Betriebsschulden oder die Einräumung eines dinglichen oder obligatorischen Nutzungsrechtes (BMF-Schreiben vom 13.1.1993, BStBl 1993 I, S. 80, Tz. 24-31). Der Übernehmer führt die Buchwerte des Vorgängers fort (§ 6 Abs. 3 EStG).

1150 Bei vorhandenem Sonderbetriebsvermögen ist für die Erfolgsneutralität der Übertragung Voraussetzung, dass alle Wirtschaftsgüter des Sonderbetriebsvermögens, die wesentliche Betriebsgrundlagen darstellen, zusammen mit dem Gesellschaftsanteil übertragen werden. Ansonsten liegt eine nach §§ 16, 34 EStG begünstigt besteuerte Aufgabe des Mitunternehmeranteils vor (BFH vom 31.8.1995, BStBl 1995 II, S.890). Werden einzelne Wirtschaftsgüter des Sonderbetriebsvermögens, die keine wesentlichen Betriebsgrundlagen sind, nicht mit übertragen, sondern in das Privatvermögen der Miterben überführt, liegt eine nicht begünstigt besteuerte Entnahme vor.

1151 Die Übertragung hat jedoch auch bei Zurückbehaltung von einzelnen Wirtschaftsgütern des Sonderbetriebsvermögens zu Buchwerten zu erfolgen, wenn die Wirtschaftsgüter weiterhin zum Betriebsvermögen derselben Mitunternehmerschaft gehören und der Beschenkte den übernommenen Mitunternehmeranteil über einen Zeitraum von mindestens fünf Jahren nicht veräußert oder aufgibt (§ 6 Abs. 3 Satz 2 EStG). Bei der Übertragung eines Anteils an einem Mitunternehmeranteil gelten die genannten Regelungen analog.

b) Teilentgeltliche Übertragung

1152 Erbringt der in die Gesellschaft Nachfolgende Abstandszahlungen oder Gleichstellungsgelder oder übernimmt er Privatschulden, hängt die einkommensteuerliche Behandlung davon ab, ob die erbrachten Leistungen das Kapitalkonto übersteigen oder nicht. Zur Bemessung der Entgeltlichkeit wird das steuerliche Kapitalkonto des bisherigen Gesellschafters herangezogen, d.h. einschließlich des Sonderbetriebsvermögens (BMF-Schreiben vom 13.1.1993, BStBl. I 1993, 80, Tz.35). Die Anwendung der Einheitstheorie beim Übergeber und beim Erwerber bewirkt, dass es bei teilentgeltlichen Leistungen bis zur Höhe des steuerlichen Kapitalkontos weder zu Veräußerungsverlusten noch zu Anschaffungskosten auf Seiten des Beschenkten kommt (BFH vom 10.7.1986, BStBl. II 1986, 811). Der Beschenkte führt die Buchwerte und alle damit in Zusammenhang stehenden steuerlichen Eigenschaften unverändert fort. Zur Finanzierung von Gleichstellungsgeldern oder Abfindungszahlungen aufgenommene Schulden und übernommene private Schulden sind in der Sonderbilanz zu passivieren. Damit verbundene Zinszahlungen führen zu Sonderbetriebsausgaben.

1153 Über dem steuerlichen Kapitalkonto erbrachte Teilentgelte führen in dieser Höhe zu einem nach §§ 16, 34 EStG begünstigten Veräußerungsgewinn seitens des Schenkers. Erreicht das Entgelt nicht den Verkehrswert des Betriebes, kann der Freibetrag nach § 16 Abs. 4 EStG nur im Verhältnis des tatsächlich erzielten zum erzielbaren Gewinn in Anspruch genommen werden. In Höhe des Gewinns hat der Begünstigte eigene Anschaffungskosten. Die Anschaffungskosten werden in einer positiven Ergänzungsbilanz aktiviert, indem die stillen Reserven, die in den einzelnen Wirtschaftsgütern enthalten sind, um den Prozentsatz aufgelöst werden, der sich aus dem aufzustockenden Betrag und der Summe der stillen Reserven ergibt.

Beispiel: Vater V übergibt im Wege der vorweggenommenen Erbfolge seinen Gesellschaftsanteil an der X-GmbH & Co. KG mit einem Verkehrswert von 6 Mio. € und einem steuerlichen Kapitalkonto von 1 Mio. € an seinen Sohn S. An den stillen Reserven ist V zu 50% beteiligt. S ist verpflichtet, an V eine Abfindung in Höhe von 0,5 Mio. € und an Tochter T ein Gleichstellungsgeld in Höhe von 2 Mio. € zu leisten.

Die Gesamthandsbilanz der X-GmbH & Co. KG hat im Übertragungszeitpunkt folgende Gestalt: 1154

Gesamthandsbilanz der X-GmbH & Co. KG					
Aktiva	BW	(TW)	Passiva	BW	(TW)
Anlagevermögen	10 Mio. €	(16 Mio. €)	Kapitalkonto V	1 Mio. €	(6 Mio. €)
Umlaufvermögen	8 Mio. €	(12 Mio. €)	Kapitalkonto B	1 Mio. €	(6 Mio. €)
			Verbindlichkeiten	14 Mio. €	(14 Mio. €)
			Rückstellung	2 Mio. €	(2 Mio. €)

BW = Buchwert
TW = Teilwert

S wendet für den Erwerb des Betriebes insgesamt 2,5 Mio. € auf. V erzielt einen Veräußerungsgewinn in Höhe von 1,5 Mio. € (= Veräußerungsentgelt 2,5 Mio. € – Kapitalkonto 1 Mio. €), der nach §§ 16, 34 EStG der Besteuerung unterliegt. 1155
Stille Reserven sind in diesem Beispiel insgesamt in Höhe von 10 Mio. € vorhanden, wobei der auf V entfallende Anteil 5 Mio. € beträgt. S muss stille Reserven in Höhe der Differenz zwischen Veräußerungsentgelt und Kapitalkonto (1,5 Mio. €) in einer positiven Ergänzungsbilanz aktivieren. Das entspricht einem Anteil von 30 % an den V insgesamt zuzurechnenden stillen Reserven (1,5 Mio. € / 5 Mio. €). Die Werte der Ergänzungsbilanz des S betragen somit für das Anlagevermögen 0,9 Mio. € (= 0,3 x 3 Mio. €) und für das Umlaufvermögen 0,6 Mio. € (= 0,3 x 2 Mio. €).

Aktiva	Ergänzungsbilanz des S		Passiva
Anlagevermögen	0,9 Mio. €	Mehrkapital S	1,5 Mio. €
Umlaufvermögen	0,6 Mio. €		
Summe	1,5 Mio. €	Summe	1,5 Mio. €

2. Erbfall und Erbauseinandersetzung

Für die Nachfolge in die Gesellschafterstellung eines verstorbenen persönlich haftenden Gesellschafters oder Kommanditisten, muss für die einkommensteuerlichen Konsequenzen nach der Art der Nachfolgeregelung differenziert werden. Ist im Gesellschaftsvertrag die Fortsetzung der Gesellschaft mit den verbleibenden Gesellschaftern vereinbart (Fortsetzungsklausel), erlangen die Erben einen privaten Abfindungsanspruch gegen die bisherigen Gesellschafter. Sie werden zu keiner Zeit Mitunternehmer der Personengesellschaft. Der Erblasser vererbt den Abfindungsanspruch und veräußert mit dem Todeszeitpunkt fiktiv seinen Anteil an die verbleibenden Mitgesellschafter. Er erzielt in Höhe der Differenz zwischen Abfindungsanspruch und Buchwert des 1156

Kapitalkontos einen nach §§ 16, 34 EStG begünstigten Veräußerungsgewinn. Die Buchwerte der Wirtschaftsgüter der Personengesellschaft sind um die aufgedeckten stillen Reserven aufzustocken. Das Sonderbetriebsvermögen geht mit dem Tod in das Privatvermögen des Erblassers über und gelangt damit in das gesamthänderisch gebundene Nachlassvermögen der Erbengemeinschaft. Die Eigenschaft als Sonderbetriebsvermögen geht verloren, da sich der Anteil und die Wirtschaftsgüter des Sonderbetriebsvermögens in verschiedenen Rechtszuständigkeiten befinden und die Fortführung der Nutzung der Wirtschaftsgüter durch die Erbengemeinschaft keine gewerbliche Tätigkeit darstellt (BFH vom 24.4.1975, BStBl. II 1975, 580). Der Erblasser realisiert einen Entnahmegewinn, der ebenfalls nach §§ 16, 34 EStG begünstigt ist (BFH vom 15.4.1993, BStBl. II 1994, 227; BMF-Schreiben vom 11.1.1993, BStBl. I 1993, 62, Tz. 78). Bei den Erben ergeben sich durch den Erhalt der Abfindungszahlung keine einkommensteuerlichen Konsequenzen.

1157 Wird die Gesellschaft nach dem Tod eines Gesellschafters mit allen Erben fortgesetzt (einfache Nachfolgeklausel), wird jeder Erbe mit dem Erbfall unmittelbar Gesellschafter und Mitunternehmer der Personengesellschaft. Das Sonderbetriebsvermögen fällt in den gesamthänderisch gebundenen Nachlass der Erbengemeinschaft. Es behält seine Eigenschaft als Betriebsvermögen zumindest bis zur Erbauseinandersetzung, da die Erben sowohl an der Erbengemeinschaft als auch an der Personengemeinschaft beteiligt sind. Die Erben haben die anteiligen Buchwerte im Gesamthands- wie im Sonderbetriebsvermögen fortzuführen (§ 6 Abs. 3 EStG).

1158 Scheiden einige oder alle Miterben gegen eine Abfindung aus der Gesellschaft aus, so handelt es sich um eine entgeltliche Veräußerung eines Mitunternehmeranteils (§ 16 Abs. 1 Satz 1 Nr. 2 EStG). Ein bei den ausscheidenden Miterben entstehender Veräußerungsgewinn wird nach §§ 16, 34 EStG begünstigt besteuert; die übernehmenden Gesellschafter bzw. Miterben haben in Höhe der Abfindung Anschaffungskosten (BFH v. 13.12.1990, BStBl. II 1992, 510). Wenn allerdings neben dem Gesellschaftsanteil noch Sonderbetriebsvermögen oder Privatvermögen hinterlassen wurde, kann eine erfolgsneutrale Realteilung des Nachlasses erreicht werden, wenn der eine Miterbe den Gesellschaftsanteil einschließlich des vorhandenen Sonderbetriebsvermögens und der andere das Privatvermögen übernimmt, ohne dass eine Ausgleichszahlung erfolgt (BMF-Schreiben vom 11.1.1993, BStBl. I 1993, 62, Tz. 81).

Beispiel: Vater V ist zu einem Drittel an der X-GmbH & Co. KG beteiligt. Der Wert des Anteils beträgt 1 Mio. €. Nach dem Tode des V sind neben dem Anteil Wertpapiere im Wert von 2 Mio. € und ein Grundstück mit einem Wert von 1 Mio. € Bestandteile des Nachlasses. Sohn S und Tochter T, je zur Hälfte Erben, werden aufgrund einer einfachen Nachfolgeklausel des Gesellschaftsvertrages jeweils unmittelbar Gesellschafter. Das Grundstück und die Wertpapiere bleiben gesamthänderisch gebundenes Vermögen und werden von der Erbengemeinschaft verwaltet. Später setzen sich die Erben dahingehend auseinander, dass S den Gesellschaftsanteil sowie das Grundstück und T die Wertpapiere übernimmt. Ausgleichszahlungen erfolgen nicht.
Es liegt eine erfolgsneutrale Realteilung vor, die weder zu Anschaffungskosten noch zu Veräußerungsgewinnen führt, da keine Ausgleichszahlungen geleistet werden. Auch wenn das Grundstück von V der Gesellschaft zur Nutzung überlassen wurde und es

sich daher um Sonderbetriebsvermögen handelt, ist eine erfolgsneutrale Realteilung möglich, sofern der den Gesellschaftsanteil übernehmende Erbe auch das Sonderbetriebsvermögen erhält.

Übernimmt dagegen der eine Miterbe nur den Gesellschaftsanteil und der andere das Sonderbetriebsvermögen, liegt eine gewinnrealisierende Entnahme des Sonderbetriebsvermögens vor. Offen ist, ob dieser Vorgang darüber hinaus auch zu einer Aufgabe der Mitunternehmeranteile führt, wenn es sich um wesentliches Sonderbetriebsvermögen handelt. 1159

Sieht der Gesellschaftsvertrag vor, dass nur einzelne Erben oder nur ein Erbe in die Gesellschaft eintreten sollen (qualifizierte Nachfolgeklausel), geht der Gesellschaftsanteil durch Sonderrechtsnachfolge auf den qualifizierten Nachfolger über. Die verbleibenden Erben werden nicht Gesellschafter und erlangen keinen Abfindungsanspruch gegen die Gesellschaft (BMF-Schreiben vom 11.1.1993, BStBl. I 1993, 62, Tz. 83). Sie können lediglich einen auf Erbrecht beruhenden schuldrechtlichen Wertausgleichsanspruch gegen den Gesellschafternachfolger geltend machen. Die Wertausgleichsschuld wertet die Rechtsprechung als private Schuld, so dass Ausgleichszahlungen weder zu Anschaffungskosten noch zu Veräußerungsgewinnen führen; entsprechend sind auch die Kosten für die Refinanzierung des Wertausgleichs nicht als Betriebsausgaben abzugsfähig (BFH vom 26.3.1981, BStBl. II 1981, 614; BFH vom 27.7.1993, BStBl. II 1994, 625; BMF-Schreiben vom 11.8.1994, BStBl. I 1994, 603; h.M.). Der qualifizierte Nachfolger führt die Buchwerte unverändert fort (§ 6 Abs. 3 EStG). Das Sonderbetriebsvermögen fällt zivilrechtlich in das gesamthänderisch gebundene Nachlassvermögen der Erbengemeinschaft. Einkommensteuerlich stellt es in der Höhe der Erbquote des Gesellschafternachfolgers weiterhin Sonderbetriebsvermögen dar. In Höhe der Erbquoten der nicht qualifizierten Nachfolger verlieren demgegenüber diese Wirtschaftsgüter die Eigenschaft als Betriebsvermögen. Es kommt in Höhe dieser Erbquoten zu einer Zwangsentnahme des Sonderbetriebsvermögens, die nicht nach §§ 16, 34 EStG begünstigt ist (BMF-Schreiben vom 11.1.1993, BStBl. I 1993, 62, Tz. 83-85). Der entstehende Entnahmegewinn ist zwar laufender Gewinn, er unterliegt jedoch nicht der Gewerbesteuer (BFH vom 15.3.2000, BStBl. II 2000,316). Zuzurechnen ist die Entnahme dem Erblasser, da die übrigen Erben nie Mitunternehmer waren. 1160

J. Verwandte Unternehmensformen

I. Die GbR mit beschränkter Haftung

Die GbR mit beschränkter Haftung (GmbH & Co. GbR) stellt keine Alternative mehr zur GmbH & Co. KG dar. Grundsätzlich können sich natürliche Personen mit einer GmbH zu einer Gesellschaft bürgerlichen Rechts zusammenschließen (GmbH & Co. GbR). Die GbR hat jedoch als Rechtsform für vermögensverwaltende Gesellschaften einerseits dadurch erheblich verloren, als Personengesellschaften, die ein Gewerbe ohne kaufmännisch eingerichteten Geschäftsbetrieb ausüben oder nur eigenes Vermögen verwalten, durch konstitutive Eintragung im Handelsregister Handelsgesellschaften und damit Kaufmann werden (§ 105 Abs. 2 HGB). Andererseits ist ein genereller Haftungsausschluss der GbR-Gesellschafter nach neuester Rechtsprechung nicht möglich (BGH v. 27.09.1999, DStR 1999, 1704; v. 24.11.2004, DStR 2005, 529). 1161

II. GmbH & Co. KG a.A

1162 Eine GmbH & Co. KG a. A liegt vor, wenn an der Kommanditgesellschaft auf Aktien eine GmbH als persönlich haftende Gesellschafterin beteiligt ist. Diese Rechtsform, von einigen Vertragskanzleien ins Gespräch gebracht, war in der Literatur heftig umstritten. Sie widerspricht u.e. dem Sinn und Zweck der Gesellschaftsform der KG aA, Kapitalgesellschaft und private Unternehmensformen miteinander zu verbinden. Dem wird jedoch nicht Rechnung getragen, wenn die personelle Haftung durch die Übernahme der Komplementärstellung praktisch limitiert ist. Da der Komplementär gleichsam auch die Stellung eines Vorstandes einer Aktiengesellschaft erfüllt, muss gesetzliches Organ einer Kapitalgesellschaft eine natürliche Person sein. Daraus ergibt sich, dass der Komplementär einer KG a. A die gleichen Voraussetzungen erfüllen muss, die an den Vorstand einer AG gestellt werden. Das Argument, das die Fürsprecher dieser Gesellschaftsform ins Feld führen, bei der Anerkennung der GmbH & Co. KG als Gesellschaftsform sei der erste Sündenfall begangen worden, und es sei daher die notwendige Konsequenz, auch die GmbH & Co. KG a. A zuzulassen, sticht u. E. nicht. Im Vergleich zum Vorstand einer AG hat der Komplementär einer KG a. A eine viel stärkere Position. Er wird nicht auf maximal jeweils 5 Jahre bestellt und muss nicht jedesmal um die Verlängerung seiner Bestellung kämpfen. Die Abberufung des Komplementärs vollzieht sich nach den Regeln über die KG und ist daher nur aus wichtigem Grunde möglich. Auch sind die Kontrollmöglichkeiten eingeschränkt (s. die Probleme der Borussia Dortmund KG a. A.). Die selbständige Stellung des Komplementärs kann nur damit begründet werden, dass er keiner Haftungsbeschränkung unterliegt und persönlich zur Verantwortung gezogen werden kann.

1163 Ertragsteuerlich ist die KG a. A eine Körperschaft i. S. des § 1 KStG und unterliegt der Körperschaftsteuer. Das körperschaftsteuerliche Einkommen ist jedoch um den Gewinnanteil des bzw. der Komplementäre zu mindern. Das wäre auch der Fall, wenn eine andere Kapitalgesellschaft die Stellung eines Komplementärs einnehmen würde. Der Gewinnanteil der GmbH unterläge wiederum der Körperschaftsteuer.

III. GmbH & Still – GmbH & Co. KG

1164 Sehr verwandt der GmbH & Co. KG ist die atypische GmbH & Still. Eine GmbH & Still liegt vor, wenn ein Stpfl. an einer GmbH als stiller Gesellschafter beteiligt ist und das Gesellschaftsverhältnis, was die Mitwirkungsrechte und das Unternehmerrisiko anbetrifft, atypisch gestaltet ist. D. h., der stille Gesellschafter muss im Innenverhältnis die Stellung eines Kommanditisten haben und muss an den stillen Reserven und dem anteiligen Firmenwert bei Beendigung des Gesellschaftsverhältnisses beteiligt sein. Im Gegensatz zur GmbH & Co. KG ist die atypische GmbH & Still eine reine Innengesellschaft, bei der das Gesellschaftsverhältnis in keiner Weise weder in der Firma noch sonst wie nach außen in Erscheinung tritt. Die GmbH ist daher nicht Geschäftsführer der Innengesellschaft. Die Gewinnermittlung der GmbH als Handelsgewerbetreibende ist gleichzeitig Grundlage für den Gewinn der atypischen stillen Gesellschaft. Die Einlage des atypischen stillen Gesellschafters in das Gesellschaftsvermögen der GmbH ist daher nicht Sonderbetriebsvermögen. Das Betriebsvermögen der GmbH ist die gemeinsame Grundlage für die Gewinnermittlung der atypischen stillen Gesellschafter.

Das Ertragssteuerrecht behandelt die GmbH & atypisch Still wie eine GmbH & Co. 1165
KG. Ist der atypisch Stille gleichzeitig GmbH-Gesellschafter, gehören die GmbH-Anteile zu seinem Sonderbetriebsvermögen. Die Geschäftsführung gilt als für die Personengesellschaft erbracht. Ist der atypisch stille Gesellschafter gleichzeitig Gesellschafter der GmbH, wird das Geschäftsführergehalt als Sondervergütung dem Gewinn wieder hinzugerechnet.

Sondervergütungen für Leistungen des stillen Gesellschafters sind ebenso wie der Ge- 1166
winnanteil dem Gewinn der GmbH als Gewinn der GmbH & Still als Mitunternehmerschaft wieder hinzuzurechnen. Ist eine Kapitalgesellschaft Still an einer anderen Kapitalgesellschaft beteiligt, beschränkt sich der Verlustabzug lediglich auf Gewinne aus dieser Beteiligung nach Maßgabe des § 10d EStG, was bedeutet, dass der Verlustabzug nicht unbegrenzt ist (Mindestbesteuerung).

Nach § 15 Abs. 4 Satz 6 EStG sind Verluste aus einer atypisch stillen Beteiligungen an 1167
Kapitalgesellschaften nicht ausgleichsfähig, sondern nur mit zukünftigen Gewinnen aus derselben Beteiligung verrechenbar. Soweit es sich bei dem Beteiligten um eine natürliche Person handelt, sind die Verluste jedoch gleichwohl nutzbar (Rückausnahme des § 15 Abs. 4 Satz 8 EStG). Mit Blick auf die Verlustnutzung ist für eine beteiligte Kapitalgesellschaft demnach eine GmbH & Co. KG und Still vorteilhafter gegenüber der GmbH & Still.

Die Fremdfinanzierung über stille Beteiligungen ist eine Fremdfinanzierung i. S. d. § 1168
8a KStG, deren Vergütung, wenn sie die Nichtaufgriffsgrenze von 250.000 € überschreiten, in voller Höhe als vGA behandelt werden. Einen safehaven wird im Gegensatz zu dem Gesellschafterdarlehen in Höhe des 1,5fachen des anteiligen Eigenkapitals nicht gewährt. Unerheblich ist bei der stillen Beteiligung auch, ob die stillen Beteiligungen zu marktüblichen Bedingungen eingeräumt worden sind. In der Literatur wird überwiegend der Rechtsstandpunkt vertreten, dass die atypisch stille Beteiligung nicht unter § 8a KStG fällt. Der BMF hat hierzu jedoch keine Stellung genommen. Die Kommanditbeteiligung hingegen fällt nicht unter die Gesellschafterfremdfinanzierung (§ 8a), wohl hingegen Gesellschafterdarlehen an die KG. Es handelt sich jedoch bei der GmbH & C. KG nicht um eine nachgelagerte Personengesellschaft, wenn die Komplementär-GmbH weder am Gewinn, noch am Vermögen beteiligt ist.

IV. Die Stiftung & Co. KG

1. Begriff

Eine der GmbH & Co. KG verwandte Gesellschaftsform ist die Stiftung & Co. KG. 1169
Eine solche ist gegeben, wenn eine Stiftung die Funktion des Komplementärs in einer KG übernimmt. Der Stiftungsvorstand übernimmt gleichzeitig die Geschäftsführung der KG. Da die Stiftung selbst keine Gesellschafter hat, können die Kommanditisten nicht Einfluss auf die innere Organisation der Stiftung ausüben, es sei denn, die Kommanditisten gehören zum Kreis der Destinatäre und zu dem Kreis, der den Vorstand bestimmt und die Zusammensetzung eines eventuellen Aufsichtsorgans. Ein Nachteil dieser Gesellschaftsform ist auch, dass die Stiftungssatzung nicht wie ein Gesellschaftsvertrag den jeweiligen Verhältnissen angepasst werden kann. Ein GmbH-Geschäftsführer kann ohne Nennung von Gründen von der Gesellschaftsversammlung

abberufen werden. Die Abberufung eines Vorstandes einer Stiftung ist sehr erschwert. Eine Familienstiftung ist weitgehend von einer Staatsaufsicht befreit. Die Stiftung unterliegt daher, wenn es sich um eine Familienstiftung handelt, keiner Kontrolle. Um die Stiftung & Co. KG als Unternehmensform überhaupt praktisch handhaben zu können, müssen Stiftungssatzung und KG-Vertrag aufeinander abgestimmt werden. Die Stiftung unterliegt nicht der Publizität.

2. Die Stiftung & Co. KG als Steuersubjekt

1170 Sofern die Stiftung & Co. KG ein Gewerbe betreibt, ist sie eine Mitunternehmerschaft i. S. des § 15 Abs. 1 Nr. 2 mit der Folge, dass die Gesellschafter und damit auch die Stiftung Einkünfte aus Gewerbebetrieb haben. Eine vermögensverwaltende Stiftung kann Einkünfte aus Kapitalvermögen und auch solche aus Vermietung und Verpachtung haben. Betreibt eine Stiftung & Co. KG Land- und Forstwirtschaft, hat die Stiftung & Co. KG solche aus Land- und Forstwirtschaft (§ 13 EStG). § 15 Abs. 3 Nr. 2 gilt für die Stiftung & Co. KG nicht. Wohl hingegen § 15 Abs. 3 Nr. 1. Eine gewerbliche Tätigkeit auf einem Teilgebiet macht die ganze Tätigkeit zu einer gewerblichen, u. U. sind hier 2 Gesellschaften zweckmäßig. Die lediglich vermögensverwaltende Stiftung & Co. KG ist daher nicht gewerblich tätig.

a) Gewinnermittlung

1171 Dem Handelsbilanzgewinn sind grundsätzlich die Sondervergütungen hinzuzurechnen. Das gilt für die Sondervergütungen der Kommanditisten wie auch für die Geschäftsführervergütungen der Stiftung. Doch ergeben sich gegenüber der GmbH & Co. KG Unterschiede. Führt ein Kommanditist als Vorstand die Geschäfte der Stiftung und erhält er hierfür von der Stiftung eine Vergütung, so gehört diese nicht zu den Sonderbetriebseinnahmen. Gleiches gilt für die Zuwendungen der Stiftung aus ihrem Vermögen an Kommanditisten als Destinatäre. Überlassen die Kommanditisten der Stiftung Wirtschaftsgüter gegen Entgelt, welche diese der KG wiederum überlässt, sind die Entgelte nicht als Sondervergütungen zu behandeln, es sei denn, es liegen die Voraussetzungen des § 42 AO vor.

b) Körperschaftsteuer der Stiftung

1172 Die Stiftung unterliegt mit ihrem Einkommen der Körperschaftsteuer. Satzungsmäßige Einkommensverwendung mindert das Einkommen nicht. Die Zuwendungen an Destinatäre unterliegen bei diesen nicht der Einkommensteuer.

c) Umwandlung

1173 Wird ein Einzelunternehmen in eine Stiftung & Co. KG eingebracht, fällt dieser Vorgang unter § 24 UmwStG. Ebenfalls findet § 3 UmwStG Anwendung, wenn eine Kapitalgesellschaft in eine Stiftung & Co. KG eingebracht wird. Im Gegensatz zur GmbH & Co. KG ist auch handelsrechtlich die Übertragung eines Unternehmens einer Kapitalgesellschaft im Wege der Gesamtrechtsnachfolge auf eine Stiftung & Co. KG möglich.

d) Erbschaftsteuer

Zuwendungen an eine Stiftung unterliegen der Erbschaftsteuer. Bei Familienstiftungen richtet sich der Steuersatz nach dem Verwandtschaftsgrad des letztgenannten der Begünstigten. Von Bedeutung ist die Erbersatzsteuer, die alle 30 Jahre anfällt (§§ 1 Abs. 1 Nr. 4 i.V.m. 9 Abs. 1 Nr. 4 ErbStG). 1174

V. Das Treuhandmodell

1. Grundsätze

Das Treuhandmodell besteht darin, dass eine Kapitalgesellschaft (GmbH) als Komplementär an einer KG beteiligt ist und ebenfalls über eine GmbH, an der sie zu 100 v. H. beteiligt ist, die wiederum einzige Kommanditistin der KG ist, mittelbar beteiligt ist. Zwischen beiden GmbHs wird ein Treuhandvertrag geschlossen, wonach die Tochter-GmbH die KG-Beteiligung an der KG als Treuhänderin für die Komplementar-GmbH (Treugeberin) hält. 1175

Beispiel:

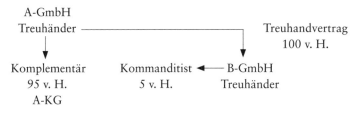

2. Zivilrecht

Handelsrechtlich hat die A-KG zwei Gesellschafter die A-GmbH als Komplementär und die B-GmbH als Kommanditistin. Die Kommanditistin nimmt auch die ihr nach dem Gesetz und dem Gesellschaftsvertrag zustehenden Gesellschaftsrechte wahr. Die GmbH und auch die KG werden als zwei selbständige Gesellschafter behandelt. Sie haben jedoch ihre Gewinnermittlung durchzuführen und ihre Bilanzen zu erstellen. 1176

3. Mitunternehmerschaft

Ertragsteuerlich liegt keine Mitunternehmerschaft vor. Voraussetzung für eine Mitunternehmerschaft ist, dass mindestens zwei Personen die Voraussetzung einer Mitunternehmerschaft erfüllen. Die ertragsteuerrechtliche Mitunternehmerstellung setzt wirtschaftliches Eigentum an der Mitunternehmerschaft voraus. Da § 39 Abs. 2 AO in Treuhandverhältnissen das wirtschaftliche Eigentum – abweichend vom Zivilrecht – dem Treugeber zuweist, ist die Kommanditistin nicht als Mitunternehmer anzusehen, sofern es sich um eine fremdnützige Treuhand handelt, wovon im vorliegenden Falle auszugehen ist. Der Treuhänder Kommanditist trägt kein wirtschaftliches Risiko und übt die Gesellschaftsrechte (Stimmrechte) für den Treugeber aus. Er hat somit auch keine eigenen Mitwirkungsrechte. Etwas anderes würde sich ergeben, wenn die B-GmbH Komplementärin der A-KG wäre, da in diesen Fällen die persönlich unbe- 1177 schränkte Haftung für eine Mitunternehmerstellung der A-GmbH sprechen könnte (BFH v. 04.11.2004, III R 21/02, DStR 2005, 103). Beim sog. Treuhandmodell ist die B-GmbH jedoch Kommanditistin, so dass im Ergebnis Komplementär-Mitunternehmer und Kommanditist-Mitunternehmer in der Person der A-GmbH zusammen fallen. Dies hat zur Folge, dass sämtliche von der A-KG erzielten Einkünfte unmittelbar der A-GmbH als alleinigem Gesellschafter zuzurechnen sind (BFH v. 01.10.1992, IV R 130/90, BStBl II 1993, 574, 576. Die A-KG ist einkommensteuerrechtlich somit unbeachtlich, da es keine Mitunternehmer, sondern nur einen Unternehmer (A-GmbH) gibt (vgl. u. a. Kromer, DStR 2000, 2157, 2162; Stegemann, INF 2003, 629, 630; Berg/Trompeter, FR 2003, 903, 904; Forst, EStB 2004, 217; Wild/Reinfeld, DB 2005, 69, 70). Da es an einer Mitunternehmerschaft fehlt, bilden die A-KG und die A-GmbH eine Besteuerungseinheit. Gewinnermittlungssubjekt ist die Komplementär-GmbH, nicht die KG. Nach überwiegender Auffassung in der Literatur gilt dies nicht nur für die Einkommen- bzw. Körperschaftsteuer, sondern gleichermaßen für die Gewerbesteuer (vgl. u. a. Kromer, DStR 2000, 2157, 2161; Berg/Trompeter, Fr 2003, 903, 906; Wild/Reinfeld, DB 2005, 69, 71).

1178 Die A-KG ist nach herrschender Meinung ertragsteuerrechtlich somit eine bloße Betriebsstätte der A-GmbH. Unter Einschaltung mehrerer Treuhandkommanditgesellschaften ermöglicht dies eine umfassende Ergebnisverrechnung vergleichbar einer ertragsteuerlichen Organschaft zwischen Kapitalgesellschaften. Da es ertragsteuerrechtlich nur ein Unternehmen gibt, sind auch Übertragungen von Betriebsvermögen innerhalb des Betriebsstättenkonzerns ertragsteuerrechtlich unbeachtlich. Aus verfahrensrechtlicher Sicht ist anzumerken, dass in Ermangelung mehrerer Beteiligter eine einheitliche und gesonderte Gewinnfeststellung auf Ebene der KG entfällt (BFH v. 01.10.1992, IV R 130/90, BStBl II 1993, 574). Da (steuerlich) kein Gesamthandsvermögen existiert, sind Übertragungen von Vermögensgegenständen steuerlich bloße Überführungen von Wirtschaftsgütern in eine andere inländische Betriebsstätte, welche gemäß § 6 Abs. 5 Satz 1 EStG zwingend mit dem Buchwert zu erfolgen haben. Anders als bei der Übertragung von Wirtschaftsgütern zwischen einer Mitunternehmerschaft und ihren Mitunternehmern handelt es sich mithin um die Übertragung von Wirtschaftsgütern von einer Betriebsstätte zu einer anderen des selben Steuerpflichtigen. Etwaige Mindestbehaltefristen (§ 6 Abs. 5 Satz 4 EStG) sind daher nicht zu beachten. Im Unterschied zum Treuhandmodell ist die GmbH & Co. KG, ohne Vermögens- und Gewinnbeteiligung der Komplementär-GmbH, wegen ihrer uneingeschränkten persönlichen Haftung aber gleichwohl als Mitunternehmer anzusehen, so dass zwei Mitunternehmer existieren. Die GmbH & Co. KG ist daher eine gewerblich tätige Mitunternehmerschaft. Da diese selbst Gewinnermittlungssubjekt ist, werden die Wirtschaftsgüter der C-KG nicht nach § 39 Abs. 2 Nr. 2 AO den hinter der Gesamthand stehenden Beteiligten anteilig zugerechnet, weil eine getrennte Zurechnung für die Besteuerung insoweit nicht erforderlich ist. Im Ergebnis wird somit die Zurechnungsnorm des § 39 Abs. 2 Nr. 2 AO durch § 15 Abs. 1 Nr. 2 EStG verdrängt (vgl. u. a. BFH v. 25.02.1991, GvS 7/89, II 1991, 691, 699; Tipke/Kruse, § 39 AO Tz. 90 m.w.N.). Etwas anderes ergibt sich jedoch dann, wenn die KG nicht eine gewerbliche, sondern eine vermögensverwaltende KG wäre. In diesem Fall wird die vermögensverwaltende KG wie im Treuhandmodell steuerlich negiert (OFD Berlin v. 23.04.2004, DB 2004, 1235).

Demgegenüber führt bei dem Treuhandmodell die Treuhandabrede dazu, dass das wirtschaftliche Eigentum an dem von der TH-GmbH treuhänderisch gehaltenen Kommanditanteil gemäß § 39 Abs. 2 Nr. 1 AO der TG-GmbH zuzurechnen ist und somit eine Mitunternehmerschaft nach § 15 Abs. 1 Nr. 2 EStG mangels zweier Mitunternehmer nicht vorliegt.

4. Gewerbesteuer

Dem Vernehmen nach beabsichtigt die Finanzverwaltung dem Teuhandmodell zukünftig die gewerbesteuerliche Anerkennung zu versagen (Vfg. OFD Düsseldorf vom 29.10.2004, G 1400 A-St 142; Brandenburg/Seitz/Wochinger, in Arbeitsunterlage II zum WPA-Seminar, aktuelle Steuerfragen zum Jahresende vom 7.12.2004 in Düsseldorf S. 124 ff.). 1179

Begründet wird diese Auffassung damit, dass – ungeachtet der nicht vorhandenen Mitunternehmerschaft – die Personengesellschaft (hier T-KG) als selbständiger Gewerbebetrieb anzusehen sei. Worauf sich diese offensichtlich fiskalisch motivierte Auffassung im Einzelnen stützt, ist nicht erkennbar. Dies dürfte auch damit zusammenhängen, dass eine gewerbesteuerliche Versagung des Treuhandmodells dogmatisch kaum zu begründen ist. 1180

Von Vertretern der Finanzverwaltung wird diesbezüglich vorgetragen, dass es für die Frage der sachlichen Steuerpflicht (§ 2 Abs. 1 Satz 2 GewStG) bei einer Personengesellschaft auf die nach außen wirkende Organisation der Personengesellschaft ankäme. Dieses Argument erweist sich jedoch schon nach dem Wortlaut des § 2 Abs. 1 Satz 2 GewStG als nicht haltbar, denn danach ist ein der Gewerbesteuer unterliegender Gewerbebetrieb als ein gewerbliches Unternehmen i. S. des Einkommensteuergesetzes zu verstehen. Gerade dies ist jedoch – wie oben gezeigt – bei der A-KG nicht der Fall. Darüber hinaus wird angeführt, dass auch die Regelung des § 5 Abs. 1 Satz 3 GewStG, nach dessen Wortlaut persönlich steuerpflichtig die zivilrechtlich wirksame Personengesellschaft sei, für eine Gewerbesteuerpflicht der T-KG spreche (vgl. Blümich/Gosch § 5 GewStG, Rn 49 für den Fall, dass die Personengesellschaft nur (noch) einen Mitunternehmer hat mit Hinweis auf FG Saarland, Urteil vom 16. April 1986, EFG 1986, 413 rkr.; a.A. Lenski/Steinberg, GewStG, § 5 Anm. 4; Selder, in: Glanegger/Güroff, GewStG, § 5 Anm. 5). Auch dieses Argument greift unseres Erachtens nicht durch, denn die in § 5 Abs. 1 Satz 3 GewStG geregelte persönliche Steuerpflicht (Steuerschuldnerschaft) hat lediglich zum Inhalt, die Gewerbesteuer, wie sie auf Grund der sachlichen Steuerpflicht als Gewerbebetriebs festgesetzt wird, zu entrichten (vgl. Lenski/Steinberg, GewStG, § 5 Anm. 2). Zu berücksichtigen ist des weiteren, dass die persönliche Steuerpflicht der Gesellschaft nach dem Wortlaut des § 5 Abs. 1 Satz 3 GewStG voraussetzt, dass die Tätigkeit der Personengesellschaft einen Gewerbebetrieb darstellt. Nach der Einheitlichkeit der Terminologie kann unter „Gewerbebetrieb" nur ein gewerbliches Unternehmen i. S. des Einkommensteuergesetzes verstanden werden (§ 2 Abs. 1 Satz 2 GewStG). Die Personengesellschaft i. S. d. GewStG setzt eine Mitunternehmerschaft i. S. d. § 15 Abs. 1 Nr. 1 EStG voraus (Selder, in: Glanegger/Güroff, GewStG, § 5 Anm. 6). 1181

K. Die Vertretung der GmbH & Co. KG vor dem Finanzamt und den Finanzgerichten

I. Geschäftsführer als Empfangsbevollmächtigte

1182 Alle Verfügungen des Finanzamts gegenüber der GmbH & Co. KG sind gegenüber dem Geschäftsführer als mittelbarem gesetzlichem Vertreter bekannt zu geben. Diese sind auch dem Finanzamt gegenüber verpflichtet, Steuererklärungen und Gewinnfeststellungserklärungen abzugeben. Ihnen sind Steuer- und Gewinnfeststellungsbescheide bekannt zu geben. Die Bekanntgabe ihnen gegenüber wirkt gegenüber allen Beteiligten. Bei widerstreitenden Interessen hat jedoch eine Bekanntgabe gegenüber den Gesellschaftern zu erfolgen.

II. Geschäftsführer als Einspruchsberechtigte

1183 Gegen die Bescheide des Finanzamts, insbesondere den Gewinnfeststellungsbescheid, ist grundsätzlich nur der Geschäftsführer berechtigt, Einspruch einzulegen und Klage zu erheben. Das gilt nicht nur für die Feststellung des Gewinnes des Gesamthandsvermögens, sondern auch für Sonderbetriebseinnahmen und Sonderbetriebsausgaben einzelner Gesellschafter (vgl. BFH v. 3. 8. 1966 BStBl. III 1967, 189).

III. Gesellschafter als Einspruchs- und Klageberechtigte

1184 In besonderen Fällen, insbesondere dann, wenn es um den Gewinnanteil eines Gesellschafters geht, sind neben den Geschäftsführern der GmbH & Co. KG die einzelnen Gesellschafter einspruchs- und klagebefugt (vgl. § 352 AO). Insbesondere ist ein Gesellschafter als solcher befugt, einen Rechtsbehelf einzulegen, soweit es sich darum handelt, wer an dem festgestellten Betrag beteiligt ist und wie sich dieser Betrag auf die einzelnen Gesellschafter verteilt (vgl. BFH v. 4. 5. 1972 BStBl. II 1972, 672). Ebenfalls ist hinsichtlich der von einem Gesellschafter persönlich zu tragenden Betriebsausgaben die Gesellschaft durch ihre Geschäftsführer befugt, neben dem betroffenen Gesellschafter Einspruch einzulegen (BFH v. 4. 5. 1972 BStBl. II 1972, 672).

IV. Beiladung der Betroffenen

1185 Hat der Geschäftsführer im Namen der Gesellschaft Einspruch gegen einen einheitlichen und gesonderten Gewinnfeststellungsbescheid wegen der Gewinnverteilung und der Sonderbetriebsausgaben eines Gesellschafters Einspruch eingelegt, sind die betroffenen Gesellschafter dem Verfahren hinzuzuziehen. Bei einer Entscheidung über den einheitlichen und gesonderten Gewinnfeststellungsbescheid sind alle Gesellschafter notwendig beizuladen (BFH v. 12. 11. 1985. GmbHR 1986, 322). Gleiches gilt hinsichtlich des Einspruchs eines Gesellschafters wegen der Sonderbetriebseinnahmen und der Sondervergütung. Hier ist auch die Gesellschaft, vertreten durch den Geschäftsführer, hinzuzuziehen.

§ 5 Vor- und Nachteile der GmbH & Co. KG gegenüber der GmbH

A. Bürgerliches Recht

I. GmbH & Co. KG als Doppelgesellschaft

Die GmbH & Co. KG hat gegenüber der GmbH den Nachteil, dass für diese Gesellschaftsform zwei Gesellschaften notwendig sind: die GmbH und die KG. Das bedingt, dass zwei Gesellschafterversammlungen notwendig sind. Das gilt auch dann, wenn die Gesellschafter bei beiden Gesellschaften identisch sind. Während die Beschlüsse der KG formlos erfolgen, bedürfen bestimmte Beschlüsse der GmbH wie Satzungsänderung oder Kapitalerhöhung der notariellen Form. Zweckmäßigerweise sind beide Gesellschaftsverträge, was die Übertragung von Anteilen anbetrifft, zu koordinieren. Auch bei der Vertretung nach außen ist darauf zu achten, dass bei der GmbH ohne besondere Vereinbarung Gesamtvertretung besteht, bei der Kommanditgesellschaft Einzelvertretung.

1186

II. Zwei Firmen

Sowohl die GmbH als auch die KG müssen als Handelsgesellschaft eigene Firmen führen. Diese müssen sich im Rechtsverkehr genügend voneinander unterscheiden. Das gilt insbesondere dann, wenn sie im gleichen Registerbezirk ihren Sitz haben.

1187

III. Zwei Bilanzen

Als selbständige Handelsgesellschaften haben beide Gesellschaften ihre Bilanz zu erstellen. Die Aufstellung der Bilanz der GmbH hat ohne Regelung in der Satzung in den ersten drei Monaten des Geschäftsjahres für das abgelaufene Geschäftsjahr zu erfolgen. Die Satzung kann die Frist bis auf 6 Monate verlängern. Da die Kommanditgesellschaft hier keine Fristen kennt, jedoch die Gewinnermittlung der GmbH von der Gewinnfeststellung der Kommanditgesellschaft abhängt, ist sicherzustellen, dass die KG die Bilanz so rechtzeitig erstellt, dass die GmbH ihre Bilanz innerhalb der festgelegten Frist erstellen kann. U. U. ist es zweckmäßig, dass die Geschäftsjahre der beiden Gesellschaften unterschiedlich enden.

1188

IV. Unterschiedliche Ausgestaltung der Gesellschaftsverhältnisse

Die Gesellschaftsform der GmbH bietet dem Gesellschafter mehr Rechte. Die Gesellschafterversammlung kann dem GmbH-Geschäftsführer grundsätzlich Weisungen erteilen. Darüber hinaus hat jeder GmbH-Gesellschafter ein unentziehbares Auskunfts- und Einsichtsrecht nach § 51 a GmbHG. Bei der GmbH sind Minderheitsgesellschafter besser geschützt als bei einer Personengesellschaft. Die Änderung eines Gesellschaftsvertrags bedarf einer ¾-Mehrheit. Bei einer Personengesellschaft kann auch im Gesellschaftsvertrag eine andere Mehrheit vorgesehen werden. Eine Weisungsbefugnis gegenüber einem Komplementär besteht grundsätzlich nicht. Kommanditisten, die nicht gleichzeitig Gesellschafter der GmbH sind, haben keinen Einfluss auf die Geschäftsführerbestellung.

1189

1190 Die Bedeutung der Gesellschafter kann für die Gesellschaft unterschiedlich sein. Nach dem GmbH-Recht ist es schwierig, die Rechte der Gesellschafter unterschiedlich auszugestalten, weil die Rechtsstellung der Gesellschafter grundsätzlich gleich ist. U. U. ist es jedoch geboten, einem Gesellschafter wegen Zusatzleistung eine stärkere Stellung einzuräumen. Das ist bei einer bereits bestehenden Gesellschaft nahezu unmöglich, weil es hierzu der Zustimmung der Betroffenen bedarf. Hier bietet sich die Gesellschaftsform der GmbH & Co. KG an, weil die Gesellschafterstellung in der GmbH-Satzung anders ausgestaltet werden kann als bei der Kommanditgesellschaft.

1191 Das ist insbesondere zweckmäßig, wenn die GmbH das Gewerbe praktisch betreibt und die Kommanditisten lediglich Kapitalgeber sind. Hier können die Kommanditisten auf die Kontrollrechte begrenzt werden. Das Widerspruchsrecht des § 164 HGB gegen Maßnahmen, die über die laufende Geschäftsführung hinausgehen, kann durch Vertrag beseitigt werden. Die Gruppe von Gesellschaftern, die das Unternehmen praktisch führt, kann über die Komplementär-GmbH die Unternehmensentscheidungen selbständig treffen. Besondere Vorteile bietet die GmbH & Co. KG auch dann, wenn eine Minderheitsgruppe ihren Einfluss im Unternehmen behalten will.

Beispiel: Die Gruppe A ist mit 400.000 € am Kapital des Unternehmens (2 Mio. €) beteiligt. Im Falle der Rechtsform der reinen GmbH würde diese gegenüber den übrigen Gesellschaftern in eine hoffnungslose Minderheit geraten, wenn ihr nicht ein 2,5-faches Stimmrecht eingeräumt würde. Gründen sie hingegen eine GmbH & Co. KG, bei der die GmbH 400.000 € Kapital übernimmt, die von der Gruppe A voll übernommen werden und würden die übrigen Kapitalgeber die Kommanditanteile von 1,6 Mio. € übernehmen, so hätten die Kommanditisten keinen Einfluss auf die Bestellung des Geschäftsführers. Sie könnten diesem auch keine Weisungen erteilen. Sie wären auf die Kontrollrechte des § 166 HGB begrenzt. Die Gruppe A würde mit einem Kapital von 20 v. H. den ganzen Betrieb der GmbH & Co. KG beherrschen und die Geschäftspolitik weitgehend alleine bestimmen.

V. Haftungsbegrenzung

1192 Von besonderem Vorteil ist, dass bei der Gesellschaftsform der GmbH & Co. KG das Unternehmen als eine Personengesellschaft geführt werden kann und die Vorteile der GmbH, nämlich die Haftungsbegrenzung, miteinander verbindet.

VI. Gesellschafterwechsel

1193 Bei der GmbH ist ein Gesellschafterwechsel grundsätzlich möglich. Er kann jedoch an die Zustimmung der Gesellschaft gebunden werden. Allerdings bedarf der Gesellschafterwechsel der notariellen Form. Es erfolgt keine Eintragung im Handelsregister. Allerdings ist jährlich eine Gesellschafterliste einzureichen. Bei der Personengesellschaft ist der Gesellschafterwechsel ohne Zustimmung aller Gesellschafter grundsätzlich nicht zulässig. Er bedarf zwar nicht der notariellen Form, allerdings ist der Gesellschafterwechsel im Handelsregister einzutragen. Was die Übertragbarkeit der Anteile anbetrifft, hätte die GmbH & Still erhebliche Vorteile gegenüber der GmbH & Co. KG.

VII. Publizität
Sowohl die GmbH, als auch die GmbH & Co. KG sind prüfungs- (§§ 264a, 316 HGB) und publizitätspflichtig (§§ 325 HGB) entsprechend der Größenklassen des § 267 HGB, so dass dies für eine Rechtsformwahl unerheblich ist.

1194

VIII. Sachgründung
Werden Wirtschaftsgüter in eine GmbH als Gesellschaftereinlage eingebracht, müsste ein Sachgründungsbericht mit einem Bewertungsgutachten dem Registergericht vorgelegt werden. Im Falle der GmbH & Co. KG als Personengesellschaft ist ein Gründungsbericht nicht erforderlich.

1195

B. Steuerrecht

I. Ertragsteuerliche Auswirkungen (ohne GewSt)

1. Besteuerung
Die GmbH ist selbst körperschaftsteuerpflichtig. Allerdings wird die GmbH nicht progressiv besteuert, sondern der Körperschaftsteuersatz beträgt einheitlich 25 v. H. zzgl. SolZ i. H. v. 5.5 v. H auf die KSt. Hierbei ist es gleichgültig, ob die Gewinne im Unternehmen verbleiben oder ausgeschüttet werden. Einschließlich Gewerbesteuer beträgt die Belastung ca. 40 v. H. Es können somit 60 v. H. des Gewinnes im Unternehmen verbleiben. Die Gewinnausschüttungen werden bei den Gesellschaften besteuert, allerdings werden sie bei der Einkünfteermittlung nur zur Hälfte angesetzt, bzw. bei Ausschüttungen an andere Kapitalgesellschaften steuerfreigestellt nach § 8 b Abs. 1 KStG (bis auf 5 % als fiktiv nicht-abzugsfähige Betriebsausgaben nach § 8 b Abs. 5 KStG). Die KG selbst ist nicht steuerpflichtig. Steuerpflichtig sind deren Gesellschaften. Soweit es sich um die Komplementär-GmbH handelt, unterliegt diese einer KSt von 25 v. H. zuzüglich SolZ. Soweit die Gesellschafter natürliche Personen sind, unterliegen diese mit ihrem Gewinnanteil und den Sondervergütungen der Einkommensteuer. Soweit in den Sonderbetriebseinnahmen Ausschüttungen oder Komplementär-GmbH enthalten sind, unterliegen diese dem Halbeinkünfteverfahren. Welche Rechtsform aus der Sicht der Gesellschafter günstiger ist, hängt von der Steuerprogression der jeweiligen Gesellschafter und der Gewinnverwendung (Ausschüttung und Thesaurierung) ab. Regelmäßig ist aber die GmbH & Co. KG günstiger als die GmbH.

1196

1197

2. Sondervergütungen an Gesellschafter
Geschäftsführergehälter, Zinsen auf Gesellschafterdarlehen und Pachtzahlungen für Nutzungsüberlassungen können beim Belastungsvergleich grundsätzlich außer Betracht bleiben, wenn sich nicht eine beachtliche Auswirkung hinsichtlich der Gewerbesteuer ergäbe. Im Gegensatz zu den Personalgesellschaften – so auch bei der GmbH & Co. KG – mindern diese Zahlungen an Gesellschafter bei der GmbH zwar deren Gewinn, werden aber bei den Einkünften der Gesellschafter gleichwohl ebenfalls erfasst. Dies gilt grundsätzlich auch bei Pensionsrückstellungen für Gesellschafter. Hier ist jedoch zu beachten, dass zwischen der Belastung des Gewinns der Kapitalgesellschaft und der Erfassung der Einkünfte bei den Gesellschaftern eine zeitliche Verschiebung eintritt (Auswirkung bei der Gesellschaft mit der Bildung der Rückstellung, beim Gesellschafter aber erst bei den Pensionszahlungen).

1198

1199 Da bei Gesellschaftern einer Personengesellschaft und somit auch bei der GmbH & Co. KG nach ständiger Rechtsprechung eine Pensionsrückstellung grundsätzlich nicht gebildet werden darf, ist hier die GmbH & Co. KG gegenüber der GmbH benachteiligt. Die gleiche Behandlung wie eine GmbH erfährt die GmbH & Co. KG jedoch, wenn die Geschäftsführer nicht gleichzeitig Gesellschafter der KG sind. U. U. ist es zweckmäßig, Kinder, die noch nicht Gesellschafter sind, zu Geschäftsführern zu bestellen. Pensionsrückstellungen, die bis zum Eintritt als Gesellschafter gebildet worden sind, brauchen ertragsteuerlich nicht aufgelöst zu werden, da diese bis dahin betrieblich veranlasst sind.

3. Aufgabe und Veräußerungsgewinne

1200 Was Veräußerungsgewinne angeht, erweist sich die GmbH als die günstigere Gesellschaftsform, weil die Gewinne aus der Veräußerung von Anteilen i. S. d. § 17 EStG und auch von Wertpapieren (§ 23 EStG) dem Halbeinkünfteverfahren unterliegen, unabhängig vom Alter und den Verkaufszahlen, während bei der Veräußerung von Anteilen an Personengesellschaften der 56 %-ige Steuersatz nach § 34 Abs. 1 EStG nur noch für einen Verkaufsfall gewährt wird und unter den Voraussetzungen, dass der Veräußere das 55. Lebensjahr vollendet oder berufsunfähig im Sinne der Sozialgesetze ist. Unter Umständen erweist es sich als zweckmäßig, wenn eine GmbH & Co. KG in mehrere GmbHs untergegliedert wird. Soweit der Veräußerungsgewinn anteilsmäßig auf den Beteiligungsbesitz der GmbH & Co. KG entfällt, würde dieser dem Halbeinkünfteverfahren unterliegen.

4. Verlustverrechnung

1201 Erhebliche Vorteile besitzt die GmbH & Co. KG gegenüber der GmbH hinsichtlich der steuerlichen Behandlung der Verluste. Während die Verluste der GmbH nicht auf die Gesellschafter übertragbar sind, sondern bei der GmbH verbleiben, sind die Verluste der GmbH & Co. KG den Gesellschaftern zuzurechnen, die sie in Höhe ihrer Kapitalkonten mit ihren übrigen positiven Einkünften ausgleichen können. Der GmbH verbleibt immer der Verlustabzug, der jedoch durch eine Mindestbesteuerung begrenzt ist (§ 10d Abs. 2 EStG)

1202 Die Begrenzung des Verlustabzuges für die nicht ausgeglichenen Verluste gilt auch für natürliche Personen. Sie gilt jedoch nicht für Verluste, die nach § 15a EStG nur verrechenbar sind, weil § 15a EStG eine § 10d Abs. 2 EStG entsprechende Beschränkung nicht enthält. Verluste, soweit sie zu einem negativen Kapitalkonto geführt haben oder ein solches noch erhöht haben, können daher nur unbegrenzt mit künftigen Gewinnanteilen aus derselben Beteiligung verrechnet werden. Diesen Vorteil sollte man bei der Rechtsformwahl berücksichtigen.

II. Gewerbesteuerliche Auswirkungen

1203 Bei der GewSt ist zu beachten, dass Personengesellschaften ein Freibetrag von 24.500 € beim Gewerbeertrag zusteht, der juristischen Personen und damit auch einer GmbH nicht gewährt wird. Je nach dem Hebesatz der Gemeinde kann dieses eine Auswirkung bis zu 5.000 € haben. Weiterhin gilt der sog. Staffeltarif, d.h. es wird nicht pauschal, wie bei der GmbH eine Steuermesszahl von 5 % angewendet, sondern dieser startet bei einem Gewerbeertrag von 12.000 € mit 1 % und erhöht sich bei gleichen Gewerbeertragschritten nach und nach bis auf 5 %. Ist schlussendlich eine Gewerbesteuermesszahl von 5 % anwendbar, ist für die ersten Stufen fiktiv ein Freibetrag von 24.000 € anwendbar. Aufgrund der Staffelung gilt dies ab einem Gewerbeertrag vor Freibetrag in Höhe von 72.500 €. Die GewSt-Belastung bei der GmbH & Co. KG fällt daher insoweit gegenüber den Kapitalgesellschaften geringer aus. Zudem ist die Gewerbesteuer durch die Regelung des § 35 EStG auf die Einkommensteuer der Gesellschafter anrechenbar, so dass sie je nach Hebesatz fast vollständig kompensiert wird.

Demgegenüber ist zu beachten, dass bei der GmbH Vergütungen an Gesellschafter, wie Geschäftsführergehälter, Miet- und Pachtzahlungen, Zinsen für kurzfristige Gesellschafterdarlehen u. ä., den gewerblichen Gewinn, der Grundlage für die Gewerbeertragsteuer ist, mindern. Allerdings ist bei der Verpachtung beweglicher Anlagegüter zu berücksichtigen, dass die Hälfte der Miet- und Pachtzinsen für die Benutzung der nicht im Grundbesitz bestehenden Wirtschaftsgüter des Anlagevermögens, die im Eigentum eines anderen stehen, wieder dem Gewerbeertrag hinzuzurechnen sind. Ein Geschäftsführergehalt von bis zu 24.500 € bei der GmbH würde bei einer GmbH & Co. KG durch den Vorteil des Freibetrags noch kompensiert. Anders läge der Fall, wenn der Geschäftsführer nicht einer der Gesellschafter selbst wäre. In diesem Falle würden Gehälter an diese bei der GmbH & Co. KG ebenfalls den gewerblichen Gewinn mindern. Hier stünde die GmbH & Co. vorteilhafter da. Bei höheren Geschäftsführergehältern an Geschäftsführer, die gleichzeitig Kommanditisten sind, steht die GmbH günstiger da. Bei fremden Geschäftsführern steht die GmbH & Co. KG günstiger da, da die Gehälter nicht den gewerblichen Gewinn der KG als Sonderbetriebseinnahme erhöhen. 1204

III. Unterschiede in der Anteilsbewertung und Bewertung des Betriebsvermögens

Bei den Kapitalanteilen ist grundsätzlich der gemeine Wert zugrunde zu legen. Lässt er sich nicht aus Verkäufen ableiten, so ist er zu schätzen; hierbei sind auch die Ertragsaussichten zu berücksichtigen. Die Wertermittlung erfolgt nach dem sog. »Stuttgarter Verfahren«. 1205

Bei der Bewertung des Anteils am Betriebsvermögen einer GmbH & Co. KG hingegen wird der Wert des Betriebsvermögens nach dem Steuerbilanzwertverfahren (Ansatz Steuerbilanz, angepasst durch Wertansätze für Grundstücke sowie Anteile an Personen- und Kapitalgesellschaften) zugrunde gelegt, bei dessen Feststellungen die Ertragsaussichten des Unternehmens nicht berücksichtigt werden. Diese unterschiedlichen Bewertungsverfahren machen sich bei der Schenkung- und Erbschaftsteuer bemerkbar, so dass je nach Vermögens- und Ertragslage die eine oder andere Rechtsform günstiger sein kann. Bei besonders ertragstarken Unternehmen mit relativ geringen Vermögenswerten, stellt sich die GmbH & Co. KG als die günstigere Rechtsform dar. 1206

IV. Steuerlicher Belastungsvergleich

Die steuerlichen Rahmenbedingungen für Personenunternehmen und Kapitalgesellschaften wirken sich in erster Linie auf die laufende Steuerbelastung aus. Folglich soll die steuerliche Vorteilhaftigkeitsabwägung zwischen Kapitalgesellschaft und GmbH & Co. KG anhand der laufenden Gesamtsteuerbelastung für Gesellschaft und Gesellschafter dargestellt werden: Zwar beträgt der Körperschaftsteuertarif sowohl im The- 1207 saurierungs- als auch im Ausschüttungsfall gleichermaßen 25 % (puls SolZ). Gleichwohl ist für die Frage der steuerlichen Belastung der Kapitalgesellschaft mit Blick auf die Gesamtsteuerbelastung für Gesellschaft und Gesellschafter zwischen beiden Fällen zu differenzieren. Dagegen ist die Gesamtsteuerbelastung für Gesellschaft und Gesellschafter für beide Fälle gleich, da Gewinne und Verluste einer GmbH & Co. KG grundsätzlich die Besteuerung des Gesellschafters unabhängig davon beeinflussen, ob der Gesellschafter Gewinne entnimmt oder nicht. Zudem ergibt sich für den Verlustfall ein eklatanter steuerlicher Unterschied zwischen beiden Rechtsformen, da Verluste einer Kapitalgesellschaft durch den Gesellschafter grundsätzlich nicht genutzt werden können (Ausnahme: Teilwertabschreibung in wenigen Ausnahmefällen steuerlich anerkannt), die Verluste also bei dieser, nicht nutzbar für den Gesellschafter, „eingeschlossen" sind (sog. lock-in-Effekt). Dagegen können bei der GmbH & Co. KG die Verluste unmittelbar bei den Gesellschaftern im Verlustjahr bei Komplementären in voller Höhe und bei Kommanditisten bis zur Höhe des steuerlichen Kapitalkontos bzw. ggf. bis zur Höhe einer überschießenden Außenhaftung steuermindernd geltend gemacht werden.

1208 Aufgrund des Vorgesagten muss ein steuerlicher Belastungsvergleich beide o.g. Fälle darstellen. Dies lässt sich am ehesten an den beiden Extremfällen Vollthesaurierung (Gewinn bleibt in voller Höhe im Unternehmen) und Vollausschüttung (Gewinn wird von der Kapitalgesellschaft vollständig ausgeschüttet bzw. durch den Gesellschafter einer GmbH & Co. KG vollständig entnommen). Geht man von der Annahme einer Einzelveranlagung des Gesellschafter, unter Außerachtlassung eines Sparerfreibetrages und des Solidaritätszuschlages aus, ergibt sich folgender Tarifvergleich:

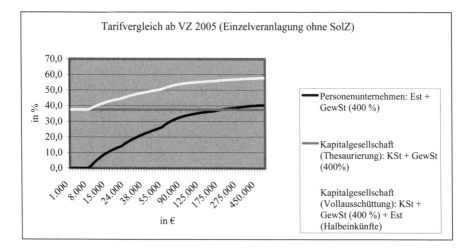

1209 Die Kurven zeigen, dass zunächst die körperschaftsteuerliche Belastung im Thesaurierungsfall grundsätzlich konstant bei 25 % KSt plus Gewerbesteuer liegt. Bei Vollausschüttung wird auf den ausgeschütteten Betrag (Gewinn nach KSt, GewSt) das Halbeinkünfteverfahren angewendet, so dass sich auf die Hälfte des Ausschüttungsbetrages der progressive Verlauf des Einkommensteuertarifs auswirkt. Die Steuertarifkurve der Personengesellschaft (GmbH & Co. KG) steigt progressiv an, aufgrund des progressiven Verlaufs der Einkommensteuer, während der Gewerbesteuertarif, nach Freibetrag für die GmbH & Co. KG und der Staffeltarif (beides gilt nicht für eine Kapitalgesellschaft) konstant bleibt.

Der Tarifvergleich zeigt drei wesentliche Abweichungen: 1210
- Im Thesaurierungsfall beträgt die Differenz zwischen dem ESt-Spitzensatz und der steuerlichen Belastung des thesaurierten Gewinns mit KSt und GewSt 4,5 % (42 % – 37,5 %). Dies schlägt sich in der Grafik in der Weise nieder, dass die Belastungskurve der Personenunternehmen nach dem Schnittpunkt nur einen geringen Abstand von der Thesaurierungsgeraden aufweist.
- Zum anderen kann eine nicht ausschüttende Kapitalgesellschaft nur dann zu steuerlichen Vorteilen gegenüber einem Personenunternehmen führen, wenn Gewinne in Höhe von mindestens rund Euro 150.000 (bei Zusammenverlagerung rund Euro 300.000) erzielt werden.
- Schließlich besteht, unabhängig von der Höhe des gewerblichen Gewinns, ein erheblicher Nachteil der Kapitalgesellschaft im Falle der Vollausschüttung, was sich durch den Abstand der entsprechenden Kurven zeigt.

Im Ergebnis zeigt sich, dass die GmbH & Co. KG gegenüber der Kapitalgesellschaft: 1211
- vorteilhafter ist im Falle der Vollausschüttung/ -entnahme,
- vorteilhafter ist im Falle einer Teilausschüttung bis zu einer Höhe von rund € 150.000,
- vorteilhafter ist bei der Verlustnutzung und
- nachteilig ist bei hohen Thesaurierungen, wobei dies nur ein Liquiditätseffekt ist, denn bei späterer (letztendlicher) Ausschüttung ist die GmbH & Co. KG wiederum vorteilhafter.

C. Vorteile des Ausschlusses einer Vermögens- und Gewinnbeteiligung der Komplementär-GmbH

I. Keine Verlustbeteiligung

Große Vorteile bietet die Rechtsform der GmbH & Co. KG, wenn die Komplementär- 1212 GmbH nicht am Gewinn und Vermögen der KG beteiligt wird, sondern lediglich eine Haftungsvergütung und Auslagenersatz erhält. Daher wäre eine Verlustbeteiligung der GmbH ausgeschlossen und somit die Gefahr einer Überschuldung nicht gegeben, sofern der Auslagersatzanspruch gegen die KG werthaltig ist.

II. Minimierung verdeckter Gewinnausschüttung

Ist die Komplementär-GmbH nicht am Gewinn beteiligt, wird deren Einkommen durch 1213 Rechtsgeschäfte der KG mit Gesellschaftern bzw. deren Angehörigen nicht berührt, somit wird die Gefahr eventueller vGA erheblich gemindert. Ebenso bewirkt eine Mittelzuführung an die KG durch Gesellschafter, keine Gesellschafterfremdfinanzierung der Komplementär-GmbH i. S. d. § 8a Abs. 6 KStG, wenn diese weder am Vermögen, noch am Gewinn der KG beteiligt ist, denn Vergütungen für alle Fremdfinanzierungen haben keinen Einfluss auf das Einkommen der Komplementär-GmbH.

III. Keine Gewinnaufdeckung bei Sacheinbringung

1214   Ist die Komplementär-GmbH am Vermögen einer GmbH & Co. KG beteiligt und erwirbt diese durch Sacheinbringung i. S. v. § 6 Abs. 5 Satz 3 EStG Einzelwirtschaftsgüter, so hat die übernehmende Personengesellschaft in Höhe der Beteiligung einer Kapitalgesellschaft diese Wirtschaftsgüter nicht mit dem Buchwert zu übernehmen, sondern es ist, soweit die GmbH bruchteilsmäßig Eigentümer wird, der Teilwert anzusetzen. Insoweit führt die Sacheinbringung somit beim Einbringenden zur Auflösung stiller Reserven. Ist die Komplementär-GmbH nicht am Vermögen beteiligt, so wird sie durch die Sacheinbringung nicht Miteigentümer.

IV. Keine Gewinnrealisierung bei Realteilung

1215   Hinderlich könnte sich eine Beteiligung der Komplementär-GmbH am Vermögen der GmbH & Co. KG auch bei einer Realteilung der KG auswirken. Eine Realteilung würde nicht zu einer Auflösung stiller Reserven führen, wenn die Komplementär-GmbH einen Teilbetrieb enthalten würde. Würde die GmbH an der Realteilung nicht beteiligt, liegt für alle Realteiler eine Betriebsaufgabe vor. Erhält sie jedoch nur einzelne Wirtschaftsgüter, so sind diese mit dem Teilwert anzusetzen mit der Folge, dass insoweit ein Gewinn realisiert würde. In Höhe des Verzichtes läge eine vGA vor. Ist jedoch die Komplementär-GmbH nicht am Vermögen beteiligt, nimmt sie nicht an der Realteilung teil.

V. Kein Beteiligungserwerb der Komplementar-GmbH im Zeitpunkt der Umwandlung

1216   Auch im Falle der Umwandlung einer GmbH in eine GmbH & Co. KG müsste eine am Vermögen beteiligte Komplementar-GmbH im Zeitpunkt der Umwandlung in eine KG bereits Gesellschafter der übertragenden GmbH sein, mit der Folge, dass in Höhe des Anteilserwerbes an die Altgesellschafter Veräußerungsgewinne i. S. d. § 17 EStG anfallen würden. Daher bietet sich auch eine Komplementär-GmbH an, die nicht am Vermögen beteiligt ist.

VI. Kein Anteilserwerb der Komplementar-GmbH im Falle des Ausscheidens eines Gesellschafters

1217   Auch im Falle des Ausscheidens eines Gesellschafters aus der KG, würde der Komplementär-GmbH im Verhältnis der Höhe ihres Anteils am Gesamtvermögen ein Bruchteil des ausgeschiedenen anwachsen. Eine Erhöhung des Anteils der Komplementär-GmbH dürfte im Zweifel nicht im Sinne der verbleibenden Gesellschafter sein. Es empfiehlt sich daher, auch aus diesem Grunde, die Komplementär-GmbH weder am Vermögen, noch am Gewinn zu beteiligen, sondern ihre Vergütung auf eine Haftungsvergütung und auf einen Auslagenersatz zu beschränken.

§ 6 Vertragsmuster

1. Gesellschaftsvertrag der Komplementär-GmbH

Urkundenkontrolle

Gesellschaftsvertrag

Gründungsbestimmungen
Heute, den zwanzigsten Dezember zweitausendundvier – 20. Dezember 2004 – erschienen vor mir, Notar in Seewiesen, in meiner Geschäftsstelle in Lüdinghausen:
1. Herr A, Fabrikant, wohnhaft in Lüdinghausen, in Gütertrennung lebend,
2. Herr Y, Kaufmann, wohnhaft in Senden, Wiesengrund, in Gütertrennung lebend,
3. Herr Z, Bau-Ing., wohnhaft in Nottuln, im gesetzlichen Güterstand lebend.

Die Erschienenen sind mir, Notar, persönlich bekannt. Auf Ansuchen der Erschienenen beurkunde ich ihren, vor mir abgegebenen Erklärungen gemäß, was folgt:
I.
Wir errichten hiermit eine Gesellschaft mit beschränkter Haftung. Für das Verhältnis der Gesellschaft und der Gesellschafter gelten die in der Satzung niedergelegten Bestimmungen. Die Satzung ist Bestandteil dieser Urkunde.

II.
Die Gesellschafter treten hiermit zu ihrer ersten Gesellschafterversammlung zusammen und beschließen einstimmig, wie folgt:
Zum Geschäftsführer wird bestellt:
Herr Z.

III.
Die Vertragsparteien wurden von dem beurkundeten Notar darauf hingewiesen, dass die GmbH als solche erst mit der Eintragung im Handelsregister entsteht. Die Beteiligten wurden weiter auf das persönliche Haftungsrisiko für Geschäftshandlungen vor Eintragung der GmbH und auf die gesamtschuldnerische Haftung aller Beteiligten für die Aufbringung und Erhaltung des Stammkapitals hingewiesen.

IV.
Sämtliche Kosten, die durch die Urkunde und die noch erforderliche Anmeldung und Eintragung in das Handelsregister entstehen, trägt die Gesellschaft.
Von dieser Urkunde erhalten:
Jede Vertragspartei und die Gesellschaft je eine Ausfertigung, das zuständige Registergericht und das zuständige Finanzamt je eine beglaubigte Abschrift, die Industrie- und Handelskammer eine einfache Abschrift.

V.
Die Gründungsgesellschafter erteilen sich hiermit gegenseitig, und zwar jedem allein und unter Befreiung von den Beschränkungen des § 181 BGB Vollmacht, etwaige Änderungen des Gesellschaftsvertrages zu vereinbaren und zum Handelsregister anzumelden, falls dies zur Eintragung der Gesellschaft im Handelsregister erforderlich oder zweckdienlich ist.

Satzung der Verwaltungsgesellschaft mbH

§ 1
Firma – Sitz

(1) Die Gesellschaft führt die Firma X-Verwaltungsgesellschaft mbH.
(2) Sitz der Gesellschaft ist...

§ 2
Gegenstand

Gegenstand des Unternehmens ist die Geschäftsführung und Beteiligung an Unternehmen, die ... zum Gegenstand haben.

§ 3
Geschäftsjahr

Geschäftsjahr ist das Kalenderjahr.

§ 4
Stammkapital und Stammeinlagen

(1) Das Stammkapital der Gesellschaft beträgt 25 000 €.
(2) Dieses wird wie folgt übernommen
Herr X   6.250 €
Herr Y   6.250 €
Herr Z   12.500 €.

Das Stammkapital ist zur Hälfte eingezahlt.

§ 5
Beginn und Beendigung

(1) Die Gesellschaft beginnt am ...
oder
(1) Die Gesellschaft beginnt mit der Eintragung in das Handelsregister.
(2) Die Gesellschaft ist auf unbestimmte Zeit errichtet.
(3) Jeder Gesellschafter ist berechtigt, das Gesellschaftsverhältnis mit einer Frist von 6 Monaten zum Ende eines Kalenderjahres zu kündigen. Die Kündigung erfolgt mittels eingeschriebenen Brief an den Geschäftsführer.
(4) Der Kündigende scheidet zum Schluss des Kalenderjahres aus der Gesellschaft aus. Er hat seinen Anteil auf die Gesellschaft zu übertragen. Das Entgelt bestimmt sich nach dem Nominalwert des Anteils, abzüglich der noch ausstehenden Einlage.

(5) Der Kündigende ist verpflichtet, zugleich seine Beteiligung an der X-GmbH & Co. KG zu kündigen.
(6) Die Wirksamkeit der Kündigung des GmbH-Anteils ist davon abhängig, dass der Gesellschafter zum gleichen Zeitpunkt auch aus der X-GmbH & Co. KG ausscheidet.

§ 6
Geschäftsführung

(1) Die Gesellschaft hat einen oder mehrere Geschäftsführer. Sind mehrere zu Geschäftsführern bestellt, so ist jeder Geschäftsführer gemeinsam mit einem anderen Geschäftsführer zur Vertretung der Gesellschaft berechtigt. Ein Prokurist kann nur gemeinsam mit einem Geschäftsführer die Gesellschaft vertreten.
(2) Die Geschäftsführer sind von den Beschränkungen des § 181 BGB befreit. Diese Befreiung gilt auch für den Abschluss eines Vertrages über die Errichtung der X-GmbH & Co. KG, an der die X-Verwaltungs-GmbH als Komplementärin und ihre Gesellschafter als Kommanditisten beteiligt sind.
(3) Zum ersten Geschäftsführer wird Herr Z bestellt. Er ist allein vertretungsberechtigt, auch wenn ein weiterer Geschäftsführer bestellt werden sollte.

§ 7
Gesellschafterversammlung

(1) Beschlüsse der Gesellschafter werden in der Gesellschafterversammlung gefasst.
(2) Die Gesellschafterversammlung ist mindestens einmal im Jahr, spätestens 4 Wochen nach Aufstellung der Bilanz für das abgelaufene Geschäftsjahr einzuberufen.
(3) Die Gesellschafterversammlung wird mit einer Frist von 2 Wochen von den Geschäftsführern unter Angabe der Tagesordnung schriftlich eingeladen.
(4) Jeder Gesellschafter ist berechtigt, sich von einem anderen Gesellschafter in der Gesellschafterversammlung vertreten zu lassen. Vertretung durch Dritte ist nur zulässig, wenn dieses der Gesellschaft mindestens 8 Tage vorher bekannt gemacht worden ist und keiner der Mitgesellschafter widerspricht.

§ 8
Gesellschafterbeschlüsse

(1) Je € 500 Stammeinlage gewähren eine Stimme.
(2) Gesellschafterbeschlüsse werden mit einfacher Mehrheit gefasst, soweit das Gesetz oder nachstehende Bestimmungen keine andere Mehrheit vorschreiben.
(3) Neben den gesetzlichen Zuständigkeiten beschließt die Gesellschafterversammlung über alle Angelegenheiten, die die Beteiligung an der X-GmbH & Co. KG betreffen. Das gilt insbesondere hinsichtlich aller Maßnahmen, die kraft Gesetzes oder aufgrund des Gesellschaftsvertrages der X-GmbH & Co. KG der Zustimmung der Gesellschafter dieser Gesellschaft bedürfen. Diese Beschlüsse bedürfen der Mehrheit von mehr als der Hälfte des Stammkapitals.
(4) Die Gesellschafterbeschlüsse der GmbH & Co. KG werden von der Komplementärin schriftlich festgehalten. Jeder Gesellschafter erhält eine Abschrift.

(5) Gesellschafterbeschlüsse, die Veräußerung von Beteiligungen, die Kündigung von Gesellschaftsverhältnissen, die Beendigung der Geschäftsführungen von Personengesellschaften zum Gegenstand haben, bedürfen einer Mehrheit von 3/4 der abgegebenen Stimmen.

§ 9
Bilanz, Bilanzaufstellung, Gewinnverwendung

(1) Grundlage für die Gewinnermittlung ist die Steuerbilanz. Die Gesellschaft stellt die Bilanz nach den Grundsätzen des Steuerrechts auf.
(2) Die Geschäftsführer sind verpflichtet, die Bilanz spätestens 5 Monate nach Abschluss des Geschäftsjahres aufzustellen.
(3) Über den Gewinn und die Gewinnverwendung beschließt die Gesellschafterversammlung.
(4) Die Gesellschafterversammlung kann beschließen, dass Teile der ausgeschütteten Gewinne der Gesellschaft als Darlehn wieder zurückgewährt werden.

§ 10
Rechtsverhältnis zwischen Gesellschaft und ihren Gesellschaftern

Rechtsgeschäfte zwischen Gesellschaft und ihren Gesellschaftern sind nach steuerlichen Grundsätzen zu beurteilen. Bei Verstößen gegen diese Grundsätze haben die Gesellschafter den ihnen steuerlich zu Unrecht zugewandten Vorteil wieder zurückzuerstatten.

§11
Übertragung von Geschäftsanteilen

(1) Die Übertragung von Anteilen, einschließlich der Sicherungsabtretung und Verpfändung, darf nur mit Zustimmung der übrigen Gesellschafter erfolgen. Der Übertragung steht die Bestellung eines Nießbrauchs und Einräumung einer Unterbeteiligung gleich.
(2) Die Zustimmung ist grundsätzlich zu erteilen, wenn der Geschäftsanteil an einen leiblichen Abkömmling übertragen werden soll.
(3) Die Zustimmung darf jedoch nur erteilt werden, wenn zugleich mit dem GmbH-Anteil auch die Kommanditbeteiligung mitübertragen wird.
Das gilt auch für die Anteilsübertragung auf Abkömmlinge.
(4) Im Fall der Teilung eines Anteils darf die Zustimmung nur erteilt werden, wenn im gleichen Verhältnis auch die Kommanditbeteiligung übertragen wird.

§ 12
Erbfall

(1) Stirbt ein Gesellschafter, so geht sein Geschäftsanteil auf seine Erben über bzw. denjenigen, den der Verstorbene bestimmt hat, soweit sie nachfolgeberechtigt sind.
(2) Fällt jedoch der Geschäftsanteil an der GmbH an andere Personen als der Kommanditanteil an der GmbH & Co. KG, so kann die Gesellschaft die Abtretung des Anteils an sich verlangen oder nach ihrer Wahl den Geschäftsanteil einziehen.

(3) Die Teilung des Anteils unter den Erben bedarf der Zustimmung der Gesellschaft. Die Gesellschaft muss die Zustimmung verweigern, wenn die Aufteilung nicht der Aufteilung des KG-Anteils entspricht.
(4) Mehrere Rechtsnachfolger können ihr Recht nur durch einen gemeinsamen Bevollmächtigten wahrnehmen lassen.

§ 13
Einziehung von Geschäftsanteilen

(1) Die Einziehung von Geschäftsanteilen oder Teilen eines solchen ist mit Zustimmung der Betroffenen jederzeit zulässig.
(2) Darüber hinaus ist die Einziehung des Geschäftsanteils auch ohne Zustimmung des betroffenen Gesellschafters bei Vorliegen eines wichtigen Grundes zulässig. Ein wichtiger Grund ist insbesondere gegeben, wenn
a) über das Vermögen des Gesellschafters das Konkurs- oder das Vergleichsverfahren eröffnet oder die Eröffnung mangels Masse abgelehnt wird.
b) an dem Gesellschaftsanteil oder einem sonstigen Gesellschafterrecht wie Gewinnanspruch und Anspruch auf Liquidationserlös die Zwangsvollstreckung betrieben wird.
c) der Gesellschafter als Gesellschafter der X-GmbH & Co. KG ausgeschlossen wird oder aufgrund Kündigung aus der Gesellschaft ausscheidet.
(3) Die Einziehung erfolgt durch die Geschäftsführung. Der Einziehungsbeschluss wird von der Gesellschafterversammlung gefasst, wenn der Einziehungsgrund in der Person des Geschäftsführers eingetreten ist.
(4) Das Entgelt für den eingezogenen Geschäftsanteil richtet sich nach dem wahren Wert des Geschäftsanteils. Ein Geschäftswert ist jedoch hierbei nicht zu berücksichtigen.
(5) Anstelle der Einziehung kann die Gesellschafterversammlung beschließen, dass statt der Einziehung der Anteil von der Gesellschaft übernommen wird.
(6) Die Einziehung ist unzulässig, wenn gleichzeitig ein Ausscheiden aus der X – GmbH & Co. KG erfolgt.

§ 14
Wettbewerbsverbot

(1) Jedem Gesellschafter ist es untersagt, im Geschäftsbereich der X-Verwaltungs-GmbH & Co. KG sich gewerblich zu betätigen oder sich an einer Personengesellschaft als persönlich haftender Gesellschafter oder als Kommanditist zu beteiligen oder diesen beiden Gesellschaften Konkurrenz zu machen.
(2) Das Wettbewerbsverbot gilt auch nach dem Ausscheiden für eine Dauer von ... Jahren.
(3) Die Gesellschafterversammlung kann mit einfacher Mehrheit Befreiung von dem Verbot gegen eine noch zu vereinbarende angemessene Vergütung erteilen.

§ 6 Vertragsmuster

Anmeldung der Errichtung einer GmbH zum Handelsregister

URNr.___/2004
Vom
An das
Amtsgericht Lüdinghausen
0 Registergericht –
Betreff:
Errichtung einer Gesellschaft mit beschränkter Haftung unter der Verwaltungs-GmbH mit dem Sitz in Lüdinghausen
Ich überreiche:
1. Ausfertigung des Gesellschaftsvertrages vom ...., URNr. ___ des beglaubigten Notars,
2. Liste der Gesellschafter mit den Beträgen der übernommenen Stammeinlage, und melde die Gesellschaft und mich als deren Geschäftsführer zur Eintragung in das Handelsregister an.

Ich versichere, dass ich noch nie wegen einer Straftat nach den §§ 283 bis 283d des Strafgesetzbuches verurteilt worden bin, dass mir zur Zeit weder durch gerichtliches Urteil noch durch vollziehbare Entscheidung einer Verwaltungsbehörde die Ausübung eines Berufs, Berufszweiges, Gewerbes oder Gewerbezweiges untersagt ist und dass ich vom beglaubigten Notar über meine unbeschränkte Auskunftspflicht gegenüber dem Gericht belehrt worden bin.

Weiter melde ich an, dass die Vertretung wie folgt geregelt ist: Die Gesellschaft hat einen oder mehrere Geschäftsführer. Ist nur ein Geschäftsführer vorhanden, vertritt dieser die Gesellschaft stets allein. Sind mehrere Geschäftsführer vorhanden, wird die Gesellschaft jeweils durch zwei Geschäftsführer oder durch einen Geschäftsführer und einen Prokuristen vertreten. Auch wenn mehrere Geschäftsführer vorhanden sind, kann einem Geschäftsführer das Recht zur Alleinvertretung eingeräumt werden. Die Gesellschafterversammlung kann die Geschäftsführer von den Beschränkungen des § 181 BGB befreien, ebenso vom Wettbewerbsverbot.

Durch Beschluss der Gesellschafterversammlung vom 06.01.2005 wurde mir, Z, Einzelvertretungsbefugnis eingeräumt; ich wurde von § 181 BGB und jedem Wettbewerbsverbot befreit.

Ich versichere, dass folgende Leistungen auf die Stammeinlagen bewirkt sind und sich endgültig in der freien Verfügung der Geschäftsführung befinden:

Gesellschafter	Stammeinlage	Einzahlung
X	6.250 €	6.250 €
Y	6.250 €	6.250 €
Z	12.500 €	12.500 €

Weiter versichere ich, dass das Stammkapital außer den Gründungskosten nicht mit Verbindlichkeiten oder Schulden vorbelastet ist.

Ich zeichne meine Unterschrift zur Aufbewahrung bei Gericht wie folgt:

___

Die Geschäftsanschrift lautet:

Nach Vollzug dieser Anmeldung wird um Übersendung von 2 beglaubigten Handelsregisterauszügen auf Kosten der Gesellschaft und Zusendung direkt an diese gebeten. X Lüdinghausen, den   Z
Die vorstehende Zeichnung sowie die Unterschrift von Herrn Z werden hiermit öffentlich beglaubigt.
Ort, Datum   Notarvertreter

2. Gesellschaftsvertrag der GmbH & Co. KG

Die X-Verwaltungs-GmbH
vertreten durch ihren Geschäftsführer Z
und die Herren X, Neudorf
Y, Altstadt
Z, Schwarzburg
errichten hiermit eine Kommanditgesellschaft und vereinbaren folgendes:

§ 1
Firma, Sitz, Geschäftsführer

1) Die Firma der Gesellschaft lautet X-Landmaschinenhandel-GmbH & Co. KG.
2) Scheidet ein Gesellschafter, dessen Name in der Firma enthalten ist, aus der Gesellschaft aus, so kann er nicht verlangen, dass die Gesellschaft die Weiterführung seines Namens unterlässt. Gleiches gilt für Erben eines Gesellschafters.
3) Sitz der Gesellschaft ist ...

§ 2
Gegenstand des Unternehmens

(1) Gegenstand des Unternehmens sind Handel und Reparaturen von Landmaschinen.

§ 3
Dauer der Gesellschaft

(1) Die Gesellschaft beginnt mit dem ...
    oder
    beginnt mit Ablauf des Tages, an dem die X-Verwaltungs-GmbH in das Handelsregister eingetragen worden ist.
(2) Die Gesellschaft wird auf unbestimmte Zeit eingegangen. Sie kann jedoch erstmals zum ... gekündigt werden. Die Kündigung wird wirksam mit Ablauf des Kalenderjahres. Die Kündigungsfrist beträgt 6 Monate.
(3 Die Kündigung hat durch eingeschriebenen Brief zu erfolgen.

(4) Ist über das Vermögen eines Gesellschafters das Insolvenzverfahren eröffnet oder ist der Anteil des Gesellschafters gepfändet worden, scheidet dieser aus der Gesellschaft aus.

§ 4
Wirtschaftsjahr, Bilanzaufstellung, Grundsätze der Bilanzierung

(1) Wirtschaftsjahr (Geschäftsjahr) ist das Kalenderjahr.
(2) Die jährliche Bilanz nebst Gewinn- und Verlustrechnung ist von den Geschäftsführern innerhalb der ersten 4 Monate nach Ablauf des Wirtschaftsjahres aufzustellen und der Gesellschafterversammlung zur Beschlussfassung über die Gewinnfeststellung und -verteilung vorzulegen.
(3) Maßgebend für die Aufstellung der Handelsbilanz sind die steuerlichen Bilanzierungsgrundsätze. Die Steuerbilanz ist gleichzeitig die der Gewinnverteilung zugrunde liegende Handelsbilanz. Haben sich infolge Beanstandung des Finanzamts oder aufgrund einer Außenprüfung Änderungen ergeben, sind diese Änderungen Grundlage für die Gewinnermittlung.

§ 5
Gesellschafter und Einlagen

(1 Die Gesellschaft ist eine Kommanditgesellschaft
(2) Gesellschafter der Kommanditgesellschaft sind
    a) die X-Verwaltungs-GmbH
    b) die Herren X, Y, Z als Kommanditisten
(3) Das Kommanditkapital = bedungene Einlage beträgt 500.000 €.
(4) An diesem Kapital sind beteiligt
    a) der Kommanditist X mit 125.000 € = 25 v. H.
    b) der Kommanditist Y mit 125.000 € = 25 v. H.
    c) der Kommanditist Z mit 250.000 € = 50 v. H.
(5) Die X-Verwaltungs-GmbH als Komplementärin ist weder am Vermögen noch am Gewinn beteiligt.
(6) Die Einlagen der Kommanditisten sind voll geleistet.

§ 6
Konten der Gesellschafter

(1) Die Kapitalkonten der Kommanditisten sind Festkapitalkonten. Sie bleiben unverzinst. Sie können nur durch Änderung des Gesellschaftsvertrages geändert werden. Festkapitalkonto entspricht der Kommanditeinlage. Auf diesem Festkapitalkonto (Kapitalkonto I) wird nur der Anteil des Gesellschafters am bedungenen Gesellschaftskapital gebucht. Das Festkapitalkonto entspricht betragsmäßig der Kommanditeinlage (Hafteinlage). Das Verhältnis der bedungenen Einlage zueinander entspricht der Quote an der Gewinnbeteiligung und der Beteiligung am Liquidationserlös.
(2) Neben dem Festkapitalkonto werden für jeden Kommanditisten ein Rücklagenkonto (Kapitalkonto II), ein Verlustvortragskonto und ein Darlehenskonto (Verrechnungskonto) geführt.

(3) Auf dem Rücklagenkonto werden die dem Kommanditisten zustehenden, jedoch nicht entnahmefähigen Gewinnanteile sowie die ihn treffenden Verlustanteile, soweit sie durch das Kontoguthaben gedeckt sind, verbucht.
(4) Dem Verlustvortragskonto werden die Verluste, soweit sie das Rücklagenkonto übersteigen, zugeschrieben. Künftige Gewinnanteile werden dem Verlustvortragskonto, solange es nicht ausgeglichen ist, gutgeschrieben.
(5) Auf dem Darlehenskonto werden Forderungen der Gesellschafter gegen die Gesellschaft, Forderung der Gesellschafter gegen einen Gesellschafter, entstandene entnahmefähige Gewinnanteile, Gewinnentnahmen, sowie der sonstige Zahlungsverkehr zwischen der Gesellschaft und ihrem Gesellschafter verbucht.
(6) Eine separate Kündigung von Guthabenbeträgen eines Gesellschafters auf Rücklagenkonten ist ausgeschlossen. Die Gesellschafter können jedoch mit einfacher Mehrheit beschließen, dass Guthabenteile auf Rücklagenkonten einheitlich für alle Gesellschafter auf die Darlehenskonten übertragen werden. Die Guthaben auf den Privatkonten stehen den Gesellschaftern grundsätzlich zur freien Verfügung. Abhebungen, die einen Betrag von.......... € überschreiten, müssen 8 Tage vorher der Gesellschaft angezeigt werden. Hierdurch bewirkte Überziehungen der Konten der Gesellschaft sind den Gesellschaftern vorher mitzuteilen. Überziehungen des Darlehenskontos bedürfen der Zustimmung der übrigen Gesellschafter.
(7) Die Rücklagenkonten der Gesellschafter bleiben unverzinst. Die Darlehenskonten der Gesellschafter werden mit 2 v. H. über dem Leitzinssatz der EZB pA, berechnet nach dem mittleren Kontostand innerhalb eines Geschäftsjahres, verzinst.

§ 7
Geschäftsführung, Vertretung

(1) Zur Geschäftsführung und Vertretung ist die X-Verwaltungs-GmbH berechtigt und verpflichtet.
Diese selbst und ihre Geschäftsführer sind vom Verbot des § 181 BGB befreit für alle Geschäfte zwischen der Komplementärin und der Kommanditgesellschaft und auch zwischen der Kommanditgesellschaft und den GmbH-Geschäftsführern.
(2) Die Gesellschaft ist berechtigt, neben der Komplementärin Kommanditisten und andere Personen zu Geschäftsführern zu bestellen. Diese haben im Außenverhältnis die Stellung eines Prokuristen.
(3) Es besteht Einzelvertretungsbefugnis.
Die X-Verwaltungs-GmbH hat Anspruch auf Erstattung aller Aufwendungen, die für die Führung der Geschäfte erforderlich sind. (Besteht keine Gesellschafteridentität, dann folgender Zusatz: Die Anstellungsverträge und Vereinbarungen mit den Geschäftsführern der Komplementäre bedürfen der Zustimmung der Gesellschafter der KG).

§ 8
Umfang der Geschäftsführung

(1) Die Geschäftsführerbefugnis erstreckt sich auf die Vornahme von Handlungen, die der laufende Geschäftsbetrieb mit sich bringt.
(2) Folgende Geschäfte bedürfen der Zustimmung der Gesellschafterversammlung.
....

§ 9
Kontrollrechte und Informationspflichten

(1) Den Kommanditisten ist jährlich bis zum … eine Bilanz nebst Gewinn- und Verlustrechnung und ein Geschäftsbericht zukommen zu lassen. Jedem Kommanditisten steht ein Auskunftsrecht und Einsichtsrecht im Umfange des § 51a Abs. 1 und 2 GmbHG zu.

(2 Ein Widerspruchsrecht nach § 164 HGB steht jedoch den einzelnen Kommanditisten nicht zu.
Oder

(3) Macht ein Kommanditist von seinem Widerspruchsrecht Gebrauch, so entscheiden auf Antrag der Komplementärin die Gesellschafter mit einfacher Mehrheit durch Beschluss über die Vornahme des Handels.

§ 10
Beschlüsse, Gesellschafterversammlung

(1) Die Gesellschafterbeschlüsse werden grundsätzlich in der Gesellschafterversammlung gefasst. In eiligen Angelegenheiten kann jedoch auch die Zustimmung der einzelnen Gesellschafter schriftlich eingeholt werden.

(2) Über folgende Angelegenheiten entscheidet die Gesellschafterversammlung, soweit nach dem Gesetz nicht Einstimmigkeit erforderlich ist, mit einfacher Mehrheit der abgegebenen Stimmen.

(3) Das Stimmrecht des Gesellschafters richtet sich nach seinem Kapitalanteil. Je volle 500 € der Einlage gewähren ein Stimmrecht. Die Komplementär-GmbH hat in der Gesellschafterversammlung eine Stimme oder (……… hat in der Gesellschafterversammlung kein Stimmrecht).

(4) Die Einberufung der Gesellschafterversammlung hat schriftlich mit einer Frist von 14 Tagen zu erfolgen. In Eilfällen kann die Frist auf vier Tage verkürzt werden.

(5) Über die Beschlüsse der Gesellschafterversammlung ist eine Niederschrift zu fertigen.

(6) Im Verhinderungsfall ist ein Gesellschafter berechtigt, sich durch einen anderen Gesellschafter vertreten zu lassen.

§ 11
Haftungsvergütung

(1) Die X-Verwaltungs-GmbH erhält für die Übernahme des Haftungsrisikos eine Vergütung von 6 v. H. ihres Stammkapitals. Diese ist gewinnunabhängig und auch in Verlustjahren zu zahlen.

(2) Herr Z. ist, solange er Geschäftsführer der GmbH ist, berechtigt, den ihm überlassenen Pkw für Privatfahrten zu benutzen. Die Gesellschaft übernimmt auch insoweit alle Aufwendungen des Pkw.

(3) Darüber hinaus ist Z. berechtigt, auf Kosten der Gesellschaft an Fortbildungsveranstaltungen teilzunehmen, auch wenn diese steuerlich nicht als solche anerkannt werden. Allerdings dürfen … Tage im Kalenderjahr und ein Betrag von … € nicht überstiegen werden.

§ 12
Gewinn- und Verlustverteilung

(1) Gewinn i. S. dieses Vertrages ist der Handelsbilanzgewinn abzüglich des Auslagenersatzes, der Haftungsvergütung und sonstigen Vorabvergütungen des persönlich haftenden Gesellschafters und der an sonstigen zur Geschäftsführung bestellten Kommanditisten gezahlten Sondervergütungen und der Zinsen für die Darlehnskonten. An dem verbleibenden Gewinn sind die Kommanditisten entsprechend dem Verhältnis ihrer bedungenen Einlage beteiligt. Dieses Verhältnis gilt auch für die Beteiligung an einem Liquidationsgewinn.

(2) Das Verhältnis der bedungenen Einlage gilt auch für die Verlustbeteiligung.

(3) Eine Nachschusspflicht für die Kommanditisten ist ausgeschlossen.

(4) Der Gewinnanteil soweit er entnahmefähig ist, wird den Gesellschaftern unmittelbar nach Feststellung der Bilanz durch die Gesellschaft auf deren Darlehenskonten zur freien Verfügung gestellt. Das gilt insoweit nicht, als das Verlustvertragskonto einen negativen Saldo ausweist. Insoweit ist der Gewinn zum Ausgleich dieses Kontos zu verwenden.

§ 13
Entnahmen

(1) Die Sondervergütungen und die Zinsen für die Guthaben der Privatkonten (Darlehnskonten) können unbegrenzt entnommen werden. Von den Gewinnanteilen sind jedoch 20 v. H. den Rücklagenkonten zuzuführen.

§ 14
Anteilsübertragungen

(1) Anteilsübertragungen sind grundsätzlich zulässig, sie bedürfen jedoch der Zustimmung aller übrigen Gesellschafter. Wird der Anteil auf Abkömmlinge oder dem anderen Ehegatten übertragen, sind die übrigen Gesellschafter verpflichtet, die Zustimmung zu erteilen. Im Falle einer entgeltlichen Übertragung eines Anteils oder von Teilen eines Anteils haben die übrigen Gesellschafter ein Vorkaufsrecht. Der Veräußerer hat daher diesen ein Kaufangebot zu machen unter namentlicher Benennung des Kaufanwärters und Angabe des Kaufpreises. Die anderen Kommanditisten können das Angebot innerhalb eines Monats nach Zugang des Angebotes annehmen. Machen alle Kommanditisten von dem Angebot gebrauch, so sind diese im Verhältnis zu ihrer Beteiligung berechtigt und verpflichtet. Mit der Übertragung eines Kommanditanteils geht das Kapitalkonto (Kapitalkonto I) und das Rücklagenkonto auf den Erwerber über und tritt dieser in die Rechte und Pflichten aus dem Gesellschaftsvertrag ein.

(2) Abgesehen von dem in Abs. 1 genannten Personenkreis dürfen Anteile an Dritte nicht zur Sicherheit übertragen, verpfändet, mit einem Nießbrauch belastet noch an ihnen eine Unterbeteiligung eingeräumt werden.

(3) Die Anteilsübertragung ist jedoch nur insoweit zulässig, als auch der GmbH-Anteil bzw. der entsprechende Teil des GmbH-Anteils mitübertragen wird.

§ 15
Erbregelung
(1) Beim Tode eines Gesellschafters wird die Gesellschaft nicht aufgelöst.
(2) Die Gesellschaft wird grundsätzlich mit den Erben fortgesetzt. Hat der Verstorbene keine Verfügung über die Nachfolge im Gesellschaftsanteil getroffen, werden alle Erben entsprechend ihrer Quote Gesellschafter. Setzen sich die Erben dahingehend auseinander, das einer der Erben oder einzelne Erben Gesellschafter werden sollen, so handelt es sich nicht um eine Anteilsveräußerung, die der Zustimmung der übrigen Gesellschafter bedarf, wenn sie innerhalb einer Jahresfrist erfolgt. Hat der Gesellschafter durch Teilungsanordnung oder Vermächtnis einem bestimmten Erben den Anteil zugewiesen, wird dieser unmittelbar Gesellschafter. Hat der Verstorbene eine Person als Rechtsnachfolger hinsichtlich des Gesellschaftsanteils, die nicht Abkömmling oder der Ehegatte sind, eingesetzt, können die übrigen Gesellschafter mit einfacher Mehrheit innerhalb eines halben Jahres nach Kenntnis von der Person des Rechtsnachfolgers dessen Gesellschaftsverhältnis zum Ende des laufenden Gesellschaftsjahres kündigen. Die Abfindung richtet sich nach § 17 des Vertrages.

§ 16
Ausschluss eines Gesellschafters
(1) Die Gesellschaft kann mit einfacher Mehrheit die Ausschließung eines Gesellschafters beschließen, wenn ein wichtiger Grund vorliegt.
(2) Wichtiger Grund ist insbesondere dann gegeben ...
(3) Die Ausschließung kann nur beschlossen werden, wenn zugleich der Anteil des betroffenen Gesellschafters an der Komplementärin eingezogen wird.

§ 17
Auseinandersetzung
(1) Das Abfindungsguthaben eines ausscheidenden Gesellschafters bestimmt sich nach dem Stand seines Kapitalkontos und seiner Privatkonten, (zuzüglich seines Anteils an der gesamthänderisch gebundenen Rücklage, falls eine solches bestehen sollte, im Zeitpunkt seines Ausscheidens.
(2) Grundlage ist die Bilanz zum Schluss des Kalenderjahres, zu dem das Ausscheiden erfolgt. Spätere Betriebsprüfungen lassen die Abfindung unberührt.
(3) Stille Reserven und ein Firmenwert werden bei der Abfindung nicht berücksichtigt.
Die Gesellschaft ist berechtigt, das Guthaben in gleichen Jahresraten auszuzahlen. Die erste Rate wird zum Schluss des Kalenderjahres fällig, in dem der Gesellschafter ausscheidet. Das Abfindungsguthaben ist mit ... v. H. zu verzinsen.

§ 18
Wettbewerbsverbot
(1) Jedem Gesellschafter ist es untersagt, für die Dauer seiner Zugehörigkeit zur Gesellschaft auf dem Geschäftsgebiet selbst tätig zu werden oder sich an anderen Unternehmen der gleichen Branche als Komplementär oder Kommanditist oder stiller Gesellschafter zu beteiligen.

(2) Das Wettbewerbsverbot gilt auch noch nach seinem Ausscheiden für die Dauer von ... Jahren.
(3) Vom Wettbewerbsverbot kann durch die Gesellschaft Befreiung gegen angemessene Vergütung erteilt werden.

§ 19
Schlussbestimmung

(1) Unwirksamkeit einer Vertragsbestimmung macht den Gesellschaftsvertrag als solchen nicht unwirksam.
(2) Werden Bestimmungen des Gesellschaftsvertrags, insbesondere hinsichtlich der Gewinnverteilung, nicht anerkannt, sind die Gesellschafter verpflichtet, einer entsprechenden Änderung des Vertrags zuzustimmen.

3. Anmeldung der Errichtung einer Kommanditgesellschaft mit einer GmbH als persönlich haftender Gesellschafterin

An das
Amtsgericht
– Handelsregister –
Zur Eintragung in das Handelsregister melden wir an:
Wir haben zum Zwecke des Landmaschinenhandels und der Reparatur von Landmaschinen eine Kommanditgesellschaft errichtet, deren Firma lautet:
Landmaschinenhandel GmbH & Co. KG
An der Gesellschaft sind beteiligt:
- a) die X-Verwaltungs-GmbH mit Sitz in ....(Ort), eingetragen im Handelsregister des Amtsgerichts...............(Ort) unter HRB..............., als persönlich haftende Gesellschafterin,
- b) Herr X............... (Geburtsdatum, Ort, Straße), als Kommanditist mit einer Einlage von Euro 125.000 €
- c) Herr Y................ (Geburtsdatum, Ort, Straße), als Kommanditist mit einer Einlage von Euro 125.000 €
- d) Herr Z................ (Geburtsdatum, Ort, Straße), als Kommanditist mit einer Einlage von 250.000 €.

Die persönlich haftende Gesellschafterin ist von den Beschränkungen des Selbstkontrahierens gem. § 181 BGB befreit. Die Gesellschaft beginnt mit ihrer Eintragung im Handelsregister. Sie hat ihren Sitz in .... (Ort), die Geschäftsräume befinden sich in ....(Ort, Straße).

Für die persönlich haftende Gesellschafterin X-Verwaltungs-GmbH zeichnet deren alleiniger Geschäftsführer Z seine Namensunterschrift unter Angabe der Firma „Landmaschinenhandel GmbH & Co. KG" wie folgt:

X-Verwaltungs-GmbH
(Unterschrift Z)

In der Anlage fügen wir begl. Abschrift vom .... aus dem Handelsregister des Amtsgerichts .... (Ort) – HRB .... betreffend die Eintragung der X-Verwaltungs-GmbH bei.

................Z	....
(A für A-GmbH)	(Unterschrift Y)
....	....
(Unterschrift X)	(Unterschrift Z)
(Beglaubigungsvermerk)	

4. Sachgründung

Franz Tüchtig ist bisheriger Einzelunternehmer. Gegenstand seines Unternehmens ist die Verarbeitung von Edelmetallen. Er bringt sein Unternehmen in die mit Erich Fleißig gegründete Franz Tüchtig GmbH & Co. KG ein, mit Ausnahme des Gebäudes, das jedoch an die KG vermietet wird. Gleichzeitig gründen sie die Franz Tüchtig Verwaltungs-GmbH, deren Stammkapital von 25.000 € von Franz Tüchtig zu 75 v. H. und Erich Fleißig zu 25 v. H. übernommen wird.

Erich Fleißig ist Inhaber eines beim Bundespatentamt in München unter Nr........... eingetragenen Patentes, das er als Sacheinlage in die KG einbringt.

§ 5 Gesellschafter, Einlage

(1) Komplementärin ist die Franz Tüchtig Verwaltungs-GmbH. Sie ist am Vermögen und Gewinn der KG nicht beteiligt.

(2) Komplementäre sind
   a) Franz Tüchtig mit einer Kommanditeinalge von 300.000 €
   b) Erich Fleißig mit einer Kommanditeinlage von 100.000 €

(3) Die Gesellschafter erfüllen ihre Einlageverpflichtungen wie folgt:

Franz Tüchtig bringt sein bisheriges Einzelunternehmen (Verkehrswert 600.000 €) mit Ausnahme des Betriebsgrundstücks in die KG mit dem Buchwert von 300.000 € ein.

Herr Erich Fleißig bringt sein Patent ...., das er als Einzelgewerbetreibender entwickelt hat (Verkehrswert 200.000 €), in die Gesellschaft ein. Diese wird mit 100.000 € auf die Einlageverpflichtung verrechnet.

Die Einbringung erfolgt in der Weise, dass er der KG die Ausübung der Rechte aus diesem Patent überlässt.

Franz Tüchtig verpflichtet sich ferner, der Gesellschaft das Grundstück auf die Dauer von 10 Jahren zur Verfügung zu stellen, mit der Option einer Verlängerung. Grundlage für die Überlassung ist eine gesonderte Vereinbarung.

§ 17 Auseinandersetzung

Wird das Gesellschaftsverhältnis beendigt, geht das Unternehmen auf Herrn Franz Tüchtig oder dessen Rechtsnachfolger über. Erich Fleißig kann verlangen, dass ihm die Ausübung aus dem Patent wieder zurückübertragen wird. Ferner stehen ihm die Guthaben der Rücklagen und Darlehenskonten zu.

(Der vorliegende Vertrag bedarf nicht der notariellen Form, da Sacheinbringung nicht die Einbringung eines Grundstücks zum Gegenstand hat. Anmeldung zum Handelsregister wie 2).

5. Gesellschaftsvertrag einer Familien-GmbH & Co. KG mit mehreren Stämmen und Beirat

§ 1 Firmensitz

§ 2 Gesellschaftszweck

§ 3 Gesellschafter, Gesellschaftskapital

(1) Komplementärin ist die X-Verwaltungs-GmbH mit Sitz in .... Sie erbringt keine Einlage und hat keinen Kapitalanteil.

(2) Kommanditisten sind:

a)	Hans Schneider mit einem Kapitalkonto von	€ 200.000
	Josef Schneider mit einem Kapitalkonto von	€ 200.000
b)	Fritz Schulte mit einem Kapitalkonto von	€ 150.000
	Max Schulte mit einem Kapitalkonto von	€ 100.000
	Frieda Mayer, geb. Schulte mit einem Kapitalkonto von	€ 150.000
c)	Helga Luft mit einem Kapitalkonto von	€ 100.000
	Jakob Luft mit einem Kapitalkonto von	€ 100.000
	Felix Luft mit einem Kapitalkonto von	€ 200.000
d)	Josef Schmidt mit einem Kapitalkonto von	€ 400.000
		€ 1.200.000

(3) Die Kapitalanteile, die voll einbezahlt sind, werden als Festkapitalkonto (Kapitalkonto I) geführt, sie können nur durch Änderung des Gesellschaftsvertrages geändert werden. Sie sind als Haftsumme im Handelsregister einzutragen.

(4) Jeder Kommanditist soll in dem Verhältnis, in dem er am Festkapital beteiligt ist, auch am Stammkapital der Komplementärin beteiligt sein. Dieses Verhältnis ist auch Maßstab für die Gewinnbeteiligung.

§ 4 Familienstamm

(1) Die Kommanditisten bilden 4 Familienstämme.
   a) den Stamm Schneider
   b den Stamm Schulte
   c) den Stamm Luft
   d) den Stamm Schmitz

(2) Künftige Kommanditisten gehören dem Stamm an, mit dessen Namensgeber sie in gerader Linie verwandt sind. Ein Kommanditist, der mit keinem der oder Namensgeber in gerader Linie verwandt ist, gehört dem Stamm an, der der Gesellschafter angehörte, von dem er seinen Gesellschaftsanteil erhalten hat.

§ 5 Gesellschafterkonten

§ 6 Geschäftsführung und Vertretung

(1) Zur Geschäftsführung und Vertretung ist die Komplementärin berechtigt und verpflichtet. Der Beirat kann sie selbst und ihre Geschäftsführer für Rechtsgeschäfte mit der Gesellschaft allgemein oder im Einzelfall von den Beschränkungen des § 181 BGB befreien.

(2) Die Komplementärin hat bei Beginn eines jeden Geschäftsjahres den Wirtschaftsplan bestehend aus .... aufzustellen und dem Beirat zur Zustimmung vorzulegen. Maßnahmen, die im gebilligten Wirtschaftsplan enthalten sind, bedürfen nicht einer weiteren Zustimmung.

(3) Die Komplementärin darf Handlungen, die über den gewöhnlichen Geschäftsbetrieb des Handelsgewerbes der Gesellschaft hinausgehen, sowie Handlungen, die nicht in Erfüllung ihrer Aufgaben als Komplementärin der Gesellschaft dienen, nur mit vorheriger Zustimmung des Beirates vornehmen. In dringenden Fällen, in denen die Zustimmung des Beirates nicht möglich ist, kann die Komplementärin auch ohne Zustimmung handeln, allerdings mit der Verpflichtung, der unverzüglichen Unterrichtung und gleichzeitiger Darlegung der Gründe für die Nichteinholung der Zustimmung.

(4) Folgende Handlungen bedürfen unabhängig von Abs. 3 der Zustimmung des Beirates:
   a) Aufnahme neuer oder Aufgabe bestehender Geschäftszweige, Erwerb oder Veräußerung von Betrieben oder Betriebsteilen, Errichtung der Aufhebung von Zweigniederlassungen.
   b) Erwerb und Veräußerungen von Beteiligungen an anderen Unternehmen.
   c) Abschluss von Kooperationsverträgen mit anderen Unternehmen
   d) Eingehung/Änderung oder Beendigungen von stillen Gesellschaftsverhältnissen
   e) Erwerb, Veräußerung oder Belastung von Grundstücken, grundstücksgleichen Rechten.
   f) Vornahme von Neubauten, Erweiterungsbauten und Umbauten, soweit die einzelnen Maßnahmen die Summe von............... € überschreiten
   g) Die Gewährung und Aufnahme von Darlehen, Krediten außerhalb des gewöhnlichen Geschäftsverkehrs, einschließlich der Gewährung von Sicherheiten und Übernahme von Bürgschaften
   h) Abschluss von Dauerschuldverhältnis wie Miet- und Pacht-, Lizenz- oder ähnlichen Verträgen, wenn der einzelne Vertrag eine Dauer von mehr als 4 Jahren hat oder die voraussichtliche Verpflichtung den Betrag von insgesamt €............... überschreiten.
   i) Erteilung oder Widerruf von Prokura
   j) Abschluss, Änderung oder Beendigung von Verträgen, insbesondere Dienst- und Anstellungsverträgen mit Gesellschaftern und deren Ehegatten und Abkömmlingen
   k) Gewährung von Tantiemen oder Pensionszusagen an Mitarbeiter

Der Beirat kann den Katalog der zustimmungspflichtigen Geschäfte erweitern.
Das Widerspruchsrecht des Kommanditisten ist ausgeschlossen.

§ 7 Beirat

(1) Die Gesellschaft hat einen Beirat, der aus fünf Mitgliedern besteht. Die Zahl der Beiratsmitglieder kann durch Gesellschafterbeschluss abgeändert werden.

(2) Beiratsmitglieder können Gesellschafter oder Dritte sein. Geschäftsführer der Gesellschaft oder der Komplementär-GmbH oder von ihr abhängiger Unternehmen, sowie deren Prokuristen und Handlungsbevollmächtigte sind vom Amt des Beirates ausgeschlossen, ebenso leitende Mitarbeiter von Unternehmen, die mit der Gesellschaft in Wettbewerb stehen.

(3) Jeder der 4 Familienstämme hat das Recht, ein Beiratsmitglied zu entsenden. Das fünfte Beiratsmitglied soll ein unabhängiger sein, der weder Gesellschafter, noch Angehöriger eines Gesellschafters ist, noch mit der Gesellschaft in irgendeiner Beziehung steht. Nach Möglichkeit ein Rechtsanwalt, Wirtschaftsprüfer, Steuerberater oder Bankfachmann. Die von den Stämmen benannten Mitglieder bleiben solange im Amt, wie sie das Vertrauen der Stammesmitglieder haben. Das 5. Beiratsmitglied, das auch den Vorsitz des Beirates führt, wird mit Mehrheit von drei Vierteln der dort vertretenden Stimmen von den Gesellschaftern gewählt. Die Amtsdauer beträgt vier Jahre gerechnet von der Annahme der Wahl durch den Gewählten. Auch nach Ablauf dieser Zeit bleibt ein Beiratsmitglied so lange im Amt, bis ein Nachfolger gewählt ist. Ist ein Beiratsmitglied vorzeitig weggefallen, so wählt die Gesellschafterversammlung für die verbleibende Amtszeit einen Nachfolger. Die Wiederwahl ist zulässig.

(4) Die Abberufung eines Beiratsmitgliedes durch die Gesellschafterversammlung ist nur aus wichtigem Grunde möglich. Der Abberufungsbeschluss bedarf einer ¾ Mehrheit der abgegebenen Stimmen; Stimmenthaltungen bleiben hierbei unberücksichtigt.

(5) Der Beirat hat die Aufgabe, die Gesellschafter und die Geschäftsführung in allen wesentlichen, das Unternehmen betreffenden Fragen zu beraten sowie die Geschäftsführung zu überwachen. Der Beirat und seine Mitglieder haben das Recht, von der Geschäftsführung Berichte über den Geschäftsverlauf einzuholen und Bücher und Schriften einzusehen. Er berichtet der Gesellschafterversammlung jährlich über seine Tätigkeit.

(6) Der Beirat hat unter Ausschluss der Gesellschafterversammlung die Geschäftsführer zu bestellen und abzuberufen sowie deren Anstellungsverträge abzuschließen, zu ändern und ggf. zu kündigen.

(7) Der Beirat ist berechtigt und auf das begründete Verlangen eines Gesellschafters verpflichtet, Gesellschafterversammlungen einzuberufen. Die Beiratsmitglieder, soweit sie nicht Gesellschafter sind, nehmen an den Gesellschafterversammlungen mit beratender Stimme teil.

(8) Die Beiratsmitglieder haben Anspruch auf eine angemessene, das Jahresergebnis der Gesellschaft berücksichtigende Vergütung, die für jedes Geschäftsjahr von der Gesellschafterversammlung festgestellt wird.

(9) Der Beirat hält nach Bedarf Sitzungen ab. Auf begründetes Verlangen eines Beiratsmitgliedes, Gesellschafters oder Geschäftsführers sind Sitzungen einzuberufen.

§ 8 Übernahmerecht

(1) Scheidet ein Kommanditist aus der Gesellschaft aus, ohne dass sein Gesellschaftsanteil auf einen Rechtsnachfolger übergeht, ist jeder der übrigen Kommanditisten seines Familienstammes berechtigt, den Kapitalanteil des Ausscheidenden ganz oder teilweise zu übernehmen. Üben mehrere Kommanditisten das Übernahmerecht aus, sind sie untereinander im Verhältnis ihrer Kapitalanteile zur Übernahme berechtigt, sofern sie untereinander kein anderes Verhältnis vereinbaren. Die Übernahme wird durch Erklärung gegenüber der Gesellschaft ausgeübt, die unverzüglich alle übrigen Gesellschafter zu unterrichten hat. Die Übernahme kann, falls der Kommanditist durch Kündigung aus der Gesellschaft ausscheidet, nur bis zum Ablauf der Kündigungsfrist, in allen anderen Fällen nur bis zum Ablauf von drei Monaten seit dem Ausscheiden ausgeübt werden.

(2) Die Ausübung des Übernahmerechts hat zur Folge, dass sich der Kapitalanteil des übernehmenden Gesellschafters mit Wirkung ab dem Zeitpunkt des Ausscheidens um den übernommenen Betrag erhöht und sich die Rechte und Pflichten des übernehmenden Gesellschafters künftig nach dem erhöhten Kapitalanteil bestimmen.

(3) Der übernehmende Gesellschafter ist verpflichtet, die Gesellschaft von dem Anspruch des Ausscheidenden oder seiner Rechtsnachfolger auf Zahlung einer Abfindung nach § 24 in Höhe des teils freizustellen, der dem von ihm übernommenen Teil des Kapitalanteils des Ausscheidens entspricht.

§ 9 Tod eines Gesellschafters

(1) Stirbt ein Gesellschafter, so wird die Gesellschaft mit seinen Erben oder Vermächtnisnehmern fortgesetzt, sofern diese in Ansehung des Gesellschaftsanteils nachfolgeberechtigt sind, andernfalls unter den verbleibenden Gesellschaftern. Nachfolgeberechtigt sind höchstens zwei Personen, die entweder Abkömmlinge des verstorbenen Gesellschafters, andere Gesellschafter seines Familienstammes oder deren Abkömmlinge sein müssen. (Oder hat der Erblasser mehrere zu seinen Erben bestimmt und keine besondere Verfügung hinsichtlich des Gesellschaftsanteils getroffen, bestimmen die Erben einen aus ihrer Mitte, der den Gesellschaftsanteil übernehmen soll. Den weichenden Erben können in diesem Falle Unterbeteiligungen nach Art einer atypisch stillen Gesellschaft, ihrem Bruchteil am Nachlass entsprechend, eingeräumt werden.

(2) Die Anordnung einer Testamentsvollstreckung für Gesellschaftsanteile ist zulässig. Der oder die Testamentsvollstrecker können auch berechtigt werden, als Bevollmächtigte oder als Treuhänder der Erben oder Vermächtnisnehmer sämtliche Rechte aus dem Gesellschaftsanteil auszuüben. Für die treuhänderische Übertragung von Gesellschaftsanteilen auf Testamentsvollstrecker und die Rückübertragung auf die Erben oder Vermächtnisnehmer ist die Zustimmung der anderen Gesellschafter nach § 18 Abs. 1 nicht erforderlich.

6. Eintritt eines Kommanditisten in eine bereits bestehende GmbH & Co. KG

Zwischen den Gesellschaftern der X-GmbH & Co. KG
Der X-Verwaltungs-GmbH vertreten durch ihren Geschäftsführer Z (Komplementär)
Herrn X (Kommanditist)
Herrn Y (Kommanditist)
Und Herrn W wird folgender Vertrag geschlossen:

§ 1
Herr W (Kommanditist) tritt in die X-GmbH & Co. KG zum 31.12...... als Kommanditist mit einer Kommanditeinlage von
100.000 € ein.

§ 2
Herr W leistet eine Bareinlage von 200.000 €, wovon 100.000 € als Kommanditeinlage dem Kapitalkonto gutgebracht werden, 100.000 € werden zur Abgeltung der stillen Reserven wie folgt auf die Kapitalkonten der Gesellschafter übertragen:

Herr X	25.000 €
Herr Y	25.000 €
Herr Z	50.000 €

§ 3
Herr Walter Schmitz ist am Gewinn der Gesellschaft nach Berücksichtigung der Kapitalkontenverzinsung und der Geschäftsführungsvergütungen mit 20 v. H. beteiligt.

§ 4
Nachstehende Bestimmungen des bisherigen Gesellschaftsvertrages erhalten folgende Fassung:

§ 5
Kapitalbeteiligung und Einlage der Gesellschafter
1. Am Kommanditkapital von 500.000 € sind beteiligt:
   1. Herr X mit   100.000 € = 20 v. H.
   2. Herr Y mit   100.000 € = 20 v. H.
   3. Herr Z mit   200.000 € = 40 v. H.
   4. Herr W mit   100.000 € = 20 v. H.

§ 6
1. Der Gesellschafter Z erhält für seine Geschäftsführung ein Jahresgehalt von .... €.
2. Der Restgewinn wird auf die Gesellschafter wie folgt verteilt:
   Herr X   = 20 v. H.
   Herr Y   = 20 v. H.
   Herr Z   = 40 v. H.
   Herr W   = 20 v. H.
3. Im gleichen Verhältnis sind die Gesellschafter auch an einem etwaigen Verlust beteiligt.

Die übrigen Bestimmungen des Gesellschaftsvertrages gelten unverändert auch im Hinblick auf das Gesellschaftsverhältnis mit Herrn W.

§ 7
Die persönlich haftende Gesellschafterin Verwaltungs-GmbH wird unverzüglich die Eintragung des Neueintretenden in das Handelsregister betreiben.

§ 8
Die Gesellschafter X, Y und Z verpflichten sich, jeweils 20 v. H. ihres Anteils an der Komplementär-GmbH abzutreten.

7. Abtretung eines GmbH-Anteils an der Verwaltungs-GmbH & Co. KG

Vertrag über die Abtretung eines GmbH-Anteils
An der X-Verwaltungs-GmbH sind
X mit 25 v. H.   =   6.250 €
Y mit 25 v. H.   =   6.250 €
Z mit 50 v. H.   =   13.500 €
Beteiligt.
Von diesen Beteiligungen treten X, Y und Z jeweils mit 20 v. H. an W ab = 5.000 €.

Es ergeben sich daher folgende Beteiligungsverhältnisse:
X   =   5.000 €
Y   =   5.000 €
Z   =   10.000 €
W   =   5.000 €

W zahlt an   X   1.250 €
              Y   1.250 €
              Z   2.500 €
                   ―――――――
                   5.000 €

Unterschriften:

X   Y

Z   W

Notar

Der Notar wird die berichtigte Gesellschafterliste dem Handelsregister einreichen.

8. Vertrag über die Veräußerung einer Kommanditbeteiligung

Zwischen

Herrn Y (Ort, Straße)   Verkäufer

und

Herrn W (Ort, Straße)   Käufer

wird folgender Kauf- und Übertragungsvertrag geschlossen:

§ 1

(1) Y ist an der Kommanditgesellschaft X-Landmaschinenhandel GmbH & Co. KG mit Sitz in .... (Ort), eingetragen im Handelsregister des Amtsgerichts......(Ort) unter HRA...... als Kommanditist mit einem festen Kapitalanteil von Euro 125.000 (= 25 % des Festkapitals) an der KG und einen Anteil von 25 v. H. an der X-Verwaltungs-GmbH beteiligt. Maßgebend ist der Gesellschaftsvertrag vom ....., der in Fotokopie als Anlage 1 diesem Kauf- und Übertragungsvertrag als Bestandteil beigefügt ist. Y`s Kapitalanteil ist eingezahlt und durch Verluste oder Entnahmen nicht gemindert.

(2) Y verkauft und überträgt hiermit seinen in Abs. 1 genannten KG-Anteil und den GmbH-Anteil mit schuldrechtlicher Wirkung zum 01.07.05 an W. Die dingliche Übertragung des Gesellschaftsanteils ist jedoch aufschiebend bedingt durch die Eintragung des W als Kommanditist kraft Sonderrechtsnachfolge im Handelsregister.

(3) Von Verkauf und Übertragung ausgeschlossen sind Y´s Ansprüche oder Verbindlichkeiten aus seinem Darlehenskonto.

(4) Der Anteil am Jahresergebnis, der für das laufende Geschäftsjahr auf den in Abs. 1 genannten Gesellschaftsanteil entfällt, gebührt Y und W je zur Hälfte. Die Y gebührende Hälfte an einem eventuellen Gewinnanteil erhält er in der Weise, dass W ihm unverzüglich nach Feststellung des Jahresabschlusses einen entsprechenden Geldbetrag bezahlt. Die auf Y entfallende Hälfte an einem eventuellen Verlustanteil führt zu einer entsprechenden Verminderung des Kaufpreises.

§ 2

(1) Der Kaufpreis für die KG beträgt Euro 250.000, vorbehaltlich einer Verminderung nach § 1 Abs. 4 und für den GmbH-Anteil Euro 6.250.

(2) Der Kaufpreis ist in 5 gleichen Halbjahresraten zu zahlen. Die erste Rate wird am 01.07.05 fällig. Der Kaufpreis ist ab 01.07.05 mit 2 % über dem jeweiligen Zinssatz für längerfristige Refinanzierungsgeschäfte der Europäischen Zentralbank (LRG-Satz) zu verzinsen; die angelaufenen Zinsen sind mit jeder Rate zu bezahlen. W ist berechtigt, den Kaufpreis ganz oder teilweise früher zu bezahlen.

(3) Kommt W mit der Zahlung einer Rate länger als vier Wochen in Verzug und leistet er nach Stellung einer Nachfrist von weiteren zwei Wochen nicht, so ist der restliche Teil des Kaufpreises zur sofortigen Zahlung fällig.

(4) W hat die Zahlung des Kaufpreises und der Zinsen durch eine selbstschuldnerische Bürgschaft der W-Bank zu sichern, die bei Abschluss dieses Vertrages zu bestellen ist.

§ 3
(1) Y gewährleistet,
   a) dass der in § 1 Abs. 1 genannte Gesellschaftsanteil rechtswirksam begründet, voll einbezahlt, durch Verluste oder Entnahmen nicht gemindert und mit irgendwelchen Rechten Dritter nicht belastet ist;
   b) dass der Jahresabschluss der X Landmaschinen GmbH & Co. KG zum 31.12.04, der in Fotokopie in Anlage 2 diesem Kauf- und Übertragungsvertrag als Bestandteil beigefügt ist, mit der Sorgfalt eines ordentlichen Kaufmanns errichtet ist und alle aus heutiger Sicht bekannten Aktiven und erkennbaren Passiven enthält, insbesondere für alle bekannten und bei Anwendung kaufmännischer Sorgfalt erkennbaren Risiken angemessene Rückstellungen;
   c dass bei Vertragsabschluss keine Umstände erkennbar sind, die darauf hindeuten, dass im laufenden Geschäftsjahr das Jahresergebnis nicht erreicht wird, das im Jahresabschluss der X Landmaschinen GmbH & Co. KG zum 31.12.04 ausgewiesen ist.
(2) Sollten sich aus der Unrichtigkeit oder Unvollständigkeit der in Abs. 1 enthaltenen Erklärungen bezifferbare Vermögensnachteile für W ergeben, ist Y dem W zum Schadenersatz verpflichtet. Weitergehende oder andere Gewährleistungsansprüche, gleich welchen Inhalts, welcher Art und welchen Rechtsgrund, stehen W gegen Y nicht zu.
(3) Sollte die persönliche Haftung des Y für Verbindlichkeiten der X Landmaschinen GmbH & Co. KG wieder aufleben aufgrund von Maßnahmen der in § 172 Abs. 4 HGB genannten Art, die nach der Übertragung des in § 1 Abs. 1 genannten Gesellschaftsanteils von W oder seinen Rechtsnachfolgern vorgenommen werden, so hat W Y von dieser persönlichen Haftung freizustellen.

§ 4
Die Wirksamkeit dieses Kauf- und Übertragungsvertrages ist aufschiebend bedingt durch die Zustimmung der anderen Gesellschafter der X Landmaschinen GmbH & Co. KG und die notarielle Beurkundung der Übertragung des GmbH-Anteils. Haben diese nicht bis spätestens 30.06.05 zugestimmt, ist der Vertrag endgültig unwirksam.

§ 5
Salvatorische Klausel

§ 6
Die Kosten der Anmeldung zum Handelsregister trägt W.

9. Anmeldung der Veräußerung einer Kommanditbeteiligung

An das
Amtsgericht
– Handelsregister –
Betr.: X-Verwaltungs-GmbH

Im Handelsregister des Amtsgerichts ....(Ort) sind unter HRA ..... die Kommanditgesellschaft X-GmbH & Co. KG sowie X als Komplementär und die Herren Y und Z als deren Kommanditisten eingetragen. Zur Eintragung in das Handelsregister melden wir an: Der Kommanditist Y hat seine Beteiligung an der Kommanditgesellschaft mit Wirkung auf den Zeitpunkt der Eintragung der Rechtsnachfolge im Handelsregister auf Herrn W......(Geburtsdatum, Ort, Straße), übertragen und scheidet dadurch aus der Gesellschaft aus. Herr W tritt an seiner Stelle im Wege der Sonderrechtsnachfolge mit der Einlage des Y von 125.000 €, als Kommanditist in die Kommanditgesellschaft ein. Der persönlich haftende Gesellschafter X-GmbH & Co. KG vertreten durch Z und der ausscheidende Kommanditist Y versichern, dass dem ausscheidenden Kommanditisten von Seiten der Gesellschaft keinerlei Abfindung für die von ihm aufgegebenen Rechte aus dem Gesellschaftsvermögen gewährt oder versprochen worden ist.

....
(Unterschrift X)   (Unterschrift Y)

....
(Unterschrift Z)   (Unterschrift W)
         (Beglaubigungsvermerk)

10. Treuhandvertrag hinsichtlich eines Kommanditanteils

Verhandelt zu Solingen am....
Vor dem unterzeichneten

Dr. Y
Notar für den Oberlandesgerichtsbezirk .... mit dem Amtssitze in ....
Erschienen, von Person bekannt:
1. Die A-Verwaltungs-GmbH vertreten durch ihren Geschäftsführer, Herr ...., Kaufmann, wohnhaft in ....
   – nachfolgend als Treugeber bezeichnet –,

2. B-GmbH, vertreten durch ihren Geschäftsführer, Herr ...., kaufm. Angestellter, wohnhaft in ....
   – nachfolgend auch als Treuhänder bezeichnet –

§ 6 Vertragsmuster

Die Erschienenen ließen folgenden

Treuhandvertrag

beurkunden und erklären:

Die A-Verwaltungs-GmbH ist Komplementärin der A-GmbH & Co. KG.

Die B-GmbH ist von der A-Verwaltungs-GmbH gegründet worden, um eine Beteiligung an der A-GmbH & Co. KG als Kommandistin zu erwerben. Dieser Erwerb soll jedoch treuhänderisch für die A-Verwaltungs-GmbH als Treugeberin erfolgen.

Die A-Verwaltungs-GmbH und die GmbH schließen daher einen Treuhandvertrag des Inhaltgs ab, dass die B-GmbH als Treuhänderin der Verwaltungs-GmbH (Treugeberin) als Kommanditistin in die GmbH & Co. KG eintritt.

Dem zwischen uns begründeten Treuhandverhältnis legen wir folgende Bestimmungen zugrunde:

Der Treuhänder erkennt an, dass er den Kommanditanteil von .... € an der A-GmbH & Co. KG im Auftrage, auf dessen Gefahr und für Rechnung des Treugebers übernommen hat und dass er ihn treuhänderisch für den Treugeber halten wird.

Der Treugeber erklärt, dass das Treuhandverhältnis seinem Willen entspricht und beauftragt den Treuhänder, seinen unter das Treuhandverhältnis fallenden Kommanditanteil nach Maßgabe folgender Bestimmungen für ihn zu halten:

1. Der Treuhänder verpflichtet sich, das Stimmrecht in den Gesellschafterversammlungen und alle mit dem Geschäftsanteil verbundenen Rechte und Pflichten nur nach den Weisungen und Anordnungen des Treugebers auszuüben. Der Treuhänder hat vor jeder Stimmabgabe die Weisung des Treugebers einzuholen.

2. Dem Treuhänder ist es untersagt, in anderer als in der von dem Treugeber angeordneten Weise über den treuhänderisch gehaltenen Kommanditanteil zu verfügen.

3. Der Treuhänder ist verpflichtet, die auf den treuhänderisch gehaltenen Kommanditanteil entnahmefähige Gewinnanteile zur Verfügung des Treugebers zu halten und auf das von diesem zu bezeichnende Konto zu überweisen.

4. Der Treugeber ist verpflichtet, den Treuhänder von allen Ansprüchen Dritter freizustellen, die gegen diesen in seiner Eigenschaft als Gesellschafter der A-GmbH & Co. KG oder im Zusammenhang mit seiner Tätigkeit für die Gesellschaft erhoben werden. Dies gilt auch für Forderungen, die das zuständige Finanzamt gegen den Treuhänder geltend machen sollte.

   Die Freistellungsverpflichtung des Treugebers erstreckt sich nicht auf Ansprüche, die Dritte gegen die Gesellschaft oder gegen den Treuhänder persönlich aus unerlaubten Handlungen oder pflichtwidriger Geschäftsführung des Treuhänders herleiten.

5. Der Treugeber wird dem Treuhänder alle Aufwendungen und Kosten ersetzen, die diesem – gleich aus welchem Grunde – im Zusammenhang mit dem treuhänderisch gehaltenen Kommanditanteil und seiner Treuhänderfunktion erwachsen, sofern diese Aufwendungen und Kosten zur Durchführung des Treuhandverhältnisses erforderlich sind. Der Treuhänder verpflichtet sich, derartige Aufwendungen und Kosten, sofern diese im Laufe eines Geschäftsjahres der A-GmbH & Co. KG den Gesamtbetrag von €........... übersteigen, nur nach Absprache mit dem Treugeber zu veranlassen. Eine besondere Vergütung für seine Tätigkeit erhält der Treuhänder nicht.

6. Der Treuhänder bevollmächtigt den Treugeber unwiderruflich, das Stimmrecht aus dem von ihm gehaltenen Kommanditanteil in den Gesellschafterversammlungen der Gesellschaft auszuüben, den von ihm gehaltenen Kommanditanteil jederzeit – ohne dass ein Entgelt an den Treuhänder zu zahlen wäre – ganz oder teilweise auf sich selbst oder auf einen oder mehrere von ihm zu bestimmende Dritte zu übertragen, den Kommanditanteil ganz oder teilweise zu belasten oder in jeder sonstigen Weise über den Kommanditanteil ganz oder teilweise zu verfügen. Die Vollmacht wird erteilt unter Befreiung von den Beschränkungen des § 181 BGB und mit dem Recht zur Erteilung von Untervollmachten sowie mit der Berechtigung, diese Vollmacht ganz oder teilweise auf einen Dritten zu übertragen.
   Wird der treuhänderisch gehaltene KG-Anteil in Ausübung dieser Vollmacht auf den Treugeber oder auf Dritte übertragen, so erfolgt die Übertragung mit allen mit dem Kommanditanteil verbundenen Rechten und Pflichten vom Tage der Übertragung an.
7. Das Treuhandverhältnis endet mit der Übertragung des treuhänderisch gehaltenen Kommanditanteils von dem Treuhänder auf den Treugeber oder auf von diesem benannte Dritte.
8. Der Treuhänder ist berechtigt, das Treuhandverhältnis unter Beachtung einer Frist von 3 Monaten jeweils zum Ende eines Geschäftsjahres der A-GmbH & Co. KG zu kündigen. Eine Kündigung aus wichtigem Grunde ist jederzeit möglich.
   Der Treugeber ist verpflichtet, nach einer Kündigung des Treuhänders in Ausübung der ihm erteilten Vollmacht den treuhänderisch gehaltenen KG-Anteil entweder selbst zu übernehmen oder ihn auf von ihm zu benennende Dritte zu übertragen.
9. Der Treuhänder tritt schon jetzt den treuhänderisch gehaltenen KG-Anteil an den Treugeber ab. Die Abtretung erfolgt unter der aufschiebenden Bedingung, dass eines der nachfolgenden Ereignisse eintritt:
   a) über das Vermögen des Treuhänders ein Insolvenz- oder Vergleichsverfahren eröffnet wird,
   b) Gläubiger des Treuhänders Zwangsvollstreckungsmaßnahmen in den Geschäftsanteil betreiben,
   c) Der Treuhänder ohne vorherige schriftliche Zustimmung des Treugebers über den Geschäftsanteil verfügt.

Die mit dem Abschluss dieser Treuhandvereinbarung verbundenen Kosten, Gebühren, Steuern und Abgaben trägt der Treugeber. Dasselbe gilt hinsichtlich aller Kosten, Gebühren, Steuern und Abgaben, die anlässlich der Beendigung des Treuhandverhältnisses anfallen.

Sollten Vereinbarungen in diesem Vertrag ganz oder teilweise nicht rechtswirksam sein oder nicht durchgeführt werden können, so bleiben die übrigen Vertragsbestimmungen dennoch wirksam. Die Beteiligten verpflichten sich, die rechtsunwirksamen oder undurchführbaren Vereinbarungen durch andere rechtswirksame bzw. durchführbare Vereinbarungen zu ersetzen, durch die möglichst derselbe rechtliche und wirtschaftliche Erfolg erreicht wird.

Diese Niederschrift wurde den Erschienenen von dem Notar vorgelesen, von ihnen genehmigt und von ihnen und dem Notar wie folgt eigenhändig unterschrieben:

....

(Unterschriften)

Stichwortverzeichnis

Die Verweise beziehen sich auf die Randnummern.

Abfindung 320ff.
Abschluss KG-Vertrag, Zeitpunkt 32
Anmeldehaftung 125ff.
- Befreiung vom Verbot des Selbstkontrahierens 127
- das Selbstkontrahierungsverbot 126
- Einlagenverpflichtung aus der Kapitalerhöhung 125
- Geschäftsführer 125
- Gesellschafter 125

Anwachsung 930
Atypisch stille Beteiligung 502ff.
Aufgabe 894ff., 908
Aufnahme in Einzelunternehmen 30
Aufsichtsrat 386ff.
Ausgliederung 58
Außenhaftung, überschießende 814

Bareinlage 55
Bargründung 512ff.
Beendigung 889ff.
Beirat 224ff.,360,386,473
Belastungsvergleich, steuerlicher 1207ff.
Betriebsaufspaltung 24
Betriebsaufspaltung 412
Betriebsaufspaltung 998ff.
- Abkömmlinge 1025
- Beendigung 1029ff. , 1034ff.
- Beendigung, Vermeidung der Gewinnrealisation 1029ff.
- Beginn 1026ff.
- Besitzunternehmen in Rechtsform der GmbH & Co. KG 1037ff.
- Betriebsgesellschaft in Rechtsform der GmbH & Co. KG 1048ff.
- Bewegliche Anlagegüter 1010
- Ehegatten 1023f.
- Ertragsteuerliche Folgen 1027f.
- Faktische Beherrschung 1020ff.
- Grundstücke und Gebäude 1005ff.
- Immaterielle Wirtschaftsgüter 1011

- Mittelbare Beherrschung 1018f.
- Mitunternehmerische Betriebsaufspaltung 1053f.
- Mitunternehmerische Einheitsbetriebsaufspaltung 1055
- Nutzungsüberlassung durch Besitzunternehmen 1013
- Personelle Entflechtung 1031
- Personelle Verflechtung 1014ff.
- Personengruppentheorie 1014ff.
- Sachliche Entflechtung 1030
- Sachliche Verflechtung 1002ff.
- Sonderbetriebsvermögen und Betriebsaufspaltung 1056ff.
- Umgekehrte Betriebsaufspaltung 1052
- Wesentliche Betriebsgrundlage 1003

Betriebsvermögen 593
- Anlagevermittler 607
- Anschaffungskosten 594ff.
- Behandlung der Sacheinlagen 608
- Bewertung 1205
- Nutzungsüberlassungen 601

Buchwertklausel 335

Darlehen, eigenkapitalersetzende 131ff.,165,301
Dauerschuldverhältnisse 269
Dienstleistung 162
Doppelstöckige Personengesellschaft 987ff.
- Sondervergütung 992
- Spiegelbildmethode 993
- Steuerbilanz 991
- Verlustverrechnungsbeschränkung 996f.

Einbringung 523ff.,526ff.
Einbringung 935
Einbringung eines Einzelunternehmens 54

Einheitliche und gesonderte Gewinnfeststellung 806
Einkünfte aus Gewerbebetrieb 806
Einlage 595, 598ff., 603, 609, 611f., 615, 787ff.
- Betriebsvermögen, aus dem 609, 792
- Bewertung 608ff.
- Gegenstand 598
- Korrekturposten 823
- mittelbare verdeckte Einlage 793
- nachträgliche Anschaffungskosten 794
- nachträgliche 813
- Nutzungsrechte 603
- Pflichteinlage 595, 611
- Privatvermögen, aus dem 791
- Sonderbetriebsvermögen, in das 612ff.
- vorgezogene 822
- Wirkung 820

Einlageverpflichtung 364
Einmann-GmbH & Co. KG 454f.
Einmann-GmbH 54
Einnahme-Überschussrechnung 937
Eintritt eines neuen Kommanditisten als neuer Gesellschafter 530
Entnahme 571
Erbschaft- und Schenkungsteuer 1130ff.
- Bewertungsabschlag 1143
- Buchwertklausel 1145ff.
- Einfache Nachfolgeklausel 1157
- Einkommensteuer 1148ff.
- Erball und Erbauseinandersetzung 1141ff.
- Erbauseinandersetzung 1156ff.
- Fortsetzungsklausel 1156
- Freibetrag 1143
- Gegen eine Abfindung 1158f.
- Qualifizierte Nachfolgeklausel 1160
- Sonderbetriebsvermögen 1134
- Steuerbilanzwertverfahren 1135
- Teilentgeltliche Übertragung 1152ff.
- Überhöhte Gewinnbeteiligung 1144
- Vorweggenommene Erbfolge 1136ff.

Ergänzungsbilanzen 519ff.

Familienangehörige 55
Familienangehörigen, Gewinnbeteiligung von 760
- Buchwertklausel 761
- Ergänzungsbilanzen 764
- Feststellungsbescheid 764
- verdeckte Gewinnausschüttung 764

Familien-GmbH & Co. KG 15,19, 30
Familienpersonengesellschaft 433ff.,445ff.,450ff.,471
Firma 2,7,70f.73
Firmenwert 101
Form der Einlage 159
Formwechsel 66f., 350ff., 535ff.,541ff., 932
Formwechselnde Umwandlung 30
Fortsetzungsklausel 335

GbR mit beschränkter Haftung 1161
Gesamthandsvermögen 7, 26
Geschäftsbetrieb, Aufnahme 32
Geschäftsbriefe, Angaben auf 83
Geschäftsführer 134ff.
Geschäftsführer 203
Geschäftsführerbestellung 213ff.
Geschäftsführergehälter (bei der GmbH & Co. KG) 638ff.
- Angemessenheitsprüfung 648
- Gehalt, unangemessenes 646f
- Geschäftsführer, gesellschaftsfremde 643, 649
- Geschäftsführergehalt 650, 652
- Geschäftsführerverträge 642
- Gewinnverteilungsschlüssel, allgemeiner 639
- Sonderbetriebseinnahme 649, 651
- USt-Tantieme 645
- vGA 645ff.

Geschäftsführervergütung 106
- Abschluss eines Gesellschaftsvertrages 109
- Auslagenersatz 107
- Beteiligung als Komplementär-GmbH 109
- Einlage auf das Stammkapital 109

- Geschäftsführer bestellt 109
- Gesellschafteridentität 109
- Gesellschafterzweck 109
- Gründungsvorschriften 108
- Komplementär-GmbH 108
- Mindeststammkapital 108
- Übertragbarkeit der Anteile 109
- Umfang Geschäftsführung 109
- Vertretung im Gesellschaftsvertrag 109

Geschäftsführung 364
Geschäftsführungsvergütung 250
Gesellschafterbeschlüsse 128 ff.
- Form 128
- Gesellschafter als Gesamtschuldner 130
- Gesellschafterdarlehen 131
- Gründungsaufwand 130
- Haftung wegen falscher Angaben 129
- Protokolle 128

Gesellschafterfremdfinanzierung 795 ff.
- anteiliges Eigenkapital 803
- Freigrenze 796
- Fremdvergleich 799
- Safe-Haven 796

Gesellschafterversammlung 216 ff., 221 ff.
Gesellschafterwechsel 340 f.
Gesellschafterwechsel 63
Gesellschafterwechsel 858 ff., 903 ff., 1193
- Abfindung über Buchwert 864
- Abfindung unter dem Buchwert 872
- Abfindung zum Buchwert 871
- Abfindung, Ausscheiden ohne 879
- Erbfall 886
- Fünftelregelung 867
- Kapitalkonto, negatives 876
- Komplementäranteil 860
- Nachfolgeklausel, einfache 887
- Nachfolgeklausel, qualifizierte 888
- Neueintritt von Gesellschaftern 882
- Steuersatz, ermäßigter § 34 Abs. 3 EStG 867 ff.
- Veräußerung Kommanditanteil 880

Gesellschaftsvertrag 20 ff.

Gesellschaftsvertrag 33, 42
- Änderung des G. 46
- Befreiung vom Verbot des Selbstkontrahierens 34
- Eintragung im Handelsregister 38
- Entstehungszeitpunkt 36
- Ergänzungspfleger 46
- Familienangehörige 45
- Form 45, 110
- Genehmigung, vormundschaftliche 46
- Gesellschaftsgläubiger 43
- Gesellschaftsverhältnis 42
- Gesellschaftsvertrag 42
- Hafteinlage des Kommanditisten 43
- Minderjährige 46
- Mindestinhalt 43
- Vertragsfreiheit 42
- Zeitpunkt des Entstehens 36

Gesellschaftsvertrag 364
Gesellschaftsvertrag 84 ff., 121 ff.
- abweichende Regelungen 85
- Ausschluss von der Geschäftsführung 84
- Beschränkung der Geschäftsführung 89
- Beteiligung am Vermögen 96
- Die GmbH als persönlich Haftender 86
- eingezahltes Stammkapital 98
- Führung der laufenden Geschäfte 85, 88
- Geschäftsführung 92 ff., 98
- Geschäftsführung ausgeschlossen 89
- Gesellschafterversammlung 90
- Gewöhnlicher Geschäftsbetrieb 91
- GmbH als Komplementärin 88
- Haftungsrisiko 98
- Kommanditisten 95
- Komplementärin 86
- Übernahme der persönlichen Haftung 85
- Vermögensbeteiligung der GmbH 84
- Widerspruch 90

Gewerbesteuer 771

473

- 5/6-Methode 773
- Gewerbesteuerlicher Freibetrag 773
- Kapitalkonto 772
- Rose-Formel 776
- Schachtelprivileg 971
- Steuermesszahl 773
- Unternehmensidentität 779ff.
- Unternehmeridentität 779ff.
- Verlustvortrag, Gewerbesteuer 777ff.

Gewerbesteueranrechnung des § 35 EStG 828ff.
- Anrechnungsüberhänge 839, 844
- Ausscheiden eines Gesellschafters 858
- Gewerbliche Einkünfte im Sinne des § 35 EStG 836
- Höchstbetragsrechnung 838
- Organschaft 841
- Steuerermäßigung auch bei Einkünften als Mitunternehmer 840
- Steuerermäßigung 832
- Steuerklauseln in Gesellschaftsverträgen 844

Gewinnanspruch 177ff.
Gewinnausschüttungen, verdeckte 645ff., 713ff., 764, 1213
- Abänderungsklausel 735
- Änderungskündigung 735
- Angehöriger 731f.
- Bedingungen, unangemessene 714, 722
- Beherrschender Gesellschafter GmbH & Co. KG 727ff.
- Beherrschender Gesellschafter GmbH 724ff.
- Dauerschuldverhältnis 734
- einheitliche und gesonderte Feststellung 736
- Einheits-GmbH & Co. KG 749
- Einkommensminderung 717
- Gehaltsvereinbarungen 725, 740ff.
- Gesamtgewinn 738
- Gewinnbeteiligung, unangemessene 739
- Gewinnverteilung, Änderung der 754
- Halbeinkünfteverfahren 718
- Kapitalerhöhung, Verzicht auf Teilnahme an 753
- marktübliches Entgelt 733
- Nutzungsüberlassung 752
- Sachbezüge 726
- Sonderbetriebseinnahme 742
- Tantieme 724
- Tantiemevereinbarungen 746
- Tarifbelastung 717
- Umsatztantieme 746
- Veranlassung durch das Gesellschaftsverhältnis 723
- Vereinbarung, Klarheit einer 723
- Vereinbarung, mündliche 723
- Vergütung, unangemessene 722
- Vermögensmehrung, verhinderte 713
- Vermögensminderung 713
- Wettbewerbsverbot 758

Gewinnbeteiligung 102
Gewinnverteilung 250, 702ff.
- Angemessenheitsprüfung 708
- Auslagenersatz 710
- Fremdvergleich 703f., 708
- Geschäftsführervergütung 710
- Gewinnbeteiligung der GmbH 707
- Gewinnverteilungsschlüssel 711
- Haftungsvergütung 708
- Kapitalverzinsung 709
- Sonderbetriebseinnahmen 711
- Sondervergütung 708
- Verteilung des Restgewinns 706
- Vorabgewinn 705

GmbH & Co. KG a.A. 1162
GmbH & Co. KG als Einheitsgesellschaft 25f.
GmbH & Still 1164
Grunderwerbsteuer 1105ff.
- Ausscheiden eines Gesellschafters 1122f.
- Bemessungsgrundlage 1128
- Gesellschafterwechsel 1117ff.
- Grunderwerbsteuerbefreiungen 1107

- Übergang der Anteile (§ 1 Abs. 2a und Abs. 3 GrEStG) 1124
- Übersicht über die Grunderwerbsteuerbefreiungen 1126

Gründung 510ff.
Gründungskosten einer GmbH & Co. KG 548

Haftung 276ff.,282ff.
Haftung als Geschäftsführer 219ff.
Haftungsbegrenzung 1192
Haftungsrisiko 7
Haftungsvergütung 250
Handelsregister 2, 111
- Anmeldung Haftung 111
- Anmeldung zur Eintragung 111
- Einlageverpflichtung der Komplementär-GmbH 113
- Gesellschafter einer Komplementär-GmbH 114
- Legitimation der Geschäftsführer 111
- Mindestkapital und Mindesteinzahlung 111,113
- Stammeinlagen 113
- Stammkapital 113

Identität der Gesellschafter 22
Informationsrechte 188f.,198,200,474
Insolvenz 133,184ff., 926ff.
- Verfahren 165ff.

Kapitalherabsetzung 319
Kapitalkonto, steuerliches 810ff.
Kaufmann 8
Know-how 159
Kommanditeinlage 4
Kommanditist, Gewinnsituation 808
Kommanditist, Verlustsituation 809
Kommanditisten
Kommanditisten 151, 202
Komplementär, Gewinne/Verluste 806
Komplementär-GmbH 207ff.
Komplementär-GmbH 473
Kontrollrechte 189, 368,474
Kundenstamms 159

Kündigung 367,444,448f.
Kündigungsrecht 314ff.

Land- und Forstwirtschaft 419
Liebhaberei 425,464
Liebhaberei 464
Liquidation 889ff., 916ff., 926ff.
Liquidation der GmbH 149, 345ff.
- Bilanzstichtag 345
- Liquidation Handelsregister eintragen 345
- Liquidationsbeschluss 345
- Liquidationsbeschluss der Gesellschafter 346
- Liquidationsbilanz 345
- Liquidationseröffnungsbilanz 345
- Liquidationsstadium 345
- Rechenschaftspflicht der Liquidatoren 345
- Schlussrechnung 345
- Sperrjahr 346
- Vermögensverteilungsbilanz 345
- Zwischenbilanzen 345
Liquidatoren 150

Management-GmbH 16
Mindestentnahmerechte 769
Mitbestimmung 395f.f.
Mitunternehmereigenschaft 411,,445ff,476ff.,486,489ff.
Mitunternehmerinitiative 411,429,456,459,471,498, 768ff., 955, 956ff.
- Beirat 961
- Verlustzuweisungsgesellschaft 964
Mitunternehmerrisiko 426, 429, 459, 465, 468, 768ff.

Nachfolgeklausel
- einfache 323ff.,330,332
- qualifizierte 330,333
Nachschusspflicht 370
Neuaufnahme von Gesellschaftern 20
Neueintritt der GmbH 63

475

Obergesellschaft 965ff.
Organschaft 972ff.
- Ergebnisabführungsvertrag 975f
- Organgesellschaft 974
- Organträger 972, 978ff.
- Umsatzsteuerliche Organschaft 977
- Umsatzsteuerliche Organschaft 984ff.

Patentüberlassungen 157
Pensionszusage 653ff.,
- Angemessenheit der vereinbarten Bedingungen 681
- Angemessenheitsprüfung 671
- Auszahlungsmodalitäten 693
- Darlehensgewährung 685, 700
- Darlehensrückzahlung 700
- Ehegatte 689, 695
- Entnahmegewinn 683
- Erdienbarkeit 668
- Finanzierbarkeit 668
- Fremdvergleich 655, 666, 681
- Gesamtbezüge 654
- Geschäftsführer-Kommanditistin 672
- Gesellschafter, beherrschender 660
- Minderheitsgesellschafter 687
- nahestehende Person 660
- Nur-Pension 697
- Nutzungsvergütungen 680
- Patentüberlassungen 680
- Pensionsrückstellung 657, 661
- Rückdeckungsanspruch 558f.
- Sonderbetriebseinnahmen 655, 680
- Sonderbetriebsvermögen 680
- Sozialversicherungsbeiträge 677ff.
- Teilentgeltliche Rechtsgeschäfte als verdeckte Entnahme 683, 688
- Überversorgung 674
- Zehn-Jahresfrist 669

Pflichteinlagen 162
phasengleiche Bilanzierung 769
Private Equity 948ff.
Publikums-GmbH & Co. KG 19, 342
Publikums-GmbH & Co. KG's 953
- Mitunternehmerrisiko 955
- Sonderabschreibungen 954
- Unternehmerinitiative 955
- Wertveränderungen 956

Publizität 1194

Realteilung 929
Registergericht 83
Rücklagen nach § 6b EStG 616ff.
- AfA 634ff.
- Eintritt eines Gesellschafters 628
- Übertragung 623ff., 629ff.
- Übertragungsmöglichkeit innerhalb einer PersG 622
- Veräußerung, Wirtschaftsjahr der 619
- Wahlrecht 620
- Wirtschaftsgüter, begünstigte 617

Sacheinlage 54, 162, 515, 517, 532f.
Sachgründung 119ff., 355ff.
- Angemessenheit der Leistung 122
- Anmeldung des Formwechsels zum Handelsregister 356
- Bewertung der Sacheinlagen 122
- Eintragung der neuen Rechtsform 357
- Eintragung in das Register 356
- Formwechsel bei bilanzieller Überschuldung 355
- Geschäftsführer versichern 123
- Gründungsbericht 122
- Nachgründungsbericht 125
- Niederschrift des Umwandlungsbeschlusses 356
- Registerrichter 123
- Sachgründungsbericht 355
- Unterlagen bei Anmeldung 123
- Wert der übernommenen Stammeinlage 122

Schenkung, gemischte 55
Sonderbetriebsausgaben 563, 600
Sonderbetriebseinnahmen
   561, 563, 582, 649, 651, 655, 680, 711
Sonderbetriebsvermögen 518ff., 573ff., 579ff., 582ff., 680, 912ff.

- Ausschüttungen der GmbH 582
- Bürgschaften 585
- GmbH-Anteil 578, 582
- Grundstücke 587ff.
- Kapitalertragsteuer 582
- notwendiges 582
- Nutzungsrechte 587
- Teilwertabschreibung 585
- Verluste 812

Sondervergütungen 1198f.
Spaltung 59, 68, 358
Spiegelbildmethode 970
Steuerbilanz 769, 966
Stiftung & Co. KG 1169ff.
Stimmrecht 20
Stufengründung 30

Tätigkeitsvergütungen 100, 558
Testamentsvollstreckung 338
Treuepflicht des Gesellschafters 202
Treuhandmodell 1175ff.
Treuhandschaft 204ff.
Treuhandvertrag 20

Umsatzsteuer 1061ff.
- Ausscheiden eines Gesellschafters gegen Barabfindung 1099ff.
- Betriebsaufgabe 1104
- Betriebsveräußerung 1103
- Eintritt eines Gesellschafters 1095ff.
- Geschäftsführung 1075ff.
- Gründung 1062
- Mindestbemessungsgrundlage 1070, 1072
- Rechnungslegung 1064
- Umsatzsteuer bei Eingehen einer stillen Gesellschaft 1063
- Unentgeltliche Lieferungen und Leistungen 1067ff.

- Unternehmereinheit der GmbH & Co. KG 1061
- Veräußerung eines Anteils 1102
- Verbilligte Lieferungen und Leistungen 1071
- Vorsteuerabzug beim Gesellschafter 1065
- Vorsteuerabzugsmöglichkeit der Personengesellschaft 1088

Umwandlung 1173
- in eine GmbH & Co. KG 64
Unterbeteiligung 504

Veräußerung 903ff.
Veräußerungsgewinn 908, 919
verdeckte Mitunternehmerschaft 478ff.
Vergütung der GmbH 102
Verlustverrechnungsbeschränkung 807
Verschmelzung 68, 358
Verteilung des Gewinns 103
Vertragsfreiheit 6
Vertretung 1182ff.
Vollhafter ohne Vermögensbeteiligung 67
Vorabgewinn 104
Vor-GmbH & Co. KG 39, 260ff.
- Geschäftsführer der Vor-GmbH 39
- Komplementär 39
- Komplementärfähigkeit 39
- Vorgesellschaft 39
Vorgründungsgesellschaft 259

Wechsel Kommanditist
- in Kommanditistenstellung 817ff.
- in Komplementärstellung 815
Wettbewerbsklauseln 202 f.
Widerspruchsrechte 198
Willensbildung 26

Das gesamte **Nomos** Programm ▸ suchen ▸▸ finden ▸▸▸ bestellen unter **www.nomos.de**

Studien zum Handels-, Arbeits- und Wirtschaftsrecht

Der Rechtsformwechsel zwischen Personengesellschaften

Von Ri Lydia Jo Freund, Stuttgart

2005, Band 103, 226 S., brosch., 49,– €, ISBN 3-8329-1457-9

Die Arbeit untersucht, unter welchen Umständen bei der nachträglichen Änderung der Gesellschaftsverhältnisse einer GbR, OHG oder KG ein Wechsel von der einen in die andere Personengesellschaftsform stattfindet. Dabei wird auch auf die praktisch relevanten Auswirkungen im Innen- und Außenverhältnis der die Rechtsform wechselnden Gesellschaft eingegangen.

Das französische Übernahmerecht

System, Praxis und Anregungen für Deutschland

Von Jens von Rüden

2005, Band 102, 395 S., brosch., 79,– €, ISBN 3-8329-1224-X

Das Werk beschreibt das französische Übernahmerecht und liefert dem deutschen Rechtsanwender zahlreiche Hinweise für die Praxis.

„Solvat socius" statt „caveat creditor"?

Zur Haftung des GmbH-Gesellschafters wegen sog. existenzvernichtenden Eingriffs

Von Daniel Rubner

2005, Band 101, 284 S., brosch., 64,– €, ISBN 3-8329-1415-3

Den Rechtsprechungsregeln zur sog. Existenzvernichtungshaftung liegt die Annahme zugrunde, der GmbH-rechtliche Gläubigerschutz sei planwidrig lückenhaft. Der Verfasser zeigt, daß diese Annahme fehlgeht. Auch de lege ferenda ist eine Ausweitung des Gläubigerschutzes über das geltende Gesellschafts-, Insolvenz- und Deliktsrecht hinaus nicht angezeigt.

Informieren Sie sich im Internet unter **www.nomos.de** über die früher erschienenen und noch verfügbaren Bände dieser Schriftenreihe.

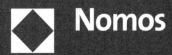

Das gesamte Nomos Programm ▸ suchen ▸▸ finden ▸▸▸ bestellen unter www.nomos.de

»Es lohnt sich den Handkommentar BGB als ersten zu Rate zu ziehen«

Rechtsanwalt Dr. Egon Schneider, in: ZAP-Beilage 19/02

Bürgerliches Gesetzbuch

Handkommentar

Von RiOLG Prof. Dr. Dr. h.c. Reiner Schulze, Universität Münster; Prof. Dr. Heinrich Dörner, Universität Münster; Priv. Doz. Dr. Ina Ebert, Universität Kiel; RiOLG Prof. Dr. Jörn Eckert, Universität Kiel; RiOLG Prof. Dr. Thomas Hoeren, Universität Münster; Dr. Rainer Kemper, Universität Münster; RiOLG Prof. Dr. Ingo Saenger, Universität Münster; Prof. Dr. Hans Schulte-Noelke, Universität Bielefeld und Prof. Dr. Ansgar Staudinger, Universität Bielefeld

4. Auflage 2005, 2.355 S., geb., 59,– €, ISBN 3-8329-1089-1

In vierter Auflage innerhalb der letzten fünf Jahre schreiben die Autoren das **Erfolgskonzept** des hervorragend besprochenen Handkommentars fort.

Der Kommentar besticht auch in der Neuauflage mit seinem ausgezeichneten Preis-Leistungsverhältnis. Inhaltlich umfasst das Werk **erstmalig auch die Normen des EGBGB**. Es befindet sich nach zahlreichen Gesetzesänderungen wieder **auf neuestem Stand**.

Registrierte Nutzer erhalten **online** den **Zugriff** auf wichtige im Kommentar zitierte Entscheidungen im Volltext.

»Für den juristischen Nachwuchs wie auch für die Praxis gleichermaßen empfehlenswerter Kommentar.« *Vors. Richter am LG Dr. Detlev Fischer, Karlsruhe, in: NJW 28/04**

»Kurz, gediegen und sachlich stets auf den Punkt. Das über einen solchen Kommentar zu sagen, ist ein gewichtiges Lob.« *RA Dr. Friedrich Graf von Westphalen, in: Zeitschrift für das gesamte Schuldrecht (ZGS) 12/03**

*Stimmen zur Vorauflage

Bitte bestellen Sie bei Ihrer Buchhandlung oder bei:
Nomos Verlagsgesellschaft
76520 Baden-Baden

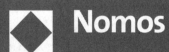